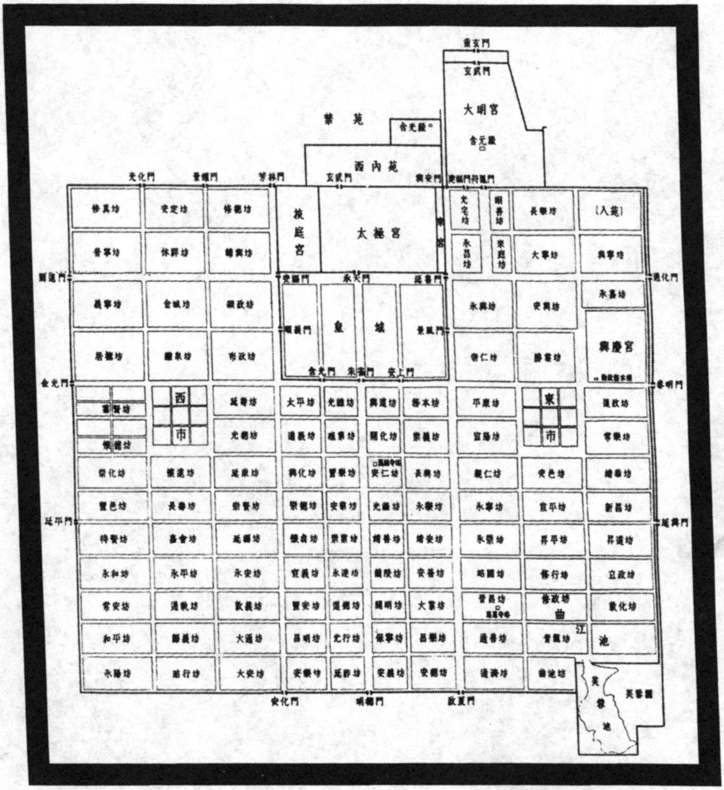

重玄門
玄武門
大明宮
含元殿
禁苑
含光殿
西內苑
光化門
景耀門
芳林門
玄武門
興安門
建福門
修真坊
安定坊
修德坊
掖庭宮
太極宮
東宮
光宅坊
翊善坊
長樂坊
〔入苑〕
普寧坊
休祥坊
輔興坊
永昌坊
來庭坊
大寧坊
興寧坊
開遠門
安福門
承天門
延喜門
通化門
義寧坊
金城坊
頒政坊
順義門
皇城
景風門
永興坊
安興坊
永嘉坊
居德坊
醴泉坊
布政坊
崇仁坊
勝業坊
興慶宮
含光門
朱雀門
安上門
金光門
春明門
群賢坊
西市
延壽坊
太平坊
光祿坊
興道坊
務本坊
平康坊
東市
道政坊
懷德坊
光德坊
通義坊
殖業坊
開化坊
崇義坊
宣陽坊
常樂坊
崇化坊
懷遠坊
延康坊
興化坊
豐樂坊
安仁坊
長興坊
親仁坊
安邑坊
靖恭坊
豐邑坊
長壽坊
崇賢坊
崇德坊
安業坊
光福坊
永樂坊
永寧坊
宣平坊
新昌坊
延平門
延興門
待賢坊
嘉會坊
延福坊
懷貞坊
崇業坊
靖善坊
靖安坊
永崇坊
昇平坊
昇道坊
永和坊
永平坊
永安坊
宣義坊
永達坊
蘭陵坊
安善坊
昭國坊
修行坊
立政坊
常安坊
通軌坊
敦義坊
豐安坊
道德坊
開明坊
大業坊
晉昌坊
修政坊
曲
敦化坊
和平坊
歸義坊
大通坊
昌明坊
光行坊
保寧坊
昌樂坊
通善坊
青龍坊
江
池
永陽坊
昭行坊
大安坊
安樂坊
延祚坊
安義坊
安德坊
通濟坊
曲池坊
芙蓉池
芙蓉園
安化門
明德門
啟夏門

中国古都和文化

史念海 著

重庆出版集团 重庆出版社

图书在版编目（CIP）数据

中国古都和文化 / 史念海著. — 重庆：重庆出版社，2021.8
ISBN 978-7-229-15859-0

Ⅰ. ①中… Ⅱ. ①史… Ⅲ. ①都城－研究－中国－古代②文化史－研究－中国－古代 Ⅳ. ①K928.5②K220.3

中国版本图书馆CIP数据核字（2021）第106863号

中国古都和文化

史念海　著

出　品：华章同人
出版监制：徐宪江　秦　琥
责任编辑：徐宪江
特约编辑：李　翔
责任印制：杨　宁
营销编辑：史青苗　刘　娜
书籍设计：潘振宇　774038217@qq.com

重庆出版集团
重庆出版社　出版

（重庆市南岸区南滨路162号1幢）
投稿邮箱：bjhztr@vip.163.com
北京联兴盛业印刷股份有限公司　印刷
重庆出版集团图书发行公司　发行
邮购电话：010-85869375/76/78转810

重庆出版社天猫旗舰店
cqcbs.tmall.com
全国新华书店经销

开本：889mm×1194mm　1/32　印张：19.5　字数：386千
2021年8月第1版　2022年9月第3次印刷
定价：88.00元

如有印装质量问题，请致电023-61520678

版权所有，侵权必究

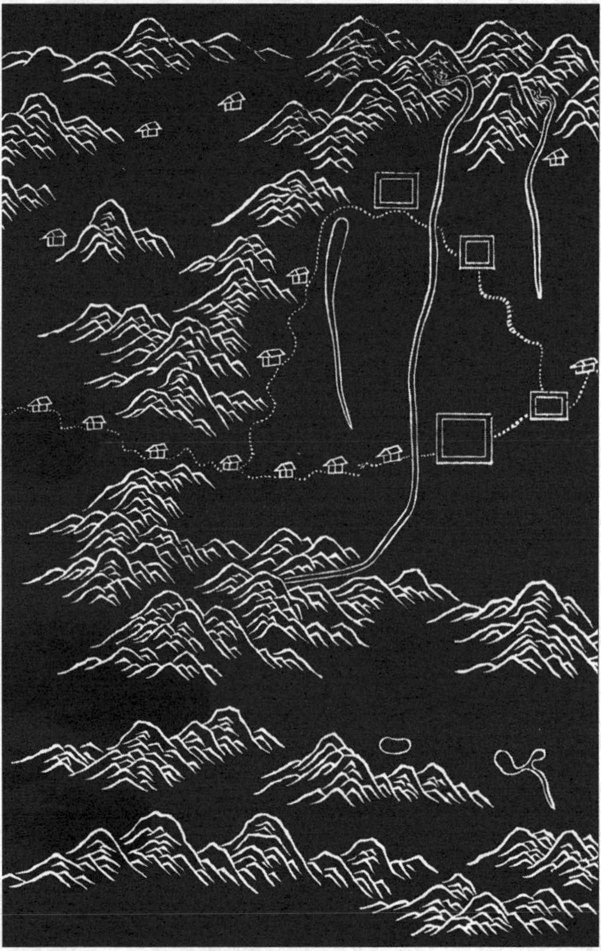

序

序

重庆出版社再版业师史念海先生的《中国古都和文化》，嘱我谈一谈学习的心得，与老师的书一并印行。这本来是一个很好的机会，可老师的学问广博宏大，我所学所得都很微末寡少，实在又有些勉为其难。

这本书的内容，严格地说，是一本学术论文集，业师原本是要把它编为《河山集》第八集的。后来改题此名，是因为论题非常集中，都是紧密围绕着"中国古都和文化"这一论题展开，而且所论还相当系统，相当完满。就其内容而言，实际上已经相当于一部系统的"中国古都和文化"的概论，只是对相关问题的论述要更深入一些而已。

就其渊源而言，业师在这本书中所做的论述，主要来自如下两个方面：一个是业师的根本专业——历史地理学的研究，另一个是业师创立的中国古都学。

在中国历史地理学领域，古代都城是其分支学科历史城市地理中的一项核心内容，故由历史地理学转而研究中国古都，可以说是顺势而成的事，自然而然；既然如此，创立一门学科来集中、专门研究古代都城，这个责任也就自然而然地落在了业师史念海先生的肩上。

说这事自然而然，是就学术发展大势而言，但一件事具体能不能做、做得好或做不好，却事在人为，不是谁做都一样，也不是谁都能够做得到、谁都会去做的。业师史念海先生积极做了，而且把这事做得很好，首先不能不归结于其学问之大。

中国具有现代学科意义的历史地理学能够得以全面建立起

来，这本身就是基于业师做学问的大气魄、大手笔。在上个世纪50年代至60年代初，短短十几年时间，业师就通过系统爬梳《二十四史》等基本史籍，给中国历史地理学勾勒出一个整体框架，把这门新型的西式学科推送到大家的面前。

　　做大学问，当然要具备深厚的功力。记得当年初入师门未久，业师就专门向德勇谈道："读书做学问，写论文，固然要从具体的问题做起，不能做肤廓无根游谈，但学术一定要有一个通贯的基础，不能拘泥于一隅。你既然跟我读书，视野一定要宽，举凡历史地理学的各个分支领域和各个时代、各个地区的基本情况，都要有所了解，不然就成了'三家村'学者。"业师这样要求我们，是由于他的学术之路就是这样走过来的。

我想在这里和各位读者交流的最重要的体会，就是史念海先生治学气势的博大。虽然地位相当重要，但所谓"古都"毕竟只是历史城市地理研究的一部分内容，更是中国历史地理研究中的很小的一个部分。然而即使是学术大家，也不是谁都能够像史念海先生这样在短时间内迅速由历史城市地理扩展到中国古都面貌做出系统的研究，并同时建立起古都学这样一门新的学科。理解史念海先生治学这一"博大"的面貌和特点，才能更好地理解《中国古都和文化》这本书。可以说，书中处处都体现出这一特点。

辛德勇

2021年6月13日记

自序

这本拙著，按照原来的设想，是作为《河山集》的第八集的。因为其中集中论古都，根据傅璇琮先生的建议，改名为《中国古都和文化》。研究古都所涉及的问题，不完全与历史地理相切合，却也有可以相互贯通的地方，因而书名也就有了改易。

十年前，中国古都学会在洛阳举行第三届年会时，我曾提议建立中国古都学，得到与会同仁的赞同。我当时曾为中国古都学规定了定义，指出："中国古都学是研究中国古都的形成、发展、萧条或至于消失，或经过改革成为新的城市的科学。"并且指出："这些都城在演变的过程中是有一定的规律的。中国古都学不仅研究这些古都演变的过程和现象，而且研究其中演变的规律，研究出这些规律以为当前建设的参考。尤其是在古都的旧址上现代城市的改建和扩建，其间还有一层因袭和革新的关系。"

研究古都首先是探索其遗址并加以确定，以及由此而引起的保护和利用的诸多问题。不过这都是些初步的基础，还须有更多的致力。作为一个古都，在当时都应是其王朝或政权所统治地区的政治中心，也许还是经济中心或文化中心，其历年较为长久的，在传统的文化上更居有重要的地位。传统文化有的很有优越的地位，不宜使其中断或消失，这应是建设现代城市时不容忽视的问题。因而所建设的现代城市也应是具有自己特色的现代城市，不是其他各国的现代城市。

正因为是这样，中国古都学的内涵是相当丰富的。包括地理形势在内的自然环境，首先是应注意的所在。这也是王朝或政权考虑建都的首要条件。如果都城容易受到攻击而艰于防守，王朝或政权自然不易存在下去，其他就无从说起。现代城市的水源往往成为问题，可是往古之时，这已经成为选择都城的一个条件。《诗·大雅·公刘》篇记公刘选择都城时，是"相其阴阳，观其流泉"。显示其渊源所自。都城自是人文荟萃之地。都城有多少人口，才能繁荣起来，都城有多少物力，才能负担其所有的人口，这些虽未能都见之于简牍，却为当时后世多所关注。都城既是政治中心，又可能是经济中心。为了易于统治各地，又便于物资运输，交通道路是不可或缺的。远在周初就已经有鉴于此，而费力经营，《诗·小雅·大东》篇所说的"周道如砥，其直如矢"，就是具体的描述。秦始皇所筑的驰道和直道，更为古今所艳称。这是一项要政，历代都没有稍事放松，因而构成以都城为中心向四方辐射的交通网。时移世易，当时都城早已失去其本来的地位，可是这样的交通网络依然存在，有利于后来和现代的继续发展。也由于交通的便利，域外各国有时就纷至沓来，使其时的都城侧身世界名都之列。西汉隋唐的长安都可当之而稍无愧色，物资与文化的交流因之盛行一时。

正是由于域外文化的输入，交流和融合就都成了问题，龟兹乐和于阗乐终于代替了中原的旧乐而擅声于当时的庙堂之上和里坊之间，而佛教也有中土的宗派。这些域外的文化和国内各地的文化，共同会集于都城之内，共同构成其时文化的中心，自然各具其一时的特色。前后不同时期的都城络绎相连，因而也就显示出传统文化的次第相承，终于成为一体。这样在古都中存留的传统文化，如何与现代城市中的现代文化融合在一起，应该说是一个重要的问题，也是当前不容回避的问题。

我在中国古都学会中虽然提出建立中国古都学的意见，所做的工作却是极为有限，结集在这本书中的也只有这十几篇文章。最初撰成的《中国古都学刍议》，本来已经编入《河山集》的第六集中，为了显示这一建议和具体工作的始末，如今移来置于这本书的篇首，以便前后能够贯穿起来，可是也就难免叠床架屋之嫌了。《唐代长安和洛阳》一文，本是为白寿彝教授主编的多卷本《中国通史·隋唐卷》所撰写的一章，因为是论述古都的文章，所以作为附录，列于篇后。

目录

一 中国古都学刍议

（一）建立中国古都学的基础 / 15
（二）建立中国古都学的必要性 / 17
（三）中国古都学的意义及其范畴 / 20
（四）中国古都学的研究方法 / 35

二 中国古都概说

（一）中国古都学的定义及其主要内容 / 51
（二）中国古都的数目及其建都的年代 / 59
（三）历代的陪都 / 142
（四）古都年代综论 / 149
（五）古都的地理分布 / 178
（六）"七大古都"名称的确定 / 189
（七）小 结 / 194

三 中国古都形成的因素

（一）形成古都的自然环境 / 213
（二）形成古都的经济因素 / 224
（三）形成古都的军事因素 / 230
（四）形成古都的社会基础 / 241
（五）小 结 / 244

四 **中国古代** **都城建立的** **地理因素**	（一）探求国土的中心点 / 252 （二）利用交通冲要的位置 / 254 （三）凭恃险要的地势 / 257 （四）地理因素与对外策略 / 260 （五）接近王朝或政权建立者的根据地 / 265 （六）政治中心与经济中心的关系 / 270 （七）余　论 / 274
五 **中国古代都城** **建都期间对于** **自然环境的利用** **和改造及其影响**	（一）都城周围地形罅漏的补苴 / 283 （二）以都城为中心向外辐射的 　　　交通网的建立 / 289 （三）解决都城粮食供应问题的设施和策略 　　　——对于河流的利用和改造 / 295 （四）都城附近土壤的改良和重要农作物 　　　种植地区的推广 / 310 （五）都城附近植被的维护与破坏 / 318 （六）小　结 / 326

六 中国古都和文化

（一）古都文化为当代全国文化的汇集和代表 / 337
（二）域外文化的吸取，使古都文化更为丰富多彩 / 345
（三）古都的文化及其传播和影响 / 355
（四）小结 / 365

七 论中国古都文化与当代文化的融通

（一）都城形势的变迁与文化融通的延续 / 377
（二）古都文化的遗存与当代文化的融通 / 434
（三）古都文化对于当代文化的作用 / 468
（四）小 结 / 473

八 中国古代都城的萧条与破坏

（一）政治变化的作用 / 485
（二）战争的冲击 / 493
（三）自然条件的变化 / 497
（四）民族关系的影响 / 502

九 唐代长安外郭城街道及里坊的变迁

（一）唐代长安外郭城的轮廓 / 513
（二）纵横于诸里坊间的街道 / 516
（三）里坊的分布 / 522
（四）里坊的规模及其坊墙和坊门 / 527
（五）里坊内的横街和十字街 / 533
（六）里坊内的曲巷 / 542
（七）里坊内的寺观 / 547
（八）小　结 / 559

附录一 唐代长安和洛阳

（一）隋唐两代以前长安和洛阳作为都城和陪都的缘由 / 563
（二）长安和洛阳作为都城和陪都的规模 / 572
（三）强大的政治中心和繁荣的经济都会 / 583
（四）东西并峙交相辉映的文化中枢 / 592
（五）唐末迁都后的长安和洛阳 / 608

附录二 《中国古都研究》序 / 616

一

中国古都学刍议

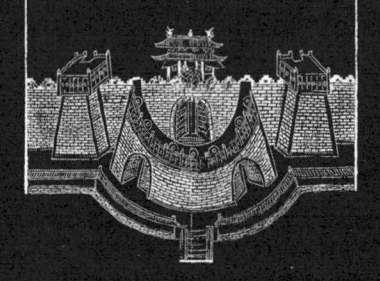

自1983年成立中国古都学会以来，全国的古都研究工作者提出了许多论文，从各方面对历代的古都做了论证，成果相当丰硕。不过也应该指出，这些论文中也还有和古都关系不大，甚至没有什么关系的。为了今后能有更多的硕果，期望能在已有的成就上，建立中国古都学这样一门新的学科，作为中国古都学会的同志们共同努力的目标。

现在将有关的一些设想陈述于下，敬祈批评指正。

(一) 建立中国古都学的基础

建立中国古都学在当前是有一些可资凭借的基础的。

我国历史悠久，古都繁多，自来就受到史家和学者们的重视。司马迁撰《史记·货殖列传》，论述关中的富庶，不仅追溯到秦国的雍、栎阳和咸阳几个古都，还追溯到周代的邠、岐和丰、镐。班固撰《汉书·地理志》，于前代都城皆一一注明，就是诸侯封国的都城也在所不遗。出于梁、陈之间或更后的人士之手的《三辅黄图》，所记载的虽涉及关中各地，而实以京师为主。其后杨衒之的《洛阳伽蓝记》、孟元老的《东京梦华录》、吴自牧的《梦粱录》、李濂的《汴京遗迹志》等，皆撰述于有关古都失去其都城地位之后。虽所撰述并未能详尽有关古都的全貌，一鳞半爪，亦弥足珍贵。而顾炎武的《历代宅京记》，更上起伏羲，下迄元代，缕缕细述，成一家之言。其他著作虽不以都城名篇，而实际上对古都的论述亦不少。有这样的渊源，就为现代的中国古都学的研究奠定了基础。

我国的古都不仅繁多，形成各个古都的时代前后亦皆不相同，这些古都分布的地区既相当广泛，又各具特色，难得一律，因而所显示的问题就颇为复杂，往往涉及许多方面。举凡历史、考古、地理、政治、军事、经济、文化、交通、水利、建筑、艺术、历史地理等各门学科，无不与古都有关。这些学科中或多或少都涉及和古都有关的问题，甚至这些问题在某些学科中还居于比较重要的地位。不过这些学科都不能代替中国古都学。因为各个学科都各有自己的范畴，不相雷同。虽然它们不能代替中国古都学，但所论述的有关问题，都可以作为研究古都的凭借，从而就成为建立中国古都学的基础的一部分。这些学科中有人文科学，也有自然科学。这表明中国古都学这门新学科的基础是相当广泛的，人文科学和自然科学都兼而有之。

这里还应该特别提到考古学。近年来，我国考古学的研究突飞猛进，成绩卓著。有关考古的发掘遍及各地，一些古都实占其中主要的地位。这些发掘和研究使古都当时的规模逐渐为世人所知悉，确是难能可贵的。

还应该说，中国古都学会的成立已经为建立中国古都学这门新学科聚集了一定的力量。成立这个学会的目的就是要从事古都的研究。我们大家今后再接再厉，同心同德，是会在这样的基础上建立起中国古都学这门新学科的。

还应该指出，当前对于古都的研究已引起许多方面的注意，其研究成果时时见于报章等刊物，且有若干有关的专著。空谷足音，实堪庆幸。今后期能共同呼应，使中国古都学这门新学科能够早日建立。将伯之呼，谅能获得赞许。

（二）建立中国古都学的必要性

在我国的悠久历史时期，曾经有过许多王朝或政权兴起和灭亡。每一个王朝或政权都各有其都城，有的还不止一处。这些都城的存废都可反映出各自的王朝或政权的若干面貌，诸如政治的隆窳、经济的荣枯、社会的变化，以至国运的盛衰。这是因为都城为一代的中枢所在，五方杂处，从这里可以了解到全国的情况。了解和研究都城，有助于我们对历史的研究。

成立中国古都学会，是为了能够对当前社会主义建设有所贡献。当前，建设事业蓬勃发展，日新月异，而且正对城市经济体制进行重大改革，所以城市建设更为突出。现代城市有的就建在以前的古都旧址上。首都北京原来就是金、元、明、清诸朝的都城。古都西安、南京、杭州也分别成为陕西、江苏、浙江诸省的省会。就是洛阳和开封也各是地区的治所和工业发达的城市。像这样的情况还有很多，不必一一列举。在古都的旧址建设现代城市，和另辟新地建设现代城市迥然不同。另辟新地建设现代城市，可以不受任何旧规的制约，根据具体的情况和实际的需要，设计兴工，指日就可竣事。在古都的旧址建设现代城市却不那么简单。这里面有一个利用和改造问题，如果古都还有相当部分遗存到现在，这一部分如何与现代城市相配合，就值得考虑。以前的旧迹能遗存到现在，大致都与文化有关，继续保存这些遗址，当能使现代城市更为丰富多彩。古都原来都有城墙，这是殆无例外的。城墙本都有防御外来攻击的作用，但在现在都成为城市交通的障碍。为了便利交通，原来的城墙就应该拆除，可是拆除了城墙就难显出古都的面貌。因此保留若干部分还有一定的必要。甚至还有需要全部保留的，西安就是一例。现在西安的城墙筑自明代，已非汉唐长安的旧观，不过也可以由此看到一斑。当然这不是说，古都的所有遗存部分都应完整无损地保留下来。如何分别取舍，还要多费心思。即使古都的旧规大部破坏，甚至已经泯没无余，地下的遗迹也不能置之不问。前些年，北京城的某些重要建筑工地就遇到过地下古河道的问题，因而影响建筑工程的进展。类似这样的问题当前已经屡见不鲜，有的已经很好地解决，有的却还尚待继续研究斟酌。这些问题都需要从事古都研究的同志做出自己的贡献。

　　近年来，古都研究工作者的确已经做出了不少有益的贡献，为有关的现代城市建设解决了许多问题，加快了现代城市的建设，这是值得称道的。今后建设更加突飞猛进，新的问题将会接踵而来。在这期间如果能够早日建立中国古都学这门新学科，则对于解决新的问题将会易于致力。由于建设事业日益加速发展，因而建立中国古都学这门新的学科就成为迫不及待的问题。中国古都学会以研究古都为目的，是应该及时肩负起这一重任的。

研究古都的必要性还不仅限于这一个方面，更重要的是根据古都演变的规律，提出有关的论证，以供当前建设现代化城市作参考。现代城市和古都的形成虽各有自己的因素，但遵循一定的规律，将有助于城市的建设。在这许多的古都中，有的已经失去其形成的因素，势难再建成现代的城市，而现代一些城市却在古都的旧址上得到了更多的发展。位于今河北省临漳县的邺，魏晋时期即闻名于当世，为曹魏五都之一。十六国时的后赵、前燕，北朝的东魏、北齐皆定都于此。邺的繁荣与漳河水利有关，而曹操的开白沟和修利漕渠更使邺的繁荣如锦上添花。后来这些水道交通被破坏，太行山东河北平原南北通行的大道又向西移，邺遂一蹶不振[1]。在可以预见的将来，此地殆难于恢复当年的盛况。至于其他在古都的基础上发展起来的城市，虽都有其各自的原因，但古往今来，彼此之间并非就完全没有关系。如果能够吸取过去的经验，对于当前和今后的发展，当会有所裨益。汉唐两代的长安为一时的名都。能够成为名都，原因不一，而交通的便利应为其中的一端。由长安通往东方盛产粮食地区的运河，使长安城中军糈民食恃以无恐。又有通往西域的丝绸之路，使长安城更加富庶繁荣。现在不必恢复以前与长安有关的运河，因为现代的铁路和公路较运河更为便捷。但现在还可寄情于丝绸之路的复通，期望以此助长西安的繁荣。现代的铁路和公路固然较运河为便捷，如果西安及其附近的农业和工业不能有更多的发展，徒仰给于由他处输入物资，便捷的铁路和公路也将难于完全承担负荷。就是丝绸之路也不是不可能恢复的，但西安及其附近如何大量销售由丝绸之路运来的货物，又有什么物产可借丝绸之路外运，这些都是必然会引起的问题。如果既不能大量销售外来的货物，而又无很多的物产外运，就是丝绸之路能够恢复，西安仍将等于一个普通的过路站，难得有巨大的收益，无补于当地的繁荣。汉唐两代都是尽量促进关中农业的发展，以减轻对于运河的依赖。当时黄河流域是丝织品的主要产地，长安易于成为丝织品的集中地，因而有利于向西方的运输[2]。这一点就值得当前发展西安经济时注意。其他建立于古都遗址上的城市也都可能有相仿佛的问题。这就足以说明，古都演变的某些规律还是可为当前借鉴的。探索古都演变的规律，促进现代城市的建设，是有其重要意义的。

古都的研究，在当前世界各国都受到重视，而且有的国家已经取得相当的成就。这些古都的研究者不仅着眼于其本国之内，而且往往涉及其他的国家。域外研究我国古都的大有人在，也取得了若干成就。我们应急起直追，不能再事因循。建立中国古都学这门新的学科，不仅是十分必要的，而且也是刻不容缓的。

（三）中国古都学的意义及其范畴

1. 中国古都学的定义及其特点

中国古都学将是在悠久的历史渊源和广阔的学科基础上建

立起来的一门新兴的科学。它研究我国历史上所有的都城的形成、发展、萧条以至于破坏的演变过程。通过这样一些演变过程，探索其中的规律，为当前的"四化"服务。

作为古都，它有它的发展的过程，其中有的还可重建成为新的城市。研究古都，这些都是必不可缺少的项目。但是，作为中国古都学这样一门新兴的学科，应该还有它的独有的特点。其一是由于中国的历史悠久，其间王朝或政权相当繁多，每个王朝或政权都各有其都城，有的甚或还不只是一处。有的在正式都城之外还有一个或几个陪都。约略统计，中国古代都城总有数十处，甚或超过百处。这是中国的特色，并在世界各国中殆无能与之相比拟者。在研究中自可有所选择，局限于某一个古都或某几个历史较久、规模较大的古都。不过，中国古都学不仅要研究古都的演变过程，还要进一步探索其间演变的规律，这就不宜多所局限。因为既然能够形成一种或几种规律，是应该能在较多的方面说明问题的。中国古都学的另一个特点，是必须在马克思主义指导下从事研究。如果疏忽了这一点，便是失去了中国古都学应该具有的特色。

2. 了解古都的自然因素

马克思主义经典作家对于都城和城市自来都是相当注意的。恩格斯在《德国农民战争》中，就曾提到德国南部的城市，尤其是奥格斯堡和纽伦堡，认为这是当时著名的繁华中心。当时尽管瓦斯科·达·伽马已经发现由非洲至印度的航路，从印度到北方诸国的通商大道还是要经过德国，奥格斯堡依然是意大利丝织品、印度香料和东方国家一切出产物的集散中心。德国的熟练矿工也助长了这些城市的繁荣。恩格斯在这里还进而称道英国的伦敦，说它是全国工商业的中心[3]。恩格斯也提到了德国的柏林，说由于当时的工业和贸易迅速发展，促进了柏林的繁荣[4]。奥格斯堡和纽伦堡都只是普通城市。伦敦和柏林却是英国和德国的都城，而且直到现在仍为英国和德国的都城。恩格斯论此事时距今已将近一百五十年，显得相当悠久了。

由恩格斯的论著可以得到这样的启示：不论普通城市还是都城，都应该具备一定的自然条件，才能够繁荣和发展。黑格尔也曾经提出过"历史的地理基础"，说这是"助长民族精神的产生的那种自然的联系"[5]。黑格尔在这里具体指出这有三种特殊的差别，乃是干燥的高地，同广阔的草原和平原；平原流域——是巨川、大江所流过的地方，以及和海相连的海岸地区[6]。中国的古都是这样的繁多，可以说黑格尔所说的三种特殊差别的地区中，都可能与中国的古都有关。由此可见，地理条件或基础，也可以说是自然的因素，对于普通城市以至于都城都是相当重要的。

一代都城的地点的选择和确定不是偶然的，有自然的因素，也有人为的因素。设立都城最大的目的，是当时王朝或政权借此以统治它所控制的地区。任何王朝或政权都期望它能永久存在下去，亿万斯年，不至坠毁。所以对于都城选址莫不极为慎重。它必须仔细了解当地的自然形势是否有利于巩固它的统治力量和地位。西汉初年选择都城时，就曾经对洛阳和关中做过比较。洛阳固然东有成皋，西有崤渑，背黄河而面向伊、洛，有一定的险要条件[7]，但较之秦地的被山带河、四塞以为固的形势，还是稍逊一筹的，所以刘邦就舍弃洛阳而定都关中[8]。像这样的斟酌比较，是所有的王朝或政权都不能避免的。如果能够充分利用自然因素，所建立的都城不仅能够繁荣发展，而且也可助长王朝或政权的年祀的延续。

人不仅能够利用自然，更能够进一步改造自然。这在各王朝或政权对于它的都城的设置过程中也是能显示出来的。无论怎样优越的自然形势，都难免有罅漏之处，不易完全符合于建都的要求。所以一些王朝或政权在选择都城时，固然要注意到利用自然，就是都城奠定以后，也还要进一步谋求改造自然。这就是说，在自然的因素之外，还要增加人为的因素。增加了人为的因素，自然的形势才能更好地和军事、政治、经济互相密切配合，发挥都城的作用。这些自然的因素和人为的因素又因时而有变化，对于都城所起的作用不无影响。只有了解这样一些因素、设施及其间的变化，才能对一代的都城有所了解。

历代王朝或政权确定了它们的都城之后，如何建设都城，这是各有千秋的。历史上古都为数很多，这样多的都城，各呈异彩，殆无完全雷同之处。一般说来，前后不同的王朝或政权同在一处建都，继起者因袭旧规，较易为力。可是也未必尽然。隋代承北周旧业，隋时的长安城却是易地另建，自成一种新的局面[9]。明代的北京城是在元朝大都的基础上建立的，却稍向南移，和元时有所差异。明初废弃元时的安贞和健德两门，两门东、西的城墙亦一并废弃。代之而起的乃是其南的安定和德胜两门，并在这两门的东、西修筑新的城墙。新旧城墙之间就有相当远的距离。就是明时的正阳门和崇文、宣武两门也在元代的丽正门和文明、顺承两门之南。而且明代还多建了一个外城，和元代的大都差异更大[10]。城池尚且如此，城内的建置更是各有特色。这里不必多所列举，隋唐长安城中的里坊就和明清北京城中的胡同迥然不同。至于宫殿、官署、街道、市区更是因地制宜，规模互异。这些都是古都的研究者所不可忽视的。

3. 说明古都的经济基础

马克思主义认为，经济基础决定上层建筑。研究古都也应该先从经济基础着手。经济基础是社会一定历史发展阶段上的生产关系的总和，其所包括是相当广阔的。中国历代王朝或政权一般都以贡赋或其他手段向它所统治的地区征收各种物品。都城之中固然也有若干手工业，绝大多数属于官营，民间所有往往不见于记载。司马迁于《史记·货殖列传》中曾经道及通邑大都可以与千乘之家的收入相比拟的各种行业，包括酿酒、制酱等在内约有数十种。这里只是说通邑大都，不一定就在都城之中。不过也不能说都城之中就没有这等行业。至少宣曲任民就在汉长安城的近旁。至于官营手工业却是各王朝或政权皆不可缺少的。西汉时，少府所属的若卢令、考工室令、左右司空令和东、西织令就是主管这些不同种类的官营手工业的[11]。班固撰《汉书》，为《宣帝纪》作《赞》，称其时的"技巧工匠器械，自元、成间鲜能及之"，因而能"民安其业"[12]。当时全国设工官的有河南、成都等十处[13]，不限于长安城内，但是也不能因此排长安于其外。说得更具体一点，长安城的东、西织室，所制作的物品竟能和齐的制作冰纨绮绣纯丽之物的三服官与蜀广汉的制作金银器的工官相媲美[14]。可见西汉时长安城中的手工业可以称道的还不在少数。唐代的长安城中，除历来一般的官营手工业外，还有由摩揭陀国传入的熬糖业[15]。而破高昌后，以所收得的马乳葡萄种于苑中，并以所得的酿葡萄酒法推广于长安城中，尤为人所称道[16]。北魏太武帝时，由大月氏得铸五色琉璃法，因采矿山中，于京师铸之[17]。当时北魏尚以平城为都，可知当地已有可以称道的手工业。

当然，仅仅用这些官营手工业来对都城的经济基础做出说明，显然是不够的。事实上，历代古都的经济基础都是相当显著的。历代古都虽未必就是当时全国的经济中心，但至少都应是经济发达的城市。都城中的经济是怎样发达起来的？表现在哪些方面？这些问题都是从事古都研究所不宜稍加疏忽的。实际上，如果略事涉猎，便可引人入胜。张择端的《清明上河图》描绘北宋开封城中汴河岸旁商业繁华的情景，可以略见一代的盛况。而唐代长安城中的东、西两市，更与当时百万居民的生活息息相关[18]。当时市肆之中已经有了各业的行。两市共有二百二十行，也是以前所少见的[19]。其中有些行所出卖的货物，就是出自长安城的产品。这可以略觇当时城中生产力发达的情况。长安城中除东、西两市之外，胡人的酒肆随处可见，唐代著名诗人的篇章中，就多有咏长安的酒肆的。李白就是其中的一位[20]。酒肆一般规模不大,但由于设置甚为普遍,亦可以作为经济发达的旁证。长安、开封如此,其他古都也大体略相仿佛。索隐钩沉,是从事古都的研究者不可推卸的责任。

作为经济基础的生产力自不限于手工业这一个方面,农业也应是其中的一个部分。手工业是以古都的城内为主,农业却是在城外郊区和其附近的地区。如果没有郊外及附近各地的供应,都城虽富丽堂皇,也难于苟延下去。一般说来,不论在奴隶社会还是封建社会,许多可以建立城市的地方,都是适宜于农业发展的地区,绝大部分的都城也是相仿佛的。由于都城人口众多,都城附近的农田所产的粮食未必就能完全满足都城中的需要,但还是可以解决一部分问题的。尤其是都城附近有可以兴修农田水利的条件,有关的王朝或政权都是不会轻易放过而不加以利用的。战国末年,东周君为维持他的残存局面,想在城外种稻,略解燃眉之急,西周君遏住水流,东周君的政权几乎就要倾覆[21]。秦、汉、隋、唐诸王朝相继以咸阳、长安为都,就不能不在关中平原讲究农田水利。郑国渠和白渠之利,累代都受及。郑、白两渠之外,其他的灌溉设施还有不少。正因为这几个王朝在这方面下过工夫,直到现在,所谓"八水绕长安"[22],还被传为美谈。北宋的开封已经靠近东南富庶的农业地区,可当时还是在都城附近利用黄河水淤田,并讲究种稻[23]。这样的努力是可以称道的。但都城附近的地区毕竟是有一定的限度的,不可能完全解决都城之内的粮食问题。如何应对这一困局,这是所有的王朝和政权都处心积虑,不敢稍有轻忽的问题。

建都于咸阳和长安的秦、汉、隋、唐诸王朝对于这个问题的解决最为典型。咸阳和长安所在的关中,土地相当肥沃,农田水利也有一定的成就,但是由于都城中的人口众多,粮食还是成为问题。秦汉时期最为富庶的粮食产地是在东方的河、济之间,也就是现在河南郑州之东直到东海之滨。隋唐时期,这产粮富庶的地区逐渐向南转移到了长江三角洲和太湖流域各处。秦时转运漕粮,还只是利用自然水道和当时已有的人工水道。汉时就正式开凿漕渠。汉时的漕渠仅限于傍着渭河南岸的一段。隋唐时期除了恢复这段漕渠而外,开凿的其他漕渠更多,最著名的应当数汴渠,这是沟通黄河和淮河的渠道,也是由关中通往东南各处的动脉。这是以长安为都城的王朝或政权维持它们的统治权力所必不可少的设施。唐代中叶以后,藩镇林立,形成割据的局面,而一些跋扈的藩镇动辄以切断汴渠漕运威胁唐王朝,唐王朝也因此几乎难以存在下去。都于开封的宋朝,都于北京的元、明、清各代,对于这个问题都是倾注全力解决,不敢稍有差池[24]。南京和杭州位于太湖周围,这里自来都是以富饶见称。可是孙权和朱元璋还是要在南京城南开凿运河[25],而南宋偏安之后,对于浙东运河就特别重视,其中透露的消息难道不是十分清楚的吗?

4. 论述古都的上层建筑

经济基础是和上层建筑相关联的。经济基础决定上层建筑,上层建筑也可以反作用于经济基础,二者是密不可分的。所以了解了作为都城的经济基础以后,就必须进而了解它的上层建筑。上层建筑包括政治、文化、宗教等方面。历来王朝或政权在选择都城时，首先要考虑到政治的因素。隋唐时期以长安为都城就足以作为说明。长安虽是西汉时的旧都，其后一些王朝或政权还曾经在这里建立过都城。虽然还是这座长安城，隋唐时期自然条件并没有很大的变化，却有了新的政治因素。南北朝末叶，这里形成了一个地方势力集团，治史者称之为"关陇集团"。这个"关陇集团"就成为隋唐王朝的政治支柱。隋朝的代替北周，实际上是一种宫廷政变，在都城中并没有使用武力，关陇集团的力量还不至于表面化。唐代初年就趋于明显。隋唐两代以长安为都城，是具有各种不同的因素的。至少迁就这个"关陇集团"的势力，应为其因素之一。由此上推，项羽为西楚霸王时定都于彭城（今江苏徐州市），也有类似的因素。彭城近于当时盛产粮食的富庶地区，项羽都于此是从经济方面着眼。项羽为楚人，彭城为楚地，以楚人都于楚地，正是要凭借楚人的力量以巩固他所建立的政权。垓下之战，汉军四面皆楚歌，这使项羽深为惊诧，认为汉已得楚地，最后竟至于败亡[26]。

都城的经济基础常能对当地的王朝或政权的大政方针起到一定的影响作用。东汉和南、北两宋的对外策略就可以作为证明。东汉都于洛阳，较之西汉已近于当时盛产粮食的富庶地区。北宋的开封和南宋的杭州在这方面更胜东汉洛阳一筹。东汉都城离开长安，距西陲的凉州更远，而西域更在凉州之西。东汉对于这一方面的政策，与西汉迥异。西汉主开拓，东汉显得保守以至于退缩。东汉对于西域曾经三通三绝[27]，中叶以后，由于羌乱迭起，还曾经打算弃掉凉州[28]。如果东汉不是以定都洛阳来迁就盛产粮食的地区，可能不至于出此下策。北宋以汴河、惠民河、广济河等漕运渠道，使开封城中不会发生粮食的恐慌，这是以前各代都难于比拟的。可是国防大计不能不恃近百万的禁军。后来禁军腐化，金人就长驱直入了。杭州的经济基础较之开封更为富庶，仅这一点就使偏安的南宋小朝廷不再抱恢复中原的宏志。

每个王朝或政权的政治隆窳，决定它的统治时期的久暂，这在国都问题上亦有所显现。王朝或政权视迁都为一代大事，不敢稍事轻忽。可是迁都的事还是时有发生的。明初都于南京，至成祖时迁到北京。虽当时称北京为行在所，迁都实已成为定局。这应该是盛世的迁都。这次迁都对于防御北陲的策略起到决定性的作用。至于东汉末年的一迁长安，再迁许县[29]，唐代末年的迁都洛阳[30]，都显出当时王朝内部的矛盾重重，无法解决，虽然迁都，仍难免于灭亡，甚或促使王朝更早灭亡。更甚者则是宋代的都城由开封迁往杭州，这固然是由于金人铁骑的侵凌，但若非北宋王室彻底腐朽，政治混乱不堪，曷克臻此。

从各个王朝或政权的都城的社会，也可以看到当时上层建筑的另一个方面。在阶级社会里，无处不显示出阶级的存在。全国都是如此，都城自非例外。或者可以说，都城的社会是全国社会的剖面，不过具体而微罢了。了解了都城的社会，当有助于了解当时全国的社会。都城自然是当时最高的统治者的属所，还有更多的统治阶级的成员。至于被统治阶级则更为复杂，各个王朝或政权随其时代的先后而可能情况有所差异。《史记·货殖列传》记载全国有关从事货殖的人物及其事迹，其中在都城长安的并非小数。当然，长安城中从事货殖的人仅是所有人口中的一部分，甚或是一小部分。但由此亦可觇当时都城社会的一斑。司马迁以后，这类著述犹不少见。杨衒之《洛阳伽蓝记》、孟元老《东京梦华录》皆是一代名作。百千年来，读之犹能令人神往。这些名作的记载确属精细，纤悉无遗，然对于当时都城的整个社会似尚未逐一论及。仅以其所得来说，已值得后来者接踵为之。如能在这方面多所致力，不仅可以上追前贤，补苴史文的缺漏，而且可以超迈前贤。前贤虽处于阶级社会，毕竟难知阶级为何物，现在在马克思主义指导下，是可从容爬梳剔抉的。

都城不仅是一代的政治中心，也是文化中心。都城为人物荟萃之所，文化自然容易发达。由于时代的前后不同，各个都城都各有其独特之处。我国素以历史悠久、文化瑰丽见重于并世各国，而国外人士欲欣赏我国古代的文化，亦皆于各个古都中求之。于是秦始皇陵旁的兵马俑和龙门石窟的造像石刻遂成为来往于西安、洛阳的旅游者必得目睹的奇珍。其他古都像这样的文化遗迹也都可以历历屈指数出。至于尚未被发现的遗迹和散见于文献的记载者，更不知凡几。搜访网罗，端有赖于古都的研究工作。

这里还应该提到和古都有关的军事设施。"战争是政治通过另一种手段的继续"，克劳塞维茨在其所著《战争论》一书中的这句名言，很受到列宁的称道。列宁并且指出："马克思主义者始终把这一原理公正地看作考察每一战争的意义的理论基础。"[31] 既然战争在一定条件下就会发生，所以一些王朝或政权也就不能不考虑到这样的问题，而早做若干准备。都城是每一个王朝或政权统治的中心所在，就不能不建设好有关的军事设施，更重要的则在于军事的防守。唐代前期采取府兵制度，全国共有六百三十四个折冲府，长安周围的关中就有二百六十一府，居全国的少半[32]。北宋一代，全国的兵额最多时曾达到一百二十万人，常驻于开封城内就有八十多万人[33]。其他王朝或政权在都城及其附近常驻的军额各有不同，在武备方面却都不会掉以轻心。就是这样，在都城周围还都设置了若干关隘。从战国以迄秦汉，为了加强对于咸阳或长安的防守，所设置的关隘距都城甚至相当遥远。东面的函谷关就在今河南灵宝县东北，而西面的萧关更远在今宁夏回族自治区固原县的东南。唐代于全国各地共设关二十六座，分为上、中、下三等，在都城周围的就有上关五座，中关四座[34]。唐朝还规定于近边境处筑城置烽，这事好像与都城无关，可是长安所在的关内道及后来的都畿道却也一并置烽，而近甸的烽数竟达二百六十所[35]，其处心积虑，可见一斑。兵力多少、强弱，随时而有所变化。关隘能否发挥作用，固在于地理形势的险要，而守卫关隘的人力和其意志是实力最后决定的因素。王朝或政权的兴衰，都城的巩固和废毁，其间是密切相关的，就是在现在，也还有论述的必要。

  论军事设施，交通也是其中的一个重要部分。如果都城附近的交通有了阻塞，遇到了战争也难以稳操胜券。就在平时，居于中枢的王朝或政权为了要指挥和治理所能控制的疆土，也需要注意交通的畅通和发展。远在西周之时，已经重视周道的建设[36]。秦始皇统一六国之后，更积极修筑以咸阳为中心向外辐射的驰道[37]，"东穷燕齐，南极吴楚，江湖之上，濒海之观毕至"[38]。它不仅通到全国各重要的地区，就是战国时各诸侯强国的旧都也皆能达到。这是说，如果六国的孤臣孽子敢于称兵反抗，秦兵可以通过驰道迅速达到，及时予以扑灭。自此以后，所有的王朝或政权殆莫不注意及此。唐初，长安城的开远门外曾置一记里的土堠，上面刻写着去安西九千九百里，以示戎人无万里之行[39]。这可以看出唐代立国的气派。唐代前期能够控制西域各国，累次用兵征讨，与交通便利不是没有关系的。当时长安城内多西域胡人[40]，也未始不与此有关。以都城为中心的交通得到修整，显示出当时王朝或政权的兴旺景象；交通破坏，都城的地位就难于维持下去了。

这里还应附带论述一下有关古都的萧条和遭受破坏的问题。一些古都在它的王朝或政权崩溃时，都会受到相应的影响，有的萧条下去，有的遭受破坏，有的甚至完全溃灭。项羽入关中，秦代的咸阳城就被付之一炬[41]。北齐灭亡之后，邺城随之被铲为平地[42]。西晋末年永嘉之乱，汉魏以来的洛阳城就很快消失于荒烟蔓草之中。十六国的霸主们亦常往来于伊洛流域，竟无一国再以洛阳为都，铜驼黍离，不堪回首。后来北魏孝文帝迁都，也只好另建新城。当然也有一些古都，虽在易代之际受到影响，但破坏还不甚严重，也许还能保存原来的面貌。不过时移世易，不能完全没有变化。作为一个都城，这样也近于尾声。虽然如此，它到底是如何萧条下去的？还有没有恢复的可能，使之成为现代繁荣的城市？这也都还需要再作考察。不过也有一些古都在易代的时候还不至于受到若何的摧残，有的难免有所损坏，历时稍久，却仍能显得繁荣。现在的南京，东晋、南朝时皆为都城所在地。隋初平陈，诏并平荡耕垦，更于石头城置蒋州，至炀帝大业初始置丹阳郡[43]。就是这个丹阳郡，它的繁荣程度竟超过原来南朝的都城。《隋书·地理志》中说："丹阳，旧京所在，人物本盛，小人率多商贾，君子资于官禄，市廛列市，埒于二京。"所谓二京，指的是长安和洛阳。以一个胜朝的旧都，竟能与当代都城相媲美，自是难能可贵。元人灭南宋，临安难免经历一番浩劫，可是当马可·波罗来到时，所见的却是另一种景象。据其所说，这座城池周围广有百里，内有一万二千石桥。道路、河渠颇宽展。此外有衢，列市其中，赴市之人甚众。城中有大市十所，沿街小市无数。每星期有三日为市集之日，有四五万人挈消费之百货来此贸易[44]。这样的繁荣可以说是仿佛南宋当年。为什么能够这样迅速地恢复和发展？这是值得研究的。

5. 探索古都演变的规律

马克思主义最重视规律的探索。恩格斯说过："自然界中的普遍性的形式就是规律。"[45]斯大林也说过："社会历史科学，不管社会生活中的现象怎样复杂，都能成为例如生物学一样的准确科学，能利用社会发展规律来供实际的应用。"⁴⁶这样的道理也将适用于中国古都学。中国古都学作为一门新的学科，应有它自己特殊的任务。它固然需要研究古都的演变，了解其来龙去脉，更重要的还是要探索出有关演变的各种规律，使它能够对当前的四化建设有所贡献。这在前面已经略事涉及，这里不妨再做论述。作为一个都城，它涉及许多方面。方面虽多，概括起来只有两个，就是自然因素和社会因素。正如恩格斯和斯大林所说的，自然因素的演变是有一定的规律的，社会因素的演变同样有它自己的规律。涉及这两个方面的中国古都学，同样是有规律可循的。从选择和决定都城的所在地起，人们就在利用和改造自然。自然本身时时在变化之中，人们的利用和改造，更可促进自然的演变。而演变了的自然环境，还可引起人们的再利用和再改造。如果是一个历年较久的古都，其前后的自然环境就不能一直无所改变。这中间必然会有一些规律存在。若能探索出这些演变的规律，对于现代城市的建置，必然会有很大的帮助。社会因素也是如此。我国的古都绝大多数是封建社会的王朝或政权所建立的。虽说我国的封建社会的演变较为缓慢，却也并非停滞不前。各王朝或政权的社会当也同于此理，其间也不是没有丝毫变化的。召平于秦时为东陵侯，显然是咸阳城中的重要人物。秦灭汉兴，这位东陵侯只好改行种瓜⁴⁷。樊哙、灌婴在秦末不过是一伙屠狗贩缯的小人⁴⁸，汉朝建立后，都以列侯之尊居于长安城中。这还可以说是易代之际的变化。南北朝时，门第关系最为明显，寒门下第等闲是不能高攀上品的。

这样的差别至唐初犹未稍替。太宗、高宗两朝还特别颁下敕令，不许因循下去[49]。可见积习已久，不是立刻所能改变的。长安作为都城当然会有所反映。唐代陈鸿在其所撰的《东城老父传》中描述了曾侍从玄宗的斗鸡者的饱经沧桑，沦没风尘[50]。而以舞剑器驰名长安城的公孙大娘及其高徒李十二娘，于长安残破之后，亦不得不流落江湖，了却余生[51]。这些虽都是个别事例，然从整个演变中探索，其间也都不是偶然的。如何探索一代都城中社会的变化，望从事此学的研究者努力为之。

这里所论述的都只是一些比较重要的方面，其他就不一一列举了。不过这里还应该重复一句：现在从事对古都的研究，其宗旨是为当前的四化服务，为当前的社会主义建设服务。在古都的旧址上建设现代的城市，自不能完全恢复过去的规模，而且过去一些陈迹还往往对当前城市的建设有所妨碍，这就必须寻找出陈迹的所在而加以廓清。可是和历史文化等方面有关的，却需要尽量地保护。这些都是难得的珍品，不容再事破坏。如果盲目地毁掉这些应该保护的文物，那还有什么悠久文化可以称道？中国古都学应该在这方面详加论证，不只是列举出所有需要保护文物的名称，而且还要具陈需要保护的理由，使它在学理上有所依据。

（四）中国古都学的研究方法

为了建立中国古都学，并逐渐进行深入的钻研，这就应该讲究有关的研究方法。

如前所说，中国古都学自有其特点，其中一个特点就是要在马克思主义指导下从事研究工作。这就必须掌握辩证唯物主义和历史唯物主义的观点、原理和方法。只有这样，才能使这方面的研究沿着正确的道路前进。

中国古都学的研究概括起来不外自然的因素和社会的因素。不论其为自然的因素还是社会的因素，都不会永远是静止不动、停顿不变的。因为事物经常就是在不断运动、不断变化之中。都城及其附近所涉及的有关因素，也不会有所例外。关中的咸阳或长安作为都城有长期的历史渊源，是具有一定的优越条件的。不过也有它的难以掩饰的缺点。关中土地虽然肥沃，局面却显得狭小，都城人口稍多，粮食便成为问题，不能不仰给于关东的漕运。由于渭河水运有若干困难，西汉就在渭河南侧开凿了一条漕渠，终西汉一代运道畅通无阻[52]。隋唐两代继续在长安建都，同样也开凿傍渭的漕渠。隋祀短促，还未发现若何异状，唐代却难于坐享其成[53]。这条漕渠经常发生故障，甚至长期断流，这应是渭河含沙量增多，影响到漕渠的水量的缘故。秦汉都于咸阳和长安时，东面的屏障就依靠一座函谷关。隋唐时函谷关已无人提起，这方面的要塞就移到潼关。这分明是函谷关的形势有所改变，难于负荷一方面防卫的重任。这还是属于自然因素的变化，至于社会因素的变化当更为繁多。洛阳作为古都，都城具体所在地却经过几次迁徙，从东周王城到汉魏的洛阳城，又到隋唐的东都，前后并非一地。明代的北京城虽承元代大都之旧，城垣的变化却各有不同，这是在前面已经说过的。至于一城之内的变化当更为繁多，难以备举。如果不从变化和运动着眼，恐终究难于有所说明。

每个古都都涉及许多方面，是相当复杂的。既然相当复杂，在研究时势必要兼顾有关的方面，了解其间相互联系和相互制约的关系，才能期望获得具体而有说服力的论证。前面说过，每个王朝或政权的都城虽非当时全国的经济中心，经济却相当发达。经济能够发达，原因自然不一，有国内的原因，也有国外的原因。汉唐两代长安的繁荣，就和丝绸之路的畅通有关。西汉时长安城内的槀街就是西域胡人寄旅的街道[54]，而唐代长安的东、西市更多波斯人的足迹[55]。西域胡人和波斯人的往来，为当时长安市廛生色。如果丝绸之路受到阻遏，长安经济就会受到一定的影响。这一点在西汉时还不至于显得突出。唐代中叶以后，吐蕃侵占河陇，丝绸之路受阻，安西、北庭及西域使人在长安者皆不得归去，德宗时曾经做过彻底检查，共有四千人，这应是一个惊人的数字[56]。这四千人由于未能归去，长留为长安市民，以后长期再无来者，这当然对长安的经济不能了无影响。若舍此不论，就难得具悉其中的真相。长安的经济不仅受到丝绸之路的制约，还受到粮食供应的影响。唐代初期由于关中歉收，甚至皇帝也要去到洛阳就食[57]。中叶以后，藩镇割据，汴河运道中断，皇室衣粮的供应也几乎中断，更不要说长安城中的经济了[58]。如果把这样一些现象都当成孤立的问题去处理，而不细究其间的联系，就不易透彻地说明问题。

在以前的王朝或政权的统治过程中，经常会发生各式各样的矛盾，其中有一些矛盾会影响到都城的存废问题。北魏末年，由于孝武帝和高欢之间的矛盾冲突，肇致了北魏的分裂，孝武帝西奔关中，以长安为都；高欢亦弃洛阳，别立孝静帝于邺城。洛阳由此废不为都。唐代末年，由于李茂贞和朱温之间的矛盾，终于酿成昭帝的迁都。昭帝迁都洛阳后，长安也因而废不为都。不过这都是统治阶级内部的矛盾，是衰颓着的东西和衰颓着的东西之间的矛盾，不是衰颓着的东西和发展着的东西之间的斗争。这后一斗争，西周厉王和国人之间的矛盾庶几近之。据说厉王暴虐，用荣夷公来搜刮国人。国人诽谤周王，王使卫巫监视国人。国人难以忍受，群起逐上。厉王只好逃离都城，流亡外地[59]。这里所说的国人，据说是指百工和商人，当是就居住在都城之内的人而言。这次国人和厉王的斗争，虽以放逐了厉王取胜，但并没有改变都城的地位。不过这宗事情发生在都城之内，已经显示出当时都城之内矛盾的激化。在历代的古都中，像这样的统治者和国人之间的矛盾和斗争可以说是仅有的。实际上衰颓着的东西和发展着的东西之间的矛盾和斗争并不稀少，作为古都的研究者皆不宜有所忽略。

我国的古都还有若干值得称道的特点。除前面已经提到的数目繁多这一点之外，一些不同的王朝先后都在同一个地方建都，也是其中的一点。丰、镐、咸阳和长安虽是四个地方，但彼此相距并不很远，实际上可以算作同一的古都。在这里建都的有西周、秦、西汉、王莽新朝、隋与唐六个统一王朝，还有刘玄更始政权、赤眉、东汉(后期)、西晋(后期)、前赵、前秦、后秦、西魏、北周、黄巢大齐政权、李自成大顺政权等十一个王朝或政权，作为都城前后共有一千一百九十一年[60]。其他如洛阳、开封、南京、北京等古都亦莫不如此，都各有其发展的过程。对于这样的发展过程如何进行研究？这在辩证法中有过相关的规定："辩证法认为不应把发展过程了解为循环式的运动，不应把它了解为过去事物的简单重复，而应把它了解为前进的运动、上升的运动，由旧质态进到新质态，由简单发展到复杂，由低级发展到高级的过程。"[61]用这样一条方法研究我国古都的发展过程应该说是必要的而且也是能够说明问题的。由丰、镐经咸阳到长安的发展，不仅都城规模不同、设施不同，就是对于自然条件的利用也有不同。丰、镐在沣河左右，距渭河尚远，这正说明周人当时只能利用沣河这样较小的河流。秦汉时已可利用渭河这样较大的河流。利用渭河从事航运，始见于春秋时期[62]。汉时由关东运来的漕粮，初年就是用渭河运输，中叶开凿了漕渠，以漕渠代替渭河的航运，可是漕渠中的水流主要还是引自渭河及其有关的支流[63]。秦灭六国后，皆写放其宫室，在咸阳北阪上照样建筑[64]。这就和周人的丰、镐完全为当地的模式不同。汉时长安与秦咸阳隔着渭河，城郭街道皆与咸阳不同。尤其汉时长安的櫜街就为咸阳城内所未有，因为这是外国使人所居地[65]。秦时国力的扩张，仅限于南方的越人和北方的胡人，尚无必要在咸阳城中发展这样一个特定的地区。洛阳作为古都，也是经过了王城、汉魏故城直到隋唐东都城几个阶段。就是这个汉魏故城的发展，还包括东汉、曹魏、西晋和北魏几个王朝。虽同在一地，后来的设施总是在前代的基础上有所增益。特别是北魏的洛阳城是在前代的基础上另行设计建筑的。其他作为几代的古都也都有类似的情形。这样在易代之后，原来的古都再次作为新的都城，就必然不是循环式的运动，而是由旧质态进到新质态，由低级发展到高级的过程。

这样由低级到高级的发展过程中，也还包含着由量变进到质变的过程。前面说过，丰、镐、咸阳和长安四地的古都，前后经历了六个统一王朝和十一个王朝或政权的建都。若仅以长安而论，仅去掉西周和秦两代，作为建都时期，还有六百四十九年，在这六百四十九年中，可分为两个段落，前一段落为三百五十四年，除西汉、王莽政权两代外，还有刘玄更始政权等九个王朝或政权在这里建都；后一段落为隋、唐、黄巢大齐政权、李自成大顺政权建都时期。在前一段落中，西汉以后虽有十个王朝或政权在这里建都，但只是在西汉都城的基础上发展，显得前进和上升，但看不出有重大的改革。这种改革直到隋初才得以实现。隋时所建的大兴城，也就是后来唐代的长安城，较之以前各代，不仅城池所在的地址有了改易，而且城内的建设模式也完全成了新的。隋唐的东都城也是如此。北魏的洛阳城虽然是新的规划，与汉魏之时不同，但城址还因故旧，没有改变。隋唐的东都城和长安一样，完全和前代异趣，和长安城东西辉映，使古都的建设呈现出异彩。北京城的发展过程也有相仿佛的情形，金、元、明、清诸代同在北京建都，明、清的北京城因于元大都之旧而有所改革，可是元大都却与金中都迥然不同。大都和中都相较，地址和模式都完全相异，自不易发现其间因袭的痕迹。这样的发展过程，不仅不是循环式的运动，也不是只限于由旧质态进到新质态，由简单发展到复杂，由低级发展到高级的过程，而应是由量变进到质变的过程。

这里所说的只是一些说明问题和分析问题的观点和原则，这是辩证唯物主义和历史唯物主义的基本要求。前面已说过，中国的古都不仅具有悠久的历史渊源，而且数目又极为繁多，这是中国古都的特色。针对这种特色，还应该有更多的需要注意的地方。在这里可以提出两点：就是综合的研究和比较的研究。中国的古都既然这样的繁多，其间就不会没有共同的因素，也不会没有相互差异的所在，不加以综合和比较是不容易做出更为具体透彻的解释和分析的。司马迁曾经指出："昔唐人都河东，殷人都河内，周人都河南"，"建国各数百千岁"。为什么这里能成为累代建都的地方？司马迁的解释是："三河在天下之中，若鼎足，王者所更居也。"[66]这样的解释虽不够全面，却相当中肯。那时的王朝和政权选择都城有一个共同的原则，就是认为都城应该设在天下之中。周公营雒邑，就是根据这样的原则的[67]。《吕氏春秋》中因此得出一条结论："古之王者，择天下之中而立国。"[68]这是从自然因素得出的结论，司马迁对此特别加以称道，是因为这里还有一定的经济基础，只是由于"土地狭小，民人众"，受到相应的限制。如果推而广之，三河只是那时的王者建都集中的一个地区，而不是所有的都城所在地。夏、商、周各代都曾经频繁迁徙过都城，可以考见的，夏自禹起，先后迁都不下十三次；商人迁都，前八后五，早已成为定说，就是说汤的先王契至汤迁过八次，汤以后至于盘庚又迁过五次；周人自太王居豳起，至于敬王的徙于成周，前后也有八次。夏、商、周三代的迁都合起来达三十余次，所迁的都城都在黄河流域。夏人的都城在今山西、河南两省之间的黄河两侧，并有向东发展的趋势。商人的都城在今河南、河北、山东三省之间的河济流域，周人的都城则自渭河中游向东发展，直至今河南洛阳。总体来说都在黄河流域，更具体说是在当时黄河的中游及济水的上、中游，也是在陇山和泰山之间。为什么夏、商、周三代这样频繁的迁都，迁来迁去都离不开黄河流域？这自然与当时黄河流域富庶有关[69]。三代以后，还有不少王朝或政权的都城也在黄河流域。这就显示出历代古都和黄河流域的关系。要说明这样的关系，仅仅从事于某一古都的研究是不能满足的。

自古以来，不论王朝或政权都以营建都城为国之大事，莫不郑重筹措，以期长治久安。《周礼》："匠人营国，方九里，旁三门，国中九经、九纬，经涂九轨，左祖右社，面朝后市。"这样美轮美奂，是费过一番斟酌的。此后各代皆在这方面多费心机，而北魏的洛阳城和隋唐的长安城尤为人所称道。他如城池的广狭、街道的宽窄、市区的繁荣与萧条、道路的畅通与阻塞，各个古都皆各有法则，未能彼此相同，不经过比较研究，就难以备悉其中的特点，也不易获得和各个古都都能相符合的规律。

其实，这样综合的和比较的研究，也都是马克思和恩格斯经常使用的治学方法，在他们的著作中是不难看到的。以这样一些方法研治中国古都学更容易得到一定的效果，应该蹈其道而行之。

此外，当前在其他学科中也还有一些卓有成效的治学方法，可以引用来研治中国古都学。譬如，现代人文地理学的空间分析法、中心地学说等分析问题的方法，对于研究古都的起源、发展和演变，尤其是对于研究古都在其统属区域内的基本条件和变化根源，都有不同程度的借鉴作用，不妨斟酌试行。

上面所论述的都是在有关的资料具备以后的工作。如何搜集资料，似乎不必琐陈。一般习于从文献记载中搜集，其实还应该加上实地考察。就以文献记载的资料而言，也还有应该注意之处。文献记载有第一手和第二手之分，也有真讹的差别。研究古都，资料的可靠性如何，是一个关键性的问题。资料稍欠真实，立论便难得正确。当时人的记载已难保其必是，后世追述前代，更不能说是完全没有舛错讹误的地方。就这一方面来说，考证的工作自是十分必要。我国古代的学者对此相当重视，以考证名家的学者代有其人。马克思主义对于这一点也同样地重视。从事古都的研究者当然也不宜忽略这一关键性的工作。不过考证只是整理资料的方法，而不是研治此学的目的。资料既经考证真实，就应该根据马克思主义的观点、原理，进行深入的探讨。

实地考察是和搜集文献记载的资料相辅相成的工作。古都所涉及的地区不广，实际考察比较易于进行。但不能因为所涉及的地区不广便率尔忽视，不加闻问。秦汉两代以咸阳和长安为都。这两地隔着渭河南北相向，汉时且在渭河架桥，来往自甚方便。经过两千年的变化，汉长安城尚有败堵残迹，掩映于荒烟蔓草中；至于秦咸阳城自经项羽烧残后，遗迹久已沦没，若非近年考古发掘，几难确指其地。就是这样的残迹还是经过渭河的侵蚀，半沦水中。若不亲临考察，不仅难知其间变化的历程，且将难以确指汉代渭桥的所在。唐代于洛阳建立含嘉仓，这是当时漕运的重要设施，如不亲临其地进行考察，了解当地水道的变迁，殆将难以具知在其地设仓的原因。正是由于这样的缘故，从事古都的研究，实地考察实为一个不可或缺的环节。必须使文献记载的资料和实地考察所得的结果互相吻合。

必须指出，在搜集和整理资料的过程中，应该尽量运用现代科学的工具和手段。诸如，以碳十四和树木年轮法确定历史的年代，以电镜分析判断泥沙的沉积，以卫星照片探索地下的蕴藏，以及其他各种有关的新设施新方法，皆可因之以得到具体的数字和真实的情况，这就能据以说明有关的问题。以碳十四确定历史的年代，在考古学中已普遍应用，其中有许多涉及古都的记录。河南安阳殷墟的有关年代尤为繁多，如妇好墓的椁板、武官村祭祀坑中的马骨，皆有助于年代的确定。而北京紫竹院的桥梁残木，亦可因之而确定高粱河在北魏时的故道[70]。不过碳十四年代测定在某些条件下，受不同地形、不同沉积环境的影响，所测定的年代只具有相对的准确性，在条件具备的情况下应该再用树木年轮法加以核正。电镜分析可以判断泥沙的沉积。运用这个方法可以知道基于何种类型的沉积环境造就了现在的沉积性。古都中开封所受沉积的影响最大，在开封作为都城以前，就已经经过无数次的沉积，开封失去都城的地位以后，仍继续有多次的沉积。其间的演变就可运用这种方法来推求。电镜分析不仅可以判断沉积，还可以鉴定木材结构，这在古都的研究中当有更为广泛的运用。至于利用卫星照片探索地下的蕴藏，更可以得到文献记载所难于明确的效果。西安附近的渭河和浐、灞两河的河道，皆曾经有过摆动和移徙。秦咸阳都城遗址南部的受到冲毁，唐代东渭桥遗迹在高陵县耿镇之东农村中的发现，固然可以说明一部分问题，但有关渭河河道前后演变的过程却仍不易详知底蕴。渭河尚且如此，浐、灞两河更连这样的线索都不易察知。可是这些演变的痕迹在卫星照片中却都能够明显见到[71]。这对于研究古都长安有所裨益。其他古都的一些演变，也可借卫星照片于地下求之。现代科学突飞猛进，新的研究工具和手段可能时有发现和创造，自应随时引用，期能得到更多的成果。

运用这样一些方法，具备了有关的文献记载和实地考察所得的资料，并加以必要的考证和核实，证明都已确实无误，就可以依据马克思主义的观点和原理进行具体的研究。不过还应该有一个重要的步骤，不宜稍事疏忽，这就是要设法复原古都的旧貌。如果不能复原古都的旧貌，它的演变历程就不易加以阐述，至少要多费笔墨。这个方法是侯仁之同志在研究历史地理学时提出来的。仁之同志认为进行复原，一如考古学家把已经破碎了的甚至是残缺不全的古器物进行复原，或者像古生物学家把早已绝迹了的某种动物的遗骸化石进行复原一样[72]，这个复原工作可以应用到对于古都的研究。其实仁之同志在研究古都时用的就是这种方法，而且卓有成效[73]。当前，我国的考古工作者在探索古都的遗址方面做了大量的工作，探钻或发掘了一些古都的城垣、宫殿、街道、坊巷、宅第，使它们的遗迹局部或全部显露出来，因而获得了丰富的资料，这是值得称道的。所获得的资料正是复原古都面貌的极好依据。再以文献记载相对证，古都的面貌是可以尽量复原的。由于古都的繁多，各个古都又都有相当的规模，今后还需要做更多的努力。

这样的复原工作不应限于原来都城的人为设施，还应复原当时的全貌，包括有关的自然环境方面。西安城北的渭河，曾经有过较大的变化，自秦汉两朝在咸阳、长安建都以来，河道一直向北摆动。如果不能探索出秦汉以至隋唐时期的渭河河道的所在，则秦咸阳城的规模就难以得出具体的轮廓。汉唐两代都曾在长安城北渭河之上架设桥梁，迄至现在，有些桥梁的遗址须在河畔村落间求之，已经发现的唐东渭桥遗址，竟距现在的渭河有数里之远。如果渭河河道没有变迁，这样的建桥岂非奇谈！现在北京城中的什刹海，元时称为积水潭，为由江南来的船舶停泊之地，因而积水潭东北岸上的斜街一带也是当时大都城内最繁华的商业区。到了明代，积水潭日益淤垫，湖面逐渐缩小，就无复当年的盛况。现在什刹海较明时更小[74]。若不设法复原，就难于说明元代大都城内的情况。

为了说明古都的规模和演变，甚至还应复原距古都较远的某些地区的旧貌。秦都于咸阳，函谷关遂成为它的东部屏障。西汉虽改都长安，函谷关的重要性并未稍有减色。函谷关能有这样的作用，是因为当地地形的险要，东来的进攻者等闲不能轻易越过。函谷关在今河南灵宝县东北弘农河畔的王垛村。现在看来，王垛村及其附近实在说不上有什么可以称道的险要。这应不是古代史籍记载的错误，而是后来演变的结果。若不能复原当时的旧貌，则咸阳和长安的都城地位就不易得到充分的说明[75]。

对于古都的研究者来说，复原古都的旧貌只是迈开了研究工作的最大的一步，甚至可以说只是研究工作的开始。中国古都学是以研究古都的演变及其规律为目的的，复原古都的旧貌和达到这个目的之间还有一定的距离，因而不能说复原了古都的面貌就尽了研究古都的能事。这就需要再接再厉，努力以赴。只有论证了它的演变，探索出其中的规律，使它有裨益于当前的四化建设，才能算是对于中国古都学的建立做出了贡献。

千里之行，始于足下。愿与各位同志共勉之。

（原载《浙江学刊》1986年第1、2期合刊）

【注释】

1　拙著《中国的运河》第四章，史学书店1944年版。

2　拙著《黄河流域蚕桑事业盛衰的变迁》，《河山集》一集，生活·读书·新知三联书店1963年版。

3　《德国农民战争》,《马克思恩格斯全集》第七卷,人民出版社1959年版,第386—387页。
4　《〈德国农民战争〉一书序言》,《马克思恩格斯文选》第一卷,外国文书籍出版局1954年版,第626页。
5　黑格尔:《历史哲学》,王造时译,商务印书馆1963年版,第123页。
6　黑格尔:《历史哲学》,王造时译,商务印书馆1963年版,第132页。
7　《史记》卷五五《留侯世家》。
8　《史记》卷九九《刘敬传》。
9　《隋书》卷一《高祖纪》、卷五三《贺娄子干传》、卷六八《宇文恺传》、卷四一《高颎传》,又《大唐六典》卷七"工部郎中员外郎",近卫本。
10　侯仁之:《历史地理学的理论与实践·元大都与明清北京城》》,上海人民出版社1979年版。
11　《汉书》卷一九《百官公卿表上》。
12　《汉书》卷八《宣帝纪》。
13　《汉书》卷二八《地理志》。
14　《汉书》卷七二《贡禹传》。
15　《新唐书》卷二二一上《摩揭陀国》。
16　《南部新书》丙。
17　《北史》卷九七《西域传·大月氏传》。
18　宋敏求:《长安志》卷八《唐京城二·东市》、卷一〇《唐京城四·西市》。
19　宋敏求:《长安志》卷八《唐京城二·东市》、卷一〇《唐京城四·西市》。
20　李白诗中有关这类的篇章,至少有如下各篇:《前有一樽酒行》《少年行二首》《白鼻䯄》《送裴十八图南归嵩山》,分别见中华书局本《全唐诗》卷一六三、卷一六五、卷一七六。
21　《战国策》卷一《东周策》。
22　长安八水始见于《史记》卷一一七《司马相如传》。
23　《宋史》卷九五《河渠志五》。
24　拙著《中国的运河》第五、六、七章,史学书店1944年版。
25　《三国志》卷四七《吴书·孙权传》,《明史》卷一三二《李新传》。
26　《史记》卷七《项羽本纪》。
27　《后汉书》卷八八《西域传》。
28　《后汉书》卷五八《虞诩传》。
29　《后汉书》卷九《献帝纪》。
30　《旧唐书》卷二〇上《昭宗纪》。
31　《社会主义与战争》第一章,《列宁选集》第二卷下,人民出版社1976年版。
32　《新唐书》卷五〇《兵志》。
33　《宋史》卷一八七《兵志》。
34　《大唐六典》卷六《刑部尚书》。
35　《大唐六典》卷五《兵部尚书》。
36　《诗·小雅·鹿鸣之什·四牡》《谷风之什·大东》,又《左传·襄公五年》,《孟子·万章下》。
37　《史记》卷六《秦始皇帝本纪》。
38　《汉书》卷五一《贾山传》。
39　元稹:《和李校书新题乐府十二首·西凉伎》,《全唐诗》卷四一九。

40　向达:《唐代长安与西域文明》。

41　《史记》卷七《项羽本纪》。

42　《周书》卷八《静帝纪》。

43　《隋书》卷三一《地理志》。

44　《马可波罗行纪》第一五一章《蛮子国都行在城》《补述行在》，冯承钧译，中华书局本。

45　《自然辩证法》，《马克思恩格斯选集》第三卷，人民出版社1972年版，第554页。

46　苏联共产党（布）历史简明读本》第四章第二节《辩证唯物主义与历史唯物主义》，人民出版社1955年版。

47　《史记》卷五三《萧相国世家》。

48　《史记》卷九五《樊哙传》《灌婴传》。

49　《唐会要》卷三六《氏族》。

50　《太平广记》卷四八五。

51　杜甫:《观公孙大娘弟子舞剑器行》，《全唐诗》卷二二二。

52　《汉书》卷二九《沟洫志》。

53　《新唐书》卷五三《食货志》。

54　《汉书》卷七〇《陈汤传》。

55　《太平广记》有关此类的记载很多，不一一列举。

56　《资治通鉴》卷二三二《唐纪四八》。

57　《资治通鉴》卷二〇三《唐纪一九》、卷二〇九《唐纪二五》。

58　《资治通鉴》卷二三二《唐纪四八》。

59　《国语》卷一《周语上》。

60　拙著《陕西省在我国历史上的战略地位》，《河山集》四集，陕西师范大学出版社1991年版。

61　《苏联共产党（布）历史简明读本》第四章第二节《辩证唯物主义与历史唯物主义》，人民出版社1953年版。

62　《左传》僖公十三年。

63　《汉书》卷二九《沟洫志》。

64　《史记》卷六《秦始皇本纪》。

65　《汉书》卷七〇《陈汤传》。

66　《史记》卷一二九《货殖列传》。

67　《尚书·洛诰》。

68　《吕氏春秋·慎势》。

69　拙著《由地理的因素试探远古时期黄河流域文化最为发达的原因》，《河山集》三集，人民出版社1998年版。

70　中国社会科学院考古研究所:《中国考古学中碳十四年代数据集》，文物出版社1983年版。

71　杜甫亭:《西安附近渭河河道的演变》，《史前研究》1985年第1期。

72　侯仁之:《历史地理学的理论与实践·历史地理学刍议》，上海人民出版社1979年版。

73　侯仁之:《历史地理学的理论与实践·历史地理学刍议》有关古都研究各篇，上海人民出版社1979年版。

74　侯仁之:《历史地理学的理论与实践·元大都与明清北京城》，上海人民出版社1979年版。

75　拙著《函谷关和新函谷关》，《西北史地》1984年第3期。

二

中国古都概说

(一) 中国古都学的定义及其主要内容

中国古都学是研究我国古都的形成、发展、萧条，或至于消失，或经过改革成为新的城市的科学。这些都城在演变的过程中是有一定的规律的。中国古都学不仅研究这些古都演变的过程和现象，而且研究其中演变的规律。这些规律可能不只一条两条，甚或可以多到若干条。在这若干条规律中，有总的规律，还有更多的次要的规律。研究出这些演变的规律，就可为当前重建现代城市作参考。忽略往事的殷鉴，重建现代城市时就不能不受到相应的影响。现代城市的建立在并世各国已经是相当普遍的。他山之石可以为鉴，作为现代的中国的城市却不能不具有中国的特色。这就不能不在某些方面吸取前代的优异的成就。因此，历史上都城演变规律的探索是应该得到重视的。简言之，研究历史上的都城，不是发思古之幽情，而是为了当前建设的需求。

历史上的都城，都是其当世相应的政权统治区域的政治中心。既是政治中心，就反映相应的政权统治区域各种不同的面貌。这和一般城市是不尽相同的。它不仅有它的自然基础，还有更多的社会因素。构成一个都城，和它的地理形势有关。都城附近的地形，及其附近的河流和物产，都息息相关，是选择都城时所不可忽视的。任何王朝或政权建立都城后都期望长治久安，军事设施是必要的。军事设施自然离不开相关的地势。军事设施只是建设都城的一个方面。其他方面也不是都和这些自然基础毫无关系的。

能够作为都城，经济条件也是不可或缺的。都城为相应的政权的统治区域的政治中心，也就成了人口荟萃的所在。唐代是我国历史上有名的王朝，长安也是当时世界上少有的都城。一些人称道说，长安有百万人家，显然是过于夸大。不过长安人口的稠密确是举世所少有的。其他都城虽不能都和长安相媲美，在相应的统治区域中，人口都是比较多的。如何来养活这样多的人口，是任何政权都不能忽视的问题。有的都城附近土地肥沃，有的都城却不一定就是如此。都城附近的农业生产不能解决都城的粮食问题，就必须仰给于外地的供给。如何供给却也是一个问题。粮食的供给诚然引起选择都城时的注意，其他经济方面的因素同样是不可忽略的。

人口的集中也带来另外一种问题。历史上若干政权的统治地区内并非就只有单一的民族。由于政权的强大，也可吸引域外的族类聚居到都城之内。如何和谐聚居在都城中的民族关系，不使之发生矛盾，是会受到相应政权的注意的。不仅民族关系，相应的政权的统治区域如果相当广大，地方势力的强弱也会在都城中得到反映，说不定一些星星之火就会酿成一场灾难。

作为都城，都有一定的规模。历史上的所有都城，难得都是相同的。就是同一地方而为不同政权建立的都城，前后就不能都是一样。长安曾经做过十几个王朝或政权的都城。汉唐两代在这些王朝或政权中，历年最为悠久。这两代的都城都以长安为名，并非就在一地。汉长安城一名斗城，因为其城垣弯弯曲曲，与天上的北斗和南斗相仿佛。汉长安城北濒渭水，城垣濒河筑成，就不能一线笔直。现在这里的渭水已经改趋北岸，并且侵蚀了北岸许多土地，离南岸甚远，当时城垣和河流的关系，就不易显示出来。唐长安城遵隋之旧，移到龙首原下，原下地势平坦，城池显得整齐，只是南北略长，成为一个长方形。明代继元之后，迁都北京。明代有意改变元代大都的规模。明代北京的北城垣远较元代大都为内缩，而南城垣不仅向外推出，还增添了外城。其他都城也莫不显出各自的特色。城垣如此，城内也殊为不同。街道的布局和宫殿官署的设置，以及市廛的分布和居民地区的划分，都因时因地而不同。隋唐长安城中的皇城南北和东西十二条主要街道，规划相当整齐，远处瞭望仿佛是一具棋盘。外郭城中又划分一百多个坊，各坊自有坊垣和坊门，这在现在看来，仿佛是不可思议的，但在当时这样的设计却是难得的构思。坊是达官贵人和一般平民聚居的处所，市廛却是另外设立的。当时称为东市和西市，也和后世不尽相同。由于特设了坊里，官署和宫殿自不必夹杂于诸坊之间，因而又有了皇城和宫城。既然历史上所有的都城在建立的规模上都各自有其特色，就应对这样的特色进行研究和探索。许多特色之中应有共性存在，研究和探索出共性，就可进一步得出其中的一些规律。

　　任何一个都城都是不能与世隔绝单独存在的。它必须和各地有所往来。都城是一个政权所统治区域的中枢所在地，这个政权统治这个区域，就不能不讲究交通的设施，都城因而就成为交通网的中心。秦始皇由都城咸阳向全国各重要地区修筑驰道，遂使咸阳成为向外辐射的交通网的中心。宋代都城开封由于汴河的经过和惠民河、蔡河、广济河由这里始凿，因而成为以水路向外辐射的交通网的中心。咸阳和开封分别成为水陆两种向外辐射的交通网的中心。在历史上许多都城中具有一定的典型意义，也还有不少的政权使它的都城达到这一境界。也有一些政权由于若干具体的因素在这方面的努力有所欠缺产生若干影响，甚而使这样的政权难以长久稳定下去。

然而更需要注意的则是社会的因素。聚居在都城的人口在相应政权存在时，是相当稠密的。这许多人口是相当复杂的。作为政权组织的骨干，会有不少的贵族官吏；为了保护都城的安全并使政权能够长期存在下去，更少不了驻屯兵士；但最多的当是一般的居民，其中有手工业者和商人，也可能有不同民族的居民和国外来的侨民，这些不同的人群的生活和活动，都能够增加都城的风采。在相应的政权看来，如何统治这些人口，使社会能够长久稳定下去，却是要花费很多精力的。

由于都城中居住着数目相当可观的手工业者和商人，从而促进了都城经济的发展，手工业者制成丰富多彩的产品，商人的懋迁有无，都能具有促进都城经济发展的效力。远在棉花的种子和种植技术尚未传入中土以前，衣着原料自唯丝麻是赖，而丝的质量更在麻上。黄河流域曾经长期为著名丝织品的产地。汉代齐鲁的丝织品更为世人所称道。齐地的冰纨为一时的名产，定陶（今山东定陶县）和亢父（今山东济宁县东南）的缣也被视为珍品，其时三辅白素的市价还要在亢父的缣以上。三辅为长安周围的京兆尹、左冯翊和右扶风，包括现在陕西关中各地。白素出产的这些地方，当然也包括都城长安在内。南宋都城杭州，团行颇受人重视。这是当地手工业者的组织，而碾玉作就居于首位。契丹都城临潢府，其遗址在今内蒙古自治区东部西拉木伦河畔。现在这里还是宜于游牧的草原。可是在契丹时，临潢府城内竟已有绫锦诸工作者。历史上许多都城都各有其手工业产品，非独这里所提到者为然。论都市经济者是不宜稍事忽略的。对于历史上都城的经济来说，更为重要的则是农业。这关系到都城内的军糈民食，农业社会的政权是不会放松这一环节的。汉唐两代皆都于关中。关中土地肥沃，最宜于农耕的种植。汉唐两代莫不重视关中的农田水利。农田水利受到讲究，农产品白会多有收入。

都城固然是相应的政权所统治的区域的政治中心，也应是这一区域的文化中心，都城是人才荟萃的地方，文化就会得到发展。各个政权不同，各个都城的文化因之也互相有别，各有风采。这种人为的作用也免不了有某些互相仿佛甚至一致的地方。任何政权为了能够取得经久的统治力量，都注意培养它们自己所需要的人才。所采取的培养人才的方式方法各有不同，但都会使都城中的文化有所发展。都城中都有宫殿和官署，因而就可能促进有关建筑艺术的进步。艺术的成就是多方面的，不会囿于如建筑艺术这一部分，举凡绘画、书写等都包括在内。

唐玄宗精于音乐，长安城中就有许多名家。宋代开封城内的京瓦伎艺，其演出不以风雨寒暑有所改变，诸棚看人日日如是，也是少见的盛况。论都城的文化还应涉及宗教方面，东晋南朝以建康为都，城中寺院竟多至四百八十座，其他都城可能不易与之媲美。北魏洛阳亦多寺院，杨衒之还为此特别撰著一部《洛阳伽蓝记》。书中所记一些寺塔的建筑，堪称奇观。

历史上一些政权不仅创建了都城，为了更适于统治，往往设法利用自然环境，甚至加以改造。汉唐两代皆以长安为都，为了供应都城中的军糈民食，除了在都城附近兴修水利、发展农业外，还都积极开凿运河，使通往关东的漕粮运道得以不受阻隔。北宋都于开封，就是充分利用汴河的水道，运输长江下游太湖流域的粮食。运粮之外，它还利用汴河水流在开封附近淤田种稻。虽然种植的范围不是很广，这种改造都城附近自然环境的精神是可以称道的。

历史上的都城有其形成和发展的过程，在相关的政权倾覆和灭亡后，就难免趋于萧条或毁灭。已经倾覆和灭亡的政权已成为历史的陈迹，甚至没有必要重复提及。但趋于萧条或毁灭的古都却不宜任其继续萧条或毁灭。这些已经萧条或毁灭的古都在可能的条件下似应设法恢复，就是一时不能恢复，保存它的遗址还是有一定的意义的。唐代高昌国的古都，已渺无人烟，仅断垣残壁掩映于荒烟蔓草中。虽说是断垣残壁，当时街巷布局还清晰可见，甚至人家居室也可依稀辨其堂奥，因而吸引游人，前往参观者络绎于途。高昌古都远在新疆维吾尔自治区吐鲁番县，犹且如此，其在内地者当有更大的影响。有些古都不仅未臻于萧条，而且得到了发展，正在形成为现代都市。因为是由古都演变而成的现代都市，就和新建的现代都市有所不同。如何保护并加以利用古都的旧迹，是应该引起注意的。有关这些问题，都是中国古都学所应该探索和研究的。

由此可见，对于历史上的都城需要研究和探索的方面是很多的。这些问题涉及历史、地理、政治、军事、经济、文化、交通、水利、建筑、艺术、考古、历史地理等各门科学。涉及这些科学，却并不是这些学科所可能单独能够解决的，因而它们并不能代表中国古都学。也可以说中国古都学是在这些学科的基础上形成发展的一门新的学科。这门新的学科将发挥出它应有的作用，在当前国家建设中做出应有的贡献。

回过头来，还应该提一个更为基础的问题，就是怎么样的都城才能成为我们作为研究对象的古都。

作为一个独立的王朝或政权，不受外来的控制，其都城已成为政治中心，就皆应视为古都。但由于作为保护和研究的对象，就要受到一定因素的制约。这就是说，古都不仅是独立的王朝或政权的都城，还应该具有较为长久的而不是过分短促的年代，其遗址的现在地理位置应是确切的而不是推测的臆定，还应是距现在有关的城市较近，而不是相离很远的废墟。

所谓独立的王朝或政权，乃是这个王朝或政权的建立不隶属于其他王朝或政权，对于所据有的疆土，有绝对统治的权力。这样的王朝或政权，不论其所统治疆土的大小、统治年代的久暂，它的都城在现在看来，都应视为广义的古都。

也还有些王朝或政权，建立之后名义上曾受到其他王朝或政权的册封或允许，却没有受到实际的控制，则它所建立的都城，也应视作古都。唐宋之间，梁、唐、晋、汉、周五代相继在中原建立王朝，另外的十国中如吴越、南平等皆多次受到中原王朝的册封，但中原王朝对它们并未能多所控制，则它们的都城，就应视作古都。与此相仿佛的还有战国七雄和夹杂其间的一些小国。战国七雄的历史都相当悠久，直至周威烈王二十三年（公元前403年）韩、赵、魏三家列为诸侯时起，周王朝对它们才失去最后控制。以它们的都城作为古都亦应从周威烈王二十三年算起，其前亦犹如齐、晋一样，只能算是周王室的封国诸侯。

周边地区的一些政权大都受中原王朝的控制。这样的控制大多属于名义上的控制。即令超过这样的限度，中原王朝也都未能视之同于内地的郡县。这些政权建立的都城，同样应视作古都。

作为古都是应该有其具体的年代的，这样年代的计算方法应和史家记载帝王改元有所不同。帝王改易年号，并非都由其年的正月开始，可是史家记载却都由其年正月算起。为了便于记载，这样的方法原是可取的，历来也都没有异议。至于建都的年代，还是应如实的计算。虽建都的终止期不在岁末，这一年还应计算入建都的年代之中。同样，建都的开始时，不在岁首，这一年也应计算入建都的年代之中。某一王朝或政权，往往有迁都之举。其迁都的一年，既可计算入前一都城的年代中，也应计算入后一都城的年代中。这样的建都年代和相应的王朝和政权统治年代不尽相同，一般是有所增加，而不是或有减少，不过这在计算建都的年代时，还是比较合理的。

有些都城由于自然条件或其他因素的变迁，其所在的地理位置，竟已不为当时或后世所洞晓，虽经学人考核亦不易具体确定，甚而所谓考核，往往近于推测，这种推测的臆定，将使治丝益棼，本来面目更加模糊难定。对于这样的所谓都城，只好暂舍不论，敬俟来哲。

（二）中国古都的数目及其建都的年代

1. "共和"以前传说及见于文献记载的古都

中国纪元始自西周时的"共和"。在此以前，一些王朝或政权的都城就已频见于文献记载，其中亦有若干传说，为后世所习知。作为都城的具体年代虽往往难于稽考，然研究古都却不能舍之不加闻问，故略事论述，以见一斑。不过远古传说的都城仍不应与三代的都城等量齐观。

（1）远古传说的都城

我国历史悠久，都城见于记载，为时甚早。春秋时人论前代故事，多所涉及。《左传》昭公十八年，鲁大夫梓慎曾谓宋、卫、陈、郑将有大火。而这四国都是往古都城所在地。这是说，宋为大辰之虚，陈为大皞之虚，郑为祝融之虚，卫为颛顼之虚。过了一年，宋、卫、陈、郑果然都发生了火灾，梓慎还登上大庭氏之库来瞭望。所谓大皞之虚，也就是伏羲氏的都城，而大庭氏之库则为神农氏的都城。这应是最早见于文献记载的两个都城。《水经·渠注》："陈城，故陈国也，伏羲、神农并都之，城东北三十许里犹有羲城实中。"所谓大庭氏之库则在鲁国都城之中，是神农氏的都城有陈国和鲁国两处。

《史记·五帝本纪》记述黄帝的居处，谓"邑于涿鹿之阿，迁徙往来无常处，以师兵为营卫"。既云无常处，显示尚无固定的都城。所谓涿鹿之阿，后世以汉上谷郡当之，并谓其地有蚩尤城、黄帝祠[1]。黄帝祠自是后世的建筑。黄帝既曾与蚩尤相争战，何以其都城所在尚有以蚩尤为名的城池？《五帝本纪》还说："黄帝居轩辕之丘。"《山海经》谓轩辕之丘在"穷山之际西射之南"，实际所在，仍难确指。春秋时人虽能举出伏羲和神农的旧虚，而于黄帝却少有道及，可见当时已难于稽考。

春秋时人于伏羲和神农旧虚之外，还指出了少昊和颛顼的旧虚。颛顼之虚即梓慎所说的卫国。卫国都濮阳。濮阳为颛顼之虚所在地[2]，据说其地尚有颛顼冢[3]。少昊之虚在鲁国，周初以其地封伯禽为鲁公[4]。少昊为所谓东夷之君，而颛顼则在黄帝以下所谓五帝数内。帝喾亦五帝之一，晋人皇甫谧谓："帝喾作都于亳。"郦道元以之引于《水经·穀水注》中，则当在今河南偃师县。五帝之中尚有尧舜二君。尧舜都城所在，说者甚多。《左传》吴公子札观乐，闻奏唐诗，因说："思深哉！其有陶唐氏之遗民乎？"[5]故《汉书·地理志》河东郡平阳县注引应劭说，谓为尧都所在。平阳县今为山西临汾市。或谓尧都晋阳，亦有谓在唐县和永安者[6]，并无古籍可据，纯属附会之辞。至于舜都，则以蒲坂于义为长[7]。《尚书》所谓"厘降二女于妫汭"的妫汭及舜所耕的历山，皆在其近旁[8]。

（2）夏代都城

自伏羲氏至于尧舜，其都城虽皆见于文献记载，仍多属于传说，尚有待于考核。然有一点不容漠视，盖创始者多，因袭者实甚鲜。自大禹肇建夏朝，世代相传，都城所在应少有改移，实际上却并非如此。据《史记·夏本纪》所载，禹之后传世十六王，前后迁都亦有十余次，可谓是相当频繁的。论夏代的都城当自禹之父鲧始。鲧为有虞氏的崇伯[9]。崇即嵩山[10]，在今河南省登封县北。禹的都城据说有数处，其中有安邑[11]、平阳和晋阳[12]。安邑在今山西省夏县西北。平阳在今山西临汾县西。晋阳，旧说多谓即汉太原郡所属晋阳县，其地在今山西太原市西南[13]。然安邑附近就有晋阳[14]，在今山西省旧解虞县西北，禹之所都当在此处，这和《左传》定公四年所说"命以唐诰，而封于夏虚"，是相符合的。禹的都城还有阳城和阳翟两地的说法。阳城之说见于《古本竹书纪年》[15]，可见战国之时已有此说。以阳翟为禹都，见于《汉书·地理志》[16]。周武王灭纣之后曾经指出："自洛汭延于伊汭，居易毋固，其有夏之居。"[17]阳城在今河南登封县东南，阳翟在今河南禹县，皆居颍水上游，距伊洛之间亦非过远，故徐广说："夏居河南，初在阳城，后居阳翟。"[18]

禹之后，启居黄台之丘[19]，在今河南郑州市和密县之间[20]。太康居于斟寻[21]，最后的桀亦居之[22]。就是逐太康而代夏政的后羿，也以斟寻为都[23]。斟寻在今河南巩县西南[24]。其后，相居帝丘[25]，又居斟灌[26]，帝丘在今河南濮阳县西南[27]，斟灌则在今河南清丰县南[28]。夏后相之后，帝杼居原，又迁于老丘[29]。原在今河南济源县西北，老丘在今河南旧陈留县[30]。胤甲居西河[31]。春秋时期，西河泛指两个地区的黄河：一在今山陕两省之间，一在今河南濮阳县西。夏时黄河下游的河道流经的地区尚难具知，然夏代诸都城除帝丘与斟灌外，率皆散布于今潼关以东，黄河南北两侧。且自帝杼以后，至于胤甲，中间再未迁都。胤甲上距帝杼虽已数世，若论都城的沿革，则胤甲固当上承帝杼的老丘。老丘位于帝丘的西南，其所徙的都城当不至于在帝丘附近黄河以东。胤甲之后为孔甲，帝皋实继孔甲之位，是胤甲与帝皋之间，相差仅有一世，年代当不至于很久。帝皋之墓在崤山，即所谓崤山二陵的南陵[32]。古代坟墓多近于所居之地。准是而言，胤甲的都城疑在今山、陕两省间的黄河南段的东部，也许就在崤山的左近。

(3) 殷商都城

商之先祖为契，由契至汤曾经八次迁都，汤以后还有五次，论其频繁的程度，当不下于夏代。《书·胤征》后附亡书序说："自契至于成汤八迁。汤始居亳，从先王居。"司马迁撰《殷本纪》，即引用其文，可知当是信史。《书传》中说："契父帝喾都亳，汤自商丘迁焉，故曰从先王居。"金履祥谓契非帝喾子，是对此说有疑。姑置此说不论，而论其与亳的关系。帝喾居亳，乃出于晋人皇甫谧之说，以今河南偃师县当之，然皇甫谧却又说：

"梁国穀熟为南亳，汤所都也。"[33]晋穀熟县在今河南商丘县东南。两说相去甚远。按：古地以亳为名者甚多，而汤所都之亳，论者亦颇不一辞，以王国维所说最居胜义[34]。其说上宗臣瓒。《汉书·地理志》山阳郡薄县，注引臣瓒曰："汤所都。"这个薄县即皇甫谧所谓的北亳，其地在今山东曹县南。王国维承臣瓒之说，以此为汤都，并举三证以做说明。其一是以春秋时宋之亳为证，宋之亳即汉时山阳郡的薄县。这本是宋的宗邑，自足证其为汤之所都。此薄县历西汉至于魏晋。晋时县治虽废，而尚有亳城，若南亳、西亳不独古籍无证，即汉以后亦不见有亳名。其二是以汤之邻国为证。汤时邻国葛为最著，葛在今宁陵县，与山阳薄县相距最近。其三是以汤之经略北方为证，汤所伐国，韦、顾、昆吾、夏桀皆在北方，故汤自商丘徙于在薄县之亳，以疆理北方。

《汉书·地理志》河南郡偃师，尸乡，殷汤所都。这就是皇甫谧所说的帝喾作都于亳的地方。近年来，考古学者在这里进行发掘，显露出城池的遗迹，还发现了许多珍贵的文物。根据《汉书·地理志》的记载，认为这就是殷汤的都城。近人亦有以郑州市所发现的商城遗址即汤所都的亳者[35]。

由契至汤的八迁，由于《古本竹书纪年》未有记载，故说者间有不同，甚至难于尽得其地。不过《世本》《左传》等书偶尔有所涉及，细加钩沉，还可略得仿佛。汤时虽有八迁，除亳之外，实际只有六都，盖其间也有先后同居一地的。这六个都城为蕃、砥石、商、商丘、相土的东都和邶。蕃在今山东滕县境。砥石据说是在今河北省宁晋、隆尧两县间。商和商丘可能本为一地，在今河南商丘县。相土的东都乃在泰山之下。相土本居商丘，其东都当在商丘之东。邺则在今河南省汤阴县南[36]。

汤以后至于盘庚的五次迁都，见于《尚书序》的有三次，即仲丁迁于嚣，河亶甲居相，祖乙圯于耿。司马迁采其说入《殷本纪》，唯"祖乙圯于耿"作"迁于邢"。《古本竹书纪年》亦记仲丁迁嚣，河亶甲居相事。其于祖乙仅云即位，而未及其他。《纪年》于此之外还有所补苴，即开甲（《殷本纪》作沃甲）、祖丁皆居于庇，而南庚于奄[37]。嚣之所在，李颙谓在陈留浚仪县，皇甫谧谓或云河南敖仓[38]。浚仪县为今河南开封市，敖仓当在今河南郑州市西北。今考古发掘，于郑州市发现商代都城遗址，论者也有谓即仲丁所迁之敖。河亶甲所居之相，今在河南内黄县东南[39]。祖乙所迁之耿，《史记·索隐》以河东皮氏县耿乡当之。皮氏县今为山西河津县。皮氏县远在西僻，距殷商诸都皆甚远，且耿乡亦不近河畔，如何能受到河圯的影响？《殷本纪》作"邢"，当以邢为是。《左传》宣公六年："赤狄伐晋，围怀及邢丘。"杜预谓邢丘在河内平皋县，以今地按之，当在河南省温县东北，其地近河，所谓圯于邢，即指此而言[40]。开甲和祖丁所居之庇，在今山东省旧鱼台县，南庚所迁的奄则在今山东省曲阜县[41]。

盘庚迁都为殷商一代大事，盘庚为了迁都，还特别作了三篇《盘庚》，昭告臣民。《书序》称"盘庚五迁，将治亳殷"。中篇还说了一句："惟涉河以民迁。"《传》释这句文义说："为此南渡河之法用民迁。"《史记·殷本纪》记载此事则说："盘庚之时，殷已都河北，盘庚渡河南，复居成汤之故居。乃五迁无定处。"接着又说："乃遂涉河南治亳。"《殷本纪》记盘庚以前迁都事，仅止于"相乙迁于邢"。邢在河北，如祖乙以后再未迁都，盘庚由河北南迁，是合乎常理的。可是《古本竹书纪年》又载有开甲迁庇，南庚迁奄事。庇、奄皆在河南。庇、奄既皆在河南，何以盘庚又要渡河南迁？检诸《古本竹书纪年》佚文，所说竟与《殷本纪》大异。诸家所引《纪年》，文句间有不同处。今不惮烦琐，逐一列举，以明究竟。《尚书·祖乙书序·正义》引《汲冢古文》："盘庚自奄迁于殷。"《水经·洹水注》引《竹书纪年》："盘庚即位，自奄迁于北蒙，曰殷。"《太平御览·皇王部》引《纪年》："盘庚自奄迁于北蒙，曰殷。"《史记·项羽本纪·集解》《尚书·盘庚·正义》《通鉴外纪》所引皆谓盘庚所迁的殷在邺南三十里。《史记·项羽本纪·索隐》引文则谓殷墟南去邺州三十里。战国时，尚无邺州之名，此州字当系衍文。《史记·殷本纪·正义》引文又谓殷墟南去邺四十里。所引的文句虽间有差异，然盘庚自奄迁殷，而殷又在邺南三十里或四十里处，可见《殷本纪》所说，盘庚渡河南，复成汤之故居，并非实录。不过《殷本纪》之误也并非偶然。《盘庚》中篇所说的"惟涉河以民迁"，这本来没有南或北的意思，如谓当时由奄迁殷，自然也是要"涉河"的。可是《书传》却说是"为此南渡河之法用民徙"。这恐怕不是《盘庚》篇的本意了。《盘庚》篇开端曾说过："盘庚五迁，将治亳殷。"亳殷连言，自然会使人联想到成汤故居的亳。其实这个亳字就是讹文。王国维就曾指出："亳殷二字未见古籍。《商颂》言：'宅殷土茫茫。'《周书·召诰》言：'宅新邑。'宅殷连言，于义为长。且殷之于亳，截然二也。"[42]盘庚所都应在河北，自经殷墟发掘，这些歧义自是不应再存的了。

盘庚迁殷之后，又有一些有关迁都的记载，涉及武丁、庚丁和武乙三帝，据说武丁曾经"自河徂亳"[43]，更具体地说是迁到沬邑，而沬邑就是朝歌城[44]。武丁的自河徂亳，是为了"三年默以思道"。这是说武丁在亳亮暗了三年，与迁都无关。既然是自河徂亳，就是说武丁的都城本来在河北，因为亮暗才渡河而南。其所迁的朝歌城就在今河南淇县，距殷并非很远，与殷同在河西，如何能说自河徂亳？其后庚丁时，殷徙河北[45]。庚丁之子为武乙，史称其"复去亳徙河北"[46]。庚丁武乙父子二人相继在位，怎么能都去迁都，而且都是迁到河北？武乙迁都说者较多，庚丁迁都只有《史记·三代世表》记载，可能是武乙的误文，武乙迁都也是迁往朝歌，与武丁相同[47]，所差异的只是武乙的迁都为渡河北迁的。前后三帝陆续都在迁都，而所迁的却是一个地方，其间可能是有所讹误的。

《古本竹书纪年》另有不同的记载，据说："自盘庚徙殷，至纣之灭，二百七十三年，更不徙都。纣时稍大其邑，南距朝歌，北据邯郸及沙丘，皆为离宫别馆。"[48]所谓朝歌的都城，可能就是当时的离宫别馆所形成的。武乙为纣父。纣之灭亡是由于牧野之战的失败。牧野在朝歌的南郊。牧野战后，纣自焚于鹿台。鹿台亦当在朝歌，故周武王因之能斩纣首。朝歌之被作为纣都，也许是因此而起的。

(4) 早周及周初的都城

《史记·周本纪》载周的先世，始于后稷。后稷封于邰，邰在今陕西省武功县西南。其后公刘徙豳，豳在今陕西省彬县东。《诗·大雅·公刘》美公刘的选择新居，谓其"于豳斯馆"。在这里开始有了京的名称，即所谓"乃觏于京"。《诗笺》释京，谓是绝高的地方，大众所宜居的处所。因为有了京，因而也就有了京师之野。就在这京师之野安置了随从迁徙众民。公刘在豳虽然做过宫室，但主要还是经营农业，说不上有更大的规模。到了古公亶父才又徙居岐山之下，开始有周的名号。《诗·大雅·緜》篇称道太王在岐下作宗庙，立皋门和应门，而且还立了称为冢土的大社。《史记·周本纪》所说"古公乃贬戎狄之俗，而营筑城郭室屋，而邑别居之，作五官有司"，就是指此而言。

《诗·大雅·皇矣》称颂文王，诗中说："度其鲜原，居岐之阳，在渭之将，万邦之方，下民之王。"《笺》云："乃始谋善原广平之地，亦在岐山之南，居渭之侧。"这里并非丰，故《笺》言"后竟徙都于丰"。《疏》云："太王初迁，已在岐山，故言亦在岐山之阳，是去旧都不远也。《周书》称文王在程，作《程寤》《程典》；皇甫谧云，文王徙宅于程，盖谓此也。《笺》嫌此即是丰，故云后竟徙都于丰。知此非丰者，以此居岐之阳，丰则岐之东南三百里耳。"程于汉时建为安陵县[49]。安陵县在今陕西省咸阳市东二十里。

文王后来在伐崇之后，建立了丰[50]，武王继之，建都于镐[51]。丰在今陕西户县东北，镐在今西安市西南，相距并非很远。当前考古工作者正在这里从事发掘，两座都城的遗迹将会于最近公诸于世。

《世本》说：“懿王徙于犬丘。”《汉书·地理志》：“右扶风槐里，周曰犬丘，懿王都之。”其说与《世本》同。犬丘在今陕西兴平县东南十里。皇甫谧对此有异议，他说：“镐在长安南二十里。然则犬丘与镐相近，有离宫在焉，懿王暂居之，非迁都也。”吕思勉《读史札记》甲帙《西周皆都丰镐》谓：“懿王时，丰镐实曾沦陷，故暂迁犬丘。”其实懿王虽有迁犬丘之举，固仍多在丰镐。郭沫若的《两周金文辞大系图录考释》共收懿王时及其近是者十七器。其中王在周时所作的就有师遽簋、师遽彝、免簋、免簠、免盘、守宫尊等六器。在宗周时有同簋，在康宫有康鼎，其他则在吴、奠、莽时各一器。另有在糦侲宫二器。糦侲宫未知所在。而在犬丘者竟未见到一器。可知懿王时虽迁到犬丘，只是暂时性质。吕思勉所说近于推测，却也有一定的道理。

西周时，穆王亦有迁都事。《汉书·地理志》京兆尹郑县，周宣王弟郑桓公邑。臣瓒却谓："周自穆王以下都于西郑，不得以封桓公也。"郦道元于《水经·渭水注》中说："余按迁《史记》，考《春秋》《国语》《世本》言：'周宣王二十二年封庶弟友于郑。'又《春秋》《国语》并言：'桓公为周司徒，以王室将乱，谋于史伯，而寄帑与贿于虢、郐之间。'幽王實於戏，郑桓公死之。"他接着还说："班固、应劭、郑玄、皇甫谧、裴颙、王隐、阚骃及诸述作者咸以西郑为友之始封，贤于薛瓒之单说也。无宜违正经而从逸录矣。"核诸实际，薛瓒所言只是略有语病而

68

已。穆王之子为共王，共王之子为懿王。即令穆王果曾迁都西郑，也并非穆王以下诸王皆都于西郑，懿王的迁都犬丘，乃是由丰镐迁往，与西郑无关，郑桓公封于宣王时，已远在穆王之后，固风马牛不相及也。前论懿王迁都犬丘，却常往来于宗周。其实穆王也是如此，《两周金文辞大系图录考释》共著录穆王时及其近是者二十器，其中王在宗周者二器，在莽京者四器，在大室及康宫者各一器。尚未见在西郑时所制作的彝器，似乎穆王未曾迁都，即令穆王果真迁都西郑，也只是暂时举动，并非就在西郑定都下去。

这里论述了远古传说和三代的都城。远古传说不易稽考证实，可以置而不论。三代都城累经学人考究，大体皆有成说，虽间有歧义，亦可以略见全貌。如上所说，夏的都城先后有崇、安邑、平阳、晋阳、阳城、阳翟、黄台之丘、斟寻、帝丘、斟灌、原、老丘、西河等十三处。商的都城，自契至汤虽有八迁之说，其实只有亳、蕃、砥石、商、商丘、相土之东都和邺等七处；汤以后五迁，为嚣、相、耿、庇、奄，至盘庚而迁于殷，如果暂舍殷不论，也有十二处。若是和在偃师及郑州所发掘的文化遗址并论，就更为繁多。早周时亦曾以邰、豳、岐、程、丰五处为都。这是说，夏代和盘庚以前的商代，以及早周之时，至少有三十处都城。

三十处都城虽有定说，却不易明了各建都的具体年代。《古本竹书纪年》说："自禹至桀十七世，有王与无王，用岁四百七十一年。"[52]在这一时期，各王在位之年，仅知禹为四十五年[53]，启为三十九年[54]，后芬为四十四年[55]，后芒为五十八年[56]，后不降为十九年[57]。其他未见记载。禹虽有在位年数，有关禹都的记载却有数处。启也有在位年数，所都只有一个黄台之丘，启的始即位是否就在这个新都，也还有待于论定。至于后芬、后芒、不降等王皆是承袭前王旧绩，并未及身迁徙过都城，因而不易据以为说。

《古本竹书纪年》也说："汤灭夏以至于受，二十九王，用岁四百九十六年。"[58]其中仅知"太甲唯得十二年"[59]，亦难以据之确知有关都城的历年，不过《古本竹书纪年》却记载如下的一条："自盘庚迁殷，至纣之灭，二百七十三年，更不徙都。"[60]这条记载殊为珍贵。这是都城具体的历年见于记载之始。早周的都城和盘庚以前的商一样，皆难知其确实年代。好在武王都镐的年代是可以确知的。故兹篇于盘庚以前的商都和武王以前的周都皆未与其他都城并列，至于夏都更无论了。

2. 旧史所说的统一王朝和政权的都城

论述旧史所说的统一王朝和政权的都城当从什么时期和哪个都城开始，这是首先需要决定的问题。这样的都城应是不同于古史传说的都城，至少能有确实年代可以稽考，其遗址已经过实地考察或具体发掘，并和各种有关的文献记载以及其时的史事没有抵牾难通之处，尤其是在当前已成定论，而没有任何歧异的意见。目前，这样的都城只有商代后期的殷墟足以当之，因而这里就从殷墟肇端。

（1）商都

殷墟在现在河南安阳。这里出土的文物已经证实为商人都城所在，是和文献记载相一致的。迄至目前，尚未发现有若何抵牾难通之处。尤其难得的是从商人都殷起，才有具体的年代可以核实，这就是前面已经引用过的《古本竹书纪年》中所记载的"自盘庚徙殷，至纣之灭，二百七十三年更不徙都"。这样明确的证据，至少在目前是难于改变的。当然，如果能有更为充分的理由和确切的证据，还可以追溯到更为古老的都城。

（2）周都

镐 周初都城自来以丰镐并称，若论其建都的年代，两者都难得一概而论。文王作丰，史籍虽盛加称道，建都起讫却难于推知。武王作镐，具体年代虽也不易稽考，然以之作为西周一代的都城，其间脉络还是可以追寻的。《史记·周本纪·集解》引《汲冢纪年》："自武王灭殷，以至(于)幽王，凡二百五十七年。"《尚书·泰誓·书序》："惟十有一年，武王伐殷，一月戊午，师渡孟津。"[61] 自武王都镐，至幽王灭亡，前后共二百六十八年。镐在今陕西西安市西南。

雒邑 雒邑始建于西周初年。周平王元年（公元前770年），周室东迁，以雒邑为都。周敬王四年（公元前516年），东居成周。这一年为鲁昭公二十六年，尚在春秋时期。成周在今河南洛阳市东汉魏洛阳城故址。至周赧王时（其元年为公元前314年），复归于王城。王城即周公所筑，今河南洛阳市王城公园等处。周考王时曾封其弟于河南，是为西周公。河南即王城所在。赧王归于王城，西周公仍居其地。周赧王五十九年(公元前256年)，西周君奔秦，尽献其邑，雒邑遂废不为都[62]。自平王东迁至于是时，共为五百一十五年，这其间成周、王城虽曾先后为周王所居，两地相距甚近，皆在雒邑范围之中，作为东周的都城，实可视为一地，不必细为区分。

(3) 秦都

咸阳 秦以咸阳为都，统一六国，其时在秦始皇二十六年(公元前221年)。然秦以咸阳为都实始于秦孝公十二年(公元前350年)[63]。论咸阳为秦都，自不宜以始皇的统一六国为限。秦孝公十二年(公元前350年)至二世之亡(公元前207年)，共一百四十四年。秦咸阳在今陕西咸阳市东二十里。

(4) 西汉都

栎阳 《史记·高祖纪》：二年，"令太子守栎阳，诸侯子在关中者皆集栎阳为卫"。是以栎阳为都。《高祖纪》又说：五年五月，"即皇帝位氾水之阳。……天下大定，高祖都雒阳。……五月……高祖欲长都雒阳，齐人刘敬说，及留侯劝上入都关中。高祖是日驾入都关中"。是时长安尚未建立，故当仍以栎阳为都，至高祖七年(公元前200年)始徙都长安[64]。由高祖二年(公元前205年)至高祖七年，前后共六年。栎阳在今陕西临潼县渭水北。

长安 汉高祖七年(公元前200年)至孺子婴初始元年(公元8年)，共二百零八年。汉长安城在今陕西西安市西北。

(5) 新都

长安 新王莽始建国元年(公元9年)至地皇四年(公元23年)[65]，共十五年。

(6) 东汉都

雒阳 1.东汉光武帝建武元年(公元25年)至献帝初平元年(公元190年)[66]；2.献帝建安元年(公元196年)复归于雒阳[67]，共一百六十七年。雒阳在今河南洛阳市。

长安 献帝初平元年(公元190年)至献帝兴平二年(公元195年)[68]，共六年。

许 献帝建安元年(公元196年)至献帝延康元年(公元220年)，共二十五年。许在今河南许昌县。

(7) 晋都

洛阳 1.晋武帝泰始元年(公元265年)[69]至惠帝永兴元年(公元304年)；2.惠帝光熙元年(公元306年)[70]至怀帝永嘉六年(公元312年)，共四十七年。

长安 1.晋惠帝永兴元年(公元304年)至惠帝光熙元年(公元306年)；2.晋愍帝建兴元年(公元313年)至愍帝建兴四年(公元316年)，共四十七年。

建康 晋元帝建武元年(公元317年)[71]至晋恭帝元熙二年(公元420年)，共一百零四年。建康即建业，晋时因避愍帝讳改称[72]。

(8) 隋都

长安 隋文帝开皇元年(公元581年)至开皇二年(公元582年)，共二年。此时尚未营大兴新都，当仍如北周之旧都于汉长安城。

长安 1.隋文帝开皇三年(公元583年)[73]至仁寿四年(公元604年)[74]；2.隋恭帝义宁元年(公元617年)至义宁二年(公元618年)[75]，共二十四年。

洛阳 隋炀帝大业元年（公元605年）至隋恭帝皇泰二年（公元619年）[76]，共十五年。

(9) 唐都

长安 1.唐高祖武德元年（公元618年）至中宗嗣圣元年（公元684年）；2.中宗神龙元年（公元705年）[77]至昭宗天复三年（公元903年）[78]，共二百六十六年。

洛阳 1.武则天光宅元年（公元684年）[79]至中宗神龙元年（公元705年）；2.昭宗天祐元年（公元904年）至天祐四年（公元907年）[80]，共二十六年。

(10) 宋都

开封 宋太祖建隆元年（公元960年）至钦宗靖康二年（公元1127年），共一百六十八年。

杭州 宋高宗绍兴八年（公元1138年）至前幼帝德祐二年（公元1276年），共一百三十九年。宋高宗南渡后，迫于金兵，居无宁处。据《宋史》卷二四至二九《高宗纪》，建炎元年四月至应天府，五月即位于府治。建炎三年至江宁府，改府名建康。此后辗转于杭州、温州、越州、绍兴府、临安府、建康府、平江府。绍兴七年，还移跸建康。八年，始都于杭州。

福州 宋端宗景炎元年（公元1276年），五月至十一月[81]。

(11) 元都

和林 《元史》卷五八《地理志一》："和林，太祖十五年，定河北诸郡，建都于此。……前后五朝都焉。……世祖中统元年，迁都大兴。"太祖十五年为公元1220年，中统元年为公元1260

年，共四十年。和林在今蒙古国鄂尔浑河东岸哈尔和林[82]。

大都 元世祖中统元年(公元1260年)[83]至元顺帝至正二十八年(公元1368年)，共一百零九年。大都在今北京市。

(12) 明都

南京 1.明太祖洪武元年(公元1368年)至成祖永乐元年(公元1403年)；2.崇祯十七年(公元1644年)至福王弘光元年(公元1645年)[84]，共三十八年。

北京 成祖永乐元年(公元1403年)至崇祯十七年(公元1644年)，共二百四十二年。《明史》卷四〇《地理志一》："京师，永乐元年正月建北京于顺天府，称行在。十九年正月，改北京为京师。洪熙初，仍称行在，正统六年十一月，罢称行在，定为京师。"

福州 隆武元年(公元1645年)至隆武二年(公元1646年)[85]，共二年。

肇庆 隆武二年(公元1646年)至永历十六年(公元1662年)，共十七年[86]。肇庆，明时府名，治高要县，今广东肇庆市。

(13) 清都

兴京 《清太祖高皇帝实录》卷三："癸卯年正月，上自虎拦哈达南冈，移于祖居苏克苏浒河、加哈河之间赫图阿拉地，筑城居之。"这是努尔哈赤营建都城之始。癸卯年为明神宗万历三十一年(公元1603年)，至努尔哈赤天命六年(明嘉宗天启元年，公元1621年)[87]，共十九年。清太宗天聪八年(公元1634年)尊赫图阿拉为兴京[88]。兴京在今辽宁省新宾县。

辽阳 努尔哈赤天命六年四月至天命十年(公元1625年)[89]，共五年。清太宗天聪八年(公元1634年)，尊辽阳为东京。辽阳即今辽宁省辽阳市。

沈阳 清太祖天命十年（公元1625年）至顺治元年（公元1644年），共二十年。太宗天聪八年（公元1634年）尊为盛京[90]。

京师 清世祖顺治元年（公元1644年）至宣统三年（公元1911年），共二百六十八年。《清史稿》卷六一《地理志一》："世祖入关勦寇，定鼎燕都。"又说："顺治初，定鼎京师。"又卷二二四《多尔衮传》："顺治元年六月，定都燕京。"按：京师为明北京，清时虽定名为京师，一般仍以北京相称。燕都、燕京，当时虽有此称，并非定制。当时的京师即今北京市。

（14）民国都

北京 民国元年（公元1912年4月）至民国十七年（公元1928年），共十七年。

南京 1.民国元年1月至4月；2.民国十六年（公元1927年）至民国二十六年（公元1937年）；3.民国三十五年（公元1946年）至民国三十八年（公元1949年），共十六年。

重庆 民国二十六年（公元1937年）至民国三十五年（公元1946年），共十年。

3. 旧史所说割据分裂时期诸政权的都城

（1）战国时期诸国都城

战国纪年的肇始年代，曾经有过不同的说法。司马迁的《史记·六国表》始于周元王元年（公元前475年）。司马光的《资治通鉴》始于周威烈王二十三年（公元前403年），这一年周威烈王承认韩、赵、魏三国为诸侯。吕祖谦的《大事记》始于周敬王三十九年，亦即鲁哀公十四年（公元前481年），因为《春秋》纪年止于这一年。也有始于周贞王元年（公元前468年）的，林春溥的《战国纪年》和黄式三的《周季编略》皆主此说。本文采取《资治通鉴》之说。韩、赵、魏三国列为诸侯，足见其已能独立治理其国，也显示出周王朝也已无力再控制各诸侯封国。其实在此以前，对于一些诸侯封国，周王朝早就难于控制，楚、吴、巴、蜀诸国皆其著例。楚之称王，远在周夷王之时；吴之称王，亦在鲁成公时。固然召陵会盟，楚国不能不承认应该向周王朝贡献包茅；黄池会盟时，吴国也以"于周室我为长"自豪，周王朝却仍然不能做具体的控制，至于巴蜀更无论矣。不过这里难于一一追溯，因而就皆由周威烈王二十三年数起。这一点前文也已经约略提到，故在这里再做说明。

泾阳 秦国都。周威烈王二十三年（秦简公十二年，公元前403年），秦已都泾阳，由周威烈王二十三年至周安王十九年（秦献公二年，公元前383年）[91]，共二十一年。泾阳在今陕西泾阳县附近。

栎阳 秦国都。周安王十九年（秦献公二年，公元前383年）至周显王十九年（秦孝公十二年，公元前350年）[92]，共三十四年。

阳翟 韩国都。周威烈王二十三年为韩景侯六年，至烈王元年（韩哀侯二年，公元前375年），共二十九年。阳翟在今河南禹县。

新郑 韩国都。周烈王元年（韩哀侯二年，公元前375年），至秦始皇十七年（韩王安九年，公元前230年），共一百六十四年。《汉书》卷二八上《地理志》："颍川郡阳翟，周末韩景侯自新郑徙此。"钱坫《新斠注地理志》："《韩世家》：贞子徙平阳，哀侯徙新郑，不言景侯徙阳翟。"姚鼐则谓："韩之都三：平阳、阳翟、新郑也。韩至哀侯灭郑，都新郑。景侯乃哀侯曾祖。《魏世家》景侯九年，郑围我阳翟，安得有新郑哉。"按：姚说是也，王先谦《汉书补注》则谓"景"字乃误文，失之穿凿矣。新郑，今河南新郑县。

中牟 赵国都。周威烈王二十三年（赵烈侯六年，公元前403年）以前，赵已都于中牟，由周威烈王二十三年至周安王十五年（赵武公十三年，公元前387年），共十七年。《史记》卷四三《赵世家·索隐》："此赵中牟在河北，非郑中牟。"《正义》："相州荡阴县西五十八里有牟山，盖中牟在此山之侧也。"唐荡阴县即今河南汤阴县。

邯郸 赵国都。周安王十六年（赵敬侯元年，公元前386年）至秦始皇十九年（赵王迁八年，公元前228年），共一百五十九年。邯郸，今河北邯郸市。

安邑 魏国都。魏于周威烈王二十三年以前已都于安邑，由周威烈王二十三年至周显王四年（梁惠王六年，公元前365年）东徙，共三十九年。安邑在今山西夏县西北。

大梁 魏国都。周显王四年（梁惠王六年，公元前365年）至秦始皇二十二年（魏王假三年，公元前225年），共一百四十一年。见《水经·渠水注》，《汉书》卷一《高帝纪·注》皆引《古本竹书纪年》。《史记》卷四四《魏世家·集解及索隐》所引《纪年》皆作九年，《史记》卷四四《魏世家》则作"惠王三十一年，安邑近秦，于是徙治大梁"。按：魏徙治大梁乃是由于国力的向东发展，并非由于畏惧秦国。治魏国史事当本之于《古本竹书纪年》。就是由当时的史事观之，也可以略见一斑。《水经·浊漳水注》引《古本竹书纪年》："梁惠成王元年，邺师败邯郸师于平阳。"《太平寰宇记》卷五五《相州》亦引《古本竹书纪年》："梁惠成王败邯郸之师于平阳。"这两条记载所说的当是一事。《水经·济水注》亦引《古本竹书纪年》："梁惠成王五年，公子景贾率师伐郑、韩明战于阳，我师败逋泽北。"就是《史记》卷四四《魏世家》也说："惠王二年，魏败韩于马陵，败赵于怀。三年，齐败我观。五年，与韩会宅阳城，武堵为秦所败。六年，伐宋，取仪台。"其间时有胜负，亦可以见东方的多事。因此，惠王徙都当在其初年，而不能迟至三十一年始行迁徙。

临淄 齐国都。周威烈王二十三年为齐康公二年，其时齐已都临淄。周安王十六年，田和始列为诸侯。安王二十三年，齐康公卒，田氏遂并齐而有之。安王二十四年为齐威王元年(公元前378年)，至秦始皇二十六年(公元前221年)为秦所灭。由周威烈王二十三年数起，临淄为都共一百八十三年；由周安王二十四年数起，则为一百五十八年。临淄在今山东淄博市东旧临淄县。

郢 楚国都。周威烈王二十三年(楚声王五年，公元前403年)以前楚已都郢。由周威烈王二十三年至周赧王三十七年(楚顷襄王二十一年，公元前278年)，共一百二十六年。郢在今湖北江陵县北。

陈 楚国都。周赧王三十七年至秦昭襄王五十四年(楚考烈王十年，公元前253年)，共二十六年。陈在今河南淮阳县。

钜阳 楚国都。秦昭襄王五十四年至秦始皇六年(楚考烈王二十二年,公元前241年),共十三年。钜阳在今安徽太和县东南。

寿春 楚国都。秦始皇六年至秦始皇二十四年(楚王负刍五年,公元前223年),共十九年。寿春在今安徽寿县。

蓟 燕国都。周威烈王二十三年以前,燕已都蓟。由周威烈王二十三年至秦始皇二十一年(燕王喜二十九年,公元前226年),共一百七十八年。蓟,今北京市。

曲阜 鲁国都。周威烈王二十三年以前,鲁已都于曲阜。由周威烈王二十三年至秦昭襄王五十二年(鲁顷公十八年,公元前255年),共一百四十九年。曲阜,今山东曲阜县。

濮阳 卫国都。周威烈王二十三年以前,卫已都于濮阳,由周威烈王二十三年至秦始皇六年(卫元君十四年,公元前241年),共一百六十三年。濮阳,今河南濮阳县。

野王 卫国都。秦始皇六年至秦二世元年(卫君角九年,公元前209年),共三十三年。野王在今河南沁阳县。

彭城 宋国都。周威烈王二十三年以前,宋都已离睢阳东徙[93]。由周威烈王二十三年至周赧王二十九年(宋王偃四十三年,公元前286年),共一百一十八年。彭城在今江苏徐州市。

绛 晋国都。周威烈王二十三年以前,晋已都于绛。由周威烈王二十三年至周烈王六年(梁惠王元年,公元前370年),共三十四年。西周、春秋时,晋都曾数度迁徙,皆以绛相称。战国时,晋都仍称绛,在今山西侯马市。

屯留 晋国都。周烈王六年(公元前370年)[94]至周显王十年(赵成侯十六年,公元前359年),共十二年。周显王二十年(赵肃侯元年,公元前349年),又以屯留为都，是年晋绝不祀。屯留在今山西屯留县南。

端氏 晋国都。周显王十年至周显王二十年（公元前243年），共十一年。《史记》卷四三《赵世家》："成侯十六年，与韩魏分晋，封晋君于端氏。……肃侯元年，夺晋君端氏，徙屯留。"《赵世家》又说："敬侯十一年，魏、韩、赵共灭晋，分其地。"又卷三九《晋世家》也说："孝公卒，静公俱酒立，是岁齐威王元年也。静公二年，魏武侯、韩哀侯、赵敬侯灭晋后而三分其地，静公迁为家人，晋绝不祀。"卷一五《六国表》所载，与《赵世家》《晋世家》相同，为周安王二十六年（公元前376年）事（唯《六国表》静公之立在周安王二十五年。其年为齐威王二年，非元年，小有差异）。如果周安王二十六年，静公已为家人，何能有徙屯留、端氏之举？钱穆《先秦诸子系年考辨》卷二《晋出公以下世系年数考》论《晋世家》所载晋静公俱酒之立为齐威王元年事，因谓："据《六国表》，静公俱酒立在齐威王二年（原注：立后之明年称元年。故与《世家》差一年）。惟《史记》齐威王立，误前二十二年，其时尚为晋桓公十二、十三年，知静公俱酒之卒应尚在后。今姑依《纪年》，齐威王立在梁惠成王之十四年。若是年晋静公立，则桓公（原注：即孝公）实得三十二年，而静公（原注：即悼公）有九年。晋取泫武、濩泽，乃悼公六年事。"所谓晋取泫武、濩泽为魏惠成王十九年事，见《水经·沁水注》。如齐威王元年在梁惠成王之十四年，则晋取泫武、濩泽正为静公俱酒六年事。赵夺晋端氏徙处屯留，在静公九年，亦即赵肃侯元年。《韩世家》："昭侯十年，韩姬弑其君悼公。"韩无悼公。此悼公当为晋君，亦即静公俱酒。韩昭侯十年为赵肃侯元年，是年静公俱酒为赵徙处屯留，成为家人，又为韩姬所弑，因而晋绝不祀。端氏在今山西沁水县西。

新郑 郑国都。郑国在周威烈王二十三年以前，久已都于新郑。周烈王元年(公元前375年)，郑为韩灭[95]。由周威烈王二十三年数起，新郑为都共二十九年。

顾 中山国都。顾在今河北定县。

灵寿 中山国都。《史记》记中山事，始于周威烈王十二年(公元前414年)，其年为赵献侯十年。《六国表》及《赵世家》皆谓这一年中山武公初立。《赵世家》又谓："烈侯元年，魏文侯伐中山，使太子击守之。"烈侯元年为周威烈王十八年，魏文侯十七年，亦即公元前408年，其时三晋尚未称王，还未入于战国时期。魏伐中山，亦见《魏世家》，魏伐中山后，使子击守之。子击后来立于魏，即魏武侯。子击去后，魏使何人继守，史无明文。此魏中山虽与鲜虞中山不同，战国时，中山亦称王，似不能再以作为魏国的版图。《赵世家·索隐》引《世本》："中山武公居顾，桓公徙灵寿，为赵武灵王所灭。"《赵世家》："赵献侯十年，中山武公初立。"赵献侯十年为周威烈王十二年。其时尚未入战国，亦在魏灭中山之前。桓公继立，不知确在何年。赵灭中山在武灵王二十五年，亦即周赧王十四年(公元前301年)。至于始居于顾和灵寿的年代，则已不可考矣。灵寿在今河北灵寿县西北。

琅邪 越国都。《汉书》卷二八《地理志》："琅邪郡，琅邪，越王勾践尝治此。"此事不见于《史记》卷四一《越王勾践世家》。钱穆《先秦诸子系年考辨》卷二《越徙琅邪考》："越都徙琅邪，事见《越绝书》及《吴越春秋》。《今本纪年》,越徙都琅邪,在晋出公七年当鲁哀公之二十七年。是岁,越使后庸来正邾鲁之界。公与盟平阳,盖即越北徙时矣。然则武城被寇时,越都已在琅邪。"汉琅邪县在今山东胶南县南。《史记》卷六《秦始皇帝本纪》:"南登琅邪,大乐之。"《正义》引《括地志》:"密州诸城县东南百七十里有琅邪台,越王勾践观台也。台西北十里有琅邪故城。"唐诸城县今亦为诸城县,今由诸城县析置胶南县,故琅邪在今胶南县南。《水经·潍水注》:"琅邪,山名,越之故国。"亦指今胶南琅邪而言。顾栋高《春秋大事表》:"春秋时琅邪,为今山东沂州府。"谓琅邪近日照。钱穆《越徙都琅邪考》谓其说实近情理。钱氏又据《续汉书·郡国志》所说"东海国赣榆,本属琅邪"及其注文引《地道记》,当地海岸有秦始皇碑,因谓琅邪当在赣榆。汉赣榆在今江苏赣榆县北,其地汉时诚属琅邪郡,然已在琅邪郡的最南僻处。汉琅邪县当因秦之旧,而秦琅邪县当即越国的琅邪。正因为琅邪为越都所在,亦一胜地,故秦始皇至其地,为之大乐,且停留至数月之久,赣榆之为县名,自当有其意义,与琅邪之名并无牵连,而距琅邪又远,当非秦始皇所至之处,亦非勾践建都之地。钱穆因《地道记》谓赣榆有秦碑,遂以之为持论的理由。然今胶南的琅邪亦有秦碑,见《水经·潍水注》,则又当作何说?《水经·淮水注》:"旧吴之燕岱,常泛巨海,惮其涛险,更沿溯是渎。"这是说赣榆附近,常为海舶停泊,钱氏亦以此为琅邪在赣榆之证,海边停泊,当非一处,似不能以之作为赣榆即是琅邪的确证。

吴 越国都。越国本都于琅邪，其后南徙于吴，即吴国故都，在今江苏苏州市。其南徙之年，史无可考。《史记》卷四一《越王勾践世家》："楚威王兴兵而伐之。大败越，杀王无强，尽取故吴地，至浙江。北破齐于徐州。而越以此散。"楚取越地后未南渡浙江，则当时越都不在会稽，其都当在吴。《越世家》以楚威王灭越王无强与破齐于徐州为同时。据《楚世家》，是年为楚威王七年，亦即周显王三十六年。

巴 巴国都。巴之立国在战国之前。由周威烈王二十三年数起，至慎靓王五年（秦惠文王后九年，公元前316年）[96]，共八十八年。巴在今四川重庆市。

成都 蜀国都。蜀之立亦在战国之前。由周威烈王二十三年数起，至慎靓王五年[97]，共八十八年。成都即今四川成都市。

战国时，七雄交称，但当时立国的并非只有秦、楚等七国。《战国策》卷一二《齐策五》："卫鞅见魏王曰：'今大王之所从十二诸侯，非宋、卫也，则邹、鲁、陈、蔡。'"又卷七《秦策五》："梁君伐楚胜齐，制赵、韩之兵，驱十二诸侯，以朝天子于孟津。"高诱注：十二诸侯，鲁、卫、曹、宋、郑、陈、许之君。两策所言合计，其实只有九国。陈、蔡、曹、许皆已先亡，未能及于战国。鲁、卫、宋、郑皆春秋时大国，这时已沦为小邦。邹与滕、薛、郯、莒诸国，皆在泗水流域。所谓泗上诸侯，当指此而言。这些小国当时几至无闻于诸侯之间，只是其国名迄今仍作为当地的县名。

(2) 三国时期诸国都城

洛阳 魏国都。魏文帝黄初元年(公元220年)至魏常道乡公曹奂咸熙二年(公元256年)[98]，共四十六年。

成都 蜀国都。汉昭烈帝章武元年(公元221年)至后主炎兴元年(公元263年)[99]，共四十三年。

吴 吴国都。汉献帝建安五年(公元200年)至建安十二年(公元207年)[100]，共八年。

京口 吴国都。汉献帝建安十三年(公元208年)至建安十五年(公元210年)，共三年。见《建康实录》卷一《太祖上》。《元和郡县图志》卷二五《润州》："孙权自吴理丹徒，号曰京城，今州是也。(建安)十六年迁都建业，以此为京口镇。"京口镇今为江苏镇江市。

秣陵(建业) 吴国都。1.汉献帝建安十六年(公元211年)[101]至建安二十四年(公元219年)[102]；2.吴大帝黄龙元年(公元229年)[103]至吴乌程侯甘露元年(公元265年)；3.乌程侯宝鼎元年(公元266年)至乌程侯天纪四年(公元280年)[104]，共六十一年。秣陵(建业)在今江苏南京市。

公安 吴国都。汉献帝建安二十四年(公元219年)至魏文帝黄初二年(公元221年)[105]，共三年。公安在今湖北公安县北。

武昌 吴国都。魏文帝黄初二年(公元221年)至吴大帝黄龙元年(公元229年)，共九年。武昌，今湖北鄂城县。

(3) 十六国时期诸国都城

离石 汉国都。晋惠帝永兴元年(公元304年)八月[106]。离石今仍为山西离石县。

左国城 汉国都。晋惠帝永兴元年(公元304年)八月[107]至永兴二年(公元305年)十二月[108]，共一年五个月。《通典》卷一七九《州郡九》："离石，左国城在北。"嘉庆重修《大清一统志》卷一四四《汾州府》："左国城在永宁州东北二十余里。"永宁州今为山西离石县。不佞前在离石县考察时，在县北五十里处峪口村发现一座古城，可能就是左国城。唯在《大清一统志》所说的左国城之北，里数也有差异。不过在这座古城之南，别无其他遗迹足以当之。恐《大清一统志》所说的方向、里数皆有不合。

黎亭 汉国都。晋惠帝永兴二年(公元305年)十二月至晋怀帝永嘉二年(公元308年)六月[109]，共二年七个月。《读史方舆纪要》卷四二《潞安府》："黎亭，在府西南三十五里黎侯岭上。……晋永兴二年，刘渊以离石大饥，徙屯黎亭，就邸阁谷，即此。"按：当在今山西长治市西南。

蒲子 汉国都。晋怀帝永嘉二年(公元308年)七月至永嘉三年正月(公元309年)[110]，共八个月。蒲子在今山西隰县。

平阳 汉国都。晋怀帝永嘉三年(公元309年)至晋元帝太兴元年(公元318年)，共十年。平阳在今山西临汾市西南汾水西岸。

长安 1.前赵国都。晋元帝太兴二年(公元319年)至晋成帝咸和三年(公元328年)[111]，共十年。2.前秦国都。晋穆帝永和七年(公元351年)至晋孝武帝太元十年(公元385年)[112]，共三十五年。

常安 后秦国都。晋孝武帝太元十一年(公元386年)至晋安帝义熙十三年(公元417年)，共三十二年。《晋书》卷一一九《姚泓载记》："姚苌以孝武太元九年僭立，至泓三世，以安帝义熙十三年而灭，凡三十二年。"按：由太元九年至义熙十三年，为三十四年，非三十二年。《晋书》卷一一六《姚苌载记》："苌以太元九年自称大将军大单于万年秦王，大赦境内，年号白雀，称制行事。"然其时苻坚仍在长安，苌尚在渭北马牧。至太元十一年，坚已死，苌遂即皇帝位于长安，并改长安为常安。所谓三十二年，盖由是年数起。

成都 1.成汉国都。晋惠帝永兴元年（公元304年）至晋穆帝永和三年（公元347年）[113]，共四十四年。2.谯纵国都。晋安帝义熙元年（公元405年）至义熙九年（公元413年）[114]，共九年。

襄国 后赵国都。晋元帝太兴二年（公元319年）至晋成帝咸和九年（公元334年），共十六年。襄国在今河北邢台市。《晋书》卷一〇五《石勒载记下》："咸和五年……僭即皇帝位……自襄国都临漳。"其下文又曰："勒将营邺宫"，复曰："起明堂、辟雍、灵台于襄国城西。"盖虽有徙都之言，实际仍在襄国也。

邺 1.后赵国都。晋成帝咸康元年（公元335年）至晋穆帝永和六年（公元350年）[115]，共十六年。2.冉闵都。晋穆帝永和六年（公元350年）至永和八年（公元352年）[116]，共三年。3.前燕国都。晋穆帝升平元年（公元357年）至晋废帝太和五年（公元370年）[117]，共十四年。邺在今河北临漳县西南。

青山（徒河之青山） 前燕国都。晋武帝太康十年（公元289年）至惠帝元康四年（公元294年），共六年。见《晋书》卷一〇八《慕容廆载记》，杜佑《通典》卷一七八《州郡八》："汉徒河县之青山在（柳城）郡城东百九十里。"唐柳城郡在今辽宁省朝阳市。

大棘城 前燕国都。晋惠帝元康四年(公元294年)至晋成帝咸康六年(公元340年)，共四十七年。见《晋书》卷一〇八《慕容廆载记》。杜佑《通典》卷一七八《州郡八》："棘城，在(柳城)郡城东南百七十里。"

龙城 1.前燕国都。晋成帝咸康七年(公元341年)至晋穆帝永和六年(公元350年)[118]，共十年。2.后燕国都。晋安帝隆安元年(公元397年)至晋安帝义熙三年(公元407年)，共十一年。3.北燕国都，亦曰和龙。晋安帝义熙五年(公元409年)至宋文帝元嘉十三年(公元436年)，共二十八年。龙城在今辽宁朝阳市。《晋书》卷一二五《冯跋载记》："太元二十年，乃僭称天王于昌黎，而不徙旧号，即国曰燕。"《载记》又云："始跋以孝武二十年僭号，至弘二世，凡二十八载。"晋孝武帝太元二十年，慕容垂尚在世，不当已有冯跋事。此当为安帝义熙五年之误。《资治通鉴》卷一一五《晋纪三十七》，安帝义熙五年载此事，是也。

蓟 前燕国都。晋穆帝永和六年(公元350年)至晋穆帝升平元年(公元357年)[119]，共八年。

中山 后燕国都。晋孝武帝太元十一年(公元386年)至晋安帝隆安元年(公元397年)[120]，共十二年。中山在今河北定县。

广固 南燕国都。晋安帝隆安四年(公元400年)至晋安帝义熙六年(公元410年)[121]，共十一年。广固在今山东益都县西北。

长子 西燕国都。晋孝武帝太元十一年(公元386年)至晋孝武帝太元十九年(公元394年)[122]，共九年。长子在今山西长子县。

姑臧 1.前凉国都。晋穆帝永和二年(公元346年)，张重华自假凉王，至晋孝武帝太元元年（公元376年）[123]，共三十一年。2.后凉国都。晋孝武帝太元十年（公元385年）至晋安帝元兴二年（公元403年）[124]，共十九年。3.南凉国都。晋安帝义熙二年（公元406年）至义熙六年（公元410年）[125]，共五年。4.北凉国都。晋安帝义熙八年（公元412年）至宋文帝元嘉十六年（公元439年）[126]，共二十八年。姑臧在今甘肃武威县。

廉川 南凉国都。晋孝武帝太元二十年（公元395年）至晋安帝隆安二年（公元389年）[127]，共四年。《读史方舆纪要》卷二《历代州域形势》："廉川城在西宁卫西南百二十里。"西宁卫即今西宁市。然廉川实在今甘肃永登县西连城，与乐都界相近。见李文实《民和访古录》。近人或以民和史纳为廉川遗址，不确。《元和郡县图志》卷三九《陇右道》："兰州……南凉秃发乌孤都广武，皆此地也。"按《晋书》卷一二六《秃发乌孤载记》："（乌孤）遣其将石亦于筑廉川堡以都之。……隆安元年，自称大都督大将军大单于西平王，赦其境内，年号太初，耀兵广武，攻克金城。……后三岁，徙于乐都。"是乌孤未尝以广武为都，李说未妥。

乐都 南凉国都。1.晋安帝隆安三年（公元399年）；2.晋安帝元兴元年（公元402年）至晋安帝义熙二年（公元406年）；3.义熙六年（公元410年）至义熙十年（公元414年）[128]，共十一年。洪亮吉《十六国疆域志》卷一一《南凉·凉州》有乐都郡，其治所在今青海乐都县。

西平 南凉国都。晋安帝隆安三年（公元399年）至晋安帝元兴元年（公元402年）[129]，共四年。南凉有西平郡，治所在今青海西宁市。

张掖 1.北凉段业都。晋安帝隆安二年（公元398年）至隆安五年

(公元401年)[130],共四年。2.北凉国都。晋安帝隆安五年至安帝义熙八年(公元412年)[131],共十二年。张掖在今甘肃张掖县。

敦煌 西凉国都。1.晋安帝隆安四年(公元400年)至晋安帝义熙元年(公元405年);2.宋武帝永初元年(公元420年)至永初二年(公元421年),共八年。敦煌在今甘肃敦煌县西。《晋书》卷八七《凉武昭王传》:"玄盛以安帝隆安四年立,宋少帝景平元年灭,据河右凡二十四年。"按:《资治通鉴》卷一一九《宋纪一》:"宋永初二年正月,河西王蒙逊率众二万,攻李恂于敦煌。河西王蒙逊筑堤壅水,以灌敦煌。李恂乞降不许。恂将宋承等举城降,恂自杀。蒙逊屠其城。"是不得至宋少帝景平元年也。由隆安至此为二十二年,亦非二十四年。

酒泉 西凉国都。晋安帝元熙元年(公元405年)至宋武帝永初元年(公元420年)[132],共十六年。酒泉在今甘肃酒泉县。

晋阳 前秦国都。晋孝武帝太元十年(公元385年)八月至太元十一年(公元386年)八月[133],共一年一月。晋阳在今山西太原市西南汾水西。

雍 前秦国都。晋孝武帝太元十一年(公元386年)至太元十九年(公元394年)[134],共九年。雍在今陕西凤翔县南。

湟中 前秦国都。晋孝武帝太元十九年七月至十月[135],共四个月。《水经·河水注》:"湟水又东南迳卑禾羌海北。……世谓之青海,东去西平二百五十里。湟水东流迳湟中城北。"按:其地当在今青海湟源县西,近海晏县境。

勇士 西秦国都。晋孝武帝太元十年(公元385年)至太元十三年

(公元388年)[136]，共四年。《水经》："河水东北过天水勇士县北。"勇士城当近于今榆中县。

金城 西秦国都。晋孝武帝太元十三年(公元388年)至太元二十年(公元395年)[137]，共八年。《元和郡县图志》卷三九《陇右道》："兰州五泉县……前秦张寔徙金城郡理焉。"唐兰州治所在今甘肃兰州市。

西城 西秦国都。晋孝武帝太元二十年至晋安帝隆安四年(公元400年)[138]，共六年。《水经·河水注》："苑川水出勇士县之子城南山。……有东西二苑城，相去七十里。"此西城当即勇士城。

苑川 西秦国都。1.晋安帝隆安四年[139]；2.晋安帝义熙六年(公元410年)至义熙八年(公元412年)[140]，共四年。苑川在勇士城东。

度坚山 西秦国都。晋安帝义熙五年(公元409年)至义熙六年(公元410年)，共二年[141]。度坚山在今甘肃靖远县西。

谭郊 西秦国都。晋安帝义熙八年(公元412年)二月至六月[142]，共五个月。谭郊在今甘肃临夏县西北[143]。

枹罕 西秦国都。晋安帝义熙八年至宋文帝元嘉七年(公元430年)[144]，枹罕在今甘肃临夏县。《水经·河水注》："漓水又迳枹罕县故城南。……《十三州志》曰：'枹罕县在(金城)郡西二百一十里。'漓水在城南门前东过也。"《合校水经注》引董祐诚说："诸家地志皆以汉魏迄唐之枹罕皆即今河州治。此注引《十三州志》：'漓水在城南门前东过。'今大夏河北至州城尚四五里，而洪水河经州南门外东入大夏河，似与白石枝津相合。疑今河州城为北魏以后之枹罕。而二汉故城尚在今州治之南滨于漓水也。"乞伏所都当仍二汉的枹罕。清河州治所在今甘肃临夏县。

上邽 1.西秦都。宋文帝元嘉七年至八年[145]，共二年。2.夏都。(1) 宋文帝元嘉四年至五年；(2) 元嘉七年（公元430年）至八年[146]，共四年。上邽在今甘肃天水市。

统万 夏都。晋安帝义熙九年（公元413年）至宋文帝元嘉四年（公元427年）[147]，共十五年。统万城在今陕西靖边县北白城子。

平凉 夏都。宋文帝元嘉五年至七年[148]，共三年。平凉在今甘肃平凉县西南。《读史方舆纪要》卷五八《平凉府》："平凉故城在府西南四十里，苻秦时所置。……后魏主焘神䴥元年，夏主昌自上邽屯平凉，与魏争安定，昌败，赫连定复称帝于平凉。三年，魏主焘围安定，克之。"

仇池 1.百顷氐王杨千万都。《宋书》卷九八《氐胡传》："汉献帝建安中……（杨驹）始徙仇池。……驹后有名千万者，魏拜为百顷氐王。"按：《三国志》卷一《魏书·武帝纪》："建安十八年，马超在汉阳，复因羌胡为害。氐王千万叛应之。"这是氐王千万见于《三国志》之始。是时曹操已建魏社稷，故《宋书》因谓魏拜千万为百顷氐王。千万为百顷氐王当在建安十八年以前，因别无其他记载，故以建安十八年为千万称王之年。又《宋书》卷九八《氐胡传》："千万子孙名飞龙，渐强盛，晋武假征西将军，还居略阳。"此事，史无具体年代。太始元年，晋武帝初受魏禅，大封臣下。故以之列于这一年中。由建安十八年（公元213年）至太始元年（公元265年），共五十三年。仇池在今甘肃成县西；2.氐王杨茂搜都。晋惠帝元康六年（公元296年）至晋简文帝咸安元年（公元371年），共七十六年[149]；3.氐王杨定都。晋孝武帝太元十九年（公元394年）[150]至宋文帝元嘉二十年，即北魏太武帝太平真君四年（公元443年）[151]，共五十年。前后三次共一百七十九年。

略阳 氐王杨飞龙都。晋武帝太始元年（公元265年）至晋惠帝元康五年（公元295年），共三十一年[152]。略阳在今甘肃张家川自治县西。

历城 氐王杨定都。晋孝武帝太元十一年（公元386年）[153]至太元十九年（公元394年）[154]，共九年。历城在今甘肃成县西，即所谓建安故城是也。

武兴 氐王杨文弘都。《宋书》卷九八《氐胡传》："顺帝昇明元年……以文弘督北秦州诸军，平羌校尉，北秦州刺史，袭封武都王，将军如故。退治武兴。"《梁书》卷五四《武兴国传》："文度弟文洪，为白水太守，屯武兴，宋世以为武兴王。武兴之国自此始矣。"文洪当为文弘。又《魏书》卷八《世宗纪》："正始三年，梁秦二州刺史邢峦连破氐贼，克武兴。"由昇明元年（公元477年）至正始三年（公元506年），共三十年。又梁武帝中大通五年，亦即北魏孝武帝永熙二年（公元533年）[155]至梁简文帝大宝二年，亦即西魏文帝大统十七年（公元551年）[156]，共十九年。武兴今陕西略阳县。

（4）南北朝时期诸国都城

建业 1.刘宋都。宋武帝永初元年（公元420年）至宋顺帝昇明三年（公元479年）[157]共六十年，2.南齐都。齐高祖建元元年（公元479年）至齐和帝中兴二年（公元502年），共二十四年[158]，3.梁都。梁武帝天监元年（公元502年）至梁敬帝太平二年（公元557年），共五十六年。4.陈都。陈武帝永定元年（公元557年）至陈后主祯明三年（公元589年），共三十三年。

江陵 后梁都。后梁宣帝大定元年(公元555年)[159]至后梁后主广运二年(公元587年)，共三十三年。

盛乐 北魏都。北魏道武帝登国元年(公元386年)至道武帝天兴元年(公元398年)，共十三年。按：《魏书》卷一《序记》，猗卢时已居于定襄之盛乐。其后，驾傿居东木根山，在今山西大同市北内蒙古自治区境内；纥那迁于大宁，在今北京延庆县北。前秦时，其地曾为苻氏所有。前秦丧乱，拓跋珪遂为诸部所推，为代王，居定襄之盛乐。《元和郡县图志》卷四《单于大都护府》："东受降城在朔州北三百五十里。本汉定襄郡之盛乐县也，后魏都盛乐，亦谓此城。"按："东受降城"应为"都护城"之讹。其地在今内蒙古自治区和林格尔县。《水经·河水注》："河水屈而南流，白渠水注之。……白渠水西北迳成乐城北。《郡国志》曰：'成乐故属定襄也。'《魏土地记》曰：'云中城东八十里有成乐城，今云中郡治，一名石卢城也。'白渠水又西迳魏云中宫南。《魏土地记》曰：'云中宫在云中城东四十里。'"《合校本水经注》引董祐诚说："《注》引《魏土地记》，成乐城在云中城东八十里，云中宫在云中故城东四十里，则宫在成乐西亦四十里。"按成乐即盛乐。云中故城在今内蒙古自治区托克托县东北，盛乐在今内蒙古和林格尔县，则云中宫当在今和林格尔县稍偏北处。《魏书》卷一〇六《地形志》："云州，领四郡，其中有盛乐、云中二郡。"本注：云州，旧置朔州。盛乐，永熙中置。云中郡，秦置。永熙，魏孝静帝年号，盖已至魏的末季，非其初年旧规。顾炎武《历代宅京记》卷一四，述北魏都城以云中著目，从其朔也。《魏书》卷一《序传》："什翼犍立三年，移都云中之盛乐。"这就说明了其时盛乐本为云中郡的属县。

平城　北魏都。北魏道武帝天兴元年至北魏孝文帝太和十七年(公元493年)[160]，共九十六年。平城在今山西大同市东。

洛阳　北魏都。北魏孝文帝太和十七年至北魏孝武帝永熙三年(公元534年)[161]，共四十二年。

长安　1.西魏都。北魏孝武帝永熙三年(公元534年)[162]至西魏恭帝三年(公元556年)，共二十三年；2.北周都。北周孝闵帝元年(公元557年)[163]至北周静帝大象三年(公元581年)，共二十五年。

邺　1.东魏都。东魏孝静帝天平元年(公元534年)[164]至孝静帝武定八年(公元550年)，共十七年。2.北齐都。北齐文宣帝天保元年(公元550年)[165]至北齐幼主承光元年(公元577年)，共二十八年。

(5) 五代十国时期诸国都城

洛阳　1.后梁都。后梁太祖开平三年(公元909年)至后梁末帝乾化三年(公元913年)[166]，共五年。2.后唐都。后唐庄宗同光元年(公元923年)至后唐废帝清泰三年(公元936年)[167]，共十四年。3.后晋都。后晋高祖天福元年(公元936年)至天福三年(公元938年)[168]，共三年。

开封　1.后梁都。(1)后梁太祖开平元年(公元907年)至开平三年[169]；(2)后梁末帝乾化三年(公元913年)至末帝龙德三年(公元923年)[170]，共十四年。2.后晋都。后晋高祖天福三年(公元938年)[171]至后晋出帝开运三年(公元946年)，共九年。3.后汉都。后汉高祖天福十二年(公元947年)至后汉隐帝乾祐三年(公元950年)[172]，共四年。4.后周都。后周太祖广顺元年(公元951年)至后周世宗显德六年(公元959年)[173]，共九年。

江都 吴国都。唐天祐四年(公元907年)至石晋天福二年(吴睿帝天祚三年，公元937年)[174]，共三十一年。

金陵 南唐国都。石晋天福二年(南唐烈祖李昪元年)至宋太祖开宝八年(江南后主十四年，公元975年)[175]，共三十九年。

杭州 吴越国都。唐天祐四年(公元907年)至宋太宗太平兴国二年(吴越忠懿王三十二年，公元977年)[176]，共七十一年。

江陵 荆南国都。梁太祖开平元年(公元907年)至宋太祖乾德元年(公元963年)[177]，共五十七年。

长沙 楚国都。梁太祖开平元年至周太祖广顺元年(公元951年)[178]，共四十五年。

广州 南汉国都。梁太祖开平元年至宋太祖开宝四年(南汉后主大宝十四年，公元971年)[179]，共六十五年。

长乐 闽国都。梁太祖开平元年至石晋开运二年(闽恭懿王天德三年，公元945年)[180]，共三十九年。长乐，今为福建长乐县。

成都 1.前蜀国都。唐天复七年(梁太祖开平元年)至后唐同光三年(公元925年)[181]，共十九年。2.后蜀国都。后唐废帝清泰元年(后蜀高祖明德元年，公元934年)至宋太祖乾德三年(后蜀后主广政二十八年，公元965年)[182]，共三十二年。

太原 1.晋国都。唐天祐四年(公元907年)至后唐庄宗同光元年(公元923年)[183]，共十七年。2.北汉国都。后周太祖广顺元年(北汉世祖乾祐四年，公元951年)至宋太宗太平兴国四年(北汉英武帝广运六年，公元979年)[184]。

凤翔 岐国都。后梁太祖开平元年至后唐庄宗同光元年(公元

923年)[185]，共十七年。凤翔，今陕西凤翔县。

蓟 燕国都。唐天祐四年(后梁太祖开平元年，公元907年)至天祐十年(后梁末帝乾化三年，公元913年)[186]，共七年。

敦煌 沙州都。后梁太祖开平元年(公元907年)至宋仁宗景祐二年(公元1035年)，共一百二十九年。《宋史》卷四九〇《外国传》："沙州本汉敦煌故地，唐天宝末陷于西戎。大中五年，张义潮以州归顺，诏建沙州为归义军，以义潮为节度使，领河、沙、甘、肃、伊、西等州观察、营田处置使。义潮入朝，以从子淮深领州事。至朱梁时，张氏之后绝，州人推长史曹义金为帅。义金卒，子元忠嗣。周显德二年来贡，授本军节度、检校太尉、同中书门下平章事，铸印赐之。"自张义潮摆脱吐蕃绊羁，以土地归唐，沙州复隶于版图。五代时，张氏世绝，曹氏继起。中间又阻于回鹘，故与中土少有往来。欧阳修撰《新五代史》，其《职方考》中即不复再列瓜、沙诸州，视同化外。后周及北宋虽仍授予曹氏后世官爵，《宋史》却以之置于《外国传》中，视之同于于阗、高昌，这是十分不恰当的。沙州与内地只是隔于西夏，不能因此而谓其地就和内地州县不同。宋时当地已称瓜州，不应仍以之称为沙州。兹篇即以之与五代时诸国并列，其具体年代即由后梁开国时数起。《宋史》卷四八五《西夏传》："(景祐二年，元昊)遂取瓜、沙、肃诸州。"景祐二年为公元1035年，曹氏世绝当在此时。沙州治所本在敦煌，故以敦煌为其都城所在。

(6) 与宋并立诸国的都城

临潢 契丹、辽都。契丹太祖神册三年(后梁贞明四年，公元918年)[187]

至辽天祚帝天庆十年(宋徽宗宣和元年，公元1119年)[188]，共二百零二年。临潢府在今内蒙古自治区巴林左旗南。

辽有五京，上京临潢府之外，有东京辽阳府、中京大定府、南京析津府、西京大同府。辽帝常驻上京，亦常往其他各京。《辽史》叙辽帝巡幸，于其他各京，一般称"如"称"幸"。如《辽史》卷八《景宗纪上》："庆历三年九月如南京"；又卷一四《圣宗纪五》："统和二十七年十二月，如中京。"又如卷一〇《圣宗纪一》："统和元年四月幸东京"；又卷一五《圣宗纪六》："开泰三年十月幸中京。"这显示南京、中京、东京等皆非辽帝常驻之都。至于上京则不然。由他京至上都则皆称"还"。《辽史》卷四《太宗纪下》："会同八年四月，还次南京；九月，还上京。"又卷六《穆宗纪上》："天禄四年二月，幸南京，七年四月，还上京。"诸京由于非辽帝常驻之所，皆置留守，如《辽史》卷一三《圣宗纪四》，统和十年有东京留守萧恒德；又卷一〇《圣宗纪一》，有燕京留守于越休哥；又卷一五《圣宗纪六》，有中京留守推官李可举。就是辽帝在这诸京时，仍设有留守。《辽史》卷一〇《圣宗纪一》："统和元年夏四月幸东京，以枢密副使耶律末只兼侍中，为东京留守。"上京亦曾置留守，然皆在辽帝出外巡幸时，并非常制。《辽史》卷一〇《圣宗纪一》："统和元年九月如老翁川。十月，以吴王稍为上京留守，行临潢尹事。"此时辽帝先后观渔马泺、玉盆湾、浚渊，并然万鱼灯于双溪。又卷二八《天祚帝纪二》："天庆六年六月，上京留守萧挞不也为契丹行宫都部署兼副元帅，知北院枢密使事萧韩家奴为上京留守。"在此之前，天祚帝亲自出征张家奴，在后天祚帝又猎秋山，谒怀陵，皆不在上京。

会宁 金都。金熙宗天眷元年（公元1138年）至金海陵王贞元元年（公元1153年），共十六年。会宁在今黑龙江省阿城县南白城子。《金史》卷二四《地理志上》："国初称内地，天眷元年号上京。海陵贞元元年迁都于燕，削去上京之号，止称会宁府，称为国中者以违制论。大定十三年七月，复为上京。"按：《地理志》在此下叙会宁府时说："初为会宁州，太宗以建都，升为府。"检《金史》卷三《太宗纪》，未见建都升府的记载。惟会宁三年四月载："诏以辽主赴京师"，六年八月又载："以宋二庶人素服见太祖庙，遂入见于乾德殿。"乾德殿就在上京路。《太宗纪》还于天辅七年载其太祖阿骨打于斡独山驿召太宗的诏书说："政须绥抚，是用还都。"则所谓建都不仅在太宗时，而且还可上溯至太祖阿骨打时。只是具体年月未可考知。金仿辽制，亦置五京，上京会宁府而外，别有东京辽阳府，北京大定府，西京大同府，中都大兴府，皆当属于陪都性质。大定十三年会宁府虽复上京之号，然其时金都已迁至中京大兴府。上京虽复旧号，实仍同于陪都。

大兴 金都。金海陵王贞元元年（公元1153年）至金章宗贞祐二年（公元1214年）[189]，共六十二年。大兴，县名，亦府名。本辽析津府，析津县。金海陵王贞元元年（公元1153年）更名。辽太宗会同元年（公元937年）为南京，圣宗开泰元年（公元1012年）号燕京。海陵王贞元时定都，以燕乃列国之名，不当京师之号，遂改为中都[190]。大兴，今北京市。

开封 金都。金宣宗贞祐二年（公元1214年）至哀宗天兴三年（公元

1234年)¹⁹¹，共二十一年。开封为金的南京。金国初年为汴京，海陵王贞元元年(公元1153年)更号南京¹⁹²。开封，今河南开封市。

灵州 西夏都。宋真宗咸平六年(时西夏李继迁在位之二十二年，公元1003年)至宋真宗天圣元年(时西夏李德明在位之二十一年，公元1023年)，共二十一年。《宋史》卷四八五《夏国传上》："咸平五年三月，继迁大蕃部，以为西平府。六年，遂都于灵州。"灵州在今宁夏回族自治区灵武县西南。

兴州 西夏都。宋真宗天圣元年至宋理宗宝庆三年(夏献宗乾定五年，公元1227年)¹⁹³，共二百零五年。《宋史》卷四八五《夏国传上》："(天圣元年)德明城怀远镇为兴州以居之。"元昊即位，"仍居兴州，阻河依贺兰山为固"。其时称兴州兴庆府，今为宁夏回族自治区银川市。

4. 两大王朝交递之际称雄诸国的都城
(1) 秦汉之际称雄诸国的都城

陈 张楚都(陈胜所建)。秦二世元年(公元前209年)七月至十二月，共六个月。陈，秦郡名，治陈县，今河南淮阳县¹⁹⁴。

盱台 楚国都(楚怀王孙心)。秦二世二年(公元前208年)六月至八月，共三个月。盱台在今江苏盱眙县东北。

彭城 楚国都(楚怀王孙心)。秦二世二年九月至义帝元年(公元前206年)二月，共一年六个月。

邯郸 1.赵国都(武臣所建)。秦二世元年八月至二年十二月，共五个月。2.赵国都(赵王歇所建)。秦二世二年端月至三年十二月，共二年。

狄 齐国都（田儋、田市所建）。秦二世元年九月至秦二世三年端月，共一年五个月。《史记·秦楚之际月表》未载田儋所建齐国的都城，《田儋传》："田儋者，狄人也。……见狄令，因击杀令，而召豪吏子弟曰：'诸侯皆反秦自立，齐，古之建国，儋，田氏，当王。'遂自立为齐王。"据此，则田儋之都当在狄县。《集解》引徐广曰：狄，"今乐安临济县也"。《正义》："淄州高苑县西北，狄县故城。"按：当在今山东高青县东南。

临淄 齐国都（田假所建）。秦二世二年七月至八月，共两个月。临淄，今山东淄博市东临淄城。

蓟 燕国都（韩广所建）。秦二世元年九月至二世三年十二月，共二年四个月。蓟，今北京市。

番禺 南越都（赵佗所建）。秦二世三年（公元前207年）至汉武帝元鼎六年（公元前111年），共九十七年。赵佗立国事，《史记》卷一一三所记称《南越尉佗传》，《汉书》卷九五所记亦称《南粤王传》，与《西南夷传》并列。赵佗本真定人，秦时为南海龙川令，是不应和所谓西南夷并列的。下面将要说到的闽越王无诸和东海王摇，也同此理。这两位国王皆是越王勾践之后，也都是不应和所谓西南夷并列的。

东冶 闽越王无诸都。汉高祖五年（公元前202年）至汉武帝元封元年（公元前110年），共九十三年。

东瓯 东海王摇都。汉惠帝三年（公元前192年）至汉武帝建元三年（公元前138年），共五十五年。见《史记》卷一一四《东越传》、《汉书》卷九五《闽粤传》。闽越、东海两王之封皆在汉兴之后。按：《史记·东越传》说："闽越王无诸及越东海王摇者，其先皆越王勾践之后也。……及诸侯畔秦，无诸、摇率越归鄱阳令吴芮，所谓鄱君者也。从诸侯灭秦。当是之时，项籍主命弗王，以故不附楚。汉击项籍。无诸、摇率越人佐汉，汉五年，复立无诸为闽越王。"是无诸、摇皆起于秦末，以爵位卑下，未能与称雄诸国相等。其后受封虽迟，都仍是由于佐汉灭项羽有功，姑附记于此。东冶即汉冶县，在今福建福州市。东瓯在今浙江温州市。

(2) 项羽所封十八诸侯的都城

郴 义帝都。义帝元年（公元前206年）二月至十月，共九个月[195]。郴在今湖南郴州市。

彭城 西楚霸王项羽都。义帝元年二月至汉高帝四年（公元前203年）十二月，共四年。彭城在今江苏徐州市。

邾 衡山王吴芮都。义帝元年二月至汉高帝五年入汉，徙王长沙，共五年。邾在今湖北黄冈县北。

江陵 临江王共敖都。义帝元年二月至汉高帝四年，共四年。江陵在今湖北江陵县北。

六 九江王英布都。义帝元年二月至汉高帝四年入汉为淮南王，共四年。六在今安徽六安县北。

襄国 常山王张耳都。义帝元年二月至二年十月入汉，共二年。襄国在今河北邢台市。

代 代王赵歇都。义帝元年十月至二年十月，共二年。代在今河北蔚县。

临淄 临淄王田都都。义帝元年二月至五月，共四个月[196]。

博阳 济北王田安都。义帝元年二月至六月，共四个月。博阳，《史记》卷七《项羽纪·正义》谓在济北，则当在今山东北部黄河之北。

即墨 胶东王田市都。义帝元年二月至五月，只四个月。即墨在今山东平度县东南。

南郑 汉王刘邦都。义帝元年二月起。南郑今为陕西汉中市。

废丘 雍王章邯都。义帝元年二月至二年，共二年。废丘在今陕西兴平县东南。

栎阳 塞王司马欣都。义帝元年二月至八月，共七个月。栎阳在今陕西临潼县渭水之北。

高奴 翟王董翳都。义帝元年二月至八月，共七个月。高奴在今陕西延安市东北延河之北。

蓟 燕王臧荼都。义帝元年二月至汉高帝五年入汉，共五年。蓟在今北京市。

无终 辽东王韩广都。义帝元年二月至八月，共七个月。无终在今河北蓟县。

平阳 西魏王魏豹都。义帝元年二月至二年二月，共二年。平阳在今山西临汾市西南汾水之西。

朝歌 殷王司马卬都。义帝二年二月至三年二月，共十三个月。朝歌，今河南淇县。

阳翟 韩王韩成都。义帝二年二月至七月，共六个月。阳翟，在今河南禹县。

洛阳 河南王申阳都。义帝二年二月至十月，共九个月。

（3）两汉之际称雄诸国的都城

长安 汉更始帝刘玄都。更始元年（公元23年）至三年（公元25年）[197]，共三年。

冀 西州隗嚣都。刘玄更始元年（公元23年）至东汉光武帝建武十年（公元34年）[198]，共十二年。冀在今甘肃甘谷县。

成都 成家公孙述都。汉光武帝建武元年（公元25年）至十二年（公元36年）[199]，共十二年。

邯郸 汉帝王郎都。更始元年（公元23年）十二月至二年五月[200]，共六个月。邯郸在今河北邯郸市。

睢阳 汉帝刘永都。更始二年（公元24年）至建武三年（公元27年）[201]，共四年。睢阳在今河南商丘县。

庐江 淮南王李宪都。东汉光武帝建武三年（公元27年）至建武六年（公元30年）[202]，共四年。庐江在今安徽舒城县。

蓟 燕王彭宠都。东汉光武帝建武二年（公元26年）至建武五年（公元29年）[203]，共四年。蓟在今北京市。

九原 汉帝卢芳都。东汉光武帝建武五年（公元29年）至建武十二年（公元36年）[204]，共八年。九原在今内蒙古自治区包头市西。

高柳 汉帝卢芳都。建武十六年（公元40年）至建武十七年（公元41年），共二年。《后汉书》卷一二《卢芳传》李贤注："高柳，县名，故城在今云州定襄县。"《元和郡县图志》卷一四《云州》："云中县，本汉平城县。……贞观十四年，自朔州北界定襄城移定襄县于此。……开元十八年，改置云中县。"是定襄县或云中县皆汉时的平城县，非高柳县。《水经·灅水注》："如浑水又南迳平城县故城东。……又东南流注于灅水。灅水又东迳平邑县故城南。……《十三州志》曰：'城在高柳南百八十里。'……灅水又东迳狋氏县故城北……《十三州志》曰：'县在高柳南百三十里。'"平邑、狋氏皆在平城东南，则高柳不当如李贤所说在唐定襄县，而当更在其东，以今地度之，当在今山西阳高县。

剧 齐王张步都。东汉光武帝建武三年（公元27年）至建武五年（公元29年），共三年。《后汉书》卷一二《张步传》，李贤《注》："剧，在今青州寿光县南。"唐寿光县今为山东寿光县。

平寿 齐王张步都。东汉光武帝建武五年至建武八年（公元32年），共四年。《后汉书》卷一二《张步传》，李贤《注》："平寿，今青州北海县。"按今为山东潍坊市。

黎丘 楚黎王秦丰都。更始二年（公元24年）至建武五年（公元29年）[205]，共六年。《后汉书》卷一上《光武纪上·注》："黎丘故城在今襄州率道县北。"唐率道县在今湖北宜城县北。

东海 海西王董宪都。更始二年至建武六年（公元30年）[206]，共七年。《续汉书·郡国志》，东海郡治郯。郯，今山东郯城县。

汉中 延岑都。更始二年至建武十二年（公元36年）[207]，共十三年。

夷陵 田戎都。更始二年至建武十二年[208]，共十三年。夷陵，今湖北宜昌市。

宛 董䜣都。建武二年至三年[209]，共二年。《后汉书》卷二二

《坚镡传》："堵乡人董䜣反宛城，获南阳太守刘驎。镡乃引军赴宛，选敢死士夜自登城，斩关而入，䜣遂弃城走还堵乡。"又卷一上《光武纪上·注》："《水经注》：'堵水南迳小堵乡。'在今唐州方城县。"唐方城县今仍为方城县。

这里所叙述的只是两汉之际重要的称雄割据的政权，其他较为弱小者为数更为众多。当光武转战河北时，除刘永、公孙述、李宪、秦丰、张步、董宪、延岑、田戎分别在各处自成势力外，又有"别号诸贼铜马、大肜、高湖、重连、铁胫、大抢、尤来、上江、青犊、五校、檀乡、五幡、五楼、富平、获索等，各领部曲，众合数百万人"[210]。冯异在崤底大破赤眉后，关中"众寇犹盛。延岑据蓝田，王歆据下邽，芳丹据新丰，蒋震据霸陵，张邯据长安，公孙守据长陵，杨周据谷口，吕鲔据陈仓，角闳据汧骆，盖延据盩厔，任良据鄠，汝章据槐迴，各称将军，拥兵多者万余，少者数千人"[211]。他如据原武的单臣、傅镇[212]，起于杏的许邯[213]，攻没皖城的李广，而交趾征侧、征贰更据有岭外若干郡县[214]，这些地方倏起倏落，往往说不上都城的建置，即令偶尔以都城相号召，史有阙文，也不易稽考。

(4) 隋唐之际称雄诸国的都城

洛口　魏公李密都。隋炀帝大业十三年（公元617年）[215]，共一年。

金墉城　魏公李密都。隋炀帝大业十四年（公元618年）[216]，共一年。金墉城在今河南洛阳市东北，汉魏故城东北。

洛阳　郑帝王世充都。唐高祖武德二年（公元619年）至武德四年（公元620年）[217]，共二年。

乐寿 夏王窦建德都。隋炀帝大业十三年(公元617年)至唐高祖武德二年(公元619年)[218]。乐寿，今河北献县。

洺州 夏王窦建德都。唐高祖武德二年(公元619年)至武德四年(公元621年)[219]。乐寿、洺州两处共六年，唐洺州治永年县，今河北永年县东南。

金城 西秦帝薛举都。隋炀帝大业十三年(公元617年)。金城，今甘肃兰州市。

天水 西秦帝薛举都。大业十三年。天水，隋郡，即唐秦州，治上邽县，今甘肃天水市。

折墌城 西秦帝薛举都。唐高祖武德元年(公元618年)。金城、天水、折墌城三处，共两年[220]。《元和郡县图志》卷三《泾州》："折墌城在(保定)县东十里。……隋末薛举屯据此城，举死仁杲复窃据。"唐保定县，今为甘肃泾川县。

姑臧 凉帝李轨都。大业十三年(公元617年)至武德二年(公元619年)[221]，共三年。姑臧，今甘肃武威县。

马邑 定扬可汗刘武周都。大业十三年(公元617年)至武德三年，共四年。《旧唐书》卷五五《刘武周传》："武周又欲谋归马邑，事泄，为突厥所杀。武周自初起至死，凡六载。"《新唐书》卷八六《刘武周传》也说："起兵六年而灭。"按《旧唐书》卷一《高祖纪》：(大业)十三年，马邑校尉刘武周据汾阳宫，举兵反。(武德)三年三月，秦王破刘武周于介休，金刚与武周俱奔突厥。七月，突厥杀刘武周。前后四年，不得云六年。马邑，今山西朔县。

朔方 梁帝梁师都都。大业十三年(公元617年)至唐太宗贞观二年(公元628年)[222]，共十二年。朔方，隋郡，治岩绿县，今陕西靖边县北白城子。

巴陵 梁帝萧铣都。大业十三年(公元617年)。巴陵，今湖南岳阳市。

江陵 梁帝萧铣都。武德元年(公元618年)至武德四年(公元621年)。巴陵、江陵两处共五年[223]。

毗陵 梁王沈法兴都。武德二年(公元619年)至武德三年(公元620年)[224]，共二年。毗陵，隋郡，治晋陵县，今江苏常州市。

榆林 永乐王郭子和都。大业十三年(公元617年)至武德四年(公元621年)[225]，共五年。榆林，隋郡，治榆林县，今内蒙古准格尔旗东北。

冠军 楚帝朱粲都。义宁中(二年，公元618年)至武德二年(公元619年)[226]，共二年。冠军，隋南阳郡属县，今河南邓县西北。

豫章 楚帝林士弘都。大业十二年(公元616年)。豫章，隋郡，治豫章县，今江西南昌市。

虔州 楚帝林士弘都。大业十三年(公元617年)至武德五年(公元622年)。豫章、虔州两处共七年[227]。唐虔州治赣县，今江西赣州市。

江都 吴帝李子通都。武德二年(公元619年)。江都，今江苏扬州市。

京口 吴帝李子通都。武德三年(公元620年)。京口，今江苏镇江市。

余杭 吴帝李子通都。武德三年(公元620年)。余杭，今浙江余杭县。江都、京口、余杭三处共二年[228]。

历阳 杜伏威都（时伏威自称总管）。大业十三年（公元617年）。历阳，今安徽和县。

丹阳 吴王杜伏威都。武德三年（公元620年）至武德五年（公元622年）。丹阳，隋郡，治江宁县，今江苏南京市。历阳、丹阳两处共六年[229]。

魏县 许帝宇文化及都。大业十四年（公元618年）。魏县在今河北大名县西南。

聊城 许帝宇文化及都。武德二年（公元619年）。聊城在今山东聊城县东北。魏县、聊城两处共二年[230]。

渔阳 燕王高开道都。1.武德元年（公元618年）至武德三年（公元620年）。2.武德四年（公元621年）至武德七年（公元624年），前后共七年。《旧唐书》卷五五《高开道传》："开道自初起至灭，凡八载。"《新唐书》卷一《高祖纪》：大业十三年，"高开道据北平"。按《旧唐书·高开道传》："武德元年，隋将李景守北平郡，开道引兵围之，连年不能克。景自度不能支，拔城而去。开道又取其地。"开道于武德元年始取得北平郡，进而陷渔阳郡，称燕王，似不能上溯至大业十三年。渔阳，隋郡，治无终县，今河北蓟县。

漳南 刘黑闼都，时黑闼自称大将军。武德四年（公元621年）。漳南县在今河北故城县东南。

洺州 汉东王刘黑闼都。武德五年（公元622年）至武德六年（公元623年）。漳南、洺州两处共三年[231]。洺州，本窦建德都，已见前。

任城 鲁王徐圆朗都。武德四年（公元621年）至武德六年（公元623年）[232]，共三年。任城，今山东济宁市。

丹阳 宋帝辅公祏都。武德五年（公元622年）至武德七年（公元624年）[233]，共三年。丹阳，本杜伏威都，已见前。

离石 刘王刘季真都。武德二年（公元619年）五月至武德三年三月[234]，共一年。离石，今山西离石县。

《新唐书》卷一《高祖纪》："（大业）十三年，拜太原留守，击高阳历山飞贼甄翟儿于西河，破之。……是时刘武周起马邑，林士弘起豫章，刘元进起晋安，皆称皇帝；朱粲起南阳，号楚帝；李子通起海陵，号楚王；邵江海据岐州，号新平王；薛举起金城，号西秦霸王；郭子和起榆林，号永乐王；窦建德起河间，号长乐王；王须拔起恒、定，号漫天王；汪华起新安，杜伏威起淮南，皆号吴王；李密起巩，号魏公；王德仁起邺，号太公；左才相起齐郡，号博山公；罗艺据幽州，左难当据泾，冯盎据高、罗，皆号总管；梁师都据朔方，号大丞相；孟海公据曹州，号录事；周文举据淮阳，号柳叶军；高开道据北平，张长逊据五原，周洮据上洛，杨士林据山南，徐圆朗据兖州，杨仲达据豫州，张善相据伊、汝，王要汉据汴州，时德叡据尉氏，李义满据平陵，綦公顺据青、莱，淳于难据文登，徐师顺据任城，蒋弘度据东海，王薄据齐郡，蒋善合据郓州，田留安据章丘，张青特据济北，臧君相据海州，殷恭邃据舒州，周法明据永安，苗海潮据永嘉，梅知岩据宣城，邓文进据广州，俚酋杨世略据循、潮，冉安昌据巴东，宁长真据鬱林，其别号群盗往往屯聚山泽。"当时起兵的如此之多，情况自是相当繁杂。其中如刘武周、林士弘、朱粲、李子通、薛举、郭子和、窦建德、杜伏威、李密、罗艺、梁师都、徐圆朗诸人，旧新《唐书》皆已有传。亦有本为隋时守土官吏，只以未早降唐，即被列入起兵行列之中。起于郁林的宁长真，乃是隋时的鸿胪卿；起于高罗的冯盎，原为隋时汉阳太守，皆见于《资治通鉴》卷一九〇《唐纪六》。当李渊起兵太原时，有人向冯盎建议："唐始定中原，未能及远，公所领二十州，地已广于赵佗，宜自称南越王。"冯盎拒绝这样建议，率诸郡降唐，可知非其他据土称雄者可比。在这些起兵者中，据有新安的汪华，历时相当长久。《旧唐书》卷五六《辅公祏传》附《王雄诞传》称："先是，汪华据黟歙，称王十余年。（武德四年，）雄诞还军击之，华……窘迫请降。"新安，隋郡，唐时为歙州，隋时郡治休宁县，唐时州治歙县。黟县为其属县。当时汪华据以称王的都城，究竟是在休宁、歙县，抑或在黟县，疑莫能明。又如起于邺的王德仁，《资治通鉴》卷一八五《唐纪一》称其"有众数万，据林虑山"。又说："王德仁……来降，诏以德仁为邺郡太守。"胡三省注："炀帝改相州为魏郡，此又改魏郡为邺郡。"所谓"此又改魏郡为邺郡"，当系武德初年因安置降人而改置的郡名。林虑山诚属邺郡，究非邺郡治所。王德仁在此称"太公"时，恐只是占据林虑山头，不能就说是建都。再如据有曹州的孟海公，《旧唐书》卷五四《窦建德传》，则谓其"据周桥城以掠河南之地"。孟海公为曹州济阴人，其势力实遍及曹、戴二州（《资治通鉴》卷一八八《唐纪四》）。周桥城果何所在，未能实指。《元和郡县图志》卷一一《曹州》："乘氏县有海公南北二城，在县东四十五里。隋末贼帅孟海公所筑。"未悉是否就为周桥城。又如王须拔所据恒定自当是指恒州和定州而言。炀帝时，恒州改为恒山郡，定州改为博陵郡，皆在今河北省石家庄市北。《资治通鉴》卷一八二《隋纪六》，却称之为上谷贼帅。隋上谷郡治所在易县，亦即现在河北易县，相去甚远。这些起兵者所居之地，旧史大半不以都相称，因而就不必一一细究。

(5) 元明之际称雄诸国的都城

亳 宋帝韩林儿都。元顺帝至正十五年（宋帝龙飞元年，公元1355年）至至正二十六年（宋帝龙飞十二年，公元1366年）[235]，共十二年。元亳州治谯，今安徽亳县。

蕲水 天完帝徐寿辉都。元顺帝至正十一年（天完帝治平元年，公元1351年）至至正二十年（天完帝天定二年，公元1360年）[236]，共十年。蕲水，今湖北浠水县。

江州 汉帝陈友谅都。元顺帝至正二十年（汉帝大义元年，公元1360年）五月至至正二十一年（大义二年，公元1361年）八月。

武昌 汉帝陈友谅都。至正二十一年（汉帝大义二年，公元1361年）八月至至正二十四年（汉帝德寿二年，公元1364年）[237]。江州、武昌两处共五年。江州，元路名，治德化县，今江西省九江市。武昌，亦元路名，治江夏县，今湖北武汉市。

重庆 夏帝明玉珍都。元顺帝至正二十二年（夏帝元年，公元1362年）至明太祖洪武四年（夏帝开熙五年，公元1371年），共十年。《国初群雄事略》卷五《夏明玉珍》引《明氏实录》："明氏二主，起至正辛丑，止洪武辛亥，共十一年。"辛丑为元顺帝至正二十一年。明玉珍以至正二十年为陇蜀王，二十二年称夏帝，皆与二十一年无关。《元史》卷四六《顺帝纪》:"至正二十三年四川明玉珍僭称皇帝。"亦与《明氏实录》不同。《国初群雄事略》卷五《夏明玉珍》又引《太祖实录》谓明玉珍称帝是在至正二十二年。《太祖实录》以当时人记当时事，应无讹误。明玉珍都于重庆，见《明史》卷一二三《明玉珍传》。《读史方舆纪要》卷八《历代州域形势》谓在成都，非是。

高邮 周诚王张士诚都。元顺帝至正十三年（周诚王天祐元年，公元1353年）至至正十五年（天祐三年，公元1355年）。

平江 周诚王张士诚都。1.至正十六年（天祐四年，公元1356年）至十七年（是年士诚降元）；2.至正二十三年（天祐十一年，公元1363年）至至正二十七年（天祐十五年，公元1367年）。高邮、平江两地共十五年[238]。高邮，今江苏高邮县。平江，元路名，治吴县，今江苏苏州市。钱谦益《国初群雄事略》于韩林儿、徐寿辉、陈友谅、明玉珍、张士诚诸人外，尚载方谷真、李思齐、扩廓帖木儿、纳哈出、陈友定、何真等。《明史》且为方国珍（即方谷真）、扩廓帖木儿、陈友定、把匝剌瓦尔密立传，李思齐亦附见于《扩廓帖木儿传》中。然诸人或本为元的故臣，或受元的爵命，且皆未以其所驻地为都，故不一一备录。

(6) 清代前期反清政权的都城

承天府 台湾郑成功都。郑成功于明季唐王隆武、桂王永历之际，起兵抗清，转战闽、浙、江南等地。永历十五年，亦即清世祖顺治十八年（公元1661年），自厦门渡海，至于台湾，是时台湾已为荷兰所窃据。郑成功驱逐荷兰人，尽有台湾之地，以赤嵌城为承天府，并置天兴、万年两县。赤嵌城今为台湾省台南市。至清康熙二十二年（公元1683年），成功之孙郑克塽为清所灭，前后共二十三年[239]。

台湾府 台湾中兴王朱一贵都。康熙六十年（公元1721年）五月至七月[240]。台湾府，今为台中市。

长沙 周王吴三桂都。清康熙时，吴三桂以平西王王滇。康熙十二年（公元1673年）起兵反清，以明年为周元年[241]，其时尚驻节云南。康熙十三年（公元1674年），称周王，其时长沙降附，遂以长沙为都[242]。至康熙十七年（公元1678年）初，迁于衡州，以长沙为都凡四年。

衡州 周帝吴三桂都。吴三桂于康熙十七年（公元1678年）三月称帝，都于衡州，并改衡州为定天府。至康熙十八年（公元1679年），衡州失陷[243]。

福州 闽耿精忠都。康熙十三年（公元1674年），精忠响应吴三桂，自称总统兵马大元帅，十五年（公元1676年），降清[244]。

5. 农民及流民建立的政权的都城

陈 张楚都（陈胜所建）。秦二世元年（公元前209年）七月至十二月，共六个月，已见前文。

长安 1.赤眉都。东汉光武帝建武元年（公元25年）至建武二年（公元26年）[245]，共二年。2.黄巢都。唐僖宗广明元年（公元880年）至僖宗中和三年（公元883年）[246]，共四年。3.李自成都。明思宗崇祯十六年（公元1634年）至崇祯十七年（公元1644年）[247]，共二年。

上郡 孙登都。东汉光武帝建武二年（公元26年），一个月。《后汉书》卷一上《光武帝纪·注》："上郡故城在今泾州上县东南。"泾州当作绥州。唐上县在今陕西绥德县。两汉上郡皆治肤施县，并未改易，当仍在今陕西榆林县南。其地在唐时为银州辖境，李贤之说非是。

江夏 沈丘（刘尼）都。晋惠帝太安二年（公元303年）三月至七月，共四个月[248]。西晋时，江夏郡治安陆县，今湖北云梦县。

杏城 盖吴都。刘宋文帝元嘉二十二年（北魏太武帝太平真君六年，公元445年）至元嘉二十三年（公元446年），共二年。《宋书》卷九五《索虏传》载盖吴起兵在元嘉二十三年。《资治通鉴》卷一二四《宋纪六》谓在二十二年。《魏书》卷四下《太武帝纪》亦谓在太平真君六年，即元嘉二十二年。元嘉二十三年盖吴已败殁。杏城在今陕西黄陵县西南。

秦州 莫折念生都。梁武帝普通五年（北魏孝明帝正光五年，公元524年）至梁武帝大通元年（北魏孝明帝孝昌三年，公元527年）[249]，共四年。北魏秦州治上邽县，今甘肃天水市。

高平 万俟丑奴都。梁武帝大通二年（北魏孝庄帝永安元年，公元528年）至梁武帝中大通二年（北魏永安三年，公元530年）[250]。共三年。高平，今宁夏回族自治区固原县。

上谷 杜洛周都。梁武帝普通六年（北魏孝明帝孝昌元年，公元525年）至梁武帝大通二年（北魏孝昌四年，公元528年）[251]，共四年。北魏上谷郡治居庸县，今北京延庆县。

左城 1.鲜于修礼都。梁武帝普通七年（北魏孝明帝孝昌二年，公元526

年）正月至八月，共八个月。《资治通鉴》卷一五一《梁纪七》："普通七年，正月，鲜于修礼反于定州之左城。"《注》："按《杨津传》，左城当在博陵界。《水经注》，中山唐县有左人城。"今河北唐县西。2.葛荣都。梁武帝普通七年（北魏孝明帝孝昌二年，公元526年）至梁武帝大通二年（北魏孝明帝孝昌四年，公元528年）[252]，共三年。

北海 邢杲都。梁武帝大通二年（北魏孝明帝孝昌四年，公元528年）至梁武帝中大通元年（北魏孝庄帝永安二年，公元529年）[253]，共二年。北魏北海郡治平寿县，在今山东潍坊市西南。

成都 1.蜀王李顺都。宋太宗淳化五年（公元994年）正月至五月，共五个月[254]。2.蜀王王均都。宋真宗咸平三年（公元1000年）正月至十月，共十个月[255]。

贝州 东平王王则都。宋仁宗庆历七年（公元1047年）十一月至八年正月，共三个月[256]。贝州，治清河县，今河北清河县。王则失败后，宋改贝州为恩州。

青溪 圣公方腊都。宋徽宗宣和二年（公元1120年）十月至三年四月，共六个月[257]。青溪，今浙江淳安县。

鼎州 楚王钟相都。宋高宗建炎四年（公元1130年）二月至三月，共两个月。见《建炎以来系年要录》卷三一及卷三二。《宋史纪事本末》卷三六《平群盗》："建炎四年三月，孔彦舟获盗钟相及其子子昂，槛送行在诛之，其党杨太复聚众于龙阳。"然《建炎以来系年要录》卷三二记此事，只说："相少子子义逃去，与其徒居洞庭湖。"不言聚众于龙阳，就是《宋史纪事本末》于绍兴五年记杨太失败事，也说："岳飞大破杨太于洞庭。"杨太曾自号大圣天王，以洞庭湖为根据地，初未在湖旁州县建都。宋鼎州治武陵县，今湖南常德市。

天京 太平天国都。清文宗咸丰元年（公元1851年）至清穆宗同治二年（公元1863年），共十三年。天京即今江苏南京市。

6. 周边各族所建立的政权的都城

我国周边各族为数相当繁多，在悠久的历史长河中，有的瓜瓞绵延，迄今仍未稍替；有的起伏不常，早已成为陈迹；有的安居故土，未曾他移；有的时有迁徙，不遑宁居。论其都城，也就难得一致。农耕地区，皆以城郭相尚；游牧地区，只能居于毡幕之中。毡幕之中固可以朝拜议事，水草偶有不足，就不能不舍之另谋新地。既有城郭，自可建都设邑；逐水草迁徙，就难得语此了。这里试为论述，以见其概略。

（1）北陲诸政权的都城

北陲诸政权的主要活动区域多在大漠之北。其较为强大的为匈奴、鲜卑、高车、突厥、回纥、阻卜、鞑靼、瓦剌等，皆为从事游牧为生的族类。从事游牧为生，殆皆少有城郭。汉武帝时，卫律曾为匈奴单于出主意，计划穿井、筑城、治楼、贮藏粮食，打算纠集原来逃亡到匈奴中的秦朝人共同防守，并说："就是汉兵能远来，他们能把我们怎么样？"随即穿井数百，伐取材木数千，准备大举动工。当时有人提出不同意见，说胡人从来不能守城，这种做法分明是要替汉兵准备粮食！于是就中途停止[258]，从此以后，匈奴就再未做建都的打算。就是以后继匈奴游牧于大漠之北的其他族类，也未闻有建筑都城的设想。不过他们也有牙帐，久居一地，长期作为其所属部落朝拜之所，也和都城相仿佛[259]。

远在西汉初年，冒顿为匈奴单于时，单于之庭直代、云中[260]。汉时代郡治所在今河北蔚县东北，云中郡治所在今内蒙古自治区托克托县东北。武帝元狩四年（公元前119年），霍去病绝漠远征，匈奴逃遁，漠南无王庭[261]。是在此时之前，单于庭当在大漠之南，虽其确地无所指，当在代与云中两郡治所直北之间。《汉书》卷六《武帝纪》："元封元年……（武帝）行自云阳，北历上郡、西河、五原，出长城，北登单于台……。遣使者告单于曰：'南越王头已悬于汉北阙矣。单于能战，天子自将待边；不能，亟来臣服，何但亡匿幕北苦寒之地为！'匈奴詟焉。"汉时经过这里的长城，筑在阴山之上。武帝既出长城，则单于台当在阴山之北。或谓单于台在今山西大同市[262]，则是失之过近。此时在霍去病北征之后，单于既已北遁，漠南无王庭，故武帝得登单于故庭之台之上，耀武扬威。

由于受到汉兵的威胁，元封六年（公元前105年）后，单于益西北，左方兵直云中，右方兵酒泉、敦煌[263]。汉酒泉郡治所在今甘肃酒泉县，敦煌郡治所在今甘肃敦煌县西。单于居左右两方之间，则单于庭当更在直云中郡之西。武帝天汉四年（公元前97年），李广利、路博德等分途北征，匈奴闻悉，远其累重于余吾水北，而单于以十万骑待水南[264]。武帝征和四年（公元前89年），李广利、商丘成等再次北征，匈奴左贤王驱其人民度余吾水六七百里，居兜衔山。单于自将精兵左安侯度姑且水[265]。昭帝元凤二年（公元前79年），匈奴遣九千骑屯受降城以备汉，北桥余吾，令可度，以备奔走[266]。则单于庭当在余吾水之南。余吾水今为蒙古国土拉河。土拉河经今乌兰巴托之南，西北流入于鄂尔浑河，以是按之，单于庭当在今乌兰巴托之南，土拉河的南岸。

南北朝时，柔然为北陲大国。其初游牧大漠南北，冬后漠南，夏则还居漠北。北魏道武帝时，其可汗社仑北徙弱洛水，始立军法。《魏书》卷一〇三《蠕蠕传》称"其常所会庭，则敦煌、张掖之北"。北魏敦煌镇故城在今甘肃敦煌县西。张掖郡治所在今甘肃张掖县西北。缘洛水今为土拉河，位于张掖东北，似非其常会庭所。北魏太武帝神䴥二年（公元429年），魏军北伐至于栗水，柔然可汗大檀闻之震怖，将其族党，焚烧庐舍，绝迹西走。是役太武帝亲自督军，缘栗水西行，过汉将窦宪故垒，次于兔园水。太平真君四年（公元443年），魏军再出，追柔然可汗吴提于颎根河。颎根河位于栗水和兔园水之北，也是位于张掖郡治所之北，当是柔然可汗庭所在之地。栗水今为翁金河，兔园水今为推河，颎根河今为鄂尔浑河。

突厥强盛始于南北朝时。隋时，沙钵罗可汗的牙帐设于都斤山[267]。都斤山亦即乌德鞬山，为现在的杭爱山。其东端在鄂尔浑河之南，鄂尔浑河即唐时所谓嗢昆水[268]。其地当在今蒙古国哈尔和林西北。传世的《毗伽可汗碑》及《阙特勤碑》皆发现于其附近，可以为证。唐初，颉利可汗曾设牙直五原之北[269]，当更在都斤山之东。颉利曾数徙其牙帐，直五原之北的牙帐，未能知确地。

突厥亡后，回纥继起。回纥后改称回鹘。回鹘始居于娑陵水[270]。娑陵水今为色楞格河，在蒙古乌兰巴托西北。唐初，其酋长菩萨树牙于独乐水上[271]。独乐水今为土拉河，在乌兰巴托之西。回鹘牙帐亦见贾耽所记入四夷的道路，据贾耽所记，回鹘牙帐东有平野，西据乌德鞬山，南依嗢昆水，北六七百里至仙娥河[272]。乌德鞬山即所谓都斤山，亦即今杭爱山。嗢昆水今为鄂尔浑河。仙娥河即娑陵水，亦即今色楞格河。回鹘牙帐既南依嗢昆水，则当在嗢昆水之西，与独乐水无涉。嗢昆水西本为突厥牙帐所在地。当是突厥破灭后，回鹘强大，徙居突厥牙帐，于是突厥牙帐即成为回鹘牙帐。独乐水西犹有可敦城，可能就是原来回鹘牙帐所在地。

唐初，薛延陀可汗受太宗册封，树牙郁督军山。突厥颉利可汗破灭后，东保都尉鞬山独逻水之阴[273]。独逻水即独乐水，亦即今土拉河，都尉鞬山既近在独乐水附近，当即是乌德鞬山。《通鉴考异》引《唐历》："乌德鞬山即郁督军山，虏语两音也。"

《新唐书·回鹘传》除附薛延陀传外，还附拔野古、仆骨、同罗、浑、契苾、多览葛、阿跌、葛逻禄、拔悉蜜、都播、骨利干、白霫、斛薛等部传。传中皆曾指出所游牧的地区，未见其建牙所在。另有黠戛斯，即古坚昆国，其牙建在牢山之南，距回鹘旧牙度马行十五日，盖在剑河的上游。剑河今为叶尼塞河。

《新唐书》又有《沙陀传》。沙陀居金娑之山之阳，蒲类之东。蒲类今为新疆维吾尔自治区巴里坤湖。沙陀虽有居地，而未见其建牙之所。吐蕃盛时，附于吐蕃。后款塞内附，其所居处略同于羁縻州，与初建立政权时异矣。

辽时北陲又有阻卜部。《辽史》卷四六《百官志二》："辽境……北邻阻卜、术不姑，大国以十数。"又说，"辽制，属国、属部官，大者拟王封，小者准部使。命其酋长与契丹人区别而用，恩威兼制，得柔远之道"，在诸国有阻卜国大王府、西阻卜国大王府、北阻卜国大王府、西北阻卜国大王府。辽时阻卜族人散居漠北各处，因而有西阻卜、北阻卜、西北阻卜之称，阻卜国大王府当是由其中最主要的部落所建立的。《辽史》卷九六《耶律仁先传附挞不也传》："阻卜酋长磨古斯绐降，挞不也逆于镇州西南沙碛间。"按《辽史》卷三七《地理志》："上京道边防城，镇州，建安军、节度。本古可敦城。"可敦城乃在土拉河西，萧挞不也逆阻卜投降酋长于镇州西南沙碛间，明阻卜是时居于可敦城西南。由可敦城西南西行，为乌鲁古河，即今鄂尔浑河。以前回鹘牙帐即在其地。当是回鹘去后，阻卜即居其故地，故阻卜国大王府亦建于其处。又按：《辽史》卷二《太祖纪》："天赞三年，六月，大举征吐浑、党项、阻卜等部。……九月，次古回鹘城，勒石纪功。……遣骑攻阻卜。"是古回鹘城已入于契丹之手。其实契丹北征归来后，鞑靼因相掩击，契丹人终未能克奏全功。此事见于《旧五代史·唐书·庄宗纪》，当非虚语[274]。此鞑靼即阻卜。王国维《观堂集林》卷一四《鞑靼考》固已曾明确指出。

前文曾引《辽史·百官志二》谓："辽境……北邻阻卜、术不姑，大国以十数。"术不姑国不可考。其余大国亦难备悉其名称。《辽史·兵卫志下》又云："辽属国可纪者五十有九。"除此五十九国外，又有铁不得国。这六十国中，可以确知在北方者有乌古、辖戛思、敌烈、粘八葛、梅里急、耶睹刮、斡朗改等七国。亦有以突厥、回鹘为名者。突厥自唐中叶前衰残后，久已不见于记载，回鹘至唐的季世已分向河西、西州等处迁徙。可能漠南北仍有其孑遗，皆难知其确处。敌烈诸部居于驴驹河畔，驴驹河今为克鲁伦河。其地有河董城。《辽史·地理志》："河董城，本回鹘可敦城，语讹为河董城。久废，辽人完之以防边患。高州界女直常为盗，劫掠行旅，迁其族于此。"则亦与失敌烈诸部无关。其他各国建牙之处皆无可考，也许本来就无建牙之处。

蒙古初年，成吉思汗曾以和林为都，至元世祖时始营建大都。元末，明兵攻取大都，元顺帝奔开平，寻又奔应昌（在今内蒙古自治区巴哈纳尔旗南答儿海子西）。其后顺帝太子爱猷识理达腊复归于和林。爱猷识理达腊子脱古思帖木儿之后，五传至坤帖木儿，不复知帝号。有鬼力赤者篡位自立，称可汗，去国号，遂称鞑靼。鞑靼之都仍当在和林。明成祖时，其可汗本雅失里为瓦剌所破，与所部阿鲁台徙居胪朐河。胪朐河今为克鲁伦河。明世宗嘉靖时，小王子曾徙幕东方，称土蛮。这个东方之幕，确地已难具知[275]，可能仍在漠北。鞑靼由于经常与明构兵，所以后来的牙帐即多设于漠南近塞之处。

这里的族类虽多，建立的政权亦先后不一，牙帐的设置却仿佛历代相承，没有显著的变化。迨政权消失，或牙帐迁徙，故迹就难得保存。就在当时也往往不易有确切的名称。北魏时的高车，与柔然同为强大的部落，史籍于其最初建牙帐之所，就未有所记载，其后迁徙，亦只说"徙于鹿浑海西北百里"。鹿浑海当在弱洛水之西[276]。弱洛水今为土拉河，则鹿浑海当近于颊根河，亦即今鄂尔浑河，是高车牙帐当更在鄂尔浑河之西了。而唐时与回纥有关的拔野古、仆骨、同罗、浑、契苾、多览葛、阿跌、葛逻禄、拔悉蜜、都播、骨利斡、白霫、斛薛等都，皆见于《新唐书》卷二一七《回鹘传》。《传》中皆曾记载过这些小国的游牧地区，却未见其建牙帐的所在。其他各史传中也往往记载有这样无建牙帐所在的小国，这里就不一一细核。

前面曾经说过，汉武帝北征时，曾于阴山之北登上单于台。所谓单于台当为匈奴单于建牙的旧地，是其时单于建牙实在大漠之南。及霍去病远征，单于建牙之所遂移至漠北。东汉初年，匈奴始分南北[277]。南匈奴呼韩邪单于比降汉，徙居西河美稷（在今内蒙古自治区准格尔旗西北）。其时为东汉光武帝建武二十四年（公元48年），下至灵帝中平六年（公元189年）[278]，前后一百四十年。

匈奴衰弱后，鲜卑继起。鲜卑本东胡部落，其初保鲜卑山。鲜卑山当为今大兴安岭。既强之后，其土域随之扩大，所能控制的地区遂远至敦煌、酒泉。此时已不复局限于东胡部落，而为北方泱泱大国。檀石槐时，乃为庭于高柳北三百余里弹汗山歠仇水上[279]。高柳县于东汉时为代郡治所，为今山西阳高县。高柳县北濒雁门水[280]。雁门水今为洋河。雁门水于马城县合修水[281]。马城县今为河北省怀安县。所谓修水当即今东洋河。今东洋河出内蒙古兴和县。兴和县位于阳高县北，则修水当即歠仇水。弹汗山位于歠仇水上，以今地按之，当在内蒙古自治区兴和县及河北省尚义县之间。

隋时，突厥启民可汗亦曾居于漠南。启民可汗本居突厥的北方，以尚隋安义公主故，南徙度斤旧镇。度斤旧镇未知确地所在，但为漠南之地，当确无所疑。启民为都蓝可汗所攻击，隋文帝因于朔州（治所在今山西朔县）筑大利城以居启民可汗，稍后又迁徙于黄河以南夏（治所在今陕西靖边县北白城子）、胜（治所在今内蒙古自治区准格尔旗东北十二连城）二州之间[282]。不过未久即复归于漠北。

突厥之后，再居于漠南者则为鞑靼。前面曾经说过，鞑靼本居于漠北，由于经常与明构兵，所以后来即设牙帐于漠南近塞之处。明英宗天顺时（公元1457—1464年），有阿罗出者，始入居河套，至宪宗成化九年（公元1478年）离去。成化十三年（公元1477年），小王子复入居河套，其后裔遂久留不去[283]。居于河套的鞑靼人，殆仍从事游牧，未闻创建城郭。其始筑城郭者为俺答，俺答于丰州筑城自卫，构宫殿，垦水田，号曰板升。板升在今内蒙古自治区呼和浩特市。其时在明世宗嘉靖三十三年（公元1554年）。嘉靖三十九年（公元1560年），明兵直捣丰州，焚板升略尽。然未久俺答即降附，当仍居于丰州。明思宗崇祯元年（公元1628年），其酋卜失兔为插汉虎墩兔所破[284]，丰州当不复再为其所部的都城。由嘉靖三十三年至此，共七十五年。

(2) 西域诸政权的都城

西域之名，肇始于西汉。自张骞凿空归来，中土乃得知西域的山川土地、风土人情。其时西域就已有三十六国，后来陆续有所变迁，政权仍复不少。西域地区广大，有的地区可以从事农耕，有的地区则仅能从事游牧。从事农耕的地区自有城郭宫室，而从事畜牧的地区就只能逐水草迁徙，当时称为行国。行国的王侯固然各有居地，却似难视作都城。故兹篇论述，不复兼及行国。

汉时西域一些小国，其王治于山谷之中，如西夜国治于呼犍谷[285]，蒲犁国治于蒲犁谷，都应是以游牧为生的行国。没有居处城邑，其立国并非在广大平原之中，故所治即以谷为名。这当然不是有城郭的都城了。

《汉书》卷九六《西域传》记载西域诸国，除行国外，还有不少城郭之国。其中有些小国，虽亦有都城，其故址已难于稽考。据其所记，小宛国治扜零城，戎卢国治卑品城，渠勒国治鞬都城，皮山国治皮山城，乌秅国治乌秅城[286]，单桓国治单桓城，皆未能知其具体所在。这样的情形固不仅汉时西域有之，周边各处也都有不少的例证。今仅举其所可知者论述于下：

扜泥城 鄯善国都。鄯善本名楼兰。鄯善立国，自西汉至于南北朝，皆见于史籍。5世纪时，灭于吐谷浑[287]。隋时于其地置鄯善郡[288]。唐时为石城镇[289]，《大唐西域记》卷一二有纳缚波故国，谓即楼兰地。清人陶保廉谓即卡克里克庄，并谓其地古城周十五里[290]。卡克里克庄即今新疆维吾尔自治区婼羌县。

且末城 且末国都。且末立国，自西汉至于南北朝，皆见诸记载。后与鄯善同为吐谷浑所灭，隋时于其地置且末郡[291]。唐时为播仙镇[292]。《洛阳伽蓝记》作左末。《大唐西域记》作沮末，谓即折摩驮那故国，清陶保廉谓在卡墙西北[293]。卡墙即今新疆维吾尔自治区且末县。近人谢彬谓在今县城之南，唯稍偏于西[294]。法人格伦那尔则谓在今且末县治及塔他浪之间，斯坦因则谓在今且末县城[295]。亦有人谓今已沦于戈壁。

精绝城　精绝国都。精绝国始见《汉书·西域传》。《后汉书》卷八八《西域传》未为精绝立传，惟云："精绝为鄯善所并，后复立。"三国时，与小宛并属鄯善[296]，当再未复国。《大唐西域记》作尼壤城，在今新疆维吾尔自治区民丰县北，当处于今尼雅河下游，盖久沦于沙漠之中[297]。

扜弥城　扜弥国都。《汉书·西域传》："今名宁弥。"盖班固据其撰著时名称记载。然《后汉书》卷八八《西域传》则作"拘弥国，王治宁弥城。"盖即《史记》卷一二三《大宛传》所说的扜罙。《后汉书·西域传》又说："灵帝熹平四年，于阗王安国攻拘弥，大破之，杀其王，死者甚众。戊己校尉、西域长史各发兵辅立拘弥侍子定兴为王，时人众才有数千口。"然三国时，其国仍属于阗[298]，可见东汉末年那次复国，并未挽救其灭亡。扜弥，《洛阳伽蓝记》作捍㢏，唐时作达德力城[299]，《大唐西域记》作媲摩城，为瞿萨旦那国的属城。瞿萨旦那国即于阗国。五代时作绀州，仍属于于阗[300]。盖汉末亡后，再未复国。其地在今新疆维吾尔自治区于田县。

西城或西山城　于阗都。《汉书·西域传》："于阗，王居西城。"《后汉书》《北史》《梁书》《隋书》及《旧唐书》均有记载，皆未道及其都城名称。《新唐书》卷二二一《西域传》："于阗，其居曰西山城。"当为一地而稍异其名。于阗，《史记·大宛传》作于窴。《汉书》以下诸书皆作于阗。《新唐书·西域传》："于阗，或曰瞿萨旦那，亦曰涣那，曰屈丹，北狄曰于遁，诸胡曰豁旦。"耶律楚材《西游录》作五端，《元朝秘史》又作兀丹，《元史》则作斡端，又作忽炭。五端、兀丹、斡端、忽炭盖亦同于豁旦。冯承钧《西域地名》："于阗古都，《汉书》之西城，《新唐书》之西山城，经格勒纳尔及斯坦因之调查，在今（和田）县治西，Borazan 回庄之约特干(Yothan)村地方。"

《清史稿》卷八三《地理志》："汉于阗国，后汉建武时并于莎车，寻复立。北魏至唐皆通朝贡。贞观中，置毗沙都督府，仪凤中陷吐蕃，寻自立。后晋、后汉及北宋，朝贡不绝。南宋后，属西辽。辽亡，属乃蛮。元太祖九年，葛思麦里杀乃蛮主内附。……明永乐四年入贡。明末并于回部。"《明史》卷三三二《西域传》："元末时，其主暗弱，邻国交侵。人民仅万计，悉避居山谷，生理萧条。"则元时仍自立国，并未因内附而国统中断。《明史》又说："迄万历朝，于阗亦入贡。"明末，其国仍存，唯再未有所贡献。

卢城 无雷国都。《水经·河水注》："河水自葱岭分源，东迳迦舍罗国。……城南有水东北流，出罗逝西山，山即葱岭也。迳岐沙谷，出谷分为二水：一水东流，迳无雷国北，治卢城；……又东流迳依耐国北……河水又东迳蒲犁国北。"这是说，无雷国所都的卢城乃在葱岭之下，为河水所迳。当时所说的河水为现在的叶尔羌河。其地当为今新疆塔什库尔干塔吉克自治县。《汉书·西域传》谓蒲犁北至疏勒五百五十里，西至无雷五百四十里。依耐至无雷五百四十里，北至疏勒六百五十里。又谓无雷东北至蒲犁五百四十里[301]。可见依耐在无雷之东，蒲犁又在无雷的东北，是《水经注》之说与《西域传》相符合。冯承钧先生《西域地名》、季羡林同志《大唐西域记校注》皆以揭盘陀国在今塔什库尔干县，而揭盘陀盘陀国则为汉代蒲犁国。这样的解释似欠妥当。按《大唐西域记》于叙述揭盘陀的结尾时说："从此东下葱岭东冈，登危岭，越洞谷，豀径险阻，风雷相继，行八百余里。出葱岭至乌铩国。"乌铩国今为新疆维吾尔自治区英吉沙县，则以塔什库尔干县为揭盘陀国的今地所在，自是十分恰当的。至于蒲犁国乃在无雷国的东北，距葱岭已远，不当复以之置于今塔什库尔干县，亦不当以之为后来的揭盘陀国。揭盘陀的译名，各书颇不一致。据冯承钧所举：《佛国记》作于麾，《魏书》作权于摩，应是于麾之讹，《梁书》作渴盘陀，《伽蓝记》作汉盘陀，《魏书》作诃盘陀，又作渴盘陀，《续高僧传·阇那崛多传》作渴罗陀，《西域记》及《新唐书》作喝盘陀，贾耽的《四夷道路》曰葱岭守捉故羯盘陀国，或曰汉陀，曰渴馆檀，亦谓渴罗陀。按：《北史·西域传》："权于摩国，故乌秅国也，其王居乌秅城。"权于摩国本为乌秅国，亦非薄犁。今塔什库尔干县旧为蒲犁县，可能因此而致误。此蒲犁县当为取汉时旧名，其地并非汉时的蒲犁国，亦犹今婼羌县并非汉时的婼羌国也。

莎车城[302] 1.莎车都。《清史稿》卷八三《地理志》："莎车府，汉莎车国地。后汉并于于阗。元和后内附。三国属疏勒。北魏属渠沙国。"其后未再立国。2.叶尔羌都。《清史稿·地理志》又说："莎车府，明曰叶尔羌，国最强。"《明史》卷三二二《西域传》无记载专条。唯坤城传后列通贡诸部中有牙儿干，亦即所谓叶尔羌。《明史》所列诸部，是由于其疆域皆非甚小，与《清史稿》所说的国力最强不同。强弱虽有所不同，都城应无改易。莎车清初为叶尔羌回城[303]，今仍为莎车县。

疏勒城 疏勒国都。疏勒国，两《汉书》、《北史》、《隋书》、两《唐书》均有传。《清史稿》卷八三《地理志》："疏勒府，汉疏勒国地。永平中，龟兹并之，寻复立，元魏太延二年内属，隋末属西突厥。唐置佉沙都督府，宋开宝二年并于于阗。"《宋史》无疏勒传，盖迄未复国。《明史》卷三三二《西域传》作哈实哈尔，并谓为"西域小部落"。盖其时又复复国。疏勒，今为新疆疏勒县。《新唐书》卷二二一《西域传》："疏勒，一曰佉沙……王居迦师城。"清时，疏勒府有伽师县。《清史稿·地理志》谓为唐佉沙城。伽师当即迦师。亦即佉沙城。唐时国名既以佉沙相称，其都城亦当称为佉沙城。正如称疏勒国时，其都城亦称疏勒城，这样疏勒城亦即是迦师城。清伽师县当取迦师城之名，其地却与唐迦师城不同。今其地为新疆维吾尔自治区喀什市。

南城 姑墨国都。姑墨国始见《汉书》卷九六《西域传》。《后汉书》卷八八《西域传》未为姑墨立传，仅于莎车传中略一涉及，盖曾为莎车所控制。《三国志》卷三〇《乌丸鲜卑东夷传·注》引《魏略》：谓姑墨与温宿、尉头等国皆属龟兹，《北史》卷九七《西域传》亦谓"役属龟兹"。盖久已不能自立。《新唐书》卷二二一《西域传》："自龟兹嬴六百里，逾小沙碛。有跋禄迦，小国也，一曰亟墨，即汉姑墨国。"《大唐西域记》亦有跋禄迦国，是此时又复立国。唯为时并非久长，旋又役属于邻近大国。南城所在，说者亦多有异同，当以在今新疆维吾尔自治区阿克苏县为是。

温宿城 温宿国都。温宿国亦始见《汉书》卷九六《西域传》。其国亦与姑墨同，曾长期隶属于龟兹。盖亦久不能自行立国。或谓温宿在今新疆维吾尔自治区温宿县。按：《汉书·西域传》谓其国东通姑墨二百七十里，则应在今新疆乌什县。

延城 龟兹都。龟兹始见于《汉书》卷九六《西域传》，其后《后汉书》、《晋书》、《北史》、《梁书》、《周书》、《隋书》、两《唐书》、《宋史》皆有记载，可知其传世的悠久。《宋史》卷四九○《外国传》："龟兹本回鹘别种……或称西州回鹘，或称西州龟兹，又称龟兹回鹘。"当是回鹘西迁后，据有其地，统治者亦因之易人。及西辽建国，其地当为西辽所有。延城在今新疆维吾尔自治区库车县。《新唐书》卷二二一《西域传》："龟兹(王)姓白氏，居伊逻卢城。"此城似为库车附近之皮郎旧城[304]。

渠犁城 渠犁国都。《汉书·西域传》："渠犁有城都尉，未言都城名称。"其下文说："搜粟都尉桑弘羊与丞相御史奏言：'故轮台以东，捷枝、渠犁皆故国。'"《水经·河水注》："敦薨之水又屈而南迳渠犁国西。故《史记》曰：'西有大河'，即斯水也。又东南流迳渠犁国，治渠犁城，西北去乌垒三百三十里，汉武帝通西域，屯渠犁，即此处也。"敦薨之水今为新疆开都河。开都河流入博斯腾湖，再由湖流出，迳今库尔勒市，又折而南流，迳今尉犁县入于塔里木河，与《水经注》所说相合。唯渠犁城确地所在未易知悉。《汉书·西域传》在这里提到捷枝国。捷枝与渠犁同为故国，其都城亦无所考。《水经·河水注》又说："河水又东迳墨山国南，治墨山城，西至尉犁二百四十里。"墨山国，《汉书·西域传》作山国。以里程计之，当在博斯腾湖东南，其确地所在，也难以具知。

尉犁城 尉犁国都。尉犁国始见于《汉书·西域传》。《后汉书·西域传》仅于焉耆传中提及。三国时属于焉耆[305]。此后未再闻立国。《水经·河水注》："敦薨之水自西海迳尉犁国。国治尉犁城，西去都护治所三百里，北去焉耆百里。"敦薨之水为今开都河，已如上述。西海即今博斯腾湖。敦薨之水入西海后，又复流出，当仍以敦薨之水为名，故《河水注》云然。其地当在今新疆库尔勒市东北。

危须城 危须国都。危须国亦如尉犁国，始见于《汉书·西域传》，《后汉书·西域传》见于焉耆传中。三国时属于焉耆，此后未再见立国。《水经·河水注》："敦薨之水，东源东南流分为二水，涧澜双引，洪湍浚发，俱东南流，迳出焉耆之东，导于危须国西。国治危须城，西去焉耆百里。"今开都河并无所谓东源，谅古今变异，早已湮塞。然其水在焉耆与危须之间，当无疑意。且其国去焉耆百里，与尉犁去焉耆的里数相同。今由乌鲁木齐至库尔勒市的公路自东北经焉耆西南行，则危须和尉犁两国分峙于焉耆东北与西南两方的公路经过的地方。

员渠城 焉耆都。焉耆始见于《汉书》卷九六《西域传》。其后《后汉书》《北史》《周书》《隋书》及两《唐书》皆有记载。"敦煌写本《西天路竟》所志路程，高昌、龟兹二国之间为月氏国，则宋时焉耆名称月氏"[306]。然《宋史·外国传》既无焉耆传，又无月氏传。其时西州回鹘势力方炽，据其地，当为所役属。《清史稿》卷八三《地理志》："贞元后没于吐蕃。宋西州回鹘地，后属西辽。元别失八里东境。明初朝贡，后徙天山南。其地号伊勒巴拉。"员渠城，《后汉书·西域传》作南河城，《后汉纪》作河南城。《水经·河水注》："敦薨之水。……二源俱导，西源东流，分为二水：左水西南流，出于焉耆之西，迳流焉耆之野，屈而东南流，注于敦薨之渚；右水东南流，又分为二，左右焉耆之国。城居四水之中，在河水之洲，治员渠城，西去乌垒四百里。"所谓河南城或南河城，当是其间有所移治，故不复称为员渠城。《北史》卷九七《西域传》："(太武帝)诏成周公万度归讨之……入焉耆东界。击其边守左迴、尉犁二城拔之，进军围员渠。"则北魏时仍都于员渠，故郦道元云然。员渠城在今新疆焉耆县。斯坦因谓其地在今焉耆县南黑格达地方[307]，可能是南河城或河南城的旧地。黄文弼则谓在焉耆四十里城子东四里[308]。

交河城 车师前王国都。车师前王国始见《汉书》卷九六《西域传》。《后汉书》《三国志》皆有记载。《北史》卷九七《西域传》谓沮渠无讳西渡流沙，车师前王国为所攻破，其王奔焉耆东界。正平初遣子入侍，自后每使朝贡。正平为北魏太武帝年号，由公元451年至452年。按沮渠无讳西渡流沙，在太武帝太平真君三年，即公元442年。无讳至太平真君五年病死，沮渠安周代立，后为蠕蠕国所并[309]。沮渠安周之亡在北魏文成帝和平元年（公元460年）[310]，车师前王国之王是不能再都于交河城的。交河城在今新疆维吾尔自治区吐鲁番西，遗址尚存。

高昌 高昌国都。高昌于汉时为高昌壁[311]，为戊己校尉屯戍之地[312]。晋时于其地置高昌郡，直至沮渠蒙逊时犹然[313]。高昌立国始于北魏文成帝和平元年，称王者为阚伯周[314]。其后张孟明、马儒、麹嘉相继称王。张孟明及马儒皆为国人所杀[315]，唯麹氏传国九世，历一百三十四年，至唐太宗贞观十四年（公元640年）灭亡[316]。若上溯至阚伯周立国之时，则高昌之为都城，前后共一百八十一年。唐安史乱后，西域委之度外。《宋史》卷四九〇《高昌传》："安史之乱，高昌复自立为国。语讹亦云'高敞'，然其地颇有回鹘，故亦谓之回鹘。"及西辽建国，其地当为所据有。

哈密 哈密国都。哈密于唐为伊州，宋时为回鹘所据。《明史》卷三二九《哈密卫传》谓明初受守于其地的肃王降附，封之为忠顺王。稍后，立哈密卫，以其头目马哈麻火者等为指挥千百户等官，又以周安为忠顺王长史、刘行为纪善，辅导。然忠顺王亦自称速檀，与其他近边各卫不尽相同。哈密立国后，曾为乩加思兰和土鲁番所袭据。明武帝正德八年（公元1513年）以后，更长期役属于吐鲁番。今其地为新疆维吾尔自治区哈密市。

《明史》于《西域传》中首列哈密卫。其时以卫相称者尚有西番诸卫、安定卫、阿端卫、曲先卫、赤斤蒙古卫、沙州卫、罕东卫、罕东左卫。西番诸卫中包括有西宁、河州、洮州、岷州等蕃族诸卫。其酋长皆依例授卫所官职，除此等官职外，亦别无其他称号。实际上与西南各地土司并无若何差异。《明史》卷四二《地理志》：河州、洮州、岷州诸卫皆隶属于陕西省，列于版图之中，自不能以当地的政权视之。

吐鲁番 吐鲁番国都。元时于吐鲁番设万户府。明初，其酋长仍据其故地，自称速檀，虽时纳贡奉，俨然自为一国[317]。清世宗雍正五年(公元1727年)，内徙其酋长于瓜州，于其故地附近为建辟展城[318]。

柳城 柳城国都。柳城于元末时本有酋长。明初即视为一国，后为吐鲁番所并[319]。柳城在今吐鲁番东南，即汉柳中地。

火州 火州国都。火州的建立与柳城相似，后亦见并于吐鲁番。其地在吐鲁番东八十里，柳城西七十里，高昌故城即在其东[320]。

亦力把里 亦力把里为察合台后裔于察合台汗国灭亡后所建之国，后为瓦剌所灭。亦力把里之都城亦曰亦力把里。亦力把里在今新疆伊宁市。

伊犁 准噶尔都。清初，厄鲁特称雄于西北。厄鲁特有四卫拉部。卫拉为瓦剌的音转。瓦剌于明时与鞑靼俱称雄于北陲。四卫拉部为绰罗斯部，牧伊犁，为杜尔伯特部，牧额尔齐斯，为土尔扈特部，牧雅尔，即塔尔巴哈台，为和硕特，牧乌鲁木齐。康熙中，绰罗斯噶尔丹自立为准噶尔汗，兼有四卫拉特，即以伊犁为都[321]。至高宗乾隆二十二年(公元1757年)被灭[322]。伊犁，今为伊宁市。

叶尔羌 回部巴图尔汗都。乾隆二十年（公元1755年）至乾隆二十四年（公元1759年）[323]。叶尔羌今为新疆叶城县。

喀什噶尔 回部（张格尔）都。清宣宗道光六年（公元1826年）至道光七年（公元1827年）[324]。喀什噶尔，今新疆喀什市。

(3) 青藏高原诸政权的都城

伏俟城 吐谷浑国都。《魏书》卷一〇一《吐谷浑传》："夸吕立，始自称可汗，居伏俟城，在青海西十五里。虽有城郭而不居，恒处穹庐，随水草畜牧。"《周书》卷五〇《吐谷浑传》，《隋书》卷八三《吐谷浑传》所言皆同。夸吕于兴和（公元539—542年）年间曾与东魏通往来[325]，兴和为孝静帝年号，则夸吕当为魏末时人。或谓伏俟城的建立在公元540年。当是唐初吐谷浑见逼于吐蕃，高宗咸亨三年（公元672年）举国徙于浩亹水南寻又徙于灵州[326]。伏俟城作为吐谷浑都城，共一百三十三年。如《魏书》所言，伏俟城在青海西十五里，以今地言之，当在布哈河入青海处之南，为今共和县石乃亥乡地。

逻娑 吐蕃国都，亦作逻些城。吐蕃于唐初始与中原通往来。其肇始之由，史未详知。《旧唐书》卷一九六《吐蕃传》："其种落莫知所出也，或云南凉秃发利鹿孤之后。"亦只是推测之辞，未可作为依据。所可断言的是在唐以前早已建国，只是未与中原通往来而已。吐蕃于唐末即已衰弱，部落离散。《宋史》虽列有《吐蕃传》，亦仅载唃厮啰等部落，然皆距逻娑甚远。逻娑当为吐蕃其他部落所据，特未见于中土记载而已。逻娑今为西藏拉萨，只是书写不同，其所在地固未尝有所更易。

匹播城 吐蕃都。《新唐书》卷二一六《吐蕃传》："其赞普居跋布川，或逻娑川。"跋布川即匹播川，音译书写有所不同。赞普虽居川道，却有城郭。不过城郭附近仍有毳幕，显出游牧本色。《新唐书·吐蕃传》说："有城郭庐舍不肯处，联毳帐以居，号大拂庐，容数百人。"《旧唐书》卷一九六《吐蕃传》说得更为明晰："其人或随畜牧而不常厥居，然颇有城郭，其国都城号为逻些城，屋皆平头，高者数十尺，贵人处于大毡帐，名为拂庐。"逻些城如此，匹播城当亦相同。匹播城在今西藏雅鲁藏布江南穷结。

宗哥 吐蕃唃厮啰都。《宋史》卷四九二《吐蕃唃厮啰传》："(真宗时)宗哥僧李立遵、邈川大酋温逋奇略取厮罗如廓州，尊立之。部族唃强，乃徙居宗哥城。"宗哥城即龙支城，在今青海西宁市东。

邈川 吐蕃唃厮啰都。唃厮啰居宗哥未久，即与李立遵不协，遂更徙邈川。邈川在今青海民和县西。

青唐 吐蕃唃厮啰都。唃厮啰于宋真宗明道初（公元1032年）徙居青唐。宋徽宗崇宁三年（公元1104年），王厚复湟、鄯、陇拶（赵怀德）内徙[327]。湟州即邈川城，鄯州即青唐城，在今青海西宁市。青唐为都共七十三年。

（4）西南各地诸政权的都城

夜郎 夜郎王国都。《史记》卷一一六《西南夷传》："西南夷君长以什数，夜郎最大。"《汉书》卷二八《地理志》，牂柯郡夜郎县下颜注引应劭说："故夜郎侯邑。"《水经·温水注》中也说："县故夜郎侯国也。"据应劭所注，侯邑尚有故且兰、漏卧、同并、句町四处。由于夜郎强大，故汉廷封以王号，诸侯邑皆受统率。夜郎县有豚水[328]。豚水即牂柯江，亦即今北盘江，则夜郎县当在今贵州省安顺地区[329]，关岭县附近[330]。

滇池 滇王都。《史记·西南夷传》："靡莫之属以什数，滇最大。"《华阳国志》卷四《南中志》："滇池县，故滇国也。"滇池县为汉益州郡治所[331]，在今云南晋宁县东。

邛都 邛都都。《史记·西南夷传》："自滇以北君长以什数，邛都最大。"汉越嶲郡有邛都县，为郡治所在[332]。邛都县当因邛都之都而得名，其地在今四川西昌市。

徙 徙都。《史记·西南夷传》："自嶲以东北，君长以什数，徙、筰都最大。"汉蜀郡有徙县。徙县当因徙都置。徙在今四川天全县东。

筰都 筰都都。《史记·西南夷传》："以筰都为沈黎郡。"《水经·江水注》："布僕水出徼外成都西沈黎郡。汉武元封四年以蜀郡西部邛筰置。"其地在今四川汉源县东北。

哀牢 哀牢王国都。《后汉书》卷八六《西南夷传》："(明帝)永平十二年，哀牢王柳貌遣子率种人内属，其称邑王者七十七人。……显宗以其地置哀牢、博南二县。"《续汉书·郡国志》，永昌郡属县中有哀牢县。本注："永平中置，故(哀)牢王国。"哀牢王国当都于哀牢县，其地在今云南省盈江县境。

蒙舍 南诏都。樊绰《蛮书》卷三《六诏》："蒙舍，一诏也。居蒙舍川，在诸部落之南。故称南诏也。"向达校注："蒙舍为南诏发祥地，后称蒙化，今名巍山。"又引正德《云南志》卷六蒙化府建置沿革："南诏后徙大和城，蒙舍为旧都。"按：其地在今云南巍山回族自治县境。

大和城 南诏都。《蛮书》卷六《六睑》："大和城、大厘城、阳苴咩城，本皆河蛮所居，开元二十五年，蒙归义逐河蛮夺据大和城。"大和城在今云南大理县大和村南。按南诏以大和城为都，在玄宗开元二十七年(公元739年)[333]，至代宗广德二年(公764年)，共二十五年。

阳苴咩城 南诏都。南诏以阳苴咩为都，在唐代宗广德二年(公元764年)[334]。南诏后为大理所取代。大理都城仍因南诏之旧，唯亦称大理城。大理灭于元宪宗三年(公元1253年)[335]。综计南诏、大理两国，阳苴咩城作为都城，共四百九十年。阳苴咩城在今云南大理县。

水东 罗甸王国都。《明史》卷三一六《贵州土司传》："自蜀汉时，济火从诸葛亮南征有功，封罗甸国王。后五十六代为宋贵普，传至元阿画，世有土于水西宣慰司。(宣慰)霭翠其裔也，后为安氏。洪武初同宋蒙古歹来归，赐名钦，俱令领原职世袭。及设布政使司，而宣慰司如故。安氏领水西，宋氏领水东。"又说："初安氏世居水西，管苗民四十八族。宋氏世居贵州城侧，管水东、贵竹等十长官司，皆设治所于城内，衙列左右。而安氏掌印，非有公事不得擅还水西。"水东司在今贵阳市北。水西司在今贵州黔西县。所谓设治所于城内，当指贵阳府城而言。明熹宗天启二年(公元1622年)，水东宣慰土舍宋万里自称罗甸王。宋万里称王时，曾以兵围贵阳，然终未攻入城中，是其称王当在其本封水东司。万里称王未久，即为明军所擒，所谓罗甸王国，仅昙花一现。《明史》既谓水西的远祖济火于蜀汉时已受封为罗甸国王，则贵阳附近之作为这个王国的都城，其历史亦相当悠久。

水西 水西国都。水西的历史渊源已如上述。据《明史》的记载，安氏虽世居水西，然明初已有规定，其治所即设于贵阳城内，安氏非有公事不得擅还水西。明英宗正统时（公元1436—1449年），安氏得暂还水西。熹宗天启三年（公元1623年），其宣慰安邦彦自号四裔大长老。《明史》卷三一六《贵州土司传》："邦彦乱七年而诛。"安邦彦作乱始于天启二年，以此推计，乱平之时当在明思宗崇祯元年（公元1628年）。水西城在今贵州黔西县。

永宁 梁国（奢崇明）都。《明史》卷三一二《四川土司传》："永宁，唐蔺州地。"宋为泸州江安、合江二县境。元置永宁路，领筠连州及腾川县，后改为永宁宣抚司。洪武四年平蜀，永宁内附，置永宁卫。熹宗天启三年（公元1623年），宣抚奢崇明自称大梁王。时水西安邦彦亦自称四裔大长老，相与呼应。崇祯元年（公元1628年），与安邦彦俱为明兵诛灭于永宁五峰山。《明史》谓"是役也，扫荡蜀、黔数十年巨憝"。奢崇明继为宣抚，在神宗万历十四年（公元1586年）。崇明继位未久，即与明廷相抗衡，和安彦邦相若，故《明史》云然。永宁今为四川叙永县地。

明代于湖广、四川、云南、贵州、广西各省民族杂居的地区皆设土司。这是唐代羁縻州的旧规。其中有不少的土司亦曾与明朝发生过冲突，并引起战乱。而倡乱的土司仍沿用明朝所给予的官名，少有表示其所建的政权的称号。这就只能视之为略同于一般地方官吏的叛乱，亦难以指出其都城的所在。杨应龙的据播州即其一例。播州，在今贵州遵义市。《明史》卷三一二《四川土司》："遵义府即播州。秦为夜郎且兰地，汉属牂柯。唐贞观中，改播州。乾符初，南诏陷播，太原杨端应募复其城，为播人所怀服。其后至明神宗万历二十八年，杨应龙败殁，始改土归流，设遵义府。"《明史》又说："播州自唐入杨氏传二十九世，八百余年，至应龙而亡。"按：杨氏于宋大观中纳土，始于其地置遵义军。元明两代，杨氏世为其地宣慰使。杨应龙既已叛离，犹诣重庆对簿公庭，其后又遵重庆知府王士琦命，待罪松坎，这都和一般获罪的地方官吏相仿佛，不能说就是建立了他自己的政权。就是麓川也和播州一样。麓川自洪武时，即曾与明廷相抗衡，明朝也曾数次平定其地。麓川虽数度反复，然思伦发之子若孙，皆仍以明廷所授的宣慰使自居，初未别称其他名号。

傥犹州 大历国（宋侬智高）都。

安德州 南天国（宋侬智高）都。

邕州 大南国（宋侬智高）都。《宋史》卷四九五《广源州蛮传》，侬智高初据傥犹州，建国曰大历。居四年，袭据安德州，改国号为南天。仁宗皇祐四年破邕州，僭号仁惠皇帝。五年，为狄青所破，焚邕州城夜遁，逃往大理国。《续资治通鉴长编》卷一七二谓"智高既得邕州，即伪建大南国"。皇祐四年为公元1052年。傥犹州在今广西壮族自治区靖西县东。安德州亦在靖西县。邕州今为南宁市。

(5) 东北各地诸政权的都城

纥升骨城 高句丽都。《通典》卷一八六《高句丽》:"高句丽先祖朱蒙,渡普述水,至纥升骨城,遂居焉,号句丽,以高为氏。"纥升骨城在今辽宁省桓仁县北。

丸都城 高句丽都。《通典》卷一八六《高句丽》:"伊夷模更作新都于丸都山下。"《新唐书》卷四三《地理志》亦云:"自鸭渌江口舟行百余里……又溯流五百里,至丸都县城,故高丽王都。"丸都城在今吉林集安县。

国内城 高句丽都。《通典》卷一八六《高句丽》:"自为慕容皝来伐后,徙居国内城。"国内城亦在今吉林集安县,与丸都城相距不远。或谓国内城即丸都城,音相近也。《新唐书》卷二二〇《高丽传》:"其君居平壤城。……又有国内城,汉城,号别都。"高句丽曾都平壤,乃是由国内城迁往的。国内城应是旧都而非别都。

上京龙泉府 渤海都。《旧唐书》卷一九九《渤海传》:"(则天时,)(大)祚荣遂率其众东保挹娄之故地,据东牟山,筑城以居之。"所筑之城何名,史籍无征。《新唐书》卷二一九《渤海传》:"天宝末,钦茂徙上京,直旧国三百里忽汗河之东。"按:渤海有五京:上京龙泉府、中京显德府、东京龙原府、西京鸭渌府、南京南海府[336]。上京龙泉府在今黑龙江省宁安县南。中京显德府在今吉林敦化县北。东京在今吉林辉春县。西京在今吉林通化市东。南京则在今朝鲜国境。德宗贞元时,东南徙东京,后复还上京[337]。至后唐庄宗同光三年,即契丹太祖天显元年(公元925年),渤海为契丹所灭。契丹改渤海为东丹,为其版图中一部分[338]。

东京龙原府 渤海国都。见上。

(三) 历代的陪都

历来的王朝或政权往往在都城之外,还建置若干陪都。陪都的建置其原因不尽相同。有的是因为便于各方的朝贡。西周初年的经营雒邑,就是因为其地居天下之中,四方入贡时道里都能够均衡[339]。曹魏始建五都就都各有其取义。据说:"魏因汉祚,复都洛阳,以谯为先人本国,许昌为汉之所居,长安为西京之遗迹,邺为王业之本基,故号五都。"[340]其后武周以并州为北都[341],也是以并州为王业的始基。元初以开平为上都,也有同样的取义[342]。至于以前朝的遗迹为陪都,后来的踵行者亦复不少,后梁以唐的东都为西都[343],后唐以京兆府为西京[344],皆其著例。而本朝都城有所迁徙,即以旧都为陪都,也是后来一般的常规。金国本都按出虎水之侧,当时称为京师,后置府曰会宁,号为上京。海陵王迁燕之后,曾一度削上京之号,只称会宁府,至世宗时复为上京[345]。虽复号为上京,实际是作为陪都。明初都于南京,稍后称为京师,成祖北迁后,仍称之为南京[346]。这时的南京也是作为陪都。有些地方首府由于地居冲要,能够控制一方的,同样可以建为陪都。唐初以并州为北都,固与其初年开国旧绩有关,其后至玄宗开元时再置北都[347],却分明是以北陲事重,须置京府以相控制。宋代以大名府为北京,更是为了不示弱于契丹[348]。甚至为了帝王的巡幸游乐而建为陪都的，唐代中叶曾以蒲州为河中府，置中都，就是以此之故[349]。当然，还有某些特殊原因而置为陪都的。唐代中叶，安史之乱，玄宗仓皇逃于成都。肃宗即位于灵武，图谋平定乱事，因广建众都，以张声势。是时玄宗方幸蜀中，犹有声威于域内，故当时即以蜀郡为南京。不过成都僻处西南，颇不易当都城称号，故不久又复废止[350]。在这样一些原因之外，可能还有其他的原因。这里就不一一缕陈。由此可见，陪都确是具有都城的地位，但却不是当时的政治中心，因而不能以之作为古都。虽说不是古都，这里还要略事论述，以稍见其梗概。

陪都制度的建立始于西周初年。其时所建的陪都即前文所述的雒邑。周人经营雒邑，远在武王伐纣归来之时。武王对于雒邑曾有过具体的规划，武王曾经说过："自雒汭延于伊汭，居易毋固，其有夏之居。我南望三涂，北望岳鄙，顾詹有河，粤詹雒邑，毋远天室。"然后"营周居于雒邑而后去"[351]。经营雒邑这只能是开始。其后至成王时，使召公再做经营。故司马迁说："学者皆称周伐纣，居雒邑，综其实不然。武王营之，成王使召公卜居，居九鼎焉。"[352]迄西周灭亡，雒邑才正式成为东周的都城。

自西周设陪都以后，后来的王朝多所踵行。其间所置陪都数目，亦颇不一。至少是在都城之外，另建一个陪都。

北周建都于长安，以洛阳为陪都，称东京，自宣帝大成元年（公元579年）至静帝大象三年（公元581年）北周灭亡[353]。

隋继周后，亦以长安为都城，洛阳为陪都，称东京。隋初于开皇元年（公元581年）置东京尚书省，寻废，似东京之名亦未延续[354]；至炀帝大业元年（公元605年）始正式营建东京[355]，大业五年（公元609年）又改东京为东都[356]。

唐代陪都最为繁杂，增设废省，因时而异。其仅以洛阳为陪都，就约有三次：一在高宗显庆二年（公元657年）至武则天如意元年（公元692年）[357]，一在中宗神龙元年（公元705年）至玄宗开元九年（公元721年）[358]，一在开元九年至开元十一年（公元723年）[359]。

五代时，梁[360]、晋[361]、周[362]皆曾建都于开封，而以洛阳为陪都。所微有差异的，梁称东都、西都，晋、周则改称东京、西京。

宋初承周制，以开封为东京，盖有意以洛阳为西京。其后未果。至真宗景德三年（公元1006年），以宋州为应天府，后至大中祥符七年（公元1014年），就建应天府为南京[363]。这种两京并立的局面，直至仁宗庆历二年（公元1042年）[364]。

契丹初起，居于潢水之上，当时称为皇都。至太宗耶律德光天显二年（公元926年），以东平郡为南京，始备两京之制，迄于会同元年（公元937年）[365]。女真之初则居于按出虎水之侧，建国后称为京师。熙宗天眷元年（公元1138年），以京师为上京，旧上京为北京，亦备两京之制[366]。

其后，元代建都于大都，以开平为上都；明初建都于南京，次年就以临濠府为中都[367]，皆是都城与陪都并存的体制。

陪都的建立有多达四处，与都城并立，成为五都。甚至还有多至五处的，和都城合计，竟为六都。这种五都并立的制度，前面已经说过，是肇始于曹魏之时，盖当时以谯、许昌、长安、邺四处陪都与都城洛阳并立，所以号为五都。其后至于唐代，曾经两次设置五都。第一次在肃宗至德二载（公元757年）。这一年十二月，以蜀郡为南京，凤翔府为西京，西京改为中京[368]。这里所说的西京，指的是长安，因为玄宗天宝元年就以长安为西京[369]。天宝元年以长安为西京时，也以洛阳为东京[370]，以太原为北京[371]。这就成为五京。这中间还有一点变异。就在置五京的第四年，即上元元年（公元760年），省去了蜀郡的南京，另以江陵为南都[372]。由于上元二年（公元761年）罢去京兆、河南、太原、凤翔四京及江陵南都之号[373]，实际上只留下都城长安一处。不过很快又复旧规，因为到宝应元年（公元762年），复以京兆府为上都，河南府为东都，凤翔府为西都，江陵府为南都，太原府为北都[374]。

到了后唐同光元年（公元923年），又一次设置五都。同光元年初灭朱梁，未遑改制，虽都于洛阳，仍以汴州为东京。就在这一年的四月，以魏州为兴唐府，建东京，以太原府建西京，以镇州建北都[375]，具备了五都的规模。但在这一年的十一月，又复北都为镇州，复汴州为宣武军，以太原为北都，永平军为西都[376]。加上原来的魏州和洛阳，实际上却仅有四都。

辽金两国，皆建置五京。辽的五京是陆续建成的。太宗以皇都为上京，升幽州为南京，改南京为东京，圣宗城中京，兴宗升云州为西京，遂具有了五京[377]。上京临潢府，在今内蒙古自治区巴林左旗。南京析津府就是现在的北京。东京辽阳府，在今辽宁辽阳市。中京大定府，在今内蒙古宁城县西。西京大同府，在今山西大同市。兴宗改云州为西京,在重熙十三年(公元1044年),当宋仁宗庆历四年,才形成五都的规模,已经相当晚了。这里还应对辽南京和东京名称的改变略做说明。东京辽阳府本东平郡,乃是耶律阿保机神册四年(公元919年)葺辽阳故城建立的。天显三年(公元927年)升为南京[378]。辽太宗改之为东京则在会同元年(公元937年)[379]。

金的五京为上京会宁府、东京辽阳府、北京大定府、西京大同府、中都大兴府。另外还有南京开封府。这是见于《金史》卷二四和二五《地理志》的记载的。这里所记载的乃是六都,并非五都。东京辽阳府和西京大同府,是完全承袭辽国的旧制。北京大定府本是辽的中京大定府,中都大兴府也是辽的南京析津府,只是名称略有改动而已。南京开封府,本是北宋的东京开封府,金取得后称汴京。作为金国新制的只是上京会宁府,这是金国兴王之地。金国五京之制是海陵王贞元元年(公元1153年)建置完成的。《金史》卷五《海陵王纪》贞元元年记载,海陵王至燕京,随即改燕京为中都,府曰大兴,汴京为南京,中京为北京,加上原来的上京会宁府、东京辽阳府和西京大同府,就成了六京。其实《海陵王纪》漏载了削去会宁府的上京称号,故显得有点异常。因为《金史》卷二四《地理志》就已经明确记载着:"上京路,国初称为内地,天眷元年号上京。海陵贞元元年迁都于燕,削上京之号,止称会宁府,称为国中者以违制论。"不过后来到了世宗大定十三年(公元1173年)又复以会宁府为上京[380],超出了五京的旧制,这应是历来建置陪都最多的一个时期。及宣宗迁汴之后,还曾经改河南府为金昌府,号中京[381]。这时金国土地已多沦于蒙古，旧京已渐次丧失，虽设了一个新中京，却难以和以前在大兴府时相比拟了。

在这一个陪都和四五个陪都之间，建置两三个陪都的亦殊不少。唐代就曾三次建过两个陪都，和都城长安相提并论，就成了三都鼎峙的局面。武则天时，本已有长安和洛阳两个都城，当时除改东都为神都外[382]，还以并州为北都。设置北都在长寿元年(公元692年)，至中宗神龙元年(公元705年)，复以北都为并州。这一次三都鼎峙的局面，前后经过了十三年。第二次是在玄宗开元九年(公元721年)。这一年改蒲州为河中府，置中都，和长安、洛阳共成三都。只是河中置都自这一年正月六月，仅有半载[383]，的确是十分短促。开元十一年(公元723年)，又以太原为北都，出现长安、洛阳、太原三都的局面。这次三都并存的局面比较长些，直至肃宗至德年间。

五代时，也曾经有两次建置过三都。一次在后唐明宗天成四年(公元929年)。在这时以前，还是有四个都城，即邺都兴唐府、北京太原府、西京京兆府和都城所在地的洛阳。这一年罢了邺都[384]，因而又成了三都。稍后到晋高祖天福三年(公元938年)，罢雍州(京兆府的改称)为晋昌军，不以之为西京，复以汴州为东京，升广晋府(兴唐府的改称)为邺都[385]，于是三都又成了四都。

北宋亦曾有过三都，其时起自仁宗庆历二年(公元1042年)。这一年始建大名府为北京[386]，与东京开封府、南京应天府共成三京。辽国虽有五都，然在太宗会同元年(公元937年)已升幽州为南京[387]，尚未建置中京和西京时，还应是三京之制。

明初建都于南京，并以临濠府（凤阳府）为中都，这是前面已经说过的。成祖永乐元年（公元1043年）移于北京[388]，南京成为留都，中都并未废除，因而也成了三京。

清初未入关时，先后建立了赫图阿拉、辽阳和沈阳三座都城，依次迁徙。太宗天聪八年尊赫图阿拉为兴京、辽阳为东京、沈阳为盛京。赫图阿拉和辽阳虽不为都，京号仍然保留，显然是三京并存了。

三京之外，就是四京亦不少见。五代时，后唐同光元年（公元923年）十一月，曾以太原为北都，永平军为西都，再加上原来的东都兴唐府和都城洛阳，共为四都。这是在前面已经说过的。过了一年为同光三年（公元925年），又改东京为邺都，洛京为东都[389]，实际上还是四都。这里还应该再一次提到辽国。前面说过，辽太宗会同元年始有上京、南京和北京。稍后至圣宗统和二十五年（公元1007年）又建立了中京[390]，才成了四京并立的制度。直到兴宗时改云州为西京，始具备了五京。

明自成祖永乐年间迁都北京后，长期三都鼎立。嘉靖初，世宗以兴王入承大统，十八年（公元1539年），即以承天府（安陆府）所理钟祥县（今湖北钟祥县）为兴都[391]，置留守司，如其中都例。明代至此，也具备了四京。

清代未入关前，已建立了兴京、东京和盛京等三京。入关以后，即移都北京，并以北京为京师。这时以盛京为留都[392]。仿佛成了两京并立的制度，其实不然，辽阳后来改置为州，隶属于奉天府，似已失去陪都的地位。然赫图阿拉直至清代末年，犹以兴京府见称，足见京号并未废去。赫图阿拉未废京号，则辽阳亦当仍保持旧称。

（四）古都年代综论

根据上文论述，我国古都实相当繁多，是并世各国所难以相提并论的。这些有关的王朝和政权历年长短不一。有些王朝和政权所建立的都城往往有所迁徙，其建都的时期亦久暂不同。这在上文都已经略事述及。这里亟应归纳比较，以显示其间的异同。

我国纪年始自共和之时，其时已在西周后期。皇甫谧诸家间有所说，殆多推测之辞，差异不同，难于详究。《古本竹书纪年》虽有夏殷两代享国年数，但两代诸帝王具体在位之年，仍属缺略难备。建都久暂且更不易稽考。好在殷商后期和西周初年还不是了无依据的。上文曾经举《古本竹书纪年》有关两条记载，可以补苴其间缺佚。据其所记，自盘庚迁殷至纣之灭，二百七十三年，更不迁都。而武王灭殷之后，至于幽王，凡二百五十七年。武王灭殷，为其在位十一年事，则自武王都镐，至幽王灭亡，前后共二百六十八年。除此两事外，其他迁都年代，都可存而不论，以免失实。至于周边各族所建立的政权，其存亡年代有的也难于稽考，如西域诸国的见于记载，始自张骞凿空之时，其时三十六国皆已并存于玉门、阳关之外。其后以中原多故，两关时有阻塞，各国间的分合离析，兴灭继绝，史籍亦不易具悉。西域诸国如此，西南、东北各处莫不皆然。所可以略知的，仅高昌、伏俟、青唐、大理诸处而已。其他就难以一一赘述了。

这里就据各王朝和政权的都城建立的年代长短，依次论述。先列各都城的现在所在地，接着再举出都城本来的名称和建立都城的王朝或政权以及作为都城的具体年代，以资相互比较。

1. 历时千年以上的都城

(1) 西安　1077年

1) 镐: 西周都, 268年;

2) 咸阳: 秦都, 145年[393];

3) 长安: 西汉都, 208年;

4) 长安: 新莽都, 15年;

5) 长安: 汉(刘玄)更始都, 3年;

6) 长安: 赤眉都, 2年;

7) 长安: 东汉献帝都, 6年;

8) 长安: 晋惠帝愍帝都, 7年;

9) 长安: 前赵都, 10年;

10) 长安: 前秦都, 35年;

11) 常安: 后秦都, 32年;

12) 长安: 西魏都, 23年;

13) 长安: 北周都, 25年;

14) 长安: 隋都, 26年;

15）长安：唐都，266年；

16）长安：齐(黄巢)都，4年；

17）长安：大顺(李自成)都，2年。

2. 九百余年的都城

（1）北京　903年

1）蓟：战国时燕都，178年；

2）蓟：燕(韩广)都，3年；

3）蓟：燕(臧荼)都，5年；

4）蓟：燕(彭宠)都，4年；

5）蓟：前燕都，8年；

6）蓟：燕(五代时刘仁恭)都，7年；

7）大兴：元都，62年；

8）大都：元都，109年；

9）北京：明都，242年；

10）京师：清都，268年；

11）北京：民国都，17年。

3. 八百余年的都城

（1）洛阳　885年

1）雒邑：东周都，515年；

2）雒邑：河南王(秦末申阳)都，1年；

3）雒阳：东汉都，167年；

4）洛阳：曹魏都，46年；

5）洛阳：西晋都，47年；

6）洛阳：北魏都，42年；

7）洛阳：隋都，15年；

8）洛口：魏(李密)都，1年；

9）金墉城：魏(李密)都，1年；

10）洛阳：郑(王世充)都，2年；

11）洛阳：唐都，26年；

12）洛阳：后梁都，5年；

13）洛阳：后唐都，14年；

14）洛阳：后晋都，3年。

4. 四百余年的都城

(1) 南京　450年

1）秣陵(建业)：吴都，61年；

2）建康：东晋都，104年；

3）建康：南朝宋都，60年；

4）建康：南朝齐都，24年；

5）建康：南朝梁都，56年；

6）建康：南朝陈都，33年；

7）丹阳：吴王杜伏威都，3年；

8）丹阳：宋帝辅公祏都，3年；

9）金陵：南唐都，39年；

10）南京：明都，38年；

11）天京：太平天国都，13年；

12）南京：民国都，16年[394]。

5. 三百余年的都城

（1）开封　366年

1）大梁：战国时魏都，141年；

2）开封：后梁都，14年；

3）开封：后晋都，9年；

4）开封：后汉都，4年；

5）开封：后周都，9年；

6）开封：宋都，168年；

7）开封：金都，21年。

（2）安阳　351年

1）殷：商都，273年；

2）邺：后赵都，16年[395]；

3）邺：冉闵魏国都，3年；

4）邺：前燕都，14年；

5）邺：东魏都，17年；

6）邺：北齐都，28年。

6. 二百余年的都城

（1）成都　249年

1) 成都：战国时蜀都，88年；

2) 成都：公孙述成家都，12年；

3) 成都：蜀汉都，43年；

4) 成都：成汉都，44年；

5) 成都：蜀(谯纵)都，9年；

6) 成都：前蜀都，19年；

7) 成都：后蜀都，32年；

8) 成都：蜀(李顺)都，1年；

9) 成都：蜀(王均)都，1年。

(2) **银川　226年**

1) 灵州：西夏都，21年；

2) 兴州：西夏都，205年。

(3) **江陵　224年**

1) 郢：战国楚都，126年；

2) 江陵：临江王(共敖)都，4年；

3) 江陵：南朝后梁都，33年；

4) 江陵：梁(萧铣)都，4年；

5) 江陵：五代荆南都，57年。

(4) **杭州　210年**

1) 杭州：吴越都，71年；

2) 杭州：南宋都，139年。

(5) **巴林左旗　202年**

1) 临潢：契丹都，202年。

7. 二百年至一百五十一年的都城

(1) 淄博　185年

1) 临淄：战国时齐都，183年；

2) 临淄：齐(秦末田假)都，1年；

3) 临淄：临淄王(秦末田都)都，1年。

(2) 成县　179年

1) 仇池：百顷氐王都，53年；

2) 仇池：氐王都，76年；

3) 仇池：氐王都，50年。

(3) 新郑　175年

1) 郑：郑(战国初期)都，29年；

2) 新郑：韩(战国时)都，146年。

(4) 邯郸　163年

1) 邯郸：赵(战国时)都，159年；

2) 邯郸：赵(秦末武臣)都，1年；

3) 邯郸：赵(赵王歇)都，2年；

4) 邯郸：汉(东汉初年王郎)都，1年。

(5) 濮阳　163年

1) 濮阳：卫(战国时)都，163年。

(6) 广州　162年

1) 番禺：南越(赵佗)都，97年；

2）广州：南汉都，65年。

8. 一百五十年至一百零一年的都城

(1) 曲阜　149年

1）曲阜：鲁(战国时)都，149年。

(2) 敦煌　137年

1）敦煌：西凉都，8年；

2）敦煌：沙州(曹义金)都，129年。

(3) 福州　136年

1）东冶：闽越王都，92年；

2）长乐：闽都，39年；

3）福州：宋(端宗)都，1年；

4）福州：明(隆武帝)都，2年；

5）福州：闽耿精忠都，2年。

(4) 徐州　123年

1）彭城：宋(战国时)都，118年；

2）彭城：楚(怀王孙心)都，1年；

3）彭城：楚(项羽)都，4年。

(5) 重庆　108年

1）巴：战国时巴都，88年；

2）重庆：夏(明玉珍)都，10年；

3）重庆：民国陪都，10年。

(6) 朝阳　102年

1）青山：前燕都，6年；

2）大棘城：前燕都，47年；

3）龙城：前燕都，10年；

4）龙城：后燕都，11年；

5）和龙：北燕都，28年。

9. 一百年至五十一年的都城

(1) 大同　96年

1）平城：北魏都，96年。

(2) 武威　86年

1）姑臧：前凉都，31年；

2）姑臧：后凉都，19年；

3）姑臧：南凉都，5年；

4）姑臧：北凉都，28年；

5）姑臧：凉(李轨)都，3年。

(3) 西宁　77年

1）西平：南凉都，4年；

2）青唐：吐蕃唃厮啰都，73年[396]。

(4) 温州　55年

1）东瓯：东海王摇都，55年。

10. 五十年至四十一年的都城

(1) 长沙　49年

1) 长沙: 楚(五代时)都, 45年;

2) 长沙: 周(吴三桂)都, 4年。

(2) 略阳　49年

1) 武兴: 氐王都, 30年;

2) 武兴: 氐王都, 19年。

(3) 太原　48年

1) 晋阳: 前秦(苻丕)都, 2年;

2) 太原: 晋(五代时李克用)都, 17年;

3) 太原: 北汉都, 29年。

(4) 凤翔　47年

1) 雍: 秦(战国时)都, 21年;

2) 雍: 前秦(苻登)都, 9年;

3) 凤翔: 岐(李茂贞)都, 17年。

(5) 临潼　41年

1) 栎阳: 秦(战国时)都, 34年;

2) 栎阳: 汉(西汉初年)都, 6年;

3) 栎阳: 塞王(秦汉之际司马欣)都, 1年。

11. 四十年至三十一年的都城

(1) 夏县　39年

1) 安邑: 魏(战国时)都, 39年。

(2) 侯马　34年

1) 绛: 晋(战国初期)都, 34年。

(3) 沁阳　33年

　　1) 野王：卫(战国末年)都，33年。

(4) 扬州　32年

　　1) 江都：吴(隋末李子通)都，1年；

　　2) 江都：吴(五代时)都，31年。

12. 三十年至二十一年的都城

(1) 禹县　30年

　　1) 阳翟：韩(战国时)都，29年；

　　2) 阳翟：韩(秦末韩王成)都，1年。

(2) 淮阳　27年

　　1) 陈：楚(战国时)都，26年；

　　2) 陈：张楚(陈胜)都，1年。

(3) 许昌　25年

　　1) 许：东汉都，25年。

(4) 台南　23年

　　1) 承天府　郑成功都，23年。

13. 二十年至十五年的都城

(1) 苏州　20年

　　1) 吴：吴(三国时)都，8年；

　　2) 平江：周诚王(张士诚)都，12年。

(2) 沈阳　20年

1) 沈阳：清（初年）都，20年。

(3) **临夏　20年**

1) 谭郊：西秦都，5个月；

2) 枹罕：西秦都，19年。

(4) **寿县　19年**

1) 寿春：楚都，19年。

(5) **兰州　19年**

1) 金城：西秦都，8年；

2) 西城：西秦都，6年；

3) 苑川：西秦都，4年；

4) 金城：西秦（薛举）都，1年。

(6) **新宾　19年**

1) 赫图阿拉　清初都，19年。

(7) **邢台　18年**

1) 襄国：赵（张耳）都，2年；

2) 襄国：后赵都，16年。

(8) **汤阴　17年**

1) 中牟：赵（战国时）都，17年。

(9) **肇庆　17年**

1) 肇庆：明（隆武、永历）都，17年。

(10) **张掖　16年**

1) 张掖：北凉（段业）都，4年；

2) 张掖：北凉都，12年。

(11) 酒泉　16年

11) 酒泉: 西凉都, 16年。

(12) 阿城　16年

1) 会宁: 金都, 16年。

(13) 靖边　15年

1) 统万: 夏（赫连勃勃）都, 15年。

据以上的统计，由千年以上直至历年十五年的都城，共有五十三处。在这五十三处建都的共有一百七十二个王朝或政权。

14. 不足十五年的都城[397]

1) 屯留,　2) 距阳,　3) 汉中,　4) 夷陵,
5) 盛乐,　6) 武昌,　7) 平阳,　8) 冀县,
9) 中山,　10) 朔方,　11) 亳,　12) 端氏,
13) 广固,　14) 乐都,　15) 蕲水,　16) 长子,
17) 九原,　18) 渔阳,　19) 东海,　20) 黎丘,
21) 上郡,　22) 虞州,　23) 丹阳,　24) 邾,
25) 洺州,　26) 睢阳,　27) 六,　28) 庐江,
29) 平寿,　30) 榆林,　31) 马邑,　32) 勇士,
33) 廉川,　34) 秦州,　35) 左城,　36) 上谷,
37) 剧,　38) 公安,　39) 黎亭,　40) 离石,
41) 平凉,　42) 高平,　43) 乐寿,　44) 历阳,
45) 任城,　46) 高邮,　47) 狄,　48) 废丘,
49) 朝歌,　50) 代,　51) 高柳,　52) 宛,

53) 毗陵, 54) 左国城, 55) 度坚山, 56) 杏城,
57) 北海, 58) 冠军, 59) 江州, 60) 衡州,
61) 盱台, 62) 郴, 63) 南郑, 64) 高奴,
65) 博阳, 66) 即墨, 67) 无终, 68) 江夏,
69) 上邽, 70) 蒲子, 71) 天水, 72) 折墌城,
73) 湟中, 74) 魏县, 75) 聊城, 76) 漳南,
77) 巴陵, 78) 豫章, 79) 京口, 80) 余杭,
81) 贝州, 82) 清溪, 83) 鼎州, 84) 台湾府。

在这八十四处历年不足十五年的都城中，汉中和南郑本是一地，即今陕西汉中县；秦州、天水、上邽三处也是一地，即今甘肃天水市。删去其相同的，实有七十九处。在这七十九处建都的共有九十个政权。

15. 未知确实年代的都城

根据前文的论述，未知确实年代的都城有中山国的灵寿和越国的琅邪两处。中山国在都于灵寿之前曾都于顾。顾为今河北定县，亦未知其作为都城的具体年代。顾在汉时为中山国的治所，十六国时后燕所都的中山即在其地。越国也曾以吴为都，虽亦不知其具体年代，然其后至三国时，孙吴曾在其地建都，元明之际，周诚王张士诚也曾建都于其地。顾和吴两地已分别列于有关政权的都城之中，这里就不再计入。至于清初的兴京，乃是清廷入关后追尊的，当时尚非都城，这里也就一并略去。

上面所论述的乃是不包括周边各族的地区在内的都城，根据上面三种不同的统计，有具体的年代可考，而历年又在十五年以上的都城，共五十三处，涉及一百七十二个王朝或政权；历年在十五年以下的都城七十九处，涉及九十个政权，还有未知确实年代的都城两处，另有两处未知确实年代的都城虽因已见于其他方面而未再计入，可是有关政权却不应因此而稍有略省。因此，未能确知年代的都城虽有两处，所涉及的政权却有四个，三者分别合计，共有一百三十四处都城，涉及两百六十六个王朝或政权。不过这里还应该特别指出，所谓涉及的王朝或政权，是指建立每个都城的王朝或政权。某一个王朝或政权曾经建立过几个都城，就作为几个王朝或政权计算。譬如，唐代以长安为都城，其间政府却曾长期移驻洛阳，则洛阳也是都城。计算在长安建都的王朝或政权，当然包括唐代在内，计算在洛阳建都的王朝或政权，也不应该疏漏了唐代。像这样的例证并非少数。这里都不必一一缕举。至于某一王朝或政权所建立的都城的总数，前文已皆有论述，这里就没有必要再赘陈了。

16. 春秋时期和华族相互交错共处的非华族的都城

我国为多民族国家，这在远古之时即已如此。殷商西周的记载就曾一再道及，唯其所居之地，说者不一，不易细论。下迄《春秋》《左传》始臻详备。鲁隐公初年，已有关于戎人的记载，其后陆续不绝，至于末叶犹未稍已。当时诸侯封国，皆为华夏，就可以华族称之。其他非华族则被称之为戎、狄、蛮、夷，这是华夏之国轻视非华族部落的贱称。当时华族与非华族之间是有区别的。远在春秋以前，楚人就曾自称："我蛮夷也。"[398]长江下游的吴国，据说是太伯所封之国，当其初参预诸夏会盟，犹被视为东夷之君，不以爵位相称[399]。春秋之世，华夏诸侯崇尚礼仪，就是习用周礼。周礼与非华族的夷礼不同。当时华族与非华族的区别，这用礼也就成为其间的重要因素。杞国本来是华夏之国，因为用了夷礼，就被贬为非华族[400]，而曾自称为蛮夷的楚国，到后来华夏诸国也再无人以此讥楚国了。

这些非华族的居处地区往往是和华族相互交错的，鲁国近旁就有戎人，其地就在今山东曹县西北近河南处，鲁隐公初年就已见于《春秋》的记载。

春秋时期，诸侯封国至为繁多，然皆受命于周王，故不复细论其都城的所在，非华族则不然。非华族诸国与周王无关，且有时与其邻近的诸夏之国相抗衡，皆自成局面，这就不能不稍一涉及其都城。非华族的居处地区虽与华族相交错，为农为牧亦复不尽相同。从事游牧，无城郭宫室，自然说不上都城。如果改牧为农，也许另有设施。有些部落当时虽也以国相称，可能也有都城，由于记载阙略，难得细究，只好暂置不论。

春秋之时，周王仍以雒邑为都。雒邑位于伊洛流域。伊洛流域和雒邑附近就有戎人。最早见于《春秋左氏传》的乃是扬拒、泉皋、伊洛之戎[401]，接着又有陆浑之戎[402]和蛮氏[403]。陆浑之戎亦称阴戎[404]和九州之戎[405]。蛮氏本为茅戎[406]。《左传》记载扬拒、泉皋、伊洛之戎，就是以所居的地方来称这些非华族的部落，其间虽有以戎城为名的地方[407]，只能说是戎人的居地，不能以之为戎人的都城。陆浑之戎的居地，汉时曾设陆浑县[408]，这可能是因为本来是陆浑之戎的居地而设置的，似不能因汉时设县而即以之为陆浑之戎的都城。鲁襄公时，戎子驹支曾向晋赵宣子说过，戎人为不侵不叛之臣[409]，实际上乃是晋国的附庸，说不上是什么邦国。所可说的乃是蛮氏。其地在今河南临汝县东南。蛮氏为楚灭之时，曾为楚人所围攻，是蛮氏之都有城郭。蛮氏且有邑聚，而邑聚且非一处。楚人虽灭蛮氏，可是还为之置邑立宗[410]，可见已非普通的部落。陆浑之戎本居于瓜州，瓜州在陇山之东，秦岭之北，距秦国所都之雍（今陕西凤翔县南）不远[411]。蛮氏之先的茅戎，其居地在今山西平陆县[412]。木本水源，其来有自，似其时尚均为部落，说不上都城的所在。

晋国于春秋时为大国。其先世初受封时，周王即命其"疆以戎索"[413]，显示当时即有许多非华族与之交错共处。迄至春秋之世，似仍未能完全改变。其时活动于晋国近旁的非华族，就是所谓狄人。狄人略分三种：赤狄、白狄与长狄。赤狄又别为六种，为东山皋落氏、廧咎如、潞氏、甲氏、留吁和铎辰。白狄一般泛称狄人，其在太行山东者，则有鲜虞、肥与鼓。长狄见于记载者，仅鄋瞒一种。

这三种狄人的情形各自不同。白狄环处于晋国的西与北两方，显然仍是游牧部落，居处无定。其在太行山东如鲜虞、肥与鼓，则在春秋后期，已改操农耕生涯，有了城郭。晋荀吴略东阳，使师伪为樵者，负甲以息于昔阳之门外，遂袭鼓，灭之[414]，就是明证。这三国的都城，据杜预的解释，鲜虞在晋时中山新市县[415]，新市县在今河北新乐县东南。鼓国在晋时巨鹿下曲阳[416]，下曲阳在今河北省晋州市。至于肥国的都城，杜预有二说：一在晋时乐平沾县，一在晋时下曲阳县肥累城[417]。沾县在今山西昔阳县，其地距鲜虞过远，当以在下曲阳者为是。肥、鼓两国相继为晋所灭，鲜虞至战国时为中山国。

赤狄六种中以潞氏为最强大。潞氏的国都于东汉时为潞县[418]，也就是今山西潞城县。潞氏在太行山西，其他诸种皆散处太行山东西，相距不远。春秋初年，郑国曾为北戎所侵[419]。北戎居地，杜预无注。郑国之北隔着黄河就是太行山，此北戎当是来自太行山中，可能就是居于太行山中的狄人，因在郑国之北，故郑国称之为北戎。北戎侵郑，用的是徒兵[420]，也就是步卒，可知太行山的狄人已经从事农耕生涯，只是其中的鄋瞒来去飘忽，仍保存游牧的本色。六种赤狄中，东山皋落氏的居地，传说有两处，分别在今山西垣曲县和昔阳县。两县皆有皋落镇，当是仍因故名[421]。春秋初年，晋国曾伐东山皋落氏[422]。今垣曲县即在当时晋国都城绛的东南。近在比邻，故易受晋国的讨伐。东山皋落氏被征伐后未见其结局，可能是东徙于相当于今昔阳县之地[423]。至于留吁则在今山西屯留县南[424]，铎辰也当在今山西长治市附近[425]，皆在潞氏的附近。甲氏稍远，乃在今河北鸡泽县[426]。廧咎如可能就在潞氏附近，因为潞氏亡后，其余民散入廧咎如，唯其确地不可备知。

晋国北边尚有仇由国，见于《韩非子·说林》。《说林》说："智伯欲伐仇由，道难不通，铸大钟遗之。仇由大悦，除涂将内之，赤章曼友谏不听，断毂而驰，仇由以亡。"是仇由自有其都城。都城所在就是现在的山西盂县[427]。

晋国之西为秦国。秦国与晋国相仿佛，不仅其西与北环居着非华族，就是丰镐故地附近也有非华族。秦宁公所伐的荡社就是非华族所建立的国家[428]。荡社据说是在今陕西三原、兴平两县间[429]，盖未得其确地所在。旧史记载，谓骊山有骊戎，骊山在今西安市东[430]。骊戎为人所称，以其曾为晋献公所伐，晋献公因之得其女骊姬，而骊姬又曾为祸于晋国[431]，其实晋献公所伐的骊戎乃在析城、王屋二山间，就是所谓的丽土之戎[432]，骊山骊戎之说可能是附会了。

《史记·秦本纪》说，秦穆公"伐戎王，益国十二，开地千里"。《匈奴传》则说：秦穆公时，"西戎八国服于秦"。十二国名不可具知。《匈奴传》则接着说："自陇以西有绵诸、绲戎、翟、豲之戎，岐、梁山、泾、漆之北有义渠、大荔、乌氏、朐衍之戎。"这可能就是穆公所服之国。这八国除大荔之戎在今陕西大荔县外，皆在陇山以西。陇山以西本为诸族游牧的旧地，这几国当是以游牧为业的部落。其后义渠亦有城郭，为秦国所拔的就有二十五城，然已在战国时期[433]。西汉时，北地郡属县中有义渠道[434]，当为义渠戎王建都之地，可是义渠道的确实治所迄今仍未能具知。所可知者仅为大荔的王城，秦国伐灭大荔，以其王城为临晋县[435]，迄今犹为陕西大荔县地。

和当时北陲的非华族交错杂处的还有燕国。燕国和秦晋两国稍有不同处，因为燕国几乎都在非华族的包围之中。燕国之南有鲜虞、肥、鼓三国，这是在前面已经提到过的。燕国之北还有无终、令支和代国。据《左传》记载，晋悼公时，无终子曾遣使至晋，因魏豹纳虎豹之皮，以请和诸戎。魏豹论和戎之利，也曾说过："戎狄荐居，贵货易土。"[436]显然可见，无终从事游牧，迁徙无常处，其疆土由晋国北陲迁到燕国北陲。可是后来无终也有了都城。西汉时就以其都城设县，并以无终为县名[437]，其地在今天津市蓟县[438]。令支曾为齐桓公征伐过。西汉辽西部的属县中有令支县[439]，当是因令支都城旧地设置的，其地在今河北省迁安县西。远在西周之时，晋国和燕国北部还有所谓追族和貊族[440]。貊为貉的俗书。貉与胡往往并称[441]，可知也是大族。貉族后来辗转东迁，至于辽东、朝鲜等处，留在燕国仅其孑遗[442]。与燕国并称的代国可能就是追族建立的。追代音相近，也许后来就改称代国。西汉时代郡及其所属的代县，都被称为故代国[443]，而代县当是其都城的所在。代县在今河北省蔚县。

南方的楚国，其初年国曾自认为蛮夷，也就是非华族，入春秋后，经过与华族的争战和交往，华族不复再诋之为蛮夷，但其邻近各处还是相当多的。不过主要是在其东西两方。南方就更不必说了。至于北方则是汉阳诸国，皆出自周室，自然都是华族了。

楚国之西有百濮[444]，东右群舒[445]。就这样的名称来说，显然是有很多的分支的。濮族见于史册，为时很早，周武王灭纣之时，濮人就从军征讨。百濮所在自来说者不一。鲁文公时，楚大饥，戎伐其西南。庸人率群蛮以叛楚，麇人率百濮聚于选，将伐楚，于是申、息之北门不启[446]。庸与麇亦皆是非华族。庸也曾参预周武王伐纣之役。庸在西晋时的上庸县[447]，于今为湖北竹山县，麇人居于锡穴[448]，于今为陕西白河县。麇和庸都在汉水流域，也是在楚国的西北。他们将要伐楚，因而楚国北部申、息的北门都为之关闭起来。百濮既为麇人所率领，其居地当近于麇国。与百濮的情况相仿佛，群蛮的居地也当近于庸国。可以说，百濮之中可能有相当多的部分居于今陕西的东南部，而群蛮之中也可能有相当多的部分居于今湖北的西北部，只是其具体所在就难于确指了。

和麇、庸、百濮相近的还应该提到巴国。巴与蜀往往相提并论。蜀都在今四川成都市，巴国在今四川重庆市。巴国以今重庆市为都，乃是战国时事。春秋时并非如此。《左传》数记巴人，其最后一次在鲁哀公十八年，这一年，巴人伐楚，围鄾。鄾在今湖北襄樊市北，巴国都城如果在今重庆市，则伐楚之师，就应顺江而下，先过郢而后北上至于鄾。《左传》行文虽简朴，都未稍一涉及江上和郢，可知其时巴国尚未以今重庆市为都。《左传》记载巴国，始于鲁桓公九年。这一年巴国即曾伐过鄾。这是巴国欲与邓国和好，而鄾人杀其使者并夺取使人所携的货币。后来巴人还曾伐过申国[449]，楚国灭庸之时，巴人还曾出兵协助。邓在今湖北襄樊市西北，申国在今河南南阳市，皆距今重庆较远。其实巴人立国应与巴山有关。其国当在巴山北麓、汉水之南[450]，故易于顺汉水而下，与申、邓以及鄾人有交往，只是其时都城的具体所在,已难于稽考。

这里还应该顺便提到卢戎。卢戎始见于《左传》桓公十三年。这一年,卢戎与其近旁的罗国共同打败楚军。罗国在今湖北宜城县西,卢戎则在今湖北襄樊市西南,相距不远,故得力以拒楚军。

楚国之东的群舒就和百濮稍有不同。百濮未见其具体部落,群舒之见于《春秋》经传的就有舒[451]、舒蓼[452]、舒鸠[453]、舒庸[454]诸国。分国虽较多,所涉及的今县却仅有两处,就是安徽的舒城县和庐江县。舒鸠在舒城县东南,舒蓼和舒庸皆在舒城县的西南,舒国则在庐江县的西南。现在还沿袭舒城这样的县名,正显示舒人遗迹的所在。

群舒的东北为淮夷和徐国。淮夷的名称已标志其为非华族。徐国亦为戎裔。鲁僖公时,楚人伐徐,《左传》就曾记载:楚国的伐徐是因为"徐即诸夏"[455]。这是说,徐人因为接近诸夏,且有所往来,故为楚人所忌。显然可见,徐与楚国相同,皆是非华族。《春秋》经传曾不止一次记载过淮夷,皆未道及与淮夷有关的地名,杜预对此亦未做过解释。可能是飘忽无定,不易得其确处。徐国则在今江苏泗洪县南,当吴国北至中原诸国的道路。

东方的齐鲁两国的近旁,更多有非华族的居地。鲁国有戎人,这是在前面已经论述过的。东海之滨更多,见于《春秋》及《左传》记载的有莱、介、根牟、郯、莒等国,也还有任、宿、须句、颛臾等国。

鲁定公时,齐鲁两国会盟于夹谷,齐国欲使莱人在会上劫鲁侯，孔子就曾说过，"裔不谋夏，夷不乱华"[456]，显然以莱人为非华族。郯子朝鲁，言及其远祖少皞氏以鸟名官的故事，孔子虽曾向之学习，却说："天子失官，学在四夷"[457]，则郯国亦非华族。莒国也自谓"辟陋在夷"[458]。至于介[459]和根牟[460]，杜预注《左传》时，皆明白指出为东夷国，当然都不能列入华族之中。莱国故地在今山东黄县（今山东龙口市）。介国在今山东高密县西。根牟在今山东沂南县东南。郯国在今山东郯城县南。莒国今为莒县。

任、宿、须句、颛臾四国，据说是"实司大皞与有济之祀"，实际上却是"以服事诸夏"[461]。既然是服事诸夏，那就是非华族了。任国在今山东济宁市南。宿国在今山东东平县东。须句在东平县西北。颛臾在今山东平邑县东。

这里还应该提到被视为夷人的封国：杞和邾。杞国本来的封地在今河南杞县，入春秋时已经东迁，先后以淳于和缘陵为都[462]。淳于在今山东安丘县东北，缘陵在今山东昌乐县东南。邾国在今山东邹县。这两国本来都是华族。杞国以用夷礼，而被贬称为夷人[463]。邾国直到春秋后期，还被鲁国视作夷人[464]。由邾国分出来的小邾（今山东滕县东南），也同样被当作夷人。以夷人相称，就是不承认他们为华族。按之实际情形，是不应再以之作为非华族的。

根据上面的论述，能够核实春秋时期和华族交错共处的非华族都城，按现在的省市区的属县来说，有下列各处：

(1) 在现在河南省境内的有：临汝县（蛮氏）。

(2) 在现在山西省境内的有：潞城县（潞氏），垣曲县、昔阳县

(东山皋落氏)，屯留(留吁)，长治(铎辰)，孟县(仇由)。

（3）在今陕西省境内的有：大荔县(大荔之戎)，白河县(麇国)。

（4）在今河北省境内的有：新乐县(鲜虞)，晋州(鼓国、肥国)，鸡泽(甲氏)，迁安(令支)，蔚县(代国)。

（5）在今天津市境内的有：蓟县(无终)。

（6）在今湖北省境内的有：襄樊市(卢戎)，竹山县(庸国)。

（7）在今安徽省境内的有：舒城县(舒鸠、舒蓼、舒庸)，庐江县(舒国)。

（8）在今江苏省境内的有：泗洪县(徐国)。

（9）在今山东省境内的有：黄县(莱国)，高密县(介国)，沂南县(根牟)，郯城县(郯国)，济宁市(任国)，东平县(宿国、须句)，平邑县(颛臾)。

这些非华族所建立的邦国，其始兴的年代不可具知，有的灭亡年代也不易稽考，只好阙疑不论。后文进行相关的论述时，亦不可计入。

17. 周边各族的政权所建立的有确实年代可征的都城

（1）**大理　515年**

　　1）太和城：南诏都，25年；

　　2）阳苴咩：大理都；南诏、大理先后居阳苴咩，共490年。

（2）**吐鲁番　181年**[465]

　　1）高昌：高昌(阚伯周)都，47年；

　　2）高昌：高昌(麴嘉)都，134年。

（3）**准格尔旗　142年**

1）美稷：南匈奴(东汉时)都，142年。

（4）共和　137年

1）伏俟城：吐谷浑都，137年。

（5）呼和浩特　74年

1）板升：鞑靼(俺答)都，74年。

（6）西宁　73年[466]

1）青唐：吐蕃唃厮啰都，73年。

（7）叶城

1）叶尔羌：回部巴图尔汗都，5年。

（8）喀什市

1）喀什噶尔：回部(张格尔)都，2年。

在周边各族的政权所建的许多都城中，有具体年代可以稽考的只有这八处。而叶尔羌和喀什噶尔两处，都只有几年，还远不能超过十五年。除去叶尔羌和喀什两处历年短促的都城外，以大理、吐鲁番、准格尔旗、共和县、呼和浩特市、西宁市与前文所叙述的历年在十五年以上的都城相加，就共有五十九处，涉及的政权也相应增加到一百八十个。

其实，周边各族所建置的都城有许多都是历年相当长久的，只是由于起迄年代未有明确记载，难于具体确定。汉代西域各国远在张骞凿空以前，当已先后建立，不待汉廷使者到过之后，才陆续建立。这些国家后来虽时有兴衰，然于阗、疏勒、龟兹、焉耆皆称大国，其都城亦均历久少有改易。迄今和田、疏勒、库车、焉耆犹为新疆维吾尔自治区的重要城市。不过其间沿革就颇难缕述。天山以北的伊犁，也曾经作为亦力把里的都城，就是这个都城也以亦力把里为名。后来准噶尔汗再以此地为都时，就直称为伊犁。两次成为都城，分别是在明清两代建立之前。亦力把里的立国乃是在察合台汗国灭亡之后，其具体年代已不易稽考。准噶尔汗既兼有四卫拉特，才骤然强盛，成为大国。其时固已在康熙之时，然究在何年，还须再做考核。西藏高原的拉萨，远在吐蕃强盛时，就曾建为都城。逻娑、拉萨，书写固有不同，其音其地固未有所改易。唐代与吐蕃始通往来之时，吐蕃就已成为大国，就在唐代亦未知其所由始。及其衰微之后，宋初亦仅与唃厮啰有所交往，再往西去，颇感渺茫难稽。唐时渤海国曾称为海东大国，其都城龙泉府就在今黑龙江省宁安县南，遗址犹在，出土文物亦复不少。其后为契丹所灭，史册固曾详加记载，只是追溯渊源，旧史就不免有所遗佚。所以这里仅能举出大理等六处都城，其他只好阙如了。

这里还应该特别提出，在历史演变过程中，有些都城前后曾为几个王朝或政权相继所建立。这在周边各处的都城亦复如是。高昌于北魏至隋唐之间，就曾经有阚氏和麹氏所建立的政权，而南诏和大理也先后都以阳苴咩为都城。这都是有明确的记载，也有具体年代可以考核的。像这样的改换政权，其他的都城也是有的。东汉初期，莎车和于阗两国王位的更替，就是具体的例证。光武帝建武年间，莎车王攻破拘弥、西夜两国，皆杀其王，而立其兄康两子为拘弥、西夜王。复攻杀龟兹王，而兼其国，以其子则罗为龟兹王，并分龟兹国为乌垒国，以其国贵人驷鞬为乌垒王。既而龟兹国人共攻杀则罗和驷鞬降匈奴。匈奴因立龟兹贵人身毒为龟兹王。莎车王贤又尝攻大宛，拘其王不遣归，而以所立拘弥王桥塞提为大宛王，桥塞提为康居所攻，不能立国，亡归莎车，莎车王贤复以之为拘弥王。莎车王贤更徙于阗王为骊归王，而立其弟位侍为于阗王。其后于阗将休莫霸反莎车，自立为于阗王。休莫霸死，其兄子广德自立，后遂灭莎车。其后诸国更相攻伐，小宛、精绝、戎卢、且末为鄯善所并，渠勒、皮山为于阗所统，悉有其地。郁立、单桓、乌贪訾离为车师所灭，稍后并复立。这些变故，都见于《后汉书》卷八八《西域传》的记载。像这样的变故在西域不仅见于东汉初年，其他时期也是频繁发生的。上文所说的于阗，自汉至明，迭见于中土的记载，历时千有余年，殊为悠久。唐代中叶以后，其王有名尉迟胜者，肃宗至德初，以兵助唐平内乱，固请留宿卫，请以其弟尉迟曜代为国王[467]。五代石晋时，其王李圣天自称唐之宗属，遣使来贡[468]。所谓唐之宗属显系自高声价，附会之辞。史者详记李圣天的身世，当与唐末的尉迟氏无若何因缘。可是到宋真宗时，其国王却称黑韩王，其所遣朝宋使臣又为回鹘人罗厮温[469]。唐末，回鹘已西移到北庭等处，似尚未及于塔里木河之南。这时于阗国王既以黑韩王相称，而其使者又系回鹘人，可见于阗的政权曾经又有改易。根据这样的例证，可以说周边各族所建立的政权的改易殆为常事，史籍难得一一备载。因而论述有关的都城就不必细究当地曾经建立过多少政权。

18. 周边各族的政权所建立的尚无具体年代可征的都城

(1) 在现在新疆维吾尔自治区境内的有：

1) 婼羌县：扜泥城；

2) 且末县：且末城；

3) 民丰县：精绝城；

4) 于田县：扜弥城；

5) 和田县：西城或西山城；

6) 塔什库尔干塔吉克自治县：卢城；

7) 莎车县：莎车城；

8) 喀什市：疏勒城、喀什噶尔；

9) 阿克苏县：南城；

10) 乌什县：温宿城；

11) 库车县：延城；

12) 库尔勒市：尉犁城；

13) 焉耆县：员渠城、危须城；

14) 吐鲁番县：交河城、吐鲁番、柳城、火州；

15) 哈密市：哈密城；

16) 伊犁市：亦力把里、伊犁；

17) 叶城县：叶尔羌。

(2) 在现在青海境内的有：

1) 共和县：伏俟城；

2) 民和县：邈川城；

3) 西宁市：宗哥城。

(3) 在现在西藏自治区境内的有：

　　1) 拉萨：逻娑。

(4) 在现在四川省境内的有：

　　1) 西昌市：邛都；

　　2) 天全县：徙；

　　3) 汉源县：筰都；

　　4) 叙永县：永宁。

(5) 在现在云南省境内的有：

　　1) 晋宁县：滇池；

　　2) 盈江县：哀牢；

　　3) 巍山回族自治县：蒙舍；

　　4) 大理县：大和城、阳苴咩城。

(6) 在现在贵州省境内的有：

　　1) 关岭县：夜郎；

　　2) 贵阳市：水东城；

　　3) 黔西县：水西城。

(7) 在现在广西壮族自治区境内的有：

　　1) 靖西县：傥犹州、安德州；

　　2) 南宁市：邕州。

(8) 在现在辽宁省境内的有：

　　1) 桓仁县：纥升骨城。

(9) 在现在吉林省境内的有：

　　1) 集安县：丸都城、国内城；

2）敦化县：龙原府。

（10）在现在黑龙江省境内的有：

1）宁安县：龙泉府。

以上共涉及现在十个省区，三十八个市县，共有古都四十七处。可以看到：周边各地的省区中，在悠久的历史过程中，都曾经有过各族所建立的政权的都城，其分布地区还是相当广大的。

（五）古都的地理分布

根据上文的论述，内地各省市共有十五年以上的古都五十三处，涉及的王朝或政权一百七十二个；不足十五年的古都计有七十九处，涉及的政权九十个；未知具体年代的古都两处，涉及的政权四个；另外还应该添上夏、商两代的都城和周的先世的都城三十处[470]，几宗合计：共有古都一百六十四处，涉及的王朝或政权二百六十九个。周边各省区，可知有具体年代的古都六处，涉及的政权八个；未知具体年代的古都四十七处，涉及的政权难以确知，共有古都五十三处。内地与周边各地合计，共有古都二百一十七处，可知的所涉及的王朝或政权二百七十七个。

这里所需要首先论述的，乃是具有一定历史渊源的都城。这是指上面所说历年十五载以上的五十三处而言的。其余不足十五年的或无具体年代可征的，皆一律省去，不以之羼入。这五十三处古都，历年长短也并非都是一律，不过在当时都居有重要的地位，也都发生过一定的影响。但时过境迁，其原来的地位就不免有所变化。不仅不为世人所重视，甚至其遗迹亦损毁残破，成为废墟，湮没于荒烟蔓草之中，不堪回首。十六国时期夏国的统万城实可作为例证。当年赫连勃勃创建此城时，以其地临广泽而带清流，为马领以北，大河以南所未有[471]。以赫连勃勃的残暴，施工要求的严格，新城建立之后，美轮美奂，确为一时所少有。夏国亡后，改称夏州，历北魏、隋、唐，而至于北宋，皆为北陲重镇。可是现在已为毛乌素沙漠所掩覆，仅西北一隅犹雉堞高峙，显示当年遗迹的所在。其地今隶陕西靖边县，与县城相距有几百里。若非探幽搜奇之士，有意枉道前往，几难再有问津之人。吐谷浑的伏俟城殆与统万城相仿佛，可能还要更逊一筹。吐谷浑能在青海湖畔建立城郭，确是难能可贵。吐谷浑内迁之后，伏俟城旋即湮没无闻。若非旧史曾记其城距青海十有五里，殆不易知其故处，若欲求其废墟所在，还须用一番功力。像这样的旧城大可不必以之与其他古都并列，多事探索。当然，也有些相似的情形却未可一概而论。南北朝时的邺城和西域的高昌、交河两城，虽亦久被湮废，却与统万城不同，亦与伏俟城有异。邺城为曹魏兴王之地，东魏、北齐相继经营，为太行山东名都。魏武所筑三台中的铜雀台，尤受人称道。迄今虽已久湮，然距安阳甚近，安阳实代邺城兴起。安阳为殷墟旧址，也是一处古都。安阳既代邺城兴起，则邺城的古都就可和安阳的古都相提并论，成为安阳古都的组成部分。高昌城为高昌王国都，交河城为车师前王国都。高昌王国和车师前王国皆久已夷灭，高昌城和交河城却巍然并峙，东西相望，且均近于吐鲁番。吐鲁番亦一古都，得高昌城和交河城，皆不能以废墟视之。这里还应稍一涉及女真族人所建立的会宁府。会宁府的建立与临潢府差相仿佛，皆在草原之上，平地崛起。而又皆以所徙的农耕族类充实其中。也就是说，都是借政治力量使其能够继续存在，一旦政治力量消失，都城也就荒废。也因为在当时的自然条件下，草原上实不易支持这样的都会，令其长期存在。不过在现在看来，会宁府实较胜于临潢府。会宁府现隶黑龙江省阿城县，而阿城县又近于哈尔滨市，其受人注意和称道，当较临潢府为多。

统万城和伏俟城的荒废，人为的作用实为其主要的原因。伏俟城的建置出自吐谷浑。吐谷浑本为以游牧为生的族类，徙以倾慕华风，故于平地起造城池。城池筑成却仍喜居毳幕。是以不待其国的灭亡，伏俟城亦不易持久保存。统万城的隳毁，却是宋时有意的规划。统万城自夏国亡后，即改称夏州。宋时西夏颇为边患，宋太宗因隳其城[472]。夏州城未隳之时，附近虽已有沙漠，城池仍巍然无恙。隳毁之后，流沙侵袭，迄今已成不毛之地。为流沙侵袭的还有西域一些小国的都城。汉时精绝国所都的精绝城，于唐时为尼壤城，玄奘由印度归来时，曾路过其地。据其所说："媲摩川东入沙碛，行二百余里，至尼壤城，周三四里，在大泽中。泽地热湿，难于履涉。芦草荒茂，无复途径。"尼壤现已掩没于流沙之中，更无泽可说。由尼壤"东行六百余里，至折摩驮那故国，即沮末地也。城郭岿然，人烟断绝。"[473]流沙飞洒，故国都城也就难以保存。这里所说的沮末，就是且末国都城且末城。其实不仅精绝和且末如此，其他近沙漠的都城，也都有相似的命运。这是属于自然的荒废，在当时是无法扭转的。就是在现在，也难于恢复当时的面貌。

作为都城，当时能够得到建立，是具有若干因素的。由于时过境迁，原来的因素就难于再起到若何作用。旧日的都城只好成为废墟，问闻乏人，更说不到注意。十六国及南北朝时期，仇池氏王杨氏称雄一方，累世不绝。氏王立国颇得仇池的地利。据说仇池方百顷，四面斗绝，高七里有余，羊肠蟠道三十六回，其上有丰水泉，煮土成盐[474]。这样险峻的地势在当时是可以支持一方政权的。其实这只是一块山地，别无其他可取，现在这里属甘肃成县，距成县城约百里。孤处山上，要引人注意，殊属不易。汉时西域无雷国都城卢城亦是如此。唐时这里为揭盘陀国。玄奘由印度归来，曾路出其国。据说这个国中，"山岭连属，川原隘狭"[475]，这是葱岭的一个小国都城。唐开元中曾于其地置葱岭守捉[476]，足见这是一个山国。由这里东行，"下葱岭东冈，登危岭，越洞谷，溪谷险阻，风雪相继，八百余里，乃出葱岭"[477]。这样的山国都城是不用多所注意的。

还有一种情形，亦当不能稍事忽视。由于我国历史悠久，有些都城确甚古老，其故地所在亦不易明确。虽经前贤考核，当地却不易有所征信。这就难得再做探索。战国时赵国所都的中牟，前贤时彦皆倾向于在今河南汤阴县之说，所可以作为论证者，仅有县西的牟山，其他就别无所据。西汉时夜郎的所在亦是如此。汉时于牂柯郡中置夜郎县，当是置于夜郎国的所在地。夜郎县究在何处，历来舆地学家陆续有所论述，皆未能得其真谛。近方国瑜先生谓在今贵州安顺地区，谭季龙先生更谓在关岭县附近。这是在前文已经征引过的。这些说法确是较为明晰。司马迁撰《西南夷传》，曾经指出"夜郎者临牂柯江"。牂柯江今为北盘江，这已是了无疑义的。安顺地区和关岭县都在北盘江的上游，且距今四川宜宾县又较近。今宜宾县于西汉时为僰道县，即唐蒙欲通南越，修治经过夜郎的道路的起始处。确定安顺地区和关岭县为夜郎国地已经是不易的了。不过这还不能说就已经确定了夜郎都城的具体所在。和夜郎同时的徙和筰都的都城也难于做具体的论证。因而探微索隐，还当伫待来哲。

还有些古都，论其历年却也悠久，揆诸当时情势，似难视作政权发施号令的所在。战国之时，卫国虽为小邦，然承西周和春秋余绪，犹能勉强并立于称雄的诸侯之间。及其末叶，秦国攻拔魏国东地，初置东郡，就以卫国都城濮阳为东郡治所，而徙卫元君于野王。野王在今河南沁阳。卫君在野王仍保持其原来的称号，当然野王就应当作卫国的都城。野王当太行南下大道。秦国攻韩始得其地[478]，不仅设县，可能更以之为河内郡治所[479]。卫君在野王尚传一世，直至二世时始废为庶人。卫国虽能保其名号，还能经历三十余年，其实只是作为寓公，不能称为政权。因为秦河内郡既设在野王，卫君更有何种力量，像原来在濮阳一样去辖地治民？这样说来，野王是不应和其他古都相提并论的。

既然有了如上的一些情况，从狭义的古都来说，从研究和保护古都方面来说，就不能不对上述的具有确实年代的五十三处的都城略事调整。这里面当然不包括历年不及十五载的都城，不过周边各族所建立的政权的都城，有些虽未能确知其具体年代，但历年确是相当长久的，也应相应列入。这里所列的共有六十五处古都，涉及现在二十七个省市区。这里根据各省市区所有古都所在县市的多少及各古都具体年代的长短，列表如下。周边各族所建立的都城须列入表中的，即随例附于各省区之下：

河南省： 洛阳、开封、安阳、新郑、濮阳、禹县、淮阳、许昌等8处。

新疆维吾尔自治区： 焉耆、库车、疏勒、于阗、吐鲁番、伊犁、哈密等7处。

甘肃省： 武威、兰州、张掖、酒泉、敦煌、临夏等6处。

陕西省： 西安、凤翔、临潼、略阳等4处。

江苏省： 南京、徐州、扬州、苏州等4处。

山西省： 大同、太原、夏县、侯马等4处。

四川省： 成都、重庆、西昌等3处。

辽宁省： 朝阳、沈阳、新宾等3处。

浙江省： 杭州、温州等2处。

山东省： 淄博、曲阜等2处。

河北省： 邯郸、邢台等2处。

广东省：广州、肇庆等2处。

云南省：大理、晋宁等2处。

黑龙江省：阿城、宁安等2处。

内蒙古自治区：呼和浩特、巴林左旗等2处。

北京市：北京1处。

湖北省：江陵1处。

宁夏回族自治区：银川1处。

安徽省：寿县1处。

吉林省：集安1处。

西藏自治区：拉萨1处。

湖南省：长沙1处。

福建省：福州1处。

青海省：西宁1处。

广西壮族自治区：南宁1处。

贵州省：贵阳1处。

台湾省：台南1处。

这里所列举的六十五处古都，乃是前述的所有都城删汰调整出来的。删汰调整的理由，前面已经说过，这里不妨再略事提及。其一是有些都城的所在地论证尚嫌不足；其二，有些都城在当时就未起到若何的作用；其三，有些都城历年过于短促，在当时不易有所建树，甚或根本没有什么建树；其四，由于人事的变迁或自然的演变，当时的都城已成废墟，在现在说来已经难得再有若何的作用。前几个理由是比较明确的，也是容易判断的。至于最后一个理由却不免要多事斟酌。作为废墟来说，前文曾举出几个例证。如果严格说起来，恐怕就不只是那几个了。就以洛阳来说，汉魏故城距今洛阳市二十里。再以西安来说，西汉至北周的长安城，距今西安市也有十余里。现在洛阳和西安市区不断扩展，和这些故城却还没有连接起来。现在故城遗址大体还在，这可以说遗址受至保护，不至于摧毁无余，但断垣残壁和一般所说的废墟，难得有很大差别。再以太原来说，不必远溯到战国时期以前赵国的晋阳，五代时北汉曾经在这里建过都城，应是没有疑义的。那时的太原却在今太原市西南汾水西岸，相距四十余里。现在那里禾黍离离，欲求断垣残壁也不可多得了。像这样的情况还可举出不少。如果一一要求所有的古都今城皆必须同在一处，则数千年来的古都就将寥寥无几了。当然这并不是说这里所列举的古都可以成为定论、不能再事删汰的。

如上表所列，一共有六十五处古都，涉及二十七个省市区。只有江西一省未见于表中。其实江西的都城也有数处，南昌和赣县皆曾做过楚帝林士弘的都城，当时是称为豫章和虔州的。九江也曾做过汉帝陈友谅的都城，当时是称作江州的。可见古代的都城的地区分布是相当普遍的。

如果把那些无确实历年可考和不足十五年的都城都分别按所在地区分别列表，这种普遍性更是十分明显的。这个表和前一表格式相同，以各省市区的都城多少及各都城建立的迟早为次序，表中以各都城的今地所在为主，并附注其原来的名称于下，以资对照。也有些都城，以无具体年代未列入前表，由于其所在地附近还有其他都城，彼此虽非一处，现在却同属于一个县市，既已见于前表，这里就不再列入。如车师前王国所都的交河城，以及明代的吐鲁番、柳城、火州等国，皆无具体年代，未列入前表。这些地方现在都在新疆吐鲁番县。南北朝以至隋和唐初，阚伯周、麴嘉相继立国的高昌，也在今吐鲁番境内，相距都非很远。高昌两度立国，皆有具体年代可以稽考，前表即以所在地的吐鲁番列入。因而在这里的交河城和吐鲁番、柳城、火州等就一并省略，不再举出。其他相同的情形，也皆仿此。

河北省： 定县(顾、中山)、灵寿(灵寿)、蓟县(渔阳、无终)、永年(洺州)、唐县(左城)、延庆(上谷)、献县(乐寿)、蔚县(代)、大名(魏县)、故城(漳南)、清河(贝州)等11处。

山东省： 胶南(琅邪)、益都(广固)、郯城(东海)、潍坊(平寿、北海)、寿光(剧县)、济宁(任城)、高青(狄县)、平度(即墨)、聊城(聊城)、□□(博阳)等10处。

山西省： 屯留(屯留)、临汾(平阳)、沁水(端氏)、长子(长子)、朔县(马邑)、长治(黎亭)、离石(离石、左国城)、阳高(高柳)、峻县(蒲子)等9处。

新疆维吾尔自治区： 婼羌(扜泥城)、且末(且末城)、民丰(精绝城)、于田(扜弥城)、塔什库尔干(卢城)、莎车(莎车城)、阿克苏(南城)、乌什(温宿城)、叶城(叶尔羌)等9处。

甘肃省： 甘谷(冀县)、天水(秦州、上邽、天水)、平凉(平凉)、靖远(度坚山)、泾川(折墌城)、张家川自治县(略阳)、成县(仇池、历城)等7处。

湖北省： 宜昌(夷陵)、武汉(武昌)、浠水(蕲水)、宜城(黎丘)、黄冈

(郱)、公安 (公安)、云梦 (江夏) 等7处。

陕西省: 汉中 (南郑、汉中)、榆林 (上郡)、兴平 (废丘)、黄陵 (杏城)、延安 (高奴)、靖边 (统万、朔方) 等6处。

河南省: 汤阴 (中牟)、商丘 (睢阳)、淇县 (朝歌)、南阳 (宛)、邓县 (冠军)、沁阳 (野王) 等6处。

安徽省: 太和 (钜阳)、亳县 (亳)、六安 (六)、舒城 (庐江)、和县 (历阳) 等5处。

湖南省: 郴州 (郴)、岳阳 (巴陵)、常德 (鼎州)、衡州 (衡州) 等4处。

江苏省: 高邮 (高邮)、常州 (毗陵)、镇江 (京口)、盱眙 (盱台) 等4处。

青海省: 乐都 (乐都)、湟源 (湟中)、共和 (伏俟城)、民和 (邀川) 等4处。

内蒙古自治区: 和林格尔 (盛乐)、包头 (九原)、准格尔旗 (榆林) 等3处。

江西省: 赣县 (虔州)、九江 (江州)、南昌 (豫章) 等3处。

四川省: 天全 (徙)、汉源 (筰都)、叙永 (永宁) 等3处。

贵州省: 关岭 (夜郎)、黔西 (水西) 等2处。

云南省: 盈江 (哀牢)、巍山回族自治州 (蒙舍) 等2处。

浙江省: 余杭 (余杭)、淳安 (青溪) 等2处。

辽宁省: 怀仁 (纥升骨城)、辽阳 (辽阳) 等2处。

西藏自治区: 匹播城1处。

宁夏回族自治区: 固原 (高平) 1处。

广西壮族自治区: 靖西 (倪犹州、安德州) 1处。

台湾省: 台北 (台湾府) 1处。

在前一个表中,江西省是没有古都的。不过已经做了说明,说是南昌、赣县和九江都有过有关都城的记载，只是由于历年过于短促，没有列入。这样的情形是相当多的。从这后一个表中就可以显出来。这两个表中，海南省和上海、天津两市，也都没有古都的记载。海南省是新成立的省，自有广东省以来，它都是其中的一个地区，论述历史上的往事，依然可以列在广东省中。上海、天津设市，自较海南省为早，但和海南省的情形并无过分悬殊之处，自可视作同例。若是除过这一省两市不说，其他各省市区就都建立过古都。这样的普遍性是应该得到肯定的。

古代的都城分布这样的普遍，各省市区之间并不是平均等衡的。这两个表中显示着有些省市区各仅一处，可是还有些却多到近十处，甚至超过十处。在前一个表中，河南省有八处。在后一个表中，河北省有十一处，为最多的。山东省次之，也有十处。如果两表合计，则有十处或更多的，就有新疆、河南、河北、山西、甘肃、山东、陕西等七个省区，而新疆竟多至十六处。新疆的自然条件是较为特殊的，都城的众多分明受到自然条件的影响。新疆气候干旱，又多沙漠戈壁，间有若干绿洲，最适宜于人类的繁衍生息。绿洲间多相互隔绝，因而就有可能各自建立政权。虽所建立的政权并非都是大国，却是相当繁多。当时的三十六国，就是一个不小的数目。好在其中有不少的行国，逐水草而居，恃毳幕为生，不然，其间的都城当更为繁多。新疆而外就要数到河南、河北、山西、山东、陕西五省。河南自来是中原之地，其他四省皆近于中原，历史渊源较为悠久，文化发达较早，曾经是重要王朝都城的所在，也是兵争最多的地区。因而这里多有重要王朝的都城，就是历时短促的政权的都城也非少数。甘肃省和这几个省份却又稍有差异。以前的重要王朝从来没有在现在甘肃境内建过都城。在这里建都最多的乃是在十六国时期。那时五凉中除南凉都城在今青海省境内外，其余前凉、后凉、北凉和西凉的都城皆在今甘肃省境内，而且集中在河西一隅。这是当地的民族较为复杂的缘故。在民族众多的地区，建立的政权较多，这是我国历史上习见的现象。

我国西南各省也是民族相当繁杂的地区，从都城的建置来说，却与西域不尽相同。司马迁撰《史记》，在论述这一地区的民族时，曾经指出，当地君长不少，却互不相统属。其较大者还有可说，其余就难以语此了。到了明清时期，建立了土司制度，其君长仍可世袭。至于划土分疆，和内地州县差相仿佛，因而就再说不上都城了。

(六)"七大古都"名称的确定

这样繁多的都城，其间各不相同。历年之长有多至千数百年的，也有仅几个月的。就是人户多寡，相差亦至为悬殊。西汉初年，天下初定，人户萧条，尚未恢复[480]，可是长安城中，就有户八万八百，口二十四万六千二百[481]。而西域的小宛国，全国才有户一百五十，口一千五十[482]。就是全国人户都居住到都城扞零城中，扞零城也不能算作什么大城。其相互的差别相当悬殊。

汉时自武帝时起，南置交趾，北置朔方之州。国内除司隶校尉外，兼置十三州，其后诸州所属，共有百三郡国。而百三郡国皆听命于都城的指使。至于小宛国，自其都城北行，三日就可出境，达到且末国[483]。

既然有这样的差异，都城间大小之分自然是难免的。距今六十年前始有五大古都的说法。所谓"五大古都"乃是指西安、洛阳、北京、南京和开封。约略过了十年，又有六大古都的说法，这是在五大古都之外，又添上了杭州。这样的说法历时较为长久，似已成为大多数学者认可的说法。1983年，中国青年出版社因以《中国六大古都》为书名编印了一本有关的著作。

当时是根据什么标准来确定五大古都的，这是已难于追问了。不过有一点是可以肯定的，就是西安、洛阳、北京、南京、开封都曾经做过全国性的都城，这是其他时期的都城所难于比拟的。后来添上了杭州。杭州曾做过南宋的都城，在南宋之前，还做过吴越国的都城。南宋在金人压迫下，在当时只能统治半个国家，成为偏安的局面。至于吴越国，正当五代十国之时，仅从字面上说，当时只居全国十分之一的地位，当然还比不上南宋。就是吴越和南宋加在一起，杭州作为都城，也只有二百一十年，并不十分悠久，它是不容易和西安、洛阳、北京、南京、开封相提并论的。既然不能相提并论，为什么还摆在一起，而共称为六大古都？有人说，这是由于杭州在当时繁荣昌盛，不亚于其他五个古都，甚至还超过其中某几个古都。这话是有道理的。可能还有一点，也可以在这里约略提到。我国史学极为发达，历代史书汗牛充栋，其中所谓正史，自《十七史》直至《二十四史》，历来都受到重视。这样大部头的史籍，主要是记载统一王朝的历史，也记载分裂时期的主要王朝。元人修史，虽以辽、金两史与《宋史》分别撰述，然在后世看来，《宋史》是堪与隋唐诸史并列的，也应是统一王朝的历史，所以开封的地位可以比肩于西安和洛阳。南宋诚然沦于偏安的局面，《宋史》之中并没有把南宋摒出，使之另成一史。这样杭州就和开封相抗衡，作为统一王朝的都城。相沿成俗，竟成故事，也用不着再有什么变动。

六大古都的说法流行时期虽相当长久，却不能概括所有的各大古都。从都城的历年来说，商代后期所都的殷，就长达二百七十三年，和北宋的开封（公元168年）、南宋的杭州（公元139年）相比较，还要悠久。商代是一个统一的王朝，这个都城乃是现在已经发现而且经过确定的最早的古都。对于商代城池的发掘，目前不仅是殷墟一处，不过其他城池作为都城还有待于学者间继续论证。在未得到确实的肯定之前，殷墟还应该是我国已确定的最早古都。商代以后，过了相当长久的时期，殷墟东北漳水北岸兴起了一座邺城。就在东汉末年，曹操以此兴王，稍后魏国就以这里作为陪都。十六国时期，后赵、前燕和冉闵的魏国，都曾在此建都。再后，东魏和北齐的都城也都设在这里。累计有一百八十二年。邺和殷墟相距不远，现在虽分隶河北和河南两省，但在它们作为都城时却常被划在同一的地区。北周时，曾移邺县于安阳，使这两地合二而一[484]。现在的安阳就与殷墟和邺都有了关系。作为古都，它的年代应该是三百五十一年，仅次于西安、北京、洛阳、南京和开封。

像这样现在已经确定的最早古都，而且和它以后的邺联系起来，它作为古都的年代就有三百五十一年，也是相当悠久的。可是它不仅没有包括在五大古都之中，也未被收罗在六大古都之内，这也许是当时定名时的疏忽。近几年来，学者间对此不断讨论，佥认为有必要补苴这样的缺略。1988年，中国古都学会在安阳举行第六次年会，才正式通过将"六大古都"改为"七大古都"，就以安阳和西安、洛阳、北京、南京、开封、杭州并列，成为七大古都。其时，不佞亦参与这项决定，故能略事追述。就在这次会议的前一年，北京、陕西、江苏、河南、浙江五省市电视台，已经决定并开始拍摄大型电视片《六大古都》，及中国古都学会第六次年会通过将六大古都改为七大古都后，五省市电视台亦随即改《六大古都》电视片为《七大古都》电视片。五省市电视台拍摄《六大古都》电视片时，同时编印《六大古都》画册，电视片既已改称，这本画册亦一并改为《七大古都》画册，可见中国古都学会第六次年会的决定是符合公议的。

这次会议做出这个决定之后，"七大古都"的名称已成定型，可能不会再有所增益。"七大古都"以过去的统一王朝为主，自商代中叶以后各统一王朝的都城皆已列入七大古都之中。商代中叶以前的都城固然还有待于学者的探索。不过作为大的古都，历年的久暂也是一个主要的条件。商代中叶以前的都城就是能够有新的确定，也只能说有了更为古老的都城。前引《古本竹书纪年》之说:"自禹至桀十七世,有王与无王,用岁四百七十一年。"已知夏都有十三处,曾经迁过都城的至少有六王。每个都城最多也不过经历数十年,都说不上是多么长久的。《古本竹书纪年》又说,商代二十九王,四百九十六年[485]。自盘庚迁殷至纣的灭亡,已有二百七十三年。由盘庚上溯至于成汤亦只二百二十三年。可是成汤之后至于盘庚,却有五次迁都,其间每个都城也不过数十年。数十年的经历是相当短促的,是不能以之和各大古都相提并论的。

作为统一王朝的都城,由于王朝版图辽阔,其影响也是相应广大的。这一点是割据一方的政权的都城所难于比拟的。割据时期的政权一般都是比较众多的。南北朝时期只有南北两个政权算是最少的了。就是到了后期,南方多了一个后梁,北方也有东西魏以至北齐北周的对立,实际上并存的只是四个政权。这时的都城先后共有建康(今南京)、洛阳、平城(今山西大同市东)、江陵、邺和长安(今西安市)六处。虽说都是偏霸的政权,由于南京、洛阳、安阳、西安已作为大古都,这时建都的年代就可以分别计入有关的大古都的历年数目之中。所余的只是江陵和平城。后梁都于江陵,仅有三十三年,北魏以平城为都,也只有九十六年,年代都不算是很长。当时北魏的版图说不上是很广大的,后梁就更为狭小,都是难与各大古都并列的。

至于周边各族所建立的政权的都城,其中有些历年也都是相当长久的。吐蕃的逻娑、渤海的龙泉府、南诏和大理的阳苴咩城,以及于阗的西城、疏勒的疏勒城、龟兹的延城、焉耆的员渠城，都是可以称道的。于阗、疏勒、龟兹、焉耆等皆立国于沙漠间绿洲，幅员都相当狭小，实无容再事提出。吐蕃、渤海、南诏、大理在当时固皆是称雄一方的大国，不过从整个中国来说，还都是偏处一隅，是难与中原的王朝相比拟的，因而逻娑、龙泉府和阳苴咩城也都不易与各大古都并列。逻娑、龙泉府和阳苴咩城且是如此，其他各处就更不必详说了。

（七）小 结

本文开篇之时，曾经举出古都的定义，既经论证，差可得当，这里不妨再做回顾，重事赘述，以作小结。古都的定义应有广义和狭义两个方面。自广义言之，作为一个独立的王朝和政权，不受外来的控制，其都城已成为政治中心，就皆应视为古都。但由于作为保护和研究的对象，就要受到一定因素的制约，因而还应有狭义的定义。这是说，古都不仅是独立的王朝或政权的都城，抑且还应该具有较为长久的而不是过分短暂的年代，其遗址的现在地理位置应是确切的而不是推论的臆定，还应是距现在有关的城市较近，而不是相离很远的废墟。

根据这样的定义，就广义的古都来说，自三代以下，我国共有古都二百一十七处，涉及的王朝或政权二百七十七个。这里面包括建立在内地的古都一百六十四处，建立在周边各地的古都五十三处。如果就狭义的古都而言，本文初步提出六十五处。这是重点研究的古都。如果能得到各有关方面的同意，就可请求国家或地方进行保护。

如前所说，中国古都学就是研究这些古都的形成、发展、萧条或至于消失，或经过改革成为新的城市的科学。当然，上面所说的六十五处古都应是重点研究的对象。其他未列入六十五处的古都，在研究过程中也不应都完全排除。只要有某一点可以撷取，也是具有相应的意义的。

(原载《陕西师大学报》1990年第1期至1991年第2期)

【注释】

1　《水经·㶟水注》："涿水出涿鹿山。……东北流，迳涿鹿县故城南。……黄帝与蚩尤战于涿鹿之野，而邑于涿鹿之阿，即于是也。其水又东北与阪泉合，水导源县之东泉。《魏土地记》曰：'下洛城东南六十里有涿鹿城，城东一里有阪泉，泉上有黄帝祠。《晋太康地记》曰：'阪泉亦地名也。'泉水东北流与蚩尤泉合，水出蚩尤城，城无东面。《魏土地记》称：'涿鹿城东南六里有蚩尤城。'"

2　《左传》昭公十七年杜注。杜佑《通典》卷一七八《州郡八》谓："棘城，颛顼之虚，在(柳城)郡城东南百七十里。"唐柳城郡在今辽宁朝阳市。黄帝的传说仅止于涿鹿，颛顼之虚何得远在唐柳城郡？杜佑所说当非是。

3　《史记》卷一《五帝本纪·集解》引《皇览》。

4　《左传》定公四年。

5　《左传》襄公二十九年。

6　《诗·唐谱·注疏》。顾炎武于《日知录》卷三一《晋都》疑唐叔所封的晋阳。而唐叔所封论者多以为即尧的故虚。《吕思勉读史札记》甲帙《唐虞夏都邑一》说："顾亭林《日知录》谓晋之始见《春秋》，其都在翼。霍山以北，自悼公后始开县邑，因疑唐叔之封以至侯缗之灭，并在于翼。今案：古代郡邑迁徙不恒，春秋以前孰能详录？以左氏之无文，疑《世本》之所记，非也。然谓霍山以北，自悼公之后始开，以此驳尧都永安、晋阳诸说则甚当。凡开拓，必先肥沃之区，而后瘠薄之地。河汾下流固较霍山以北为肥沃。况有夏之居尚在河滨，安得唐时开拓已及永安、晋阳乎？"吕说甚是，足以破俗说的讹误。

7　《水经·河水注》："蒲坂，皇甫谧曰：舜所都也。或言蒲坂，或言平阳及潘者也。"《水经·㶟水注》："协阳关水……北迳潘县城。……或云虞舜所都也。《魏土地记》曰：'下洛城西南四十里有潘城，城西三里有历山，山上有虞舜庙。'"按《史记·五帝本纪》："尧崩，三年丧毕，(舜)让丹朱，天下归舜。"是舜未承尧都之证。以潘为舜都城，于史无稽，殆因其地有历山，而舛错附会。这种说法和皇甫谧以尧都在中山唐县相似，同样是难于稽考的。

8　《水经·河水注》。历山所在，说者甚多。郦亭于此注中引周处《风土记》并加以评论，即其一例。周处《风土记》说："旧说舜葬上虞。"又记云："耕于历山，而始宁、剡二县界上舜所耕田于山下多作树。吴越之间名柞为枥，故曰历山。"郦亭因而驳斥说："周处此志为不近情，传疑则可，证实非矣。安可假木异名，附山殊称？强引大舜，即比宁壤，更为失志记之本体，差实录之常经矣。历山姁沏，言是则安，于彼乖矣。"

9　《国语·周语下》。

10 《汉书》卷二八上《地理志上》。
11 《诗·唐谱·注疏》。
12 《诗·唐谱·注疏》。
13 汉太原郡晋阳县，晋悼公后始开拓设县。旧说尧都于其地，已为不经，前引吕思勉之说，已历历指出。禹时情况并未多所改变，何能亦在其地建都？
14 《史记》卷四四《魏世家·正义》引《括地志》。
15 《汉书》卷二八上《地理志上·注》、《续汉书·郡国志·注》及《礼记·缁衣·正义》皆引之。《礼记·正义》引作"咸阳"，据阮元校勘记引齐召南说改。
16 《汉书》卷二八上《地理志》："阳翟，夏禹国。"《注》："应劭曰：'夏禹都也。'臣瓒曰：《世本》：禹都阳城。'《汲郡古文》亦云：'居之。不居阳翟也。'师古曰：'阳翟本禹所受封也。应、瓒之说，皆非。'"师古所谓受封之说，盖出自《水经·颍水注》："颍水东迳阳翟县故城北，夏禹始封于此为夏国。"金鹗《夏都考》因谓："《汉志》于偃师曰殷汤所都，于朝歌曰纣所都，于故侯国皆曰国。今阳翟不曰夏禹所都而曰夏禹国，可知禹不都阳翟矣。"（《汉书补注》引）今按：金鹗之说殊有胶柱鼓瑟之嫌。朝歌为纣都虽见于一些记载，然《古本竹书纪年》却以为盘庚以后并未迁都。似不能因此而以为班固撰《地理志》就有这样的体例的。
17 《周书·度邑篇》。
18 《史记》卷四《周本纪·集解》引徐广说。
19 《穆天子传》。
20 丁山：《由三代都邑论民族文化》，载《历史语言所研究集刊》第五本第一分册。
21 《汉书》卷二八上《地理志上·注》、《水经·巨洋水注》、《史记》卷二《夏本纪·正义》、《史记》卷四《周本纪·正义》皆引《古本竹书纪年》。《战国策》卷二二《魏策一》："吴起对魏武侯曰：夏桀之国，左天门之阴，而右天谿之阳，庐睪在其南，伊洛出其南。"《史记》卷六五《吴起传》则作作："夏桀之居，左河济，右泰华，伊阙在其南，羊肠在其北。"根据这样的说法，斟寻正在其间。《书·汤誓·注》："桀都安邑。"以吴起之言相参证，似有不符之处。《国语·周语上》："阳处父曰：'伊洛竭而夏亡。'"如桀已迁都安邑，伊洛虽竭亦不应桀受其咎。吕思勉《读史札记》甲帙《夏都考》："夏迁阳城之后，盖未尝更反河东，故桀时仍在阳城。"按吴起之说，桀之都，"伊洛出其南"或"伊阙在其南"。阳城在伊洛之南，更在伊阙之南，不能谓桀都仍在阳城也。
22 《汉书》卷二八上《地理志上·注》、《水经·巨洋水注》、《史记》卷二《夏本纪·正义》、《史记》卷四《周本纪·正义》皆引《古本竹书纪年》。
23 《汉书》卷二八上《地理志上·注》、《水经·巨洋水注》、《史记》卷二《夏本纪·正义》、《史记》卷四《周本纪·正义》皆引《古本竹书纪年》。
24 《左传》昭公二十三年杜注。今巩县与偃师县相毗邻。今偃师二里头发现古文化遗址，说者或谓即斟寻旧地，其地今虽属偃师，实在巩县西南。
25 《左传》僖公三十一年："卫迁于帝丘。卜曰，三百年。卫成公梦康叔曰：'相夺予享。'公命祀相，宁武子不可，曰：'鬼神非其族类，不歆其祀。杞、鄫何事？相之不享于此，久矣！非卫之罪也。'"据此，则帝丘本为相都。《太平御览》卷八二《皇王部》引《纪年》说："帝相即位，处商丘。"又引《帝王世纪》说："帝相一名相安，自太康已来，夏政凌迟，为羿所逼，乃徙商丘，依同姓诸侯斟灌、斟寻氏。"王应麟《通鉴地理通释》卷四因谓"今按商丘当作帝丘，盖《世纪》之误"。
26 《水经·巨洋水注》引《古本竹书纪年》。
27 《汉书》卷二八上《地理志上》。
28 《水经·河水注》："浮水故渎又东迳卫国县故城南。古斟观。应劭曰：'夏有观扈，即此城也。'"《巨洋水注》又说："尧水又东北迳东西寿光二城间。应劭曰：'寿光县有灌亭，杜预曰：'在县东南，斟灌国也。'"郦亭于《巨洋水注》又引薛瓒《汉书集注》云："按汲郡古文，相居斟灌，东郡灌是也。"对于这些不尽相同的说法，郦亭又说："纵遗文沿袭，亭郭有传，未可以彼有灌目，谓专此为非，舍此寻兹，而专彼为是。以上推传，应氏之据亦可按矣。"显然是在调停其间。以实际按之,寿光距夏人诸都皆显得过远。卫国实距帝丘稍近。所谓东郡灌,在今河南清丰县南,其地在濮阳附近,故帝相得以就近居之。

29 《太平御览》卷八二《皇王部》引《古本竹书纪年》。

30 杨守敬:《春秋地理图》。

31 《太平御览》卷四《天部》,又卷八二《皇王部》及《山海经·海外东经·注》皆引《古本竹书年》。

32 《左传》僖公三十二年。

33 《史记》卷三《殷本纪·集解》引。

34 《观堂集林》卷一二《说亳》。

35 邹衡:《郑州商城即汤都亳说》,载《文物》1978年第2期。

36 《观堂集林》卷一二《说自契至于成汤八迁》《说商》。丁山:《由三代都邑论其民族文化》,载《历史语言研究所集刊》第五本第一分册。

37 《太平御览》卷八三《皇王部》引。《尚书·盘庚上》:"先王有服,恪谨天命,兹犹不常宁,不常厥邑,于今五邦。"《传》:"汤迁亳,仲丁迁嚣,河亶甲居相。祖乙居耿,我往居亳,凡五徙国都。"《释文》:"马氏曰:'五邦谓商丘、亳、嚣、相、耿也。'"盘庚以前五次迁都,《尚书·序》既已引举三都,《古本竹书纪年》又益以二都,史文历历可征,无烦再做其他解释。

38 《尚书序·正义》。

39 《史记》卷三《殷本纪·正义》引《括地志》:"故殷城在相州内黄县东南十三里,即河亶甲所筑都之,故名殷城也。"陈梦家《殷虚卜辞综述》第八章《方国地理》以《睢水注》所说汉沛郡的相县当之。此说虽出于《元和郡县图志》,然不如《括地志》之说于义为长。

40 《观堂集林》卷一二《说耿》。陈梦家《殷虚卜辞综述》第八章《方国地理》说:"平皋临大河平夷之处,实与邢之名丘不合,而圯于耿之说实本此而来。"按:上古之时,黄河下游平原地区有丘很多。近河之地也是有丘的。不仅平皋有丘,濮阳也近河,同样也有丘。颛顼之虚的帝丘,曾经作为卫国都城的楚丘,就都在濮阳。由平皋渡河而东,汉时故有陈留郡所属的封丘县和平丘县。迄今封丘仍为河南省一个县名。陈梦家因此而谓邢应在今清化镇一带。清化镇今为河南博爱县,其地距黄河较远,不可能遇到河。拙著《由地理的因素试探远古时期黄河流域文化最为发达的原因》亦以博爱县为邢丘所在地,看来是有问题的。《左传》僖公二十四年,邢与茅、胙等皆为周公之胤。杜注,邢在广平襄国县。或以此邢国即为邢丘所在。

41 丁山:《由三代都邑论其民族文化》,载《历史语言研究所集刊》第五本第一分本。关于庇的所在地,有人说在今山东省郓城县西北,也有人说在今山东省费县西北,还有人说在今山东省定陶县南。

42 《观堂集林》卷一二《说殷》。

43 《国语·楚语上》。

44 《水经·淇水注》,《史记》卷四《周本纪·正义》引《括地志》。

45 《史记》卷一三《三代世表》。

46 《史记》卷三《殷本纪》。

47 《史记》卷四《周本纪·正义》引《帝王世纪》。

48 《史记》卷三《殷本纪·正义》引《括地志》。这段《纪年》本是《括地志》引用的,作七百七十三年。范祥雍《古本竹书纪年辑校订补》谓七百七十三年为二百七十三年之误。其说足以征信。

49 《汉书》卷二八上《地理志上》:安陵,师古曰:"阙骃以为本周之程邑也。"

50 《诗·大雅·文王有声》。

51 《诗·大雅·文王有声》。

52 《太平御览》卷八二《皇王部》,《史记》卷二《夏本纪》的《集解》《索隐》和《通鉴外纪》卷二皆曾征引过。

53 《太平御览》卷八二《皇王部》引《纪年》:"禹立四十五年。"
54 《真诰》卷一五注引《竹书》:"启即位三十九年亡。"
55 《太平御览》卷八二《皇王部》引《纪年》:"后芬立四十四年。"
56 《太平御览》卷八二《皇王部》引《纪年》:"后芒陟位五十八年。"
57 《太平御览》卷八二《皇王部》引《纪年》:"不降即位……立十九年。"
58 《史记》卷三《殷本纪·集解》《通鉴外纪》卷二,皆有征引。
59 《史记》卷三三《鲁周公世家·索隐》引《纪年》。
60 《史记》卷三《殷本纪·正义》据《括地志》引。这条引文已见前文,并已有附说。
61 《史记》卷四《周本纪》:"(武王)十一年十二月戊午,师毕渡盟津。"
62 《史记》卷四《周本纪》。
63 《史记》卷五《秦本纪》。
64 《史记》卷八《高祖纪》。
65 《汉书》卷九九《王莽传》。
66 《后汉书》卷九《献帝纪》。
67 《后汉书》卷九《献帝纪》。
68 《后汉书》卷九《献帝纪》。
69 《晋书》卷三《武帝纪》,又卷一四《地理志》。
70 《晋书》卷四《惠帝纪》。
71 《晋书》卷六《元帝纪》。
72 元帝当洛京及长安先后倾覆之时,渡江立国。此后时图恢复,终未能如愿。偏安一隅,自不应与统一的王朝相提并论。这里只是为了叙述方便,故以建康附于西晋洛阳、长安两都之后。后文于南宋的杭州、福州,明末的福州、肇庆,亦同此例。
73 《隋书》卷一《高祖纪》。
74 《隋书》卷三《炀帝纪上》。
75 《旧唐书》卷一《高祖纪》。
76 《旧唐书》卷五四《王世充传》。
77 《旧唐书》卷七《中宗纪》。
78 《旧唐书》卷二〇上《昭宗纪》。
79 《旧唐书》卷六《则天皇后纪》。
80 《旧唐书》卷二〇上《昭宗纪》。
81 《宋史》卷四七《瀛公纪》:"德祐二年五月,立昰于福州,以为宋主,改元景炎元年。十一日昺入海。"
82 和林现在域外,后文统计时不再列入。
83 《元史》卷五八《地理志一》:"大都,元太祖十年,克燕初为燕京路,总管大兴府,太宗七年,置版籍。世祖至元元年,中书省臣言,开平府宫阙所在,加号上都。燕京分立省部,亦乞正名,遂改中都。九年,改大都。"按:《地理志》于论和林时曾说,中统元年迁都大兴。所谓分立省部,当在中统时。至元元年只是因已设省部,因而改名,并非是年才迁大兴的。《元史·地理志》又说:"上都路,宪宗五年,命世祖居其地,为巨镇。明年,世祖命刘秉忠相宅于桓州东,滦水北之龙冈。中统元年,为开平府。五年,以阙庭所在,加号上都,岁一幸焉。"按:中统元年已迁都大兴,上都于是年才正式命名,且岁只一幸,当是陪都,不能与大兴同等。开平为陪都,后文当再叙及。

84 计六奇：《明季南略》卷一《五月福王入南京》，又卷四《弘光出奔》。
85 《明季南略》卷七《闽中立唐王》，卷八《隆武建奔赣》。
86 《明季南略》卷九《粤中立永历》。永历既立，辗转梧州、武冈、桂林、南宁等地，最后奔于缅甸。
87 《清史稿》卷六二《地理志二》。
88 《清史稿》卷六二《地理志二》。
89 《清史稿》卷六二《地理志二》。
90 《清史稿》卷六二《地理志二》。
91 《史记》卷六《秦始皇本纪》。
92 《史记》卷五《秦本纪》。
93 钱穆：《先秦诸子系年考辨》卷三《战国时宋都彭城考证》。
94 《史记》卷三九《晋世家·索隐》引《纪年》："桓公二十年，赵成侯、韩共侯迁桓公于屯留。"《水经·浊漳水注》引《竹书纪年》："梁惠成王元年，韩共侯、赵成侯迁晋桓公于屯留。"两处所引当是一事。梁惠成王元年为周烈王六年。
95 《史记》卷一五《六国表》。
96 《华阳国志》卷一《巴志》。
97 《华阳国志》卷三《蜀志》。
98 《三国志》卷二《魏书·文帝纪》。
99 《三国志》卷三二《蜀书·先主传》。
100 《三国志》卷四七《吴书·吴主传》。
101 《三国志》卷四七《吴书·吴主传》："建安十六年，权徙治秣陵。明年，城石头，改秣陵为建业。"
102 《建康实录》卷一《太祖上》："（建安）二十四年，权表汉天子，自率陆逊、吕蒙等西征关羽。至大桑浦，拜吕范为建武将军，领丹阳太守，封宛陵侯，使镇建业。"建业既另有人镇守，是已不复为都。《三国志》卷四七《吴书·吴主传》："（建安）二十五年，魏嗣主称尊号，改元黄初。二年四月，权自公安都鄂，改名武昌。"则前年建业废不为都，乃是徙都公安。
103 《三国志》卷四七《吴书·吴主传》。
104 《三国志》卷四八《吴书·三嗣主传》。
105 《三国志》卷四八《吴书·三嗣主传》。
106 《晋书》卷一〇一《刘元海载记》，《资治通鉴》卷八五《晋纪七》。
107 《晋书》卷一〇一《刘元海载记》，《资治通鉴》卷八五《晋纪七》。
108 《晋书》卷一〇一《刘元海载记》，《资治通鉴》卷八六《晋纪八》。
109 《晋书》卷一〇一《刘元海载记》，《资治通鉴》卷八六《晋纪八》。
110 《晋书》卷一〇一《刘元海载记》，《资治通鉴》卷八六《晋纪八》。
111 《晋书》卷一〇三《刘曜载记》。
112 《晋书》卷一一二《苻健载记》，又卷一一三、卷一一四《苻坚载记》。
113 《晋书》卷一二一《李雄载记》。
114 《晋书》卷一〇〇《谯纵传》。
115 《晋书》卷一〇六《石季龙载记上》，《资治通鉴》卷九五《晋纪一七》。
116 《晋书》卷一〇七《冉闵载记》。
117 《晋书》卷一一〇《慕容儁载记》。

118　《晋书》卷一〇八《慕容廆载记》。
119　《晋书》卷一〇九《慕容皝载记》。
120　《晋书》卷一二三《慕容垂载记》，又卷一二四《慕容宝载记》。
121　《晋书》卷一二七《慕容德载记》，又卷一二八《慕容超载记》。
122　《资治通鉴》卷一〇六《晋纪二八》，又卷一〇八《晋纪三〇》。
123　《晋书》卷八六《张轨传附张重华传、张天锡传》。若从张寔为凉州刺史之晋愍帝建兴三年（公元315年）数起，则为六十二年。
124　《晋书》卷一二二《吕光载记》："光以孝武太元十四年僭即三河王位。"又说："光以太元二十一年僭即天王位。"若由太元十四年数起，则姑臧为都为十五年，若从太元二十一年数起，则为八年。
125　《资治通鉴》卷一一四《晋纪三六》，又卷一一五《晋纪三七》。
126　《晋书》卷一二九《沮渠蒙逊载记》。
127　《资治通鉴》卷一六八《晋纪三〇》。
128　《晋书》卷一二六《秃发傉檀载记》，《资治通鉴》卷一一一《晋纪三三》，又卷一一四《晋纪三六》，又卷一一五《晋纪三七》。
129　《晋书》卷一二六《秃发傉檀载记》。
130　《晋书》卷一二九《沮渠蒙逊载记》，《资治通鉴》卷一一〇《晋纪三二》。
131　《晋书》卷一二九《沮渠蒙逊载记》，《资治通鉴》卷一一二《晋纪三四》。
132　《晋书》卷八九《凉武昭王传》，《资治通鉴》卷一一九《宋纪一》。
133　《晋书》卷一一五《苻丕载记》，《资治通鉴》卷一〇六《晋纪二八》。
134　《晋书》卷一一五《苻登载记》。
135　《资治通鉴》卷一〇八《晋纪三〇》："秦主登遣其子汝阴王崇为质于河南王乾归，以请救。……登引兵出迎乾归兵，后秦主自安定如泾阳，与登战于山南，执登杀之。……秦太子崇奔湟中，即帝位。"
136　《晋书》卷一二五《乞伏国仁载记》。
137　《晋书》卷一二五《乞伏乾归载记》，《资治通鉴》卷一〇八《晋纪三〇》。
138　《资治通鉴》卷一〇八《晋纪三〇》。胡注：苑川西城。
139　《资治通鉴》卷一一一《晋纪三三》。按：《晋纪》，是年八月，乾归南奔枹罕，遂降于（后）秦。
140　《资治通鉴》卷一一五《晋纪三七》。度坚山在今甘肃靖远县西，见《读史方舆纪要》卷六二《靖远卫》。
141　《资治通鉴》卷一一五《晋纪三七》。度坚山在今甘肃靖远县西，见《读史方舆纪要》卷六二《靖远卫》。
142　《资治通鉴》卷一一六《晋纪三八》。
143　《读史方舆纪要》卷六〇《河州》。
144　《资治通鉴》卷一一六《晋纪三八》："义熙八年六月，乞伏炽磐迁于枹罕。八月，自称大将军河南王。"《晋书》卷一二五《乞伏炽磐载记》："乾归死，义熙六年，炽磐袭伪位。"两者不同。
145　《资治通鉴》卷一二一《宋纪三》："秦王暮末为河西所逼……请迎于魏，魏人许以平凉、安定封之，暮末乃焚城邑，毁宝器，帅户万五千，东如上邽……留保南安。"卷一二二《宋纪四》："夏主击秦……攻南安……秦王暮末……出降。"
146　《资治通鉴》卷一二〇至一二二《宋纪二至四》。
147　《晋书》卷一三〇《赫连勃勃载记》，《资治通鉴》卷一一六《晋纪三八》，是年始筑统万城。
148　《资治通鉴》卷一二一《宋纪三》。
149　《宋书》卷九八《氐胡传》。

150 《宋书》卷九八《氐胡传》。

151 《魏书》卷一〇一《氐传》："（刘义隆）遣将裴方明等伐之，难当为方明所败，弃仇池，与千余骑奔上邽，世祖遣中山王辰迎之。"按：《魏书》卷四下《世祖纪》："太平真君四年，二月，克仇池"，当指是事而言。杨难当既失国，其地入魏。《魏书》卷一〇六《地形志》，秦州汉阳郡和南秦州天水郡皆置于真君七年，即因仇池故地置郡。

152 《宋书》卷九八《氐胡传》。

153 《魏书》卷一〇一《氐传》："苻坚之败，关右扰乱，（杨）定尽力于坚。坚死，乃率众奔陇右，徙治历城，去仇池百二十里。"按：苻坚死于晋孝武帝太元十年。

154 《宋书》卷九八《氐胡传》。

155 《周书》卷四九《氐传》。

156 《周书》卷一九《达奚武传》："大统十七年，诏武率兵三万，经略汉川，梁将杨贤以武兴降。"

157 《太平寰宇记》卷九〇《昇州》："金陵，历宋、齐、梁、陈，六代为帝都。"

158 《宋书》卷一四《州郡志》："扬州，（晋）元帝为都督，渡江后，遂成帝畿，望实隆重。"

159 《梁书》卷五《元帝纪》。

160 《魏书》卷七下《高祖纪下》。

161 《魏书》卷一一《出帝平阳王纪》。

162 《周书》卷一《文帝纪上》。

163 《周书》卷三《孝闵帝纪》。

164 《魏书》卷一二《孝静帝纪》。

165 《北齐书》卷三《文宣帝纪》。

166 《资治通鉴》卷二六七《后梁纪二》。

167 《资治通鉴》卷二七二《后唐纪一》，《新五代史》卷五《后唐纪》。

168 《资治通鉴》卷二八〇《后晋纪一》。

169 《资治通鉴》卷二六六《后梁纪一》。

170 《资治通鉴》卷二六八《后梁纪三》。

171 《资治通鉴》卷二八一《后晋纪一》。

172 《资治通鉴》卷二八七《后汉纪二》。

173 《资治通鉴》卷二九〇《后周纪一》。

174 《旧五代史》卷一三四《杨渥传》，《新五代史》卷六一《杨行密传》。

175 《旧五代史》卷一三四《李昪传、李璟传》。

176 《旧五代史》卷一三三《钱镠传》。

177 《旧五代史》卷一三三《高季兴传》。

178 《旧五代史》卷一三三《马殷传》，《新五代史》卷六六《马殷传》。

179 《旧五代史》卷一三五《刘陟传》，《新五代史》卷六五《刘隐传》。按《旧史·刘陟传》谓"梁贞明三年八月，陟乃僭号于广州，国号大汉"。新传同。贞明三年为公元917年，至开宝四年则为五十五年。

180 《新五代史》卷八六《王审知传》："同光四年，（王）延翰建国称王。"如从同光四年（公元926年）数起，至其亡，长乐为都二十一年。《元和郡县图志》卷二九《福州》："长乐县，西至州一百里。"今为福建省长乐县。

181 《旧五代史》卷一三六《王建传》，《新五代史》卷六三《王建传》。

182 《新五代史》卷六四《孟知祥传》。

183 《旧五代史》卷二九《唐书五·庄宗纪三》。

184	《旧五代史》卷一三五《刘崇传》，《新五代史》卷七〇《刘旻传》。
185	《旧五代史》卷一三二《李茂贞传》。按：茂贞于后唐庄宗入洛后惧不自安，方上表称臣。明年卒。其子从俨虽仍为凤翔节度使，实同于群藩。
186	《旧五代史》卷一三五《刘仁恭传》："天祐四年八月，守光僭号大燕皇帝，改元应天。自仁恭乾宁二年春入幽州，至天祐十年，父子相承，十九年而灭。"
187	《辽史》卷三七《地理志一》："上京临潢府，太祖神册三年城之，名曰皇城。太宗天显十三年更名上京，府曰临潢。"又卷四《太宗纪》："会同元年，以皇都为上京，府曰临潢。"按：天显十三年十一月改元会同，故云。
188	《辽史》卷二八《天祚帝纪》："天庆十年，金主亲攻上京，克外郭，留守挞不也率众出降。"
189	《金史》卷一四《宣宗纪》。
190	《金史》卷二四《地理志上》。
191	《金史》卷一八《哀宗纪下》。
192	《金史》卷二五《地理志中》。
193	《宋史》卷四八六《夏国传下》。
194	这里所述秦楚之际诸国都，除番禺、东冶、东瓯三处外，皆据《史记》卷一六《秦楚之际月表》。
195	这里所说的十八诸侯，皆据《史记》卷一六《秦楚之际月表》。
196	临淄，当从《史记》卷八《高帝纪》及卷九四《田儋传》作临济。
197	《后汉书》卷一一《刘玄传》。
198	《后汉书》卷一三《隗嚣传》："（嚣）自称西州上将军。……王元、行巡、周宗将蜀兵五千余人……迎嚣归冀。"则冀本为嚣所都。
199	《后汉书》卷一三《公孙述传》。
200	《后汉书》卷一二《王昌传》。
201	《后汉书》卷一二《刘永传》。
202	《后汉书》卷一二《李宪传》。
203	《后汉书》卷一二《彭宠传》。
204	《后汉书》卷一二《卢芳传》。
205	《后汉书》卷一七《岑彭传》。
206	《后汉书》卷一上《光武纪上》，又卷一八《吴汉传》。
207	《后汉书》卷一上《光武纪上》，又卷一九《耿弇传》，又卷二二《朱祐传》，又卷一六《邓禹传》。
208	《后汉书》卷一上《光武纪上》，又卷一七《岑彭传》。
209	《后汉书》卷一七《岑彭传》。
210	《后汉书》卷一《光武帝纪上》。
211	《后汉书》卷一七《冯异传》。
212	《后汉书》卷一八《臧宫传》。
213	《后汉书》卷一七《岑彭传》。
214	《后汉书》卷二四《马援传》。
215	《旧唐书》卷五三《李密传》。洛口在今河南巩县东北，盖洛水入黄河处。
216	《旧唐书》卷五三《李密传》。
217	《旧唐书》卷五四《王世充传》。

218　《旧唐书》卷五四《窦建德传》。

219　《旧唐书》卷五四《窦建德传》。

220　《旧唐书》卷五五《薛举传》。

221　《旧唐书》卷五五《李轨传》。

222　《旧唐书》卷五六《梁师都传》。

223　《新唐书》卷八七《萧铣传》。

224　《新唐书》卷八七《沈法兴传》："起义宁至武德，凡三年灭。"《旧唐书》卷五六《沈法兴传》同。按：法兴于义宁二年起事，至武德二年始称梁王，故云。

225　《旧唐书》卷五六《郭子和传》。

226　《旧唐书》卷五六《朱粲传》。

227　《旧唐书》卷五六《林士弘传》。

228　《旧唐书》卷五六《李子通传》。按：《旧唐书》卷一《高祖纪》："武德二年九月，李子通据江都，僭称天子，国号吴。"

229　《旧唐书》卷五六《杜伏威传》。

230　《隋书》卷八五《宇文化及传》。

231　《旧唐书》卷五五《刘黑闼传》。

232　《旧唐书》卷五五《徐圆朗传》。

233　《旧唐书》卷五六《辅公祏传》。

234　《旧唐书》卷五六《刘季真传》。

235　《明史》卷一二二《韩林儿传》，钱谦益《国初群雄事略》卷一《宋小明王》。

236　《明史》卷一二三《徐寿辉传》，《国初群雄事略》卷三《天完徐寿辉》。

237　《明史》卷一二三《陈友谅传》，《国初群雄事略》卷四《汉陈友谅》。

238　《国初群雄事略》卷六、卷七、卷八《周张士诚传》。《明史》卷一二三《张士诚传》："士诚自起至亡，凡十四年。"盖未计入至正十七年降元之年。

239　魏源：《圣武记》卷八《康熙戡定台湾记》，《圣武记》说："郑氏自成功传三世，凡割据三十有八年。"核实并未能如此长久。

240　魏源：《圣武记》卷八《康熙重定台湾记》。

241　《圣武记》卷二《康熙戡定三藩记上》。

242　《清史稿》卷四八〇《吴三桂传》。按：《圣武记》：三桂"以衡州当兵冲，自长沙徙都之"，是起兵之后，即以长沙为都，其时在康熙十七年。

243　《清史稿》卷四八〇《吴三桂传》。

244　《清史稿》卷四八〇《吴三桂传附耿精忠传》。按：当时应吴三桂起兵者尚有尚之信。三桂授之信招讨大将军，辅德公，旋进号辅德亲王，见《吴三桂传附之信传》。

245　《后汉书》卷一一《刘盆子传》。

246　《旧唐书》卷二〇〇下《黄巢传》。

247　《明史》卷三〇九《李自成传》。

248　《晋书》卷一〇〇《张昌传》，《资治通鉴》卷八五《晋纪七》。

249　《资治通鉴》卷一五〇《梁纪六》，《魏书》卷九《孝明帝纪》。

250　《资治通鉴》卷一五二《梁纪八》，又卷一五四《梁纪一〇》。

251　《资治通鉴》卷一五〇《梁纪六》。

252　《魏书》卷七四《尔朱荣传》，《资治通鉴》卷一五一《梁纪七》，又卷一五二《梁纪八》。

253 《魏书》卷一四《上党王天穆传》,又卷七五《尔朱兆传》,《资治通鉴》卷一五二《梁纪八》,又卷一五三《梁纪九》。
254 《宋史》卷五《太宗纪》。
255 《宋史》卷六《真宗纪》。
256 《宋史》卷一一《仁宗纪》。
257 《宋史》卷二二《徽宗纪》。
258 《汉书》卷九四《匈奴传》。
259 这些政权的牙帐设置的地方,有些现在已在域外。由于这些政权多与王朝交往,在国史上又都具有一定的地位,故不惮烦琐,略论其中较为重要的政权的牙帐所在地。
260 《史记》卷一一〇《匈奴传》。
261 《史记》卷一一〇《匈奴传》。
262 《通典》卷一七九《州郡九》:"云中郡云中县,单于台在今县西北百余里。汉孝武帝元封元年,勒兵十八万骑,出长城北、登单于台。"唐云中县在今山西大同市。其地于汉时属雁门郡,在五原郡的东南。汉武帝是在北出五原郡后始登单于台,何能近在唐时的云中县? 杜说非是。
263 《史记》卷一一〇《匈奴传》。
264 《史记》卷一一〇《匈奴传》。
265 《汉书》卷九四《匈奴传》。
266 《汉书》卷九四《匈奴传》。
267 《隋书》卷八四《突厥传》。
268 《新唐书》卷四三下《地理志》。
269 《旧唐书》卷一九四下《突厥传》。
270 《旧唐书》卷一九五《回纥传》。
271 《新唐书》卷二一七上《回鹘传》。
272 《新唐书》卷四三下《地理志》。
273 《新唐书》卷二一七下《回鹘传》。
274 《旧五代史》卷三二《唐书·庄宗纪》:"同光三年六月,云州上言,去年契丹从碛北归帐,鞑靼因相掩击,其首领于越族帐自碛北以部族羊马三万来降,已到南界,今差使人来赴阙奏事。"
275 《明史》卷三二七《鞑靼传》。
276 《魏书》卷一〇三《高车传》。
277 《后汉书》卷八九《南匈奴传·注》引《东观汉纪》:"(建武二十四年,)十二月癸丑,匈奴始分南北。"
278 《后汉书》卷八九《南匈奴传》:"会灵帝崩,天下大乱,单于将数千骑与白波贼合兵,寇河内诸郡。时民皆保聚,钞掠无利,而兵遂挫伤,复欲归国,国人不受,乃止河东。"《注》:"遂止河东平阳也。"按:灵帝之崩在中平六年。
279 《后汉书》卷九〇《鲜卑传》。
280 《水经·榖水注》。
281 《水经·榖水注》。
282 《隋书》卷八四《突厥传》。
283 《明史》卷三二七《鞑靼传》。
284 《明史》卷三二七《鞑靼传》。
285 《北史》卷九七《西域传》:"悉居半国,故西夜国也。一名子合,其王号子冶呼躛。"以之与《汉书·西域传》相校刊,"其王号子冶呼躛"句中当有误文,应作"其王居于呼躛谷"。"冶"字当

286 《北史》卷九七《西域传》："权于摩国，故乌秅国，其王居乌耗城。"权于摩国和悉居半国当为北魏时所更改的新称。
287 《隋书》卷八三《西域·吐谷浑传》。
288 《隋书》卷二九《地理志》。
289 《新唐书》卷四三《地理志》引贾耽《四夷道路》。
290 《辛卯侍行记》卷五。
291 《隋书》卷二九《地理志》。
292 《新唐书》卷四三《地理志》引贾耽《四夷道路》。
293 《辛卯侍行记》卷五。
294 谢彬：《新疆游记》。
295 冯承钧：《西域地名》。
296 《三国志》卷三〇《魏书·乌丸鲜卑东夷等传·注》引《魏略》。
297 斯坦因：《西域考古记》第五章《尼雅废址所发现的东西》。
298 《三国志》卷三〇《魏书·乌丸鲜卑东夷等传·注》引《魏略》。
299 《新唐书》卷四三《地理志》引贾耽《四夷道路》："宁弥故城，一曰达德力城，曰汗弥国，曰拘弥城，于阗东三百九十里有建德力河。"
300 《新五代史》卷七四《于阗传》："又西至绀州。绀州，于阗所置也。在沙州西南。"
301 按：《西域传》的本文为"无雷东北至都护所二千四百六十五里，南至蒲犁五百四十里"。王先谦《补注》引徐松说："蒲犁在无雷东北，当蒙以'东北'为文，'南'字衍也。"
302 《三国志》卷三〇《魏书·乌丸鲜卑东夷传·注》引《魏略》，西域诸国中有渠沙国，其属疏勒。卢弼《集解》引丁谦说，谓即莎夷国，今叶尔羌城南地。然其时莎车仍自立国，亦属于疏勒，丁谦之说非是。《北史》卷九七《西域传》："渠莎国居故莎车城。"渠莎国应即渠沙国，殆为莎车国所改称，或莎车亡后，另建渠沙国。《三国志》所载的莎车国，当系行文。丁谦殆未考及《北史》而以意为说。《三志·注》所引《魏略》，西域诸国中别有桢中、竭石，亿若三国，皆未记载其都城，故不再为说。
303 《清史稿》卷八三《地理志》。
304 季羡林：《大唐西域记校注》。
305 《三国志》卷三〇《乌丸鲜卑东夷传·注》引《魏略》。
306 冯承钧：《西域地名》。
307 冯承钧：《西域地名》。
308 黄文弼：《塔里木盆地考古记》。按《汉书》卷九六《西域传》："卑陆国王治天山东乾当国。"王先谦《补注》引刘奉世说，"谓下国字当作谷"，盖亦行国，不当复有固定的都城。
309 《魏书》卷九九《卢水胡沮渠蒙逊传》。
310 《北史》卷九七《西域传》。
311 《汉书》卷九六《西域传》。
312 《后汉书》卷八八《西域传》。
313 《北史》卷九七《西域传》。
314 《北史》卷九七《西域传》。
315 《北史》卷九七《西域传》。
316 《新唐书》卷二二一《西域传》。
317 《明史》卷三二九《西域传》。

318 《清史稿》卷八三《地理志》。
319 《明史》卷三二九《西域传》。
320 《明史》卷三二九《西域传》。
321 魏源:《圣武记》卷三《康熙亲征准噶尔记》。
322 《清史稿》卷一一《高宗纪》:"乾隆二十年,五月己丑,(准噶尔汗)达瓦齐遁特克斯。壬辰,阿睦乐撒纳奏克伊犁。"达瓦齐败后,阿睦尔撒纳又据伊犁,欲自立为汗,至乾隆二十二年,阿睦尔撒纳以病痘死,准噶尔汗国才彻底灭亡。见魏源《圣武记》卷四《乾隆荡平准部记》。《圣武记》卷四《乾隆戡定回疆记》谓"乾隆二十年夏,王师定伊犁",盖指达瓦齐被俘之年而言。
323 《清史稿》卷一一《高宗纪》,魏源:《圣武记》卷四《乾隆戡定回疆记》。
324 《圣武记》卷四《道光重定回疆记》。
325 《魏书》卷一二《孝静帝纪》,又卷一〇一《吐谷浑传》。
326 《旧唐书》卷一九八《吐谷浑传》,《新唐书》卷二二一《西域传》。
327 《宋史》卷四九二《吐蕃传》。
328 《汉书》卷二八《地理志》。
329 方国瑜:《中国西南历史地理考释》第三篇《西汉至南朝时期西南地理考释》。
330 《中国历史地图集》第二册。
331 《水经·温水注》。
332 《水经·若水注》。
333 《旧唐书》卷一九七《南诏传》。
334 元郭松年:《大理行纪》。
335 《元史》卷三《宪宗纪》。
336 《新唐书》卷二一九《渤海传》。
337 《新唐书》卷二一九《渤海传》。
338 《辽史》卷二《太祖纪》。
339 《史记》卷四《周本纪》。
340 《水经·浊漳水注》。
341 《旧唐书》卷六《则天皇后纪》:"长寿元年,并州改置北都。"《通典》卷一七九《州郡九》:"并州,高祖匡隋室,起义兵,于长寿元年置北都。"按:《新唐书》卷三九《地理志》:"北都,天授元年置。"与此不同。
342 《元史》卷五八《地理志》:"上都路,宪宗五年,命世祖居其地,为巨镇。"卷一五七《刘秉忠传》:"初,帝命秉忠相地于桓州东滦水北,建城郭于龙冈,三年毕,名曰开平,继升为上都。"
343 《旧五代史》卷三《梁书·太祖纪》。
344 《旧五代史》卷三〇《唐书·庄宗纪》。
345 《金史》卷二四《地理志》。
346 《明史》卷四〇《地理志》。
347 《新唐书》卷五《玄宗纪》。
348 《宋史》卷三一一《吕夷简传》:"契丹聚兵幽、蓟,声言入寇,议者请城洛阳。夷简谓:'契丹畏壮悔怯,遽城洛阳,亡以示威,景德之役,非乘舆济河,则契丹未易服也。宜建都大名,示将亲征以伐其谋。'或曰:'此虚声尔,不若修洛阳。'夷简曰:'此子囊城郢计也。使契丹得渡河,虽高城深池,何可恃耶?'乃建北京。"
349 《通典》卷一七九《州郡九》:"时扬州功曹参军、丽正殿学士韩覃上疏曰:'……两都旧制,分官众多,费耗用度,尚以为损,岂可更建中都乎!夫河东,国之股肱郡也,劲卒强兵尽出于

350 《新唐书》卷四二《地理志》:"成都府蜀郡,至德二载曰南京,上元元年罢京。"

351 《史记》卷四《周本纪》。

352 《史记》卷四《周本纪》。

353 《北周书》卷七《宣帝纪》:"大成元年,行幸洛阳。诏曰:'……一昨驻跸洛塘,备尝游览,百王制度,基址尚存,今若因653,为功易立。宜命邦事,修复旧都。'于是起洛阳宫,并移相州六府于洛阳,称东京六府。"

354 《隋书》卷三〇《地理志》:"洛阳,后周置东京六府、洛州总管。开皇元年改六府。置东京尚书省。其年废东京尚书省。二年废总管,置河南道行台省。三年废行台,以洛州刺史领总监。"

355 《隋书》卷三《炀帝纪》:仁寿四年十一月,幸洛阳。诏曰:"成周墟堮,弗堪茸宁,今可于伊雒营建东京,便即设官分职,以为民极也。"

356 《隋书》卷三《炀帝纪》。

357 《元和郡县图志》卷五《河南府》:"显庆二年,置东都,则天改为神都。"《新唐书》卷四《则天皇后纪》:"长寿元年,以并州为北都。"并州既为北都,则与洛阳相合,共为两个陪都。按《元和郡县图志》卷一三《太原府》:"天授元年为北都。"与《则天皇后纪》不同。

358 《新唐书》卷七《中宗纪》:"神龙元年,神都依旧为东都,北都为并州大都督府。"又卷八《玄宗纪》:"开元元年,正月,改蒲州为河中府,置中都。"中都既置,则成为三都,非东西两都了。

359 《新唐书》卷八《玄宗纪》:"开元九年,七月,罢中都,依旧为蒲州。"则又恢复了两都的旧制。又开元十一年,"正月,改并州为太原府,官吏补授,一同京兆、河南两府"。这是说,以太原为北都。《元和郡县图志》卷一三《太原府》:"开元十一年,玄宗行幸此州,以王业所兴,又建北都,改并州为太原府。"正是具体的说明。

360 《旧五代史》卷三《梁书·太祖纪》:"开平元年,四月,制曰:'宜升汴州为开封府,建名东都,其东都改为西都,仍废京兆府为雍州佑国军节度使。'"

361 《旧五代史》卷七七《晋书·高祖纪》。

362 《资治通鉴》卷二九一《后周纪二》:"显德元年,正月,罢邺都,称天雄军。"本注:"唐庄宗始以魏州为东京,后废东京为邺都。"按:所谓"后罢",乃唐明宗时事。晋高祖复置邺都,至是又再度罢去。既罢邺都,就剩下东西两京。

363 《宋史》卷八五《地理志》。

364 《宋史》卷八五《地理志》:"庆历二年,建大名府为北京。"北京既建就成了三都。

365 《辽史》卷三七《地理志一》:"上京临潢府,神册二年城之,名曰皇都,天显十三年,更名上都,府曰临潢。"又卷三八《地理志二》:"东京辽阳府,天显三年,迁本丹国民居之,升为南京。"

366 《金史》卷二四《地理志》。

367 《明史》卷四〇《地理志》:"应天府,元集庆路。太祖丙申年三月日应天府。洪武元年八月建都,曰南京。十一年曰京师。"又说:"凤阳府,元濠州。太祖洪武元年升为临濠府。二年九月建中都,置留守司于此。六年九月日中立府。七年八月曰凤阳府。"

368 《旧唐书》卷一〇《肃宗纪》。

369 《旧唐书》卷三八《地理志一》,《新唐书》卷三七《地理志一》。按:《资治通鉴》卷二一四《唐纪三〇》,已有开元二十四年行幸西京的记载;开元二十六年,又载有作行宫于西京,东都往来之路;开元二十八年亦载有西京、东都米价,是其时已有西京之称。检《唐大诏令集》卷七九,著录有《南路幸西京敕》。此敕未载西幸之年,唯说:"顷属关辅无年,遽尔东幸,固非以己,将以息人。今百谷既成,庶务省备,而五陵所奉,诚而京师(此句疑有误),安可更留周南,致阙时荐,宜以来年正月七日,取南路幸西京。"《旧唐书》卷八《玄宗纪》:"开元二十一年,关中久雨害稼,京师饥。二十二年春正月,幸东都。"与此敕所说"关辅无年,遽尔东幸"相符。《资治通鉴》卷二一四《唐纪三〇》。"开元二十四年,冬十月,车驾发东都,先是敕以来年二月二日行幸西京。"与此敕大体相符,唯敕作来年正月七日,纪作二月二日,稍有不合。所言当是一事,月日微有差异,当以敕为正。西京之名既见于正式敕令,当非偶然。应是已有定称,故敕令随文道及。至于何时改称,史有阙文,尚无所考。两《唐书·地理志》所说的天宝元年称西京之说,当因此年以东都为东京,以太原为北京至致误,不能以之为定论。

370 《新唐书》卷三八《地理志二》。

371 《新唐书》卷三九《地理志三》。

372 《旧唐书》卷一〇《肃宗纪》。

373 《资治通鉴》卷二二二《唐纪三八》。

374 《资治通鉴》卷二二二《唐纪三八》。

375 《旧五代史》卷二九《唐书·庄宗纪》。

376 《新五代史》卷五《唐本纪》。

377 《辽史》卷三七《地理志一》。

378 《辽史》卷三八《地理志》。

379 《辽史》卷四《太宗纪》。

380 《金史》卷七《世宗纪中》。

381 《金史》卷一一一《撒合辇传》。

382 《元和郡县图志》卷五《河南府》。

383 前引《旧唐书》,中都置于开元九年正月,至七月停。《唐会要》卷六八《诸府尹》作九年正月八日置,六月三日停。《资治通鉴》卷二一二《唐纪二八》作九年正月丙辰置,六月己卯停。则应以六月为是。《元和郡县图志》卷一二《河中府》作开元元年五月置,《新唐书》卷三九《地理志》作开元八年置,皆非。

384 《旧五代史》卷四〇《唐书·明宗纪》。

385 《旧五代史》卷七七《晋书·高祖纪》。

386 《宋史》卷一一《仁宗纪》。

387 《辽史》卷四《太宗纪下》。

388 《明史》卷四〇《地理志》。

389 《旧五代史》卷三二《唐书·庄宗纪》。

390 《辽史》卷一四《圣宗纪》。

391 《明史》卷四四《地理志》。

392 嘉庆重修《大清一统志》卷五七《盛京》。

393 镐与咸阳皆距长安甚近,实互为表里,建都时期虽前后不同,实应视为一体,故并列于此。

394 未将南京沦陷的八年计算在内。

395 邺在今河北临漳县,然距安阳甚近,并有历史渊源,故与安阳合在一起。

396 青唐为吐蕃唃厮啰都,前文曾有说明,后文将另立表。吐蕃唃厮啰居青唐之前,已居于宗哥,第未知其确实年代,这里所说的年代,不包括宗哥在内。

397 对于这些历年短促的都城,这里只记原来都城的名称,至于建都的政权、具体年代、今地所在,皆已备见前文,不再赘述。记述次序,以历年多寡,分别前后,都城名排为楷体者,为曾经先后做过两个政权的都城。

398 《史记》卷四〇《楚世家》。

399 《春秋》襄公十年及《正义》。

400 《左传》僖公二十七年。
401 《左传》僖公十一年。
402 《左传》僖公二十二年。
403 《左传》成公六年。
404 《左传》昭公九年。
405 《左传》昭公二十二年。
406 蒙文通:《犬戎东侵考》,《禹贡半月刊》第六卷第七期。
407 《左传》僖公十一年。
408 《汉书》卷二八《地理志》。
409 《左传》襄公十四年。
410 《左传》哀公四年。
411 顾颉刚:《九州之戎与戎禹》,《禹贡半月刊》第七卷第六、第七期。
412 《左传》僖公元年。
413 《左传》定公四年。
414 《左传》昭公二十二年。
415 《左传》昭公十二年。
416 《左传》昭公十五年。
417 《左传》昭公十二年。
418 《续汉书·郡国志》。
419 《左传》隐公九年。
420 《左传》隐公九年。
421 嘉庆:《大清一统志》卷一五五《绛州》。
422 《左传》闵公二年。
423 《水经·浊漳水注》。
424 《太平寰宇记》卷四五《潞州》。
425 江永:《春秋地理考实》。
426 顾栋高:《春秋大事年表·四裔考》。
427 《元和郡县图志》卷一三《太原府》。
428 《史记》卷五《秦本纪》。
429 《史记》卷五《秦本纪·正义》引《括地志》。
430 《史记》卷三五《晋世家·集解》引韦昭说。
431 《史记》卷三五《晋世家》。
432 顾颉刚:《史林杂识·骊戎不在骊山》。
433 《史记》卷一一〇《匈奴传》。
434 《汉书》卷二五《地理志》。
435 《史记》卷五《秦本纪》。
436 《左传》襄公四年。
437 《汉书》卷二八《地理志》。
438 拙著《西周与春秋时期华族与非华族的杂居及其地理分布(上篇)》,《中国历史地理论丛》1990年第1期。

439 《汉书》卷二八《地理志》。
440 《诗·大雅·韩奕》。
441 《墨子·非攻中篇》。
442 拙著《西周与春秋时期华族与非华族的杂居与其地理分布（下篇）》，《中国历史地理论丛》1991年第2期。
443 《汉书》卷二八《地理志·注》引应劭说。
444 《左传》文公十六年。
445 《左传》文公十二年。
446 《左传》文公十二年。
447 《左传》文公十二年。
448 《左传》文公十一年，《汉书》卷二八《地理志》颜注。
449 《左传》庄公十八年。
450 童书业：《春秋左传研究》。
451 《春秋》僖公三年。
452 《左传》文公十三年。
453 《左传》襄公二十四年。
454 《左传》成公十四年。
455 《左传》僖公十五年。
456 《左传》定公十年。
457 《左传》昭公十七年。
458 《左传》成公八年。
459 《左传》僖公二十九年杜注。
460 《左传》宣公九年杜注。
461 《左传》僖公二十一年。
462 《春秋》隐公四年杜注。
463 《左传》僖公二十七年。
464 《左传》昭公二十三年。

465　车师前王都城交河城，高昌回鹘都城高昌城，吐鲁番国都城吐鲁番，柳城都城柳城，火州都城火州，皆在吐鲁番境，以无具体年代，都未计入。

466　唃厮啰所都的宗哥，亦在今西宁境内，以无具体年代，未计入。

467　《旧唐书》卷一九八《于阗传》，又卷一四四《尉迟胜传》。

468　《新五代史》卷七四《四夷附录》，《宋史》卷四九〇《于阗传》。

469　《宋史》卷四九〇《于阗传》。

470　这里面不包括殷墟和镐两处。

471　《元和郡县图志》卷四《夏州》。马领在今甘肃环县北。

472　李焘：《续资治通鉴长编》卷三五，太宗淳化五年。

473　玄奘、辨机：《大唐西域记》卷一二《尼壤城》《大流沙以东行程》。

474　《魏书》卷一〇一《氏传》。

475　玄奘、辨机：《大唐西域记》卷一二《揭盘陀国》。

476　《新唐书》卷四三《地理志》。

477　《大唐西域记》卷一二《揭盘陀国》。

478　《史记》卷七三《白起传》。

479　《水经·沁水注》："沁水东迳野王县故城北。……卫元君自濮阳徙野王，即此县也。汉高帝元年为殷国，二年为河内郡。"按：秦始已置河内郡，见谭季龙先生《长水集·秦郡新考》。郦道元以殷国之置和河内郡的改称，均书于野王县下，足征殷国所都和河内郡的治所皆在野王。《沁水注》下文又说："沁水又东过怀县之北。……故河内郡治也。"此当是后来的徙治，非其初年就是如此。

480　《史记》卷一八《高祖功臣侯年表》："天下初定，故大城名都散亡，户口可得而数者十二三。"

481　《汉书》卷二八《地理志》。

482　《汉书》卷九六《西域传》。

483　《汉书》卷九六《西域传》。

484　《旧唐书》卷三九《地理志》："相州邺，后魏于此置相州，东魏改为司州，复为相州。周大象二年，隋文辅政，相州刺史尉迟迥举兵不顺，杨坚令韦孝宽讨迥，平之，乃焚烧邺城，徙其居人，南迁四十五里，以安阳城为相州理所，仍为邺县。"

485　《史记》卷三《殷本纪·集解》，《通鉴外纪》卷二皆引之。

三

中国古都
形成的因素

都城所在地的选择为每个王朝或政权必须首先解决的问题。每个王朝或政权所能治理或控制的疆土往往不尽一致，幅员广狭亦不相同。在选择都城时，自须各就所及的土宇衡量斟酌。不过，一般说来，自然环境和经济、军事以及社会基础都应考虑在内。这里就逐一分别论述。

（一）形成古都的自然环境

在形成古都的诸因素中，自然环境应居有一定的重要位置。都城的设置是不能离开自然环境的。如果忽略了自然环境，则有关都城的一些设想就无异成为空中楼阁，难得有若何着落。历来有关选择都城的议论和策略，也都予以适当的注意，或多或少都有所涉及。

都城的自然环境显示在地势、山川、土壤、气候、物产等方面。以前一些有关的论证以为都城的所在宜置于上游之地，这是从控制全国着眼。从这一点来说，关中就是一个适宜于建都的地方。西汉初年，曾经有人对于秦中做过这样的描述："地执便利，其以下兵于诸侯，譬犹居高屋之上建瓴水也。"[1]按当时的局面来说，也就是以关中为都来统治关东各地。关中和关东对比，关中的地势自然显得高亢，而关东较为低下，这就自然形成居高临下的形势。我国的地势是西北高而东南低，北京的地形也相当高亢。金时有人说："燕都地处雄要，北依山崄，南压区夏，若坐堂隍，俯视庭宇。"[2]金人的势力南及于淮水，淮水以南尚是宋朝的版图。就以淮北和黄河流域而论，这样的议论也不能说是过分。后来到明代初期，还有人说："以燕京而视中原，居高负险，有建瓴之势。"[3]不过这样的形势毕竟要比关中稍差一点。

除关中和北京而外，中原各地的都城都难以达到这样的地步。中原各地高程皆较低，是说不上居高临下的。不过洛阳还是较高于以东各地，尤其是和开封相较，更是如此。宋太祖循后周的故绩，以开封为都，但并不以此为满足，打算迁都洛阳，再由洛阳迁于长安[4]。这正是由于洛阳在开封的上游，而长安又在洛阳的上游。不过从来没有人说洛阳有建瓴的形势，因为相差并不很多。

在秦汉时期人的观感中，江南乃是卑湿的地区，不能和中原相提并论[5]。江南诚然潮湿，这与建都的形势无关。由于位于长江下游和中游，自然更说不上居高临下了。若自西方来看，更会成为被临的地方了。楚国的郢就是具体的说明。郢位于江汉平原，并非过低的地方。当地有巨大的云梦泽，水泊纵横辽阔，因而显得有些低下。秦国恐吓楚国，说是方船积粟，循江而下，楚国就不免亡国之祸。楚国也感到这样的威胁，不能不满足秦国的一些苛求[6]。不过，对于郢的地势有些不同的看法。南宋时，赵鼎就曾经说过，荆襄可以下瞰京洛[7]。荆为荆州，也就是楚国郢都的故地。襄为襄阳，在荆州之北。京洛乃是指开封和洛阳。襄阳对开封来说，还可以说是下瞰，对洛阳就不能这样说了。荆州还低于襄阳，怎么能和襄阳一样去下瞰京洛？

论都城的形势就应涉及都城所在地的山川。古人选择都城时对于这一点也是相当重视的。最早谈到这一点的应当是周武王。周武王灭商之后，即着手经营雒邑。雒邑就是后来的洛阳。其时周居丰镐，雒邑不能作为正式都城，但是居于天下之中，四方入贡道均，实际上成了周朝的东都。周武王为了营建雒邑，曾经说过："我南望三涂，北望岳鄙，顾詹有河，粤詹洛、伊，毋远天室。"[8]三涂山在伊水上游，岳鄙指近太行山的邑。这是说洛邑南北有山，中间有河，伊、洛之阳还有广阔的原野，可以从容周旋。

山川本是可以互相协调的，但各个都城的具体情况未能完全相同，所以这里就分别来论述。

一些都城附近有山，有的却并没有什么山。开封居冲要之地，条达辐辏，一片平原，不仅没有大山，就是培塿的丘阜也难得遇到，这在古都之中是少见的。应该说，相当多的都城是和山有密切关系的，因为山可以作为防守的凭借。上面说到周武王对于雒邑的称道，是由于雒邑有南、北二山。其实洛阳东边还有成皋，西边还有崤渑。如果不是太行山南有那么不甚广阔的平原，就可以说洛阳在四山之中了。洛阳和长安相较，可能还稍逊一筹，长安被称为有四塞之固。所谓四塞不是完全因山形成的，但除过东侧的黄河，其余三面都是有山的。它的南侧的南山，也就是后来的秦岭，和西侧的陇山，都是有名的大山。它的北侧虽没有像秦岭和陇山这样的大山，但岐山、九嵕、嵯峨山，自西至东，还能相互呼应，成为一道屏障。

最为特殊的当为南京城。南京作为都城，可以远溯到六朝。城名迭有变更，城址也多有损益，而明代南京的规模最为闳大。包括前代旧都在内，明城的建置是东尽钟山之麓，西阻石头之固。这是说钟山和石头山都应该列在城外。可是这里所说的仅为明代南京城的内城，它的外郭城却更为闳大，不只钟山和石头山都包括在城内，覆舟山和幕府山也不例外。这些山都曾经和南京城发生过的战争有关，是一般较小的培塿和人工构成的山所难于比拟的。

还有一些都城，建于平原广阔之地，其附近只有一道高山可以作为屏障，都城就建于近山之处。北京城就是这样的。北京城外的太行山和军都山，还有燕山，蜿蜒曲折，互相联系，宛如一脉相贯，其东南却是广大平原，毫无遮掩。十六国时期及北朝的魏齐两代皆曾以邺为都城，它的故址就在今河北临漳县。这里固然也是一片平原，其西的太行山却巍峨耸峙，相映成趣。邺城西北就是战国时赵国的邯郸城，相距临迩，格局也相仿佛。其他如齐国的临淄和韩国的阳翟，也都可以列到这一类中。

当然还可以再列出一些类别。譬如，南宋都城杭州，城外灵隐、南屏诸山，玲珑奇特，正可作为游赏的胜地，和上面所说的一些山有明显的差别。杭州东北的皋亭山和余杭县独松岭，在军事上有一定的意义，不过都不是什么大山，因而所起的作用也不是很大。

都城附近的河流也有一些不同的格局。河流最多的应该数到开封。开封作为都城时，和黄河尚有相当遥远的距离。当时开封的河流都是人工开凿的运河。这里有汴河和蔡河、五丈河。这就显示着开封成为这几条河流交汇的中枢，这几条河流是从开封辐射出去的水上交通要道。杭州附近的河流也不少。它濒着钱塘江的北岸，而江南运河和浙东运河在这里隔着钱塘江能够互相呼应联系，因而杭州也成为水道交通的枢纽。位于关中的长安，它的格局却又和开封、杭州不同。长安濒于渭水，渭水在长安之东又汇合了泾水。长安南倚秦岭，由秦岭流下的灞、浐、潏、涝诸水和丰水分别由长安城旁流过。这几条河水和泾、渭两水以及久已湮没的滈水，共称为长安八水。这八水皆能灌溉，渭水更能通行航运。洛阳的河流不如长安的繁多，却也有伊、洛、瀍、涧四水。洛水也和渭水一样能行舟楫。就是北京附近也有永定河、潮白河和温榆河，还有更小的高梁河。北京于隋唐时为涿郡和幽州。永定河其时称为桑乾水。当时所修凿的永济渠就是沟通了桑乾水，再达到涿郡或幽州城下的。北京于元时为大都，潮白河其时为潞水。当时所修凿的运河，由直沽(今天津市)向北，即溯潞水而上，再由通州西折而达于大都城下。太行山东的邺仅濒于漳水。就是这条漳水，由于能够灌溉，改造了当地的舄卤地，使之转成沃壤，农业也因之而有起色。更由于白沟和利漕渠的开凿，漳水就可与这些渠道相沟通，太行山东各处的船只，能够驶抵邺城之下，邺也就可以得到繁荣和发展。

上面所论述的河流，大都具有灌溉农田和水上交通的作用。

如果说到军事的意义，则应当提到南京城外的长江。南京作为都城，自孙吴至于梁、陈，都是借长江为天险，以防御来自北方的攻击，这一点下文还要论及。当然，长江除这样的军事作用外，交通运输的便利更为其他一些河流所不及。南京城旁的秦淮河不仅有漕运之利，还更使南京城内的风光愈发显得绮丽。

就是解决都会里一般用水水源问题，也是离不开河流的。齐国自西周始封起就以临淄为都，其地在今山东淄博市东。城以临淄为名，自然是靠近淄水。经过考古发掘，临淄城东正濒于淄水，其西侧又濒于系水（泥河）[9]。而鲁国都城曲阜也正位于洙、泗二水之间[10]。燕国下都在今河北省易县。下都有东、西二城。二城紧相连接，皆在北易水和中易水之间。其东城的南垣更濒近中易水[11]。春秋时，晋国的都城再经过迁徙，其间曾都于新田。新田在今山西侯马市，位于汾、浍二水行将汇合处，然更近于汾水。由于近于汾水，其西北隅已为汾水冲蚀残缺[12]。战国时，韩、赵、魏三国的新郑、邯郸和安邑三处都城也是如此。韩国都城新郑，也就是春秋时郑国的旧都，新郑不仅濒于黄水河，而且洧河还由城的西南隅穿过[13]。邯郸城在今河北邯郸县西南。今所谓赵王城为当时赵国的宫城遗迹所在地。其东北有一大城圈，亦为赵国都城的一部分。今清河由西北斜流，穿过赵王城，而沁河也由西向东，贯穿于东北大城圈之中[14]。魏国的安邑在今山西夏县西北。其遗址也有青龙河流过[15]。这些河流即令迄今有所变迁，相距当皆非过远。战国时楚国的郢都，在今湖北江陵县北。当地近云梦泽，本为水乡泽国，其城南垣西段不仅有古河道，古河道上尚有水门[16]，可见与河流关系的密切。

一般说来，都城的壮丽繁荣，在不同程度上都得山川的助力，就是那些割据一方的政权，在它所能控制的范围内，选择它自己的都城，也都着眼于山川形胜的地方。这样的自然环境是不会为人所忽略的。

在以从事农业经营为主要生产方式的社会里，都城所在地的土壤，也受到相当的重视。这自然是因为肥沃的土壤更适于农耕。商人曾经频繁地迁都，迁都的原因尚待逐一细加探求，但盘庚的迁殷显然是由于新都对于发展农业更为有利。盘庚的时候还不可能过细地区别土壤，但旧都的土壤由于使用较久，肥力渐减，转为瘠薄，就使它不能再事留恋。盘庚这次迁都就记载在《尚书·盘庚篇》中。古史简朴，自难备加称述，不过字里行间还是能略露出一些端倪。汉初定都关中，这是出于娄敬的策略。娄敬从关中的险阻立论，可是他却着重指出，关中有膏腴的土地，并且还称道它是天府[17]。娄敬指出这一点是完全正确的。因为关中于《尚书·禹贡篇》中为雍州，雍州的土壤为黄壤，于当时全国中最居上等。这就有利于关中农业的发展。向上推求，在早周之时，周人选择居地，也曾着眼于这一点。正是由于周原的胱胱，才使周人能久居于岐山之下[18]。周初封国最多，而齐地有膏壤千里，故临淄也是海岱之间的一个名都。春秋时，晋国选择新都，摒去郇瑕氏的故地，而迁居于新田，也是由于这样的道理。郇瑕氏的故地固然也相当肥沃，可是土薄水浅，不如新田的土厚水深，所以晋国宁以新田为都，不再重视郇瑕氏的故地[19]。

与雍州土壤相对的为扬州。扬州的土壤于《尚书·禹贡篇》列为下下。这是说扬州的土壤于当时的全国是最差的了。其实，那时扬州的土地使用率不大，土壤的肥沃性还未能为世所重视。魏晋以后，北方的人口陆续大量南迁，提高了土地使用率，改变了对于土壤的看法。于是长江下游太湖周围各处，由于大部分川泽沃衍，都成为肥美的土壤。南京正在它的附近，因此获得很大的优越条件。杭州更是有名的产粮之地，因而都曾经被选建为都城。

可是有些都城附近就不是如此。春秋战国时列国诸侯的都城有些就是未能符合这样的条件的。宋国和赵、中山等国都以土地瘠薄著名[20]，可是睢阳和邯郸皆为有名于世的都城，其所恃以为基础的自然不是当地的土壤。但由于土薄民贫，就不能毫无影响。据说邯郸的"丈夫相聚游戏，悲歌慷慨，起则椎剽掘冢，作奸巧，多弄物，为倡优。女子弹弦跕躧，游媚富贵，遍诸侯之后宫"[21]。这样相习成风，为他国所少有，也不是偶然的。

气候这一因素和山川、土壤等相较，对于都城的选择说来，似乎关系较为淡薄。一些有名的都城大致是位于燕山之南和陇坻之东，也就是说主要是在黄河流域和长江流域以及其稍南稍北的地区。这些地区南北之间气候差别不太显著，所以一般论者也就不多道及。可是还有些都城却在这个地区之外，这就不能说完全没有差别了。拓跋魏所建的都城本是在盛乐，位于今内蒙古自治区和林格尔县北。后来迁徙到平城，则在今山西大同市东。和林格尔县和大同市分据明代长城的内外，东西相距仅二三百里。在这样临迩的距离中，气候是不会显出若何差异的，也不会使创建北魏王朝的鲜卑族人感到不适。可是后来孝文帝迁都到洛阳，就有人提出反对，不仅形诸言辞，而且见诸行动。这些反对者并以孝文帝的太子拓跋恂为代表，显示声势的壮大。最重要的一条反对理由就是因为洛阳暑热，不如平城的凉爽。固然拓跋恂体貌肥大，不耐高温，他的行动却得到相当多的鲜卑族人的支持，这就不是简单的问题了[22]。

一般说来，各地都有当地所出的物产，都城附近也是一样的。都城附近各有其山川，又有较为肥沃的土壤，气候都显得温和，故物产亦较为丰富。远在春秋战国之时，楚国的郢都就有云梦之饶，而齐国的临淄由于带山披海，膏壤千里，除桑麻之外，更多文彩、布帛、鱼、盐[23]。关中也是九州膏腴地，号称陆海，不仅有玉石、金、银、铜、铁、豫章、檀柘等异类之物，又有稻、梨、栗、桑、麻、竹箭之饶[24]。洛阳在这一方面，就不若关中富庶。两汉魏晋多以赋名家的文人学士，如班固和张衡就撰有《两都赋》。由于东汉都于洛阳，故于东都称道备至，赋中所说的物产就不如西京繁多。不仅不如关中，甚至还不如后来的邺都。左思所撰的《魏都赋》，就不厌其详地举出邺的附近产梨、栗、酎酒和笋、枣、粱、稻，还有锦绣、罗绮、绵纩、缣总。这里面除农产品外，主要是丝织品，显然可见，邺也和临淄一样，都是丝织业的中心。开封于战国时为梁国国都。司马迁论述梁国，说是无山川之饶[25]，这也就是说，当地没有丰富的物产。后来由于丝织业的发展，和战国时已有不同。唐时的汴州所产的绢，于全国中列为第二等，与郑、曹、怀诸州相当。郑州今为河南郑州市，曹州在今山东菏泽县，怀州今为河南沁阳县，皆在开封的周围。当时一等绢的产地为宋、亳两州，分别为今河南商丘县和安徽亳县，皆距开封不远[26]。直到北宋时，此风犹未稍息。而汴州的织锦最负盛名，开封的官绫院就有绫机四百张[27]，仅此一项，就可略见一斑。北京于战国时为燕国的蓟。燕国虽亦养蚕，却不是有名的丝织品的产地。燕国主要的物产乃是鱼、盐、枣、栗[28]。后来到明清时期，北京又成为都城，这些物产还为世所重。北京近渤海，自富于鱼盐。而栗的盛名迄今犹未稍泯。前引左思的《魏都赋》，曾提到那里的栗，其实那里的栗产于固安。固安在今易县东南，距北京更近，故亦当为北京的特产。唐时幽州即以栗为贡品[29]，而幽州之栗就产于故安[30]，辽及元时亦皆特置栗园[31]，可见其重视的程度。

至于长江以南，则和黄河流域又异其趣。左思于撰《魏都赋》之外，复撰有《蜀都赋》和《吴都赋》，即所谓《三都赋》。赋中备举蜀、吴两都的物产，种类繁多，虽如草木虫鱼纤细之物，亦皆罗列不遗。较之魏国的邺都，实有过之而无不及。只是所列的过于纤细，于都城的发展演变并非皆有关系。沈约撰《宋书》，于《孔季恭等传》后曾论述江南为国的盛况，文中指出："荆城跨南楚之富，扬部有全吴之沃，鱼盐杞梓之利，充仞八方，丝棉布帛之饶，覆衣天下"，再加上膏腴土地的农业，显得地沃物阜。当时的都城就在建康，也就是现在的南京，这正说明南京物产的富饶。沈约在这里还特别提到荆州。荆州的江陵本是楚国的郢都，五代时南平也在当地建都，沈约的话正好也对江陵做了说明。刘宋时扬部的东南可以包括钱塘，也就是后来的杭州。沈约所说的物产，自然也有杭州的部分。杭州后来到五代时为吴越的都城，宋室南渡也以此为都。吴自牧的《梦粱录》曾有专篇论述杭州的物产，举凡谷、丝、枲、货、菜、果、竹、木、花、药、禽、兽、虫、鱼之属，皆按品罗列。品种虽多，而谷与丝最为重要。南宋亡后，马可·波罗曾到过杭州，于杭州的丝绸最为称道，并说："全境产丝甚饶。"[32]马可·波罗还指出杭州的课税，以盐、糖两项为最多[33]。盐、糖皆不见于吴自牧所列举的诸种物产之中，可能以非杭州附近所产而不加凿及。

综上所述，自然环境作为形成都城的一个因素，是有其重要的意义的。每一个王朝或政权在选择都城的所在地时，是不能不考虑到这方面的因素的。自然环境所包含的项目不止一种，本文所列的就有地势、山川、土壤、气候、物产几种。一些王朝或政权在选择都城时考虑到自然环境，但不一定就能把自然环境这一因素中包含的各个项目都考虑周到。不论其考虑与否，这个因素所包含的各项，在都城的演变过程中都会起到一定的作用和相应的影响。宋朝南迁时，戎马倥偬，追兵在后，当时只要求得稍为安全之地，于愿已足。杭州远在长江之南，距金兵稍远，正符合当时要求。南宋的年祚虽因此而获得延长，后来元兵南渡长江，杭州竟无险可守。北魏由平城迁都洛阳，可谓深谋远虑，可是因为洛阳较平城暑热，竟肇致拓跋恂和一部分鲜卑人的叛逃。这虽不会影响到北魏迁都的大计，但由这样的小小插曲，已经可以显出自然环境这样的因素的重要作用。

（二）形成古都的经济因素

都城是人口容易聚集的地方。在全国来说，即令不是人口最多的城市，也是人口较多的所在。这就要解决社会生活必需物资的谋得的问题。解决这样的问题就须具有一定的自然条件，使所必需的物资能够在都城附近就地取得，而不假于外来的助力。如果需要外地的供应，其间难易的程度，也应在考虑之列。若是过分困难，对于都城的地位能否长期保持下去，也不是毫无影响的。正因为这样，经济因素在形成都城的过程中就居有相当重要的意义。

要在都城附近就地取得社会生活所必需的物资，就应使都城附近地区相当开阔，使它能够产生这样一些物资。前面曾经提到周初的经营雒邑。周武王当时称道雒邑为天室，自然是从山川形势着眼，但是三涂和岳鄙之间的黄河侧畔和伊洛流域，平坦广阔，却是适宜于生产和谋取物资的地区。虽说这里广阔的程度还是有限的，可是在人口还未达到饱和之时，当地所生产的物资还是可以供给雒邑城中的需要的。关中和雒邑相比较，就要更胜一筹。关中的受人称道，是被山带河有四塞之固，实际上却是在崤函和陇蜀之间，也就是在崤山和陇山之间，崤山和陇山之间就是一般所说的八百里秦川，这比伊洛之间是要广阔得多了。在这样的地区经营农业，其优越性是要超过于伊洛之间的洛阳的。

论都城的经济，农业的经营固然重要，但还要兼顾其他各方面，手工业的发展和多样化也是不可稍事忽略的一个方面。发展手工业就须有相当的原材料。西汉于全国各地置铁官。铁官主管铸造铁器和出售铁器。关中三辅之地就有四个铁官，分为京兆尹的郑县、左冯翊的夏阳、右扶风的雍县和漆县。这四个铁官固然都出售铁器，但也不能排除它们可以铸造铁器，因为关中周围的山中矿产不少，玉石、金、银、铜、铁无所不出。当时全国共设铁官四十九[34]，关中几占十二分之一，若没有一定的原材料，是难于达到这一点的。关中又产玉，蓝田之玉最为有名[35]。远在西周时，玉器就为统治阶级所重视。有些玉器就是在都城制造的。当时能在都城制造玉器，自然是由于附近山中能够产玉。

在许多都城中，开封周围一片平原旷野，这是它的特点，其他各处殆难望其项背。从事农业经营，这是绰有余裕的。不过开封周围缺少崇山峻岭，山中所产皆为难得。可以值得称道的，则是开封城中丝织业的发达。正是由于它的附近各州久已成为种桑养蚕的地区，开封城内才能借着这一点促进它的富庶的经济。

都市经济的发展既然离不开自然的条件，而各处的自然条件又互不相同，因而各个都城的经济基础难得齐一。战国时，齐国的临淄是一个有名的繁荣都城，它所凭借的除过陆地之外还有海水。这是和其他都城相比的明显差异。临淄的繁荣固然与其"织作冰纨、绮绣、纯丽之物，号为冠带衣履天下"有关[36]，但是海边鱼盐之利，却应是临淄最大的收益。至于江南诸处，更是另一番景色。长江下游太湖周围本为水乡泽国，最宜于农业的经营，为黄河流域各处所不及。魏晋时期，种桑养蚕为黄河流域农家的特长，江南各处尚不足以语此，故建康附近尚无丝织业可言。南宋都于临安，蚕桑事业却已成为盛事。临安位于杭州湾头，其东南不远处就是明州，也就是现在的宁波。明州濒海，对外贸易颇为发达，这就有助于临安的繁荣。这和濒海的临淄仅得鱼盐之利，又复不尽相同。我国海上贸易起源甚早，远在西汉之时，相当于现在广州市的番禺，就由于近海而成为一方的都会。可是像明州这样接近于当时的都城的，却还是少有。

　　形成一个都城，经济因素是能够起到一定作用的。经济因素的内涵并非过于单纯，一些都城也不是都能全备的。不能全备就不能完全解决社会生活所必需的物资的谋得。这就必须仰赖外地的供应。怎样得到充分的供应，就成了重要的问题。就是那些可以就近取得这些物资的都城，也还是会发生同样的问题的。因为最初建立都城时，都城中的人口往往不是很多的，对于社会生活所必需的物资的需要数量尚不至于过高过大。可是作为都城以后，问题就会接踵而来。人口的逐渐增多，几乎成为一种不可避免的趋势。某些王朝为了强本弱末，还向都城迁徙人口。而社会动乱比较严重的时候，也会促成人口向都城的集中。不仅都城的人口增加，几乎所有的王朝或政权都会在都城及其附近屯驻一定的兵力，以司拱卫。像北宋时，驻屯在开封的禁兵竟有八十多万，也是一种少见的现象。都城中聚集了大量的人口和众多的驻军，还有王朝或政权的官吏，所需要的军糈民食一般说来都会超过都城附近农业生产的负荷量，这是都城所在难于彻底解决的问题。

一些王朝和政权为了补苴这样的罅漏，大多借助于外地的供应，特别是在粮食的运输方面更要多费周折。许多都城附近粮食都能有一定的产量，但都不是当时最为广大的富庶产粮地区。也就是说自来绝大多数的都城和当时最为广大的富庶产粮地区不一定都在一起，有的距离还相当遥远。秦都咸阳，汉都长安，当时最为广大的富庶产粮地区却在更远的东方。具体地说，这一富庶的产粮地区是西起太行山的东南，越黄河而东，由济水和鸿沟分黄河之处起，再东至于东海之滨。北边达到现在山东省的北部，西南至于鸿沟系统中的获水、睢水以及狼汤渠流经的区域[37]。当时的黄河由现在河南濮阳县向东北流去。当时的济水下游大体就在现在黄河流经的地方。鸿沟系统为人工开凿的水道，获水、睢水和狼汤渠都在今河南东北部。大体说来，这个富庶的产粮地区乃在今河南东北部和山东西南部，还有山东东部沿海各处。隋唐两代皆都于长安，当时最为广大的富庶产粮地区仍在关东各处。隋唐时期的富庶产粮地区远比秦汉时期为广大，它不仅包括了秦汉时期的富庶产粮地区，而且还达到太行山以东和淮水之北[38]。唐代中叶，由于安禄山的乱事，黄河下游南北各地的富庶粮食产地受到严重的摧残而一蹶不振。长江下游三角洲和太湖流域的农业转趋兴盛，代替了黄河下游南北各地，可是离长安却更为遥远了。后来到了元、明、清各朝，都是建都于军都山下，就是现在的北京。北京城的军糈民食，同样仰给于长江下游三角洲和太湖流域，也是相当遥远的。

从遥远的地区运输粮食，供应都城的军糈民食并非易事，其间的困难亦复不少。举其要者，约有三点。第一，自然水道的艰险。运输粮食一般都是利用自然水道，元、明诸代更是进而注意海运。海上多风波，粮舶的沉溺是时有所闻的。由河流运输虽可减少这样的灾患，可是河流也有艰于运输的段落。黄河的砥柱之险，秦、汉、隋、唐诸代在这里皆历尽险阻，迄未能够完全克服。黄河本是在河南东北部更向东北流去，金元以后改道东南流，夺淮入海。在北京建都的王朝由长江下游三角洲和太湖流域向北运输粮食，就可利用黄河的水道。利用这段黄河水道可以避免砥柱之险。可是黄河中的险阻并非仅只砥柱一处。在徐州附近的吕梁洪所沉溺的漕舟并不太少于砥柱。第二是人工水道开凿的不易。无论咸阳、长安还是北京，和当时富庶粮食产地之间并不是完全可由天然水道运输的，因而不能不开凿人工水道，一些王朝在这方面确实是多所致力。开凿人工水道本来就不是容易措手的大事，开凿成功之后如何维护，使它长期存在下去，也还是比较费力的。泥沙的壅塞往往阻碍漕舟的通行，尤其是由于所衔接的两条河流之间高低不平的地势，必须提高或者降低水位，才能够顺利通过。这样一些周折，必然会多延时日，贻误事机。更有甚者，当这些王朝或政权逐渐趋于衰弱，难以控制各地时，地方势力就可能阻遏运道。运道不通，外地粮食无由运到都城，则中枢的王朝或政权就难免濒于危殆，而不能再支撑下去。

为了减少或避免这样的困难，一些王朝或政权采取迁就富庶的粮食产地的办法，在选择都城时使它更接近于这样的地区。西汉都于长安，东汉继起，就把都城改建到洛阳。固然王莽的新朝覆灭时，长安曾受到严重的破坏，一时不易恢复，但是长安漕运的艰辛，尤其是砥柱的险阻，又无由得到克服，也未尝不是其中的一个原因。洛阳距离当时的富庶的产粮地区较近，又远在砥柱的下游，不虑黄河翻滚的波涛，这一点是优于长安的。后来到五代石晋时，都城又向东迁徙，直到汴河岸上的开封。当时有人曾明白指出，是由于汴河水运的便利，才迁徙都城的，其实则是为了更接近富庶的粮食产地。自唐代中叶安禄山乱事之后，接着是藩镇的跋扈割据，干戈扰攘，迄无宁日，原来的黄河下游富庶的粮食产地，已经逐渐残破，难如以前的盛况。五代时，中原的政权起伏不常，实际上仍是唐代后期藩镇割据局面的继续发展。这时富庶的粮食产地已经转移到长江下游三角洲和太湖流域，可是那里也有割据的地方政权，为石晋与其后的后汉和后周所难于染指。情势既已如此，就是黄河下游残破的粮食产地，还为石晋及其以后的后汉、后周两个政权所留恋和眷顾,可以看到,开封作为都城和它的密切关系。

北宋统一当时的全国以后,对于都城的建置本来打算做一番改革,就是因为都城中的军糈民食难得供应,所谓改弦更张终于成为一张画饼。因为南唐和吴越先后降附,开封城中所需的粮食就可以直接取之于长江下游三角洲和太湖流域。如果都城再往西迁,固然有其他的优点,但经济方面不易得到更为合适的解决办法。

建置在长江下游的都城,在这方面是有优越的条件的。杭州较之南京应该更上一筹。经济较为富庶,这就难免会导致其他的后果。南宋都于杭州,是在开封失守后仓促决定的。杭州的富庶使南宋在经济方面不至有若何的顾虑。当时处于金人统治之下的中原人民,时时盼望能够早日获睹南宋的旌旗。可是南宋的军力竟难越过长淮一线,辜负了中原父老的期望。南宋为什么这样的荏弱不振,有人就认为是由于杭州的富庶,削弱当时朝野恢复的意志,所谓"暖风熏得游人醉,直把杭州作汴州",就是对于以杭州作为都城的讽刺和批评。

虽然有这样一些变化,但作为都城形成的因素,经济是有它的重要意义的。

(三) 形成古都的军事因素

历代王朝或政权选择都城时,对于军事因素都十分重视,不敢掉以轻心。孔子论为政之道，曾说过："足食足兵，民信之矣。"[39]都城有了优良的经济条件，不至于因粮食不足而发生恐慌，接着就应该训练出雄勇的军队，使都城能够长期保持下去。春秋时还有一位刘康公也曾经说过："国之大事，在祀与戎。"[40]戎就是兵力。那时的人重视祭祀，不敢稍有懈怠，"戎"也是如此。兵力不足和不整都会使社稷倾覆。刘康公和孔子所说的话都可显示当时的人对于国事的萦怀。

保护都城和社稷，固然要有足够的兵力。但有了足够的兵力，还须有军事防守的凭借，才能够稳操胜券，使都城固若金汤，而社稷也就可以历久不隳。

这样的设想还可向前推溯。前面曾经征引过周武王的经营雒邑。周武王对于雒邑的重视，首先是注意到三涂和岳鄙。三涂和岳鄙就是军事防守的凭借。正是由于有了这样的凭借，才能"自洛汭延于伊汭，居易毋固"。周武王不仅做了这样的估计，而且提出了他认为可靠的根据，他指出：这里是"有夏之居"。夏人如何选择都城？书阙有间，难以具知。战国时吴起对此做了补充。据吴起所说，则夏桀之居乃是："左河济，右太华，伊阙在其南，羊肠在其北。"吴起不仅说到夏桀之居，还说到殷纣之国。他所说的殷纣之国乃是："左孟门，右太行，常山在其北，大河经其南。"[41]这些都是险要的所在，是堪作军事防守的凭借的。桀、纣都是亡国之君，夏、殷的覆灭是由于桀、纣暴虐，他们就没有打算借这些险要的所在，从事军事的防守，我们不能因此而轻视这样险要的地形。

西汉初年建都关中，是娄敬提出的策略，张良协助确定的。娄敬认为："秦地被山带河，四塞以为固。"[42]张良做了补充说明，他指出：关中左崤函，右陇蜀，都可以作为军事防守的凭借。按当时国内的情势，关中稍偏于西方，而中原的诸侯容易肇生事端。张良更着重指出，在关中建都，可以"阻三面而守，独以一面东制诸侯"[43]。汉高祖是久历戎行的人，自然会欣赏他们所建议的策略。关中之东就是崤山和函谷关。这是有名的险要所在。东方诸侯向西进攻，是轻易不会得逞的。

这样的四塞为固的有利条件，是一般都城不易具备的。不过时势不同，虽少有缺略，还是可以克奏肤功的。南京和北京就都是如此。南京古为金陵，诸葛亮称道其地："钟山龙蟠，石头虎踞，此帝王之宅。"[44]钟山在金陵之东，石头城建于清凉山上，而石头城也就是金陵的旧称。龙蟠虎踞诚然是钟山和石头城的形容词，已足以说明金陵的险要，然孙吴和东晋南朝以这里为都，所恃者却是一线长江。因为那时北方犹有强邻，时思渡江南下。当时南朝就有人说过："长江天堑，古来限隔，虏军岂能飞渡！"[45]而北来的进攻者也有人认为这样的天堑是不易越过的。曹魏文帝就曾经说过："此天之所限南北也。"[46]后来北魏陆叡也说过："长江浩荡，敌之巨防也。"[47]以北京为建都之所，固可以南压区夏，若坐堂隍，俯视庭宇。然金朝中叶之后，却不能不考虑来自漠北的压力。有明一代更不敢稍事疏忽。那时所恃者确为其北的军都山和燕山，而山上的居庸、古北、松亭诸关东西并列，险峻相连，堪可作都城北侧的屏障。

以开封和长安、洛阳、南京、北京相较，在这一方面就显得有所逊色。开封为后晋迄于北宋的都城。向前追溯，这里本是战国时魏国所都的大梁。就在战国时，张仪已对大梁有过疵议。他指出："魏地四平，诸侯四通，条达辐辏，无有名山大川之阻。"[48]宋太祖承北周之后，也以开封为都，但对于这里无山河之胜，在军事上处于无险可守的地位，总是耿耿于心[49]。后来金兵渡河，徽、钦二帝只好束手受俘。南宋所都的临安，较之开封似稍胜一筹。皋亭山和独松岭虽也有一定的军事作用，但还是难与长安、洛阳相比拟。

都城的形成，不仅要有军事防守的凭借，还应该有指挥全局的条件。周人经营雒邑时，除了着眼于前面已经列举的条件外，还特别重视雒邑所在的位置。周人称道雒邑是"天下之中"[50]。按当时周人所能控制的疆土来说，这天下之中的说法是相当恰当的。周人当时说，雒邑为天下之中，四方入贡的道里相等。其实这里面还含有军事的意义。既然为天下之中，就可以在这里做全面的指挥。不过西周还不至于有这样的需要。东周正式以雒邑为都，由于诸侯强大，各据一方，周室也不能在这里进行什么全面指挥了。

这样的条件并不是一成不变的。就以洛阳而论，前后也有若干的差异。东汉时，洛阳又建为都城，却难于发挥出全面指挥的作用。东汉在国力消长方面存在一个严重的问题，就是西方羌人的侵扰。羌人势力强大时，东汉王朝中竟然有人倡议要弃掉凉州[51]。东汉时，全国共有十三个州，凉州就居其一。这个州相当于现在的甘肃省，还有青海、内蒙古和宁夏诸省区的各一部分。广大的疆土几乎都被捐弃，不能说是不严重了。为什么会演变成这个样子？应该说是由于当时的都城离长安东迁，距凉州过远。羌人的侵扰未扩大时，未能引起重视，到了不可收拾时，洛阳又失去全面指挥的条件。北魏时又以洛阳为都，却又和东汉不大一样。北魏本来都于平城，也就是现在的山西大同市，是后来才迁都到洛阳的。北魏当时国力鼎盛，辄思统一区夏，平城南距江淮流域显然失之太远，鞭长莫及，难于及时进取，故以迁都为宜。

西汉初年选择都城时，对于东方诸侯多所顾虑，所以张良提出了在关中建都，可以阻三面而独守，以一面东制诸侯的设想。作为统一的王朝，是不能仅顾一面，而舍弃其他各方面的。事实上匈奴如此强大，关中是不可能不感到压力的。这一点秦始皇已察觉到了。当蒙恬驱逐匈奴之后，就北恃阴山，设防据守，使胡人不敢南下牧马。秦始皇为了防御匈奴，还特意修筑了一条著名的直道。直道是由云阳向北直通到九原。云阳在今陕西淳化县北，秦时在这里修建了一座林光宫。这里距咸阳较近，王朝的大政方针往往就在这里决定，故直道就由这里肇始。九原为九原郡治所，在今内蒙古自治区包头市西，北距阴山很近，直道就以这里为终点[52]。有了这条直道，在都城里指挥北边，就如臂之使指，是相当灵活方便的。这就可以证明，以关中为都，并不完全是阻三面而独守，以一面东制诸侯。后来直道未能长期通行，但这并没有稍损关中都城有全面指挥的基础，这样的策略历西汉而至隋唐，都是一直承袭遵守，未敢稍事疏忽。强大的匈奴在西汉时已由劲敌而降为属臣。唐初突厥的气焰不下于西汉初年的匈奴。唐高祖甚至打算弃长安而迁都于山南，幸因秦王李世民的阻止而未能实行[53]。试一设想，如果当时唐都另迁他所，突厥的猖獗势难得以制止，唐初的盛世是不易形成的。

周人以雒邑为天下之中，故从事经营。作为天下之中，雒邑可以有全面指挥的条件。但这并不是说，只有这种天下之中的地方才具有全面指挥的条件。开封居于汴河、蔡河和五丈河的枢纽，而汴河又上承黄河，可以说由于有这几条自然的和人工的水道，开封因而成为一个中心所在。这虽是一个水上交通的中心，也还勉强可以说是一个军事形势的中心。因为自唐末五代以来，西方的版图仅及于兰州，也就是现在甘肃兰州市。河、湟诸州还是后来才扩展的。江淮以南迄于海隅，幅员也相当广远，却不是当时重心所在。形势如此，开封却难于发挥它的全面指挥的作用，反而见迫于西夏和辽、金。开封在北宋一代，屯驻着百万上下的禁军，只是为了拱卫，而不是为了防边御侮。相当便利的水上交通网，却只是为了满足开封城内军糈民食的运输。

应该说，都城在军事上能够发挥它的全面指挥的作用，是要内外兼顾的，不仅要顾到国内各处，而且还要顾及域外，也就是说要抵御周边各族的侵扰。关中作为秦、汉、隋、唐几代都城的所在地，就已经起到这样的作用。北京作为明代的都城，这一点就更加明显。当明成祖决定迁都于北京时，大宁、开平、兴和、东胜诸卫所尚未后撤，在对付鞑靼的内侵时，北京的位置还不至于过分突出。大宁卫在今内蒙古宁城县南，开平卫在今内蒙古多伦县西北，兴和所在今河北省张北县，东胜卫在今内蒙古托克托县。几个卫所东西并列，不仅拱卫着北京，在对鞑靼用兵时，更有优越的军事形势。这几个卫所失掉后，北京就暴露于北方的进扰者的面前。这当然是十分不利的。不过这样也可以使明王朝不致掉以轻心，而时时为国运着想，以期不为外力所乘。明成祖就曾先后五次北征，最后还是崩于榆木川[54]。后来鞑靼、瓦剌虽仍不时内侵，作为都城的北京，却不失其所具有的全面指挥的条件。

由重视军事出发，都城的设置自是应该在具有一定险要的地方，险要的地方是可以作为防守的凭借的。这在前面已经有所论证。不过为了有备无患，还需要有多层防线，以期都城固若金汤，不至有若何意外。前面提到关中为四塞之地，其实这只是一种笼统的说法，不过是说关中形势的险要，固不必一一备举其名称和所在[55]。其实战国秦汉时已经有了关中的名称。关中正可和四塞相互证。关中也有不同的解释，而以西起汧雍、东至河华之间的地区之说更符合当时的实际情况[56]。用现在的地理说，就是陕西省宝鸡市和潼关县之间的地区。这里既以关中相称，当与设置关隘有关。这里都设置了些什么关，也有不同的说法[57]。不过可以考见的战国以至秦时所设的关有函谷关[58]、临晋关[59]和峣关[60]，关中西部尚未闻有关隘的设置，故张良说汉高祖，只说"关中左崤函，右陇蜀"[61]。山上的陇关和散关是后来才兴建起来的[62]。这崤函和陇蜀，还有南侧的秦岭，以及在这些山上的函谷关和崤关，黄河侧畔的临晋关，再加上后来建置的陇关和散关，应是建立于关中的都城周围最近的防守凭借。虽然这样一些凭借都相当险要，究竟距离咸阳或长安都不是十分远的。如果偶被突破，只好拒敌于国门之外了。若是能再有一层凭借，就可防患于未然。这一点当时不仅预料到，而且早已做了准备。武关[63]和萧关[64]就是要起到这样的作用。

论关中的建都，说者都少涉及关中的北侧，泾渭两水之北，也还有一些山岭，可以和其南的秦岭相对峙。岐山、九嵕山和梁山都是其中较为著名的。南北两山对峙，陇山和崤函东西遥遥相望，这就使咸阳和长安更有险可恃。但北方的强敌还是经常俟隙南下。远在战国秦昭王时，修筑了一条长城，西起现在甘肃岷县，东北至于内蒙古准格尔旗黄河之滨。这条长城经过今陕北的横山。横山西起今陕西定边县，东讫绥德县无定河之西。守住这条横山，关中的都城就有安全的保障。后来秦始皇更向北扩展，控制了阴山。但横山的防守仍不失其重要意义，历西汉而至隋唐都未敢稍事疏忽[65]。

这样的层层设防，到了隋唐时期，更有发展。唐代张守节撰《史记正义》，对于《苏秦列传》中的秦为四塞之国做过解释。据他所说，则"东有黄河，有函谷、蒲津、龙门、合河等关；南山及武关、崤关；西有大陇山及陇山关、大震、乌兰等关；北有黄河南塞……"这些关半数都是秦汉以后建置的[66]。到了唐代，绝大部分仍继续发挥作用。张守节因而就以此来说明《史记·苏秦传》的四塞之国，不悟其中有些关隘不是战国时人们所能想象得到的。不过张守节这样的列举，可以清晰地看出当时都城周围的多层防线。这一层防线和秦汉时期相较，应是更外面的一层。不应忘记，隋唐时期，长安以北最远的一条防线是在阴山之上。不过黄河南塞亦即横山一线，也是当时所重视的。正是这样层层设防，都城才可以更加巩固。

这种多层防御的设想和作用，也见之于东晋南朝的建康，也就是现在的南京。长江浩荡，固可作为建康的巨防。若北来的强敌陈师江畔，虽不得骤然渡过，建康城内已惴惴不安了。远在孙吴时，魏文帝曾亲率六军，自寿春至广陵，临江观兵，吴人是难得安枕的[67]。北魏太武帝亦曾南侵到瓜步（今江苏扬州市南），刘宋文帝为之惊惶失措[68]。所以建都于建康的王朝，当恃长江为天堑，仍力求江北有更为广大的版图，这样天堑就更为可恃了。

孙吴时，曹魏奄有中原各地，东南据有扬州，魏扬州治于寿春（今安徽寿县）。由寿春经合肥南下，建业就要受到威胁，吴国只能固守东关和濡须水（在今安徽巢县南）。长江之北仅有这样一条防线，虽然也可以屏障建业，毕竟因为距离长江较近，所能发挥的作用还不是很大。

自永嘉乱后，东晋偏安一隅，宋、齐、梁、陈诸朝前后相承。北方黄河流域离析动荡，十六国时期，诸雄迭起。后来北魏统一了各国，力量更为强大，这都对江南产生巨大的威胁。如何在都城之北建立多层的防线，这在当时是不能不考虑的问题。

当然最上的策略是防河，若是能够保持黄河一线，则淮水和长江都可从容议守。防河不成，只好退而守淮。如果防淮，则长江以北还有一条防线。防淮不成，就只好依靠天堑的长江了。

东晋南朝在这方面最为有利的时期，是在刘裕北伐，灭掉后秦和南燕后，这样就和北魏隔着黄河南北对峙。建康北面的防线就有黄河、淮水和长江三条。这应该是拱卫建康的最多层的防御设施。刘裕崩后，北魏乘机南侵，占有淮北诸州郡，南、北两朝因而以淮水为界[69]。这样就使建康以北的防线，只有淮水和长江了。后来到齐、梁两朝，疆场间仍不免有所变动，大抵仍是据淮为守。梁朝末年，侯景倡乱，东魏乘之，尽取淮南各地，于是建康所恃的就只有一条长江了。长江虽称天堑，后来隋兵来伐，还是挽救不了陈朝的灭亡。

南宋以临安为都。临安较建康更为偏南了。南宋时，开封已经陷落，当然就说不到黄河了。南宋与金人划淮水为界。临安不仅恃长江之险，还可以北守淮水。淮水和长江构成了临安以北的两层防线。南宋对于金人，自处于臣属的地位。每年用大量的岁币，换取临安的安全。可是南宋也凭赖淮水和长江以阻隔金人的铁骑，使临安显现着繁荣富庶的局面。

在明朝统治下的北京城，同样有这样多层防御的设施。明朝为了防御鞑靼和瓦剌的侵扰，修筑自山海关至嘉峪关的长城（当时称长城为边墙）。这条长城经过北京北面的燕山和军都山。燕山和军都山都是以险峻闻名的。在这样险峻的山上修筑了长城，就使北京的安全更有了保障。明朝为了巩固北京，更注意它的西侧，由山海关西来的长城，在渤海所（今河北怀柔县西北）北斜向西北，趋向开平卫（今河北赤城县北）。可是还由渤海所另分出一支，斜向西南，经八达岭西南行，更循太行山向南，一直达到辽州（今山西左权县）以南的黄泽岭。就在这条长城侧旁还有一条向西伸展。这另外一条长城是由繁峙县东泰戏山由前一条长城分出，经今山西代县、宁武、神池县之北，与由开平卫西来的长城相会于老营堡所（今山西偏关县东北）。这样就构成了北京西侧的多层防线[70]。

这些长城因其所在的地区不同，而有极边和次边的区别。靠近鞑靼和瓦剌的游牧地的称为极边，极边之内的长城称为次边。宣府（今河北宣化县）、大同（今山西大同市）及开平的长城为极边，北京西侧及代县、宁武诸地的长城为次边。极边、次边也可称为外边、内边。嘉靖时，翁万达为宣大总督，积极修筑宣大边墙千余里。他曾说过："敌犯山西必自大同，入紫荆必自宣府，未有不经外边能入内边者。"[71]紫荆关在今河北易县西，如果来犯的敌人能入紫荆关，北京就会感到威胁。其实当时的鞑靼企图由西侧威胁北京，不仅自大同入紫荆关，而且还要从延绥镇（驻榆林卫，今陕西榆林县）之东神木、府谷（今陕西神木县和府谷县）等处，渡过黄河，向东进扰[72]。所以山西北部经过宁武、神池诸县的长城斜向西北，和大同以西偏头关所（今山西偏关县）、平虏卫（今山西平鲁县北）之间的长城相衔接，以堵塞这方面的罅隙。经过这样的经营设施，北京才可略释后顾之忧。不过还应该指出，明末农民起义军领袖李自成的进攻北京，并不是由太行山东向北前进，而是攻开宁武关（今山西宁武县），再进入居庸关，这样就突破两道长城的防线，终于灭掉了明王朝。

这样看来，军事的防守条件是形成都城的一个必要的因素。都城附近有了军事防御的凭借，就可以抗拒外来的进攻。这样的凭借如果全备，甚至有多层的防线，则都城的安全就能有充分的保障。有了这样多种的凭借，再加上都城地理位置的适中和交通的便利，就具备了全面指挥的条件，就可以期望长治久安。不过，应该指出，这样的因素虽已全备，还需要人为的作用相互配合。如果不是这样，全备的军事因素就不一定都能得到所期望的效果。

（四）形成古都的社会基础

都城的形成不仅需要有上面所已经提到的各项基础，而且还应该考虑到社会的基础。都城所在地的地方势力和民族关系都是不能不加以注意的。

地方势力有强有弱。弱者自不至于引起新建立的王朝或政权的注意，其强者却不能不使新建立的王朝或政权多所顾虑。这些强有力的势力常会影响选择都城时的最后决策，或者得到它们的支持，也许因之而另有所选择。

这个问题不妨从项羽的西楚国说起。秦亡之后，项羽兵力最强，分封诸侯，自立为西楚霸王，王梁楚九郡，建都于彭城。彭城就是现在江苏徐州市。当时曾经有人向他建议，应该都于关中。项羽为什么不采纳这样的建议，没有都于关中而都于彭城？据他自己说："富贵不归故乡，如衣绣夜行，谁知之者！"彭城是楚地，所以就被选为都城。咸阳的秦宫室皆已被烧毁残破，也使项羽感到无足留恋。如果再事推求，项羽这样决策，显示着项羽对秦人还有相当的顾虑。当项羽行将入关之时，曾在新安（今河南新安县）坑秦降卒二十余万人。这分明是顾虑到秦降卒未必都倾心降附，到关中以后不一定都能听从指挥。对于二十余万降卒尚有这样的顾虑，对于关中的秦人无疑更不放心。何况坑这二十余万人之后，对秦人就有更深的结怨。因而就舍弃关中，东归彭城。项羽以楚人治楚，自谓是万无一失的。后来在垓下决战时，听到汉军四面皆楚歌，遂谓："汉皆已得楚乎？是何楚人之多也！"[73]这一点就足以说明项羽对于楚人的重视，而不都于关中是有他的顾虑的。

东晋初年以建康为都，也曾引起过和江东的地方势力的矛盾。江东本为孙吴旧壤。西晋灭吴之后，南北亲疏还有相当的隔阂[74]。洛都残破，司马睿以琅邪王的身份渡江而南，思欲以建康为都，为恢复中原之计。但是不为吴人所附，月余之久，当地士庶竟没有和他有过什么联系[75]，而周玘、周勰父子甚至图谋起兵，以诛诸执政者[76]。当时中原已经鼎沸，建都的地方除建康而外，难得有适当的选择，只能在建康支撑下去。幸赖王导等人多方匡济，调和矛盾，并延揽当地望族顾荣、贺循等人，以结人心[77]，才挽回了局势，使建康能够继续作为都城。

长安作为都城共经历十几个王朝或政权。其间一些王朝和政权在建都之初就显出和当地地方势力的特殊关系。西魏和唐代在这方面就显得更为明显。西魏原企图仰仗这样的地方势力，以支持残局，后来反受到挟制。唐代的创业者本来就是当地地方势力扶持起来的，因而就能够得到更多的助力。其实自西魏至于唐初，能够在长安起到作用的，只有一种地方势力，近代治史者称这种地方势力为关陇集团。关陇集团炽盛于隋代及唐初，而其肇始形成可以上溯到北魏分为东魏、西魏之前。北魏的分裂是由于孝武帝为高欢所迫，西奔长安，而长安也于此时重建为都。长安这时能够重建为都城，并不是因为它有河山之险，而是因为这里已经形成了这样一种地方势力。孝武帝正是要仰仗这种地方势力的扶持，因而仓促西奔。西魏以长安为都，超出了这种地方势力的期望，但孝武帝及其扈从，并没有得到宇文泰及其部下的扶持和尊崇。孝武帝本人被杀，他的后继者也只是被当作傀儡。隋时，长安和洛阳本为东、西两都，炀帝更长期居住于洛阳。隋末乱离，李渊起兵于太原。他以匡扶为名，却不趋洛阳，而是直指长安。固然关中的四塞之固，使它会作为新朝定鼎之地，可是关中又是关陇集团会集的所在，李渊如果能够取得长安，就能够获得这个集团的赞助和拥戴。事实上他的从龙功臣泰半是出身于关陇集团的。

地方势力固然重要，在某些时期，民族关系对于都城的建置也有相当关系。特别是游牧民族在农耕地区建立王朝或政权时更是如此。游牧民族控制了一部或全部农耕地区时，为了能够直接统治，就不能不在农耕地区建置都城。可是他们本是游牧民族，又不能远离他们的故土，他们的都城就只能选择在离他们故土不远的农耕地区。因而北魏以平城为都城，辽、金、元、清也皆以今北京为都城。今北京辽时称南京，还属于陪都性质；金时为中都，元时为大都，清时为北京，都是正式的都城。至于这几个王朝或政权为什么都在这里建都，当然各有不同的原因，但有一点可以说是共同的。因为这些民族的本土都不算是过远，缓急可以得到本民族的援助，如果为农耕地区的人民所反对，也可从容回到原来的游牧地区。事实上各个王朝和政权的结局，绝大部分都没有这么理想。北魏在平城建都之后，又继续向南迁徙，以洛阳为都；辽和金人却都受到更为北方的游牧民族的侵扰，未能回到他们原来的故土；只有元朝的后裔，重归漠北，依然度着他们原来的游牧生涯。

社会因素和地理、经济、军事等因素一样，在都城的形成时都有相当的重要性。虽然社会因素不一定是每个王朝或政权在选择都城时都能接触到的，可是接触到这个因素时就不可能不加以慎重考虑，因为它同样会影响到都城建置的久暂。

（五）小　结

都城能够得以形成，应该有些必要的因素。自然环境、经济、军事以及社会基础都是不可或缺的。

自然环境应是形成都城的首要因素。不具备自然环境诸条件，是难于成为都城的。所谓自然环境，至少应包括地形、山川、土壤、气候、物产等各项。不同的都城在这些方面中应有各自的特色。以前人论都城都强调若干具体特色。如论长安就称道它的高屋建瓴的形势，论北京也赞美它的居高负险的雄姿。这就是对于地形的选择。都城的所在地都离不开高山大川，这不仅可以便于防御外来的侵扰，而且河流还可以有利于和其他各地的交通。现在看来，土壤与物产和都城似乎没有很大的关系，但在以经营农业为主要的生产方式的社会里，注意到这两个方面是有其必要性的。就以气候来说，似乎也是无关紧要的。可是北魏孝文帝由平城迁都到洛阳时，几乎因此而酿成重大的问题。

建立都城，经济的因素是不能稍有短缺的。经济是基础，如果没有稳固的基础，就不可能有任何好的上层建筑。就是最基本的军糈民食的问题，都要感到困难。一些王朝或政权在建立伊始，还不至于马上考虑都城上层建筑的各个方面，却需要立刻解决都城中军糈民食的问题。解决这个问题，最捷近的办法应是就地解决，也就是说在都城的周围或附近的地区增加粮食的生产。这就需要注意到当地的农业和农田水利的设施，以及其他有关的问题。如果不能就地解决，就要仰给于外地的供应。这不是一个简单的问题。从什么地区取给？用什么工具运输？由哪些水道或陆路运输？沿途有什么人为的或自然的阻碍？这些都应该在考虑之列。不然，都城是不易建立起来的。就是强行建立，也不能长期维持下去。

以前无论王朝和政权的建立，在选择都城时，都首先着眼于军事的因素。这在当时乃是理所当然的事情。所有王朝和政权无不期望能够永保权力，至于亿万斯年。为了能够达到这样的奢望，至少所在的都城不要为外力所侵扰。即令有外力侵犯，也期望能够坚守得住。这样就需要获得军事防守的凭借。这样的凭借当然是越多越好，有多层的防线，再加上具有指挥全面的条件，都城的安全就可以有较为妥善的保障。事实上，具有这样因素的都城一般都能具有相当的防守能力，等而下之，就难免不易应付，甚而王朝的君王也难免束手受缚。

当然，还应该指出社会因素的重要意义。社会因素与自然因素不同，在都城的选择上也有相当的影响。同样是地方势力，和王朝或政权的统治者相处和谐，不仅能使都城得以建置起来，对于王朝或政权的其他方面也会有一定的助力。反之，就会导致相反的结果。至于和都城的建置有关的民族问题，在我国这样的多民族的国家中，并非绝无仅有的问题。尤其是在游牧民族控制农业地区时，更是显而易见的。游牧民族控制了农业地区，为了能够使它的王朝或政权继续存在下去，所建置的都城一般都在农业地区的边缘，而且接近于它原来的游牧地区。

都城的形成有这样那样各种不同的因素，而这些不同的因素又并非每个都城都能具有，因而在都城的发展和演变中，就会各有不同的影响，也会肇致不同的结局。

(原载《中国古都研究》第四辑，浙江人民出版社，1989年)

【注释】

1 《史记》卷八《高祖本纪》。
2 《金史》卷九六《梁襄传》。
3 《读史方舆纪要》卷一〇《直隶方舆纪要序》。
4 《宋史》卷二六〇《李怀忠传》。
5 《史记》卷一二九《货殖列传》。
6 《战国策》卷三《秦策一》。
7 《宋史》卷三九〇《赵鼎传》。
8 《史记》卷四《周本纪》。
9 《临淄齐国故城勘探纪要》,《文物》1972年第5期。
10 《三十年来山东省文物考古工作》,《文物考古工作三十年》,文物出版社1981年版。
11 《燕下都城址调查报告》,《考古》1962年第1期;《河北易县燕下都故城勘察和试掘》,《考古学报》1965年第1期。
12 《山西省文管会侯马工作站工作的总收获》,《考古》1959年第5期,《文物考古工作三十年·建国以来山西省考古和文物保护工作的成果》。
13 《河南新郑郑韩故城的钻探和试掘简报》,《文物资料丛刊》1880年第3期。
14 《河北邯郸市区古遗址调查简报》,《考古》1980年第2期。
15 《古魏城和禹王城调查简报》,《文物》1962年第4期;《山西夏县禹王城调查》,《考古》1963年第9期。
16 《楚都纪南城考古资料汇编》
17 《史记》卷九九《刘敬传》。
18 《诗·大雅·文王之什·緜》。
19 《左传》成公六年。
20 《左传》成公六年。
21 《汉书》卷二八下《地理志下》。
22 《魏书》卷二〇《废太子恂传》。
23 《史记》卷一二九《货殖列传》。
24 《汉书》卷二八《地理志下》,又卷六五《东方朔传》。
25 《史记》卷一二九《货殖列传》。
26 《大唐六典》卷二。
27 《续资治通鉴长编》卷四三。
28 《史记》卷一二九《货殖列传》
29 《新唐书》卷三九《地理志》。
30 《文选》卷六《魏都赋·注》。
31 嘉庆重修《大清一统志》卷一一《顺天府》引周筼《析津日记》。
32 冯承钧译:《马可波罗行纪》第一五一(重)章《补述行在》。
33 冯承钧译:《马可波罗行纪》第一五二章《大汗每年取诸行在及其辖境之巨额赋税》。

34　《汉书》卷二八上《地理志上》。
35　《汉书》卷二八上《地理志上》。
36　《汉书》卷二八下《地理志下》。
37　拙著《秦汉时代的农业地区》。
38　拙著《开皇天宝之间黄河流域及其附近地区农业的发展》，《河山集》一集，生活·读书·新知三联书店1963年版。
39　《论语·颜渊》。
40　《左传》成公十三年。
41　《战国策》卷二二《魏策一》。
42　《史记》卷九九《刘敬传》。
43　《史记》卷五五《留侯世家》。
44　《太平御览》卷一五六引张勃《吴录》。
45　《南史》卷七七《孔范传》。
46　《三国志》卷四七《吴书·吴主传》。
47　《魏书》卷四〇《陆俟传附陆叡传》。
48　《战国策》卷二二《魏策一》。
49　《宋史》卷二六〇《李怀忠传》。
50　《史记》卷四《周本纪》。
51　《后汉书》卷一〇七《西羌传》。
52　拙著《秦始皇直道遗迹的探索》，《河山集》四集，陕西师范大学出版社1991年版。
53　《资治通鉴》卷一九一《唐纪七》。
54　《明史》卷六、卷七《成祖纪》，又卷三二七《鞑靼传》，卷三二八《瓦剌传》。
55　所谓四塞的说法，始见《史记》卷六九《苏秦列传》。《传》中说："(苏秦)说秦惠王曰：'秦四塞之国，被山带渭。东有关河，西有汉中，南有巴蜀，北有代马，此天府也。'"《史记》这段记载，当系存于《战国策》。《秦策一》说："苏秦始将连横，说秦惠王曰：'大王之国，西有巴、蜀、汉中之利，北有胡貉、代马之用，南有巫山、黔中之限，东有崤函之固，田肥美，民殷富，战车万乘，奋击百万，沃野千里，蓄积饶多，地势形便，此所谓天府。'"这段话中虽未提出四塞的说法，然《战国策》卷一〇《齐策三》载，苏秦说孟尝君，还是提到秦为四塞之国，太史公盖概括其辞而用之。太公史之意也只是说，秦地被山带河，因而就成为四塞之国。这里提到了巴蜀和代马。巴蜀虽富饶，代马虽雄骏，但皆不能以之作为险要防守之地。太史公是不会以这些地方及所产的物产作为四塞的一部分的。张守节为《史记·苏秦传》作《正义》，显然是以唐代关内道四周的关隘，强说为战国时秦国的四塞。据张守节所说，以故黄河南塞为秦国的北塞。所谓黄河南塞乃指今内蒙古自治区的黄河而言，秦惠王时，秦国的北疆如何能达到那里的黄河？可见他的解释与实际不相符合。
56　《史记》卷一二九《货殖列传》。这里所说的汧为岍山，岍山亦汧山，在今陕西陇县之南。雍为雍山，在今陕西凤翔县北。汧、雍两山皆与陇山同脉，实际上也就是陇山。河为黄河，华为华山，皆在关中的东部，其东就是崤函山地。在这样的解释之外，秦汉之间还有不同的解释。《史记》卷七《项羽本纪》载，项羽与刘邦相约，先入关中者王之。秦亡之后，项羽大封诸侯，背弃约言，以刘邦为汉王，诡称巴蜀亦关中地。是以关中之地南及于巴蜀。当时项羽又三分关中，王秦降将，以距塞汉王。雍王章邯和塞王司马欣分王咸阳东西，翟王董翳则都于上郡高奴，是又以今陕北为关中地矣。

57　这方面至少有四种不同的说法：西晋潘岳在所撰的《关中记》中认为关中是"东自函关，西至陇关"。刘宋时徐广则以为"东函关，南武关，西散关，北萧关"。不著撰人的《三辅旧事》又以为"西以散关为限，东以函谷为界"。元胡三省为《资治通鉴》作注，又以为"西有陇关，东有函谷关，南有武关，北有临晋关，西南有散关"。函谷关在今河南灵宝县北。陇关在今陕西陇县西北。武关在今陕西商南县南。散关在今陕西宝鸡县南。萧关在今宁夏回族自治区固原县南。临晋关在今陕西大荔县东。

58　《战国策》卷九《齐策二》载，张仪说秦武王，劝王伐韩，入三川，出兵函谷。又《史记》卷四四《魏世家》："魏襄王二十一年，与齐韩共攻秦军函谷。"是战国时早有函谷关了。

59　《史记》卷四四《魏世家》："文侯十六年，伐秦，筑临晋。"《汉书》卷二八下《地理志上》有左冯翊临晋。《注》引臣瓒曰："旧说曰：秦筑高垒以岨晋国，故曰临晋。"师古曰："瓒说是也，或以为魏文侯伐秦，始置临晋，非也。文侯重城之耳，岂始置乎。"按《战国策·齐策》已有临晋之关，是其地设关甚早。

60　《史记》卷五五《留侯世家》。

61　《史记》卷五五《留侯世家》。按：《正义》曰："陇山南连蜀之岷山，故云陇蜀也。"这里所说的岷山当为岍山之误。

62　《后汉书》卷八七《西羌传》："永和五年……（羌）寇武都，烧陇关。"又卷一四《顺阳怀侯嘉传》："建武二年……与延岑战……岑引北入散关。"是散关早在西汉时已经建置，陇关的建置亦不能迟至东汉中叶以后。

63　《左传·哀公四年》："夏，楚人既克夷虎，乃谋北方。……司马起丰、析与狄戎，以临上雒……。使谓阴地之命大夫士蔑，曰：'……将通于少习以听命。'"杜预解释这个少习，说是商县武关。当初如果武关已经建立，则仍属于楚国，与关中无涉。《战国策》卷一四《楚策一》载，苏秦说楚威王，谓秦赵两军，一军出武关，一军出黔中，则武关已属于秦矣。

64　《史记》卷一一〇《匈奴传》。

65　拙著《陕北的地理特点和军事价值》，《河山集》四集，陕西师范大学出版社1991年版。

66　张守节在这里共举出了十个关隘。函谷、武关、峣关都是汉以前的建置。蒲津关即临晋关，也是旧有的关。龙门关在今陕西韩城县东北，北周时置。合河关在今山西兴县西北，这个关置于合河县，故称合河关。合河县本隋临津县，贞观时改名，则关也应置于唐时。大震关在今陕西陇县，北周时置。乌兰关在今甘肃靖远县，亦置于北周时。皆见《元和郡县图志》。陇山关当即陇关。《读史方舆纪要》卷五二《陕西一》谓陇关即大震关。大震关为北周时始置，不应就是陇关，顾氏盖混之为一。黄河南塞当指秦昭襄王时所修筑的长城一段而言。这条长城经过横山，正可为关中的屏障。唐时北边防守，横山也是一道防线，这是在前面已经说过了的。

67　《三国志》卷四七《吴书·吴主传》

68　《宋书》卷九五《索虏传》，又《魏书》卷四下《世祖纪下》。

69　《魏书》卷九七《岛夷刘裕传》。

70　《明史》卷六七《兵志三》，又《皇明九边考》。

71　《明史》卷六七《兵志三》。

72　拙著《陕北的地理特点和军事价值》。

73　《史记》卷七《项羽本纪》。

74　《晋书》卷六八《顾荣传》。

75　《晋书》卷六五《王导传》。

76　《晋书》卷五八《周处传附周玘周勰传》。

77　《晋书》卷六五《王导传》。

四

中国古代都城建立的地理因素

四 中国古代都城建立的地理因素

我国历史悠久，先后兴起许多王朝，在统一王朝之外，还有不少的割据政权。各王朝都有自己的都城，甚至还不止一处。有的是新建，有的是因袭前朝的旧规。迄至现在，这些都城有的仅有遗迹可寻，有的还不断发展，成为现代化的城市，至于北京，到现在依然是我们社会主义祖国的首都。

研究古代的都城，在以前曾经成为历史学中一个重要的课题，在当前四化建设中，更有其重要的意义。随着四化建设的推进，城市建设也日新月异。有的城市就建立在古代都城的基础上，而一些古代都城的遗迹也正在设法加以利用。如何继承和发扬古代都城的优点？如何在旧的基础上创建更多的新城？这些都是值得考虑的问题。正因为这样的缘故，对于古代都城的研究，实为当务之急，不容稍缓。

都城所在地的选择及其建设，对每个王朝或政权都是至关重要的大事，它们也都有各自选择的标准和建设的过程。从这些标准和过程中，可以看到其间的共同之处和互相差异的所在，这里面很可能有一定的规律。这规律可能涉及许多方面。现在仅就其有关的地理因素，略加论述。

论述古代的都城，应该兼及统一时期和分裂时期，自然也应该包括奴隶社会和封建社会，不过最早我们只能追溯到周代。周代以前的夏商两代，都城的迁徙是相当频繁的，本来应加以论述，只是有的问题还有待于深入考证，有的地方还有待于继续确定，故兹篇论述就暂不涉及。

(一) 探求国土的中心点

都城的最早的作用是王朝或政权以之来统治或控制全国的疆土。达到了这样的目的，王朝或政权才能够说得上长治久安。远古时期有些人设想，为了能够更好地统治或控制，都城所在地以居全国疆土的中央为宜。这就可使它能够面面俱到，发挥应有的作用，不至于有所偏废或贻误。那时的王朝或政权以其所有的疆土为天下，因而都城就应在天下之中。最初明确这样的概念的，应为周公。周公经营雒邑为都城，说这里是"天下之中"，四方入贡的道里相等[1]。雒邑为现在河南洛阳市。周公经营雒邑是在灭商以后。周人灭商，疆土大为扩展，原来的都城丰、镐就显得偏于西方，难于统辖全局，因而就兴修雒邑作为东都。周人当时的疆土是西起陇山以西，而东至于海滨，北边已越过霍太山，而南及于汉江之阳。雒邑正好大体处于疆土之中，所以周公就把雒邑作为都城。虽然周人并没有把都城从丰、镐迁到雒邑，但对于统治新得到的商人的故土来说，雒邑起到了应有的作用。

周公这样选择"天下之中"作为都城的概念，并不是最新的设想，而是周人长期以来不断探索而获得的一条经验。周人的先世从后稷、不窋以至于太王，也像夏商王朝一样，频繁迁徙过都城。当时的迁徙是受到外力压迫的结果。后来迁到岐山下的周原，外来的压力减少了，疆土也在不断扩展。周人当时的扩展是趋向东方。周人曾经自豪地说过："周原膴膴。"[2]论肥沃，周原却比不上渭河侧畔的程[3]和丰、镐。程在今陕西咸阳市东，丰、镐在沣河的两岸。于是周人自周原迁到程。由程再迁，就迁到丰、镐。丰和镐虽是两地，相距却在咫尺之间。周人一迁再迁，可以说是为寻求更为富庶的所在。从周人当时的发展看来，这无疑也是在探索"天下之中"。周人向东扩展并不是没有阻力的，在灭崇而据有丰、镐之后，渭河下游再无其他抗拒的力量。也就是说，周人的疆土已有陇山和华山之间的地区，而丰、镐无疑是在这个地区的中央。不过当时尚无"天下之中"这样的说法，到周公经营雒邑时才具体化了。

这样选择都城的做法，起自周人，也有踵行之者。秦国先世的迁都过程就更为明显。秦国在宗周之世已经开始迁都，那时先后有三次，都在陇山以西。春秋时又迁了三次，最后一次定都于雍。雍在今陕西凤翔县。战国时又继续迁徙，一迁于泾阳（今陕西泾阳县），再迁于栎阳（今陕西临潼县渭河北），三迁于咸阳（今陕西咸阳市东）[4]。秦国这样多次的迁都，绝大部分都是由西向东迁徙，只有由栎阳迁到咸阳是由东北迁向西南。如果以秦国的迁都和周初比较，前后仿佛同出一辙。当然这中间还有其他原因存在，但寻求全国疆土的中心点，却是完全一样的。

这种观念不仅见之于王朝或政权的实际行动，而且还见之于当世学人的著作之中。出之于战国人士之手的《尚书·禹贡》，就具体列出了五服的制度，就是由都城分别向四方划成五服，每服五百里，五服共两千五百里。也就是说以都城为中心，距各方的边陲都是两千五百里。《周礼·夏官·职方氏》又提出九服的制度，也是以都城为中心，距各方的边陲都是五千里[5]。五服、九服和具体的里数，两书所说虽各不相同，以都城为中心却是完全一样的。这些设想和当时的实际情况大体相符，可知其间是有一定的联系的。

不过这种设想很难一直因袭下来。这是因为各王朝或政权的疆土不能老是固定不变，不是有所扩展，便是有所缩小。不论扩展或缩小，不会在周围各处都完全相同，就像《禹贡》和《职方氏》所说的那样，周围最远的地方距都城皆是两千五百里或五千里。秦灭六国后就无法保持这样的均势，以后的王朝或政权也都难办到这一点。固然这其中有地理方面的缺陷，不过主要应是由于人为作用而形成的。后来的王朝或政权都在设法弥补这样的缺陷。秦始皇帝修筑驰道，就是其中的一个措施。驰道以咸阳为中心，向外辐射，"东穷燕齐，南极吴楚，江湖之上，濒海之观毕至。道广五十步，三丈而树，厚筑其外，隐以金椎，树以青松"[6]。道路既加修整，置邮传命，当会更为迅速。应该指出，这些人为的设施乃是在奠定都城之后做出来的，和选择都城的因素倒是没有很密切的关系。

（二）利用交通冲要的位置

道路的通塞应是选择都城的另一个条件。就在西周时，已经注意到这一点。"周道如砥，其直如矢"[7]，周人曾经为此而夸耀过。秦始皇帝的驰道虽曾见訾于后世，然确为西汉王朝的建都长安创造了若干有利的条件。长安和咸阳中隔渭河，南北相望，实际上本是咸阳的乡聚[8]，以之作为驰道辐射的起点，并没有很多的不同处。只是当时倡议建都关中的娄敬和张良都没有把这一点明确地提出来。

最能体现这一地理因素的，当推北宋的都城开封。开封为什么能够成为北宋的都城，就是因为它处于"四达之会"[9]。具体说来，它是当时漕运四河的集中点。这四河为汴河、黄河、惠民河和广济河[10]。汴河由今河南省荥阳县广武山北旧河阴县引黄河水东南流，经过开封，到泗州（治所在今安徽盱眙县）入于淮河。当时的黄河由广武山北向东北流去，故距开封稍远，不过黄河中的船运，还是由汴河达到开封。惠民河即蔡河，它是由开封西南引闵水合于原来的蔡河，南流至陈州（治所在今河南省淮阳县）合于颍河。广济河为五丈河，由开封东流，历曹（治所在今山东省定陶县西南）、济（治所在今山东省巨野县）、郓（治所在今山东省东平县），汇于梁山泊。这几条河都交汇于开封城下[11]。这和上面所说的咸阳或长安一样，只是它是借着水道向外辐射。这些河流都可转运漕粮，供应开封。开封的百万兵民皆恃此为生。这一点是北宋不能不以开封为都城的主要原因[12]。

其实，最初认识到开封有这样有利的地理因素的，还应上推到后晋的石敬瑭。正是由于石敬瑭开始在开封建都，后汉、后周以及北宋都踵行故事。石敬瑭以开封为都时，曾颁布过一份御札，说："当数朝战伐之余，是兆庶伤残之后，车徒既广，帑廪咸虚。经年之挽粟飞刍，继日而劳民动众，常烦漕运，不给供需。今汴州水陆要冲，山河形胜，乃万庾千箱之地，是四通八达之郊。爰自按巡，益观宜便，俾升都邑，以利兵民。汴州宜升为东京，置开封府。"[13]这份御札说得十分清楚明白，开封成为都城，正是因为它的交通便利，漕运容易。其实，石敬瑭时，开封主要还是凭借一条汴河，而对五丈河和蔡河的治理疏浚，皆是在后周世宗时[14]。也是在这个时候，开封才成为水道交通的中心。北宋正是充分利用这些成就来建立都城的。

现在的北京，辽时始建为南京，金、元而后相继作为都城。这些王朝在此建都，自各有其设想和目的。这在后文将另行涉及。但是，作为交通中心，北京远在战国秦汉时就已有区域性的基础。那时的燕（其故地就是现在的北京）所以成为勃、碣之间的都会，就是因为它"南通齐赵，东北边胡"[15]的缘故。《辽史》论南京的形势，就说"其外，有居庸、松亭、榆林之关，古北之口"[16]。居庸关在八达岭下，今已为游览胜地，无须再做解释。松亭关在今河北省宽城县西南。这里所说的榆林关当系榆关之误。榆关亦作渝关，也就是今山海关。古北口在今北京市密云县东北。这四个关口正是四条交通要道经过的地方，松亭关更是辽时自南京通往中京（今内蒙古自治区宁城县西）的主要道路。这几条道路再加上南向通往各地的道路，就使当时的北京成为交通的中心。在辽和金、元三个王朝统治时，燕山上的三关一口固然重要，而通往中原的道路尤为控制其南部各地或当时整个中国最不可缺少的环节。到了明代，这个交通中心的所在，更是饶有意义。在明代，通往中原的道路并未减少其重要程度，可是燕山上的三关一口却关系到明代的国运。明代最终的覆亡正是来自山海关东的敌手。当时的北京恰是位于这通过三关一口的道路的集中点。这个集中点控制了这四条道路，照顾了由西北到东北各个方面。明代能与这些方面的敌对力量相周旋，诚然是用了全国的精力，与都城的地位却也有莫大的关系。

（三）凭恃险要的地势

历代的王朝或政权都期望以其都城为基础统治或控制其所据有的地区或整个的国土，更期望其都城不为外力所攻陷或摧毁，使其国运能够长治久安，亿万斯年。如何能达到这样的目的？只有利用地理的形势，再加上人为的努力。也就是说要注意地利与人和。古人说过："国之大事，在祀与戎。"[17]古人讲究祭祀，那是不必说的了。戎指的是兵力，只有用兵力才能保障社稷的安全。历代王朝或政权都在其都城及其附近驻有相当的兵力。唐初实行府兵制度，全国共有折冲府六百三十四个，都城所在的关内道就有二百六十一个[18]，而京兆一府有一百三十一个[19]。宋仁宗庆历时，天下兵额一百二十五万九千，而禁军、马步两部分就有八十二万六千。禁军的任务是守京师，备征戎，故绝大部分驻在都城开封[20]。这大概是在都城驻兵最多的朝代。养兵需要钱粮，费用巨大，北宋时已有人慨叹"国用所以日屈"，就是由于养兵太多的缘故[21]。因而在人和之外，还须讲求地利。春秋时，晋平公曾经自豪地说："晋有三不殆，其何敌之有？国险而多马，齐、楚多难。"[22]晋国表里山河，全国都可说是险要地区，这当然包括它的都城在内。晋平公这样自夸，并不是没有来历的，古人就曾经说过："王公设险，以守其国。"[23]这里所说的险，指的是地险，也就是山川丘陵的险要去处。正因为如此，历来选择都城对于其附近的山川丘陵，就特为注意。

最能道出此中真谛的，要数西汉初年的娄敬。当时汉高祖决定建都于洛阳，娄敬就问："陛下都洛阳，岂欲与周室比隆哉？"高祖回答说是不错。娄敬接着说，"陛下取天下与周室异"。周室积德累善十余世，才有历年久远；而汉高祖之得天下，"大战七十，小战四十，使天下之民肝脑涂地，父子暴骨中野，不可胜数，哭泣之声未绝，伤痍者未起"，娄敬认为如此"而欲比隆于成康之时，臣窃以为不侔也"。最后娄敬提出了建都关中的建议，他说："秦地被山带河，四塞以为固，卒然有急，百万之众可具也。因秦之故，资甚美膏腴之地，此所谓天府也。"[24]娄敬在这里虽也提到关中是天府膏腴之地，实际上着重在讲秦地的地理优势。秦为四塞之国，早在战国时，苏秦已经提出这样的看法。唐人张守节对此做过解释，他说，关中"东有黄河，有函谷、蒲津、龙门、合河等关；南山及武关、峣关；西有大陇山及陇山关、大震、乌兰等关；北有黄河南塞：是四塞之国"[25]。这样的解释稍嫌泛了一点，却还相当具体，曲尽关中的形势。正是由于关中具有这样的形势，娄敬才提出建都于此的建议。他还以人的搏斗做比喻，指出在搏斗时，不搤住对方的颈项，打击对方的背部，就不能算是获得全胜。他说，建都于关中秦的故地，那也就是搤住了天下的颈项，打击了天下的背部。张良对于娄敬的话，更做了进一步的说明，他说，在关中建都，乃是"阻三面而守，独以一面东制诸侯"[26]。这是说关中的南、西、北三面都有崇山峻岭，可以阻隔称兵侵犯的武力，而且在当时这三面都还没有诸侯的疆土，用不着多顾虑。关中的东面同样也有有利的地势，更有一座函谷雄关，因而可以控制关东的诸侯。这些话确实打动了出入于戎马战阵中的刘邦，他即日下令以关中的长安为都城。

娄敬和张良的设想，只是为了对付国内的不安因素。至于对付域外来的侵犯，在古代的都城中也并不是没有例证。明初本来建都于应天府，即今天的南京，成祖时才迁到北京。作为防御外敌的都城，北京是有一定的条件的。明初，北方的防线远在北京以北，当时在北边设置开平（今内蒙古自治区多伦县西北）、大宁（今内蒙古自治区宁城县）、东胜（今内蒙古自治区托克托县）诸卫和辽东都司所治的辽阳城（今辽宁省辽阳市）。自西徂东，宛然一线，互为掎角，可以随时呼应，曾经有人比之于汉的河西和唐的朔方[27]。这样就加强了北边的防守，保障了都城的安全。不过作为都城的屏蔽，还应该在较近的地区探求。实际上燕山和太行山北段正起到这样的作用。明代在这两座大山上设关较多，在燕山上有居庸、松亭、喜峰口、渝关，在太行山北段的更有紫荆和倒马关。这是几座名关，其他较小的关隘还不在少数。这些关隘的设置，是对自然形势的配合和利用，使当时的都城更显得牢固。

一些都城的选择也曾注意到河流在防御方面的作用。现在的南京，除上面提到的在明初作为都城外，三国时的吴国和其后的东晋、宋、齐、梁、陈诸朝先后都在这里建过都城。吴国的疆土主要是在江南，其都城数经迁徙，而建业为时较久。建业就是现在的南京，吴国以建业为都，虽自有取意，然大江之险确实是其都城安全的屏障。魏文帝曾至广陵（今江苏省扬州市）观兵，看到江涛汹涌，慨叹说："固天所以隔南北也！"[28]东晋、南朝皆偏安一隅，朝夕忧惧，只恐北方强兵南下。以建康（即建业）为都，当然是仰赖这一线大江。建都初期，一些人士还有一点较远的眼光，唯恐防江不成，宗社便要倾覆，因而打算防河。防河不成，就防淮；防淮不成，然后再全力防江。当时确也还有若干力量，在从事实现这样的设想。桓温、刘裕的先后北伐，虽胜败不一，却皆不以江淮为限。后来防河已经没什么指望，防淮便成了要务。南北两方为了争夺这条长淮的险要，都是在竭尽全力。到了长淮为北朝所据有，南朝就只好守江了。像大江这样的川流在军事上的重要意义，就是北朝的人士也应都是清楚的。还在南齐明帝时，北魏的陆叡就曾说过："长江浩荡，彼之巨防。"[29]正是由于有这样的巨防天险，南朝才能够多延岁月。

（四）地理因素与对外策略

一些王朝或政权在选择都城时，往往与其对外策略相联系，选择都城是为了实现某些策略；也还有些王朝或政权因为其都城居于某种有利的形势，因而也影响到当时或后世的对外策略。

前面说过，西周初年的建都，是为了迁到更为富庶的地区和其疆土的中心。其实周人早在周原时，就已有了翦商之心[30]。只是由于力量有限，而周原也远在西陲，未能完此大业。后来作邑于丰，并且把都城迁到那里，这就使东征有了可能，武王就是在这样的基础上伐纣灭商的[31]。

战国时，秦国的迁都也有同样的意图。前面说过，春秋时秦国的都城在雍，战国时，一迁于泾阳，二迁于栎阳，三迁于咸阳。秦自厉共公以后，即向东略土，与魏国争河西地，故灵公自雍迁于泾阳。泾阳在泾水之委，距离河西地自较雍近便。灵公之子献公更由泾阳迁至栎阳。栎阳又在泾阳之东。后来秦孝公下令，特别提到献公说："献公即位，镇抚边境，徙治栎阳，且欲东伐，复缪公之故地。"孝公时，河西情况已经有所变化，魏国力量衰竭，无力与秦争衡，并且沿着洛河修起一条长城，企图阻止秦国向东发展。这时秦国的策略已经不复限于河西一隅，而是放眼到函谷关外诸侯的广大国土。栎阳虽居于泾阳之东，东出函谷关，却不如咸阳便捷。因为咸阳正当渭河侧近东西往来的大道上，所以孝公又由栎阳迁都到咸阳[32]。秦国后来削弱六国，统一域内，就是以咸阳为基地的。

战国时不仅秦国迁徙过都城，其他各国也都有迁徙，其中韩、赵、魏三国皆相当频繁。春秋时，韩国本都于平阳[33]，战国时曾两次迁都，一迁于阳翟[34]，二迁于新郑[35]。平阳在今山西省临汾县西。阳翟在今河南省禹县。新郑即今河南省新郑县。赵国本都晋阳[36]，一迁于中牟[37]，再迁于邯郸[38]。晋阳在今山西省太原市西南。中牟在今河南省鹤壁市西[39]。邯郸今仍旧名，在今河北省南部。魏国本都安邑[40]，后徙大梁[41]。安邑在今山西省夏县北。大梁即今河南省开封市。这三国对于都城的建置迁徙有一个共同点：原来都是设在太行山西，这时先后迁徙到太行山东，或者黄河以南。为什么都在这一时期徙都？旧史于赵国无说，于韩国仅说，"灭郑，因徙都郑"[42]，似无别的意思。于魏国却说，因受秦国的压力，不得不向东迁徙[43]。这些说法都与实际略有出入。赵国初次徙都在献侯时。献侯在位十五年，仅城过平邑，其他殆无所事事。然《史记》于献侯十年特别写了一笔："中山武公初立。"[44]这种叙事法，在《史记》中诚为习见，不过中山与赵国却也有若干纠纷。敬侯徙都邯郸后，就连续用兵于中山。最后到武灵王时，终于灭掉中山。晋阳居太行山西，与中山尚有一山之隔，中牟虽在山东，其距中山实较远于邯郸。如果赵国在太行山东别无他图，仅是对付中山，则这样的迁都实是一步更近一步。韩自平阳都于阳翟，固已有灭郑的企图，因阳翟与新郑毗邻，实等于咫尺之间，以韩国的强大，其都城就在郑国都城的侧近，怎么能够不饱其贪欲！至于旧史所说魏国畏秦徙都，更与事实不符。魏惠王徙都大梁后，国势蓬勃发展，逢泽之会，乘夏车，称夏王，声势赫赫，天下诸侯皆从，秦国亦派遣使臣前往朝贺，魏国何至于就惧怕秦国[45]？战国时，以陶（今山东省定陶县）为中心的济水和鸿沟流域，经济已相当发达，成为富庶的地区，陶且被称为"天下之中"。这个"天下之中"与洛阳不同。洛阳的"天下之中"乃是政治中心，而陶则为经济的中心[46]。魏惠王的向东发展，其意未尝不在于此。就是韩、赵两国也不能就与此无关[47]。

如果再说得远些，还可以提到战国初年的越国。越本都于会稽（今浙江省绍兴县），灭吴之后，横行于江淮，为了争霸中原，因徙都于琅邪（今山东省胶南县西南）[48]。为什么选择琅邪作为都城？这与琅邪濒海有关。越人善航海，可以由会稽循海道直至于琅邪。琅邪富庶，后来秦始皇巡游到此时，还为之停留了三个月[49]。当年越国在此建都，可以不虞粮食及其他用品的困乏。琅邪就在齐国的边境，越人既已迁都，齐国自难免受到攻击[50]。为此，齐国曾修筑过长城。长城就在齐国的南境，西起济水岸旁的平阴（今山东省平阴县），东至于海滨。其东端且在琅邪之北[51]。长城巨防，蜿蜒千有余里，当非毕功于一时，唯其东端既在越都之北，则兴此大功或当与越人的侵凌有关，至少东端这一段应该如此。

春秋战国以后，这样的事例时有所见。西汉建都于长安，和匈奴的交往繁多，就不能不讲求对外的策略。当娄敬建议汉高祖建都关中时，大概只考虑到国内的不安因素，而没有料想到邻近强敌的威胁。其实匈奴南边到长安最近的道路才有七百里，轻骑一日一夜就可达到城下。这确实是一个很大的威胁。如何对付？汉高祖没有为之退却，另外物色新的都城。这固然与当政者的意志有关，但被山带河有四塞之固的关中形势，也加强了他们抗拒强敌的决心。娄敬当时观察到关中的缺陷，是人口不足，于是建议徙民十万余口于关中[52]。人口多了，局面才稳定下来。虽然匈奴还不断骚扰，有时候连长安城外也不能不驻军防守[53]，可是西汉王朝却一直没有设想过如何退避。然而，长安距匈奴毕竟是太近了，汉朝不能不注意北方的防务。经过惨淡的经营，到底取得了后来的胜利。

这种情况也见之于唐代初年。唐都长安是因于隋代旧规，隋代又因袭于西魏和北周。这几个王朝在长安建都时，大概和西汉一样，殆皆未考虑到关中以北的局势，因之同样受到了北边的威胁。唐代初年，就是渭河岸边也有胡骑在奔腾。唐朝一些勋臣策士失去信心，甚至倡议迁都，唐高祖竟然接受了这样的建议，打算迁到南山以南。赖秦王李世民的谏诤，才取消了原议[54]。秦王能够独挠众议，是考虑到自己的兵力，也考虑到关中的地利。由于关中距边境并非很远，不容唐朝只做消极的防守，而忽略积极的反攻，长安作为国都的地位遂赖此得以巩固。

这里还应再次提及明代的北京。明代以北京为都乃是成祖的决策。成祖初为燕王，久居北方，对于当时和日后来自北方的威胁，应是深知的。所以他在夺取帝位后，毅然迁都到北京。因为如果都城仍循旧贯，留在南京，则对于边庭的变化也许不是那么敏感，难保不贻误戎机。都城既已北迁，面对邻近的敌对力量，就不能稍事麻痹，而必须讲求防御的策略，以免养痈遗患，为害无穷。不过迁都北京以后，开平、大宁、东胜诸卫却先后内撤。这一事颇受非议。可能是明成祖对于燕山险阻过分重视，以为守住燕山，都城就可以永保安全。其实，成祖也不是没有顾虑的，为了不至于使后代稍有差池，他把皇陵建在北京之北，燕山之下，这就可以昭告他的后世，在任何情形之下，祖宗的坟茔都不可以失去。为了守住祖宗的坟茔，就应尽力利用燕山的险要形势，作为北陲的防御设施。

（五）接近王朝或政权建立者的根据地

这里还应提到西魏、北周、隋、唐诸王朝的都城长安和北魏的都城平城，以及辽、金、元、清诸朝的都城北京。这几处地方分别在这些王朝时建为都城，人为的社会因素较多。不过稍加探索，这些人为的社会因素却都有若干地理因素做基础。

以长安作为都城，是从西汉开始的。西汉以长安为都城，如前所说，其着眼点自是由于当地有四塞之固，也就是说，形势险要，有利于据守。西汉以后，东汉献帝、西晋怀帝皆曾以长安为都，时间短促，各仅有数载，说不上久远的大计。十六国时期，前赵、前秦、后秦也先后都于长安，一方霸主，也难说到更为广泛的影响。西魏和北周割据一隅，若与十六国时期霸王的地位相较，亦只在伯仲之间。不过西魏和北周下启隋唐两代，因而不能等闲视之。西魏王朝的建立始于孝武帝的西奔。西奔的目的是想依赖宇文泰。当时宇文泰的军队约有两三万人[55]。随孝武帝西奔者亦不过万人[56]，狼狈穷蹙之状可以想见。能在关西苟延残喘，亦系幸事。当时殆未能设想奠基于永世。只因宇文泰已据有雍州，故以长安为避难之所。这虽是出于偶然，但如果不是宇文泰在这方面已有一些基础，孝武帝定然不敢仓促西奔。

宇文泰曾从贺拔岳转战于关陇各地，贺拔岳死后，宇文泰继统其众，其部下自多关陇豪右。后来宇文泰在邙山为高欢所败，更广募关陇豪右以增军旅[57]。关陇豪右成为宇文泰的国力所寄，这是势所必然的发展。其后周人东征，即唯此是赖[58]。北周之后，隋氏继起，及于唐初，关陇豪右始终是这些王朝的主要支柱。西魏及北周初年，尚踢蹐于关西一隅，论形势不能不以长安为都，论实力也不能不依赖关陇豪右。杨氏代周时，北齐已经灭亡，陈国更孤守江南，然而隋的国都却只能因魏周旧贯，难以离开长安。其中关陇豪右的力量依然是重要因素。寖假至于唐初，景况似无大改变。

近人治隋代及唐初史事，每以关陇集团相称，这是有其来由的。当时能够形成这样一个力量集团，固然与宇文泰诸人的培植维护有关，而这一地区的传统风气也是明显的因素。《隋书·地理志》论述其渊源，就曾推溯到安定（治所在今甘肃省泾川县）、北地（治所在今甘肃省宁县）、上郡（治所在今陕西省富县）、陇西（治所在今甘肃省陇西县）、天水（治所在今甘肃省天水市）、金城（治所在今甘肃省兰州市），说是"于古为六郡之地"。这是指西汉时的旧规而言。西汉时诚有这六郡，名称也和隋时一样，辖地大小却有差别。隋时这六郡相当于现在甘肃省东部和陕西省北部，汉时还应包括今宁夏回族自治区在内。汉时这六郡皆是"迫近戎狄"，故当地的人"修习战备，高上气力，以射猎为先"。这六郡的良家子就多以材力为官[59]。《隋书·地理志》虽然没有说明这一点，可是既提到古之六郡，其含义还是明确的。书中接着又说："平凉（治所在今宁夏回族自治区固原县）、朔方（治所在今陕西省靖边县北）、盐川（治所在今陕西省定边县）、灵武（治所在今宁夏回族自治区灵武县）、榆林（今内蒙古自治区准格尔旗东北）、五原（治所在今内蒙古自治区五原县南），地接边荒，多尚武节"，其意义就更为清晰。这几个郡除有今陇东和陕北各一小部分外，主要是在今宁夏回族自治区和内蒙古自治区的伊克昭盟和河套平原，总的来说，都属于关陇范围之内。证以周隋及唐初建国时的人物籍贯，《隋书·地理志》所说的并非虚语。

根据以上所述，可以说，在魏、周、隋及唐初建国之时，长安以一个前代古都，地势险要，物产富庶，固已具有建立都城的一定条件，不过关陇集团作为这些王朝的政治支柱，对当时选择都城应有其重要的影响。这个地区性集团的形成，是和当地的地理因素分不开的。

北魏最初都于盛乐，其后乃迁于平城。盛乐为今内蒙古和林格尔县，平城则在今山西省大同市。北魏为鲜卑族所建，盛乐在当时为游牧地区。游牧民族建都于游牧地区，应该说是常理。平城和盛乐不同，已是半农半牧地区。拓跋氏为了发展国力，向其南的农业地区拓土。都城随着向南迁徙，在当时实为不可避免的局势。可是国力还在不断发展中，都城不能远离游牧地区。平城就在这样的环境中成为都城。迁都后，鲜卑人才在平城及其四围分土定居，并于所定的地区置八部帅，来拱卫这新设立的都城[60]。后来北魏的都城又向南迁徙到洛阳，是企图经略长淮以南的南朝土地。这时鲜卑人已经逐渐向农耕转化，黄河流域的土地基本得到控制，故能远离其原来游牧地区，不虞倾覆。

至于辽、金、元、清诸朝在北京的建都，和北魏初年的迁都平城有其相似之处。契丹得到燕云十六州后，其势力已伸及燕山之南。要统治这新得到的土地，幽州自是一个重要的据点。当时升幽州为析津府，并建立为南京，就是出于这样的目的。其实南京只是一个陪都，并未能取临潢府的地位而代之。这一点与其后的金、元和清代略有不同。金国的疆域南及秦岭、淮河，现在的北京在金时称为中都，就当时整个国土来说，已接近于中心位置。不过金国的统治者不会有选择都城于国土的中心点这样的概念。金国称这个地方为中都，只是因为当时于上京会宁府外，还有东、西、南、北四京，中都居于四京之中而已。金国以中都为都城，可能有两个原因：其一，这是辽的南京故地，既有一定的建置基础，又便于统治秦岭、淮河以北新得到的土地。其二，女真人建国之先，还是"随水草以居"的游牧部落，稍后才"耕垦树艺，始筑室，有栋宇之制"[61]，农业只具有雏形。其所征服的部落，也以游牧为多，要统治人数众多的农耕民族，确有一定的困难。这一点契丹人已经积累了若干经验，就是南北两面分治，各因其习俗而有所差异。辽国在这方面取得了相当的成就，却泯灭不了农耕和游牧这两种具有不同生产方式和生活习惯的民族的界线，因而各自存有戒心。金国灭辽以后，基本上承继辽国旧时的疆域，而其南部且有过之。金国实际上因袭了契丹人的统治方法，其戒心却没有多少消释。中都虽已在农耕地区，但距游牧地区并非很远。若遇有危急之处，自可仰赖于游牧民族的应援，甚或脱离农耕地区，退回原来的游牧地区。这样的设想和安排布置，都有一定的道理，可是女真人的末路却未能如此理想。因为他们结怨最深的并非其南的农耕民族，而是其北的另一个游牧民族———蒙古。其结果不是退回到游牧地区，而是迁都到更南的开封，也就是他们所建立的南京。不仅如此，就是居于中原的女真人，也很少重返其游牧地区。

元代疆土的广大，为以前各王朝所少有。和女真人一样，元朝也统治着广大的农耕地区。元大都固然并非在金中都的旧迹上建立起来的，但在作为游牧民族统治农耕地区这一点上却有相似的意义和作用。在最后的结局上，元代的统治者分明较优于金人，因为他们在明兵将临城下时，就相率归回到原来的游牧地区，并且在那里和明朝相抗衡，前后竟达两百多年。

清代的经历也仿佛他们的先驱者。元代大都和金的中都没有多大关系，清代的北京却大体因着明代的旧规。这一点和元代小有差别，但在统治农耕地区方面，还是师承了其先驱者的办法。清代的统治政权建立后，原来住在旧地的满洲人，大部分络绎相继，相率入关西来。如果说他们在危难时机还要仰仗其旧族支持，那是不现实的妄想。不过清朝统治者一直在全力笼络元朝的后裔，其目的是要他们起到满洲旧人的作用。当然这也是他们统治北陲的一项策略。由于清代统治者最后的腐朽不振，原来所期望的支持力量，同样难得实现。

(六) 政治中心与经济中心的关系

上面所论述的主要是与政治、军事有关的地理因素。都城的选择，虽说在政治和军事方面都应做出周密的考虑，经济方面也不能稍事疏忽。论起经济方面，地理因素也相当重要，并不稍次于政治和军事。

远在上古，周人选择都城就考虑到经济方面，而且是作为地理因素加以考虑的。这一点前面已经有过论述。周人最早活动于岐山之下的周原，后来又由周原辗转迁至沣河两侧的丰、镐。周原虽称富庶，较之丰、镐却不免稍逊一筹。河流附近得水方便，必然胜过原上。《诗·周颂》诸篇中曾经描述过不少的富庶情景，这应包括沣河流域在内[62]。正是因为有了这样富庶的地区，农业得到发展，周人才有力量灭掉殷商。

应该说，经济地区的富庶是有一定的限度的。周人所都的丰、镐，自是一个富庶的经济地区，丰、镐所在的关中更是范围较大的富庶地区，秦汉时关中有"陆海"之称，足见它的富庶程度[63]。战国时，秦国经过辗转的迁徙建都咸阳，西汉亦建都于长安。咸阳、长安都和丰、镐一样，位于关中平原的中央，其富庶的程度应无差异。战国后期，这个富庶的经济区已经显露出一些缺点，由于秦国逐渐强大，版图不断扩张，都城及其附近人口相应增多，粮食的需要自然超过旧时。就在那时，秦国修筑了千里的栈道，通到巴蜀[64]。这样的设施自然是为了运输粮食。秦始皇帝未统一六国前，就在关中修凿郑国渠，引泾河水灌田，增加粮食的收成[65]。统一六国之后，粮食的需要继续扩大，又大量由关东运来，今河南省荥阳县广武山北旧有地名敖，秦时在那里置仓，以转输由关东西运的粮食，因而有名一时[66]。秦始皇时对于关中缺粮的问题，并未就地解决，后来西汉以迄隋唐，也都棘手无策，靠着由关东运来的漕粮。这情形不仅见之于咸阳和长安，也见之于金、元、明、清各朝的都城，现在的北京。从金时起，就曾为转输粮食而开凿过运河，元时更凿通了沟通南北的大运河，明清两代都为维护这条关系到都城粮食命脉的运道而费尽了心力[67]。由此可见经济问题对于都城的重要意义。

秦汉和隋唐以及后来的元、明、清虽都为经济问题，特别是粮食问题，多费周折，可是却都没有为此而迁徙都城，离开政治中心而迁就经济地区。可是有些王朝或政权就不是如此。东汉以洛阳为都，显示出当时有迁就经济地区的企图。光武帝没有遵循旧规，再以长安为都，分明是由于长安已经残破不堪，不易恢复经营。可是为什么要建都洛阳，好像当时也没有公开宣布过[68]。有人解释说是，洛阳"即土之中，有周成隆平之制"[69]。还有人说，像洛阳这样适于建都的地方，"汉初弗之宅，故宗绪中圮"[70]。其实西汉王朝的衰亡自有其政治上的原因，和都城并没有很大的关系。不过都城长安确有一个难于解决的问题，这就是漕粮的运输。漕运途中又必须经过砥柱，这砥柱之险乃是当时不易克服的难关。洛阳距关东产粮的地区较近，又在砥柱之东，若以之建为都城，就不会再遇到这样的问题。洛阳濒洛河，洛河在洛阳城下的一段当时却不易行舟。为了弥补这个缺点，东汉开国之初，就开凿渠道，引縠水注于洛河，不料渠道凿通了，水却引不进来[71]。又过了一些时候，才在洛河侧畔开凿阳渠。阳渠是在洛阳城南，引洛河水东流，到偃师再归入洛河，漕舟才能通行无阻[72]。这和西汉在长安附近，开漕渠傍渭河东流，然后再合于渭河有相同的功效。阳渠的开凿说明了东汉王朝注意力的集中所在。至于洛阳是否还位于天下之中，那就不去管它了。

至于以开封为都城的后晋、后汉、后周和北宋几个王朝或政权，其着眼点显然都是为了贪图当地漕运的便利。开封在洛阳之东，运道当更为捷近，况且开封自隋唐以来都是汴河流经的重要城市，而汴河为当时漕粮的主要运道。后来又疏浚了惠民河和广济河，开封的漕运更为便利。这都是在前面已经论述过的。不过，应该指出的是，不论洛阳还是开封，都不能说是富庶的经济地区。东汉时，富庶的经济地区在济水和汳水流域，也就是在今河南省东部和山东省西南部以及更东的沿海各地[73]。五代和北宋时，富庶的经济地区在长江下游三角洲和太湖地区。因此，我们只能说东汉和从后晋以迄北宋这几个王朝或政权都只是企图使他们的都城更接近于富庶的经济地区，因为这样至少可以省去若干漕运的麻烦，并减少因此而引起的一些危机。

在古代的都城中，南京在这方面独具特色。南京邻近太湖区域。太湖区域是一个富庶的经济地区，这在三国时已经有了相当的基础，东晋、南朝更有显著的发展。沈约在《宋书·列传第十四》后特别做了论述，他说："江南之为国盛矣……地广野丰，民勤本业，一岁或稔，则数郡忘饥。会土（指会稽郡）带海傍湖，良畴亦数十万顷，膏腴上地，亩直一金，鄠（今陕西省户县）、杜（今陕西省西安市南）之间，不能比也。荆城（指荆州）跨南楚之富，扬部（扬州）有全吴之沃，鱼盐杞梓之利，充仞八方，丝绵布帛之饶，覆衣天下。"这里所涉及的虽不尽是太湖地区，太湖地区的富庶却已说得相当详尽。沈约认为，这里超过了汉时农业发达的关中地区，那里的鄠杜良田都不能和江南相媲美，这应是不易之论。这样富庶的经济地区，对于在南京的王朝或政权自能起到一定的影响。三国时的吴国和东晋、南朝能够立国较久，固然恃着浩淼的大江，使北边的敌对者不能轻易越渡，也因为邻近富庶的太湖地区，在经济上能够有所支持。不过南京和太湖富庶地区之间隔着汤山和大茅山，道路运输还有若干不便。为了解决这样的困难，早在吴国时，就曾凿句容中道，自小其至云阳西城，通会市，作邸阁[74]。句容县也就是现在的江苏省句容县。云阳西城在今江苏省丹阳县西南。小其未知确地。这条运道的开凿分明是利用秦淮河的水道。秦淮河有三源，除一源来自溧水县外，另外两源分别来自茅山和句容县的华山[75]。这两条上源汇合处即在句容县的西南，则小其亦当在句容县的西南。这条运道开通后，南京和太湖富庶地区就可直接联系，船舰可以互通，直至南朝还曾长期使用。

南宋都于杭州。杭州更近于太湖富庶地区,水道交通尤为便利,当然杭州也显得更为富庶。杭州和南京不同。南京濒于大江,大江虽甚险要,毕竟离南京过近,在那里的王朝或政权,还不免忧心忡忡,唯恐在中原的敌对势力渡江来攻。杭州远离长江,这样的顾虑可以减少些。南渡之初,金人追踪南下,江左几乎难以立国,以后进犯的金兵却都临江而止,保全了这里的富庶地区。这样的富庶地区支持着南宋的半壁河山。南宋每年向金国缴纳的大量岁币,当然也取给于这个富庶的地区。以富庶地区的经济力量,换得杭州都城中比较安闲的岁月,无怪当时有人说:"暖风熏得游人醉,直把杭州作汴州。"

(七)余 论

选择可以建都的所在是立国的大事,是任何一个王朝或政权都不能稍为疏忽的。一个地方能够作为都城,各有其不同的原因。地理因素应是其中的一个重要方面。

就地理因素而论,每个地方都有其特色。或者以险要见称,或者以富庶延誉,或地处交通要冲,或临迩当前敌国。其他种种更各因地而有所不同。各个王朝或政权各在其统治或控制的地区认真地进行选择,有的因袭,有的创始;或专就地理因素着眼,或兼重其他条件,皆可获得相应的效果。只是各时期情况都不尽相同,地理现象也会因时而有变化。若前后强求一律,那就等于胶柱鼓瑟了。

这里不妨就上面所阐述的各项再做推论。

上面曾经说到都城所在地一般都在交通冲要的地区，即令有所不足，也可借人力补充。不过有些地方却是不易补充的。也有的初期尚不感到若何困难，到后来却成了难于克服的缺陷。秦都咸阳，汉都长安，虽非一地，却都是驰道的中心点。由此中心点通向各处，并非就没有一点问题。千里栈道，往来跋涉就已经不很容易，三门砥柱之险，尤影响到漕粮的运输。东汉不再以长安为都，这应是其中的一个原因。如果加上社会的变化，问题就更为繁杂。唐代的汴河本为国家的经济命脉，可是中叶以后，沿途多生枝节，漕运有时中断，长安的王朝便感到难以支持。明代的北京，道路也是四通八达，可是崇祯末年各处勤王之师竟无至者。至于分裂时期，交通更多阻隔。三国时，魏蜀对立，秦岭、巴山等闲难得过往。曹操欲买蜀锦，还得多费周折，专门派人去蜀地[76]。南北朝时，长淮南北更成禁区，轻易不得越过[77]。北魏豫州刺史若库辰树兰更公然宣称："自今以后，魏、宋二境，宜使人迹不过。自非聘使行人，无得南北。"[78]

秦汉皆都于关中。关中本是险要地区，而函谷关尤为一时的雄关，秦汉两朝都是借此以阻遏关东的反抗武力向西进攻。可是秦二世时，陈胜所派遣的周文不仅进入函谷关，而且直至于戏（今陕西省临潼县东北）[79]。唐代，长安以东的雄关为潼关，可是黄巢却由潼关的南原向西进军，绕出潼关之后[80]。情势如此，关中的险要是难于为力的。明代的居庸关也是一时的雄关，其初意本是为了防御鞑靼、瓦剌。而李自成颠覆明朝，偏是穿过居庸关达到北京城下，并不是在太行山东的平原上由南向北进攻。明代防满洲，常置重兵于山海关，后来清人就是由山海关进来的。再说长江天险，从来是建都于金陵的王朝或政权最大的凭借，西晋初年，王濬还是顺江而下，金陵王气也就黯然收了[81]。隋时韩擒虎甚至由采石直渡，擒获了陈叔宝[82]。

汉唐两代皆都长安。长安距当时的北陲又皆不甚悬远，强敌在侧，不能不励精图武，讲求对外的策略，因而先后取得一定的成就。同是长安一地，西魏、北周就未能和汉唐两代一样。西魏和北周为了对付其东的东魏和北齐，并未利用突厥的力量，而是向之输送金帛，低首结好。东魏和北齐都于邺。邺在今河北临漳县。邺和长安北距突厥的远近大体相当。东魏和北齐对突厥的策略，也和西魏、北周相仿佛，不仅未能取得像汉唐两代那样的成就，反而使突厥更为猖獗，其可汗保钵乃至于宣称："但使我在南两个儿孝顺，何忧无物邪？"[83]

西晋都于洛阳。洛阳本处中原，汉魏以来，西北诸族逐渐内徙，京兆(治所在今陕西省西安市)、弘农(治所在今河南省灵宝县北)、平阳(治所在今山西省临汾县西)、上党(治所在今山西省潞城县东北)、魏郡(治所在今河北省临漳县西南)诸郡都已成为各族杂居的地区。其情况的严重并不亚于西汉的匈奴和东汉的西羌，甚至还要过之。当时有识之士皆忧心忡忡，屡以为言，倡议徙戎，各归本土，却未能引起西晋王朝的注意[84]。因循苟安，卒引起永嘉的乱离，形成十六国割据的局面。

　　前面曾经论及一些都城多接近于其王朝或政权建立者的根据地。这是有关的王朝或政权的一种统治方式，遇有危难时可以得到其根据地的助力，甚至可以在行将败亡时重返其根据地，以图再举。其实人事变化，也未必皆能如此得心应手。西魏、北周和隋、唐诸代相继都于长安，是因为有关陇集团的助力的缘故。西魏、北周和隋代诚然得到关陇集团的支持和拥戴，唐初武德时也还有这样的意味，到了贞观时，关陇集团已渐保持不住他们原有的地位[85]，而唐王朝也无须专恃这一集团的助力。至于北魏、金、元及清代，仅元末的统治者在明兵将临大都城下时遁归漠北，其他各代在崩溃之余，原来的部落种族皆与被统治者融合为一，终于没有多少人重返其原来的游牧或狩猎地区。

　　各王朝或政权对于经济基础皆同样重视。前面曾经说过，西周初年称道洛阳为"天下之中"，战国时又有了以陶为"天下之中"的说法。前者为政治中心，后者为经济中心。自此以后，"天下之中"的说法再未见诸记载。不过政治中心和经济中心的实质却一直存在。这两个中心是否可以合二为一，除南宋一代外，殆少见及。孙吴、东晋和南朝的都城虽皆近于太湖区域，却还有一点距离，不似南宋杭州那样的合为一体。这就显示出，这些王朝或政权虽都感到富庶的经济区对于立国的重要性，大多却无意使这样两个中心强合为一。因为建立一代的都城，并非只有一个经济的因素。

由此可见，都城的问题是一个比较复杂的问题。作为一个都城，它要求具备许多种不同的因素。地理的因素诚然是一个重要的因素，但不是唯一的因素。这许多的因素，错综复杂，互有影响，不细究其中的曲折，就不能做出恰当的说明。也唯有把各种因素都探讨清楚，才能进一步了解各种错综复杂的因素之间的关系，并做出恰当的说明。而且事物总是在不断变化之中，地理现象也是如此，各个时代更是彼此互有差异。有的都城为一个王朝或政权建立后，有后世王朝或政权因袭不改的，可是也还有一个王朝或政权还曾经迁徙过都城，有的甚或还不止一次。如果不细究其变化的过程，则难于完全理解。兹篇深愿就这些现象加以论述，以才力有限，诸多不周，当世方家还乞有以教之。

(原载《中国古都研究》第二辑，浙江人民出版社，1986年)

【注释】

1 《史记》卷四《周本纪》。
2 《诗·大雅·文王之什·緜》。
3 《逸周书·大匡解》。
4 《史记》卷五《秦本纪》，王国维：《观堂集林》卷一二《秦都邑考》。
5 顾颉刚：《史林杂识初编·畿服》。
6 《汉书》卷五一《贾山传》。
7 《诗·小雅·谷风之什·大东》。
8 《汉书》卷一下《高祖纪下》颜注。
9 《宋史》卷八五《地理志一》。
10 《宋史》卷一七五《食货志上三》。
11 《宋史》卷九四《河渠志四》。
12 《宋史》卷二六〇《李怀忠传》。
13 《旧五代史》卷七七《晋书三·高祖纪》。
14 《资治通鉴》卷二九三《后周纪四》，又卷二九四《后周纪五》。

15　《史记》卷一二九《货殖列传》。

16　《辽史》卷四〇《地理志》。

17　《左传》成公十三年。

18　《新唐书》卷五〇《兵志》。

19　《新唐书》卷三七《地理志》。

20　《宋史》卷一八七《兵志一》。

21　《宋史》卷一九四《兵志八》。

22　《左传》昭公四年。

23　《易·习坎》。

24　《史记》卷九九《刘敬传》。

25　《史记》卷六九《苏秦列传》及《正义》。黄河南塞当指战国时秦昭襄王所修筑的长城。这条长城由今甘肃岷县起，经今陕西省北部，而至于今内蒙古自治区准格尔旗，乃是在黄河之南。

26　《史记》卷五五《留侯世家》。

27　顾祖禹：《读史方舆纪要·直隶方舆纪要序》。

28　《三国志》卷四七《吴书二·吴主传》注引《吴录》。

29　《魏书》卷四〇《陆侯传附陆叡传》。

30　《诗·鲁颂·閟宫》。

31　《诗·大雅·文王之什·文王有声》。

32　《史记》卷五《秦本纪》。

33　《水经·汾水注》引《竹书纪年》。

34　《汉书》卷二八上《地理志上》："阳翟，夏禹国。周末，韩景侯自新郑徙此。"按：韩至哀侯始灭郑，景侯乃哀侯之祖，其时新郑尚非韩国所有，景侯何能都于新郑，且从新郑徙于阳翟？王先谦《汉书补注·地理志》引姚鼐说："韩之都三，平阳、阳翟、新郑。……当（郑未灭）时，韩北有平阳，南有阳翟，盖包新郑于腹中，迄哀侯灭郑定居，故《志》于新郑下云，韩自平阳徙都之，盖自景侯至哀侯，虽居阳翟，而平阳之都犹南北并建。故于新郑，尚可云自平阳徙，于阳翟，必不可云自新郑徙耳。"

35　《汉书》卷二八上《地理志上》。参见上注。

36　《战国策》卷一八《赵策一》。

37　《史记》卷四三《赵世家》。

38　《史记》卷四三《赵世家》。又《汉书》卷二八下《地理志下》。

39　《史记》卷四三《赵世家》"正义"。

40　《史记》卷四四《魏世家》。

41　《水经·渠注》引《竹书纪年》。

42　《史记》卷四五《韩世家》。

43　《史记》卷四四《魏世家》。

44　《史记》卷四三《赵世家》。

45　拙著《论〈禹贡〉的著作年代》，《河山集》二集，生活·读书·新知三联书店1981年版。

46　拙著《释〈史记·货殖列传〉所说的"陶为天下之中"兼论战国时代的经济都会》，《河山集》一集，生活·读书·新知三联书店1963年版。

47　《史记》卷四五《韩世家》："文侯二年，伐郑，取阳城。伐宋，到彭城，执宋君。"宋国在陶这个富庶地区的南侧。其时已在景侯徙都阳翟之后，则韩的向东发展，固不仅在于灭郑了。

48 《汉书》卷二八上《地理志上》，又《水经·潍水注》。
49 《史记》卷六《秦始皇本纪》。
50 《史记》卷四一《越王勾践世家》。
51 《水经·汶水注》。
52 《史记》卷九九《刘敬传》。
53 《史记》卷一一〇《匈奴列传》。
54 《新唐书》卷二一五上《突厥上》。
55 《周书》卷一《文帝纪上》。
56 《隋书》卷二四《食货志》。
57 《周书》卷二《文帝纪下》。
58 《周书》卷一《晋荡公护传》，又卷一六《独孤信传》。
59 《汉书》卷二八下《地理志下》。
60 《魏书》卷一一〇《食货志》，又卷一一三《官氏志》。
61 《金史》卷一《世纪》。
62 《诗·周颂·臣工之什·丰年》《诗·周颂·闵予小子之什·良耜》。
63 《汉书》卷二八下《地理志下》，又卷六五《东方朔传》。
64 《战国策》卷五《秦策三》。
65 《史记》卷二九《河渠书》。
66 《史记》卷八《高祖本纪》，又卷九七《郦生陆贾列传·郦食其》。

67　拙著《中国的运河》，陕西人民出版社1988年版。
68　《后汉书》卷一上《光武帝纪上》。
69　《后汉书》卷四下《班彪列传下附班固传》。
70　《文选》卷三，张平子：《东都赋》。
71　《后汉书》卷二二《王梁传》。
72　《后汉书》卷三五《张纯传》。
73　拙著《秦汉时代的农业地区》。
74　《三国志》卷四七《吴书二·吴主传》。
75　《宋史》卷九七《河渠志七》。
76　《后汉书》卷八二下《方术列传下·左慈》。
77　《北史》卷八六《循吏列传·苏琼》。
78　《宋书》卷九五《索虏传》。
79　《史记》卷四八《陈涉世家》。
80　《旧唐书》卷二〇〇下《黄巢传》。
81　《晋书》卷四二《王濬传》。
82　《隋书》卷五二《韩擒虎传》。
83　《周书》卷五〇《异域列传下·突厥》。
84　《晋书》卷五六《江统传》，又卷九七《四夷传》。
85　拙著《两〈唐书〉列传人物本贯的地理分布》，见《纪念顾颉刚先生九十诞辰论文集》。

五

中国古代都城建都期间对于自然环境的利用和改造及其影响

我国历代王朝或政权对于都城的选择都是十分重视的。都城既建之后，又皆多方维护，使它能够保持其固有的地位，并使它能够巩固各自王朝或政权的统治基础。这在社会方面和自然环境方面都可以显示出来。兹篇仅就自然环境方面从事论述，说明有关时期对于都城所在地的自然环境的利用和改造，兼及它所起到的影响作用。

（一）都城周围地形罅漏的补苴

历代王朝或政权选择都城都有一定的标准，有社会的因素，也有地理的因素。在地理的因素中，凭恃险要的地势实为一条重要的原则。这在拙著《我国古代都城建立的地理因素》中已经有所论述。历代王朝或政权为了巩固它的统治地位，对于这一点一般都是十分重视的。当然也有由于其他的原因，未能多所兼顾，而不能不采取别的措施，以防患于未然。北宋建都于开封，开封为四战之地，乏险可守，只能凭恃重兵，以相震慑。北宋开国时，全国养兵不过二十万。至仁宗庆历时，已增至一百二十五万九千，其中禁兵就有八十二万六千[1]。当时的禁兵固然也分番戍守郡县，实际上是全力在拱卫京师。可见其重要的意义。其他的王朝或政权也都在都城屯驻重兵，却不像北宋这样的雄厚。这是因为这些王朝或政权的都城有险要的地势可以做防守的凭借。不过任何险要的地势都不是没有罅漏之处。一些王朝或政权为了补苴这样的罅漏，都在费尽心机，以免有所贻误。设置关隘就是其中最重要的一项。

关的设置，起源甚早。孟子曾经说过："关市讥而不征。"[2]《周礼》也有"关市之赋以待王之膳服"[3]。这都是城市附近征收商税的机构，还说不上有防守的作用。不过后来关隘终于在防守方面起到巨大的作用，至迟在战国时已经有了为防守而设置的关隘。苏秦说秦惠王，即曾说过，秦国"东有崤函之固"[4]。这是指崤山和函谷关而言。函谷关是一座有名的雄关。至迟在秦惠王以前已经建立起来了。函谷关在今河南省灵宝县北王垛村，位于弘农河的左岸。这是当时秦国的东门，也是秦国都城咸阳东方的屏障。当时秦国不仅东面有关，其西南北三方也都有关。西面为散关，在今陕西省宝鸡市南秦岭上[5]。南面为武关，在今河南省西峡县西丹江附近[6]。北面为萧关，当在今宁夏回族自治区固原县东南茹水河北[7]。这些关分别拱卫着咸阳的周围，为都城附近最早设置的关隘。

这几座关各自控制着一条通道。当地既有道路通过，正说明这一方险要去处还有罅漏之处。而补苴这样的罅漏，正是设置关隘的原因。这四座关城，除散关位于秦岭外，其余三座关不仅控制着所在的道路，而且分别是在所通过的道路的峡谷路段。函谷关位于崤函山地，经过当地的道路是一条典型的谷道。所谓"邃岸天高，空谷幽深，涧道之峡，车不方轨"[8]。向此进攻的武力，就是攻克了函谷关，这关西的谷道也是不易通过的。经过武关的通道，也是辗转于丹江岸旁秦岭南坡的山地。萧关虽在六盘山下，却在清水河的源头附近。清水河为汉时的乌水。

这是当时北方的游牧民族向南进攻的大路。这条大路的南端能够有萧关作为控制，由北向南的进攻往往是不能得逞的。当然，任何军事要塞不是根本没有突破的可能，甚至还需要再作补苴。秦岭上的峣关，就是补苴武关的不足。峣关在今陕西蓝田县南，也就是后来的蓝田关。由萧关南行，进入关中，须越过陇坻。这是一个有名的"岩障高险，不通轨辙"的地方[9]。这样高峻之处也是等闲不能轻易越过的。虽然如此，到后来还是在这里设了一座陇关[10]。秦时所设的关隘，当西汉建都长安时，还一样可以作为凭借。

根据唐人的记载，唐时于全国各地设关二十六座，分为上中下三等。在都城长安周围的有上关五座、中关四座。五座上关为京兆府的蓝田关、华州的潼关、同州的蒲津关、岐州的散关、陇州的大震关。四座中关为京兆府的子午关、骆谷关和库谷关，还有同州的龙门关[11]。蓝田关、散关都是秦汉时的旧关。蒲津关今为大庆关，在今大荔县废朝邑县东，这也是一座古老的关隘。西汉初年，曹参从汉王出临晋关[12]，就是指此而言。它虽位于长安东北，却没有函谷关那样重要。潼关始置于汉魏之间，它位于函谷关之西，因而代替了函谷关。大震关就是陇关。其他四关，子午关在今长安县西南，库谷关在今陕西蓝田县西南[13]，骆谷关在今周至县西南[14]。终南山雄踞于这几县境内，这几座关就是设在终南山上，龙门关则在今陕西韩城县东北龙门山侧黄河之滨。这几座关中不仅没有函谷关，而且也没有武关和萧关。这是当时有关战略的变化。不仅函谷关已经废去，萧关也同样不再设置，武关虽未废去[15]，却不在全国二十六关数内。可知当时据以防守的，仅是终南山和陇山，另外还有东侧黄河一线。

这样以设置关隘来补苴地势的罅漏，还见之于洛阳和北京。论形势，洛阳周围的山川不如长安的险要，所以汉高祖就舍去它不以为都。应该说洛阳在作为都城时，还是有一定的防守凭借的。周武王所说的"南望三涂，北望岳鄙，顾詹伊洛"[16]，就是概括的论述。这是说洛阳南面有位于今河南省嵩县的三涂山，北有太行山，中间又有黄河和伊洛两水贯通着。可以说洛阳东有成皋，西有崤渑，但和长安相较，仍应稍逊一等，当然也需要有所补苴。前面曾经提到关中东面的潼关，其实这座潼关的设置，本是为了拱卫洛阳，而不是长安。潼关始置于汉魏之间，那时长安已经废不为都，无须再多置重兵。潼关位于崤函山地的西端，由西面来的进攻，就是攻破潼关，险峻的崤函山路仍然不易通过。这一点和秦与西汉的设置函谷关，有同一的用意。东汉末年，在洛阳周围设置了八座关，这是函谷、广成、伊阙、大谷、辗辕、旋门、小平津、孟津[17]。这里所说的函谷关，乃是汉武帝所移置的函谷新关，在今河南省新安县东门外。广成关在今河南省临汝县西[18]。伊阙关即今洛阳市南龙门。大谷关也在今洛阳市南[19]。辗辕关在今河南省巩县西南。旋门关在今河南省旧汜水县西南[20]。小平津关在今河南省孟津县[21]。孟津关在旧孟津县。这八关绝大部分就在洛阳近旁，仅广成、辗辕、旋门三关稍远一些。广成关控制着由汝河来的道路，辗辕关控制着由颍河来的道路，旋门更控制着由黄河下游来的道路，这就使洛阳的防卫更显得严密。虽然这八关的设置为时相当短促，未久即废，却已充分说明洛阳周围防务上的一些罅漏处仍然可以借人力得到补苴。

鲁阳为今河南省的鲁山县。阳人去鲁阳百余里，故孙坚能于夜间由阳人至鲁阳见袁术。孙坚这次行军当是由汝河上游再北去洛阳的。《文选》卷一九载曹植《洛神赋》说："余从京师，言归东藩，背伊阙，越轘辕，经通谷，陵景山。"曹植时为鄄城王，所归的东藩即指鄄城国而言。鄄城国治鄄城县，即今山东鄄城县。曹植归东藩，要经过通谷，而通谷就是大谷，则大谷不应在洛阳之南，而应在其东南。曹植置轘辕于通谷之前，颇疑为便于行文而稍稍颠倒次序。因由轘辕东南行即至嵩山之南颍河上游，不能再折回过通谷了。据曹植赋，大谷过后至景山。《太平寰宇记》卷五《河南府》，景山在缑氏县东八里。缑氏县今为偃师县缑氏镇，则大谷当不能远至景山之东。以今地按之，当为水泉口，乃是横越伏牛山的一条通道。

这样的情形也见于北京的附近。北京为金、元、明、清诸王朝的都城。金、元和清代的统治者来自漠北和东北各处，故少考虑由北方来的攻击。明代却不能不凭借太行山和燕山山脉，以图防御。太行山和燕山都是天下的大阻，可是也并非没有罅漏之处。当时于北京西侧太行山上设紫荆关和倒马关，又于军都山上设居庸关，就是所谓的内三关。在燕山山脉上也设有松亭关和山海关。就是古北口、喜峰口、冷口也都是设关的重地。

其他较小的关隘也还设的不少。太行山和燕山已经相当险要，设置了这些关隘，在自然条件外加上人为的力量，当时的北京仿佛已经成了金城汤池，等闲不会有什么差错的。

就是南宋的临安城，也还有关隘作为拱卫。余杭县西北独松岭上就有一座独松关。这座关未悉确置于何时，然金兀术自广德南下时，就是经过这座关城。由于南宋在此并无守兵，还惹得兀术一场讥笑，说"南朝若以羸兵数百守关，吾岂得渡哉"[22]。独松岭上山路险狭，设关其地，足当一方的屏蔽。金兵来侵时，宋人未能据关设防，后来蒙古兵南下，仍然是由这里进逼临安的。

在这几个古都中，南京设关可以说是很少的。南京西南虽有一个大胜关[23]，论形势并非十分险要。倒是城郊及城内的狮子山、清凉山、八字山、老虎山、象山等丘陵山地对于南京的防守还起到相当的作用，这样就可抵补了若干待设的雄关。

这些人为的设置能够对自然环境的罅漏有所补苴，对于拱卫各王朝或政权的都城也曾起到一定的作用。其中有些关隘并非就一直固若金汤，最后还是为进攻者所攻陷，这里面有自然的原因，然而最重要的却应是人为的不臧。像南宋的独松关，由于无人防守，金兀术就长驱直入，了无阻拦。当然，这些都是往事，在现代战争中，这样的关隘就难得再有多大的作用了。

(二) 以都城为中心向外辐射的交通网的建立

历代王朝或政权无不期望他们的统治权能够亿万斯年，不致坠毁。巩固统治权，其道不一，各有千秋。不过如何以都城为中心进而控制全国各地，却是所有的王朝或政权共同焦虑的问题。本来选择都城所在，交通应是其中的一个重要的因素。以旧有的自然环境为基础，再加以开拓和维护，使它能够构成一个交通网，由都城向外辐射，通往各处，也是这些王朝或政权所致力的要务。交通网的构成，有陆道也有水路，这里只论述陆道，水路则留待下节。

在这些王朝或政权中，对于都城交通网最典型的设置，当数到嬴秦。秦始皇所创造的驰道系统，确实是前无古人，独开生面。汉初贾山说过："(秦)为驰道于天下，东穷燕齐，南极吴楚，江湖之上，濒海之观毕至。道广五十步，三丈而树，厚筑其外，隐以金椎，树以青松，为驰道之丽至于此。"[24]这样巨大的规模确实为以前所未有。贾山所说的驰道仅通往咸阳以东的南北各地，所谓燕齐和吴楚，而未涉及咸阳西北和西南各处。其实在始皇以前，秦国固已栈道千里通于蜀汉[25]，而始皇且于东部驰道方筑之时，即西巡陇西和北地[26]。陇西和北地皆秦国的旧疆，宜其早有道路的设置，东部驰道竣工之后，始皇还接着修甘泉宫至九原郡的直道[27]。甘泉宫在今陕西淳化县北，正在当时的畿内，和咸阳的往来最为便捷，这是用不着再做说明的。而九原郡的治所则在今内蒙古包头市附近。据此而言，则以咸阳为中心向外辐射的道路，至少不下六条：一为东出函谷关而至中原各地；二为东南出武关而至吴楚等处；三为东北出临晋关，逾河东至赵国和燕国的故地；四为北由甘泉宫而至北陲的阴山之下；五为西登陇山，而至陇西、北地；六为越秦岭而至巴蜀。这里应该指出，南至巴蜀所越的秦岭上的道路，当时并非仅有一条，不必远征他证，刘邦受封为汉王，后又由汉中返至关中，就是"道由子午，出散入秦"[28]。也就是说由咸阳之南的子午谷南行，再由陈仓的故道北归。秦始皇修筑由甘泉宫北行的直道，固然是为了争取时机，抵御由北来的进攻者，远在始皇以前，上郡已久为北陲重镇。上郡治所在今陕西榆林县南。重镇所在自不能没有道路和咸阳相往还。其时直道尚未修筑，这显然是两条不相雷同的道路。咸阳居于关中。关中虽有四塞之阻，和全国各处的道路还是畅通无阻的。正是由于道路的畅通，显得险要的地形有所削弱，为了补苴这样的罅漏，都城附近关隘的作用就更是明显了。

这样的利用自然和改造自然，为以后在关中建都的王朝或政权奠定了交通网的基础。西汉以长安为都。汉长安在今西安市西北，秦咸阳在今咸阳市东。这前后两个都城实际上隔着渭河南北相对。因而汉代就可因秦时的旧规，利用原来已经形成的交通网，仅做了些补缀的功夫。汉武帝时修筑的褒斜道，就是一个重大的工程。这就使通过秦岭的道路增加了新的路线，并从而加密这个已有基础的交通网。

唐代李吉甫撰《元和郡县图志》，于各府州之下首列八到，显示出通往邻近各处的道路。据其所载，则由当时都城长安往东可以通到华州（治所在今陕西华县），再东到东都（洛阳），东南至商州（治所在今陕西商县），西南至洋州（治所在今陕西洋县），南取库谷路至金州（治所在今陕西安康县），正西微北至凤翔（治所在今陕西凤翔县），西北至邠州（治所在今陕西彬县），东北至坊州（治所在今陕西宜君县），正东微北至同州（治所在今陕西大荔县）皆有道路。这几个府州皆在长安周围，和长安最为邻近，可是这几条道路大部分是秦始皇的驰道旧基，因而还是可以通往全国各地的。当然其间免不了有若干局部的修整。唐代中叶以后，曾经自蓝田（今陕西蓝田县）至内乡（今河南内乡县）开新道七百余里，回山取途，人不病涉，谓之偏路[29]，就是一个明显的例证。这几条道路中间，有的也并不一定就是秦时驰道的旧路，西北至邠州和南取库谷路至金州都应是后来新修的。唐邠州治所为汉漆县地，东汉初年，光武帝西征隗嚣，就是经漆县西行的[30]。唐初突厥入寇，邠州这一条路就最为多事[31]。邠州北通庆阳。庆阳于唐时为庆州。庆州以北，地形曼衍，直抵沙漠，北来的敌人最易由这里南进[32]，所以邠州一路自有它的重要性。这里只提到库谷路，而没有提及子午谷路，当是往山南的以行于骆谷较为捷近的缘故。

由此可见，隋唐时期以长安为中心向外辐射的道路和秦汉时期稍有不同。所不同处只是在旧有的基础上做了些补缀，对于整个交通网的布局却没有很大的改变。这说明了这几个王朝在咸阳和长安周围建立向外辐射的交通网，已经尽了利用和改造自然的能事。后来很多的王朝或政权在这一方面还没有超出它们的旧规模。

秦始皇驰道的巨大规模，不仅奠定了后来长安的交通基础，而且对于其后的洛阳、开封、南京、杭州和北京都有一定的影响，因为这都是驰道所经过的地方。驰道由函谷关东出，首先就是要经过洛阳的。驰道出函谷关后，再经崤山，由崤山再东，分成南北两路，北路经今渑池、新安两县而至洛阳，南道经今洛宁、宜阳两县亦至洛阳。春秋时，秦军袭郑，道由北陵，即文王避风雨的地方，这就是北路[33]。战国时，秦国为了窥周室，曾遣甘茂攻宜阳[34]，就是由南路前往的。宜阳位于交通大路上，人口众多，虽是一个县，实际和郡相仿佛[35]，秦昭王还曾经到过那里，其中有一次是和魏王相会[36]。南路固然重要，北路却并未废却。秦昭王就是在渑池会见赵王的[37]。渑池在北路，这次秦赵相会，应与南路无关。南北两路相较，北路捷近，而南路稍显平易。后来驰道的修筑就是取径北路。项羽入函谷关，当系遵驰道西行，项羽于途中坑秦卒二十万于新安城南[38]，汉武帝时，杨仆获准移函谷关于新安[39]，这都说明当时是以北道为主的。东汉末年，于洛阳周围置八关，以司防守，就是前面已经提到的函谷、广成、伊阙、大谷、轘辕、旋门、小平津、孟津。这八关以函谷为首，则新安一路仍有其重要意义。可是在这八关之外，还有一个八关城，为八关都尉治所。这个八关城在唐寿安县东北三十里[40]。唐寿安县在今宜阳县。关城在洛河支流惠水侧畔，"其城西阻塞垣，东枕惠水"[41]。惠水是一条小水，流程短促，过八关城后即入于洛河。这是南路途中的城池。八关都尉治此，显示南路又重要起来。后来曹操西征时又开北道。后周之初，更复南移，隋炀帝时再废，唐高祖武德初又开北路，到太宗贞观十四年再行南路[42]。此后南路成为主要道路，一直到唐代后期行将灭亡之时。唐寿安县西十七里有永济桥，架于洛河之上，为隋时所筑，唐初还再事修筑[43]。这座桥是南路上的一座大桥。由洛阳西行，循洛河南岸，过桥后，经福昌县（今宜阳县）和永宁县（今洛宁县），就可登上崤山的大路。

秦时驰道由洛阳东行，东汉时，班昭赋东征，就说过"遵通衢之大道"，所说的就是驰道的旧规，在途中还"看成皋之旋门"[44]。旋门就是东汉末年所设的八关之一。这也可以说明那时所设的关都是控制交通大路的。

唐代洛阳只是作为东都，不如长安的重要，但高宗武后长期住在洛阳，洛阳实际上成为都城，对于交通道路应有一番修整。可是《元和郡县图志》中所记载的洛阳八到，连数目都没有凑够，其实只能说是五到。洛阳东至郑州（治所在今河南郑州市），西北至陕州（治所在今河南陕县），东北至怀州（治所在今河南沁阳县），东南至汝州（今河南临汝县）。在这四条道路之外，还有一条东南取崿岭路至阳翟县，再东南至于许州（治所在今河南许昌市）[45]。洛阳至郑州和陕州的道路就是秦时驰道的旧迹，这是不必说起的。由洛阳北渡黄河，本有两途，就是小平津和孟津，孟津之北为唐河阳县，当地置有河桥，自是当时必经之地。由洛阳南至汝州，则必须南出伊阙，再东折至于汝河的上游，也就是兼经东汉末年的伊阙和广成两关。这里应该注意的，乃是东南至阳翟和许州必须取道的崿岭路。崿岭路为经过崿岭坂的道路，崿岭坂在唐缑氏县东南三十七里[46]，唐缑氏在今河南偃师县西南，今为缑氏镇，轘辕关所在的轘辕山也在缑氏县东南，只是稍远一些，距缑氏县四十六里[47]，是崿岭路当在轘辕关之西。这两条路都是只提到崿岭路，再未涉及轘辕关，可能是进入山地时有改道处，待到了颍河流域，仍循颍河谷地再至阳翟和许州。

不过应该指出，仅就这洛阳八道还不能充分说明唐代东都的交通全貌。前面已经指出，由洛阳至怀州以前就有小平津和孟津两条道路，《元和郡县图志》所说的由洛阳至怀州的道路应是由孟津的一条，其实当时这段黄河上，还有其他渡口，河清县（今济源县）南的柏崖就是一处。安史之乱时，李光弼曾经加以培修，以防备史思明的进攻[48]，这条道路在河阳桥的上游，自较远于河阳桥一途。

北京也有山川之胜，太行山和燕山横贯于西北两方面，论形势和长安、洛阳皆有所不同。辽、金、元、清诸朝均由塞外入主中原，燕山山脉的一些谷道，成为往来的通衢。明代也以北京为都，为了防御由北而来的进攻，必须重视这些谷道。当时不仅重视燕山的谷道，就是太行山上的谷道也未能稍事疏忽。前面已经论述过当时在这些山上设置的关隘，就可以略见一斑。正因为这些关隘的设置乃是控制有关的往来要道。现在北京仍为都城，形势依然，时代和社会都已经和以前迥不相同，未可同日而语。就交通道路说，当前的铁路公路日新月异，这是前代难以设想的。不过这里可以指出的，乃是这些铁路和公路都是建设在前代旧有的路线上，其中偶有若干段落不同处，也只是工程技术略有差异而已。其实不仅横越太行燕山的道路如此，就是其南的道路也都各有其渊源。前面曾经提到过，秦始皇的驰道广通各处，其间也曾东穷燕齐。现在的北京正是当时的燕国旧土，可以说，秦始皇的驰道早已为后来金元和明清都城的交通奠定了基础。就是现在由北京南向通到河间冀县的公路，也是早已见于历史记载的道路。东汉初年，光武帝由燕（今北京市）南行，就是走的这条道路[49]。明初北伐之时，舟师步骑皆由河间前进[50]，此后更成了南北之间的一条通途。由现在推溯前代，当这几个王朝或政权在今北京建都时，可以开辟的交通道路都已经开辟利用了。

前面说过，秦始皇所修的驰道也曾经经过开封、南京和杭州诸处，这显示出当地交通便利的情形。不过这几个都城和长安、洛阳、北京不同。长安、洛阳、北京虽也有一些水上交通，主要却以陆路交通为主。开封、南京和杭州在它们作为都城的时期，水上交通实居于重要的地位，这些都将在下节再作论述。

（三）解决都城粮食供应问题的设施和策略
——对于河流的利用和改造

历代王朝或政权选择都城，于军事防守之外，最为关心的还要数粮食的供应。足兵足食，才能期望长治久安，亿万斯年。解决都城的粮食问题不外两途：一为增加都城附近的粮食产量；

二为由富庶地区运输更多的漕粮，由秦汉至于明清殆莫不如此。要从这两个方面来解决问题，就必须利用和都城有关的河流，并加以适当的改造工作。

秦汉皆都于关中。关中本来就是一个富庶的地区，素有陆海之称[51]，可是就在秦始皇统一六国之前，咸阳就已经感到粮食的不足。秦国的伐蜀[52]，并通千里的栈道[53]，不能说就和运输蜀汉的粮食无关。郑国渠的开凿，更基本上解除了当时在这一方面的顾虑。郑国渠由谷口引泾河水，循北山之下，东流注于洛河，长达三百余里。这条渠道开通以后，四万余顷的土地都能得到灌溉，使关中成为沃野，因而奠定了秦国统一六国的基础[54]。西汉承秦之后，更注意于都城周围农田水利的开发。当时继续引用泾河水，于郑国渠旁开六辅渠，灌溉其旁较为高昂的田地，并开凿白渠，由谷口至于栎阳（今陕西临潼县北）入渭河。当时还曾引用渭河水，开凿了成国渠和漕渠。成国渠由今眉县开始，经扶风、武功、兴平、咸阳等县复入于渭河。漕渠由长安东流，经渭南、华县、华阴至潼关入于黄河[55]。潼关以北，黄河河道经常东西摆动，向西摆动时，渭河入黄河处就向西退缩，反之，又向东伸展。两者记载不同，其原因在此。《元和郡县图志》又说："永丰仓，在（华阴）县北三十九里。"当时的潼关在今潼关县港口。潼关距渭河口只有四里。永丰仓既置在渭河口，则漕河应在永丰仓近旁，和潼关的距离也不会差得很多。距离这样近的地方，现在应在港口侧畔。汉代漕渠所入的应该是黄河而不是渭河，因为汉代这里的黄河已向西摆动。渭河口不能伸展得太远。唐时这里的河道又有新的变化，故唐漕渠入渭。不论入黄河或是入渭河，渠道还应是一样的。

另外还由今澄城县引洛河水为龙首渠，至大荔县复归于洛河[56]。这些渠道都发挥了灌溉的作用。漕渠的开凿本是为了运输关东的漕粮，漕粮运毕后，一样可用于灌溉[57]。这里还应该提到长安附近终南山流下的灞、浐、潏、涝、丰诸河和发源于长安城旁的镐河。这几条河流加上泾渭两河，就是围绕长安的所谓关中八水[58]。这些河流有的有分支，有的有陂池。其中潏河（沈水）的分支最多，有一条枝津还穿过了长安城。潏河上游的皇子陂，镐水源头的镐池和彪池，都是有名的陂池。以潏河和交河为水源的昆明池，本是汉武帝为了训练南征的水师而凿成的，可是由昆明池分出的昆明渠，和其他诸河的枝津也相仿佛[59]，这些河流、枝津、陂池引出的灌溉渠道，纵横交错于其间，共同组成环绕于长安周围的灌溉网。

西汉以后，长安仍间断地做过都城，虽然大多是些分裂时期的政权，都城附近农田水利的兴修却是时有所闻，曹魏时延伸成国渠，使之上承汧河，扩大灌溉的范围[60]。苻坚也尝开泾河水，通渠引渎[61]，西魏更先后修理过郑国渠和成国渠，置堰引水[62]。隋唐时长安再作为统一王朝的都城，农田水利益发受到重视。这时所谓关中八水中的镐河，久已湮没无闻，其他诸河的引水渠道又复交错于田塍间，再度形成了农田的灌溉网。原来引用泾河水的郑白渠，仍然能发挥一定的作用[63]。由于渠道分支增多，故又称为三白渠[64]，还增修了刘公渠和彭城堰[65]。不过由于豪门贵族在渠旁多置碾硙消耗水力，受益的田亩反而有所减少，唐朝前期还能灌溉一万许顷，到了后期，才得六千余顷[66]。原来引用渭河水的成国渠，这时也累次修治[67]。唐代后期，以六门堰为主，又合韦川、莫谷、香谷、武安四水，溉武功、兴平、咸阳、高陵田两万余顷[68]，其利和泾白渠不相上下，所以这条渠俗号渭白渠。渭河下游在今华县有利俗渠和罗纹渠，在华阴县有敷水渠，皆引渭河支流灌溉和排水[69]。就在关中东部的黄河岸边，也有灌溉工程的兴修，韩城县引黄河水溉田六千余顷，朝邑县（今并入大荔县）引河堰洛的通灵陂，也溉田百余顷[70]。

长安附近虽有这样一些农田水利设施，仍是解决不了都城中日益增多的人口所需要的粮食问题，而都城附近驻屯军队的增多，同样需要更多的军糈。这个问题在秦统一六国之后就已经明显地暴露出来。秦朝为了解决这个问题，除了积极增修长安附近农田水利外，就由关东运输粮食，供应关中的不足。秦时由关东运了多少粮食，确数难得具知。单是敖仓（在今河南荥阳县东北）一处，秦亡之后还有大量的储存[71]，楚汉战争时，刘邦就取之为军粮，以与项羽相对峙[72]。敖仓只是当时转运粮食的一个过路站，尚且如此，其他就可想知了。西汉初年，由关东运来的粮食每年不过数十万石，后来增加到四百万斛[73]。唐初每年运到长安的粮食也不过二十万石，到了中叶，最高曾达到四百万石。其后时有损益，大致总在百万石上下[74]。这样多的粮食，如何运到长安，却也是一个大问题。自来运粮，水运最为便捷。长安位于渭河下游，而渭河又入于黄河，以之运粮就比较方便。可是黄河有砥柱之险，而渭河又水浅沙多，下游河道复多弯曲，船只运行也有一定的困难。从汉时起就设法疏凿砥柱附近的黄河河道[75]，后来到唐代还不断施工[76]，效果都不是很好。为了改善渭河的运输能力，西汉中叶，武帝就特意另开一条漕渠，由长安引渭河傍渭河南岸东流，到现在潼关附近入于黄河，这是在前面已经提到过的。这条漕渠长三百里，要比在渭河中行船省去六百里的路程。渭河沙多，漕渠既用渭河水，自然也带进了泥沙，好在西汉时未曾出现任何故障。西汉之后，再经王莽之乱，长安废不为都，漕渠自无人闻问。后来到隋代，由于漕粮需要迫切，因而旧话重提，再度开凿漕渠。这条新漕渠大体是承袭汉代的旧规。由于泾渭两河上游植被的严重破坏，水中泥沙更多，隋代历年短促，还未遇到很大困难，唐代却时通时阻，漕粮的运输倍感不易[77]。一直到唐代灭亡，都没有彻底解决这样的问题。

在西汉武帝时，还曾开凿过秦岭山上的褒斜道。开凿褒斜道不是为了便利陆上的交通，而是想利用褒水和斜水通航，因为褒水入沔，斜水入渭。沔水就是现在的汉江，可以和东方各地相联系。如果漕粮由沔水上运，转入褒水，直到秦岭之上，再经过一段陆运，即可沿斜水而下入于渭河，运到长安，就可以避免黄河中砥柱之险。经过一段施工，由于褒斜二水都相当湍急，到底不能行船，只好作罢。虽说没有成功，也可以看出当时为了利用自然和改造自然是曾经费过一番心机的。

洛阳当伊、洛、瀍、涧四河交汇的地方，洛河流经洛阳城南，伊河更在洛河之南，在偃师县入于洛河。瀍河和涧河分别在洛阳城东和城西入于洛河。这四河之中，涧河的变化最大。涧河本出于新安县东南，又东南流入于洛河[78]。周公始建成周时，就曾经说过："我乃卜涧水东，瀍水西，惟洛食。"[79]和涧河合流的又有一条穀水，穀水发源于渑池县，流近洛阳时与涧河合流。按一般水道命名的规律说，二水合流，可以互受通称。穀水既和涧河合流，穀水可以称为涧河，涧河也可以称为穀水[80]。现在由渑池县东流的这条河流，只称涧河，穀水的名称已久不为人所引用。周灵王时发生一次大水，穀水在王城西侧冲入洛河，水势骤涨，王宫都快要被冲，周灵王堵住穀水，才避免了一场灾难[81]。据说，当时的穀水流经王城之北，东入瀍河，由于发生了大水，才由王城之西，南合于洛河[82]。后来在洛阳城西有一条死穀，是由穀水分出，南流入洛，由于干涸无水，所以称为死穀[83]。这当是周灵王时穀水南溢的故道。穀水就是涧河，本来在洛阳城西入于洛河。由这次大水可见穀水改道东流已久，不再在洛阳城西入于洛河。

明了了洛阳附近河流的分布，就可以进而论述东汉建都洛阳及其以后一些王朝对于当地河流的利用和改造。

洛阳位于长安之东，漕粮运输自然较长安为便捷，因为可以不再逾越砥柱之险。这是它的优势之处，不过作为都城，它所需要的漕粮应该不比长安为少。洛阳地处伊洛流域，也是适宜于农业的地区。这样的地区却远较长安附近为狭小。长安作为都城已经感到当地所产的粮食难以满足需要，洛阳当然更不用说了。洛阳的农田水利事业远在战国后期即已有之，那时东周欲种稻，而西周不下水[84]。西周居河南，就是现在的洛阳市，东周居巩，在今巩县西，皆濒于伊河。伊河流到伊阙东北，右侧流出一条枝津，东北入于洛河，这是人工开凿的渠道，东周种稻就是利用这条渠水[85]，伊河在这条枝津之下，左侧还流出一条枝津，北流入于洛河[86]。这条枝津附近虽无有关灌溉的记载，但既然右侧那条枝津能够灌溉，这条枝津用之于灌溉也不是不可能的。

洛阳利用和改造当地河流的最大工程当数东汉的阳渠。阳渠是张纯开凿成功的，据说是引洛河为漕[87]。在张纯之前，王梁就已经开始着手。王梁曾"穿渠引穀水注洛阳城下，东泻巩川，及渠成而水不流"[88]。王梁引用穀水，张纯引用洛河，两者似乎有所差异。郦道元论此事说："张纯堰洛以通漕，洛中公私穰赡，是渠今引穀水，盖纯之创也。"[89]王梁只是引用穀水，张纯更添引了洛河水。增加了穀水的流量，后来堰洛之渠干涸，所以郦道元说："是渠今引穀水。"洛河有一条枝渎，由石墨山侧引出。石墨山在今宜阳县西三里[90]。枝渎循洛河左岸东北流，迳汉时河南县王城西，历郏鄏陌而北入于穀水[91]，汉河南县就是现在的洛阳市，郏鄏陌也当在洛阳市近郊处。这条枝渎显系人工开凿的。如果是一条自然水道，其形成应当是很早的。可是很早的时候，涧河尚由洛阳城西入于洛河，这条枝渎不会越过涧河，再历郏鄏陌而入于穀水。何况郏鄏陌北那时尚无河道，这条枝渎再往北流，也是不会流得过去的。那么这条枝渎是什么时候形成的？郦道元在《水经注》中虽记载了这条枝渎，却也只泛泛地说了一句："盖经始周启，渎久废不修矣。"[92]陆机《洛阳记》、刘澄之《永初记》皆言洛阳城之西面有阳渠[93]，和这条枝渎的方位正相符合。陆机和刘澄之还说，乃是周公所制。周公固然经营了成周，却不一定又引这条枝渎，况且周公所见到的涧河还流经成周之西，如何会把这条枝渎引过涧河更向北流？周公之时又怎么会有阳渠这样的名称？不过既然指出这条枝渎的名称为阳渠，自应是张纯所致力的渠道。王梁开渠是没有成功的。他所开的渠是引用穀水，他在什么地方施工？这需要再做考虑。穀水既与瀍河相合，南入于洛，则其施工处当在这两条河水相汇合处或稍下一些的地方。汉洛阳城东北有一座千金堨，为有名的水利工程。这座千金堨屡毁屡修，直到郦道元撰《水经注》时，还能继续发挥作用。郦道元还指出，这就是王梁和张纯的故绩[94]。按之当地的地形和河流的流向，这样的说法是不错的。千金堨以下，经过洛阳城的渠道，张纯并未遵循王梁的旧规，因而形成两条渠道。王梁的旧渠在洛阳城北，自皋门桥东，历大夏门、广莫门，绕城东北角而南，经建春门石桥下，到这里和张纯所开的渠相会。这座石桥的右柱上有铭说，"漕渠东通河济，南引江淮，方贡委赋，所由而至"，可见也是漕船经常通行的渠道。至于张纯所开的渠则在洛阳城南，自阊阖门南历西阳门、西明门，东曲历津阳门、宣阳门、平昌门、开阳门，再折北历青阳门和东阳门，与王梁所开的渠相合，又东迳偃师城南，而东注于洛。这条阳渠的开凿诚然是为了转运漕粮，可是沿渠各地都获得灌溉的效益。郦道元论述王梁的穿渠，就曾说过，他"将引縠水以溉京师"[95]。渠道绵长，灌溉地区相当广泛，这对洛阳附近的农业发展是会有很大的裨益的。

虽然有这样一些农田水利设施，和长安比较起来，还是远远不及的。长安作为都城是离不开关东各地运来漕粮的，洛阳对于东方各地的依赖，应该较长安更为迫切。王梁的穿渠在光武帝的建武五年至六年间，这时东汉王朝才刚刚建立。王朝刚一建立就动工穿渠，可知当时的迫切程度。隋唐的洛阳城又在汉魏洛阳城之西，其时阳渠即令尚存，已经难于应用。隋炀帝大业元年所开的通济渠，就起到和阳渠相同的作用。通济渠引縠、洛河自苑西入而东注入洛[96]，渠道流向的轮廓也大体仿佛阳渠的旧规。炀帝开这条通济渠，虽说是为了巡游扬州，对于漕粮的输入洛阳也并非毫无意义的。唐时洛阳有洛漕新潭，为武则天大足元年所开，是用来停泊租船的[97]。唐高宗季年，久居洛阳。其后武则天于天授元年改唐为周，洛阳已正式成为都城，大足元年上距天授元年只有十年。为了增加漕粮的运输特别开凿这么一个新潭，可知当时东方漕粮的需要程度和东汉初年一样，都是十分迫切的。通济渠和洛漕新潭的开凿，都说明当时对洛河的利用又有了新的发展。

由洛阳往东就是开封，这是石晋以迄北宋时的古都。都城由长安步步东迁，粮食的供应问题是一个重要的因素，因为愈往东去就愈接近盛产粮食的地区。这一点在石敬瑭由洛阳迁都开封时的诏书中就说得十分清楚，他先指出洛阳漕运的困难：

"经年之挽粟飞刍,继日而劳民动众,常烦漕运,不给供需。"接着又说:"今汴州水陆要冲,山河形势,乃万庾千箱之地,是四通八达之郊。"[98]汴州就是开封。开封本是四战之地,无险可守,作为都城是有一定的缺点的。宋太祖是看到了这一点,可是还留恋不去,也是因为粮食供应的原因[99]。开封虽位于洛阳之东,却不是一个富庶产粮的地区。这在《隋书》中曾有过明白的论述。开封于隋时为荥阳郡,其邻近的陈留县则隶于梁郡。《隋书》说:"荥阳古之郑地,梁郡梁孝故都,邪僻傲荡,旧传其俗,今则好尚稼穑,重于礼文,其风皆变于古。"[100]隋时虽已有这样的变化,历经有唐一代,农业却未见有显著的发展。这里见重于当世,充其量是一个过路的粮站。作为都城以后,这里更成为当时全国各方面的漕粮集中地。这是利用自然开凿新的河流所形成的局面。这应从隋炀帝开凿通济渠说起。这在前面已经约略提到过,它由洛阳开始,中间经过一段黄河,到现在河南省荥阳县西北分河东南行,经过开封城下,到安徽盱眙县北入于淮河。荥阳县以下这段通济渠就是唐宋时的汴河。那时江淮之间另有邗沟可以联系。由通济渠东南行,经过淮河、邗沟可以通到长江下游太湖流域的富庶产粮地区。那里的漕粮就是通过这样一些水道西运到长安和洛阳的。这中间开封是必经之地,所以说开封是一个过路的粮站。由五代后期到北宋,开封周围又增加了一些人工开凿的水道,主要是蔡河和广济河。蔡河一称惠民河,是引开封西南溱洧诸水,经过开封南流,和颍河相汇合。广济河一称五丈河,乃是由开封城西引金水河水东行,至今山东省西南部注入当时的梁山泊。梁山泊就是以前的大野泽，为古代济水中游所形成的巨大湖泊。后来梁山泊以西的一段济水干涸，只有梁山泊以下至海的一段济水仍然畅通。这畅通一段的济水自然可以和广济河互相联系。开封上距黄河虽然还有一段路程，由于汴河的水是由黄河引来的，所以，黄河上的船只仍可循汴河达到开封城下。这样开封就成了汴河、黄河、蔡河、广济河四河运输的中心，也可以说是以开封为中心向外辐射出四条水上交通道路。据北宋初年定制，每年由汴河运来的有米三百万石，菽一百万石，由黄河运来的有粟五十万石，菽二十万石，由惠民河运来的有粟四十万石，菽二十万石，由广济河运来的有粟十二万石[101]，其中仅汴河所运输的米、菽就超过了唐代运到长安漕粮的最高数量。可以说宋代开封的漕粮主要仰给于长江下游三角洲太湖流域，陈(治所在今河南淮阳县)、蔡(治所在今河南汝南县)和青(治所在今山东益都县)、齐(治所在今山东济南市)诸州也负担了相当部分。陕西既已不复建都，也得外运部分漕粮。开封城内如果没有这四条河水运输漕粮，那是难以为继的。

北京附近也不是一个盛产粮食的地区，为了能够充分提高当地农业的产量，远在作为都城以前，当地就已经设法利用河流从事灌溉。曹魏时，刘靖引㶟水(今永定河)造戾陵堰，开车箱渠，自蓟(今北京市)西北迄昌平(今昌平县)，东尽渔阳潞县(今通州)，灌区有四五百里，所灌田万有余顷，后来到西晋时还继续维修[102]。北魏时，裴延㑺不仅修复了戾陵诸堰，还修复了旧督亢渠，溉田百万余亩[103]。所谓旧督亢渠就是战国时燕太子丹使荆轲献秦的督亢陂，乃是膏腴之地。在督亢陂引渠灌溉，自然为利甚丰。北齐时，嵇晔又开督亢旧陂，岁收稻粟数十万石[104]。唐代最重视地方农田水利，对此却没有再事扩充。唐代河北道修渠不少，冀州（治所在今河北省冀县）以北尤多，不过规模都不是很大。能够确知灌溉亩数的，仅有瀛州治所河间县的长丰渠能灌溉五百余顷[105]。长丰渠是引滹沱河水入于淇河以通漕运的，应是较大的水利设施，可是所能灌溉的仅有这区区五百余顷，其他就无足论了。这样的自然形势和具体条件都充分说明当时的农田水利设施已经到了最大限度。后来，元、明、清各朝虽然也都在这方面有所致力，却难得超过前代已经取得的成就，尤其是在北京附近，像戾陵堰和车箱渠这样巨大的工程，竟然成了绝响，是难于再现的。北京在东汉和唐时都是幽州的治所，为边防的重镇。西汉幽州虽无固定治所，然蓟县承战国时燕国的余风，同样是一方的重镇。汉时这个边防重镇是否仰赖内地粮食的供应，已无由确知。唐代前期为了备边，经常在清河（今河北清河县）储备由江淮运来的大量租布，以供应北军的需要，号为天下北库[106]。当时幽州一地尚养不起这样多的边防军。若是以之作为都城，粮食供应首先就要成为问题，这不是当时的人不能利用自然改造自然，以所能够掌握的条件来说，确实已经做了最大的努力了。

辽国始在今北京建立陪都，就是所谓南京。作为陪都，粮食的问题尚不至于过分迫切。金人建立中都之后，问题就逐渐突出起来。远在隋炀帝时曾在太行山东开凿过一条永济渠，南引沁水入于黄河，而北至于涿郡。涿郡就是后来的幽州，也就是金的中都。经过唐末五代的动乱和宋辽的对立，永济渠久已不能通到幽州城下。金人为了解决中都的粮食问题，除了恢复永济渠全线的通航外，还由中都开凿一条运河，通到其东的潞县，和潞水（今白河）相接，然后再和永济渠联系起来[107]，由永济渠通到黄河流域各地。后来元代在金人的基础上开凿了通惠河。金时的旧河是引用今北京西面玉泉山的水流，元代则引用昌平县白浮村的神山泉，再合北京西面的双塔、榆河、一亩、玉泉诸泉水。至于河流所经的地方，大致还和金时旧河相同[108]。在开凿通惠河以前，元人已经凿成了济州河和会通河。济州河在任城（今山东济宁县）连接汶水和泗水[109]。因为当时泗水在今江苏徐州市入于黄河，而黄河则在今江苏清江市夺淮入海。这时江淮之间的邗沟和江南运河依然畅通，长江下游和太湖流域的粮食就可由江南运河和邗沟北运。由邗沟入于黄河，再由黄河入于泗水和汶水，又由汶水入海，由海道北运。会通河由须城（今山东省东平县）安山（今东平县西南，亦称安民山）至临清，南接济州河，北与御河（永济渠）相连[110]。这样由南方运来的漕粮就可由济州河入于会通河，再由御河北运，入于潞河。通惠河的开凿就是为了接运已达潞河的漕粮。这几条运河相连成为一条运道，就是一般所说的南北大运河。从元时奠定这样的基础以来，明清两代就遵守成规，只是在中间有过若干段落的修整和改造。北京作为都城，粮食的供应不致发生重大的问题，应该说是得力于这条大运河。固然其间也曾借助于海运，运河仍不失为主要的运道。

这样因粮食不足而引起的困难，在长江以南建立的都城是不会成为很大的问题的。南京和杭州就是如此。南京位于长江下游，距太湖并非很远，而杭州就在太湖的南畔，自唐代中叶而后，这个地区就一直是全国富庶的地区，产粮最为丰富。这是由于这里的自然条件比较优越，河流众多，水道纵横，随处可以就近引用，无需再做更多的改造功夫。它不像长安那样需要千方百计兴修农田水利，更不像洛阳和北京那样适宜于农耕的平原的踢蹋狭小，这不是说这里就不必再讲求水利。这里无需琐琐列举这些王朝兴修水利的措施，单就有关水利的记载和著作就已连篇累牍，可以略觇其中的消息。如宋朝单锷的《吴中水利书》，明朝伍余福的《三吴水利论》，归有光的《三吴水利录》，归子宁的《三吴水利附录》，皆为人所称道。这些著作中论述疏浚反而还要比较多些，其他就不必具论。这个地区粮食产量虽极丰富，可是都城附近还要开凿运河，以运输离都城较远地方的粮食。南京远在孙吴时已经作为都城。南京濒长江，长江源远流长，支流众多，交通颇为便利。不过长江多风涛，漕粮运输难免遭到损失。就在孙吴时，为了漕运的目的，做过改造一些河流的工程。当时曾凿句容中道，自小其至云阳西城，通会市，作邸阁[111]。句容为今江苏句容县，云阳为今江苏丹阳县。这条河道也就是所谓破冈渎[112]。它的开凿可使吴郡（治所在今江苏苏州市）、会稽（治所在今浙江绍兴市）两郡的漕船直接达到南京，免蹈长江风涛之险。自孙吴开凿之后，东晋南朝的建康（今南京）都能继续受益。当时开凿这条河道固然是为了便利吴郡、会稽两郡的漕运，也是由于太湖西畔地区不如它的东侧富庶，南京作为都城是不能完全仰赖于当地供应所需的粮食的。后来到明太祖又以南京为都时，当地的自然环境的变化不能说是过大，但是原来的破冈渎却早已湮塞不通了。明初两浙的漕粮除一部分循太湖以东的江南运河运到镇江再转入长江运到南京外，其余的大抵是运到太湖再经过宜兴、溧阳西运，运到高淳县的东坝，转入石臼湖，又借陆运到南京。陆运当然辛苦，多费周折。明太祖因而在这里开凿一条胭脂河，沟通石臼湖和秦淮河[113]。这样由两浙来的漕船就可直抵南京城下。石臼湖水于安徽当涂县流入长江，则由长江中上游来的漕船，也可由当涂转入石臼河，再由胭脂河运到南京。胭脂河不是一条很长的河流，当时只不过开凿了当地的胭脂冈，工程不大，受益却是匪浅。杭州作为都城，在粮食供应方面自然更优于南京。可是南宋在杭州也注意于漕运河道的开凿。钱塘江北，太湖南畔，有许多塘河，这些塘河都是什么时候修成的，已难于考核清楚。可是海宁县的运塘河和二十五里塘河却是南宋时开凿的，而且是和江南运河相联系的[114]。这些都是小型的河道，可以说是无关大局，不必多论。南宋致力最多的乃是钱塘江以南的运河。本来唐时孟简就曾在这里开凿过新河，已经奠定了一定的基础[115]。宋人接着致力，规模更见宏大。这条运河由萧山县钱塘江畔的西兴镇开始，东经今绍兴、上虞而与姚江相接[116]。

由此可见，都城的粮食问题是历来王朝或政权都可能遇到的难题。他们为了巩固自己的统治权，都在设法利用和改造自然。虽然成就大小不同，却能在一定程度上解决若干困难。

(四)都城附近土壤的改良和重要农作物种植地区的推广

如上所说,解决都城的粮食问题不外两途:发展都城附近农业生产和开凿有关河道,仰赖于其他地区的漕运。漕运固然重要,万一漕运中断或阻隔,往往就酿成严重的问题。历代的王朝或政权或多或少都曾经有过这样的经验,而唐代的问题最为突出。唐初,都城长安所在的关中,每遇歉收,皇帝就得去到东都洛阳就食,这真和逃荒差不多[117]。唐代后期,地方藩镇往往强力控制运道,以图打击中央王朝。唐德宗时,由于运道被阻,漕粮难以如期运到长安,连皇帝的卫军都闹起事来,情况岌岌可危[118]。其他王朝或政权虽不如这样的严重,也都使得执政者深感不安。

为了发展都城附近的农业生产,各王朝或政权都能有所致力。前面所说的农田水利就是一项重要的措施。这里再就改良土壤略事论述。秦汉时的咸阳和长安附近都曾经有过这样的经营。咸阳和长安位于关中平原,关中平原于《尚书·禹贡》篇中属于雍州,而雍州的土壤为黄壤,当时全国的土壤各因其肥瘠分为九等,雍州的黄壤独为上上等,也就是全国最好的土壤。黄壤就是现在所说的黄土。黄土在降水量较多或有条件能够引水灌溉的地区是适宜于农作物生长的。在这里建都的王朝或政权都注意发展农田水利,不敢稍有忽略,而且皆取得了一定的成就,这是在前面已经论述过的。就是当地人民对于土壤的利用和改良也都相当重视。《吕氏春秋》的《上农》《任地》《辨土》《审时》四篇就专门论述农业和土壤等问题。或谓这四篇所论述的是战国末期的一般农业情况，并非专指秦地而言，然此书既撰述于关中，就不能说完全没有显示出秦地的色彩。《任地篇》说："凡耕之大方：力者欲柔，柔者欲力；息者欲劳，劳者欲息；棘者欲肥，肥者欲棘；急者欲缓，缓者欲急；湿者欲燥，燥者欲湿。"这是说要使刚强的土化得柔软些，而柔软的土地应使之刚强些。已经休耕过的土地应该再种植，而种植多次的土地，也应该休耕。强垆刚土为急，沙填弱土为缓，缓急的土均应适中。而下湿近污泉的土地为湿，高明旷干的土地为燥，燥湿也应当适中。这种耕作的方法对于黄土地区应该说是很适宜的。

《禹贡》分当时全国土地为九等，乃是根据九州的区划来分的。这只是一个概略的分法。因为全国之大，土壤品类之多，一州之中不一定只有一种土壤。关中就是如此。关中于黄土之外就曾有大范围的盐碱地。今泾阳、三原、高陵、蒲城诸县在当时都有一部分属于盐碱地区。《吕氏春秋·任地》篇的开篇就引用过后稷的话说："子能使吾士(土)靖而甽浴士(土)乎？"这里所说的靖也就是净的意思，是要土壤中不再多含盐碱。甽是田中的垄和垄间的小沟，用以排水洗碱。这是局部或小规模治理碱地的办法。大规模的治理当数郑国渠的开凿。前面已经说过，郑国渠是由今泾阳县引泾河水东至蒲城县和洛河汇合，所流经的就是盐碱地区。郑国渠修成后，据说是用"填阏之水"，溉"舄卤之地"[119]。"舄卤之地"就是盐碱地，"填阏之水"是说水的浑浊。这样的灌溉就是引水冲洗盐碱。渠水浑浊就可使盐碱地上覆盖一层非盐碱的土壤。这样的改良土壤自然会取得巨大的成就，一亩地可以收到一钟，一钟为六斛四斗，在当时是很高的收成。秦汉之间，郑国渠多所淤塞，但这种改良盐碱地的工作并未中止。西汉中叶，白渠的开凿就是这项工作的继续。白渠流经的地区和郑国渠稍有不同，都是盐碱土分布的地区。当时民间称道白渠的好处说："泾水一石，其泥数斗，且溉且粪，长我禾黍。"[120]一石水数斗泥，可见水中含泥量之大。用这样多的泥土覆盖在冲洗过的盐碱土上当然会使禾黍蓬勃生长，获得最好的收成。这样的改良方法是和灌溉结合在一起的，以后一些王朝或政权都在相继沿袭运用。这里盐碱最重的地方在汉时的莲勺县，也就是现在蒲城县的南部，当时称为卤中[121]，到现在还称为卤泊滩，仿佛盐池一样。可见这样的改良工作还应继续下去。

　　长安周围的关中地区还有一种沮洳地，也是对农业的发展有妨碍的。关中有几条河流都以沮水相称。《诗·大雅·緜》："民之初生，自土沮漆。"《诗·周颂·潜》："猗与漆沮。"所说的沮水则是现在流经陕西岐山、扶风两县的韦河[122]。《诗·小雅·吉日》："漆沮之从，天子之所。"这里所说的漆沮乃在泾河之东[123]，当为出于今陕西耀县城东西，下游汇为一水的石川河。而洛河亦有漆沮的名称[124]。沮水的得名当与水旁多沮洳地有关[125]。既然有沮洳地就不能很好种植农作物。当时对于今岐山、扶风间的沮洳地如何改良，未见有关的文献记载。对于洛河下游的沮洳地的改良，则是采取引洛水开凿的龙首渠加以灌溉的办法。《汉书·沟洫志》说，武帝时"严熊言：临晋民愿穿洛以溉重泉以东万余顷故恶地。诚即得水，可令亩十石"。临晋为今陕西大荔县，重泉在今陕西蒲城县东。这里是洛河流域，洛河就是漆沮水，所谓恶地当是沮洳地。或者说，现在陕西大荔、蒲城两县洛河河谷深入地下，其旁怎么能够有沮洳地？现在洛河河谷深邃，乃是后来不断下切所形成的，和当时情况不尽相同。那时所开凿的龙首渠遗迹犹有残留者，今洛河河床又在其下十余米，这就是具体的证明。如果说，现在的石川河那时也是沮水，这条沮水乃是郑国渠经过的地方，则其旁的沮洳地正可由于郑国渠的开凿而得到适当的改良。

这种引河水淤田的事例也见于北宋的开封，不过开封所淤的田并不一定都是盐碱地，也有沙地和贫瘠地。北宋的淤田起于神宗熙宁时，这是王安石倡行新法的一种措施[126]。当时还在政府中专设管理放淤工作的淤田司。淤田司的设置前后只有十年光景，倒也做了不少的工作[127]。当时的淤田涉及许多地区，不仅开封一处。所引用的河流，包括黄河、汴河、漳河、洛河、胡卢河、滹沱河和汾河。漳、洛以下诸河皆在黄河以北，独汴河在黄河以南，正是流经开封城下及其南北各地。引用汴河水所淤的田在阳武县（今河南原阳县）有沙地和盐碱地。在陈留（今河南开封市南）有盐碱地。就在京东和京西也还有不少的盐碱地，其他则是一般贫瘠的土地[128]。这些盐碱地和沙地、贫瘠地就在开封附近也是非常宽广的，往往是一望数百里无有边际。当时的文献对于具体淤田亩数未见许多记载，可以考知的仅熙宁十年有过两宗：一为九千余顷，一为八千七百余顷，元丰元年另有一宗为五千余顷[129]，都不能算是很大的数目。据《宋史·河渠志》熙宁九年的记载，京东京西累岁放淤，盐碱之地，尽成膏腴，为利极大[130]，可见是取得相当成效的。

当时的汴河水源除曾经一度引用洛河水外，都是引用黄河水的。能够引用黄河水淤田，是因为当时已经掌握了黄河的水势及水中所挟带的泥沙等类物质的变化规律。由于一年中季节的变化，河水时有涨落，水中所挟带的泥沙等类物质，也因时而互不相同，相应地也就有了差异的水名。其中七月中旬后的水流则称为"矾山水"，这是因为"朔野之地，深山穷谷，固阴冱寒，冰坚晚泮，逮乎盛夏，消释方尽，而沃荡山石，水带矾腥，并流于河"，所以称为"矾山水"[131]。这时的水中既含了大量的肥分，因而最适宜于淤田。从水势来说，还有一种称为"荐浪水"的，这是"湍怒略停，势稍汩起，行舟值之多溺"的一种水势。这种水势所含的泥沙也因时而异。"水退淤淀，夏则膠土肥腴，初秋则黄灭土，颇为疏壤，深秋则白灭土，霜降后皆沙也"[132]。当时既能掌握黄河中流水变化的规律，就能够运用这样的规律来改造自然。无论盐碱地、沙地或贫瘠地，只要淤深一尺，就可成为膏壤。

金元及其以后的北京却较少看到有关这样淤田的记载。北京距渤海不远，环渤海的海岸，由辽左至青齐，范围相当广大。以前的人很少在这一方面设法利用，一任萑苇杂生，成为荒地。其实这里由于海潮日至，是可以逐渐淤成沃壤的。元时虞集首先注意及此，提出了用浙江人的方法，筑堤捍水为田，发展农业，召民授田。凡能召得万人的，就可委为万夫之长，其次千夫、百夫，以此类推。他认为这样下去，十年之后，京东方面就能得民兵数万，既可以近卫京师，外御岛夷，又可以远宽东南海运，纾疲民。这样的计划当时虽由于一些人的反对而未能即时得到实施，可是稍缓时日，元朝还是按照他的设想，在海口设了万户[133]。不过这样广大范围的渤海沿岸各地，仅仅设置个把万户府，只能说是点缀，并不能起到若何巨大的作用。明代中叶后，徐贞明又祖述虞集的设想，提出在北起永平（治所在今河北卢龙县）、滦州（今河北滦县），南迄沧州（治所在今河北沧州市）、庆云，筑海塘捍水，使之成为稻田，招募南人耕种，则万里荒滩，皆能化为良田。贞明不仅提出计划，还获得了机会，亲自主持。他先由永平开始，招南人为倡导，期年之间，已垦田至三万九千余亩。可是由于阻力势大，还是中途停止了[134]。不过这种利用自然和改造自然的可能性，既经发现，一些人为的困难终究是阻挠不住的。后来到了清代，沿渤海各地的居民点的增多和稠密[135]，就可说明对于海潮所淤的滩地，还是能够不断利用改造，使之成为沃壤的。

　　徐贞明还曾提出要治理顺天（府治即在北京）、真定（治所在今河北正定县）、河间（治所在今河北河间县）诸府的沮洳地，也曾指出高桥（在今河北新城县）、白洋诸淀，大者广围一二百里，小亦四五十里，再当夏秋淫潦，膏腴变为舄卤，菽麦化为蓷苇，甚为可惜[136]。徐贞明虽然指出了这些待治理的地方，却没有能够治理。后来到了清代，都没有彻底治理过，仿佛要任自然的演化。高桥淀到清代已成为高桥洼。由淀到洼，显得水势已弱小，或近于干涸，却还没有成为畎亩，就是具体的说明。

在一些都城附近，不仅土壤得到改良，就是一些重要农作物的种植也得到推广。西周都于丰镐时，曾经称道当地的农作物说："艺之荏菽，荏菽旆旆，禾役穟穟，麻麦幪幪，瓜瓞唪唪。"[137]这是说大豆长得那么茁壮，禾苗长得那么整齐，麻麦长得那么茂盛，大瓜和小瓜结得那么繁多。由此可见，农作物的品种相当齐全。这里面没有提到黍稷，其实黍稷在那时乃是两种重要的农作物。《诗经》里曾一再说，"黍稷重穋"[138]，"黍稷彧彧"[139]，"黍稷薿薿"[140]，"黍稷茂止"[141]，而且还特别有一篇《黍离》，乃是西周灭亡之后，周大夫再到宗周，走过故国宗庙宫室，看到残留的遗迹，到处都生长着禾黍，悯伤周室的颠覆，彷徨不忍遽去，因而写作的诗篇。这都显示出黍稷在当时种植的普遍和其重要性。周人还给一些农作物排了一个队，说是"黍稷稻粱"[142]，看来是没有麦的分。不仅西周时如此，直到西汉中叶，长安附近的人对于种麦还不是很重视的。当时引泾河水修的白渠，沿渠各地都能灌溉受益，促进了农作物的生长。为了称道这条渠的好处，曾有一首歌说："既溉且粪，长我禾黍，衣食京师，亿万之口。"[143]这里所说的禾黍应不是偶然的言辞，得到灌溉的农田多种禾黍，当然禾黍是当地最重要的农作物了。汉武帝时，董仲舒上书说："《春秋》它谷不书，至于麦禾不成则书之，以此见圣人于五谷最重麦与禾也。今关中俗不好种麦，是岁失《春秋》之所重，而损生民之具也。"[144]董仲舒籍隶关东，关东各地是产麦地区，所以他对于关中不种麦很看不惯。因而就向武帝陈情："愿下诏大司农使关中民益种宿麦，令毋后时。"[145]董仲舒这条建议很重要，大概得到了汉武帝的同意，并且做了实际的推广。西汉末年，氾胜之所撰的书中就说："凡田有六道，麦为首种，种麦得时无不善，夏至后七十日，可种宿麦。"[146]氾胜之曾教田三辅[147]。三辅包括关中平原地区。关中人由不好种麦，一变而以麦为首种，这是一个很大的转变。一般说来，麦的收获量高于黍稷，这就更大大促进了关中的农业生产。关中的种麦就这样巩固下来，成了传统习惯。后来《晋书·食货志》还特别为此写了一笔："昔汉遣轻车使者氾胜之督三辅种麦，而关中遂穰。"

关中也种稻，上面征引《诗经》所说的"黍稷稻粱"，就是具体的明证。种稻是要灌溉的。所以《诗经》又说："滮池北流，浸彼稻田。"[148]滮池在丰镐之间，可知王都附近，有水利就有稻田。《氾胜之书》中还为种稻列有专章[149]。可知稻在长安附近也是一种主要农作物。

《周礼》于所论述的九州中，皆附带言及各州的农作物。关中于《周礼》属雍州，而雍州则是"谷宜黍稷"，不仅未提到稻，也未提到麦。《周礼》一书可能出自战国人士之手，不提关中的麦和稻，也是不足为奇的，《周礼》于豫州说："其谷宜五种"，于幽州说："其谷宜三种。"所谓五种是指黍、稷、麦、稻、菽。三种则指黍、稷、稻[150]。洛阳与开封于《周礼》皆属豫州，北京属幽州。可知洛阳、开封、北京三地远在战国之时皆已种稻。《战国策》所载的东周欲种稻，西周不下水[151]。《后汉书》所载的张堪在狐奴(今北京市顺义县北)开稻田八千余顷[152]，皆可作为《周礼》的佐证。其实这些地方只要有充足的灌溉水源，便能推广稻的种植。宋时陈世修曾建言浚治陈州(治所在今河南淮阳县)八丈沟故道并兴复大江、百尺等陂塘，就可使数百里皆可复为稻田。其时开封、陈留、咸平(今河南通许县)三县欲种稻，就请取汴河清水入塘灌溉[153]。而何承矩于雄、霸(治所在今河北雄县、霸县)等州引滹沱河及诸陂塘水溉田种稻，公私皆利，尤为一时所称道[154]。前面曾提到虞集和徐贞明在渤海岸边筑塘捍水，使荒滩成为良田。这样设计是采用浙人的方法，自然会因浙人的习惯，大事种稻的。迄于明末，良乡、涿州(今河北涿县)的水田，犹是徐贞明的遗泽[155]，可知其时种稻区域的广大。

能够这样改良土壤和推广重要的农作物，所以一些都城附近的农业就会取得更多的成就。

(五) 都城附近植被的维护与破坏

植被有含蓄水源、调节气候的作用，尤其是森林在这方面的作用更为明显。而都城附近的森林还能增添当地的宜人景色。历代都城附近的植被都各有它的特色，受到当时后世的称道。

长安位于关中平原。远在西周都于丰镐时，关中平原还是有很多的森林的。由于森林很多，有的称为平林[156]，有的称为中林[157]，这些平林或中林大概都是一些混合林。也还有些单纯某种树木的森林，譬如，棫林[158]和桃林[159]，这分明是单纯的棫树或桃树成林的。至于关中平原北面的北山和南面的秦岭更是林木蔚然，葱茏郁秀，这在《诗经》和《山海经》中都有具体的记载，不必一一列举。由于森林众多，遍地皆是，直到战国末年，还有人称道当地的"山林川谷美，天材之利多"[160]。至于更远的陇山以西，也是森林广被，遍布于渭河上游各地[161]。

由于人口的逐渐增多，农业的不断发展，森林也就受到相应的破坏，都城附近就更为明显。都城设置之后，各项建筑用材也就随着大量增加，这就必然取之于附近的山林，甚至都城中薪炭的消耗，也会使森林受到严重的损失。由周迄汉，其间的变化显然可见。汉时关中有"陆海"之称，为九州的膏腴地，可是只有鄠（今户县）、杜（今长安县）的竹林，能与南山的檀柘相媲美[162]，当是广袤平原已无其他森林可言。汉时长安及其附近宫殿甚多，在今周至县的有长杨宫[163]和五柞宫[164]。五柞宫的得名是因为宫内有五株柞树[165]。长杨宫的得名当也是因为宫内多长杨的缘故。宫内长了几株柞树和杨树还这么的珍贵，可见当时关中平原已经没有森林，不然，以皇宫重地，怎么能以几株树木来命名？当平原的森林都已罄尽后，必然转而破坏南北的山地。西汉崩毁后，东汉迁都洛阳。东汉历年二百，不能说短促，可是二百年间关中南北二山遭受破坏的森林尚未能恢复。东汉末年，董卓挟迫汉献帝迁都长安时，就曾打算利用陇右的材木建筑宫殿[166]，这里面的信息是很明显的。自此以后，经过较长时期的恢复，隋唐王朝再以长安为都，秦岭山上又复郁郁葱葱，到处是茂密的森林，甚至在长安城东南的曲江池旁，也可看到由池水反映出山上万木的秀色[167]。可是由于隋唐时期建立新的长安城，秦岭的森林自然难免又受到破坏，唐代中叶，长安附近诸山已无巨木可供采伐，而要远取于岚(治所在今山西岚县北)、胜(治所在今内蒙古准格尔旗东北)诸州[168]。

秦汉和隋唐以咸阳或长安为都城时，不仅附近各处的森林遭到破坏，就是邻近的草原地区也遭到相同的命运。本来关中农耕地区之北就接连着草原地区。由于咸阳和长安相继做了都城，农业地区向北推广，草原地区就相应向北退缩。远在战国末年，秦国已经以咸阳为都，并于西北各地分设郡县，其北地郡设在今甘肃省东北部泾河上游，北地郡的设立显示当地已由草原地区转变为农业地区。秦汉王朝继起，更向这里迁徙人口，残留的草原也都尽量开垦。草原的破坏促进了水土流失。泾河在西周时本是相当清澈的，甚至比渭河还要清澈[169]。到秦汉时却已十分浑浊，郑国渠开凿时，就引的是填阏之水。后来开凿白渠，又有"泾水一石，其泥数斗"的说法，这都说明了泾河浑浊的程度。西汉和隋唐之间，长安虽有一些政权以之作为都城，但历年都很短促，对于植被的破坏尚不至于过分严重，而且农耕地区显得由北向南的退缩，草原又复扩大，这时期泾河再度清澈起来。可是隋唐两代和秦汉一样，又在泾河上游设置了许多州县，农耕有了起色，水土流失继续加剧，泾河甚至较前更为浑浊[170]。泾河如此，渭河也不是没有变化的，陇山以西渭河上游的森林同样遭到大量的砍伐，水土流失严重，渭河内也含了大量泥沙。这些都影响到长安附近的航运。

长安濒渭河。渭河本是可以通航运输的。渭河航运始见于春秋时的记载。那时船只可以上通到秦国都城雍的附近[171]，用现在的地理位置说，就是通到了宝鸡县。秦汉王朝建立后，咸阳和长安先后成为渭河运输关东漕粮的终点，就是后来到了隋唐时期也还是如此。西汉和隋唐虽都利用渭河运输，却又都另外开凿了由长安往东傍着渭河的漕渠，这说明了渭河固然可以用作运输的水道，但并不是没有问题的。不过西汉时的问题和隋唐时不完全相同。西汉开凿傍渭的漕渠，是因为长安以下渭河的航道太长的缘故。由于渭河下游多弯曲，这段航道有九百余里。开凿成渠，航道只有三百余里，省去了三分之二的路程，而且在漕罢之后还可以利用渠水灌溉，西汉王朝真是何乐而不为之[172]。隋唐漕渠始凿于隋文帝时，却是因为渭河含沙量过大，河床淤沙过深，不利于行舟。当时为了开渠，还特别下了一道诏书说："渭川水力大小无常，流浅沙深，即成阻阂，计其途路，数百而已，动移气序，不能往复，操舟之役，人亦劳止。"[173]可见隋时开凿漕渠与缩短航道路程无关。到了唐代中叶，漕渠阻塞，漕粮只好仍由渭河运输，有时候就不免掊沙行船，其间的艰难困苦，就可想而知了[174]。这种破坏植被的影响何等巨大，可惜当时的人是不会明了其中的底细的。

洛阳周围也有山，山上的森林也因都城的建立和人口的增加而受到相当的破坏。早在西汉初期，汉景帝外家窦少君微时，曾为其主人在宜阳山中伐木烧炭，同伙共有百余人之多[175]。汉时宜阳在今宜阳县西洛河之北，距洛阳并非很远。窦少君的主家是宜阳人还是洛阳人，未见文献记载。洛阳既距宜阳不远，又是当时的河南郡治所在，人口较多，木炭用途更广。宜阳都已成为烧炭的地方，则洛阳近旁山地的森林当也未能幸免，甚而可以说洛阳附近的森林已经存留不多，难于供应当地的需要，不能不远求之于宜阳山中。烧炭乃是民间生活细事，暂且置而不论；洛阳城中建设所需的材木，自是就近采伐于周围山中的。洛阳于东汉魏晋时相继建为都城，未闻由远地运输材木，当仍是取之于附近山中。自西晋末年永嘉之乱，洛阳荒残以后，至于北魏孝文帝的迁都，其间相隔垂二百年，不能不说是相当长久。洛阳附近的山林理应得到一定程度的恢复。北魏以洛阳为都，虽是因袭魏晋旧居，实际上是另建新都。其规模的宏大，当时殆无能与之媲美。可是建设都城所需的材木却要远取之于西河之地，也就是现在吕梁山上[176]。为什么如此？只有一个解释，就是洛阳附近诸山的森林虽经恢复，殆未能完全和以前一样，仍难满足当时的需要。唐代于出产材木的地方分设了六个监，皆掌管采伐的工作[177]。其中百工、库谷、斜谷三监，分别设在陈仓（今陕西宝鸡市）、鄠县（今陕西户县）和郿县（今陕西眉县），都是在秦岭山中砍伐，供应都城长安的材木；其余就谷、太阴、伊阳三监，分别设在王屋（今河南济源县西）、陆浑（今河南嵩县东北）、伊阳（今嵩县西南）三县，采伐王屋山和熊耳山的材木，供应东都洛阳的需要。王屋山和熊耳山皆距洛阳较远，尤其是王屋山还在黄河以北，材木运输尚多困难，当时要到这些地方砍伐材木，可见洛阳附近诸山已经没有什么森林了。

洛阳附近熊耳、外方等山地和黄土高原不同，黄土疏松，不耐侵蚀，故泾、渭诸河皆多泥沙，水色因而浑浊。山地多石质，不易受到侵蚀，洛阳附近山林虽多受到破坏，对于伊洛两河却没有很明显的影响。唐人有诗说："周秦几时变，伊洛水犹清。"[178]正是一个概括的说明。不过流经洛阳诸河水并不是完全都没有变化的。前面已经说过，流经洛阳的河流主要有伊、洛、瀍、涧四条。其中瀍河最为短促。瀍河的发源地就在洛阳北面的邙山上，由邙山流下入于洛河。涧河较瀍河为长，不过都不能和伊洛两河相比。可是瀍涧两河却常和伊洛两河相提并举。《尚书·禹贡》篇就曾经说过："伊洛瀍涧既入于河。"《禹贡》还说："道洛自熊耳，东北会于瀍涧，又东会于伊，又东北入于河。"可见瀍河是洛河的一个重要支流，也是洛阳附近一条较大的河流。前面论述过东汉时王梁和张纯开凿阳渠时修建的千金堨。后来魏晋和北魏诸朝都先后葺补，成为著名的水利设施。这千金堨在榖水和瀍河合流处或其稍下的地方。为什么把千金堨修在这里？不出两个因素。其一，榖水本来入于瀍河，而瀍河直向南流，入于洛河。可是阳渠却要引水东流，围绕当时的都城，以便于漕运，所以必须修建这样一座大堨，使榖瀍两河水合流后不再向南流去。其二，修建这样一座大堨还要控制阳渠的水量，使它不至于过大，以免发生泛滥的灾害。既然这样，为什么不在上游的地方修建，而要修建在榖瀍两河合流处或稍下的地方？显然是为了控制住这中途流入的瀍河水量。如果瀍河原来就是如此细小，当时何劳在这里修建这座千金堨？可是现在的瀍河只能算是一条小溪，潺湲细流，由邙山的山沟中涓涓流下，不仅不能和伊洛两河相比，就是和涧河并列，也显得很不相称。《禹贡》以瀍河和伊、洛、涧并举，似乎有点不伦不类了。瀍河怎么会变得这样的细小？这是一个不大容易解答的问题。一般说来，一条河水的源头以至上游一段，若是穿流于森林地区，森林能涵蓄水源，当夏秋暴雨霖雨时，所降之水为林地所涵蓄，不至完全倾泻而下，降水过后再渐渐流出。故河中水量较大。迨森林砍伐罄尽，无由再涵蓄水源，因之水流就会变得细小。这样的道理也可用以说明瀍河的变化。不过远古时期，邙山的森林究竟茂密到什么程度，却还另是一个问题，目前尚不易具体解决。博雅如郦道元者，于所撰的《水经注》中对于一些水滨河畔多林木处，皆备加描述，往往引人入胜。而于《瀍水注》中，仅说瀍水出穀城县潜亭之北的梓泽中，还说到泽北对原阜、水西一原，其上平敞，即古潜亭所在，其他则别无说明，于邙山也未多着笔墨，难知其详细究竟。探隐索微，只好留待来哲。

北京作为都城，和长安、洛阳有其不同处，但附近群山上的茂密森林却有过之而无不及。太行山上的森林连绵不绝，明代曾经利用它做防守的要地[179]，而居庸关的林障邃险，更增长了关城的雄壮声势[180]。特别是居庸关东的军都山和燕山之上的几百里松林，繁密茂盛，中间山路穿林而过，林密路狭，往往只容一人一骑，就在明代还恃之以阻遏由北边南下的进犯者[181]。由于北京长期作为都城，这些山林就难免受到破坏，不要说北京城内宫殿官署所用的材木大半取于这些山上，就是皇帝和达官贵人所使用的木炭，也都在这些山上烧制。明代于易县（今河北易县）所设立的柴厂，就经常有数千人在那里采薪烧炭[182]。等到林木砍伐罄尽，原来所说的险要也就难于尽恃了[183]。

今永定河绕北京城南东流。永定河就是前面所提到的灢水。灢水发源于今山西朔县南。流经黄土高原东北部，水中自然多含泥沙。元时称为卢沟河，也称小黄河，就是因为它的浑浊的缘故[184]。这应与太行山和军都山的森林的破坏没有若何的关系。不过这并不是说这些山上森林的破坏对于北京的自然环境就毫无影响。北京虽位于华北平原的北部，隔着军都山就是蒙古高原。蒙古高原上多沙漠，西北风起，沙尘随风飘扬，当这些山上森林繁密茂盛时，沙尘受到阻拦，还不至于过多地飘扬到北京城内；森林破坏之后，无所阻拦，于是北京城内的尘沙就日渐增多了。

明清以前，北京城内并不是就绝对没有尘沙。唐代诗人陈子昂登蓟丘楼时，就曾经看到过："胡沙飞且深。"[185]元顺帝时，北京起了一次大风，由西北方面刮来，飞沙扬砾，昏尘蔽天，一直刮了一个多月[186]。不过这都还可以说是不常见的现象。到了明代，这样的现象竟然已经是习见不鲜了。宪宗成化六年（公元1470年）大城县的大风沙[187]，武宗正德四年（公元1509年）东安县（今河北省安次县）的大风沙，世宗嘉靖二年（公元1523年），通州（今北京市通县）、蓟州（今天津市蓟县）、东安、香河、永清、遵化、大城、顺义等州县的大风沙[188]，嘉靖三十年（公元1551年）北京城内的大风扬尘蔽天昼晦，穆宗隆庆二年（公元1568年）北京城内的大风扬沙走石，白昼晦冥[189]。神宗万历三十七年（公元1609年）通州的大风拔木扬沙，万历四十八年（公元1620年）昌平州（今北京市昌平县）的暴风扬沙[190]，熹宗天启元年（公元1621年）北京城内的大风扬尘四塞[191]，思宗崇祯十三年（公元1640年），北京城内的大风扬沙[192]，都是具体的例证。这些有风沙的地方不皆在北京城内，但相距邻迩，对于北京城内就不能没有影响。当时诗人袁中道也有诗句说："飞沙千里障燕关。"[193]可见北京及其附近各地尘沙飞扬已是经常的现象。后来到了清代，有关北京城及其附近风沙的事例就更为频繁，无烦一一备举。这样连篇累牍的记载就不能说是偶然了。显然可见，到了明清时期和以前各代是不尽相同的。就是迄至现在，北京城内的风沙并未减轻，这种数百年来的遗害还有待于努力消除，正本清源，似须积极培护森林，填补明清以来所造成的损失。

开封处于华北平原的中部，距山地较远，南京和杭州皆位于长江下游太湖流域，森林易于成长，即令受到破坏，也易于恢复，故皆略而不论。

（六）小　结

历代王朝或政权对于都城的选择和建置，自然条件是其中一个重要的因素。已有的自然条件往往还不能符合当时的要求，为了巩固王朝或政权的统治，就需要再作补苴，使它更臻于完善。王朝或政权的统治时期，有的十分短促，转瞬即告结束；有的却相当悠长，瓜瓞绵延，历久不衰。自然条件经常在变化之中，前后未必都是一律。而人又能利用自然，改造自然，促成它的变化。都城所在自更为举世所关心，而加速它的利用和改造。如何利用改造，方式方法容或不尽相同，但或多或少会有一定的影响。有的只显现于一时，有的却延及后世。

作为一代的都城，有关的王朝或政权总是期望能够依据它做长久的统治，永不失坠。都城附近自然条件虽已较为完好，犹恐万一有了罅漏，予人以可乘之机。因而设法补苴，不使稍遗间隙。其主要的措施是设置关隘，这在历代王朝或政权大都是一例遵行，仿佛已成为规律。建都于咸阳、长安、洛阳、北京的王朝或政权尤兢兢业业，广为设置，使其成为不可逾越的金汤。杭州和南京地处泽国水乡，建立于其地的王朝或政权也未敢稍有疏忽。南京北濒长江，仿佛天之所以限制南北一样，可是南京城却还包括宁镇山脉的一部分，这就增加了城内的防守形势。只有开封无险可守，北宋所恃者为百万禁军，禁军后来腐败无能，金人来犯，只好开门投降。

历代王朝或政权既图封闭都城以防备来自各方的攻击，又欲开放都城以之为统治全部疆土的中心，这就要开发通往各处的道路。自秦始皇开始修筑驰道后，其余各王朝或政权殆莫不注意及此，不过都不以驰道相称而已。其实不仅各王朝或政权有意修筑，作为政治中心的都城，也往往具有经济、文化的意义，交通道路是会逐渐形成和发展的。交通道路虽以陆路为主，但水道更为便捷。以长安、洛阳、北京为都的各王朝或政权莫不积极开凿由都城通往有关地区的运河，就是具体的证明。而开封且别开生面，成为水道交通网的中心，至于南京和杭州附近的河流众多，水道纵横，更无论矣。特别是南京凭恃一条长江，交通更为便捷，为其他古都所少有。

这些王朝或政权对于河流的利用固不仅仅是为了便利交通，且有利灌溉，以发展都城附近的农业生产。这一点，长安附近最为出色。西汉时人所称道的"郑国在前，白渠在后"，就显示了其中的成就。那时还有八水绕长安的说法，就是说长安周围的八条河道共同构成一个灌溉网。由于农业自来被视为立国的命脉，洛阳、北京、开封在利用河流从事灌溉方面都有一定的成就，不过较逊于长安而已。至于南京和杭州，自来就是种稻的地区，种稻地区对于农田水利更是不能稍事疏忽的。农作物中稻的产量较高，北方各都城也都曾推广过稻的种植，而长安附近推广种麦，尤为饶有意义的举措。

然而最能显示自然的改造的则在土壤方面。从秦时开凿郑国渠开始，就对盐碱土地做了冲洗的改良工作。这一先进的经验曾经作为优良的传统，为其他王朝或政权所遵用，而且都取得了相当的成就。尤其值得称道的是，北宋时人掌握了黄河水中的泥沙含量变化的规律，利用矾山水淤田，这是使素具百害的黄河变为有利的一个方面。当时黄河下游都在淤田，流经开封的汴河本是引用黄河的水流，因而开封附近淤田也是值得称道的。至于北京东南渤海湾头的改造海滩为良田，也是前所未有的创举。

人固然能够利用自然改造自然，有时候却也在破坏自然。都城附近植被的破坏，尤其是森林的破坏，造成了不易估计的损失。这方面以长安、洛阳、北京最为显著。长安附近山地森林的破坏竟使都城中的用材还须远取诸异地，而森林的破坏之外复加以草原的破坏，遂使清澈的泾渭两河一变为滚滚的浊流。渭河下游本为可以通航的水道，由于水中泥沙过多，河床淤浅，不能不在其旁另凿漕渠。隋唐两代为向长安运输漕粮而多费气力，但未思索多费气力的缘故。隋唐时渭河的变化，充其量只是影响了漕粮的运输，时过境迁，当不至劳人回念。明清时期对于太行山、军都山和燕山森林的破坏，在明代就已经影响到当时北边防御的设施，然而更重要的则是使北京失去了阻遏由更北的地区吹来的风沙的屏障。北京常有风沙，这不仅明清时期北京的居人为之烦苦，就是到现在这种遗留的污染还未能够消除罄尽。

利用自然改造自然是人和自然的斗争，并且能够取得相当的成就。在都城附近从事利用改造可使它在建都时期更符合当时的要求。如果自然遭到破坏，则不仅降低了都城的作用，且将为后世所诟病，这是历史上值得注意的教训。

(原载《余嘉锡先生纪念文集》，湖南教育出版社，1989年)

【注释】

1　《宋史》卷一八七《兵志一》。
2　《孟子·梁惠王下》。
3　《周礼·天官·大府》。

4 《战国策·秦策一》。
5 《水经·渭水注》。
6 《汉书·武帝纪·注》引文颖说。
7 《元和郡县图志》卷三《原州》。
8 《水经·河水注》。
9 《水经·渭水注》。
10 《汉书》卷九九《王莽传》。
11 《大唐六典》卷六《刑部尚书》。
12 《史记》卷五四《曹参世家》。
13 《长安志》卷一六《蓝田县》。
14 《长安志》卷一八《鳌屋县》。
15 《新唐书》卷三七《地理志》。
16 《史记》卷四《周本纪》。
17 《后汉书》卷八《灵帝纪》。
18 《水经·汝水注》："汝水又东与广成泽水合，水出狼皋山北泽中。"广成关当在广成泽畔，今河南临汝县西。
19 《文选》卷三，张平子《东京赋·注》引《洛阳记》："大谷，洛城南五十里，旧名通谷。"《三国志》卷四六《吴书·孙坚传》，董卓擅朝政，坚举兵征讨，"进军大谷，拒雒九十里"。当时两方对峙，行军所记道里，应较《洛阳记》的记载为近实。按孙坚这次出兵，乃是由南阳北上，中经梁县，梁县今为河南临汝县。孙坚曾与董卓军战于阳人。阳人，聚名，在梁县西。其时袁术屯军于此。
20 张平子《东京赋·注》："旋门在成皋西南数十里，阪形周屈。"成皋即今旧汜水县地。
21 《水经·河水注》。小平津即小平。
22 《建炎以来系年要录》卷三〇。
23 嘉庆《大清一统志》卷七四《江宁府》。
24 《汉书》卷五一《贾山传》。
25 《战国策·秦策三》。
26 《史记》卷六《秦始皇帝本纪》。
27 《史记》卷六《秦始皇帝本纪》，又卷八八《蒙恬传》。
28 《金石萃编·司隶校尉杨孟文颂》。
29 《新唐书》卷三七《地理志》。
30 《后汉书》卷一《光武帝纪》。
31 《旧唐书》卷一九四《突厥传》。
32 《读史方舆纪要》卷五七《庆阳府》引贾耽语。
33 《左传》僖公二十三年。
34 《史记》卷七一《甘茂传》。
35 《战国策·秦策二》。
36 《史记》卷五《秦本纪》。
37 《史记》卷八一《蔺相如传》。
38 《史记》卷七《项羽纪》。
39 《汉书》卷六《武帝纪》。

40. 《元和郡县图志》卷五《河南道一》。
41. 《水经·洛水注》。
42. 《通典》卷一七七《州郡七》。
43. 《元和郡县图志》卷五《河南道一》。
44. 《文选》卷九曹大家：《东征赋》。
45. 中华书局《元和郡县图志》所附《校勘记》引清张驹贤为岱南阁本《元和郡县图志》所作的《考证》谓"东南取崿岭路"的东南二字，应依官本作西南。按崿岭路在唐缑氏县东南，唐缑氏县又在洛阳东南。这里仍应以"东南取崿岭路"为是，不宜改"东南"为"西南"。
46. 《元和郡县图志》卷五《河南府》。
47. 《元和郡县图志》卷五《河南府》。
48. 《太平寰宇记》卷五《河南府》。
49. 《后汉书》卷四七《冯异传》。
50. 《读史方舆纪要》卷一三《河间府》。
51. 《汉书》卷二八《地理志》。
52. 《战国策·秦策一》。
53. 《战国策·秦策三》。
54. 《史记》卷二九《河渠书》。
55. 《汉书》卷二九《沟洫志》："引渭穿渠，起长安南山下至河。"所谓"至河"当是漕渠直接通到黄河。《元和郡县图志》二《关内道二》："天宝三年，左常侍兼陕州刺史韦坚开漕引，自苑西引渭水，因古渠至华阴入渭。"所谓"古渠"自是指汉代漕渠而言。汉漕渠入河，这里却说入渭，两不相涉。
56. 《汉书》卷二九《沟洫志》。
57. 《汉书》卷二九《沟洫志》。
58. 《汉书》卷二七《司马相如传》,《三辅黄图·杂录》。
59. 《水经·渭水注》。
60. 《水经·渭水注》,《晋书》卷一《宣帝纪》。
61. 《晋书》卷一一三《苻坚载记》。
62. 《周书》卷二〇《贺兰祥传》,《长安志》一四《武功》。
63. 《新唐书》卷八一《惠宣太子业传附嗣薛王知柔传》，又卷一四五《黎干传》。
64. 《长安志》卷一七《泾阳县》。
65. 《新唐书》卷三七《地理志》。
66. 《元和郡县图志》卷一《京兆府》。
67. 《长安志》卷一四《兴平》引李石《记》。
68. 《长安志》卷一四《兴平》引李石《记》。
69. 《新唐书》卷三七《地理志》。
70. 《新唐书》卷三七《地理志》。
71. 《史记》卷九七《郦食其传》。
72. 《史记》卷八《高帝纪》。
73. 《汉书》卷二四《食货志》。
74. 《新唐书》卷五三《食货志》。
75. 《水经·河水注》。

76 《新唐书》卷五三《食货志》。

77 《新唐书》卷五三《食货志》。

78 《水经·涧水注》。

79 《尚书·洛诰》。

80 《水经·穀水注》。

81 《国语》卷三《周语下》。

82 《国语》卷三《周语下》，韦昭注。

83 《水经·穀水注》。

84 《战国策·东周策》。

85 《水经·伊水注》。

86 《水经·伊水注》。

87 《后汉书》卷三五《张纯传》。

88 《后汉书》卷二二《王梁传》。

89 《水经·穀水注》。

90 《元和郡县图志》卷五《河南道一》："石墨山在（寿安）县西三里。"唐寿安县今为宜阳县。

91 《水经·洛水注》。

92 《水经·洛水注》。

93 《水经·穀水注》。

94 《水经·穀水注》。

95 《水经·穀水注》。

96 《隋书》卷三《炀帝纪》，又卷二四《食货志》。

97 《新唐书》卷三八《地理志》。

98 《旧五代史》卷七五《晋书一·高祖纪》。

99 《宋史》卷二六〇《李怀忠传》。

100 《隋书》卷三〇《地理志》。

101 《宋史》卷一七五《食货志·漕运》。

102 《水经·鲍丘水注》。

103 《魏书》卷六九《裴延儁传》。

104 《隋书》卷二四《食货志》。

105 《新唐书》卷三九《地理志》。

106 《新唐书》卷一五三《颜真卿传》。

107 《金史》卷一一〇《韩玉传》，《廿二史劄记》卷二八《通惠渠不始于郭守敬》。

108 《元史》卷一六《世祖纪》，又卷六四《河渠志一》，卷一六四《郭守敬传》。

109 《元史》卷六五《河渠志二》。

110 《元史》卷一五《世祖纪》，又卷六四《河渠志一》。

111 《三国志》卷四七《吴书·孙权传》。

112 《读史方舆纪要》卷二五《镇江府》。

113 《明史》卷一三二《李新传》。

114 嘉庆《大清一统志》卷二八三《杭州府》。

115 《旧唐书》卷一六三《孟简传》，《新唐书》卷四一《地理志》。

116　嘉庆《大清一统志》卷二九四《绍兴府》。

117　《资治通鉴》卷二〇三《唐纪一九》,又卷二〇九《唐纪二五》。

118　《资治通鉴》卷二三二《唐纪四八》。

119　《史记》卷二九《河渠书》。

120　《汉书》卷二九《沟洫志》。

121　《汉书》卷八《宣帝纪》。

122　拙著《周原的变迁》,《河山集》二集,生活·读书·新知三联书店1981年版。

123　拙著《周原的变迁》,同上。

124　《尚书·禹贡》伪孔传,《汉书》卷二八《地理志》颜注。

125　辛树帜:《禹贡新解》。

126　《宋史》卷九四《河渠志四》。

127　《宋史》卷九五《河渠志五》:元丰元年,罢淤田司。按:神宗熙宁元年诏诸路各置相度农田水利官,则淤田司当置于其时。

128　《宋史》卷九五《河渠志五》。

129　《宋史》卷九五《河渠志五》。

130　《宋史》卷九五《河渠志五》。

131　《宋史》卷九一《河渠志一》。

132　《宋史》卷九一《河渠志一》。

133　《元史》卷一八一《虞集传》。

134　徐贞明:《潞水客谈》,又《明史》卷二二三《徐贞明传》。

135　谭其骧:《中国历史地图集》第八册。

136　《明史》卷二二三《徐贞明传》。

137　《诗·大雅·生民之什·生民》。

138　《诗·国风·豳风·七月》。

139　《诗·小雅·谷风之什·信南山》。

140　《诗·小雅·甫田之什·甫田》。

141　《诗·周颂·闵予小子之什·良耜》。

142　《诗·小雅·甫田之什·甫田》。

143　《汉书》卷二九《沟洫志》。

144　《汉书》卷二四《食货志上》。

145　《汉书》卷二四《食货志上》。

146　《齐民要术》卷二《大小麦第十》引《氾胜之书》。

147　《汉书》卷三〇《艺文志·注》。

148　《诗·小雅·鱼藻之什·白华》。

149　《齐民要术》卷二《水稻第十一》引《氾胜之书》。

150　《汉书》卷二八上《地理志上·注》。

151　《战国策·东周策》。

152　《后汉书》卷三一《张堪传》。

153　《宋史》卷九五《河渠志五》。

154　《宋史》卷一七六《食货志上四》。

155 《农政全书》卷九《农事·开垦下》。
156 《诗·小雅·甫田之什·车舝》,《诗·大雅·生民之什·生民》。
157 《诗·小雅·节南山之什·正月》,《诗·大雅·荡之什·柔桑》。
158 近年出土的弍(音终)簋。
159 《史记》卷四《周本纪》。
160 《荀子·强国篇》。
161 《汉书》卷二八下《地理志下》。
162 《汉书》卷二八下《地理志》,又卷六五《东方朔传》。
163 《汉书》卷一〇《成帝纪》。
164 《汉书》卷六《武帝纪》。
165 《汉书》卷六《武帝纪·注》引张晏说。
166 《后汉书》卷五四《杨彪传》。
167 《全唐诗》卷二一二,高适《同薛司直秋霁曲江俯见南山作》。
168 《新唐书》卷一六七《裴延龄传》。
169 《诗·邶风·谷风》。
170 拙著《论泾渭清浊的变迁》,《河山集》二集,生活·读书·新知三联书店1981年版。
171 《左传》僖公十三年。
172 《汉书》卷二九《沟洫志》。
173 《隋书》卷二五《食货志》。
174 《新唐书》卷五三《食货志》。

175 《汉书》卷九七上《外戚列传上》。
176 《周书》卷一八《王罴传》。
177 《旧唐书》卷四四《职官志》。
178 《全唐诗》卷五九五,于武陵:《过洛阳城》。
179 丘濬:《大学衍义补》卷一五〇《守边固圉之略》。
180 《水经·湿余水注》。
181 《明经世文编》卷二一八,郑晓:《书直隶三关图后》,又卷二二九,陈时明:《严武备以壮国威疏》。
182 丘濬:《大学衍义补》卷一五〇《守边固圉之略》。
183 《明经世文编》卷三七一,魏时亮:《题为摘陈安攘要议以裨睿采疏》。
184 《元史》卷六四《河渠志一》。
185 《全唐诗》卷八三,陈子昂:《登蓟丘楼送贾丘曹》。
186 《元史》卷五一《五行志二》。
187 《古今图书集成·职方典》卷三七《顺天府部纪事》引《大城县志》。
188 《古今图书集成·职方典》卷三八《顺天府部纪事》引《东安县志》《香河县志》《永清县志》《遵化县志》《大城县志》《蓟州志》。
189 《明史》卷三〇《五行志三》。
190 《古今图书集成·职方典》卷三八《顺天府纪事》引《通州志》和《昌平州志》。
191 《明史》卷三〇《五行志三》。
192 《古今图书集成·职方典》卷三八《顺天府部纪事》引《野老漫录》。
193 《古今图书集成·职方典》卷三二《顺天府部艺文》引袁中道《琉璃桥》。

六

中国古都和文化

都城自来是首善之区，人物荟萃，文化发达。由于都城的所在地不同及其所建立的时期各异，所显现的文化也就难得能完全一致。古往今来，都城繁杂，说到文化，自各具色彩，仿佛群星灿烂，光芒毕露。其间异同和特点，就需要探索和研究。

（一）古都文化为当代全国文化的汇集和代表

我国都城的建立，渊源甚早，远古之时，就已各有传说，文献记载亦屡见不鲜。近年考古发掘，更多有所获。出土文物丰富多彩，其间宫室遗址，具见规模宏壮，而彝器制作又复瑰丽神奇，令人叹为观止。这当然足以显示当时文化发达的情景，不过作为都城的文化还只能说是稍具一斑，似还不易显示全貌。

都城作为首善之区，应该是在全国之中具有一定的代表性，显示出全国的各个重要方面。这在文化方面亦应如是。作为全国统一王朝的都城，固然可以上溯到夏、商、周三代，甚至还可以再往前推溯。但是正如上面所说的，由于文献记载的不足，考古发掘也有一定的限度，只能暂置不论，以俟来哲。

秦始皇帝扫灭六国，建立统一的王朝，这是前所未有的大事。秦祚虽甚短促，但咸阳作为都城却可再上溯一百多年，至于秦孝公之时。那时秦国还只能作为称雄的诸侯封国之一，其东疆尚限于崤函山间。由于当时秦国的策略是向东发展，咸阳作为都城势必逐渐具有更为宏大的规模。东方策士群集于秦廷，就是具体的表现。当时六国诸侯尚奋力挣扎，企图稍延岁月，咸阳却已在向统一王朝的都城演变。秦国本土有些人士一时还看不到这样的趋势，就是看到，也无法加以阻挠。

这样的形势到了西汉更为明显。西汉都于长安，而长安、咸阳只隔着一道渭水。以长安为都城自是承袭了秦人的衣钵。秦未统一六国以前，是东西对立的形势。由秦迄汉，这种东西的对立却另以一种形式出现。这当然不是秦与六国的对立，而是一种风俗习尚的互不调和。秦汉时人有一种说法，乃是"山东出相，山西出将"[1]或者是"关东出相，关西出将"[2]。所谓山，指的是崤山，而所谓关，指的是函谷关。函谷关在崤山之上，两者起到相同的作用，因而这两句话的含义是相同的。这两种风俗习尚迥然各异，却都能在都城长安中显示出来。从汉初起出任丞相者自然多籍隶于山东，而职司宿卫的期门、羽林[3]，却是在关西一些郡中选拔出来的，再进就可以被选为将帅[4]。这是"关西出将"为都城长安所增添的色彩。

在这东西对立的风俗习尚之外，还有一种南北对立的风俗习尚。汉高祖刘邦本籍丰沛，丰沛于战国末年为楚地，故刘邦应为楚人。既是楚人，当然就喜欢说楚语[5]，也就更喜欢欣赏以楚语编制的音乐。当时宫廷中经常演奏的《房中乐》就是以楚语谱写的[6]。后来至武帝时，创立乐府，派遣人员到各地采诗，而楚讴和赵、代、秦各地之讴居有同等的地位[7]。武帝尤其爱好楚辞，其臣下往往仿照屈原、宋玉的文体有所撰述，供武帝欣赏。这和儒家所熟习的《诗》是不相同的，儒家的《诗》得立于学官，那是后来的事。至少在西汉的前半叶,南北两种不同的习尚同时在都城长安出现过。当时不仅有楚歌,而且有楚舞,汉高祖刘邦曾告诉所爱的戚夫人:"为我楚舞,吾为若楚歌。"[8]楚地有歌舞,其他地区也莫不如此。俗谚所说长袖善舞[9],并非指特定的地区的歌舞。汉武帝时,李延年善歌舞,为武帝所爱[10]。李延年不知何许人,大概并非是籍隶于楚地。这些不同地区的歌舞,都能汇集到长安城中。后来儒家诸经典皆立于学官,各有博士掌其经的教授。这时的博士已非齐鲁儒生的专业,南至江淮之间,西至于畿辅之地,也都有学者侧身于其间。就是博士弟子也多到千人,甚至还曾一度达到三千人,虽远在边郡,也可共沾余沥[11]。既是这样就没有畛域之分,都城中所反映的也就是全国普遍的情形。

东汉时由于都城东迁,西汉旧规,多见废弃。也由于儒家的昌兴,博士弟子遍于各地。以前所说的"关东出相,关西出将",仿佛已成为陈迹。也就是说关东仍然可以出相,出将这事却不必有待于关西。这样就使东西两方的差别在都城中显得逐渐消泯,甚至也为执政者所忘怀。因而在羌人扰乱时,就有人提出了废弃凉州的建议,在政府中引起了很大的波动。其实正是能够保存凉州,羌人才不敢东越三辅。这是因为凉州人士习兵壮勇,实过余州[12]。也正是有了这番波折,关西勇武的风气才能在都城中继续显示出来,而所谓"凉州三明"才稍稍符合了关西出将的俗谚[13]。和西汉一样,这种风俗习尚仍为都城洛阳增添了若干风采[14]。

隋唐两代亦皆以长安为都。这时关中的山川形势虽尚无异于秦汉之时，但隋唐两代的着眼点却和秦汉时期不尽一致。隋唐时期秦地山川固然仍有其重要的意义，可是它能够作为都城却和当时的关陇集团不无关系。隋唐承南北朝长期分裂之后，畛域观念难以迅即泯灭，不仅隋时对于山东人物多所歧视[15]，就在唐初也还未能免俗[16]。这应不是过分的穿凿，至少在唐高祖于太原起兵时，所谓元谋人物中就没有山东人[17]。这样的局限对于新兴的王朝来说，并不是完全都能有利，作为一代都城来说，也难以反映出全国各个方面的情况。

其实，在唐代所谓山东人受到歧视，只是唐初颇为短暂时期的一段故事，对于都城的影响不能说是过久。还在武德贞观之际，荟萃于都城的人物就不复限于一隅。唐太宗所延揽的十八学士就已有山东人掺杂于其间[18]。就以有唐一代来说，全国各道之中都各有其人物[19]，当然这样一些人物不皆都能到过长安，就是其中一部分有幸光临帝都，也可能对都城文化有所影响。不过在这许多人物中，出身门第者与庶族之间还是有差异的。门第势力于魏晋之际即已形成，南北朝时更趋于定型。它与庶族之间的差异，在当时都城建康中就已明显表现出来。到了唐代，更有进一步的发展，在都城长安以至洛阳同样都有显现。门第势力于唐时虽各有其郡望，但和庶族之间却难以地域相区分。门第势力至于唐代末年已经逐渐消失，不复为世人所重。由于唐末五代中原的乱离，南方不断发展，南方人才日趋增多，南北之间渐有不同。王朝取士，北人率不及南人，在政府中引起了争议[20],甚至王朝择相亦不欲用南人[21],可知其间已形成差异,并在中枢政府显现出来。这样各种不同的差异,各个时期都会发现。虽说差异有所不同,在都城中能够得到反映,却并无二致。

隋唐两代上承西魏、北周。西魏、北周正当南北朝季年,犹踢蹐于一隅之地。如果长安文化仍循魏、周之旧,就难得丰富多彩。当时雅乐正声的得来,就可略见一斑。虽然当时的雅乐正声不如胡乐受人重视,但在都城之中,所谓庙堂之上,仍具有一定的地位。说起雅乐,本来是源远流长的,可以上溯到汉时的乐府,更可以上溯到周时的雅颂,当然还可以再往上溯,但在魏晋以后就消沉下去。《旧唐书·音乐志》说:"自永嘉之后,咸、洛为墟,礼坏乐崩,典章殆尽。江左掇其遗散,尚有治世之音。"隋氏平陈,始获江左旧工及四悬乐器。隋文帝因而慨叹说:"此华夏正声也!"后来到了唐初,祖孝孙受命修定雅乐,孝孙以"陈、梁旧乐,杂用吴、楚之音;周、齐旧乐,多涉胡戎之伎,于是斟酌南北,考以古音,作为'大唐雅乐'"[22]。正是这样参酌各方的旧规,都城文化才能得到更多的发展。

由于唐玄宗酷嗜音乐,音乐就更有成就,其时教坊最为典型。唐末乱离,教坊也多有散佚。宋初虽循旧制,亦置有教坊,散佚之余自然难得具有一定规模。其后平荆南、西川、江川、江南和太原,陆续获得乐工,加上藩臣所进,由是四方执艺之精者皆在籍中。宋初所平定的诸国分列南北各处,不事搜求,如何能够得到执艺之精者。当时教坊犹能奏所谓"十八调"和

"四十大曲",确是难得。尤其是其中的《伊州》《石州》等曲,在西域之路久已断绝之时,还能得到奏演,不能不说是人间天上了[23]。

这种风俗习尚还涉及各族类之间。不同的族类都各有其不同的文化。我国本是多民族国家,从古以来就是如此。春秋时的华戎杂居,十六国时期的戎夏[24]或夷夏[25]并称,都是明显的差异。华戎杂居,与当时都城无关。戎夏或夷夏并称,就难免聚处于都城之中[26]。北魏、北齐、北周皆为鲜卑族所建立[27],其后元代为蒙古族所建立,清代为满族所建立。北魏的平城和洛阳、北齐的邺都、北周的长安,皆是鲜卑与华夏共住。元代的大都中蒙汉并存,清代的北京也是满汉同城。不同的文化交互辉映,也是难免的。其他不必说起,就是衣着辫发,就有异于中原旧贯,而语言文字也是迥然不同的。北魏平城固多鲜卑习俗,迁都洛阳后,孝文帝积极推行汉化,而妇女衣着仍为夹领小袖[28],且冠帽而着小襦袄[29]。北齐邺都男服依然崇尚左衽[30],北周长安咸着突骑帽,有异华风[31]。现在草原上的蒙古族和东北的满族衣着大体仍依元朝和清朝之旧,可以想见当年大都和北京的习尚。至于语言,差别更多,北齐高欢虽以渤海旧贯相标榜,却经常说鲜卑语[32],就是显著的例证。后来鲜卑族完全汉化,仅元顺帝率其族归于漠北,与大都不再有若何关系。满族之在北京者,皆类同齐民,竟无若何轩轾。

不仅风俗习尚如此,就是宫室建置也莫不皆然。秦始皇破灭六国后,都按照各国宫室式样规模,仿建于咸阳的北陂上[33]。

这是一项不同寻常的创举。六国宫室各有其法度和特色，这时汇集于一处是难能可贵的。原来秦国的宫室当在咸阳北陂之下，渭水之滨，而渭南又有章台、上林和诸庙，后来又在渭南上林苑中作阿房宫[34]。秦亡后，咸阳宫室尽为项羽所焚毁，渭南的设施竟成为西汉时建设长安的基础。

这样汇集全国的风俗习尚以及有关的设施建筑，使当时的都城更显得雍容瑰丽，丰富多彩，自是统一王朝的宏伟构造。西汉初年曾因太上皇思东归，高帝因改筑骊邑的城寺街里以像丰县，并徙丰县的民户到这里居住，别称为新丰县[35]。这和秦始皇的经营大异其趣，而且新丰县和长安之间还有相当的距离，不可并为一谈。其他各王朝就是这一点也都无从提起。这大概有两方面的原因，其一，正如汉时萧何所说的"天子以四海为家，非壮丽无以重威，且无令后世有加也"[36]。这样的壮丽并非其他各地所可以仿效的，也是不能仿效的。其二，就是有了新的分裂时期，在分裂之前，统一王朝都城的文化就已相当发达，都城的建筑殆已美轮美奂，臻于完善，分裂的政权受其影响，还恐效法不足，也就难得有新的制作，供其后的统一新王朝的采集和仿制。

在这些分裂时期中，南北之间分裂居多。南北两方皆欲绍袭中华旧规，这在都城设施中也可略见一斑。西晋末年，永嘉乱离，中原遗黎纷纷南渡，诸名士对泣的新亭[37]，王谢诸望族所居的乌衣巷及其附近的朱雀桥[38]，皆使建康城中得到若干点缀。而北宋末年，靖康败亡，临安继汴京成为新都，由于感念故国，因而多遵遗制。甚至元宵节日亦仿效汴京大内前的缚山棚[39]，临安早市的"填塞街市，吟叫百端"，亦被称道为"如汴京气象，殊可人意"[40]。北魏为鲜卑族所建立的政权，由于孝文帝推行汉化，在新建的洛阳城中就有一个归正里，据说"民间号为吴人坊，南来投化者多居其内"[41]。梁武帝时，陈庆之曾受命送北魏北海王元颢返回洛阳，其后归来，就对洛阳盛加称道，说是"衣冠士族并在中原"[42]。可见在孝文帝推行汉化时所建的洛阳在这方面是超过了江左的建康。北魏的洛阳是在孝文帝推行汉化时建设起来的，论其规模的宏大，里巷的整齐，不仅超迈于平城旧京，就是较之东汉魏晋的故都也不至有若何逊色[43]，宜其为陈庆之诸人所叹服也。当然也不是所有分裂时期的政权都是如此。十六国时期，赫连勃勃所建立的夏国的都城统万城，虽然城郭雄峙，却不是远绍长安或洛阳。统万城在今陕西省靖边县无定河畔，今城内瓦砾遍地，仅一隅雉堞犹高耸于黄沙堆中，供人凭吊而已。

在我国的历史长河中，虽然曾经有过一些分裂时期，但统一时期却较为悠久。就以都城的建置来说，历来统一的王朝都相当重视。这是组合各处人士智慧才力的成就，同时也是全国建筑艺术的集中。商代的始建殷都[44]，周人先世的经营豳[45]和岐下[46]，都是经之营之才得告厥成功。周人克商之后，为了营建成周，也是反复计议和考察[47]。成周乃在现在的洛阳，当时还是一座陪都，陪都还是如此，对于都城当然更是郑重其事。

前面说到秦始皇灭六国后曾仿制各国宫室于咸阳北陂上。

其实秦的宫室却更为壮丽，而一座阿房宫就已超迈前修。阿房宫上可以坐万人，下可以建五丈旗[48]，其崇弘瑰异，为当代所仅见。十六国时期，慕容冲犹能据其遗址以进逼苻坚[49]。西汉的未央宫[50]、建章宫[51]继之，论其规模似稍逊于阿房宫，然亦足为此斗城生色。隋时别建长安城于龙首原下，其大兴殿即为当时朔望视朝之所[52]。唐人又建大明宫。这座宫殿北据高原，南望爽塏，每天晴日朗，南望终南山如指掌，京城坊市街陌俯视如在槛内[53]。王维诗中有句说："九天阊阖开宫殿，万国衣冠拜冕旒。"[54]其巍然庄严显然不同于凡器。秦时咸阳，汉时长安久已残破，旧日宫殿已荡然无存，就是洛阳、南京、开封[55]、杭州等古都，也未能免此。好在北京的紫禁城中的宫殿，本是明代的旧规，清代承其余绪，时加维护，还能够仿佛当年。这里的宫殿苑囿，千门万户，美轮美奂，富丽堂皇，皆是宇内建筑艺术精心之作，还少见有外来的若干影响。

（二）域外文化的吸取，使古都文化更为丰富多彩

中华文化源远流长，富丽堂皇。中华民族仍能吸取外来文化，撷取其中优点，增强固有文化的内容，不断发扬光大，愈益灿烂光辉。这在都城的发展演变中也是不时可以见到的。

论都城的吸取外来文化，当始于汉武帝时的长安。武帝之时，汉朝国势已臻强盛，版图开拓，超迈前代。不仅匈奴畏威，不敢轻易南下牧马，就是西域各国也都有信使往还。而西域各

国凭借其富庶的绿洲和广阔的草原,物产丰饶,尤多新奇品种,为中原所未有。西域诸种物产中,以葡萄颇负盛名,这时始为汉朝所知悉。民间传说,乃是张骞由西域携归的。虽为传说,差为近实。汉武帝因之在长安建葡萄宫。在汉时诸宫殿中,葡萄宫是一座重要的宫殿,哀帝时,匈奴单于来朝,就暂住在葡萄宫中[56]。葡萄宫在上林苑西[57],近在长安城外。西域所产的马匹较之葡萄更为有名,尤以大宛所产的最为名贵,汉人称之为天马,以别于乌孙的西极马[58]。汉朝为了要取得这种马匹,还引发了和大宛之间的战争。战争的结果是汉军取得了胜利。大宛马因而也传到了长安[59]。因为有了这样的天马,在王朝的十九章的《郊祀歌》中,还特地撰写了《天马》一章。其中有句说,"天马徕,从西极,涉流沙,九夷服"[60],可见极为重视的情形。当时长安城内城外皆有养马的厩。在城内的有未央大厩和六厩,城外有九厩。城外的九厩中有大宛厩,当为豢养大宛马的所在[61]。大宛马嗜食苜蓿,为了豢养大宛马,就在离宫别馆旁边多种葡萄、苜蓿[62]。葡萄、苜蓿因而就成了长安风景的点缀。

班固撰《西都赋》,说到长安的奇珍,曾经提道:"九真之麟,大宛之马,黄支之犀,条支之鸟,逾昆仑,越巨海,殊方异类,至于三万里。"长安诸宫殿中有称为奇华殿的,就是收藏来自海外的异物的殿庭[63]。这里所说的九真在今越南南部,大宛在今中亚细亚,黄支在今印度东南,条支则在今伊拉克,故班固赋中就说到要逾昆仑和越巨海。从西汉时始有这样一些奇珍,都城就更为丰富多彩,以后统一王朝的都城也都做到了这一点。这在现在说来并非难得事物，但在以往的岁月中却是不易获致的。

随着域外物产的输入和交往的频繁，各国使节和商贾也就相继随来。西汉时，长安城中有一条槁街，是所谓"蛮夷邸"的所在地[64]。以后的都城中这样的设施是会因时而有所增多的。北魏都城洛阳也有所谓四夷馆。永桥以南，圆丘以北，伊洛之间，夹道都有设置。因为"自葱岭以西，至于大秦，百国千城，莫不款附。商胡贩客，日奔塞下"，所谓四夷馆的设置也就是不可或缺的了。由于这些人"乐中国土风，因而宅者，不可胜数。是以附化之民，万有余家，门巷修整，阊阖填列，青槐荫柏，绿柳垂庭"[65]。这万有余家的外侨，就不能说对于文化的交流没有影响。从此以后各个王朝的都城中，外侨都是络绎不绝，相率留居，不欲遽去。直到清末和民国初年，北京城内东交民巷犹为外国使馆的所在地。

这样汲取外来的文化以丰富都城的景观，自汉武帝肇其端倪，后来就陆续踵行。还在北魏于洛阳设置所谓"四夷馆"之前，东汉明帝就已在洛阳城处建立了白马寺。据说，明帝梦见金人，身有日光，以问群臣，有人说是天竺的佛祖。明帝因发使前往天竺，写致经像。使者以白马负经归来，佛僧摄摩腾也随同莅至，因而建立了这座寺院[66]。这座白马寺历魏晋至于北魏，还依然存在。据说，原来寺上的经函，还一直保存到北魏分成东西之后[67]。北魏孝文帝倾心汉化，洛阳城内的胡氛因之逐渐消沉。诸伽蓝亦皆仰承中朝旧规，为一时风尚。然城东的菩提寺[68]和城西的法云寺，就为西域胡人所建立，而法云寺"佛殿僧房，皆为胡饰，丹素炫彩，金玉垂辉"，"西域所赍舍利骨及佛牙皆在此寺"[69]。

佛教自东汉时起传入中国后，由于信徒日增，陆续都在发展，就以都城洛阳来说，迄东汉一代，虽仍只白马一寺，经过二百多年，到了晋怀帝时，洛阳的佛寺已增加到四十二所[70]。稍后至十六国时期，后秦姚兴也在长安城内建立了波若台和须弥山[71]。经过永嘉乱离和其后相当长久的社会紊乱，洛阳残破，长安亦难得完整。姚兴所建立的波若台和须弥山已成陈迹，不堪闻问。白马寺虽再经沧桑，还能多历年岁。晋初所建立的太康寺[72]和石塔寺[73]于北魏时仍能得见遗址，其他就须征诸有关文献记载了。自经永嘉丧乱，再经南北对立，佛教更转趋兴盛。北魏太武帝时曾经大毁佛法，即沙门所谓三武一宗之祸之一。过了这一关后，不仅有所恢复，而且又大为发展。到了孝文帝初年，平城的佛寺新旧且百所[74]，其间有的制作精妙，见誉人口[75]。由平城迁都到洛阳，佛寺的建筑就愈益繁多。当时任城王澄曾经奏禁私造僧寺，他指出："都城之中及郭邑之内，检括寺舍，数乘五百。空地表刹，未立塔宇，不在其数，自迁都已来，年逾二纪，寺夺民居，三分且一。"[76]可是他的奏请并未起到彻底禁绝的作用，反来更为增添，超过了一倍。迄于北魏季年，共有佛寺一千三百六十七所[77]。到了孝静帝迁都邺城，洛阳残破之后，还有余寺四百二十一所[78]。就是这样的剩余之数，在洛阳城中还占有相当广大的地方。其中最为稠密的，一里之中竟有十寺[79]，次多的犹有四寺[80]，一里两寺，或两寺相邻也不是少数[81]。

当时南朝与北朝对峙，对于佛教的传播，也不稍有逊色。梁武帝就是佞佛的信徒，曾经数次舍身同泰寺，为史册少见的记载[82]。同泰寺至宋时犹存，称为法宝寺[83]。梁武帝既佞佛，在建康城中所建的佛寺，当不止同泰寺一处[84]。南朝佞佛的帝王公侯不少，并非只有梁武帝一人，因而建康城中的佛寺陆续兴建，据说竟多达七百余所[85]。唐代诗人杜牧诗中有句说，"南朝四百八十寺，多少楼台烟雨中"[86]，可能是指南朝末叶而言。

迄于隋唐两代，佛教依然兴盛，长安城中及东都洛阳的佛寺也都有相当的规模。隋初承北周武帝再度毁灭佛法之后，即改弦更张，曾普诏天下，大兴释教，任听出家，仍令计口出钱，营造经像[87]。至于建造寺院那就不在话下。到了唐代，即因隋氏旧规，间有损益改置。北宋时宋敏求所撰的《长安志》曾经有所记载。《长安志》撰成之时，上距唐亡已有一百七十年[88]，所记当为唐代末年事[89]。长安历经浩劫，沧桑再易，旧迹已多沦丧，次道所记当非全貌，然亦可以略见一斑。据其所记，长安一百一十一坊共有寺院一百一十二所，其中仅有少半的坊未有建置，建寺最多的坊计有五所[90]，其次有四所的四坊[91]，有三所的六坊[92]，似尚不如北魏洛阳的一些里坊为稠密。

《洛阳伽蓝记》于各佛寺的"殚土木之功，究造形之巧"处多所记载，于其规模大小则少事涉及。隋时始建大兴善寺，在靖善坊内，尽一坊之地[93]，于诸寺中规模最为宏大[94]。而慈恩寺凡十余院，总一千八百九十七间，占进昌坊东部一半的地方[95]。

荐福寺也占开化坊南部一半的地方，其浮图院还在开化坊南安仁坊的西北隅，浮图院门北开，正与寺门隔街相对[96]。青龙寺较小，在新昌坊南门之东[97]。大兴善寺今仍故名，慈恩寺和荐福寺皆有浮图，就是现在所常说的大小雁塔。慈恩寺浮图更是仿效西域窣堵波制作的[98]。

佛寺壁上通常皆有图画。所画的图自多与佛事有关，这当然也是受到域外的影响。梁时吴人张繇在鄫县光宅寺殿壁上图绘诸经变[99]，就曾为人所称道。唐时长安各寺殿壁上率皆有图像[100]，当世画工多有专工这一行业的，而吴道玄所绘制的最为有名[101]。于阗人尉迟乙僧所绘制的亦享誉于当时[102]。历代名画，作者甚多，佛寺壁上的佳作却是别具一格，其取材着笔，多有异于中土，特别是尉迟乙僧所作，更具有西域特色。

当时因佛寺的建筑，所受到的外来影响，自不仅佛寺中的壁画，而雕刻塑像也是其中的巨擘。塑像易毁，当时所制过后率多残坏，而雕刻却能历久不隳。一般佛像的雕刻为数极为繁多，可以不必具论，独有云冈和龙门两处的石窟，久已闻名于海内外。云冈在大同城西，这是北魏建都于平城时的创举[103]。迁都于洛阳后，就在龙门继续制作[104]。北魏都城南迁，平城就降低为一般城市，甚至成为离边塞不远的堡垒，云冈石窟也就无所增添。洛阳则不然。北魏分为东西，洛阳暂时失去都城的地位。隋唐继起，洛阳成为新朝的东都。虽然是陪都，一些君王却常在这里居住，使它和都城一样。他们的佞佛颇不亚于前朝，因而龙门石窟就不是北魏一代的绝作。云冈和龙门是古代都城附近仅有的两处石窟，而龙门石窟就数量上说，又远超于云冈石窟。这是论洛阳作为都城时的文化所独有的凭借，也是探索外来文化对于都城影响时突出的证据。

域外传入的宗教，佛教而外，还有数起。唐时长安城内布政坊、醴泉坊、普宁坊[105]和靖恭坊[106]并有祆教祠。东都洛阳城内会节坊和立德坊亦皆有祆教祠[107]，就是东都南市西坊同样有祆祠的建立[108]。当时景教在长安和洛阳也建有寺院，称为波斯胡寺。长安城内的波斯胡寺建在义宁坊[109]，醴泉坊本来也有波斯胡寺，后乃置于布政坊[110]。洛阳城内修善坊亦建有波斯胡寺[111]。景教而外，摩尼教亦有在长安建寺事[112]。这些外来的宗教对当时所在的都城也不是就没有相应的影响。义宁坊波斯胡寺教士所立的《大秦景教流行中国碑》，就曾历叙他们传教的功德[113]。这座碑近多年颇为世人所重视，为研究唐代都城长安的文化者所取资。不过景教在当时是难望佛教的项背的。

随着域外文化的传入，音乐也传到内地来了。音乐传入可以追溯到张骞的凿空。西域各国人民率多喜音乐，擅歌舞，道路既已开通，这种习尚也就因之内传[114]。中间虽也偶有间隔，却仍陆续不绝，而且周边各国都有传入，其中最为重要的还应数到西域乐。北魏平河西，始得沮渠蒙逊之使，其中绝大部分是所谓胡戎之乐[115]，也就是后来隋唐时的西凉乐[116]。北齐时，龟兹琵琶更盛行于邺城，其能手曹妙远甚至封王开府[117]。北周时，西域诸国龟兹、疏勒、安国、康国之乐聚于长安[118]。隋文帝开皇初年，始定令置七部乐，其中高丽伎、天竺伎、安国伎、龟兹伎，显然是国外传入的。就是这七部乐中还杂有疏勒、扶南、康国、百济、突厥、新罗、倭国等伎[119]。到炀帝大业时，定清乐[120]、西凉[121]、龟兹[122]、天竺、康国[123]、疏勒、安国、高丽[124]、礼毕，以为九部乐，其中本出于中土的，仅有清乐和礼毕两种。

《新唐书·礼乐志》说："至唐，东夷乐有高丽、百济，北狄乐有鲜卑、吐谷浑、部落稽，南蛮有扶南、天竺、南诏、骠国，西戎有高昌、龟兹、疏勒、康国、安国，凡十四国之乐。而八国之伎，列于十部乐。"[125]所谓十部乐是沿用隋炀帝的九部乐。唐初平定高昌，尽收其乐，令自成一部，又别造燕乐，而去礼毕曲，合起来共是十部[126]。这十部乐中，也只有清乐出自中土，与他乐不同。这些乐曲都是在宫廷庙堂中演奏的，当然是在都城之中。吸取域外的音乐，以隋唐两代最为盛行。其后各王朝继续吸取，这是中华民族的优越处，随时都可以发扬光大。其所吸取的当然是首先见于都城之中，然后再及于各地。

自来音乐和舞蹈是容易联系在一起的。域外音乐既已传入中土，舞蹈也就随之俱来。这在隋唐时期最为盛行，与中土的舞蹈并列，甚至有过之而无不及，而唐时尤为显著。唐代舞蹈的种类和名目皆极繁多[127]，其中显然来自西域的有《柘枝》《胡旋》《胡腾》三种[128]。柘枝舞出自石国，故其舞时，须着胡帽银带[129]。胡旋舞出康国，米、史、俱密诸国亦颇盛行[130]。胡腾舞亦出自石国[131]。凉州、甘州皆隶于陇右道，然凉州舞和甘州舞俱应传自西域，至少亦曾受到西域乐舞的影响[132]。当时还有一种钵头舞，钵头或作拨头，也是由西域传来的[133]。

与域外音乐先后传入中土的尚有百戏[134]和球术。汉始通西域时，安息国即曾献过眩人[135]，都卢国亦曾献海中砀极、漫衍、鱼龙诸戏[136]。中土本已有角抵[137]，这些来自域外的百戏和角抵相配合，也算是相得益彰。

这种鱼龙漫衍之戏，北齐时还曾在邺城演出[138]。邺城能有这样外来的杂戏，自是承袭北魏的遗规[139]。北齐亡后，散乐俱入于北周。北周宣帝因之增修百戏，据说"鱼龙漫衍之伎，常陈殿前，累日继夜，不知休息"[140]。隋炀帝时，亦曾总追四方散乐，大集东都，其中有《黄龙变》者，盖即鱼龙漫衍一类的乐舞[141]。到了唐代，西域杂戏的传入虽曾受到禁止[142]，其实也是难于都能一时廓清的[143]。唐中叶以前，最为盛行于洛阳和长安即所谓东西两都的泼寒胡戏，就是明显的例证。泼寒胡出自葱岭以西的康国，据说是"至十一月，鼓舞乞寒，以水相泼，盛为戏乐"[144]。会时作乐，故当时著作列之于四方乐中[145]，至玄宗时才被禁绝。这里还应该提到打马球的球术[146]。这也是从西方传入中土的，而且在唐初即已传入，开元天宝年间已风靡一时，唐玄宗及其兄弟诸王皆酷爱此技。玄宗球技尤精，当其尚为诸王时[147]，就曾战胜来自吐蕃的劲旅[148]。当时名画家韩干曾绘有《宁王调马打球图》，此图早已亡佚，仅见其名次于张彦远所撰的《历代名画记》中[149]。韩干之图虽亡，近年出土的章怀太子墓道壁画《打马球图》，历历可睹。此风至于北宋仍沿袭不辍[150]。唯宋时队舞中有打球乐队，舞者各执球仗，而未言及骑马，当与打马球有别[151]。女子打球，唐时即已有之。王建《宫词》曾有诗句说："殿前铺设两边楼，寒食宫人步打球。"[152]这和宋时打球乐队所说相符合，并且不是打马球，而仅是打球舞了。但这并不等于说女子就不能打马球。花蕊夫人的《宫词》说过，"自教宫娥学打球，玉鞍初跨柳腰柔"[153]，就是明证。

辽金时亦皆沿袭此技。其帝王于拜天之后，即打球行乐[154]。辽金帝王拜天之所即在都城。辽上京临潢府在今内蒙古自治区巴林左旗。金初都于上京会宁府，在今黑龙江省阿城县，灭辽后迁都于中都大兴府，在今北京市；其后又迁于南京开封府，即五代以来及北宋的旧都。拜天每岁必须举行，是在这几处都城都曾频繁实行过。拜天之处即是球场，故打马球的传播是相当广远的[155]。直至明时，打马球的习俗并未稍替[156]。

其实这些杂戏球乐在现在看来，也并非就都是稀奇少有的。所谓杂戏，应该就是现在的杂技或者马戏团表演。在以后的年代里也是有的，不过具体的内容，也许会有若干的改变。至于球戏，则更不限于马上。只是后来打马球戏不再见于记载，谅已失传。打马球戏虽已失传，其他球戏更益繁多。不论杂戏或球戏，越到后来就相率轶出于都城之外，直到现在更普遍到宇内各处，这也是文化传播的一个方面。

这里所论述的主要是两汉至于隋唐有关都城的文化受到西域的影响，其他方面的文化虽也有所传入，都难和西域相比拟。后来丝绸之路受到阻塞，海上交通却日趋发达。来自欧洲的文化在都城中的影响就日趋显著。明时意大利的利玛窦和汤若望等人先后到达北京，以其舆地之学和历法著闻一时[157]。其后至于清代，仍陆续不绝。鸦片战争后，来者益多，对于都城文化的影响，也就更为广泛，甚至西学与中学并立，寖假西学且有超过中学之势。北京西郊的圆明园更是参照西方建筑的模式，惜已毁于咸丰年间英法联军之役。至于宗教就益为明显，天主教和耶稣教的教堂，与佛寺道观参差并立于北京城郊各处，似尚不易和寺观计较多少，更难和南北朝至于隋唐时期洛阳、长安、建康的佛寺相提并论了。

正是由于中华民族善于吸取外来的文化，汲取其间的精华，并且适合于我国的国情，首先是在相应的都城反映出来，因而都城中的文化就更显得丰富多彩，为当时后世所称道。

（三）古都的文化及其传播和影响

都城中的文化固然在全国之中具有一定的代表性，都城的文化也相应向全国传播，为各地所效法。这样相辅相成，整个文化都能显示出宏伟壮丽，见誉于人口。

前面曾经提到秦汉时人所谓的关西出将、关东出相，这句俗谚显示出当时东西两方的差异。这两方的差异在都城长安中都有所显现，不过也因此而各有所补益。关西人士虽以习武为长，却也执卷穷经。关东人士熟于诗书，却也不忘武备。因而既文且武的风格就不是遥不可期的，而且也具体显现在都城之中。西汉时，冯奉世为上党潞（今山西潞城县）人，这里为关西范围，故奉世得以良家子选为郎，年三十余，乃学《春秋》涉大义，并读兵法，其后击匈奴，破西羌，其历名仅次于赵充国[158]。其学《春秋》和读兵法，乃是在为郎之后，也就是居于长安时事。赵充国虽也曾学兵法，然于《春秋》大概是没有研习过的[159]。涿郡高阳（今河北高阳县）的王尊，少时"窃学问，能史书"，治《尚书》《论语》，略通大义。他曾做过槐里的县令。槐里在今陕西兴平县，当时是长安近旁的县，容易受到都城的影响。他虽是一位恂恂然的儒士，可是这位儒士却做了护羌将军转校尉，曾以千余人马突破数万羌人的包围[160]。籍隶颍川鄢陵（今河南鄢陵县）的孙宝，以明经为郡吏，当然也是一位儒士，曾为议郎，并迁谏大夫，为天子的近臣。可是他作为益州刺史，就是以广汉群盗起，才被选用的。后来他拜为广汉太守，也以益州"蛮夷"犯法，巴蜀不安，而宝名重西州，才能委拜[161]。这里还应该提到朱博。朱博为杜陵人。杜陵在今陕西长安县东北，当时就在都城城外。据说："博本武吏，不更文法。"博曾为长安令，京师治理，其后遂为琅邪太守，他在治郡却常令属县"文武从宜"[162]。当然这都是些突出的例证。可是也可以看到在当时的关西、关东之间文武的差别，通过都城长安的调节，已经有了消泯的可能和现象。

东汉时，都城由长安迁到洛阳，洛阳在函谷关东，论方位正仿佛长安在函谷关稍西一样，都可以说在东西两者之间。当时关西出将和关东出相的说法仍流传在社会上，可见其间还是有差别的。可是差别也在不断融解之中。东汉时，凉州三明有名于当世，正都是关西出将的代表人物。可是皇甫规（字威明）就曾经以《诗》《易》教授，门徒三百人，所著赋铭等文凡二十七篇[163]。张奂(字然明)也曾学欧阳《尚书》，并删减本有四十五万言的牟氏章句为九万言，所著有铭颂等二十四篇[164]。段颎(字纪明)亦折节好学[165]。若不检阅三明的经历，恐当以之为关东儒士，这三人都曾转战各方，却也都莅官洛阳。洛阳对于他们不会是没有影响的。至于关东儒士向以执卷诵读为业，可是执戈习武者也不在少数。东汉时，西羌扰边，为一时所烦苦。平定西羌乱事，凉州三明固曾立有大功。然羌事迁延数十年，前后立功者亦殊不少。细检《后汉书·西羌传》，参与戎政者多有各郡的太守。汉制，太守主民政，郡尉司军事。这时却多以太守剸伐羌人，而太守又多系儒士，可知儒士并非全不习武。这里不妨再以赵苞事例作为说明。赵苞，甘陵武城(今山东武城县)人，举孝廉，再迁辽西太守。当时鲜卑万余人入塞寇钞，苞率步骑二万，大破鲜卑[166]。赵苞不一定久居洛阳，甚或没有到过洛阳，但当时这种既文又武的风气，对他不能说没有一定的影响。

虽然如此，关东研习诗书的风气实较见重于当世，尤其是在汉武帝听从董仲舒的建议，推崇儒家学说之后更是如此。儒家经典由此遂各立于学官，即所谓置五经博士[167]。由于派别渐繁，多各自名家。迄于东汉初年，经过整顿，犹有十四博士[168]。博士皆有撰述，汉宣帝时，曾博征群儒，论定五经于石渠阁[169]。东汉初年，章帝祖述遗规，亦曾会诸儒于白虎观，并依据所论定，撰为《白虎通义》[170]。后来到唐初，又颁布孔颖达等所编定的《五经正义》。明初还颁布了胡广等所编订的《四书五经大全》[171]。这些都是在当时都城中撰述的著作，它不仅影响到关东地区，而且泛及全国各处，由东汉时起一些王朝还刻制儒家经典于石上，称为石经。刻于洛阳的有东汉的熹平石经和曹魏的正始石经，刻于长安的有唐代的开成石经，刻于开封的有北宋的嘉祐石经，刻于临安的有南京高宗御书石经，刻于北京的有清石经，刻于成都的有蜀石经，五代时，后蜀都于成都，故蜀石经刻于成都。这些石经有的不限于五经，其作用当更为广泛。

都城是人才荟萃之地，西汉的设立博士弟子员，隋唐两代及其以后各王朝的科举取士制度，都使相应的人才荟萃到都城来。西汉末年，博士弟子员，前面说过，最多达到三千人，东汉中叶，更增至三万人[172]。唐时有人估计，所谓"乡贡"岁不下三千人[173]。唐以后当然是更多了。这些人才对于文化都有相当修养。这样众多的人员群集于都城之中，对于都城的文化就不会了无影响。有关这方面的记载还是很多的。唐代进士及第后照例到雁塔题名，并至曲江大宴，当时传为美谈[174]，也常为后世所景慕。其他各王朝的都会，也各有相应的风尚。不论其为博士弟子员或为科举登第的人物，不一定都能久留都城。他们既然受到都城文化的影响，也就可以把都城的文化传播到全国各处去。

唐代科举设科较多，其中进士科最为世人所重视。自南北朝以来，皆偏尚文辞，取士也以此为标准。唐初，进士试诗、赋及策论，中间虽间有改易，诗、赋仍占有主要位置。甚至不试策论，专试诗赋。正是这样，唐代就多诗人，而且有许多人有很高的成就。

唐代的诗人是很多的,《全唐诗》所收录的诗四万八千九百余首,作者两千两百余人。近人对《全唐诗》漏收的诗间亦有所补苴,可见作者人数还会有所增加。这些诗人到过长安的可能不是很少。他们歌咏长安,反映都城的文化无所不至。高耸于长安城的慈恩寺浮图,也就是现在为人所称道的大雁塔,当时即已见誉人口。据说唐人歌咏这座寺塔的诗,现存的犹有五十余首。凡是能够描述的大概都已见于字里行间,后来的诗人可能会有"眼前好景道不得"之感。慈恩寺浮图如此,其他各个方面当然也不会偶然疏漏。这些诗篇就已经是都城文化的显现,包括所歌咏的事物那就更为全面。

宋代沿袭隋唐旧制,也设置进士科。但宋代见重于当时、称誉于后世的却是词。词是由诗演变而来的。词的内容却多为作者抒写其个人生活,包括得意或潦倒的情绪。宋代的词人到过开封和杭州的也可能不少,词中对于开封和杭州的描述却不是很多。虽然如此,还是可以看出当时都城之中一些生活的情景。后来的元曲也和宋词一样。元代的大都在蒙古族统治之下,可能和作为都城时的长安、洛阳等地的气氛不尽相同,通过元曲的描述,可以看到大都的文化也有一定的发展,因为一些元曲就是在大都写成的[175]。

唐代取士,诸科目中有史科,可见当时对于史学的重视。中华民族自来是重视史事的。历代王朝皆设有史官,专掌史书的撰著,而新朝又例须为胜国修史。史官设于都城,就在都城中撰著,这是都城文化的一个方面。最为著名的史家当推司马迁,

《史记》就是在长安城中撰著的。与司马迁相伯仲的班固，也是在洛阳撰著《汉书》的。撰著于长安的史书，尚有《晋书》和《梁书》《陈书》《北齐书》《周书》《隋书》。这几部史书都是唐初奉太宗之命兴修的，当然是在长安城中撰定的。撰著于洛阳的史书，尚有陈寿所撰的《三国志》[176]。在建康撰著成书的，则有萧子显所撰的《南齐书》和明初所修的《元史》。在开封撰著成书的，则有刘昫所监修的《旧唐书》[177]和薛居正所监修的《旧五代史》[178]，欧阳修、宋祁所撰的《新唐书》[179]。至于元人所修的宋、辽、金三史和清人所修的《明史》则分别撰于大都和北京，其实大都也就是后来的北京。北齐时魏收所撰的《魏书》，则当成书于邺都[180]。这些史书对于当时后世都有一定的影响，就是现在国外的治史者也不能等闲视之。

这里所论述的只是几种属于纪传体的史书，即以前所说的"正史"，皆列于"二十四史"之中。这些绝大部分都是受王朝之命撰修的，因而也都是成书于都城之中。至于列于二十四史之中的其他诸史，却并非都是如此。就如欧阳修的《新五代史》就不易确定它的撰修地方[181]，又如李延寿的南北二史，最多只是在长安作最后的写定[182]，因而都难以作为在都城中撰成的著作。我国本是史学最为发达的国家，公私撰著皆极丰硕，私家执笔者虽多，若欲确定其所撰述皆在当时都城之中，殊非易事，因而暂置勿论。

历来和儒家持论不同的，厥为佛徒。佛教自传入中土以来，由于皈依者弥广，迅即由都城发展至全国各处，寺院建置亦相应增多。一些帝王由于虔诚笃信，因而更是推波助澜，促成更为广泛的发展。在这样的情况下，都城有关佛教的推广和寺院的建置，都能够对于其他地区起到一定的作用。十六国时期，鸠摩罗什初至长安，姚秦的公卿以下莫不钦附沙门，自远而至者五千余人，坐禅者恒有千数，州郡化之，事佛者十室而九[183]。南北朝时，梁武帝为无遮大会，道俗会者五万[184]，而当时南朝僧尼竟多达十余万[185]。两者关系显然可见。北魏太武帝的毁废佛法，所毁若干，未见记载。不过七年之后，文成帝又重事兴复，当时规定："诸州郡县，于众居之所，各听建浮图一区，任其财用，不制会限。其好乐道法，欲为沙门……听其出家。"[186]这分明也是先从平城首先发轫的。自此以后，时有增加。孝文帝太和初年，平城已有佛寺约百所，而四方各处也有6478所。这时平城有僧尼两千余人，四方各处竟也有772558人。迄于北魏末年，洛阳佛寺已达1367所。洛阳之外，北魏境内佛寺竟有三万余所。洛阳当时的僧尼数目不可具知，北魏境内也增至两百万[187]。僧尼这样的增多，当然也杂有别的因素。因为自孝明帝正光以后，天下多虞，工役尤甚，所在编民，相与入道，假慕沙门，实避调役[188]。就是除过这样的因素，僧尼还应该是不少的。即以洛阳城内来说，一千多所寺院，每所二三十人并非很多，如以二十人计，即已近乎三万了[189]。其他各地也是不会很少的。

佛徒所谓三武一宗之祸，北魏太武帝只是开端。北周武帝继之，其时在建德三年[190]。据说此次毁灭佛法，"八州寺庙出四十千，三方释子减三百万"[191]。这虽未说到北周的都城长安，但北齐都城邺城可以与之相对照。北齐文宣帝曾诏问秀才对策,及于沙汰释李。说到当时"缁衣之众参半于平俗,黄服之徒数过于正户"[192]。所谓黄服之徒,指的是道教。道教旧说出于老子,也即是李耳,道教与佛教并言,因称释李。缁衣之众指的是佛徒。佛徒半于平俗,可知其为数之多。这里只就北齐全国僧尼来说,未提到寺院,更未涉及邺城。北齐全国如是,邺城不容过于稀少。据有关文献记载,邺城大寺略计四千,所在僧尼八万[193]。邺城如此,长安势非过少。周武帝灭齐在其下诏毁佛后的三年,长安及周的本土既已拆毁寺院,令释子还俗,灭齐之后,邺城和北齐域内当然已难得独为例外。

北周武帝灭佛之后,接着是唐武宗。武宗毁佛,"天下所拆寺四千七百余所,还俗僧尼二十六万五百人"。当时对于佛寺并非尽数拆毁,"上都、下都每街留寺两所,寺留僧三十人"[194]。当时还规定:节度观察使治所及同、华、商、汝州各留一寺,寺僧最多只限二十人,少的才有五人[195]。都城已经有了一定限额,地方自然不能稍事逾越。

五代时,后周世宗的大毁佛法,共废去寺院30336所,僧尼系籍者61200人。当时所废去的寺院只限于无敕额的。那些有敕额的寺院都还一律保存,就是那些无敕额寺院的县城也准许保留僧尼寺院各一所,因而当时还保留了2694所寺院。这是说当时本来共有寺院33030所[196],超过了北周武帝和唐武宗的时候,只是僧尼却较以前大为减少。这次毁佛未提到当时都城开封佛寺的遭遇,以北魏、北周和唐朝的情况推测,五代时都城开封的佛寺也可能是很多的。就是后周世宗毁佛之后，开封城中所保留的寺院也应还是不少的，因为当时规定"应有敕额寺院一切仍旧"。

可是周世宗以后，开封的寺院却还有待于考核。周世宗崩后未久，宋朝即已建立。宋人有关开封的撰述，《宋史·艺文志》著录有王权的《大梁夷门志》和宋敏求的《东京记》，皆佚失已久，明嘉靖年间李濂撰《汴京遗迹志》时即未曾寓目[197]。王权之书诸家未见著录，宋敏求之书则于官廨、私第外并载寺观[198]，盖与其所撰的《长安志》体例相同。开封为朱梁及石晋以来的都城，敕额寺院应非一处。就在周世宗时亦有建置，至少有天清寺等五所[199]，故宋敏求得以有所记载。这里的问题不是寺院有无的问题，而是多少的问题。据李濂《汴京遗迹志》所载，开封城内建于宋室南渡以前的寺院，共二十八所。除后周所建的五所，另有北齐所建的两所，五代时后唐所建的两所，其余二十所皆为北宋时所建。这和《洛阳伽蓝记》《长安志》所载相比较，实甚鲜少。当然《汴京遗迹志》所载，乃是李濂由宋代文献记载所考核并得之当地父老的传闻，自非宋时的实际情况。不过宋时开封佛寺不如北魏洛阳和唐时长安的众多是可以肯定的。出之南宋时人孟元老所撰的《东京梦华录》，就很少记载开封的寺院。孟元老之书，"自都城坊、市、节序、风俗，及当时的典礼、仪卫，靡不赅载"，显得十分渊博，其中也并非不载寺院，相国寺就是一条，所记载的也相当细致，仿佛《洛阳伽蓝记》的笔墨。相国寺固然有罗汉、佛牙、名公笔迹和楼殿人物的壁画，都是"莫非精妙"。它之所以能够列于记载，却是寺内为万姓交易的场所。相国寺以外就无所记载了。这只有一种可能，就是北宋一代开封城内的寺院并非很多，其中值得称道如相国寺的更少。故沦陷之后，怀念故国山河者如孟元老诸人也未能偶然及之。

这不是没有道理的。北魏太武帝固然大毁佛法，继其位的文成帝却以释迦如来能"助王政之禁律，益仁智之善性"，而颁下修复佛法的诏书[200]。迁都洛阳的孝文帝更是"善谈老庄，尤精释义"[201]，其后宣武帝也是"笃好佛理"[202]。在上者有这样的爱好，佛法自然得到恢复，不仅都城的寺院大为增多，而且由都城波及全国。北周武帝废佛之后，为时未久，至隋文帝时，又复恢复[203]。当时所下诏文虽说是境内之民，揆诸情势，当仍由都城肇始，而后及于国内各处。唐武宗的毁佛几至一蹶不振。可是到了宣宗时，都又完全恢复。宣宗并非佞佛，佛法能够得到恢复，实乃"是时君臣务反会昌之政，故僧尼之弊，皆复其旧"[204]。这当然也是从都城肇始，迅及普遍到全国各地。后周世宗毁佛之后，只有四年宋室即建立，这和北周武帝毁佛六年后即入于隋相仿佛。隋朝建立，隋文帝就恢复佛法，可是宋室建立后，宋太祖却未闻有所设置。《汴京遗迹志》所载后周所建诸寺，有的就在世宗毁佛之后。既是毁佛以后所建立的，自不便再在全国推广。开封所建立的寺院不多，对于全国的影响不大。从宋代起，佛教也在不断演变之中，不足以转动政治社会的趋向，都城之中既不至于再有那么众多寺院，都城以外的各处也就不再受其影响而多所建置了。当然，这并不等于说，佛教从此就烟消云散，和都城了无关涉。北宋时，开封城内的大相国寺自不必说起，南宋时，杭州城外的灵隐寺也是一代名刹。至于北京，历金、元、明、清以至于民国时期，城内城外的佛寺也还是不少的。不过对于当时都城文化都难起到很大的作用，其余各处更是无从说起了。

（四）小　结

无论在什么时期，都城都是首善之区，其中的文化最为重要。这是全国文化在都城中的显现，因而丰富多彩。举凡各地的风俗习尚、族类居住、儒家经典、鞍马骑射、音乐舞蹈、宫殿建筑，皆有涉及。各地风俗习尚不尽相同，甚而还有凿枘难入之处。这样的差异往往能在都城得到融合，向更高处发展，对于全国的文化发展也就起到更多的促进作用。熟习儒家经典和锻炼鞍马骑射，本是文武殊途，一经融合，便是既文又武，相得益彰。

都城不仅汇集了全国的文化，也吸取来自域外的文化。吸取来自域外的文化，乃是中华民族良好的素愿，而其最初的吸取，很多就是在当时的都城之中。当时所吸取的也是包括许多方面，不仅稀奇的物产传到内地，更招来许多使节侨民。因而不少的宗教也相随传入，最主要的当然是佛教了。由魏晋历南北朝，而至隋唐时期，当时都城寺院之多，就是具体的明证。伽蓝之中不仅供奉佛像，壁画雕塑皆能具见匠心。同时传入的尚有音乐歌舞，其中佳者往往超过中土。至于杂技球术，也为都城人士所熟知。域外文化的传入可以远溯到西汉中叶，其时所谓丝绸之路已经开通，故西域文化循此内传。其他各处传来的文化也不是没有的，论其丰富多彩和流传广远，还是以西域文化最居首端。后来丝绸之路阻遏不通，海上交通却日益发展，来自欧洲及后来的美洲的所谓泰西文化，使明清的北京城和隋唐的长安城以及洛阳城在这一方面相互媲美。长安城中大小雁塔东西屹立，洛阳城外白马寺饱历沧桑，北京城内西什库中的教堂和郊外圆明园遗址，同样也为人所称道。

都城既是首善之区，它对于全国各地都会发生影响，都城文化也是如此。都城文化本是汇集全国各地的文化并吸取域外传来的文化经过融合趋向更为高度的发展，因之它又可以转而影响到全国各地，甚而也可以向域外传出。前面说过儒家经典的熟习和鞍马骑射的锻炼本是两种不同的境界，经过都城的融合，又发散到全国各处，这样既文又武的习尚，就不再为都城附近所独有。由儒家经典的熟习到开科取士，这又可使全国士子聚会到都城，又从都城散到全国各地。这样的影响不限于有关儒家的经典，就以史学来说，也是如此。一些史书撰著于都城之中，论其影响却不限于都城之内。就是佛教的传播也有同样的路径。这是说其开始都在都城之中，由此泛滥横溢，波及于全国各处。这样相互转换，相互影响，都会一再上升，一再提高。通过都城的文化，就更能了解全国各地文化的若干轮廓。

（原载《中国历史地理论丛》1993年第4期）

【注释】

1. 《汉书》卷六九《赵充国辛庆忌传赞》："秦汉以来，山东出相，山西出将。秦将军白起，郿人；王翦，频阳人。汉兴，郁郅王围、甘延寿，义渠公孙贺、傅介子，成纪李广、李蔡，杜陵苏建、苏武，上邽上官桀、赵充国，襄武廉褒，狄道辛武贤、庆忌，皆以武勇显闻。苏、辛父子著节，此其可称列者也。其余不可胜数。"这些山西人物虽皆曾耀武疆场，然其服官供职，固仍多在都城内。

2. 《后汉书》卷五八《虞诩传》。

3. 《汉书》卷一九《百官公卿表》；"期门掌执兵送从，武帝建元三年初置，比郎，无员，多至千人。有仆射，比二千石。……羽林掌送从，次期门，武帝太初元年置。《注》：服虔曰："（期门）与期门下以微行，后遂以名官。"师古曰："羽林亦宿卫之官，言其如羽之疾，如林之多也。一说羽所以为王者羽翼也。"

4. 《汉书》卷二八《地理志》："汉兴，六郡良家子选给羽林、期门，以材力为官，名将多出焉一。"《注》：如淳曰："（良家子，）医、商贾、百工不得豫也。"师古曰："六郡谓陇西、天水、安定、北地、上郡、西河。"西汉时，陇西郡治所在今甘肃省临洮县，天水郡治所在今甘肃省通渭县西北，安定郡治所在今宁夏回族自治区固原县，北地郡治所在今甘肃省庆阳县西北，上郡治所在陕西省榆林县南，西河郡治所在今内蒙古自治区准格尔旗西南，皆在当时的关西地区。

5. 《史记》卷八《高祖纪·集解》。

6. 《汉书》卷二二《礼乐志》。

7. 《汉书》卷二二《礼乐志》。

8. 《汉书》卷四〇《张良传》。

9. 《韩非子·五蠹篇》。

10. 《汉书》卷九七《外戚传》。

11. 《汉书》卷八八《儒林传》。按：《儒林传》载，传《尚书》欧阳氏之学者有九江朱普，传《齐诗》伏理之学者有九江张邯，传《毛诗》徐敖之学者有九江陈侠，传《左氏》贾护之学者有苍梧陈钦，传《易》梁丘贺之学者有平陵士孙张，传《尚书》夏侯胜之学者有平陵吴章，传《尚书》孔安国之学者有平陵涂恽。九江郡治寿春，今安徽省寿县。苍梧郡治广信，今广西壮族自治区梧州市。平陵县在今陕西省咸阳市西北。

12. 《后汉书》卷八八《虞诩传》。

13. 《后汉书》卷六五《皇甫规、张奂、段颎传》："初，颎与皇甫威明、张然明，并知名，显达京师，称为凉州三明。"按：皇甫规，字威明，安定朝那人；张奂，字然明，敦煌酒泉人；段颎字纪明，武威姑臧人。故云。朝那在今宁夏回族自治区固原县东南。姑臧在今甘肃省武威县。东汉敦煌郡无酒泉县，而有渊泉县，当系唐人为避讳所改。《后汉书》李贤注："酒泉，县名也，多泉水。故城在今阳州晋昌县东北。"按：唐晋昌县属瓜州，阳当系瓜字误文。晋昌县在今甘肃省安西县东南。

14. 《续汉书·百官志》："羽林郎比三百石。本注：无员，掌宿卫侍从，常选汉阳、陇西、安定、北地、上郡、西河，凡六郡良家补。"王先谦《集解》："李祖楙曰，桓帝末，董卓以六郡良家子为羽林郎。"《百官志》未载期门一职，谅已省去。虽仅存羽林郎，亦可以见"关西出将"之风尚未泯灭。

15. 《旧唐书》卷七五《韦云起传》：云起于隋炀帝大业七年，就曾上疏说，"今朝廷之内多山东人"，并指出这些山东人"自作门户，更相剡荐，附下罔上，共为朋党"。

16. 《新唐书》卷七九《隐太子建成传》：（建成、元吉）密令人上封事曰："秦王左右皆山东人。"

17. 《旧唐书》卷五七《刘文静传》。

18. 《旧唐书》卷六六《杜如晦传》。十八学士中名位仅次于杜如晦者为房玄龄。玄龄籍隶齐州临淄，固山东人也。

19　拙著《两〈唐书〉列传人物本贯的地理分布》，《河山集》五集，山西人民出版社1991年版。

20　《文献通考》卷三一《选举四》："知谏院司马光上言，请贡院逐路取人。其略曰：'古之取士，以郡国户口多少为率。……古今数路中全无一人及第，则所遗多矣。'参知政事欧阳修上言：'国家取士，惟才是择。……言事之人，但见每次科场，东南进士得多，西北进士得少，故欲改法，令多取西北进士……东南之俗好文，故进士多而经学少，西北之人尚质，故进士少而经学多。……西北之士学业不及东南……今若一例以十人取一人，则东南之人合格而落者多矣，西北之人不合格而得者多矣。"

21　《宋史》卷二八二《王旦传》："祖宗朝未见有南人当国者。"

22　《旧唐书》卷二八《音乐志》。

23　《宋史》卷一四二《乐志》。所谓"十八调"和"四十大曲"，由于调名和曲名过于烦琐，这里就不必逐一列举。

24　《晋书》卷一〇三《刘曜载记》："陇东武都、安定、新平、北地、扶风、始平诸郡戎夏皆起兵应(刘)胤。"又卷一一二《苻健载记》："杜洪窃据长安……戎夏多归之。"又卷一一六《姚弋仲载记》："北地戎夏归附者五万余户。"又卷一二六《秃发傉檀载记》："征集戎夏之兵五万余人。"

25　《晋书》卷一三〇《赫连勃勃载记》："岭北夷夏降附者数万计。"

26　《晋书》卷一三〇《赫连勃勃载记》："发岭北夷夏十万人于朔方水北、黑水之南，营起都城。"所谓都城即统万城。当地夷夏杂居如此之多，统万城又是在草原中营建的新城，新城中的夷夏杂居自是难免的。

27　《北齐书》卷一《神武纪》："神武既累世北边，故习其俗，遂同鲜卑。"然叙其家世，则说是渤海蓚人，且上溯至其所谓六世祖晋玄菟太守高隐。当时世族在社会已居有重要地位，高欢君臣这样的标榜，殆有意自炫门第，以示与庶民不同。

28　《魏书》卷二一《献文六王传》。

29　《魏书》卷一九《任成王澄传》。

30　《北齐书》卷二五《王纮传》。

31　《隋书》卷一二《礼仪志》："后周之时，咸著突骑帽，如今胡帽，垂裙覆带，盖索发之遗象也。"南北朝时，南朝谓北人为索虏，盖以其辫发也。又卷五七《魏房传》："宏(魏孝文帝)制衣冠与之，询询毁裂，解发为编，服左衽。"即胡服辫发也。

32　《资治通鉴》卷一五七《梁纪一三》："时鲜卑共轻华人，唯惮高敖曹。(高欢)号令将士，常鲜卑语，敖曹在列，则为华言。"

33　《史记》卷六《秦始皇本纪》。

34　《史记》卷六《秦始皇本纪》。

35　《汉书》卷二八《地理志·注》引应劭说。

36　《史记》卷八《高祖本纪》。

37　《世说新语》卷上《言语》。

38　刘禹锡：《刘梦得集》卷四《金陵五题·乌衣巷》："朱雀桥边野草花，乌衣巷口夕阳斜。"

39　吴自牧：《梦梁录》卷一《元宵》。

40　《梦梁录》卷一三《天晓诸人出市》。

41　杨衒之：《洛阳伽蓝记》卷二《景宁寺》。

42　《洛阳伽蓝记》卷二《景宁寺》："陈庆之钦重北人，特异于常，朱异怪复问之。曰：'自晋宋以来，号洛阳为荒土，此中谓长江以北尽是夷狄。昨至洛阳，始知衣冠士族，并在中原。礼仪富盛，人物殷阜，目所不识，口不能传。'所谓帝京翼翼，四方之则。始(如)登泰山者卑培塿，涉江海者小湘沅。"

43	《南齐书》卷五七《魏虏传》:"议迁都洛京。九年,遣李道固、蒋少游报使。少游有机巧,密令观宫殿楷式。……少游,安乐人,房宫室制度,皆从其出。"北魏洛阳城虽属新创,如《魏虏传》所言,则亦斟酌参照南朝制度。
44	《尚书·盘庚》。
45	《诗·大雅·生民之什.公刘》。
46	《诗·大雅·文王之会·绵》。
47	《尚书·召诰》。
48	《史记》卷六《秦始皇本纪》:"营作朝宫渭南上林苑中,先作前殿阿房,东西五百步,南北五十丈,上可以坐万人,下可以建五丈旗。周驰为阁道,自殿下直抵南山,表南山之巅以为阙。为复道,自阿房渡渭,属之咸阳。"
49	《晋书》卷一一三《苻坚载记》。
50	《三辅黄图》卷三《未央宫》:"未央宫周回二十八里,前殿东西五十丈,深十五丈,高三十五丈。营未央宫因龙首山以制前殿。"
51	宋敏求《长安志》卷三《宫室一·建章宫》引《关中记》:"建章宫,其制度事兼未央宫,周回二十余里。"就是说,它的规模略同于未央宫。
52	《长安志》卷六《宫室四·西内章》。唐代称大兴宫为太极殿。太极殿及其周围各区统称为西内。
53	《长安志》卷六《宫室四·东内大明宫》。
54	《全唐诗》卷一二八,王维《和贾舍人早朝大明宫之作》。
55	现存于世的宋代画家张择端所绘的《清明上河图》,显示出当年开封城的繁华盛况。
56	《三辅黄图》卷二《汉宫》,《汉书》卷九四下《匈奴传下》。
57	《太平寰宇记》卷二五《雍州》;雍正《陕西通志》卷七二《古迹》引《雍胜略》,谓在盩厔至县境。
58	《史记》卷一二三《大宛传》。
59	《汉书》卷九六上《西域传上》。
60	《汉书》卷二二《礼乐志》。
61	《三辅黄图》卷六《厩·未央大厩、六厩、九厩》;《太平御览》卷一九一《居处部》引《三辅黄图》:"未央宫有金厩、辂铃厩、大厩、果马厩、乾梁厩、骑马厩、大宛厩、胡河厩、驹騄厩,九厩在城内。"与今本《三辅黄图》不同。
62	《汉书》卷九六上《西域传》。
63	《三辅黄图》卷三《建章宫》:"奇华殿,在建章宫旁,四海夷狄器服珍宝,火浣布、切玉刀、巨象、大雀、师子、宫马,充塞其中。"
64	《汉书》卷七〇《陈汤传》。
65	《洛阳伽蓝记》卷三《城南》。
66	《牟子·理惑论》;《水经·穀水注》;《高僧传》卷一《摄摩腾传》;《魏书》卷一一四《释老志》。天竺今为印度。
67	《洛阳伽蓝记》卷四《白马寺》:"明帝崩,起祇洹于陵上,自此以后,百姓冢上,或作浮图焉。寺上经函,至今犹存。"祇洹,梵名,意即精舍。经函为白马负经归来的函套。
68	《洛阳伽蓝记》卷三《菩提寺》。
69	《洛阳伽蓝记》卷四《法云寺》。
70	《洛阳伽蓝记·序》。
71	《长安志》卷五《宫室三》:"姚兴集沙门五千余人,有大道者五十人,起造浮图于永贵里,立波若台,居中作须弥山,四面有崇岩峻壁,珍禽异兽,林草精奇,仙人佛像俱有,人所未闻,皆

以为希奇。"

72 《洛阳伽蓝记》卷二《建阳里》。

73 《洛阳伽蓝记》卷四《宝光寺》。

74 《魏书》卷一一四《释老志》。

75 《水经·穀水注》:"(如浑水)屈迳平城县故城南。……又南迳皇舅寺西……有五层浮图,其神图像皆合青石为之,加以金银火齐众采之上,炜炜有精光。又南迳永宁七级浮图西,其制甚妙,工在寡双。……水右有三层浮图,真容鹫架,悉结石也。制丽丽高,亦尽美善也。东郭外……立祇洹舍于东皋,椽瓦梁栋,台壁楹陛,尊容圣像及床坐轩帐悉青石也。……京邑帝里,佛法丰盛,神图妙塔,桀峙相望,法轮东转,兹为上矣。"

76 《魏书》卷一一四《释老志》。

77 《洛阳伽蓝记》卷五《城北》。

78 《洛阳伽蓝记》卷五《城北》。

79 《洛阳伽蓝记》卷二《城东》:"璎珞寺在建春门外御道北,所谓建阳里也,即中朝时白社地。……里内有璎珞、慈善、晖和、通觉、晖玄、宗圣、魏昌、熙平、崇真、因果等十寺。里内士庶二千余户,众僧刹养,百姓所供也。"

80 《洛阳伽蓝记》卷三《城南》:"报德寺……在开阳门外三里,高祖题为劝学里,有文觉、三宝、咸宁三寺。"

81 建中、长秋二寺皆在延年里,昭仪尼寺、愿会寺皆在治粟里,修梵、崇明二寺相邻,可能同在一里,以上见《洛阳伽蓝记》卷一《城内》。据所记载,宣忠、王典御二寺相邻,宝光、法云二寺相邻,大觉、永明二寺相邻,也皆可能同在一里。

82 《梁书》卷一《武帝纪》。

83 王象之:《舆地纪胜》卷一七《建康府》。

84 按:《舆地纪胜》卷一七《建康府》所记载的佛寺与梁武帝有关的除同泰寺外,尚有宝珠寺、蒋山寺、宋兴寺等。

85 唐释法琳《辩正论》引《舆地图》说到侯景之乱后,建康"旧有七百余寺……焚烧荡尽"。《南史》卷七〇《郭祖深传》:"都下佛寺五百余所,穷极宏丽。"

86 《全唐诗》卷五二二,杜牧:《江南春绝句》。

87 《隋书》卷三五《经籍志》。

88 《长安志》前有赵彦若序,序撰于宋神宗熙宁九年。熙宁九年为公元1077年,上距唐亡的昭宣帝天祐四年(公元907年)为一百七十年。

89 《长安志》卷一《总叙》,叙京兆府的沿革,于肃宗东迁于洛阳后,接着叙"梁开平元年改府曰大安,二年改军曰永平",直至"汉乾祐元年,改军曰永兴,其府名皆仍旧,皇朝因之"。则所记的寺院,当为唐末事。

90 朱雀街西第三街街西从北第四坊布政有法海寺、济法寺、明觉尼寺、波若寺、善果寺。

91 这四坊为朱雀街西第三街街西从北第三坊颁政坊、朱雀街西第三街街西从北第八坊崇贤坊、朱雀街西第四街街西从北第三坊金城坊、朱雀街西第五街街西从北第六坊怀德坊。颁政坊有龙兴寺、建法尼寺、证空尼寺、护国天王院。崇贤坊有海觉寺、大觉寺、法明寺、崇业尼寺。金城坊有开善寺、会昌寺、乐善寺、瑞圣寺。怀德坊有罗汉寺、辩才寺、惠日寺、宏光寺。

92 这六坊为朱雀街东第三街街东从北第十四坊进昌坊、朱雀街东第四街街东从北第三坊胜业坊、朱雀街西第二街街西从北第四坊崇德坊、朱雀街西第四街街西从北第二坊休祥坊、第六坊长寿坊、朱雀街西第五街街西从北第四坊居德坊。进昌坊有大慈恩寺、楚国寺、兴唐寺。胜业坊有胜业寺、修慈尼寺、甘露尼寺。崇德坊有崇圣寺、证果尼寺、废报恩寺。休祥坊有崇福寺、万善尼寺、昭成尼寺。长寿坊有永泰寺、大德寺、崇义寺。居德坊有先天寺、普集寺、奉恩寺。

93 靖善坊在朱雀街东第一街街东从北第五坊。

94　《长安志》卷七《唐京城一》。

95　段成式:《酉阳杂俎·续集》卷六《寺塔记下》。《长安志》卷八《唐京城二》,进昌坊下注云:"唐人多云晋昌坊,然晋、进义同。"

96　《长安志》卷七《唐京城一》。开化坊在朱雀街东第一街街东从北第二坊。开化坊南为安仁坊。安仁坊,《志》作安仁门,依《唐两京城考》改。

97　《长安志》卷九《唐京城三》。新昌坊在朱雀街东第五街街东从北第七坊。

98　《长安志》卷八《唐京城二》:"大慈恩寺西院,浮图六级,崇三百尺。本注:……砖表土心,仿西域窣堵波制度,以置西域经像。后浮图心中卉木钻出,渐以颓毁,长安中,更拆改造,依东夏刹表旧式,特崇于前。有辟支佛牙,大如升,光彩焕烂。"

99　《梁书》卷五四《诸夷传》。

100　《唐两京城坊考》卷三《西京·外郭城》引《名画记》:"慈恩寺塔院有吴道玄、尹琳、胡人尉迟乙僧、杨廷光、郑虔、毕弘、王维、李果奴、张孝师、朱审画。"《酉阳杂俎·续集》卷六《寺塔记下》:"慈恩寺,塔西面画湿耳师子,仰摹蟠龙。尉迟画。及花子钵、曼殊,皆一时绝妙。"

101　《酉阳杂俎·续集》卷五《寺塔记上》:"常乐坊赵景公寺……南中三门里东壁上,吴道玄白画地狱变,笔力劲怒,变状阴怪,睹之不觉毛戴,吴画中得意处。……西中三门里内南,吴生画龙及刷天王须,笔迹如铁,有执炉天女,窈眸欲语。……平康坊菩萨寺……食堂东壁上,吴道玄画《智度论》色偈变,偈是吴自题,笔迹遒劲,如磔鬼神毛发。次堵画礼骨仙人,天衣飞扬,满壁风动。"常乐坊在朱雀街东第五街街东从北第五坊。平康坊在朱雀门街东第三街街东从北第七坊。

102　《酉阳杂俎·续集》卷六《寺塔记下》:"宣阳坊奉慈寺普贤堂,堂中尉迟画颇有奇处,四壁画像及脱皮白骨,匠意极险。又变形三魔女,身若出壁,又佛圆光,均彩相错乱目成……然不及西壁。三壁逼之摞摞然。"宣阳坊在朱雀街东第三街街东从北第八坊。

103　《水经·榖水注》:"武州川水又东南流,水侧有石祇洹舍并诸窟室,比丘尼所居也。其水又东转,迳灵岩南,凿石开山,因岩结构,真容巨壮,世法所希,山堂水殿,烟寺相望,林渊锦镜,缀目新眺。"

104　《水经·伊水注》:"伊水又北入伊阙,东岩西岭,并镌石开轩,高甍架峰。"

105　《长安志》卷一○《唐京城四》。布政坊已见前文。醴泉坊在朱雀街西第四街街西从北第四坊。普宁坊在朱雀门街西第五街街西从北第二坊。

106　《长安志》卷九《唐京城九》。靖恭坊在朱雀街东第五街街东从北第七坊。

107　《唐两京城坊考》卷五《东京·外郭城》:立政坊胡祆祠。本注:"《四库提要·西学》下引宋敏求《东京记》载,宁远坊有祆神庙。注曰:'《四夷朝贡图》云:康国有神名祆,毕国有火祆祠,或曰石勒时立此。'按东京无宁远坊,而《会要》与此皆有祆祠,未识所引《东京记》见于何书,俟考。"会节坊在长夏门之东第四街,从南第四坊。立德坊在洛水之北,东城之东,第一南北街,北当徽安门西街,承福坊之北,从南的第一坊。

108　张鹭:《朝野金载》。南市在长夏门之东第二街从南第四坊嘉善坊之北。

109　《长安志》卷一○《唐京城一○》:"义宁坊十字街东之北,波斯胡寺。本注:贞观十二年,太宗为大秦国胡僧阿罗本立。"按:《两京新记》:"普宁坊东之北有波斯胡寺。"义宁坊在朱雀门街西第五街街西从北第三坊。普宁坊即在义宁坊北,紧相毗邻。据《景教碑》,普宁坊应作义宁坊。

110　《两京新记》:"西京醴泉坊街南之东有波斯胡寺。"《长安志》卷一○《唐京城四》:"醴泉坊街南之东,旧波斯胡寺。本注:仪凤二年,波斯王卑路斯奏请于此置波斯寺。景龙中,幸臣宗楚客筑此寺入其宅,遂移寺于布政坊之西南隅祆之西。"

111　《唐两京城坊考》卷五《东京外郭城》。修善坊在长夏门之东第二街从南第四坊。

112　《新唐书》卷一五○《常衮传》:"始回纥有战功者,得留京师,后乃创邸第、佛寺。"按:《僧史略》卷下"大历三年六月敕回纥置寺,宜赐额大云光明之寺",所言当与《常衮传》的记载为一事。大云光明寺为摩尼教寺，见《佛祖统记》卷下。摩尼《佛祖统记》所载作末尼，其实一也。李德裕《会昌一品集》卷五《赐回鹘可汗书意》："摩尼教，天宝以前，中国禁断。自禄山缘回鹘敬信，始许兴行，江淮数镇皆令阐教。"则《常衮传》所言"佛寺"实即摩尼寺。可能一般与佛寺混称，《常衮传》因而从俗载及。

113 《大秦景教流行中国碑》现存西安碑林博物馆中。

114 《太平御览》卷五六七《乐部五·鼓吹乐》引《乐志》："横吹有双角，即胡乐以从军也。张博望入西凉(域)，传其法于西京，初得《诃河兜勒》一曲，李延年因胡曲，更造新声二十八解。"

115 《隋书》卷一四《音乐志中》。

116 《旧唐书》卷二九《音乐志二》。

117 《北史》卷九二《齐诸宦者传》："曹僧奴子妙达以能弹胡琵琶，甚被宠遇，俱开府封王。"《旧唐书》卷二九《音乐志中》："后魏有曹婆罗门，受龟兹琵琶于商人，世传其业，至孙妙达，尤为北齐高洋所重，常自击胡鼓以和之。"

118 《旧唐书》卷二九《音乐志中》。

119 《隋书》卷一五《音乐志下》。隋文帝的七部乐中尚有国伎、清商伎、文康伎三部。

120 《隋书》卷一五《音乐志下》："'清乐'其始即《清商三调》是也，并汉来旧曲。……属晋朝迁播，夷羯窃据，其音分散，苻永固平张氏，始于凉州得之。宋武平关中，因而入南，不复存于内地。及平陈后获之。"又说："'礼毕者'，本出自晋太尉庾亮家。亮卒，其伎追思亮，因假为其面，执翳以舞，像其容，取其谥以号之，谓之'文康乐'。每奏'九部乐'终则陈之，故以礼毕为名。"

121 《隋书》卷一五《音乐志下》："'西凉'者，起苻氏之末，吕光、沮渠蒙逊等据有凉州，变龟兹声为之，号为秦汉伎。魏太武既平河西得之，谓之'西凉乐'。至魏、周之际，遂谓之'国伎'。今曲项琵琶、竖头箜篌之徒，并出自西域，非华夏旧器。'杨泽新声''神白马'之类，生于胡戎。胡戎歌非汉魏遗曲。故其乐器声调，悉与书史不同。"

122 《隋书》卷一五《音乐志下》："'龟兹'者，起自吕光灭龟兹，因得其声。吕氏亡，其乐分散，后魏平中原，复获之。其声后多变易。……开皇中，其器大盛于闾闬。"

123 《隋书》卷一五《音乐志下》："'天竺'者，起自张重华据有凉州，重四译来贡男伎，'天竺'即其乐焉。"又说："'康国'起自周武帝聘娉北狄为后，得其所获西戎伎，因其声。"

124 《隋书》卷一五《音乐志下》："'疏勒''安国''高丽'并起自后魏平冯氏及通西域，因得其伎。"

125 《新唐书》卷二二《礼乐志一二》。

126 《新唐书》卷二，《礼乐志》："燕乐，高祖即位，仍隋制设九部乐：'燕乐伎'乐工舞人无变者。'清商伎'，隋清乐也。"此下备举"西凉伎""天竺伎""高丽伎""龟兹伎""安国伎""疏勒伎""康国伎"。合计为九。这里显示燕乐为九部乐的总称，而"燕乐伎"又为九部乐中的一部。然《隋书·音乐志》所载隋时九部乐，则有"礼毕"而无"燕乐伎"，与《唐志》所说稍异。《唐志》接着又说："隋乐每奏九部乐终，辄奏文康乐，曰'礼毕'。太宗时，命削去之，其后遂亡。及平高昌，收其乐。……自是始有十部乐。"如上所言，唐高祖时，七部乐中已有"燕乐伎"，而无"文康乐"，则"礼毕"何待太宗时始行废去。"礼毕"始废于高祖时，《唐书·礼乐志》于此所说，似有不周处。

127 段安节《乐府杂录》："舞者乐之容也。……古之能者不可胜记。即有健舞、软舞、字舞、花舞、马舞。健舞曲有'棱大''阿连''柘枝''剑器''胡旋''胡腾'。软舞曲有'凉州''绿腰''苏和香''屈柘''团圆旋''甘州'等。"《通典》卷一四五《乐五·杂舞曲》："马舞，《竹书》《穆天子传》亦有之。……此舞或时而有，非乐府所统。"马舞与字舞、花舞的具体舞曲不可知，可能无由域外传入的。

128 向达：《唐代长安与西域文明》，生活·读书·新知三联书店1957年版。

129 陈旸《乐书》卷一八四《柘枝舞》。

130 《唐代长安与西域文明》引石田幹之助《胡旋舞小考》。

131 《全唐诗》卷四六八，刘言史《王中丞宅夜观舞胡腾》："石国胡儿人见少，蹲舞尊前急如鸟。织成蕃帽虚顶尖，细氍胡衫双袖小。手中抛下蒲萄盏，西顾忽思乡路远。跳身转毂宝带鸣，弄脚缤纷锦靴软。四座无言皆瞪目，横笛琵琶偏头促。乱腾新毯雪朱毛，傍拂轻花下红烛。酒阑舞罢丝管绝，木槿花西见残月。"此王中丞即成德节度使王武俊。《长安志》卷九《唐京城三》，朱雀街西第一街街西从北第八坊为道德坊，坊内有其家庙，则长安城中亦当有住宅，刘言史所观的胡腾舞，自是在长安城中演奏的。

132　《通典》卷一四六《乐六·四方乐》："又有新声自河西至者，号'胡音声'，与'龟兹乐''散乐'俱为时重，诸乐咸为之少寝。"

133　《通典》卷一四六《乐六·散乐》。

134　《通典》卷一四六《乐六·散乐》。按《通典》此处于"散乐"之下加注说："隋以前谓之百戏。"并说："散乐，非部伍之声，俳优歌舞杂奏。"其实百戏就是杂技。《魏书》卷一〇九《乐志》中就已有杂技的名称。

135　王先谦《汉书补注》卷九六引沈钦韩说："《通典》武帝时，安息献犁靬幻人二，皆矊眉峭鼻，乱发拳须，长四尺五寸。"

136　《汉书》卷九六《西域传·注》："李奇云：砀极，乐名也。……漫衍者，即张衡《西京赋》所云巨兽百寻，是为漫延者也。鱼龙者，为舍利之兽，先戏于庭，极毕乃入殿前，激水化成比目鱼，跳跃漱水，作雾障日华，化成黄龙八丈，出水遨戏于庭，炫耀日光。《西京赋》云，海麟变而成龙，即为此色也。"

137　《汉书》卷二三《刑法志》。

138　《隋书》卷一五《音乐志下》。

139　《魏书》卷一〇九《乐志》："道武帝天兴六年，诏太乐总章鼓吹，增修杂技，造五兵、角抵、麒麟、凤皇、仙人、长蛇、白象、白虎及诸异兽、鱼龙、辟邪、鹿马仙人车，高缅百尺、长趫、缘幢、跳丸，以备百戏，大飨设之于殿庭，如汉晋之旧也。"

140　《隋书》卷一四《音乐志中》。

141　《隋书》卷一五《音乐志下》。据《志》文所说，这种"黄龙变"是有舍利先来，戏于场内，须臾跳跃，激水满衢，鼋鼍龟鳖，水人虫鱼，遍覆于地，又有大鲸鱼，喷雾翳日，倏忽化成黄龙，长七八丈，耸踊而出。这里所说的和颜师古在《汉书注》中的叙述，大致是仿佛的。

142　《新唐书》卷三《高宗纪》。

143　《旧唐书》卷二九《音乐志二》："睿宗时，婆罗门献纤，舞人倒行，而以足舞于极铦刀锋，倒植于地，低目就刃，仰中，又植于背下，吹筚篥者立其腹上，终曲亦无伤。"

144　《旧唐书》卷一九八《康国传》。

145　《通典》卷一四六《乐六·四方乐》。《文献通考》卷一四八《乐二一·西戎》。

146　南卓《羯鼓录》中列有《打球乐》，则打马球应是舞乐的一种。

147　《资治通鉴》卷二一一《唐纪二七》。

148　封演《封氏闻见记》卷六《打球》。

149　《历代名画记》卷九《唐朝上》。

150　《东京梦华录》卷七《驾登宝津楼诸军呈百戏》。据记载，当时球戏有小打和大打。小打两队，各跨雕鞍花鞴驴子，大打两队，各跨小马，与唐时稍有不同。可能非西域旧规。

151　《宋史》卷一四二《乐志一七》："队舞之制，其名有十。女子队凡一百五十三人：……十曰打球乐队，衣四色窄绣罗襦系银带，裹顺风脚簇花蹼头，执球仗。"

152　《全唐诗》卷三〇二。按《全唐诗》卷七九八，又列王建此诗于花蕊夫人《宫词》中。

153　《全唐诗》卷七九八。

154　《金史》卷三五《礼志八》："拜天（后），皇帝回辇至幄次，更衣，行射柳、击球之戏。亦辽俗也，金因尚之……击球，各乘所常习马，持鞠仗。……皆所以习跷捷也。"

155	《金史》卷三五《礼志八》："金因辽旧俗。以重五、中元、重九日行拜天之礼。重五于鞠场，中元于内殿，重九于都城外……若至尊则于常武殿筑台为拜天所。重五日质明，陈设毕，百官班俟于球场乐亭南。皇帝……自球场南门入至拜天台。"
156	《唐代长安与西域文明》附有《明代打球图》，可知迄于明代，此风仍然盛行。
157	《明史》卷三二六《外国传》。
158	《汉书》卷七九《冯奉世传》。《传》中说："冯奉世，上党潞人也，徙杜陵。"徙杜陵当系奉世位至九卿之后事。
159	《汉书》卷六九《赵充国传》。
160	《汉书》卷七六《王尊传》。
161	《汉书》卷七七《孙宝传》。
162	《汉书》卷八三《朱博传》。
163	《后汉书》卷六五《皇甫规传》。
164	《后汉书》卷六五《张奂传》。
165	《后汉书》卷六五《段颎传》。
166	《后汉书》卷八一《独行·赵苞传》。
167	《汉书》卷六《武帝纪》。
168	《后汉书》卷四四《徐防传·注》引《汉官仪》。
169	《后汉书》卷四八《杨终传》。
170	《后汉书》卷三《章帝纪》；卷三七《丁鸿传》；又卷七九下《儒林·魏应传、李育传》。
171	《明史》卷七〇《选举志二》。
172	《后汉书》卷七九上《儒林传上》。
173	《韩昌黎文集校注》卷四《赠张童子序》："天下之明二经，举其得升于礼部者，岁不下三千人，谓之乡贡。"
174	王定保：《唐摭言》卷三《慈恩寺题名游赏赋咏杂记》。
175	钟嗣成：《录鬼簿》。
176	《晋书》卷八二《陈寿传》："除著作郎，撰魏蜀吴《三国志》。"以著作郎撰史，当撰成于洛阳。
177	《旧五代史》卷七九《晋书五·高祖纪》，又卷八四《晋书一〇·出帝纪》。
178	《宋史》卷二六四《薛居正传》。
179	《宋史》卷二八四《宋祁传》："修《唐书》十余年，自守亳州，出入内外尝以稿自随，为列传百五十卷。"则《旧唐书》并非都是在开封撰成的。
180	《北齐书》卷三七《魏收传》："诏撰《魏史》，四年，除魏尹，故优以禄力，专在史阁，不知郡事。"
181	《宋史》卷三一九《欧阳修传》仅言："奉诏修《唐书》纪、志、表，自撰《五代史记》"，而未及其他。《唐书》为奉诏所修，《传》中亦未载其以书稿自随，如宋祁故事，自当撰于都城之中。《五

代史记》既属自撰,而欧阳修又曾频繁外出守州,因而很难说《新五代史》是在什么地方撰修的。

182　《北史》卷一〇〇《叙传》:"(延寿父)大师少有著述之志,常以宋、齐、梁、陈、齐、周、隋,南北分隔,南书谓北为索虏,北书指南为岛夷,又各以其本国周悉,书别国并不能备,亦往往失实。常欲改正。将拟吴越春秋编年,以备南北。"大师初事撰述,乃是遭配于西会州之时。后又至凉州,最后归至郑州。虽撰述不辍,终未成书。至延寿时,因参预撰修《晋书》始得在长安手自写定,终能成编。

183　《高僧传》卷二《鸠摩罗什传》。

184　《南史》卷七《梁本纪中》。

185　《南史》卷七〇《郭祖深传》。

186　《魏书》卷一一四《释老志》。

187　《魏书》卷一一四《释老志》。

188　《魏书》卷一一四《释老志》。

189　《洛阳伽蓝记》卷一《城内》,当时永宁寺四时供给七万梵僧。

190　《周书》卷五《武帝纪》。

191　费长房:《历代三宝记》卷一一。

192　《广弘明集》卷二四,北齐文宣帝:《问沙汰释李诏》。

193　《续高僧传》卷八《隋彭城崇圣道场释靖嵩传》。

194　《旧唐书》卷一八上《武宗纪》。

195　《资治通鉴》卷二四八《唐纪六四》。

196　《旧五代史》卷一一五《周书·世宗纪》。

197　李濂《汴京遗迹志·序》说:"余草创时,闻先生长者亟称宋敏求《东京记》、王权《夷门记》颇为明悉,而未之见。间尝遍叩城中藏书之家暨海内博雅之士,咸亡有也。"然其书卷一〇《寺观》于大相国寺十绝下却加注说:"宋次道《东京记》亦载相国寺十绝,乃是后来所见事迹。此不具录。"因而前后颇不相符。可能全书撰成后,始得宋书,补此一条。虽补得此条,却未删改序文,因而显得前后不符。若既得见到宋书,补得了此条,其他亦当有所增补。由此可见宋书所记开封寺院,为数也非很多。故李濂所记也只是如此而已。

198　晁公武《郡斋读书志》:"《东京记》三卷,开封坊巷、寺观、官廨、私第所在及诸故实,极为精博。"陈振孙《直斋书录解题》:"《东京记》三卷,上卷为宫城,中卷为旧城,下卷为新城。三城之内,宫殿、官府、坊巷、第宅、寺观、营房,次第记之。"

199　《汴京遗迹志》卷一〇《寺观》。其余四所为显圣寺、景德寺、惠明寺、显静寺。

200　《魏书》卷一一四《释老志》。

201　《魏书》卷七《孝文帝纪》。

202　《魏书》卷一一四《释老志》。

203　《资治通鉴》卷一七五《陈纪九》。

204　《资治通鉴》卷二四八《唐纪六四》。

七

论中国古都文化与当代文化的融通

中国古都学是研究我国历史上的都城的形成、发展、繁荣、萧条，或至于消失，或经过改革成为新的城市的科学。

历史上的都城，都是其当世相应的王朝或政权统治区域的政治中心，也是其时的文化中心。我国历史悠久，王朝或政权先后迭出，极为繁多，莫不皆有其都城。或绍继前代，或自创新局，皆能使之成为一时的政治中心，同时也使之成为一时的文化中心。能够成为文化中心，自是由于各方文化的荟萃。都城既然荟萃各方的文化，又复以之向外传播，影响各方，相互融通，推陈出新，有所发展。时移世易，当时都城，过后皆成古都，仿佛已为陈迹。然文化源流并未稍断，仍在融通发展之中，数千年来始终一脉相承。中华文化瑰丽奇特，是自有来由的。

不佞前撰《中国古都和文化》已就古都尚为都城时的文化略事论述，今当再就其与当代文化的融通，加以董理，以见其间演变的过程与痕迹，并为今后城市的发展提供论据，俾其能显示出具有历史渊源的独特风格，卓立于当代，而且愈益发展，使其宏伟雄姿，垂之久远。虽说是探索古都文化与当代文化的融通，然为了明了其间的来龙去脉，有时候还免不了要追述既往，以便做相应的梳理。

（一）都城形势的变迁与文化融通的延续

1. 由都城到古都的变迁

我国历史悠久，王朝或政权相当繁多，因而改朝换代之事，不断发生。每当改朝换代之际，对于前代都城的处理曾经有过不同的方式。大致说来，可有四种类型：一是王朝被灭，都城被毁，成为废墟。商代的殷墟、西周的丰镐、秦的咸阳、西晋的洛阳、北齐的邺、陈的建康皆难免这样的浩劫。周人灭殷之后，以其地封殷后武庚。武庚以作乱为周所诛，又以其地分为邶、鄘、卫三国，三国皆不居于殷都，殷都遂为废墟。西周为犬戎所灭后，丰镐即再未见诸记载。秦末项羽入关，烧毁咸阳，当年焦土迄今仍然成堆。西晋洛阳为匈奴攻破后，十六国迭相起伏，皆无再以洛阳为都的。直至北魏孝文帝时，始复居其地。北魏的都城等于重建，可知晋都残破的严重程度。北齐灭后，邺城犹为相州治所，北周未久即移相州于安阳（今河南安阳市），邺城及其邑居皆被毁废[1]。陈为隋灭后，建康亦被平荡耕垦，夷为平地[2]。二是王朝被灭，其都城就降为地方州郡治所。东周的洛阳，西汉和王莽的长安，唐代的长安，后唐的洛阳，北宋的开封和南宋的临安，皆同此例。东周灭后，秦设三川郡，其治所就在洛阳。西汉长安本为京兆尹治所，经过王莽改制，东汉废而不设都，仍为京兆尹的治所。唐代灭亡后，后梁即于长安设大安军，并以之为佑国节度使治所。后唐被灭，后晋虽仍暂居其地，然未久仍以之为河南府治所。北宋为金所灭，金人曾以张邦昌和刘豫为傀儡，先后居于开封，及废去刘豫，仍以其地为开封府，及蒙古南侵，金人始再以开封为都，其间相隔已数十年了。南宋的临安本为杭州，元人灭南宋，就仍以之为杭州路治所。三是因前朝的成规，即以旧都为新居。魏晋都于洛阳，即承东汉之旧。东晋南迁都于建康，南朝诸代即因而不改。北齐以邺为都，北周以长安为都，就是分别循东魏和西魏的故规。唐居隋后，也都于长安，后汉、后周和北宋皆是承后晋之后，相继都于开封。元人始居大都，明仅改其名为北京，清人又改北京为京师，其实皆是一地，清人虽称北京为京师，可是北京之名却仍旧沿用，并未完全废去。四是废弃前朝故都另建新都。西汉都于长安，长安与秦时咸阳仅隔一道渭水，南北相望。西汉建都之时，咸阳已被焚为灰烬，长安实际上是另建了一座新城，隋时改建长安城，旧城才被废去，新城在龙首原下，虽仍以长安为名，却并非一地。元代建立大都略同于隋时的长安，其时金人的中都尚未废去，元人就在其旁另建新都，中都的一隅也被划入大都之中。

上面所说的成为废墟的都城，大多未能复兴。殷都于秦末即已被称为殷墟，项羽曾在其地接受章邯的降附[3]。丰镐则迄未再为人所道及。咸阳自秦末被焚毁后，迄今尚可看到一些焦土。仅洛阳一处仍能再成为都城，那就是在北魏孝文帝的时期。邺与建康先后被废，其间相差，为时无多，建康后来还能成为地方州郡的治所，邺却再没有能够恢复起来。

邺没有能够恢复起来，有人为的原因，也有自然的因素。北周灭北齐后，不久就为隋室所代替，北周和隋都恐太行山再有地方势力崛起，从事反抗，故彻底摧毁邺城，不欲使之为他人所利用。按说邺能够繁荣，长期被建为都城，固然由于它是太行山东平原的重镇，也是由于东汉末年曹操的开凿白沟和利漕渠，使它具有便利的条件，邺被毁废后，渠道随即湮塞。后来隋炀帝开永济渠，和白沟有相同的作用，却不再经过邺的附近，所以邺就不可能再得到恢复，迄至今日，曩时驰名一时的三台，仅铜雀台犹稍有残迹而已。与邺相似的，还有十六国时期赫连勃勃所建立的统万城。统万城在今陕西靖边县北白城子，赫连勃勃建立统万城时，构造至为坚固。夏国灭亡后，北魏以及隋唐皆曾以之为边防重镇，北宋时逐渐为沙漠所掩没，迄今其西北隅雉堞虽犹高耸云际，城内却鲜有人迹。

建康却不是如此。隋初平荡了建康，并改设江宁县，稍后于其地置丹阳郡。据说："丹阳旧京所在，人物本盛，小人率多商贾，君子资于官禄，市廛列肆，埒于二京，人杂五方，故俗颇相类。"[4]所谓二京，指的是长安和洛阳，平荡过的废墟，竟然能和长安、洛阳相媲美，其恢复的速度也是少有的。这没有别的原因，主要是建康东距太湖不远，素以富庶相称；而又紧濒大江，交通便利，这样富庶的因素不是人为的力量所能完全阻止的。当然，隋王朝也没再次有何阻止的措施。这显示出建康虽不为都，然长期都城的影响，并未因旧日王朝的崩溃而泯灭无余。

那时候王朝的都城都有一定的规模，有的更是宏伟壮丽，隋唐时的长安就是如此。隋唐时的长安与汉时不同，始筑于隋时，唐代更为修整，有宫城、皇城、外郭城三大部分。唐代诗人白居易久居长安，对于长安城的街道布局曾频加称道，他一则说："百千家似围棋局，十二街如种菜畦。"[5]再则说："下视十二街，绿树间红尘。"[6]三则说："春风十二街，轩骑不暂停。"[7]而且还说："西望长安城，歌钟十二街。"[8]白居易所说当是就皇城而言，与外郭城无关[9]。不论街道多少，在白居易看来，都整齐秀丽。长安城迭经沧桑，迄今已非唐时的旧貌，所以白居易的诗句很久不再为人道及，可是现在西安城不断扩建，远超过于唐时宫城、皇城和外郭城的规模，棋局菜畦都已难于比拟，绿树依然，红尘渐小，春风荡漾，轩骑亦不需暂停，白居易倘若地下有知，亦当惊世界殊了。

当然，也不是所有情形都变得古今相差很大，甚至迥不相同。司马迁以一代史家撰著《史记》，不仅见重累代，抑且流传所及，远臻域外。史公所记，实包罗万象，上自帝王之尊，下至庶民之细，皆靡所缺佚。就是长安城中的市井琐事，亦皆娓娓道及，甚至博戏、行贾、贩脂、卖浆之人亦皆能见于笔下，并且还指出"纤啬筋力，治生之正道也，而富者必用奇胜"[10]。这样的情景核实来说，也并非汉时长安所独有，隋唐诸代也未必不是如此，就是到现在，在隋唐长安城旧址上建立的西安，也仿佛所差无几，只是具体的人物已经不是所说的桓发、雍乐成、翁伯、张氏了。司马迁还举出其时一些人具有相当的产业，其收入可与千户侯等。其中渭川的竹就是所谓产业的一种，能够在渭川有千亩竹，那就是非同小可了，就在汉代以后，只要渭川有竹，就可证明司马迁所说的并非虚谬。现今西安城中，尚有以竹笆市为名的街道，其间犹多竹肆。也许其人虽设竹肆，而尚无千亩之竹，故未闻有能与千户侯相等的富豪。这条竹笆市的设置可以上溯到明代，明代以前未见记载，却也不能就说没有设置。就以明代而论，亦可见其源远流长了。

2. 古都中的旧俗

都城被毁弃之后，就是已成废墟，在一定时期内也还能具有相当的影响。那些没有沦为废墟的古都，影响可能更大。这是说习俗已成规模，并不因王朝或政权的崩溃而立时有所改观。

三代之时，商人迁殷之后，文化有很大的发展，瑰丽宏伟，为其当世各地所未有。甲骨文就是创自殷人，青铜器的制作亦为殷人的绝技。近年发掘周人早期居地的周原，不仅发现刻有文字的甲骨，且有制作青铜器的作坊。周灭殷后，更徙殷都百工于丰镐，这就使周初青铜器的制作更为精美，而其他手工业的产品较前也益为繁多。就是箕子所作的《洪范》，对于周初的政治和文化也不能没有影响。周人猎取殷人的许多成就后，为了易于统治殷人的故地，曾分其畿内为邶、鄘、卫三国，稍后又尽以其封卫康叔。卫与鲁并为夹辅周室的大国。汉时，班固论卫国，说是"康叔之风既歇，而纣之化犹存，故俗刚强，多豪杰侵权，薄礼恩，好生分"[11]流风余韵是难于完全泯灭的。

西周以丰镐为都，周都之中不仅有商人的文化，就是诸侯封国的文化也杂列于其间，楚国在早期虽被视为蛮夷，然其地所产的包茅却为周王室祭礼不可或缺的物品。周人是讲究礼治的，礼仪不恭自然是难以容忍的大事，甚至因此有劳齐桓公对楚国进行远征。周时诗书并重于世，而诗人歌咏尤具有特色。

雅颂自是王朝和诸侯的制作，而国风却出自民间。民间之诗能被采集，为都城人士所传诵，且流传于诸侯封国之间，应该认为是一时的盛事。西周初年曾大封诸侯，西周灭后，鲁、卫、郑、齐犹可略觇其旧风。其后周室凌夷，至于战国，雒邑虽仍为王室的都城，殆已失去都城应有的地位。诸侯都城相继兴起，齐国临淄稷下的学风，鲁国曲阜洙泗之间的儒术，赵国邯郸慷慨悲歌的风气，楚国郢都曼延瑰丽的楚辞，都各有其特色，远驾于雒邑之上。虽然如此，曩昔周都所重视的礼仪，为人称道的诗书，并不因周室的凌夷而即为世人所漠视。就是当年所珍贵的鼎彝重器，迄至现在，犹为代表远古文化的瑰宝。

就西汉的都城长安来说，其地距邠、岐、丰、镐皆不甚远，这些地方都是西周时的都城。故自广义来说，长安其时也应该有些古都的味道。司马迁曾经因此说过："公刘适邠，太王王季在岐，文王作丰，武王治镐，故其民犹有先王之遗风，好稼穑，殖五穀，地重，重为邪。"太史公这段话写在《史记·货殖列传》中，所言自是偏重于经济方面。经济不能概括文化，论述文化，这段话就不免有点一面之词，难得概括全体。班固也曾论述过长安。班固之时，都城已迁往洛阳，故所论述的应该是古都长安。班固说："汉兴，立都长安，徙齐诸田，楚昭、屈、景及诸功臣家于长陵，后世世徙吏二千石，高赀富人及豪杰并兼之家于诸陵。盖亦以强干弱支，非独为奉山园也。是故五方杂厝，风俗不纯。其世家则好礼文，富人则商贾为利，豪杰则游侠通奸。濒南山，近夏阳，多阻险轻薄，易为盗贼，常为天下剧。又郡国辐凑，浮食者多，民去本就末，列侯贵人车服僭上，众庶放效，羞不相及，嫁娶尤崇侈靡，送死过度。"[12]所说的应该都是西汉时的故事。东汉因于西汉之旧，典章制度很少改革，因而东汉时的长安和西汉亦应大致仿佛。虽然已是古都，当年规模似未多所改动。

《隋书·地理志》也曾论述过长安的风俗，它说："京兆王都所在，俗具五方，人物混淆，华戎杂错。去农从商，争朝夕之利，游手为事，竞锥刀之末。贵者崇侈靡，贱者薄仁义，豪强者纵横，贫窭者窘蹙，桴鼓屡惊，盗贼不禁，此乃古今之所同焉。"杨氏建立隋朝，上距西汉的崩溃，约有五百七十余年，这中间还有几个政权在长安建都。可是《隋书·地理志》所说竟和《汉书·地理志》相仿佛。如果说其间还应有差别，那就是"华戎杂错"了。西汉时的长安，域外使人的居住也有规定的街道，超出范围，可能是不会被允许的。至于"华戎杂错"，那更是说不上了。《隋书·地理志》所说的这一点是不错的，十六国时期，匈奴、氐、羌诸族都曾经在长安建过都，这样一些政权的历年都相当短暂，可是随它们迁来的民族不会都完全离去，因而"华戎杂错"也是难免的。就是迁来的这些戎人，也不断在华化过程中，也许绝大部分都已华化，说不上有若何的差别。除过这一点以外，隋时的长安和汉时的长安几乎都是相似的。

《隋书·地理志》在论述长安的旧俗以后，添了一句"此乃古今之所同焉"。这句话说得很是中肯。不仅长安如此，其他一些古都大致也相仿佛。洛阳与长安相去不远，都长期做过都城。

《汉书·地理志》论洛阳的旧俗说："周人之失，巧伪趋利，贵财贱义，高富下贫，喜为商贾，不好仕官。"《隋书·地理志》论述洛阳，先指出："洛阳得土之中，赋贡所均，故周公作洛，此焉攸在。其俗尚商贾，机巧成俗。"接着就援引《汉书·地理志》的话说："周人之失，巧伪趋利，贱义贵财。"并且还加了一句："此亦自古然也。"其实不仅长安和洛阳如此，江左的建康也是一样的。前面说过，隋灭陈之后，随即平荡了建康城，但未久就又恢复旧规。《隋书·地理志》说："其人本并习战，号为天下精兵。俗以五月五日为斗力之戏，各料强弱相敌，事类讲武。"看来这还是承袭着秦汉以来的旧俗。《汉书·地理志》就曾说过："吴越之后皆好勇，故其民至今好用剑，轻死易发。"《隋书·地理志》所说只是较《汉书·地理志》更为具体而已。长安、洛阳、建康皆是如此，其他古都当也皆然，至少也应差相仿佛。按之常理，事物经常在变化之中。都城的习俗也应经常有所变化，都城成为古都也难得不发生变化。但如《隋书·地理志》所说，即使有所变化，也不是很大的，《隋书·地理志》谓洛阳之俗尚商贾，这样的论述就在今天来说，也还是恰当的，洛阳人在这方面确实有其才能。而这种才能的渊源竟可追溯数千年之前。这已可说明：中华文化自来是前后相承，一直保留其本来特殊的因素，不为外力所冲乱。正是由于有这样的特殊的因素，数千年来，始终屹立于世界，而且愈加发扬光大，永无底止。古都中所显现的，只是其中一个例证而已。

3. 太学、国子监和儒家学术

自来论都城中的文化，儒学之士和能文之家皆受到重视。《史记》首先为儒林立传，《汉书》继之，搜罗更广。《后汉书》更为文苑立传，自后诸史率多因循，未曾稍替，仿佛一脉相承，未稍间断。这些儒学之士和能文之家中绝大部分皆曾往来于当时的都城，为都城文化添上许多异彩。这样的文化还可往前推溯。今安阳殷墟附近，有地名为演易坊，据说是西伯，也就是后来的周文王，为殷纣所拘，推演《周易》的地方。《周易》为以后所说的六经之首，素为儒家必治的学问，可见其渊源所自，在都城中早已居有一定的地位。

儒家之学始自孔子。孔子为鲁人，春秋末季讲学于洙泗之间，为一时显学。汉武帝时儒学始立于学官。这是说儒家在以前也和其他各家一样是私家授徒，这时才在都城之中王朝所立的学校里正式开设课程。本来我国的教育事业起源很早，《周礼》大司徒属下就有师氏、保氏，各以所司教育国子。《大戴礼·保傅》篇中，更有太学的记载。汉武帝所立的学官，当为太学，其后或称国子学，或者两者兼立，皆设于都城之中，为国家的最高学府。儒家之学立于学官，其他学科自仍在讲授之列，不过儒家之学一直占着主要的地位。

隋炀帝时改国子学为国子监[13]，自后各代皆因其制。唐时国子监遗址尚可稽考，乃设在长安外郭城朱雀门街东第二街，自北向南第一坊务本坊内[14]。其地近朱雀门，朱雀门内即为皇城，唐朝政府诸机构皆在其中，和国子监的往来比较方便。唐代后期所刻的开成石经就立于国子监中[15]，迄今犹在西安碑林博物馆中。今北京城内亦有国子监，始建于元时，历明清两代，今仍矗立于安定门内。

以前一些王朝或政权为了弘扬儒术，先后刻有石经。石经的刊刻始于东汉灵帝熹平年间，即所谓熹平石经。其后曹魏齐王芳正始年间和唐文宗开成年间皆有刻制，即所谓正始石经和开成石经。再以后还有后蜀孟昶时刻的蜀石经，北宋仁宗时刻的嘉祐石经，南宋高宗时所刻的南宋石经，还有清乾隆时所刻的清石经。所刻的石经自是列于其时的都城之中。今开成石经如上所说，仍伫立于西安；清石经尚存于北京，其余皆残缺不全。

设立学校是历来王朝发展教育的要政，而儒家学术亦自有其精粹独立的特点。由于都能在都城之中居有适当的位置，是会不断发扬光大的。王朝虽有兴废，都城虽有改易，但国子监和太学却还一直延续下来，儒家学术也能有所依附，不断发展。直至清代末年，始建京师大学堂，代替了以前的国子监。前后名称不同，古今文化通融的过程，却仍然历历可观。再到后来，北京的高等学校已不复限于一所，就是其他较大的古都，学校都已相继林立，显示古都的文化有长足的发展。京师大学堂初创之时，儒家学术固仍居有其中的主要地位。其后各科并建，儒家学术仿佛显得消沉，但作为独立的学科，在社会上依然具有影响力量，在古都之中仍有其适当的地位，治此学的大家还是不断有名于世的。

唐代初年于国子监内立孔子庙，各州郡亦同时设立[16]。此后历朝皆相继沿袭，未再更改。迄至现在，各地的孔庙尚多依旧保存，古都所在也都未为例外。特别是设于北京安定门内国子监的孔子庙，自元成宗大德年间创建以来，明清两代皆有增葺，其中尚保存有若干礼器，以前在丁祭时仍按谱演奏，后来丁祭不再举行，乐器也就置而不用了。北京以外其他古都的孔庙，也有改作别用的，如辟为博物馆之类。虽与往昔规模不同，但有此旧典，对于儒术的发扬，还是能够起到一定的作用的。

4. 关西尚武精神与长安文化

秦汉时期有一句流行的俗谚，说是"关东出相，关西出将"，或者说是"山东出相，山西出将"。所谓关乃是指函谷关，所谓山乃是指的崤山。崤山在今河南灵宝县，函谷关就在崤山之侧，因而所说是一样的。这句俗谚是说当时国内东西之间的差异，也就是崇文和尚武的差异。这虽是地区之间的差异，但也必然会反映到都城中来。

尚武是习于鞍马骑射，崇文则是讲经治学。远在战国之时，百家并起，邹鲁儒学所被区域渐广，洙泗之间弦歌因而不辍，及汉武帝尊崇儒术，治学之风更盛极一时，遍于函谷关或崤山以东各地。儒学有成往往能取得高位，甚至可至卿相，因而社会上就流传着关东出相或山东出相的俗谚，以之与关西或山西的出将相媲美。儒学的发展，逐渐冲破崤山和函谷关这样的东西分界。《汉书·儒林传》所载的儒生，虽然大部分都是隶籍关东，可是崤山以西也并不是就没有好学之士。平陵士孙张以治《易》，吴章、张山拊、李寻、郑宽中、涂恽以治《书》，重泉王吉亦以治《书》，皆能与关东诸儒同列。平陵在今陕西咸阳市西北，重泉在今陕西蒲城县东，固皆在崤函之西也。

到了东汉，儒术所被更广，几已遍及关西各处。东汉初年，华阴杨震以治《尚书》，明经博览，无不穷究，被诸儒尊称为关西孔子[17]。其后茂陵马融，以世之通儒，所施养的诸生，常以千数。其授徒时，常坐高堂，施绛纱帐，就为当世所称道[18]。今陕西扶风县南绛帐镇，为陇海铁路的一站，据说就是马融当年的授徒处。而有凉州三明之称的皇甫规和张奂，皆以武功彪炳，名重一时（凉州三明后文将另行叙及），却皆研经重道，与儒师并称。皇甫规所著有赋、铭、碑、赞、祷、文、吊、章、表、教、令、书、檄、笺、记，凡二十七篇，据说还有文集五卷[19]。张奂曾经养徒千人，著《尚书记难》三十余万言[20]。如果仅凭这样的著作，就很难想象这两位原来却是驰骋鞍马、转战万里的将军。皇甫规为朝那人，朝那在今宁夏回族自治区固原县东南。张奂的故居在今甘肃安西县西。皇甫规所居还在六盘山东，张奂的家乡却已在凉州的最西端，近于国门了。东汉时，凉州及关中还以位于崤函之西的缘故，出了一些将军，仍然称得起"关西出将"。至于"关东出相"，就难以崤函来概括了。

这里所说的出将因而就只限于关西，关东之人是不容谈到的。秦汉时期的将帅籍贯，以六郡为多。所谓六郡乃是陇西（治所在今甘肃临洮县）、天水（治所在今甘肃通渭县）、安定（治所在今宁夏回族自治区固原县）、北地(治所在今甘肃环县南)、上郡(治所在今陕西榆林县南)、西河(治所在今内蒙古准格尔旗西南)[21],用现在的地理位置来说,就是陇东、宁南和陕北。为什么能够形成这样的风气?据汉时人的解释,说是这些地方皆"迫近戎狄,修习战备,高上气力,以射猎为先"[22]。这样的解释是有一定的道理的。秦汉以前的严允、昆戎,秦汉时期的匈奴,都曾经不断南下侵扰,当地的人为了自卫,不能不崇尚武力。这里自来又是著名的产马地区,因而鞍马射猎自然就成为风气。长安附近,周秦以来就是建都的所在,在这些游牧民族的压力下,都城也不能不重视防御侵扰。秦汉时期这里形成尚武风气,是有来由的,而且也在都城之中有所显现。其中有些人就是自幼生长在都城的附近。秦时的将军王翦就是频阳人,白起是郿县人[23],频阳在今陕西富平县,郿县就是今陕西眉县,分别在秦都咸阳的东西,相距并不很远。西汉时的将军苏建及出使匈奴的苏武父子,又皆是杜陵人[24],杜陵在今陕西长安县东北,距西汉都城仅有三四十里,可以说是近郊了。这几位将军都是关西人物,他们在都城中的影响,应该是不言而喻的。

东汉迁都洛阳,长安就退而为古都。东汉初年,称雄河西的窦融及其侄窦固、曾孙窦宪,皆为平陵人。平陵就在今陕西咸阳市西北,窦固、窦宪皆曾远征匈奴,窦宪的功勋尤为巨大,且曾勒铭于燕然山上,彪炳武功。燕然山据说就是现在的杭爱山,已远在蒙古国境内。以伏波将军见誉于当时和后世的马援,以及立功西域的班超,又皆是茂陵人[25]。茂陵在今陕西兴平县东北,其距长安的路程较远于平陵,却还在长安的近旁。可见都城虽已他迁，其流风余韵却并未因之稍稍消失。前面所说的凉州三明，为朝那（今宁夏回族自治区固原县东南）皇甫规、酒泉（当作渊泉，今甘肃安西县东）张奂、姑臧（今甘肃武威县）段颎，并称凉州三明（皇甫规字威明、张奂字然明、段颎字纪明，故云）。当时都城已在洛阳，故三明的功绩都显现于洛阳，和长安的关系并不很大。两汉时有一条规定，说是边民不能迁徙到内地来。张奂由于立了很大的军功，可以破例内迁，被允许迁到华阴。华阴就是今陕西华阴县，当时华阴隶属弘农郡，弘农郡治所在今河南灵宝县，不隶属长安所在的京兆尹，不过距长安还不是很远，而且就在崤函之西。张奂的迁徙虽说是他一家的私事，可是这样一位具有尚武精神的人物迁到长安的附近，就不能说对于长安风尚没有若何影响。

长安到了隋唐时期又复建为都城。隋唐长安与汉时长安虽非一处，相距却在咫尺之间。唐继隋后建立的王朝得力于关陇集团，这是近人的论断，验诸两《唐书》的纪传，也是确有所本。所谓关陇集团，就是唐初建树功勋的将军们，都是籍隶关中和陇上，因而就有了这样的称谓。这是西魏、北周以及隋代所蕴聚的地方武力，也是和秦汉时期的关西名将相仿佛的出身途径。唐初上距秦汉，相隔已有数百年之久。在这悠久的期间里，尚武精神一直都在蕴聚之中，不大为人所知，至于唐初才具体显示出来。

关陇集团的形成和显示其力量，只是唐代初年事，与后来无关，但形势并没有很大的变化。唐时边庭将帅有些是出于周边各族，但籍隶于关西的仍是大有人在。唐代前期府兵的驻地，以关内道最为繁多，计有二百六十一府，超过全国总府数六百三十四的三分之一[26]。长安城周更为特殊，亦有一百三十一府[27]。府兵来自全国各地，但出身于关内道的应该独居前列，这就使关西尚武之风历久不坠。其后府兵改为彍骑，彍骑十二万人，京兆彍骑共六千六百人[28]，亦为其他各地所少有。安史之乱时及其以后较长的一段时期，维护李唐社稷的还是有赖于朔方军以及与朔方军有渊源瓜葛的将帅。朔方军本来驻在今宁夏回族自治区灵武县，也就是当时的灵州。唐代后期，郭子仪、李晟犹先后为一代名将。郭子仪就是出身于朔方军中。郭子仪为华州华县人[29]，华县今犹为陕西华县。华县在长安之东，这和秦时王翦的籍隶频阳、白起的籍隶郿县相仿佛。李晟为陇右临潭人，临潭今仍为甘肃临潭县，已在洮河中游[30]。则郭、李二人皆是籍隶关陇地区，堪为当地尚武风气的标志。

杜甫在长安时，曾赋写过一篇《兵车行》，其中有句说："君不闻汉家山东二百州，千村万落生荆杞。纵有健妇把锄犁，禾生陇亩无东西。况复秦兵耐苦战，被驱不异犬与鸡！"钱谦益为之做解释，指出这是反对当时远征南诏之作。并说："此诗序南征之苦，设为役夫问答之词。君不闻以下，言征戍之苦，海内驿骚，不独南征一役为然。"[31]因为序南征之苦，故言及"被驱不异犬与鸡"。诚如钱谦益所说的，征戍之苦，不独南征一役为然，却也不一定就以唐初以来为限。这里所说的秦兵耐苦战，应该远溯到更远的前代。秦汉、隋唐时期，关陇的尚武风气和耐苦战的秦兵，固可以在长安显示出来，就在其他王朝或政权时期，仍然在这一古都有所显现。就是到了当今之世，也不是就隐伏不见，更不要说泯灭无余了。当然显现的方式并不一定就表现在征戍之中。以这样的尚武风气，同样是会取得相当成就的。

5. 南北之间不同的习尚在都城中的显现

像秦、汉、隋、唐这样东西之间不同的习尚显现在都城之中的现象，在以后是少见了。在都城之中所显现的南北之间不同的习尚，却还是屡见不鲜。远在春秋战国之时，南北之间不同的习尚已经有所显现，最早是显现于楚国故地和其他各地之间。楚国尚文辞，故屈、宋撰述享誉累代，中原的十五国风虽见重于西周春秋之世，流风余韵却逐渐不畅。儒家之学固仍以诗书并重，较之楚辞，就不免显得质朴。汉高帝以楚人得天下，故楚语、楚歌以至楚舞皆为都城中所谙习。迄至武帝罢黜百家，独尊儒术，楚辞仍有其优越的位置。这样南北不同的习尚，武帝以后已逐渐泯没，不如东西不同的习尚受人重视。

这种不同的习尚因时而有变化，南北朝时又形成另一种局面。南北朝时的南北对立夹杂有民族的因素，却也显示出其间文化的差别。其时史家撰著，互相排黜，南谓北为索虏，北谓南为岛夷。称为索虏，是因为鲜卑习俗辫发，与南人不同。称为岛夷则是因为东南际海，土地卑下，仿佛居于岛中[32]。这固然含有民族间的偏见，也显示出南北文化的差别。其实这不仅是史家的贬词，社会上也是以此互相诋斥。自永嘉乱离之后，中原人士大率渡江而南，由于北方沦为游牧民族角逐的场所，遂谓其地为荒中，其人为伧人。刘宋时的杜骥，本属京兆杜陵（今陕西省长安县东北）的世家，以南渡不早，便被目为荒伧[33]。而北人称南人，不云蛮楚[34]，即曰淮楚[35]。这样的称谓多见于都城之中，正显示都城之中杂有南北不同的文化。洛阳城中的归正里，民间号为吴儿坊，南来投化者多居其中。其市中所卖口味，多是水族[36]。吴人好品茗，俨然成洛阳的一种风气[37]。由于洛阳"礼仪富盛，人物殷盛"[38]，南风虽亦不绝，到底还是不竞。

南朝以建康为都，与北朝相对。建康作为都城，远起于孙吴之世，其时尚称建业，东晋始以建康相称。孙吴雄踞江东，与曹魏、蜀汉共成鼎足形势。建康城中所显示者仅为江东的文化。左太思所撰的《吴都赋》，其所叙列与其魏、蜀两都赋迥然不同。可是到了东晋偏安江左之际，北方世家随之流徙而至，建康城中，中原风物遂掩盖了江东旧规。为时稍久，由于与中原隔绝，建康的"小作冠帽，短制衣裳"，已和洛阳的褒衣博带大异其趣[39]。

南北之间不同的习尚，在唐代中叶安史之乱以后又复显露端倪，至宋时就已相当明显，其后各代更未能有所逆转。追溯这种南北之间的不同习尚，还须由秦汉之时的关东出相说起。秦汉之时关东能够出相，固然是由于洙泗之间和邹鲁等地的儒风远被，也由于关东各处较为富庶，故儒生得以习礼讲经，得为世用。中间虽经丧乱，还能赓续前业。魏晋以后，江左经济不断发展，较前大有不同。及唐代中叶安史之乱起，中原板荡，生民涂炭，讲经问学，殊属不易，才智之士多渡江淮，避地南服，促成江左文化的发展[40]。故后来到北宋时都城中就显得南方人物较前为多，也显得南北之间有了不同的习尚。这种不同习尚历明清诸代，仍时时显现于其都城之中。

话虽如此，宋初一些有关文献的记载，难免引人滋疑，似宜略事申辩。

北宋初年自开国时起，中枢择相大抵皆是北人，南人殆难稍沾余沥。宋真宗欲以王钦若为相，以问王旦，王旦回答说："臣见祖宗朝未曾有南人当国者，虽古称立贤无方，然须贤士乃可。臣为宰相，不敢沮抑人，此亦公议也。"迟至王旦殁后，王钦若始得为相[41]。王钦若为临江军新喻（今江西新余县）人，故王旦云此。也就是在真宗朝，晏殊以神童被荐，与进士千余人同应廷试。据说晏殊当时神气不慑，援笔立成，很受真宗的嘉赏，得赐同进士出身。晏殊为抚州临川（今江西抚州市）人，所以当时的宰相寇准就说："殊，江外人。"这是说，晏殊是南人，不应该得到这样的厚遇。可是，真宗却说："张九龄难道不是江外人？"因而就确定下来[42]。这两宗事皆发生在真宗朝，应该说，这时是北宋中枢用人的转折点，自此以后，南人入中枢为相的，陆续不断，神宗时，王安石也是以南人为相，促成变法，更是特殊的事例。

为什么会有这样的现象？有人解释，这是南北两方经济荣枯的差异和文风盛衰的不同而促成的，也就是说由于南方经济发达，文风昌盛，人才辈出，因而在政治上不时显露头角，遂使北人认为这样似非国家前途之福。这样说来，必然会引申出这样的结论：这只是些权力之争，无关立国的宏旨。也就是说，北人担心南人掠夺其既得的高位，故以此说相遏制。不过就王旦、寇准以及后来司马光诸人看来，其心地还不至于这样的狭窄，这样的说法与实际情形难以符合。

从北宋开国以来的往事看来，不以南人为宰相也不是没有缘由的。北宋承五代之后，以中原为基础建立帝业，当时称王称霸堪与宋室抗衡的诸国，皆在南方，在黄河以北的只有太行山西的北汉，这就不能不使他们多有一番顾虑，对南人不敢轻易放下心来。到宋真宗时，传世已经两代，历年也已四十余载，防范的心思就可能稍稍松弛下来。当时有才华的也并非就由王钦若和晏殊才开始表现出来，如果帝王没有放下心来，再有才华恐怕也难于高居相位。这样说来，当时南北的差异只能是政治上的插曲，无关乎习尚的不同。

还有一个插曲发生在元代中叶，也就是在元成宗和顺帝之间的一段时间里。元时分其统治下之人为四等：蒙古自是居于第一位；色目人，即包括西域各部族之人，居于第二位；汉人，即原来金国统治的地区的人，居于第三位；最下者为南人，原来南宋统治下的人。其实汉人和南人本来都是相同的，只是受元朝统治有先后之分，因而被分开而成为两部分，其所受的待遇也就相应地彼此不同。作为被统治者，汉人南人皆不得为正官。汉人由于受统治较久，还得入台省为官。元初，间有南人和汉人一样，也得入台省为官。元成宗时，这条入仕的路途即被隔绝，南人和汉人待遇显然不同。直至顺帝时，始得重新和元代初年一样，稍稍泯灭其间的畛域。

为什么有这样的差异？这应该和北宋初年南人不得为相有略相仿佛的道理。就是原来金国统治地区的人入元的时期较久，可以对之稍稍放心，不虑反抗，而南人入元时期较迟，难保其能甘心接受新朝的统治。元代初年，兵力正在强盛之时，整个南宋土地都被占领，南宋君后俯首归降，即使有人图谋反抗，兵力所至，即可扑灭，故还能放开一条生路，使之稍沾雨露。成宗时之所以有此规定，想见其兵力已有所衰敝，故不能不加紧控制。至于顺帝，南人之受统治已七八十年，可能与以前的汉人相同，故又得以恢复其初年的制度。

这里所说的宋元两代事，皆在都城中显现出来，不过这和不同地区的习尚还不尽相同，不能尽归一律，因为论述不同地区的习尚在都城中的显现，顺便提及，以免彼此相混，转生是非。

6. 由西汉乐府至南朝清乐的演变

我国自远古时起就注重礼乐，而尚乐更为重要。据说有些乐章的名称就是黄帝留下来的。至于汉时，制定的乐章尤其繁多。《汉书·礼乐志》说，武帝时，"乃立乐府，采诗夜诵，有赵、代、秦、楚之讴。以李延年为协律都尉，多举司马相如等数十人，造为诗赋，略论律吕，以合八音之调，作十九章之歌"。这是汉代的大事。后来哀帝废去乐府，但是乐章已经流传，是难于都废掉的。当时还有所谓郊庙的乐章，也一并流传下来。

汉代乐府及其郊庙诸乐的乐章和曲调，在汉以后是历经曲折才辗转传世的。东汉、魏、晋相继建都于洛阳，有关的伶官和乐器自然随着由长安传到洛阳。西晋末年，永嘉乱离，伶官乐器都分别为刘曜和石勒所攘夺，刘曜都于长安，石勒都邺。这也就是说，当时的伶官和乐器分散到了长安和邺。苻坚建立前秦，长安的伶官和乐器也就为其所据有。至于流落在邺的伶官和乐器又因石赵的灭亡，而归于前燕。及王猛破慕容氏，因将邺的伶官和乐器携归长安，与长安的伶官和乐器合并到一起。

前秦瓦解，长安的伶官和乐器为慕容永携至长子（今山西长子县西南）。慕容垂败慕容永，这些伶官和乐器又复归于邺。后燕破灭，慕容德自立于广固（今山东益都县西北），这些伶官和乐器又被携往广固。慕容德殁后，其子超嗣立，超母先没于姚兴，因以这些伶官和乐器为礼物，诣姚兴赎母。及刘裕灭秦，遂以之归于建康。东晋南朝因得尽有中朝原来的旧乐，由刘宋到萧梁，江左文物最盛就是这样的缘故。

南北两朝交互兵争，北魏孝文帝和宣武帝先后用兵于淮汉，随军所至，收获了部分南音，谓之《清商乐》。其后隋氏平陈，尽得江左旧乐，因置清商署，总谓之《清乐》。这是《清乐》得名的缘由。

这样说来，汉代乐府及其郊庙乐的伶官和乐器，由长安辗转经历了洛阳、邺、长子、广固和建康。长安、洛阳、邺和建康都是较大的古都，长子和广固虽然较小，好在这些伶官和乐器都还没有丧失罄尽。

如上所述,《清乐》的得名是由隋时所置的清商署,而清商署则因为北魏以其所获的南音为《清商乐》。这样说来,所谓《清乐》并非南朝音乐的正名。而南朝的音乐虽经过辗转流移,还是可以上溯到汉时的乐府及其郊庙的乐曲。只是较长时期流行于建康及江南一些地方,也就不免带有地方色彩,因而就被称为南音。《宋书·乐志》说:"凡乐章古词,今之存者,并汉世街陌谣讴,《江南可采莲》《乌生》《十五》《白头吟》之属是也。吴歌杂曲,并出江东,晋宋以来,稍有增广。"所谓吴歌杂曲,据其所列举的,则有《子夜》《前溪》《团扇》《督护》《懊侬》等。其后制者亦复不少。至陈后主时,又造《黄鹂留》《玉树后庭花》《金钗两臂垂》等曲,据说是"绮艳相高,极于轻薄"[43]。这些《清乐》曾经为隋文帝所称道,谓其为"华夏正声",而且为隋炀帝收入其所制定的《九部乐》中。所谓《九部乐》,除《清乐》外,其余为《西凉乐》《龟兹乐》《天竺乐》《康国乐》《疏勒乐》《安国乐》《高丽乐》《礼毕乐》[44]。《礼毕乐》亦来自江东,和《清乐》一样为华夏旧乐。共余皆为由域外传来的音乐。可见当时如果没有江东旧乐的北传,长安的音乐就皆是域外之乐了。及唐代初期,由于王朝不重古曲,工伎转缺,许多乐章也间有散佚,其幸存者也去吴音较远,因而《清乐》之歌就阙而不全了[45]。

这些《清乐》虽不见重于唐时的长安,却在南朝旧都及其附近地区依然流传。唐初以长安工伎转缺,未能歌唱《清乐》,因而就有人建议:"宜取吴人使之传习。"[46]可能没有引起时人的注意,未能见诸实施。但是由此可以证明这些歌曲在建康及其附近地区流传的情况。唐刘禹锡的《金陵怀古》诗中有句说："后庭花一曲，幽怨不堪听。"[47]杜牧的《泊秦淮》诗说："烟笼寒水月笼沙，夜泊秦淮近酒家。商女不知亡国恨，隔江犹唱后庭花。"[48]汪遵的《陈宫》诗中也有句说："留得后庭亡国曲，至今犹与酒家吹。"[49]刘、杜及汪遵三人皆唐代后期人，汪遵生世更晚，唐懿宗年间始成进士[50]，上距陈后主亡国，已将近三百年。将近三百年尚歌唱不辍，可知其流传的久远。刘、杜、汪遵三人咏诗皆因听到《后庭花》的歌唱而发，这是因为《后庭花》为陈后主所造，而陈后主正是贪图歌唱贪图享乐才亡国倾家的。两三百年后，秦淮河酒家歌女犹时时歌唱此曲，这与亡国恨说不上关系，因为当时已是唐代后期，上去陈后主，中间还隔着亡陈的隋代。《后庭花》之令人长期歌唱，应该是由它以绮艳相高，复杂以幽怨的缘故。其实以绮艳相高的并不只是《后庭花》，就是《子夜》《团扇》等也何尝不是如此。当唐人于秦淮河畔歌唱《后庭花》时，建康（唐时先后为江宁县和上元县）已成为古都，古都之中先朝余音犹在，已与当时城市生活联系在一起，可知六朝的都城文化源远流长了。其实，在唐代以后还有流传，而且流传更远，不以古都南京为限。这在后文将另行论述。

7. 唐代初年所制的《秦王破阵乐》

上面所论述的《清乐》和后来隋唐时由域外传来的音乐，迥然不同，自成体系。唐初因隋旧制，用九部之乐。其时庙堂之上所习用而为唐人所自造的，则有《破阵》《庆善》《大定》《上元》

《圣寿》《光圣》诸乐。《破阵乐》为太宗所造，太宗为秦王时，征伐四方，人间歌谣就有《秦王破阵乐》之曲。《破阵乐》就是依此制定的，演奏之时，用百二十人披甲持戟，组成乐队。乐队是"左圆右方，先偏后伍，鱼丽鹅贯，箕张翼舒，交错屈伸，首尾迴互，以象战阵之形"[51]，故能发扬蹈厉，慷慨激昂。《破阵乐》有一个特点，虽杂有龟兹之曲，主要是大鼓，因而声振百里，动荡山谷。其他《大定》《上元》《圣寿》《光圣》诸乐，大抵皆与《破阵乐》相同，都是要擂大鼓的。只有《庆善乐》独用《西凉乐》，所以显得最为闲雅。当时以《破阵》为武舞，《庆善》为文舞。后来武则天称制，这些乐舞就被废去不用[52]。虽然庙堂之上不再奏演，民间却仍流传。迄今作为古都长安的西安城中民间的锣鼓乐队犹称其所演奏之曲为《秦王破阵乐》，所用的乐器主要是大鼓，还有锣、铙等。当其敲锣打鼓正式演奏之时，也一样声振远近。锣鼓队的人数最多可以达到百人以上，一般都有几十人。虽未必都能披甲持戟，然其衣着亦可显出战斗的气象。锣鼓敲动，随着就有舞蹈，队形时变方圆，进退疾徐，因鼓声而有节制。不仅西安城内有这样的锣鼓乐队，关中以及河东等处尤为繁多，足见其流传的久远和普遍。或谓河东新绛、安邑等处的锣鼓乐队，始自北宋之时，这是数典忘祖的臆说。北宋时亦有武功之舞，其所用的乐器为铙、铎、相、金錞、鞉鼓[53]，并无唐时的大鼓。鞉鼓为我国古乐器，始见于《周礼·春官·小师》，郑玄注谓"鞉如鼓而小，持其柄而摇之，旁耳还自击"。这是一种有长柄的摇鼓，就是俗称的拨浪鼓。虽然有鼓之名，但和大鼓相差很远，是不能相比拟的，其他各种乐器也只能稍起配合的作用。如之何能与《秦王破阵乐》相提并论？其时河东差同内地，宋和辽夏两国的战争都未能波及其地，那里怎么能忽然会创始形成这种锣鼓乐队？这是用不着多事辩论的。

8. 参军戏、傀儡戏、猴戏和说话

唐代长安城中曾经流行过参军戏、傀儡戏和猴戏。参军戏当时称为弄参军，盖以一人饰所谓参军，另一人加以戏弄，以取笑乐。傀儡戏则以木制为傀儡，由人牵引，使之活动如生，并伴以歌唱。猴戏则以猴代傀儡，较傀儡更胜一筹。这三种戏皆不始自唐代，但唐代更为流行，长安城尤为习见[54]。

参军戏的肇始，或谓在东汉和帝时[55]，或谓在后赵石勒时[56]。两说虽各有所本，其间人物情节却互有相近似处。论者对之尚有争执，莫衷一是，但其起源较早，则是大抵可以肯定的。傀儡戏或谓始自汉初[57]，或谓起自汉末[58]。汉初之说实近于想象，殊难置信。说是起于汉末，也是相当早的。猴戏至迟梁时已经有了。梁时散乐中有《猕猴幢伎》，当是以猴做戏。唐时更有《缘竿伎》，又有《猕猴缘竿伎》[59]，作史者未审何者为梁时所传，可能是一事而两有其名。

参军戏后来演变为宋元时的杂剧，开封、临安以及金的中都、元的大都等处，相继演奏不辍。北宋时，开封城中的京瓦伎艺就还有悬丝傀儡和药傀儡[60]。南宋时，临安城中瓦舍众伎除悬丝傀儡外，更有杖头傀儡、水傀儡、肉傀儡、法傀儡之类。据说

"凡傀儡敷烟粉灵怪故事，铁骑公案之类，其话本或如杂剧，或如崖词。"[61]傀儡戏应该就是当代的木偶戏。所谓悬丝傀儡就是十分形象的说明，现在的木偶戏依然是以线索来搬演傀儡的。现在的木偶戏有唱有说，至迟在南宋时即已如此。现在不仅这些古都中仍有这样的木偶戏，就是一般乡村中也很盛行，成为不可少的游艺项目。猴戏于宋时仍见于有关都城的记载，似不如傀儡戏的繁多[62]，但在各地的流行却更为普遍，不过宋以后都城中似已少见。现在木偶戏往往与影戏（或称皮影）同时奏演。木偶戏于白昼演出（近来也多在晚间演出），夜晚则配以影戏。这样的相配演出，似少见于唐代及其以前的记载。北宋开封的京瓦伎艺就有影戏和弄乔影戏，而影戏的弄者更多，且多名家[63]。南宋临安的瓦舍众伎中也有影戏。据说"凡影戏乃京师人初以素纸雕镞，后用彩色装皮为之，其话本与讲史书者颇同。"[64]所说的和现在的影戏颇同，可知其渊源所自。

唐代不仅流行如上所说的三种戏，而且也已经有了从事"说话"的人，说话就是讲故事，是一种说唱的艺术。唐代元稹曾说过："尝于新昌宅说《一枝花》话，自寅至巳犹未毕词也。"[65]说话亦如影戏一样，也有话本。敦煌卷子写本有唐代的说话话本《庐山远公话》，就是例证。

到了宋代，说话屡益普遍起来。开封的京瓦伎艺中就有讲史、小说、说三分、五代史的[66]。其实说三分和五代史都应属于讲史，既然特立名目，可能所讲的更为细致。南宋临安众伎中有很多专门从事说话的。耐得翁在所撰的《都城纪胜》中记载着：说话有四家，其一为小说，谓之银字儿，如烟粉、灵怪、传奇。银字儿应是所说小说的总称。为什么称为银字儿？银字是用银刻在管乐器上的字迹或符号，用以表示音色的高低。这在唐时也已经有了。唐人诗中多有咏及银字的，杜牧《寄珉笛与宇文舍人》诗说："调高银字声还侧，物比柯亭韵更奇。"[67]即其一例。讲小说而称为银字儿，则说中有唱，至少是以银字帮助定其说话的高调。近来说书的人辄手持木板或金属板，且说且敲，声调铿锵，相得益彰，应是唐宋时遗留下来的旧规。《都城纪胜》所说的其余说话诸家为"说公案，皆是搏刀赶棒，及发迹变泰之事。说铁骑儿，谓士马金鼓之事。说经，谓演说佛书。说参请，谓宾主参禅悟道等事。讲史书，讲说前代书史文传、兴废争战之事。最畏小说人，盖小说者能以一朝一代故事，顷刻间提破"。这里所说的不只四家，但都应属于说话的一类。前面说过，说话的人皆有话本，这是少不了的，可能愈说愈多，话本也就更为精彩。据说后来的《水浒传》及《三国演义》可能都采用了相应话本做其素材的一部分才撰写成书。单就说话这一行道来说，就一直传下来，现在不仅古都中皆有说书的人，就是古都以外的城市也皆有之，其中还往往有名家，成为现代城市文化的不可或缺的部分。

9. 上元节和拔河、斗鸡、角觝

唐代多诗人，长安自是诗人会集之地。许多著名的诗人大多到过长安，或暂居一时，或久居未归，皆能将长安风物寄情于吟咏之间。及时过境迁，犹仿佛如昨。李白在长安时，曾赋《清平调词》，词中有句说："沉香亭北倚阑干。"[68]沉香亭在兴庆池东，今于兴庆宫旧址凿池，并于池东再筑沉香亭，遍栽木芍药，似当年故迹，依稀犹在。

在这些诗人中应该提到两位，一是郭利贞，一是张说。张说有名于开元年间。郭利贞行辈早于张说，宦位却不如张说。郭利贞以一首《上元》诗获得盛名。这首诗是描述长安城内上元节的盛况的，诗句是"九陌连灯影，千门度月华。倾城出宝骑，匝路转香车。烂漫惟愁晓，周游不回家。更逢清管发，处处落梅花"[69]。据说这首诗和其时的苏味道、崔液的上元诗并为绝唱。苏诗是"火树银花合，星桥铁锁开，暗香随马去，明月逐人来。游伎皆秾李，行歌尽落梅。金吾不禁夜，玉漏莫相催"[70]，崔液诗是"玉漏铜壶且莫催，铁关金锁彻明开。谁家见月能闲坐，何处闻灯不看来"[71]。三诗描述上元盛况，如在目前。阴历正月十五日为上元节，其夜为上元夜。以上元为节日，未知其伊始，唐《两京新记》说："正月十五日夜，敕金吾弛禁，前后各一日以看灯，光若昼日。"[72]可能就是唐时始有之。

这样的节日从那时起，竟然传下来了。首先是宋时的开封，每当上元节之夜，就在开封绞缚山栅，立木正对大内正门宣德楼。诸多奇术异能，歌舞百戏，鳞鳞相切，乐声嘈杂十余里[73]。以后的都城中，都少不了这一节日，就是千载以后的今日，上元节日的灯火并未稍有减色，甚而还可以说是兴味愈浓。不仅都城如此，一般城市以至乡里也未能免俗，当然众多的古都就更不在话下了。

张说的诗是《奉和圣制观拔河俗戏应制》。所谓"奉和应制"的"应制"诗，是和唐玄宗的诗。虽然是应制诗，却对于当时盛行的拔河描述得很细致。他的诗说："今岁好拖钩，横街敞御楼。长绳系日住，贯索挽河流。斗力频催鼓，争都更上筹。春来百种戏，天意在宜秋。"[74]郭利贞和张说所说的都是长安城中的文化生活，张说不仅描述了拔河盛况，还说到当时的百种戏。百种戏的名目是难于备悉了，但多到百种应该是无疑的，这显示着当时长安城中文化生活富丽堂皇的一个方面。时越千载，拔河和上元节一样，到处盛行。上元节还有时日的限制，拔河的嬉戏却是随时随处可见，较之昔年，似并无逊色，抑犹过之。

这里还可以简略说说都城中的斗鸡。斗鸡早在战国时即已见诸记载。齐国都城临淄（今山东淄博市临淄城）就有人善于斗鸡。其时临淄城中的斗鸡走犬与吹竽鼓瑟、击筑弹琴同为游乐的重要项目[75]。汉时此风更盛，王宫台榭中就有斗鸡台和走狗台，建筑在长乐宫中[76]。其后相沿成俗，似未稍息。至于唐代，玄宗特为爱好。据陈鸿祖所撰《东城老父传》，当时"治鸡坊于两宫间，索长安雄鸡，金毫铁距，高冠昂尾千数，养于鸡坊。选六军小儿五百人，使驯扰教饲。上之好之，民风尤甚"[77]。安史乱后，此风不复再振，迄于唐亡，似亦少见于记载。后来到北宋时，开封复有斗鸡事。每遇所谓崔府君及神保观神生日，辄陈百戏，其中即有斗鸡[78]。就是南宋所都的临安城中，也有斗鸡[79]。现在开封城中依然盛行斗鸡，其盛况竟与宋时相仿佛。

北宋时，开封京瓦伎艺有所谓小儿相扑的项目[80]，南宋临安的瓦舍众伎中也有相扑争交，据说这是角觚之戏。别有使拳一项，自成一家，与相扑曲折相反[81]。说到角觚，其起源很早，秦汉之时即已有之。汉武帝元封年间就曾做过角觚戏。角觚是什么意思？据东汉时应劭的解释："角者，角技也；抵者，相抵触也。"[82]秦时称为角抵[83]。按字的音义来说，应该是一样的。秦时已有此戏，则其肇始之时至晚也应在战国。东汉时，张衡撰《西京赋》，曾经说："临迥望之广场，程角觚之妙戏。"张衡叙此事，在"大驾幸乎平乐"之后，平乐馆为当时大作乐的地方，似乎还是宫廷中的嬉戏。不过既在广场中演出，可能已佚出宫廷之外，张衡在这篇赋中，特别提出这些琐事，可能东汉时洛阳已有流传，故张衡能够以之写于赋中。张衡之后，角觚之戏似少见于文献记载之中，然以《东京梦华录》和《都城纪胜》所提到的，可知历魏晋和隋唐并未失传，至少在都城中并不一定是稀见的。不仅在长安、洛阳、开封、临安盛行，也可能蔓延到建康和北京。

用现在的话来说，角觚就是摔跤，这在古都中还是经常见到的。民国年间，北京的天桥就有人经常从事摔跤，供人欣赏。至于使拳，和摔跤一样，也是流传相当广泛的。

这里还可以顺便提到张衡所说的长安平乐馆前与角觚同时出现的其他技艺。张衡在叙述了"临迥望之广场，程角觚之妙戏"之后，接着又说"乌获扛鼎，都卢寻橦；冲狭燕濯，胸突铦锋；跳丸剑之挥霍，走索上而相逢"。以下还有很长相近似的叙述，大要都应是武帝时所作鱼龙曼衍之戏，是从域外输入的，这在后面将另行提及。这里所说的"冲狭燕濯，胸突铦锋"，也是其一类。其实"都卢寻橦"也是从域外传入的。都卢就是夫甘都卢国，在今缅甸境内。寻橦这种技艺在汉画中还可以看到，乃是一人顶长竿，另有一至三人缘竿而上做诸种表演。这种技艺在汉代以后，还在一些都城中流传过。南宋临安城的瓦舍众伎中就有上竿、打筋头等项[84]，就应是寻橦的具体表演方式。现在杂技中也是经常有这样的项目的。

张衡赋中所说的"乌获扛鼎"，李善引《史记》做过解释。据说，秦武王有力士乌获、孟说，皆大官，王与孟说举鼎。汉武帝时作为平乐观前技艺的一项，当然只是模仿它的形式。这种技艺后来也流传下来，当然不都是有鼎可举，那就只好用其他重物代替。南宋临安城中瓦舍众伎中有踢瓶、踢磬等[85]，可能都是按照举鼎的遗意表演的。瓶、磬都较鼎为轻，因之要举起来，仅仅用手，就不免太容易了。晚近杂技中有蹬大缸的，也许就是由举鼎、踢磬等演变出来的。

张衡赋中还说到"跳丸剑之挥霍，走索上而相逢"，李善的解释说："挥霍谓丸剑之形也。索上长绳，系两头于梁，举其中央，两人各从一头上，交相度，所谓舞絙也。"其实这就是现在杂技中的走钢索，各地都有演出，古都中当然也是少不了的。

南宋人所撰《都城纪胜》中，所列的瓦舍众伎中除上竿、打筋斗、踢瓶、踢磬外，其他技艺还有二三十种，好像流传下来的不多，不过如烧烟火、放爆仗、弩子打弹等后来在各古都中不时还可见到。

10. 杂剧及其演变

《东京梦华录》和《都城纪胜》分别记载北宋开封和南宋临安的杂剧。《东京梦华录》仅记载杂剧的名称，《都城纪胜》的记载较为详尽。它说："杂剧中，末泥为长，每四人或五人为一场，先做寻常熟事一段，名曰艳段，次做正杂剧，通名为两段。末泥色主张，引戏色分付，副净色发乔，副末色打诨，又或添一人装孤。其吹曲破断送者，谓之把色。大抵全以故事世务为滑稽，本是鉴戒，或隐为谏诤也，故从便跌露，谓之无过虫。"吴自牧《梦粱录》亦有记载，所记与《都城纪胜》同。由此可见，宋时开封、临安的杂剧都很盛行。

杂剧的名称，唐时已经有了。李德裕在其所撰的《论故循州司马杜元颖追赠》的第二状中论述杜元颖守成都时，南诏攻入成都，驱掠人口事，并说："成都郭下，成都华阴两县，被驱掠的只有八十人。其中有杂剧丈夫两人。"[86]这是杂剧名称见于记载之始。南诏进攻成都，在唐文宗大和三年，亦即公元829年。其时已在唐代晚期，李德裕文中所说的杂剧丈夫两人，自应是在成都演奏的伎工，则杂剧之兴当在其时之前。其盛行一时，则当在宋代。

杂剧是能够歌唱的。《梦粱录》叙述杂剧悉遵《都城纪胜》之文，唯说"大抵全以故事，务在滑稽"之后，添上一句"唱念应对通遍"。当时周密亦撰《武林旧事》，皆记临安城事，其末篇《官本杂剧段数》，多至二百八十种，可见一代的盛况。在这些剧名中，用大曲为歌舞戏者甚多。或谓宋人杂剧不能被以歌舞[87]，似有未审之处，也许所据以论证的仅为其中的一部分。即令如此，也是不应以偏盖全。临安城中的杂剧自是承袭北宋开封的旧规，北宋开封习于浅斟低唱。柳永堪称宋词大家，其《鹤冲天》词中有句说："忍把浮名，换取浅斟低唱。"一时风气实是如此，杂剧就不能不受影响。低唱就是曼声歌唱，和激昂感慨的情调不甚相合。

北宋靖康年间，金人攻破开封，俘去宋朝的徽、钦二帝，先后另立张邦昌、刘豫为傀儡，仿佛开封仍然自成局面。其实开封已经残破不堪，京瓦伎艺殆难复现当年盛况，所谓浅斟低唱，也成为风流往事。金人喜杂剧，恐亦以之荟萃于中都城中，与开封无关。等到金人南迁，以开封为都，就是再有杂剧，也不是曩日的旧观了。金人南迁后，原来的中都就为元代的大都所代替。流行于中都的杂剧，就转而流行于大都。由于金、元的倡导，杂剧到元代更有显著的发展，达到高峰。撰写杂剧的名家也先后辈出，不断会集于大都，极一时之盛。钟嗣成的《录鬼簿》中有详备的记载，当非诬妄。

宋室南渡，临安成为行在所。临安城的杂剧自然是承袭着开封的旧规，仍然流行，而且轶出于临安之外，为时愈久，所及愈远，并不以后来的临安废不为都而有所消沉。开封城的杂剧曾受到当时浅斟低唱的影响，到了临安，旧时的声调似仍然保存，无所偏废，可能还有增添改易的地方。临安北距建康不远，如前所述，南朝陈时的旧音，历时悠久，仍旧飘忽于秦淮河畔。临安其时为杭州，虽是一般的州郡，也不能不受到波及。临安继续发展杂剧，仍保持当年开封正声，恐也难于避免要受到原来建康的影响，因而会使杂剧的音调更为繁富而多变化。这一点前人似未多所道及。这可能是因为自唐代后期以来，一些人仍以为建康的遗音间杂亡国的气味，论者就避免多与之相联系。其实，当时情势若此，影响就难于说是完全没有。如果这样的说法并非尽属诬妄，则自北魏后期以迄隋唐之时，所谓《清乐》，虽在洛阳、长安未能多所传播，可是在江宁、杭州却仍继续流行，不过不以《清乐》相称。所谓《清乐》本来只是北魏、隋、唐给予的新称，和它的旧名无关。

和这种情势相当的，杂曲在中都和大都也就不能说没有变化。中都和大都皆在北方，杂剧虽由开封传来，却难免带有北方的音调，据说当时用的是七声音阶，无入声，声调遒劲朴实，以弦乐器伴奏，这样虽合乎北方人士的口味，却为南人所不习用，因而就出现了南曲。南曲用韵以南方语音为标准，可能就是以临安为中心的语音，据说当时音乐上用五声音阶，声调柔缓宛转，以箫笛伴奏，自然合于南人口味。可以说这样柔缓婉转的声调，自南朝以来大多就是如此，自然就和北方的遒劲朴实的声调不能互相调节，只好改弦更张。南宋末年，有所谓永嘉杂剧，就是用南曲演唱的[88]。虽然出于永嘉（当时隶属温州，即温州的治所，今为浙江温州市）人之手，临安，亦即后来元时的钱唐，当仍然为其流行的地区。还应该指出，无论北曲或南曲，都是以杂剧为主，其中虽杂有套曲、散曲的曲调，但并未轶出杂剧的范畴[89]。

元明之际有了传奇，传奇也属于杂剧，以唱南曲为主要形式。传奇虽出于杂剧，却和杂剧也有不同处。杂剧皆为四折，出场人物虽不一，主唱的却只有一人。传奇则不限折数，也不限于一人独唱。早期传奇的作家就已不少，撰写《琵琶记》的高明就是其中的一位。高明于元时已有文名，明太祖很推许其书，谓："如珍羞百味，富贵家岂可缺耶？"[90]明初都于江宁，即后来的南京。由于明太祖的推许，《琵琶记》当然会在南京演出。

明初虽都于江宁，及成祖时，即已迁都北京，当时还称为行在所。南京虽称为留都，实际是一座旧都。都城迁徙后，传奇仍当在旧都继续传播演出，似未稍止。清初孔尚任撰《桃花扇》，其中一出演苏昆生教李香君学戏曲事，所教的就是汤显祖的《牡丹亭还魂记》。这虽是隔代的叙述，相差却不会过远。《桃花扇》也是一部有名的传奇，若明末南京城中曾未演过《牡丹亭还魂记》，孔尚任也不会贸然以此写入《桃花扇》中。汤显祖的"临川四梦"，名声震海内，南京也不会无人演出。

传奇以南曲为主，也参用了一些北曲，因而也在当时的都城演出，成为北京城中的重要剧种。其间并不以明清两朝的改朝换代而有前后差异处。传奇的盛行时期大致是由明嘉靖年间到清乾隆年间。清康熙时，洪昇撰《长生殿》，与孔尚任的《桃花扇》齐名，当时有"南洪北孔"之称。《长生殿》曾在北京演出，据说轰动一时，只是因在当时的皇后丧期演出，致使多人受到处分，洪昇亦因此被黜，这样的演出固然是由于洪昇的文名震世，也显示出都城中人对传奇的爱好。

就在传奇还盛行之时，却又有了京剧。京剧的得名自是由于它肇始于北京的缘故。若追溯其渊源，则与由外处传入北京的剧种有关。据说清代乾隆年间，流行于江苏、安徽的徽班来京演出，其后与来自湖北的汉调融通，又采纳了秦腔和昆腔的曲调、剧目和表演方法，才形成这种新的剧种。京剧主要流行于北京及其周围附近地区，迄今已有近二百年的历史，其间并未因清室的灭亡而告终止，倒是在北京废不为都时，京剧更益为人所喜好，弦歌依然不辍，今则不仅流行于全国，而且旁及一些海外地区，实为北京文化发展的一个标志。

京剧的承传接受和秦腔有关，这显示出秦腔流行于古都长安也是历有年所。虽是历有年所，却还不能和长安作为都城时的戏剧有何联系。如前所说，长安作为唐代的都城时，曾流行过参军戏、傀儡戏和猴戏。今傀儡戏和猴戏仍在这个古都中流行，却与秦腔无关。长安作为古都之后，似也和开封与北京一样，先后曾流行过杂剧和传奇。这虽近于猜度，相差却并非过远。明代后期，武功（今陕西武功县北）有康海者，娴于文辞，以曾附刘瑾，为人所非议。康海与李梦阳等并号十才子，李梦阳以事下狱，康海为之求刘瑾得免。及刘瑾败，康海亦获罪，以梦阳未曾施救，因作《中山狼》杂剧以寄愤。这说明这时古都长安尚无秦腔，若已有秦腔，康海当不至于再用杂剧去写作。古都长安盛行秦腔，洛阳和开封亦盛行豫剧，秦腔不能上接长安为都城时的戏剧，开封和洛阳作为都城时所流行的戏剧，亦不能下接豫剧，其间的道理应该是一样的。

11. 都城中的酒和文化

酒在我国文化的发展过程中占有一定的地位，在都城中的表现最为突出，就是都城失去其作为都城的地位时，也不能说就告消失。

据说酒的酿制发明者为杜康。杜康的生平已难得详考，至少生活在夏桀和殷纣以前。桀、纣皆曾做酒池[91]，夏桀之事不可具知，殷纣好酒，即灭纣的周人亦感到这是过分，是导致殷纣灭亡的一个因素。周人为此还作《酒诰》和《无逸》，以相儆戒，免蹈覆辙，甚而还在以《荡》命题的诗篇中又再度申言，可知并非诬妄。则殷都的多酒确是实事，不过殷墟的发掘似尚未探出其时酿酒的处所。

殷纣酗酒自是亡国之征，但社会上是离不开酒的。周人虽一再告诫不要酗酒，可是并未教人戒酒，《诗经》里许多篇章就都曾经提到酒。在人们忙碌了一年，到十月涤场之后，就"朋酒斯飨，曰杀羔羊，跻彼公堂，称彼兕觥，万寿无疆"[92]。在获得丰收年后，也就"为酒为醴，烝畀祖妣，以洽百礼，降福孔皆"[93]。就是友朋往来，也要备些杯酌，于是"我有旨酒，嘉宾式燕以敖"[94]。至于国君赐宴、诸侯享聘，酒醴就更是不可或缺的。庶民之家，诸侯之国，这都不必说起，就是岐下丰镐也都没有发现酿酒的处所，如果有酿酒的处所，也一定不会像殷墟那样的庞大和众多，因为周人还不至于像殷人那样酗酒。

酒既有益于人，历来因饮酒而有名于当世的早已难以数计，因饮酒而对于文化有所发扬和贡献的也可能不是很少的。这里应该提到竹林七贤和饮中八仙。竹林七贤乃是魏晋之际的嵇康、阮籍诸人，所游的竹林在今河南辉县，远离当时的都城洛阳。杜甫诗有《饮中八仙歌》[95]，所歌颂的饮中八仙，当时都在长安城中，为长安城添上一些令人景慕的人物。特别是李白和张旭在后来的唐文宗时，还分别以其歌诗、草书和裴旻的剑舞被称誉为三绝[96]，可见是不同凡响的。杜甫称道张旭，说是"张旭三杯草圣传，脱帽露顶王公前，挥毫落纸如云烟"。据说"旭自言，始见公主檐夫争道，又闻鼓吹，而得笔法意；观倡公孙舞（剑器），得其神。"[97]然如杜甫所说的，张旭"挥毫落纸如云烟"，是三杯之后才能见到的功夫。张旭书法还有流传到今天的，为古都长安增光不少。"李白斗酒诗百篇"并非泛泛的称颂，他的三首《清平调词》和八首《宫中行乐词》都是在宿酒初醒的情况下写成的[98]，而婉丽精切，都无留思[99]。特别是《清平调词》中所说的"解释春风无限恨，沉香亭北倚阑干"，长期以来犹为古都长安中人所吟咏。现在沉香亭重新保存于兴庆湖畔，游人还可以在那里体会"解释春风无限恨"的奥妙处。

像饮中八仙这样的饮酒风气，在以后的都城中还可陆续有所发现，都可为当时的都城添上若干生气。就是在古都之中也是一样的，并不稍有逊色，显得都城或者古都皆是离不开酒的。

酒是这样的普遍，酿酒的地方也应该是很多的，应该说是到了举不胜举的地步。其中，三国时湘东(治所在今湖南衡阳市)的酃水酒[100]和北魏时蒲坂(今山西永济县)的桑落酒[101]，都是名重一时，受人称道。只是蒲坂距离北魏所都的洛阳已非很近，湘东距离吴国所都的建业更远，这样有名的酒送到当时的都城也都不是太容易的，因而更会增加它们的名声。

具体说到酒的名称，也是屈指难数的。《说文》举出了几种，如说：酴，酒母也；醪，酒一宿熟也；汁滓酒也；醇，不浇酒也；醹，厚酒也；酎，三重醇酒也；醨，薄酒也。这几种酒大多可能失传了，只有醪酒还有酿者。醪酒自有特色，应该再做说明。

醪酒在诸种酒中，制作之时可能比较早些，酿制醪酒的地域也许更为广泛。《世本》就曾经说过："仪狄始作酒醪。"[102]前面所说的河东蒲坂桑落酒，也应是一种醪酒[103]。杜甫《清明二首》中有句说："钟鼎山林各天性，浊醪粗饭任吾年。"[104]仿佛浊醪只是普通人家所有，并非名酒。宋时范仲淹守延州(治所在今陕西延安市)时，曾撰写过一首《渔家傲》，词中有句说："一杯浊酒家万里，燕然未勒归无计。"[105]所说的应是浊醪，则浊醪亦不一定就是只入于普通人家中。可能醪酒也有些不同的品种，如桑落酒确是一种醪酒，那就更显得超凡了。

东汉初年，野王(今河南沁阳县)岁献甘醪膏饧，很是骚扰当地的民家，得到光武帝的批准，才得豁免[106]。晋时左太冲《魏都赋》中有一段叙述魏廷招待周边各族使人的情况，宴席上就有"清酤如济，浊醪如河，冻醴流澌，温酎跃波"[107]，酤、醪、醴、酎各种酒都有了。这里用河水形容浊醪，固然是说浊醪的颜色有如河水不清澈，也显示出浊醪的丰富。魏都在邺，去洛阳尚远，洛阳城内未见酿酒的记载，野王献酒被豁免后，不审浊醪再来自何方。

建都早于洛阳的长安，西汉及其以前各时期，亦未见有关酿酒的记载。北周时，韦复为明帝所重，敕有司日给河东酒一斗[108]。河东酒即所谓桑落酒。斗酒之量是不多的，可见远地运酒并非容易。唐时长安城中朱雀门街东第五街，从北向南第六坊常乐坊的曲巷里出美酒，为京师所重[109]。常乐坊中有以酿酒为业者，可能还不止少数的几家。这样的记载为其他都城所少有，只是有关的记载未能举出常乐坊所出的美酒是什么名称，也未说到这里的美酒的色泽和香味，难于做更多的探讨。今西安城有酿稠酒的，稠酒即是浊醪，不知这样的浊醪和常乐坊的美酒有无联系。

北魏时，洛阳城内亦有以酿酒为业的。城内大市之西有退酤、治觞二里，里内之人多从事酿酒，可能所酿的酒不是很美的，当时洛阳人所重视的却是前面所说的桑落酒。据说这种酒不仅饮之香美，醉了会经月不醒。当时洛阳朝贵多以此远相饷馈，有超过千里的[110]。孝文帝南侵之前，遣刘藻先行，藻谓当酾曲阿之酒，以待百官，孝文帝谓今尚未至曲阿，且以河东酒相赐，等到了曲阿再说[111]。曲阿（今江苏丹阳县）位于建康东南，已在江左了。可见洛阳退酤、治觞二里所酿的酒去桑落酒尚远，不能与之相比。

北魏末年分为东西两部分，东魏以邺为都，邺为曹魏古都所在。如前所说，曹魏时邺的酒是相当多的，品类亦殊不少。东魏政治出自高欢，高欢常驻晋阳（今山西太原市西南）。其后高欢之孙高湛即位，亦常往来晋阳。当其在晋阳时，其弟高孝瑜以河南王居邺。高湛写信给高孝瑜，说"吾饮汾、清二杯，劝汝于邺酌两杯"[112]，这是说高湛远由晋阳送酒给高孝瑜。可能晋阳的酒好于邺。邺于十六国时期多所残毁，以前曹魏时期的名酒谅已不传。北齐以后，邺为北周所毁，已成废墟，这些往事就难得复睹了。

前面曾提到北魏时刘藻所说的曲阿酒。曲阿近在建康东南。建康所需的酒自是取于曲阿。建康为今南京市。南京市作为都城，早在三国吴时，其时称为建业。吴时湘东的酃酒已有名声，这是在前面已经说过了的。湘东距建业虽远，却每年都要进献到建业。晋平吴后酃酒就转而献到洛阳[113]。当时张载所撰写的《酃酒赋》就是因此才能着笔。张载说，"未闻珍酒，出于湘东"，是平吴以后酃酒才播美于洛阳的[114]。

张载的话是不错的，正是因为都城所在，才能会集各方的名酒，当地所酿才更易有名。历代若此，就是后来的北京也应是一样的。酒是喜礼所不可或缺的，对于文化的发扬自然也就具有一定的作用。

12. 游牧民族在农耕地区所建立的都城

在过往的悠久历史里，北方从事游牧生活的民族曾经在其南面的农耕地区建立过王朝或政权，因而各自相应地有其都城。西晋以后，与东晋南北并峙的十六国，其中十四国就是本来从事游牧的民族建立的。它们的都城有的并非只有一个，不过历年都不是十分长久，所能发挥到的作用也就不一定都是很大的。较为突出的是长安和邺，是在古都的基础上重新建立的。建都于邺的为后赵和前燕，中间还夹了一个冉闵的魏国。后赵为羯人所建立的政权，羯人在邺自居于崇高的地位，称之为国人[115]。及冉闵大诛羯人，甚至高鼻多须亦有滥死者[116]，羯人旧俗几无残留。前燕为鲜卑族所建立的政权。前燕为前秦所灭，邺的鲜卑族人多被迁徙到关中[117]。淝水战后，前秦几臻瓦解，慕容垂返至太行山东，犹得留在邺的鲜卑人及其他各族的拥戴[118]。在长安建都的有前赵和前后秦，前赵只有十年，说不上有什么建树。前秦之后接着就是后秦，先后可以连成一气，其间文化有足以称道的，后秦姚兴振兴儒风[119]，且迎鸠摩罗什弘扬佛法[120]。后秦虽为刘裕所灭，长安佛教仍继续流传，及北魏太武帝西征盖吴，以长安沙门与盖吴相通，遂尽坑诸州沙门并毁诸佛像[121]，姚兴旧迹于是一时俱尽。

十六国之后为北朝。北朝的魏和齐、周诸国皆是鲜卑族所建立的政权。其都城先后有平城、洛阳、邺和长安诸处。在这些都城中都显现出游牧地区和农耕地区文化交融的过程。北魏初都于平城。平城本是两汉时的普通县邑，汉魏之际，边人内迁，平城已成废墟，北魏都城乃是在废墟上建立起来的。鲜卑人少，平城的人口都是由各地徙来的，太行山东徙来的尤多[122]。徙人虽多，鲜卑文化仍是主流，这在语言服饰方面都能够充分显示出来。

鲜卑族的文化改革是在北魏孝文帝迁都洛阳之后进行的。当时禁止使用鲜卑语言[123]，改鲜卑的复姓[124]，还禁止穿着鲜卑的衣服，特别是鲜卑妇女的冠帽。而着小襦袄者更受到指责[125]。孝文帝的改革相当彻底。读杨衒之所撰的《洛阳伽蓝记》，其中所述，殊少鲜卑气味，曾在洛阳居住过的梁朝陈庆之对此深为钦服，甚至称道说："帝京翼翼，四方之则。"[126]孝文帝南迁之后，平城改称恒州[127]，已沦为普通州郡。北魏分为东西魏后，洛阳亦残破不堪，不仅鲜卑遗风不存，民间习尚亦未能多见，只有云冈和龙门石窟犹能显现当年情景。

值得称道的是鲜卑旧俗辫发的传统习惯的改变。北方游牧民族多有辫发者，鲜卑拓跋氏就是其中之一。《宋书》记载北魏事，其篇名就直截了当地说是"索虏"，正是指斥北人的辫发[128]。这在前文已经略事道及。可是后来萧子显撰《南齐书》，却仅称北朝为"魏虏"，而不再以"索虏"相讥讽。萧子显撰《南齐书》在梁武帝时，梁武帝则在北魏孝文帝之后，其时北魏改革鲜卑旧俗，已有明显效果。孝文帝的汉化诸项目中未特别指出辫发旧俗，既然禁止胡服，辫发也应就在其中。萧子显撰《南齐书》时，北魏已经不再辫发，"索虏"之称也就无所着落了。梁武帝时，陈庆之奉使至洛阳，与北朝杨元慎等论正朔所在，彼此反唇相讥。杨元慎指责江左"短发之君，无杼首之貌"，陈庆之却未有一言及于鲜卑的辫发，更未说及"索虏"，可见当时北方已不再辫发，陈庆之未能以之为把柄[129]。《中国历代服饰》搜集有

《北齐校书图》，图上所绘的人士皆梳丫髻，并未垂有发辫，就是明证。北齐如此，北周自应亦然。《隋书·突厥传》载沙钵略所进表文说："削衽解辫，革音从律，习俗已久，未能改变。"此事在隋的初年，可知北周之时，已经无辫发的习惯了。孝文帝的改革结束后，在姓氏、言语等方面，后来还有复旧的现象，这在下文即将论及，而解辫一事，齐周皆奉行不怠，可见当时的汉化还是有成效的。北魏分为东西魏后，东魏以邺为都，其政权实操在高欢手中。高欢自称是渤海蓨（今河北景县）人，这是自攀高门的说法。《北齐书·神武纪》说他"累世北边，故习其俗，遂同鲜卑"。故侯景骂高欢之子为鲜卑小儿[130]，也不是没有缘由的。高欢自己通常申令三军时，通常用鲜卑语言，只有当高昂在座时才用华言[131]。后来杜弼答高欢第二子高洋询问的治国当用何人的问题时，说了一句"鲜卑车马客，会须用中国人"，高洋就认为这是对他的讽刺[132]。北齐的朝士甚至有人教子学鲜卑语和弹琵琶，以此服侍公卿[133]，可见当时邺的风气。北齐灭后，邺也遭到摧残毁灭，无论鲜卑文化和中原汉化成果都难得保持下来。

西魏都于长安。长安虽是古都，但经北魏末年的乱离，崤潼以西，烟火断绝[134]。西魏都此旧宫，实同新构。西魏政权掌握在宇文泰之手，宇文泰与拓跋氏同为鲜卑人，他和高欢一样，都有意恢复鲜卑旧日习尚。拓跋氏远在北魏孝文帝时即已改为元氏，其他鲜卑复姓同时亦多改为单姓，与汉人无异。可是宇文秦及其同在关西的贺拔胜和侯莫陈悦等都仍旧袭用鲜卑姓，仿佛北魏孝文帝的汉化并未彻底。不仅鲜卑人未改姓氏，还有许多本为的却被赐胡姓，其中就有后来建立隋朝的杨坚的父亲杨忠，被赐姓普六如氏[135]。姓氏如是，衣冠想必也会随着复旧。

不过当时的汉化仿佛已成为趋势。后来到北周宣帝时就有明显的变革。宣帝于即位之后，第一次正月受朝于露门，就戴着通天冠，穿起绛纱袍来，群臣也皆服汉魏衣冠，就连王朝的官名也一例更改[136]。接着静帝时又做了一次更改，于是"诸改姓者，悉复其旧"[137]。这时杨坚已为大丞相，晋爵隋王，正在作建立新王朝的打算，更改姓氏可能与其新猷有关。这次更改姓氏只限于原来的汉姓，似与鲜卑人无关。在隋朝就有宇文有忻、宇文庆等与周室同姓之人，也还有豆卢勣、贺若谊等鲜卑人，这一点大致和北魏孝文帝有相同处，因为孝文帝的汉化同样是为了保护鲜卑人。

北周时进行的这样一些更改，经过隋朝而至于唐初也都一例相承。太宗时的宇文士及和长孙无忌就都是鲜卑人。就是到现在，关中还有姓宇文的，当然早已成为汉人了。唐初有豆卢钦望者，为京兆万年（今西安市）人，其祖父名宽，为隋文帝的外甥，可是他却是鲜卑人。唐高祖以宽的曾祖芊于北魏孝文帝时循例称单姓，因改宽为卢氏。钦望后来陪葬昭陵，追复其本姓为豆卢氏[138]。这一更改追复至少有两层意义：一是北魏孝文帝更改姓氏后，曾经有改回原来姓氏的事例，由豆卢宽的事例看来，可能就在北周之时；其二是北周虽早已不祀，长安城中的鲜卑文化并未因之而消失罄尽。

这样在农耕地区建立都城的还应该数到辽和元。辽为契丹族，其都城临潢位于今西拉木伦河上游的巴林左旗，那里正是游牧地区。辽于析津另建南京，为其陪都所在地。析津就在现在的北京。元为蒙古族，其大都也在今北京。这里还应该顺便提到金和清代。金为女真族，清亦应为女真族，后来才改为满族。女真族初兴在按出虎水上，其地在今黑龙江阿城县。据说其地饶山林，田宜麻谷，其人善骑射，喜耕种，好渔猎[139]。清人肇兴之前，女真分为海西、建州和野人三部。清人则系出自建州。建州部虽还从事渔猎，但也从事畜牧和农耕。这都和契丹、蒙古不尽相同。然金人的中都和清时的京师皆在今北京，因而一并论及。

上面说到十六国和南北朝时期游牧民族在农耕地区建立的都城，从建都之时起，就显现出游牧文化和农耕文化的融通。就是后来所建立的都城由于政权崩溃而失去原有的地位，这样的融通也还在继续，直至文化间无所间阂而后已。南北朝时的洛阳、邺和长安如此，辽、金、元、清时的南京、中都、大都和京师也莫不皆然。

契丹的上京临潢府，虽在游牧地区，但汉化已相当明显[140]。南京析津府本是唐时幽州的治所，汉化更有基础。契丹为了更容易统治汉人，始创南北分治，以北面官主蕃事，以南面官主汉事[141]。南京本为农业地区，自与临潢稍有不同。入金之后，以平州(治所在今河北卢龙县)人不乐猛安谋克之官，尚踵契丹南院故事，其后设置渐广，大率仍遵辽宋之旧[142]。

契丹人衣着自是胡服，唯国主接见汉官即汉服[143]。近年出土的辽国公主墓，公主所服并非全是胡服，其殉葬品亦多汉人制品，可见其演化之迹。

据《契丹国志》所载，契丹人额后垂金花织成夹带，中贮发一总，可能就是辫发的一种形式。近年发现的辽墓，其壁画所见到的契丹人的发式，有各式各样，但主要是剃去顶发，其余披之脑后，还有的只留颅前或两鬓二绺，或垂耳前，或披脑后，与其附近各族不同[144]。辽亡后，再未有所发现，可能未被金人所沿用，其族人的习尚也有改从女真族的。

契丹人曾用唐代进士法取人，然能以进士仕于其国者为数实甚鲜少[145]，不过这样一来还是给人以进取的机会，契丹人也可从中得到一些实惠。入金之后，女真人也踵行进士科取人，契丹遗民耶律楚材，就是以进士科起家，遂为成吉思汗所重视，不仅随征西域，就是后来窝阔汗的建国也是多所凭借其力的[146]。

金、元承契丹之后，对于农耕地区的人民多所防范，元代且分其臣民为若干等级，农耕地区的人民最居下等。然对于农耕地区的文化不仅多所吸取而且很为欣赏。无论金时的中都还是元时的大都，杂剧皆甚流行，这是在前面已经论述过的。就是元亡之后，杂剧还是流行于北京。明人对于元代大都文化多所保存，明时北京城绝大部分仍是因元代大都之旧而稍有改动和增添。不过明时对于元代的达官贵人多所厌恶，元代虽已灭亡，自明初起，北京的婚丧大事，其抬轿和抬棺材的人伕，其所着的衣冠皆是元时达官贵人的旧式。这样的风气自明迄清，以至于民国，皆未尝有所改变，可知其沿袭的长久。

后来清人入关称帝，称北京为京师，但一般仍以北京相称。清人继明人之后，自仍承袭明代北京城的文化，不过也带了若干满族旧俗，这在衣着饮食诸方面就已经多所显现，不必再多述其他。辛亥革命之后，清帝逊位，可是满汉全席并未立时为人所摒弃，而男子向人请安时所用的礼节如打千儿等，就在北京的街头巷尾还不时可以见到。打千儿这种礼节，《红楼梦》中就曾不止一次地描述过，是左膝前屈，右膝后弯，上体稍向前俯，右手做下垂的模样。在清朝王室高踞民上时，大官小吏的衣着是头戴暖帽或凉帽，身穿马褂开衩袍，袍用马蹄袖，这是所谓官服。其官职的大小则以帽上的顶戴和胸前的补服为差别。官吏的便服，则是头戴暖帽，身着开衩袍和马褂。一般人则着长袍、戴瓜皮小帽，也有再着马褂、马甲的，头上并拖长辫。满族妇女着旗袍、梳旗髻。汉族妇女则仍为明代旧式[147]。辛亥革命后，发辫已一律剪掉，暖帽凉帽皆已不复再见，马褂亦逐渐消失。至于瓜皮小帽和长袍，直至三数十年后始不再为人穿着。可是原来为满族妇女所着的旗袍，却为汉族妇女所喜爱，迄今仍有不少妇女依旧穿着。

13. 域外文化的传入及其影响

都城的文化固然是全国各地文化的聚集，也是对于域外文化的吸取，并进而相互融通，这在长安也是不乏例证的。远在西周还都于丰镐之时，对于九州之外荒裔之地，称之为荒服。荒服之地和西周的丰镐也是有往来的，不过往来并不很多。据说周穆王征犬戎，得四白狼四白鹿而归，自是荒服不至[148]。当时荒服远至什么地方，这是难得说清楚的。自汉武帝开辟位于今甘肃西北部的河西四郡，再进经营西域，这应是亘古尚未有过的大事。世人所艳称的张骞凿空，就是在这时首途的。由于张骞的凿空，西域和长安的交往，就日益频繁。前面曾经提到长安城中的槀街，就是域外之人旅居的住所。故陈汤斩郅支单于首，就请求悬之于槀街，以示万里[149]。由于西域的开通，因而"明珠、文甲、通犀、翠羽之珍盈于后宫，蒲梢、龙文、鱼目、汗血之马充于黄门，巨象、狮子、猛犬、大雀之群食于外囿。殊方异物，四面而至"[150]。当时传入的还有葡萄、苜蓿。苜蓿是饲养马匹的最好草料，葡萄则是招待贵宾的佳果。由于天马（西域马）输入到长安的不少，又外国使臣来得众多，就在离宫别馆的旁边大量种植葡萄和苜蓿，种植地区之广大，极目远望才能看到边际[151]。西汉时还特别建立了一座葡萄宫，葡萄宫就在上林苑中[152]。西汉末年，匈奴单于来朝，就住在葡萄宫中[153]。天马和那些珍禽异兽，由于水土和气候的不同，难于长期生存下去；明珠、文甲、通犀、翠羽之珍，易代之际也就遗失罄尽，不易复得。葡萄和苜蓿，因为在长安城内外普遍种植，且不断扩大种植地区，后来到唐代初年，北道诸州如安定、北地之境，也就是现在宁夏南部和甘肃东北部，往往有苜蓿，皆汉时所种植的[154]。迄至今日，葡萄和苜蓿所植更广，早已成为各地所习见的植物。

葡萄美酒的佳酿也出自很多地方，成为华夏文化的一部分，更不必再说古都长安了。

域外文化的传入，特别是西域文化的传入，西汉以后，还绵亘不绝。其间的都城如洛阳、建康、平城及邺，无不受其影响，而唐代的长安更为突出。由西域传来的文化中，佛教最为显著。这在后文将另外论及。这里就先从音乐说起。唐承隋后，隋因周齐之旧，本有九部乐。唐太宗平高昌，得其乐部，遂益为《十部乐》。这《十部乐》为《燕乐》《清乐》《西凉乐》《天竺乐》《高丽乐》《龟兹乐》《安国乐》《疏勒乐》《高昌乐》《康国乐》。较之隋时的《九部乐》，不仅增加了《高昌乐》，还去了原来的《礼毕乐》，而增了《燕乐》。其中西域乐仍居多数。西域各国人多嗜音乐，擅歌舞。各种乐中各自有其乐器，有些乐器迄今犹为世人所习用。《隋书·音乐志》所列《清乐》的乐器共有十五种。《清乐》为汉代以来旧曲，其所用乐器当出自中土。《旧唐书·音乐志》所列八音之属亦有二十余种，亦当为中土所制。两者皆有琵琶。《旧唐书》对此且做了详细说明："琵琶、四弦，汉乐也。初，秦长城之役，有弦鼗而鼓之者。及汉武帝嫁宗女于乌孙，乃裁筝筑为马上乐，以慰其乡国之思，推而远之曰琵，引而近之曰琶，言其便于事也。今《清乐》奏琵琶，俗谓之'秦汉子'，圆体修颈而小，疑是弦鼗之遗制，其他皆充上锐下，曲项，形制稍大，疑此是汉制。"然汉人刘熙《释名》却说："批把本出胡中，马上所鼓也。推手前曰批，引手却曰把，象其鼓时，因以为名也。"刘熙为汉时人，所言当近乎事实。《隋书·音乐志》也说：

"今曲项琵琶,竖头箜篌之徒,并出自西域,非华夏旧器。"《旧唐书》所说"秦汉子",也并非没有来头,只是把时间摆错了。《隋书》说:"《西凉》者,起苻氏之末。吕光、沮渠蒙逊等据有凉州,变龟兹声为之。号秦汉伎。"秦汉伎中就有曲项琵琶,可知并非内地所始制。《旧唐书》也说:"《梁史》称侯景之将害简文也,使太乐令彭隽斋曲项琵琶就帝饮,则南朝似无。曲项者,亦本出胡中。"琵琶出胡中,要以龟兹为盛。故历齐、周、隋、唐之世,龟兹乐工之在邺和长安的,皆为弹琵琶的名手。而敦煌壁画中,且绘有反弹琵琶的图像,足见其为世所重。唐代诗人白居易且为之作《琵琶行》。白居易作这首诗是在江州(今江西九江市),所称道的弹琵琶的女子却生长在长安城,就居在蛤蟆岭。蛤蟆岭近平康里,平康里为伎女所聚居地,宜其工于琵琶。

《隋书·音乐志》以竖头箜篌与琵琶并提,谓并出西域,非华夏旧器。然《旧唐书·音乐志》却说:"箜篌,汉武帝使乐侯调所作,以祠太一。或云侯辉所作。"这是说,箜篌本是中土乐器,与西域无关。然《旧唐书》接着却说:"竖箜篌,胡乐也。"或谓箜篌有二种,一为卧箜篌,一为竖箜篌。竖箜篌为域外所传入,卧箜篌则为中土自制。隋唐时所传的《龟兹乐》《疏勒乐》《安国乐》皆有竖箜篌,而《西凉乐》又有卧箜篌和竖箜篌,似卧箜篌和竖箜篌皆为西域旧乐,非中土所能自制。《天竺乐》中有凤首箜篌,当是竖箜篌的一种。当时《高昌乐》仅有箜篌。《旧唐书》于记载《高昌乐》之后,紧接着即说"箜篌今亡"。也许高昌的箜篌另是一种。唐人诗有句说:"下帘弹箜篌,不忍见秋月。"

盖当时已成为长安城中习用的乐器，仿佛与域外无关。

隋唐时，西域诸乐中《高昌乐》《龟兹乐》《疏勒乐》皆用羯鼓，《天竺乐》中亦用羯鼓，可知羯鼓也本是域外乐器。鼓以羯名，亦可见其为域外所传入。唐玄宗擅长击羯鼓，唐南卓且撰有《羯鼓录》，可知当时盛行的一斑。这里还可以提及筚篥。筚篥即觱篥。隋唐时《高昌乐》《龟兹乐》《疏勒乐》《安国乐》，以及《天竺乐》中皆使用筚篥。《旧唐书·音乐志》说："筚篥，本名悲篥，出于胡中，其声悲。亦云胡人吹之以惊中国马云。"这无疑是从域外传入的乐器。唐段成式所撰著的诸书中，有一卷《觱篥格》，可知其时已风靡一时，与琵琶等同列。这种乐器不仅仍见于当代一些古都之中，也流传于社会各处，民间称之为"管子"或"管"。其间融通之迹历历可见。

《旧唐书·音乐志》论八音之属，遍举其中的乐器，其出自域外的，除上面已经提到的琵琶、箜篌、筚篥外，还有笛、篪、缶、铜拔等数种，这几种乐器早已列于《清乐》之中，虽是来自域外，并不以外来的乐器视之。

唐时高丽乐中也使用卧箜篌、竖箜篌、琵琶、大筚篥、小筚篥等乐器，可能是由内地传去的。另外，还有一种称为桃皮筚篥的，也许就是由大小筚篥转换的新式样。

近年在成都附近出土的前蜀王建墓，其石椁周围刻有舞伎图，其中有吹筚篥的、吹笛的、吹排箫的，有击羯鼓的、击腰鼓的、击铜鼓的、击拍板的、弹筝的、弹琵琶的、弹箜篌的。这些乐器共同演奏，浑为一气，显不出中土和域外的差别。王建在成都称尊号时，长安已废不为都。成都尚有这些乐器，长安也并非就了无孑遗，可知其融通已久，域外中土无所区分。羯鼓于元时已不见记载[155]，箜篌图形亦仅见于新疆吐鲁番阿斯塔那唐墓230号墓出土的绢画舞乐屏风（1969年出土）。其他各种乐器，各古都内外，都还到处流通，无所差异。

这里还应该提到胡琴，琴而冠以胡字，其来自域外，是无可置疑的。《旧唐书·音乐志》在论述八音之属的各种乐器中却未曾提及胡琴，就是王建墓中的乐队图像也未见其形制。不过沈括在《梦溪笔谈》中却说得十分明确。沈括于宋神宗时经略鄜延（宋鄜州治所在今陕西富县，延州治所在今陕西延安市，鄜延路有今陕西大部分），与西夏对垒，曾制有《凯歌》，其三为"马尾胡琴随汉军，曲声犹自怨单于。弯弓莫射云中雁，归雁如今不寄书"[156]，当是实录，也许是宋时才传入的，故《旧唐书·音乐志》未能记载，而王建墓中石椁周围所刻的舞伎图也无从附刻出来。胡琴为现在京剧中最为主要的乐器，应该是京剧初兴起以前就已如此。如前所说，京剧之初是由徽班剧人吸收汉调、秦腔、昆腔诸剧种融通而后形成的，则其使用胡琴为乐器的渊源当更为久远。到后来不仅京剧及这些相关的剧种使用胡琴，其他一些地方剧种也都不可或缺，可知其融通的无间。若非其名称上冠有胡字，殆很少人知其来自胡中。

这些来自各方的乐器不论是独奏还是合奏都应该有其曲谱。南卓的《羯鼓录》、段成式的《觱篥格》就是现存的有关乐谱的著作。《羯鼓录》附录有羯鼓诸宫调曲名，其中间有穿凿、难通之处，致为清四库馆臣所讥[157]。可能其曲繁杂多样，因而为作是书者所不谙熟，唐白居易所赋的《琵琶行》，其序中曾说："送客湓浦口，闻船中夜弹琵琶者，听其音，铮铮然有京都声。问其人，本长安倡女，尝学琵琶于穆、曹二善才。"则所弹者应为当时长安城中的正声。诗中有句说："初为霓裳后六么。"[158]所谓霓裳应为《霓裳羽衣曲》，《霓裳羽衣舞》中的曲调。今传世的韩熙载《夜宴图》，其中就有伎人舞六么的，可知这都是配合舞蹈而奏的歌曲。《霓裳羽衣舞》唐代后期已经失传。六么舞亦久已不复为人所称道，当也在失传之列。说明这些乐器虽仍能流传于今世，所弹奏的曲谱可能随时更新，已非曩昔的情调了。

音乐与舞蹈是相连的。《旧唐书·音乐志》于记载域外所传入的音乐时，除记载所用的乐器外，兼载舞者的衣着，而于西域诸乐更为详备。如《高昌乐》，舞者二人，白袄锦袖，赤皮靴，赤皮带，红抹额；《龟兹乐》，工人皂丝布头巾，绯丝布袍，锦袖，绯布裤，舞者四人，红抹额，绯袄，白裤帑，乌皮靴；《天竺乐》，工人皂丝布头巾，白练襦，紫绫裤，绯帔，舞者二人，辫发，朝霞袈裟，行缠，碧麻鞋，皆其著例。各种舞蹈的具体名目很多，有些已经难于稽考。至于具体舞姿也未能留传下去，前面曾提及韩熙载《夜宴图》所绘的舞伎正在舞《六么》，《六么》即《绿腰》，与《苏和香》《回波乐》等同为软舞曲的一种。现在所可看到的仅此一舞姿，其他段落就很难确知了。近人向达著《唐代长安与西域文明》，曾采用日人高岛千春《舞乐图》中《春莺啭》

《团乱旋》两幅舞姿图。《团乱旋》亦作《团圆旋》,与《春莺旋》同为软舞曲。《团乱旋》与《凉州》《苏和香》同列,自是由域外传入的。《春莺啭》虽为唐高宗命乐工白明达所作,然白明达为龟兹人,其中自会掺杂有龟兹乐。由日本保存的舞乐图,观察舞者所着舞衣,与俗传唐代冠盖迥异,当是西域舞者的旧装束。这些舞蹈虽曾传至日本,然在长安失去都城地位后,就很少见于记载,可能逐渐失传了。

向达书中还有采自日人著作所附的《兰陵王》舞乐图,及与《兰陵王》有关的陵王中面、拨头、拨头大面等三幅照片。《兰陵王》及《拨头》据说都是源于西域,然《兰陵王》的名称却是来自北齐神武帝之弟高长恭,因高长恭在世时,曾被封为兰陵王。可能是所用舞曲来自胡中,遂被认为是出于西域。这里引起注意的乃是陵王中面和拨头大面。大面实为假面具,经过涂抹,仿佛青面獠牙,令人生畏。据说"大面出于北齐。齐兰陵王长恭才武而貌美,常着假面以对敌。"[159]作为舞蹈,当承袭其原来的装饰。《拨头》亦有面具,虽非仿效《兰陵王》,其本意亦应相仿佛[160]。现在《兰陵王》和《拨头》的舞蹈在国内早已失传,但这样的面具却被沿用下来。现在京剧和地方戏中,有净的角色,也就是所谓的"花脸"。净所饰的人物不一,武将殆多由净所扮饰,其所绘制的脸谱,可能就是由《兰陵王》演变出来的。脸谱和假面并不完全相同。脸谱因所饰的人物不同而各有其形态,随时改绘较易为力,假面则须另行制作。脸谱绘于脸上,歌舞之时自不必特为用力,较之假面是有其方便处。净的角色说者或谓因于宋代杂剧的副净,但其时副净尚未见有绘制花脸的记载。明人焦循于所撰的《剧说》中曾引用唐崔令钦《教坊记》所言及的大面,并说:"按今净称大面,其以粉墨丹黄涂于面,以代木刻,而有斯称也?然戏中亦间用大面。"[161]现在京剧中无再用大面事,谅已久被淘汰了。这样说来,《兰陵王》歌舞中的戴假面具虽已失传,可是至迟在明代的戏剧中却演变为有"花脸",并且累代相传,反而较前益盛,不唯盛行于古都之中,抑且普及到全国各个角落。

这里还应该提到《散乐》杂戏,这也是由西域传来的,而且具有相当悠久的渊源,可以上溯到张骞通西域之时,汉武帝时所作的漫衍鱼龙之戏当属此类[162]。杂戏多幻术,能自断手足、刳剔肠胃,故亦受到一些王朝或政权的禁止,使其不能在都城中表演,可是并未能使之彻底断绝,累代都城都有它的踪迹,就是到现在也还是如此。其实这就是现在的杂技,也就是一般所说的马戏,不过已经没有自断手足、刳剔肠胃这些不近人情的节目。现在杂技已成为都城文化的组成部分,不仅都城盛行,其他各地也不至于有所减色。历来都是域外之人来到国内,在都城演奏。现在国内擅长杂技的人为数颇多,其技术更是精益求精,不仅在国内到处演出,还时时出国,在国外表演艺术。

南北朝后期,曾由西域传入一种称为《苏莫遮曲》的舞蹈,这是演奏于冬季的舞蹈,也称为泼寒胡戏。这种舞蹈是裸露形体,浇灌衢路,鼓舞跳跃而索寒[163]。故在唐时就被禁止过,可是却传到了日本。向达书中就著录有日本所传的苏莫遮舞,可以略见其舞姿。由于它和华夏文化相距较远,虽然传入,却和都城文化融通不起来。

唐时还曾有由域外传到长安的波罗球,最为流行。波罗球为马上打球的游戏,也有步行打的。唐玄宗就是打马球的能手。宋人晁无咎诗:"宫殿千门白昼开,三郎沉醉打球日。"[164]所咏就是此事。近年发掘唐章怀太子墓,其墓道中绘有打马球图,具见当时打球的规模。步行打球,唐时亦已有之。向达书中载有日本所传《打球乐图》,就是步行打球。两者相较,马上打球较为普遍,传世也较为悠久,历宋金而至元代初尚未消息。这也就是说,打马球的风气由长安传至开封[165]。当开封盛行打马球时,长安早已残毁不堪。当中都盛行打马球时,开封也遭到摧残。金人南迁后,中都也为之残破。都城既然已残破,自然再说不上风行打马球了。不过元人北归后,大都成为北京,打马球戏依然盛行,不减当年,向达书中有《明代打球图》就是具体证明。可是再往后来,也就没有消息了。明代晚期,佛朗机等欧洲人相继东来,可能篮球、足球都已相继传入。篮球、足球的设备较之打马球为简略,传播也较为容易。波罗球可能就在这些时候被取代了。这样说来,球戏不是失传,而是更向新的境界发展了。

(二) 古都文化的遗存与当代文化的融通

有关古都的文献记载诚然不少,文化遗存也颇为丰富,安阳殷墟就是具体的例证。安阳为现在确切知道的最早而且有遗址可征的古都。文献记载固已详备，文化遗存出土更为繁多，相互印证，了无抵牾。殷墟的甲骨文字著称当代，这是殷商文化最为显著的凝集，显示出殷商文化的宏丽及其发展的历程，充分证明文明的曙光早已照耀着我国的大地。已经确知最早的古都尚且如此，其他古都的文化遗存也一样能与当代文化融通，这里就略做论述，以明梗概。

1. 城郭及街道的布局

作为建都之地应该是有城郭的，也就是说都城的形成，城郭就是一个标志。有了城郭再加上城内街道的布置，都城才能初具规模。这样的规模也不是咄嗟可就的，自需经之营之，始可得觇厥成。在经营的过程中，就可以显示出文化的嚆矢。

城的设置为时很早，远在原始社会的新石器时期即已有之，用以防御外来的侵扰。内蒙古自治区赤峰东八家和辽宁凌源县南城子等地都发现了新石器时期的石城遗址，就是具体的证明[166]。这是村落周围的建筑，村落如此，都城所在自更不必说了。近年河南发掘的阳城遗址，论者谓其为夏代早期都城的所在。这样的论证容须再做探索，但其为城郭的遗迹则是相当明确的。安阳殷墟作为一代建都之地，当然不在话下。现在殷墟尚未发掘出城址，因而有些人就说殷墟无城，隐约的含义，可能归结到殷墟并非殷都的所在。这应是一种臆说。殷墟之为商代都会，早见于文献记载，初无待于考古发掘。殷墟发掘诚然取得了很大的成就，地下蕴藏是否就已经发掘罄尽，了无遗漏，恐目前尚难以语此。若因此而谓其无城郭，恐言之太早。

古都的城郭留存到现在的应以汉代长安城为最早，其次则是洛阳的汉魏故城。汉代长安大体残留，洛阳汉魏故城虽仅断垣残壁，仍能想见当年的轮廓。唐代长安城的遗迹虽经探测确定，毕竟已沉埋地下[167]，其宫城南郭残堵尚有些许露出地面[168]，亦只能使人略知其遗迹的所在而已。建筑都城为一代大计，自须多费心机。据说汉长安城南为南斗形，北为北斗形，故人呼为斗城[169]。世传周世宗筑汴京城，取虎牢土为之，故能使所筑的城郭坚密如铁。宋太祖扩大汴京城，纡曲纵斜，欲使之易于防守[170]。这些虽未必皆是事实，却已可略见其原来的匠心。不过迄今多已沦为断垣残壁，不易觇其底蕴。现存古都城郭残留较长的，当推明代的南京城，现在作为古迹保存下来的仍有19.8公里[171]。南京城东傍钟山，南凭秦淮，西据石头，北控后湖，最为形胜，素有龙盘虎踞之称。其周长据说有48公里，实测所得亦有33.65公里。这不仅为全国所少有，抑且雄踞当时世界名城之冠。然而最受人称道的，则为其最南的中华门。中华门自是现在的名称，明代本来称为聚宝门。中华门虽是一座城门，实际上却是守城的堡垒。头道瓮城两侧各设马道，供守城军士易于登城。城门四道拱门各有包铁大门，另外还有一道千斤闸门。城门中间的二十七个藏兵洞，为守城军士驻防之所，雄威壮丽，气象万千，这于筑城技巧之外，更显出对于战略战术的具体应用。所有的王朝或政权当其建立之始，都期望其后世能长治久安，亿万斯年，故竭尽心力，为此不可胜的设施。中华门北，秦淮河畔的通济门和水西门(明三山门)也各有四道拱门，其他就不如中华门了。

中华门始筑于五代，重修于明代，迄今犹雄峙一方，显示其文化的源远流长。在许多古都中这当然不是个例，唐长安城的外郭城南边三门，其中间一门为明德门。明德门已经发掘，共有五道门洞，宽窄基本相同，东侧第二门道地面上，尚有车轮碾压的痕迹，显系当时门道内尚有积水，故能有痕迹残存。明德门北与皇城的朱雀门相对，再北与宫城的承天门相对，朱雀门的门道尚未探出，承天门据说可能有三门道[172]。明德门为外郭城门，尚有五门道，朱雀门和承天门就不能较明德门为少。南京的中华门，明时虽居城的南侧，却不与宫城相对，故只有一门道。与宫城正相对的城门为正阳门，乃在中华门的东北。北京城的正阳门论形势恰与唐长安城的明德门相若，但也只是一门道，不能与明德门相比拟。能可以相比拟的只有天安门。应该说天安门所能比拟的为唐时的朱雀门，而非明德门。天安门与朱雀门前后相差数百年，前后的脉络仍仿佛一线相连。

这里只说古都的城郭规模，其实城郭与街道是相连的，有了城框框，城内就会有街道。这当然包括官署、邸宅及其他建筑在内。这些街道的设计规划，亦皆颇费心机。汉长安城中有八街九陌和九市[173]，唐长安外郭城中则有南北十四街、东西十一街，唐洛阳外郭城，纵横各十街[174]。汉长安城的八街九陌和九市的具体布置，尚未见到有详尽的说明的记载，估计并不十分整齐。这可能是由于濒于渭河，就难以做到得划一。这座城被称为斗城，谓其像天上的南斗和北斗，这是说城郭曲曲折折，和南斗北斗相仿佛，实际上却是由于渭河岸时有弯曲，城濒渭河，就不会都能端直，因而影响到街道的布局。唐长安城位于龙首原下，平原广漠，能够从容设计。洛阳亦濒于洛河，唐洛阳城却横跨洛河，故得以整齐划一。至于开封、南京以至于杭州，都是水陆交错，难以整齐划一，所可以相提并论的就只有北京了。北京是明清两代的都城，清承明后，基本上未有大的改动。由明代还可上溯到金元两代，金的中都和元的大都并不在一起。明承元后，大体即据大都规模，仅裁减其北部，而增广其南部，虽有增减移易，其街道端直修广，前后仍是相仿佛的。

最早阐述都城内布置的观念的，莫过于《周礼·考工记》。《考工记》说："匠人营国，方九里，旁三门。国中九经、九纬，经涂九轨，左祖右社，前朝后市。"郑玄为之作注，特别指出："王宫当中经之涂。"以唐长安、洛阳两城，六朝的建业、建康城，北宋的开封城和元大都、明清北京城相较量，各王朝的皇宫所在的位置虽不尽相同，街道做东西对称的布局却基本相似，特别是唐长安的外郭城更是如此。唐长安的外郭城在皇城之南，而宫城又在皇城之北。皇城南侧三门，朱雀门居于正中。外郭城南侧亦是三门，位于中间的乃是明德门。朱雀门和明德门南北遥遥相对，而朱雀门又北对宫城的承天门，这样南北之间就成为一条直线。朱雀门和明德门之间就称为朱雀门街，唐时也称之为天街。朱雀门街东有五街，其西亦有五街，各街并无专名，皆按距朱雀门街的远近顺序而定称。其实朱雀门街东第一街和西第一街，就是朱雀门街的两侧，加上其东其西的顺城的街，东西并列为十一街[175]。这虽有逾于"九经"之说，道理还是一样的。在这十一街之中，朱雀门街正在中间，而朱雀门又正在皇宫的前面，因而就符合郑玄所注的"王宫当中经之涂"。所谓"中经之涂"，用现在的话来说，就是一条中轴线，朱雀门街两侧东西各五道的南北向街，按照远近顺序，两两相对，可以说是完全对称，显得庄严齐整，不同凡响。可是唐洛阳的外郭城就不是如此，唐洛阳外郭城的定鼎门北对皇城的端门，和长安外郭城的明德门和朱雀门一样。定鼎门东西虽各有四街，但定鼎门东还有长夏门，长夏门东也还有五街，不能说东西相互对称[176]。何况还有雒北漕南和漕水以北各部分。这是地理形势使然，非当时有意违背郑玄的旧说。郑玄的旧说并非其一己的私见，而为传统观念的显现，后来的都城只要不为地理形势所制约，殆莫不遵照力行。明代的南京城大体是承袭六朝建业城和建康城的旧规模，其皇城却另辟地建于六朝旧都之东，因而聚宝门就不能正对着皇城。虽然如此，皇城的洪武门、承天门和正阳门都还在南北端直的一条线上。如果回顾六朝时的建业城和建康城就更为明显。这座城的建康宫前为大司马门，再前为宣明门，经过御道，直达朱雀门。这应该是它的中轴线。在大司马门和宣明门的两侧，则是建阳门、清明门和西明门、阊阖门,两两相对,对称分明[177]。北宋开封的皇城虽是由唐时宣武军节度使的治所汴州重建,也并没有违背传统的观念。其里城的朱雀门北对皇宫的宣德门,而南至外城的南薰门,为当时的御路,也就是北当王宫的中经之途。南门之东为宣化门,西为安上门,两门内的街道皆直抵新城的北城,亦两相对称,初无少缺[178]。

这样的传统观念大概并不仅限于都城,宋代开封即未脱唐时汴州雏形。唐时这样的建筑当不仅汴州一地,其他各州自非例外,可能幽州亦是如此。故后来金人得承其遗规,建设其中都。中都皇城南门为宣阳门,宣阳门南对丰宜门。丰宜门之东为景风门,其西为端礼门。景风门北与崇智门相对,端礼门亦与会城门相对。其间各自有南北街道,恰是东西对称,不稍偏差。后来的元大都与金中都虽非一地,这种传统的布局观念,却依然得到沿袭。元大都皇宫兼有太液池东西,其南北的灵星门和厚载门距大都东西两侧城垣固仍相等,灵星门与大都南门丽正门南北相对。丽正门之东为文明门,其西为顺承门。文明门内和顺承门内的街道固仍两相对称,无稍偏差。明北京城较元大都城稍稍南移,但正阳门就在丽正门的正南,而崇文门与文明门、宣武门与顺承门固皆相对,仍各在同一直线上,因而其对称的局面并无改易。由明迄清,仍因旧规。后来,东单牌楼、东四牌楼和西单牌楼、西四牌楼的建立,这样对称的布局,已时时现于当地居人的口吻间,更是显然[179]。

这样的对称布局要有起码的条件,就是地面开阔,街道皆能端直。既要东西对称，也要南北协调，因而一城之内大致成了方格形或长方格形。唐长安城和洛阳城的里坊就是这样建立起来的。汉长安城以里相称，《三辅黄图》特列闾里一目，谓长安城中有闾里一百六十。坊之为名，至迟已见于东汉洛阳城中，《汉宫阙名》谓"洛阳故北宫有九子坊"，即其明证[180]。至于北魏，洛阳城中坊已成通称。《晋宫阙名》更列有诸里诸坊之名，是里与坊并见于一城之中[181]。至于或称里或称坊，两者互称，至迟已见于北魏洛阳城中。《洛阳伽蓝记》虽谓城中有二百二十里，然《魏书·世宗纪》已有筑京城二百二十三坊的记载，可见其时已经习用。北齐邺都则以里坊并称，各有所著[182]。据唐时记载，坊的四周围有坊墙[183]。坊墙有门[184]，仿佛都城之内尚有若干小城一样，这样就构成封闭式坊制的城市。到金中都时，都城内依然有坊，却不再有坊壁，这时的坊只不过是都城内的行政区划，既然没有坊墙限制，则坊的大小就可以因时而有变动。可见金的中都是处在由封闭式坊制向开放式的街巷制过渡的阶段。元大都也有坊，各坊大小难得都相同，这就更为明显。明清时期，都城之中一般就不再见坊的名称，不过某些地方性城市之中，还有以坊为名的街巷，但不仅早已没有坊墙，而且也不是城市中的行政区划。

这种街道和有关建筑对称布局，由于街道端直，因而交通也相当便利。唐长安城朱雀门街，东西广百步[185]，唐洛阳城定鼎门街亦广百步[186]。据现在实测，唐长安城的朱雀门街，南段宽155米，北段宽150米[187]，应该说很宽阔了。元大都大街宽24

步，约合37.2米[188]，也不算是很窄。明清北京城大街的宽度，未见实测数字，然明代内城东西诸城门固仍因袭元大都的旧规，仅名称稍有不同。就是崇文门和宣武门，也只是更改旧称而已，街道宽窄谅无所增缩。当时人口不多，未闻感到若何不变。唐长安城和洛阳城现在皆已圮毁，北京城则已感到原来街道的狭窄了。北京城原来的规模大体仍然存在，这种九经九纬、经涂九轨的格式到了当代亦有其不便处，就是唐长安、洛阳等古都，虽由于历经沧桑，原貌早已不存，可是后来继续经营，仍免不了墨守旧规，同样会感到不便。现在一些较大的都会不仅扩充市区，而且还皆设法增筑环形道路，对于交通自会更加便利。不过旧有九经九纬的格式恐未能尽行拆除，则原为古都的城市殆一时仍继续保持双重的格式，就是旧有的四方格式，外面套上一些圆形的格式。

不过这只是就交通的便利与否而言，就是旧有的九经九纬的街道在当年也有其受人称道的特色，这种特色也还是可以令人回味的。唐代的封闭式坊制的都城，其街道只是宽阔而已，其他方面则难以称道。当时朱雀门街两侧的坊门和达官贵人所开的宅门并非都很多[189]，如果没有行人往来，就显得冷冷清清，无怪乎杜牧诗中有句说："天街夜色凉如水，卧看牵牛织女星。"

宋开封城由于汴河流贯其中，就和唐长安城很不相同。当时张择端所绘的《清明上河图》就可作为具体的说明。张择端仅就其时汴河及其近岸的商业和运输活动绘制为图，其所绘制的汴河上的大桥，行人纷杂，肩挑马驮，络绎不绝，而列肆沽卖者尤为繁多，当是州桥的情景，这和唐长安城的商业贸易仅见于东西两市迥然不同。当时不仅汴河及其近岸处如此，就是其他街道也未必就见逊色。《东京梦华录》于州桥之外尚记载有东角楼街巷及其间的樊楼，其繁荣的程度极为少见，足可显示宋代开封文化的一斑。这样的文化使得好些后来者欣赏和留恋，就在现在开封龙亭之南，模仿宋代建筑格局和形式，新建了一条宋街，也建筑了一座樊楼和一座角楼。仍仿佛和宋时一样，樊楼依旧是酒楼，而角楼则是百货商场。虽然只是一条街和两座楼，已可使人一览宋代都城的遗风，也可以显现古今文化的融通。开封在现在能够取得这样的成就是令人称道的，这说明了古都的文化并未以历时已久而泯灭无余，反而还会有更多的发扬。

2. 帝王的宫殿和陵寝

历史上的都城是王朝或政权建立的，王朝或政权各自有其都城。王朝或政权的统治者高自奉养，生居宫殿，殁有陵寝。而此宫殿或陵寝的建置又往往穷其豪华，甚至为之倾国。这些豪华宫殿和陵寝的建置也是耗尽了当时人民的精力和财富，同时也显示出当时文化的一些方面。

这些宫殿有两种类型：一是宏大，一是众多。前者可以秦阿房宫和西汉未央宫、唐大明宫为代表。据《史记·秦始皇帝本纪》的记载，阿房宫只是所谓朝宫的前殿，然其东西已有五百步，南北五十丈，上可以坐万人，下可以建五丈旗，甚至还要表南山之巅以为阙。《汉书·贾山传》所记更为宏大，据说"殿高数十仞，东西五里，南北千步"。还有些不同的记载，都是形容它的壮丽的。十六国时期，慕容冲败秦兵于灞上，遂据阿房，以逼长安[190]。隋末，李世民入关，也曾顿兵阿房[191]。可知史迁和班固所记，并非虚妄。其遗址尚在，犹高出地面十米以上。汉未央宫为一组宫殿的总名，周回二十八里，前殿东西五十丈，深十五丈，高三十五丈。较当时的长乐宫犹为宏大[192]。未央宫为萧何所筑，故意建得宏大。萧何自己就曾说过："天子以四海为家，非令壮丽，无以重威。"[193]未央宫曾经于王莽破灭时被焚毁过[194]，后来一再修葺，唐太宗时还曾于宫内置酒欢宴[195]，然今已与阿房宫相似，也仅仅剩下一堆土丘。唐大明宫亦为一组宫殿的总名，南北五里，东西三里，其正中为含元殿，东西广五百步。因为据于龙首山头，高出平地四十余尺，故登上殿庭，尚须由殿左右砌就的龙尾道。龙尾道自平地七转才能上至朝堂，其宏大壮丽可见一斑[196]。阿房宫和未央宫虽已鞠为茂草，掩映于斜阳暮霭之中，然经过其地犹可想见始皇当年的雄风和高帝初时的威望。大明宫亦已圮毁，考古学者尚能复原其旧貌，虽仅是模型，仍可显现其当年的宏大庄严。唐王维有诗形容大明宫说："九重阊阖开宫殿，万国衣冠拜冕旒。"[197]千余年之后读之，犹可悬想当时的盛况。近人研治历史，往往侈谈汉唐盛世，如能以此为立论的依据，当更能使闻之者为之鼓舞，促进其挚爱祖国的热情。汉唐盛世，长安文化赖之昌盛。长安而外的其他古都，当年宏大庄严的宫殿遗址，当亦不失其相似的作用。从事中国古都学的研究，奋力探索，或不至于杳无所得。

都城宫殿的又一类型为众多。论证这一方面还须由秦始皇时说起。据说秦时"起咸阳西至雍，离宫三百"[198]。雍在今陕西凤翔县，距咸阳已相当遥远，可以不必具论。《三辅黄图》记载汉宫，虽仅举长乐、未央、建章、桂宫和甘泉等六宫，实际上每一宫都应是一组宫殿的总称，如未央、甘泉两宫的宫殿都超过了三十。张衡在《西京赋》中也说："郡国宫馆，百四十五，左极盩厔，并卷鄠鄂，左暨河华，遂至虢土。"论数目虽也不少，分布的地区却是甚为广泛，有的较秦宫更远。如果以之和唐时宫殿相并论，则俨然是以小巫来见大巫了。唐代承隋之后，为其长安城和洛阳城所建置的宫殿群特设了宫城，即在其皇城之北。唐长安城的宫城，东西4里，南北2里又180步，而大明宫尚不在内[199]。唐洛阳城的宫城，东西4里又188步，南北2里又85步，周围13里又241步[200]，而上阳宫尚不在内。皆和其南的皇城相仿佛，这应该是我国历史上最大的宫城。明代的紫禁城，南北长960米，东西宽720米，周垣3.5公里[201]，较之唐长安城和洛阳城的宫城犹为逊色。

历经沧桑，咸阳城和汉长安城以及隋唐长安城和洛阳城的宫殿皆已圮毁，仅余一些土丘掩映于荒烟蔓草中供人凭吊。南京城内尚有明代故宫的残迹，其午朝门、东华门、西华门和内、外五龙桥仍然留存。这是明太祖及建文帝的宫殿，明成祖迁都北京后，南京号为留都，宫殿尚得保存。其后即渐就圮毁。现在就午朝门地区辟为明故宫公园，午朝门上的楼阁自然不复存在，午朝门的门洞犹多行人往来。

最值得称道的是明代的紫禁城。紫禁城就是明代的宫城。它是沿用元代大内的旧址稍向南移而建筑的。它南有午门，北有玄武门，东西有东华门和西华门。中间自南趋北，依次有皇极殿、中极殿、建极殿，接着是乾清宫和坤宁宫，宏丽辉煌，为当世少有。清因明制，仅改其三殿名称为太和殿、中和殿和保和殿。由于辛亥革命时北京城未受兵燹，所以紫禁城和北京城皆未受到若何破坏。现在紫禁城辟为故宫博物馆，任人参观。紫禁城在北京城内可以说是特殊的文化中心，中外游人可以在此领略明清时期文化的具体情况。自明成祖迁都北京，迄今已有六百年，六百年来文化的演变，可以尽入眼底，得以领会，这也是少有而难得的。

建立这些都城的王朝和政权的统治者，不仅构筑了宫殿，还营建了陵寝。殷周及其以前的往事已难于稽考，当时的陵寝不封不树，也无由稽考。秦汉以后则大多犹隆起地上，这些陵寝就营建在其都城的附近，也有些过远的，那就另当别论了。陵寝的营建都以高大相尚。有些王朝还特别有其规定，不仅与庶民有别，而且非其下的将相所能企及。秦始皇初即位，即凿治陵寝于骊山下，至山东兵起时，犹未完全竣工。其坟高五百余丈，周围五里有余[202]。汉时诸陵皆较秦时为低，唯汉武帝茂陵犹高十四丈[203]。唐太宗昭陵在礼泉县东北九嵕山上，礼泉县东南去长安一百二十里[204]，不能说是很近，然在长安城中乐游原上犹可以望见[205]。固然陵在山上，远处易于看见，若不是陵的规模宏大，也是不容易见到的。昭陵下陪葬者甚多，自诸王、公主、宰相、将军以下都凡一百六十六人，故其封内就周长一百二十里[206]。

这些王朝或政权的统治者生前既自奉甚厚，殁后其臣下亦未为之稍有缩减。据说汉武帝茂陵的守陵、溉树、扫除者就有五千人[207]。自汉祚之不祀，这些设施当然无所附丽，尚不如其旁的霍去病的墓引人注意。霍去病墓当年是像祁连山建筑的。现在如果无人道及，祁连山云者殆亦无从联想起来，唯墓前石人马尤其是马踏匈奴像还时时受到称道。

当然，像茂陵这样寂寥，只是后世的演变。一般说来，陵前的设施都是相当繁多的，其富丽堂皇，不唯见称当时，也为后世所珍视。唐太宗昭陵前的六骏，就是唐太宗创业时在战争中乘过的名马的雕刻。其造型生动，神态英俊，为唐代艺术雕刻的精品，是论唐代文化所不能稍事忽略的。其中飒露紫和拳毛䯄且被盗往域外，藏于美国宾夕法尼亚大学博物馆中。至于唐高宗和武则天合葬的乾陵，其富丽堂皇更远超于昭陵。陵前石人石马固已不必再行论及，所排列的蕃将石像竟多达六十一尊，皆按照其人的姿态雕刻而成，还刻有各人的姓名。虽石像的头部早已残缺不全，其庄严肃穆的情景犹仿佛当年。陵前排列于神道两侧的石人石马翁仲长队中，尚杂有鸵鸟、石狮和有翼马等，都显示出造型生动，风格朴实。石刻的蕃将其本人间有来自域外的，鸵鸟和狮子则是产自葱岭之西，更远及于西南亚和非洲。蕃将仕于唐代的为数很多，乾陵前所矗立的石像，只是有关各族的领导人物而更为唐帝所眷顾者。这显示着当时朝中用人无间中外，而各族相处欣欣融洽，显现出中华民族于其他民族和睦共处的特色。鸵鸟和狮子不见于内地，更可见中华民族善于吸取外来文化的优点。吸取外来文化以丰富中华文化，早已成为传统的风气，固不待唐时始有之，不过唐代的成就，实超迈它的前绪。

这样的陵寝，后来王朝或政权的统治者皆曾踵行建置。南京东郊钟山南麓的明孝陵，北京城北的明十三陵和清代的东陵和西陵，还未多遭受损坏。明成祖长陵的享殿，犹可觇见当时制度的一斑。好在这些帝王陵寝多已辟为游览之区，则当时的文化更易于为现在的人们所了解。

还应该再做说明。我国自来就是多民族的国家，周边各族入主中原也并非鲜见。远的不必说起，十六国时期入居于黄河流域及其附近地区的就有鲜卑族。鲜卑族所建立的北魏与江淮流域的宋、齐诸国并称为南北朝，可见其国力的强大。北魏的令主孝文帝以由平城迁都洛阳并推行汉化政策为当时和后世所称道，显示鲜卑文化本来另成系统。北魏迁都洛阳，诸帝陵寝自可就近营建在北邙山上。可是未迁都以前在平城附近的陵寝，自其外形观之，与内地的仿佛相同，似其间差别并非很大。不过最近在宁夏回族自治区银川市的贺兰山旁发现的西夏的陵寝却另是一种气派。今银川市本为西夏的兴庆府，也是古都的所在。今新疆维吾尔自治区哈密市，于明时自建王国，今其地尚有哈密王墓，与内地的陵寝迥然不同，盖从伊斯兰教旧俗，自成一种文化，与内地诸王朝相差甚大，固不可同日而语也。

上面所说的乃是迄今犹隆起于地上的陵寝。王朝或政权的统治者汲汲以求的却是陵寝的地下部分，作为他们死后的享受，应该不次于他们的生前，所以陵寝内部藏物愈多，愈显得富丽堂皇。秦始皇营建其骊山陵寝，曾经穿透三泉，锢塞地下水源，然后再下葬棺椁[208]。就在这地下的陵寝中，同样也建筑宫殿，贮藏许多奇器珍怪宝物，甚而还塑造百官的形象，依然是朝中的旧模样。至于其他设施，则更为繁多。秦始皇陵迄今犹未发掘，陵东侧的兵马俑坑出土的秦时兵马俑，为数多至几千，与战车列为纵队，排成方阵，赫赫军威，宛然如旧，被誉为"世界第八奇迹"。汉代帝王登基之初，即建立陵邑。汉武帝在位日久，茂陵之物至不能尽藏[209]。汉文帝虽听张释之之言，遂薄葬不起坟[210]。可是西晋末年，盗发汉霸、杜二陵及薄太后陵，得金玉彩帛不可胜记[211]。霸陵就是汉文帝的陵寝，杜陵则为汉宣帝的陵寝，薄太后为汉文帝的母亲。近年汉文帝之子景帝阳陵的陵园也已陆续发掘，亦有兵马俑，为数之多，堪与秦始皇陵相媲美。唯其兵马俑皆赤身露体，未有衣服痕迹，与秦始皇陵的兵马俑不同。说者谓这些兵马俑当时可能和生人一样，穿戴齐全，由于历年已久，衣服皆已腐朽，故显得都是一丝不挂。这样说来，汉景帝身后的豪华奢侈是不稍逊于秦始皇的。就是此后的帝王也率皆如此，殆无例外。

现在这些陵寝已有开启的，南京有南唐二主陵，成都亦有前蜀王建墓。然而藏物最多、影响最大的则为明神宗的定陵。

这些宝藏公诸于世，当可使世人对于明代北京的文化多所了解。这样的地下宫殿并不较其生时所居的宫殿有所逊色。明神宗及其皇后所戴的金冠，仅就其制作来说，已是极为精工细雕的艺术，难能可贵。北京之作为都城，最早在西周时所封的燕国。燕国在那时乃是诸侯封国，按说尚不能与王朝相比拟。近年在北京附近发掘的燕侯大墓，出土的螺钿漆器和漆盾、漆豆，都可显示北京早年的文化。

帝王的陵寝固然高大壮丽，就是陪葬的坟墓也有其独特之处。前面曾提及西汉的霍去病墓，墓在茂陵近旁，亦当为陪葬的坟墓，以尚未发掘，不易知其圹中的蕴藏。唐高宗乾陵旁陪葬墓中已发掘的有太平公主、懿德太子及章怀太子诸墓，诸墓皆曾被盗，殉葬器物多被盗走，唯壁画尚存。这些壁画显示当时宫廷中的生趣。唐代诗人有以宫词为题，从事描述，率多悬想之辞，难得真相，自去壁画甚远。章怀太子墓中的《打马球图》和《客使图》尤为稀世珍品。打马球虽已盛行于当时王侯贵族间，然其具体动作却赖此图始得为后世所略知。而《客使图》不仅可见唐代当时的文化，抑可并见其邻邦的文化。

这里还可以顺便提及都城中其他人物的子孙请人所撰刻的墓志等文物。这是墓葬与文化最有关系的文物，是不容稍有忽视的。都城自是人口众多之地，他们身后相当多的人被埋葬在都城的附近。洛阳城北的邙山就是这样的葬区。由于陵谷变迁以及其他人为的原因，使这些坟墓暴露于外或为人所发掘，因而为世所知。这些不同时期墓葬中的文物，特别是它的墓志，显现出不同时期的风俗和制度，当然也显现出不同时期的文化，如果墓主生平多在都城或与都城有关，更可以显现出不同时期都城的文化。洛阳为此特设了古墓博物馆，已经搬迁复原了十二座古墓，分别是自西汉至于北宋的墓葬。这是饶有意义的举措。在此以前，新安张钫在其故里铁门镇创建千唐志斋，同样饶有意义。千唐志斋搜集和收藏千有余方的唐代墓志。这可以补两《唐书》的不足，也扩大了两《唐书》记载的范围。因为撰修《唐书》，能够列传的人物是应具有一定的条件的。墓志是只要墓主后人能够请人撰刻，就可藏诸墓内。这样多的墓志有助于了解当时的社会和文化。就千唐志斋所藏的墓志来说，有助于对唐代洛阳文化的了解。只有更多地了解当时的文化，才能更好地使古都文化和当代文化相互融通。

这样搜集前代墓志，特别是各个古都附近的墓志，已经引起当世人士的注意，不仅搜集而且进而编辑出版，这对于今后中国古都学的研究是会深有裨益的。

3. 寺院、石窟、佛塔及其他宗教的建置

上面所说的主要是与古都各项遗迹有关的问题。古都中还能见到以前的遗迹当数到佛教的寺院以及其他宗教的设施如道观等，都能显示古都文化的一些方面，因而就须再做论证。

论佛教的遗迹，大要可归之三个方面：其一是寺院，其二为石窟，其三为佛塔。三者本是相互联系，似不易分割。这里为了方便起见，就暂为分别论证。

论佛教的传入，自可追溯到东汉初年。东汉以洛阳为都，佛教初入时，据说就在洛阳建寺，以白马为名。因为是以白马负经东来，就有了这样的称号。白马寺应该是我国修建的最早的寺院。当时东来传经者为天竺迦叶摩腾和竺法兰，两位僧人的坟墓迄今仍在寺内。

洛阳的佛教传播以北魏为最盛。北魏时曾在洛阳城内普建佛寺，据《洛阳伽蓝记》所载，迄于北魏季年，共有佛寺一千三百六十七所。到了孝静帝迁都邺城，洛阳残破之后，还有佛寺四百二十一所。当其盛时，可谓空前。当然，这样的残破并未稍已，唐时以洛阳为东都，亦多建佛寺，然竟无一所为北魏时的旧寺。

当北魏在洛阳大建佛寺时，南朝在建康亦有同样的兴建。建康的佛教寺院始建于孙吴之时，东晋时已相当兴盛。迄于南朝所建愈多，大可与洛阳媲美。据《南史·郭祖深传》所说，"都下佛寺，五百余所"。郭祖深为梁武帝时人，梁武帝为历史上最为佞佛的帝王，此后可能还有继续修建。唐代诗人杜牧的《江南绝句》所说"南朝四百八十寺，多少楼台烟雨中"[212]并非过分的夸张，甚至还不如南朝时人所记之多，然较之北魏的洛阳已大有逊色。

南朝建康城中，这么众多的寺院，历经沧桑，大都圮毁，目前仅存较为完整的六朝古刹为栖霞寺。栖霞寺位于南京东北栖霞山，寺院乃是清代光绪年间重建的，当年规模依稀犹存。据说现在栖霞寺的寺址，为唐代扩建的一部分。唐时弘扬佛教在长安和洛阳最为显明，栖霞寺亦沾其余沥。

经现代学人探考研究，确定了六朝六处佛寺遗址，除栖霞寺外，尚有长干寺、建初寺、禅众寺、慈恩寺及一失名的六朝佛寺和上定林寺[213]。虽然都是些遗迹，亦可以稍觇南京城内佛教兴盛与消沉的过程。诸寺废置先后不一，长干寺至太平天国时始在战争中被摧毁，在其未废毁以前，都应该还有一定的影响。

下至隋唐，佛教的传播较前益盛，不过都城中的寺院似尚不如北魏繁多。据韦述所说，长安城中，隋大业初有寺一百二十，谓之道场。唐天宝时，有僧寺六十四，尼寺二十七[214]。若以有唐一代合计，则有寺院一百一十二所[215]，较隋时还稍少。唐代长安城中这么多的寺院，能保存到现在的并不多，较为著名的为南郊的慈恩寺、荐福寺、兴善寺，长安县的兴教寺、香积寺。慈恩寺本在唐长安城内朱雀门街东第三街从北向南第十一坊晋昌坊内，居有半坊之地，乃唐高宗尚在春宫时为其母文德皇后修建，故以慈恩为名。荐福寺本在唐长安城内朱雀门街东第一街从北向南第二坊开化坊内，也居有半坊之地，而且其浮图院还伸入到其南的安仁坊内。荐福寺为隋炀帝在藩邸的旧宅，立寺之后，曾多次为辟翻译佛经的场所。兴善寺亦在唐长安城内朱雀门街东第一街从北向南第五坊靖善坊内，北与荐福寺所在的开化坊中间仅隔安仁和光福两坊。兴善寺为当时长安城的最大寺院，居有一坊之地。迄至现在，慈恩寺范围已大为缩小，不能与原规模相比拟。荐福寺亦仅存其浮图院。只有兴善寺还相当广大，超过慈恩寺和荐福寺。今这三寺已都在市区之内，辟为游览场所，当年佛法亦得以借之有所弘扬。

兴教寺在今长安县潏河之北，也就是樊川之北，位于少陵原侧畔。寺内有玄奘及其二弟子窥基、圆测圆寂后所建的塔，并有塔铭，来游者鲜有不拂苔细读的。香积寺在神禾原上，寺内有净业法师塔铭。唐时日本僧法然居此创立日本净土宗，传之东瀛。与香积寺相若的为青龙寺。青龙寺在乐游原东，唐时亦位于城内，其地为朱雀门街东第五街从北向南第八坊新昌坊，唐时日僧空海、圆仁，皆在此寺从不空受法。日人来游西安，多至香积、青龙二寺，盖皆有一番因缘。青龙寺早已圮毁，近年又为之重建。这里还可以提到草堂寺。草堂寺位于长安城西南圭峰之下，为鸠摩罗什的葬地，故寺中有鸠摩罗什舍利塔。此寺的建立应与鸠摩罗什有关，可能鸠摩罗什生前或死后不久即已建立。唐时曾一度改为栖禅寺。鸠摩罗什为佛教大德，故直到现在，此寺犹为佛徒顶礼之所，论长安佛教文化者尤为重视。

洛阳于唐时与长安共为都城。长安城内佛寺既如此众多，洛阳亦当差相仿佛。可是徐松《唐两京城坊考》所考得仅为十六所。其间相差甚为悬殊，几难同日而语。今传本《元河南志》为徐松由《永乐大典》迻录得来的，见缪荃孙所撰《元河南志》跋文，谅非虚语，《元河南志》当本于宋敏求的《河南志》旧本。今《元河南志》既系辑本，自非全貌，不能以概唐时旧规，然徐松亦未能多加考究，可知原来建置本不甚多。就连这样为数不多的唐代寺院，也已先后圮毁。迄今洛阳人士所乐于称道的厥为少林寺。少林寺位于洛阳市东南登封县的西北，为北魏时的旧刹。印度僧人菩提达摩曾在此创立禅宗，故颇负盛名。寺西塔林为寺中和尚墓塔所在地，塔林中墓塔多至两百余所，可知其渊源的久长。少林寺僧素以拳名世，声誉甚著，海外人士亦多所景仰。

宋代开封城的寺院，《东京梦华录》所载的仅有相国寺。相国寺固为当时开封城最大的丛林，可是孟元老以之记载于《东京梦华录》中，大概是由于它已成为商业市肆的场所。宋人王栐撰《燕翼贻谋录》对此所做的说明，就已见其端倪。据王栐所说，则"东京相国寺乃瓦市也。僧房散处，而中庭两庑可容万人。凡商旅交易，皆萃其中。四方趋京师，以货物求售，转售他物者，必由于此"。商货荟聚，仿佛佛事有所消沉。

相国寺本为北齐的建国寺，唐代前期因其旧址重建，可知其本有来历。北齐时所建的寺院尚有开宝寺，后唐时又建有宝相寺，宋代建的寺院亦有数处，宋以后续有修建。明时李濂撰《汴京遗迹志》多所考核，亦仅有二十八所。与唐代长安相较，相差殊巨，大致可与唐代洛阳相仿佛。如果删去金元迄明所建的，则与唐代洛阳相较，亦瞠乎其后了。

佛寺在开封的演变，至少可说明两个问题。佛教在我国的流传经过了一些坎坷不平的际遇，最显著的就是所谓的"三武一宗"之祸。北魏太武帝、北周武帝、唐武宗去北宋已远，可是后周世宗崩逝的次年，宋朝即已建立，其间紧相衔接，无所间隔。唐武帝之后，接着就是唐宣宗。宣宗继武宗之后，却一反武宗的作为，凡武宗的旧有制度，皆改弦更张，大规模恢复武宗所毁的寺院，即其著例。宋太祖虽夺取了后周的社稷，却继承后周世宗的宏猷，当时未能立时恢复佛法，正是这样的缘故。虽然有这样的曲折，可是后来开封寺院却还不断有所建置，这显示佛教在开封城还有一定的作用。其他寺院不必说起，相国寺历经金、元、明、清诸代皆未完全圮毁，而能保存到现在，应该说是这种作用的具体显现。今相国寺内自大雄宝殿以下皆清代所重行修建，虽非原迹，规模亦颇可观，其中千手千眼观音菩萨木雕佛像，雕工精美，亦颇受人称道。

南宋迁都杭州，即所谓临安府。临安佛寺之多，远超北宋的开封。据吴自牧《梦粱录》所载："城内寺院，如自七宝山开宝仁王寺以下，大小寺院五十有七，倚郭尼寺，自妙净福全慈光地藏寺以下，三十有一。"两赤县的大小梵宫尚不在内。临安寺院较多于开封，是由于时地皆有不同处。南宋偏安一隅，上距北宋开国已百有余年，与后周世宗已了无关涉。自南朝盛建佛寺之后，江左佛法似未稍息，中原固曾一再毁佛，东南各处以地处偏远，所受影响恐亦不如中原严重，南宋承其后，故能有以弘扬。据《梦粱录》所载，临安城内木子巷的明庆寺，"凡朝家祈祷，及宰执文武官僚建启圣节道场咸在焉"，而木子巷北的千顷广化院，则"系群臣僚佐建启圣节道场及祈祷去处"。上有好者，下必有甚焉。杭州佛寺之多，不能说和这些举动没有关系。

杭州现在最大的寺院当数灵隐寺。在耐得翁所撰的《都城纪胜》的《三教外地》中，灵隐寺即列于诸大禅刹之首，而明庆寺则为诸律寺之首。明庆寺作为当时朝家祈祷的寺院，当是由于位于杭州城中，近于宫廷的缘故。灵隐寺在杭州西北北高峰下，自属于附郭的寺院。这是不能和明庆寺相比拟的。然灵隐寺的始建却早在东晋成帝咸和年间，其历史悠久，殆为其他寺院所难于比拟。灵隐寺由于独得湖山之胜，游人络绎不绝，游人虽多，当不仅皆是留恋于湖山的胜景。

北京城郊的寺院，亦可上溯到唐代。清时宛平县西南的法源寺，本为唐初所建的悯忠寺。唐时幽州治所即在现在的北京，悯忠寺应为当时就建在城郊的寺院，若距幽州城较远，还应有更早的建置。现在门头沟区马鞍山麓的戒坛寺，据说就是唐初高祖武德年间所建的慧聚寺。悯忠寺为唐太宗征伐高丽归来所建置的，自应稍晚于慧聚寺。房山县南的云居寺，为唐初沙门知苑所居，第未知其与悯忠寺、戒坛寺孰为先后。门头沟区罗汉岭的潭柘寺，据说始建于西晋，当地有俗谚说："先有潭柘，后有幽州。"旧志记载，晋为嘉福寺，唐为龙泉寺，后乃更为潭柘寺，俗谚所说，不为诬妄[216]。这样说来，北京的寺院建置应该还是较早的，至迟在辽建陪都、金建中都以前，佛教在当地的流传就已经很盛了。

由于金、元、明、清诸代不断有所建置，迄至现在，城内各处寺院还是随处可见，其确数虽未能备知，已可显现作为都城，又是前后几代相沿，佛教兴盛的一斑。可以说，在不断改朝换代之际，北京的佛教流传并未因之减色，反而已和城内的文化融通在一起，善男信女皆可就近拈香跪拜，祈求释迦牟尼的恩护。

现在北京城内最大的寺院当数隆福寺和护国寺。隆福寺创建于明代，护国寺则更早在元代[217]。隆福寺和护国寺早已和开封的相国寺相仿佛，成为商贾云集之所，自然说不上清静寂寥，佛教的殿堂徒有其表，仿佛已与佛教无关。不过游人既多，对于各寺院所能显示的佛教文化，是会有所弘扬的。不仅隆福寺和护国寺如此，其他寺院亦莫不皆然。熙熙攘攘的游人固不会妨碍善男信女的膜拜。现在北京城内可以称道的还有雍和宫，雍和宫为喇嘛庙。喇嘛教出自佛教，自可视为一体。喇嘛教盛行于西藏，流传于蒙古国，故雍和宫的建筑实融通各族建筑艺术于一体，具有独特的风格。清代版图较明时广大，所包括的民族更为众多。清代喜于荟聚各族文化于一起，以见其统治的盛况。现在河北省承德市的避暑山庄，本为清代帝王避暑的行宫，行宫中有许多不同的庙宇，其建筑的形式即依其本族的旧习。这样杂然并列，文化融通之迹历历可见，雍和宫虽是具体而微，也会起到相似的作用。

佛徒传播佛教，在建置寺院之外，还利用石崖开凿石窟，窟内雕刻石佛，气象庄严，更能激起善男信女的景仰和皈依。今甘肃敦煌县的莫高窟和刘家峡水库北岸小积石山中的炳灵寺皆其著者。莫高窟始凿于十六国时的前秦，炳灵寺始凿于十六国时的西秦。前秦不都于敦煌。敦煌之西有玉门关和阳关，为中原通西域必经之地，两关之外有流沙，行旅视为畏途。使人商贾跋涉西行，多祈求佛陀保佑，安渡危途；若是东来的使人商贾，得入两关，也须庆幸平安，因于敦煌开凿石室，雕刻佛像，共了心愿。前秦虽不以敦煌为都，稍后的西凉却是都于敦煌，因而也对莫高窟的建置有所增益。今刘家峡水库隶属永靖县，十六国时，其地当隶属于枹罕县。枹罕县的治所就在今刘家峡水库之南的临夏县。十六国时这里也是通往西域大路经过的地方，和敦煌相似，因而也有石窟的开凿。不过应该指出，炳灵寺的石窟开凿于西秦建国之时，而西秦曾建都于枹罕。这也就是说，在都城附近开凿石窟，这里应该是最早的一处。西秦灭亡后，石窟仍继续兴建，和莫高窟一样，都是历北魏、隋、唐，而至于宋、明各代。源远流长，皆为由中原通往西域的丝绸之路的道途中不可或缺的建筑和设施。丝绸之路阻滞之后，石窟并未为人漠视，直到现在，声名仍然卓著，鉴赏之人不绝于途。

接着在都城附近开凿石窟的为北魏的平城（今山西大同市），开凿的就是驰名中外的云冈石窟。北魏迁都平城前后，佛教已经在当地广为流传。平城城内的佛寺约有百所，更在武州川水旁开凿石窟，可知其盛况。炳灵寺石窟和云冈石窟并见于郦道元《水经注》的记载。《河水注》中叙唐述山，谓其山"层岩峭举，壁岸无阶，悬岩之上，多石室焉"。并引《秦川记》，谓河峡崖傍有二窟，一为唐述窟，一为时亮窟。可能这是两处最多的窟室。当时所建筑的只是如此。在《漯水注》叙云冈石窟说道："武州川水又东南流，水侧有石祇洹舍并诸窟室，比丘尼所居也。其水又东转迳灵岩南，凿石开山，因岩结构，真容巨壮，世法所希，山堂水殿，烟寺相望，林渊锦镜，缀目新眺。"根据郦道元的叙述，云冈石窟的规模远较炳灵寺石窟宏大。现在看来，郦道元所说是不错的。

北魏后来又迁都到洛阳。迁都之后，又在城南伊河左岸龙门继续开凿石窟，依山雕刻佛像，即所谓龙门石窟。北魏迁都为孝文帝时事，郦道元晚于孝文帝，可是《水经·伊水注》竟未有一语及于龙门石窟，可知龙门石窟并非于孝文帝迁都之后即开始开凿。北魏以后，迄于隋唐，仍不时施工，龙门西山北部的宾阳南、中、北三洞，中洞始开凿于北魏宣武帝时，南北两洞亦始开凿于北魏，迟至唐初才告厥成功，可见其工程的浩大。唐初以洛阳为东都，唐高宗及武则天久居其地，龙门石窟就继续得到开凿，奉先寺就是其时开凿成功的。龙门石窟气势宏伟，雕刻精绝，所雕刻佛像皆能栩栩如生，状貌近人，允为中国美术史上的奇迹，亦为中国文化史上不可缺少的章节。龙门石窟与大同云冈石窟并称，而大同与洛阳皆为北魏的都城，前后相连自成一气。龙门石窟创始于北魏，迄于宋代尚有制作。诸佛面相及其衣纹折叠，皆随时变化，与其所制作的时期相吻合。仅就这些艺术雕刻而论，已可永垂千古，而雕刻艺术能够永垂千古，还是凭借着佛教的流传和弘扬。云冈石窟和龙门石窟以及甘肃的敦煌莫高窟、天水麦积山石窟，并称为我国四大石窟艺术宝库，正说明其间的成就。

南京亦有石刻佛龛，栖霞寺中的千佛岩最称名胜。千佛岩始刻于南齐，其时洛阳龙门石窟可能尚未施工，故这座千佛岩就有江南云冈的称誉。杭州灵隐寺前飞来峰崖壁也有石刻佛像，其刻凿之时间，由五代直至宋元，造像多至四百余尊，也是少有的巨大工程，有助于佛教的流传。北京房山云居寺藏有由隋唐至明末的石刻经板，竟多达万有余块，为研究佛教史、美术史和建筑史的珍贵资料，虽与石窟雕刻不同，也是值得提及的。

至于佛塔，通常是建筑在寺院之中，寺院之外也有此类建筑，那只能说是个别的。前面说过，佛教的传入早在东汉之时，洛阳城外的白马寺就是为纪念佛教传入才建立的。白马寺始建之时，就相应建立了一座佛塔[218]。白马寺于北魏时犹存，浮图仍伫耸于寺内[219]。现在白马寺旁的齐云塔，为金章宗大定年间重建，到现在也已八百多年了。北魏时，洛阳伽蓝甚多，诸寺中往往有塔，其最著名的当数到城内永宁寺中的九层浮图。这座塔举高九十丈，塔顶还有一层宝刹，又高十丈，去地面就应有一千尺。去城百里，仍可遥望看到。这是"殚土木之功，穷造形之巧，佛事精妙，不可思议，绣柱金铺，骇人心目"。可是就在北魏之时，为火所焚毁[220]。只给后世留下一种豪华奢侈的印象，于佛教的弘扬并无若何补益。

如前所说，唐代长安寺院之多，远超于其时的洛阳。唐代洛阳寺院为数既已不多，各寺院竟皆无浮图[221]。唐代长安不仅寺院繁多，佛塔也相应不少，迄今慈恩寺和荐福寺的大小雁塔犹高耸云间，而褚遂良所书唐太宗撰制的《大唐三藏圣教序》和唐高宗撰制的《述三藏圣教序记》的石碑亦犹镶嵌在大雁塔南门外两侧的塔壁上。大雁塔据说是仿照印度鞑嚫王国佛塔的范式筑成。这种说法自有来历，并非向壁虚构，可是现在已成为掌故，殆少有人尚以之为有异域的情调。据《唐摭言》所载，自唐中宗神龙年间起，进士中第后，率皆集大雁塔下题名，则慈恩寺中已不限于佛教的活动。这里还应该提到长安城南神禾原上香积寺内的善导塔和少陵原南坡华严寺的大小二塔。善导塔是唐代佛教净土宗祖师善导和尚的供奉塔。华严寺的大塔为华严宗初祖杜顺禅师塔，小塔为华严宗四代祖清凉国师塔。华严寺于清乾隆年间因少陵原坡坍塌圮毁，唯塔尚存。

开封城内的塔以繁塔的造型最为独特，亦远非印度旧式。繁塔本名兴慈塔，以建于繁台之上，故名繁塔。始建于周世宗显德年间，为开封现存最古之塔。宋时开封城内上方寺的铁色琉璃塔，俗称铁塔，中经修葺，迄今犹矗立于开封城内的东北隅。

其他各处古都佛塔的建置亦莫不如此。南京城南牛首山上的宏觉寺塔、杭州城南钱塘江畔月轮山上的六和塔、安阳城西北的天宁寺塔（亦即所谓的文峰塔）、银川市北郊海宝塔寺内的海宝塔，皆能显示出佛塔与国内楼阁式的建筑经历了融通的过程。北京广安门外的天宁寺塔，始建于北魏，应为北京现存最早的佛塔。门头沟区马鞍山的戒坛寺塔，亦当与寺同为唐代初年的建置。还有香山昭庙的琉璃塔，皆不脱楼阁式的形式。西直门外白石桥东，建于明宪宗成化年间的金刚宝应塔，据说是仿照印度佛陀伽耶金刚宝座塔建筑的，但形式与风格已融入国内的传统建筑中。呼和浩特五塔寺的五塔，其建筑规模亦略同于金刚宝座塔。北京阜成门内白塔寺的白塔和北海白塔山的白塔，皆为藏式喇嘛塔。北海的白塔建于清世宗雍正年间，白塔寺的白塔建筑远在北海白塔之前。《大明一统志》记顺天府寺观中就有白塔寺的记载，据说："旧名万安寺，洪熙元年改建。"洪熙为明仁宗年号，上去明成祖迁都北京才二十余年。寺与塔可能皆为元代旧迹，因喇嘛教于元时已传入大都，而且受到元帝的尊崇。迄今在周边地区的寺院中还多有建置，可是在都城中却所建不多。在北京城中却只有这两座。因为白塔的建筑和其他佛塔皆不相同，所以容易引人注目。特别是白塔山上的白塔，因建筑于北海琼华岛上，而北海已辟为公园，遂成为北海的胜迹。若不是这两座白塔，则喇嘛教在北京的传播就不会为很多人所能知晓。

自来较大规模的寺院多有塔的建筑，为时既久，往往寺毁而塔尚存。这样的塔不仅矗立于各古都之中，且遍布于全国各地，据说现在国内尚保存有上千座古塔，这自然都已属于中华文化的范畴，和域外的因缘似皆已淡薄，这不复多见于世人争论之中。

堪与佛教相提并论的应该推道教。道教也有悠久的渊源，但论其传播所及的地区，似尚不如佛教的广泛，在都城之内仿佛也不易超过佛教。北魏寇谦之虽得太武帝的眷顾，且太武帝曾废毁佛教，使道教能够得到充分发展的机会，然寇谦之所得到的宠遇亦只是及身而止。至孝文帝迁洛之前，为道教立的坛祠，即所谓崇虚寺者，却在桑乾之阴，岳山之阳，远在平城之外。虽如当时诏书所说，"京城之内，里宅栉比，人神猥凑，非所以崇至法，清敬神道"[222]。可是当时平城的寺院，却并未一例外迁，显然其间还是有所区别的。其后迁洛移邺，还是踵行故事，在都城南郊设立道坛，也难望佛教寺院的项背。《洛阳伽蓝记》所载洛阳寺院繁多，可以说空前绝后。若以之记录道观，就无从下笔了。

隋代长安城中的道观，亦名玄坛，为数十所，应该说已经不少了。入唐之后，到了天宝年间，也只有道士观十所，女观六所[223]。天宝以后的道观，见于《长安志》记载的共三十八所，其中道士观三十二所，女观六所。《唐两京城坊考》稍做补充，道观增加了两所，皆为道士观。唐代以道教创始于老子，老子姓李，与唐王朝同姓，故备见推崇，然长安城中的道观数量终未超过寺院。天宝以前，城中寺院已有一百零一所[224]。天宝以后，又有增加，为一百零八所。两者相较，相差甚巨。其实这样的差异，固不待于唐时，隋大业初，长安城中即有寺一百二十所，较天宝以后犹多。唐洛阳城的道观，据《唐两京城坊考》所考，亦有十一所，和长安城相仿佛。唐代以后，都城之中虽仍不乏道观，然已难与唐代相提并论了。现在古都中的道观可以提到的还有北京的白云观和开封的延庆观。白云观在北京西便门外，相传始建于唐玄宗开元年间。元初曾随成吉思汗西征的长春真人邱处机就居于此中，故白云观一度改名为长春宫[225]。延庆观在今开封城内西南隅，始建于元世祖时，明太祖洪武年间重建[226]。今观内玉皇阁犹巍然高耸，为一方的胜地。

佛道两教之外，还有其他宗教，率多自域外传入。唐长安城中就有波斯寺两所，胡祆祠四所[227]，就是在唐洛阳城内也有波斯寺一所，胡祆祠两所[228]。天宝时，改东西两京的波斯寺为大秦寺，两京以外各地所建的波斯寺亦一并改名。波斯寺的得名是以唐初贞观时波斯僧阿罗本始建此寺（波斯今为伊朗）。其所奉者为景教，景教出自大秦，故寺名亦为之改称[229]。唐武帝毁佛时，大秦寺院亦受其影响，不复再振。今西安碑林中犹保存有唐德宗时所立《大秦景教流行碑》，为宗教研究人士所重视。除此以外，殆已不复见称于社会。祆教为拜火教，南北朝即已内传，唐时虽亦在长安、洛阳建立祠庙，其后亦不复振。这里还应该提及摩尼教。摩尼教亦传自波斯，是由回纥传入的。唐德宗贞元时，曾令摩尼师祈雨，可能当时长安城中已有摩尼寺，其后更因回纥的请求，河南府及太原府也许可设立[230]，后被严禁，虽仍秘密流传，但长安和洛阳当已绝迹。外来宗教中传播最广，堪与佛教比拟的，则为伊斯兰教和天主教。伊斯兰教在7世纪已经传入。今西安城内化觉巷有清真大寺，一名化觉寺，据说始建于唐玄宗天宝年间，然未见宋敏求《长安志》未见记载，徐松《唐两京城坊考》亦无考证，容再探索。寺中一些建筑的风格，与新疆等地的清真寺间有不同处，显示出和长安文化的融通。今北京广安门内牛街有牛街礼拜寺，为北京规模最大、历史最久的清真寺，是值得称道的。天主教的传入较上面所说的这些宗教皆晚，是在明神宗万历年间利玛窦东来时才传入北京的。北京城中天主教南北二堂的建筑皆颇具规模。南堂在宣武门内东城隅，即在利玛窦的第宅之东，是明代建筑的。北堂在西安门内光明殿后[231]，其后北堂又移至西什库之北。基督教（新教）传入较晚，一时尚不易与天主教相比拟。其他古都中亦不乏天主教堂的建筑，其建筑之时当地皆早已失去都城的地位，并已成为古都了。

这些外来宗教的传入显示出中华民族具有吸取文化的雅量，论其传入之早和流传之广，殆无出于佛教之右者。佛教能够这样早地传入，自是具有其独特的因缘。及其传入之后，为了更易传播，也逐渐注意到和中华文化的融通。佛教由于历史悠久，宗派不少。在中土曾经盛行而且历时较长的，当推三论宗、唯识宗、天台宗、华严宗、禅宗、净土宗、律宗、密宗，就是所谓汉语系的佛教宗派。这几个宗派的创始者绝大部分都是出生于中土的大德。有的就以创始时的所在地为名，天台宗就是以其创始人智顗住在浙江天台山而得名的。这里要特别提出的则为唯识宗和华严宗。唯识宗的创始人为玄奘及其弟子窥基。玄奘由印度归来，就常在长安驻锡，其遗骨即葬于城南的兴教寺。华严宗的创始人为法藏，武则天时，奉诏在洛阳太原寺主讲《华严经》，因而就创建了华严宗。武则天赐法藏称号为贤首法师，故此宗亦称贤首宗。唐长安城南华严寺的修建，也是因此而兴起的。法藏创立华严宗，实因于杜顺法师已奠定的基础。杜顺是隋唐间京兆万年（今陕西长安县）的高僧。华严寺中的两座塔，其一就是为杜顺法师建立的。由此可见当时佛教在都城中传播的盛况。佛教大德不仅创立汉语系的宗派，而且和中国的儒学也有关系。在佛教传播昌盛之时，儒家的学者曾经不断加以反对，可是到后来也难免受到影响，宋明理学就显露出其间若干踪迹。这方面的研究迄今犹未稍已。新儒学的探讨，就是其中的一端。

当然，学术的研究只是一个方面。赵朴初先生为当代佛学的泰斗，他在论《佛教与中国文化的关系》时，曾经说过，当前"重要的是要吸取佛教文化的精华，要发扬'人间佛教'的精神。'人间佛教'的主要内容是五戒、十善和六度、四摄，前者着重在净自己的身心，后者着重在利益社会人群。从历史上看，佛教徒从事的公益事业是多方面的，也是多种多样的。如有的僧人行医施药，有的造桥修路，有的掘义井、设义学，有的植树造林，这在古人记载中是屡见不鲜的。特别是植树造林，成就卓越。试看我国各地，凡有佛教寺塔之处，无不绿树成荫，景色宜人，装点了祖国的万里江山"[232]。这段话说得很有道理。承继前人的优良传统，融通佛教和当代文化是可行的，也是能够实行的。

皈依佛门自须具有出世的心情，然寺院的一些建设却是设法和当时的文化相融通，就是佛教的教义也是如此。前面所提及的佛教汉语系的八宗就是具体的明证。因此也就容易和当代文化相融合。佛经的研究尚仅局限于一些大德和学人之间，寺院设施却可公之于大众，融通也就更为容易。

佛教如此，其他宗教当也并非例外，当然，具体的过程各有因缘，这就难得一概而论了。

（三）古都文化对于当代文化的作用

上面论述了中国古都文化的具体事项及其与当代文化融通的过程，显示出中国古都文化的辉煌与瑰丽。中国古都文化能够显示出这样的辉煌与瑰丽，是因为它本来就具有若干力量，因而能够不断发扬光大，且将永无止境。

中国历史悠久，文化绵延不绝，就是因为它有一种延续力量，所以能够不断获得发展。中国古都文化作为中国文化的组成部分，也应该具有这样相同的力量。在悠久的历史年代里，王朝或政权先后兴衰不一，自各有其建都的所在。这些都城有的是继承前代的旧规，有的则是另创新的局面，但同样会受到前代都城文化的影响。秦都咸阳，汉都长安，隔着渭河南北相望，可以说明前后相继。若不是项羽焚毁咸阳，可能不会再有长安这样新的名称。秦咸阳宫阙的巍峨壮丽，为一世所无，虽多为项羽所焚毁，然汉时长安的宫阙依然是依照秦时的旧规模，甚或就是因秦的故旧而稍稍加以修葺[233]。至于隋朝所都的长安却完全为唐人所继承，唐时虽亦尝有所兴建，却未尝稍越隋时的范畴。金时的中都、元的大都、明的北京、清的京师，名称虽彼此不同，实际上本是一地，其间略有差距，于整个局势还不至于有若何影响，前后递嬗之迹，犹历历可见。明代的皇城就是在元代宫城的基础上改建的，只是稍有出入，清代则因明代之旧。就是到现在，紫禁城依然矗立于北京城中，显示其渊源所自，并非寻常。

就是都城经过改易，这样的延续力也并不一定就此消失。前面曾经提到汉武帝时所创的乐府及当时的郊庙的乐曲，自足以作为都城长安文化的代表。长安失去都城的地位，这些乐曲及其乐器辗转流传于不同时期的都城之中，曹魏的洛阳、前燕的邺、南燕的广固、前后二秦的长安、北魏的洛阳、南朝的建康、隋唐的长安，依次皆有其遗响。南朝自陈亡后，作为王朝的旧乐，建康城中仿佛已经不复存在，可是至唐代季年，《后庭花》的歌调仍然洋溢于江宁的秦淮河畔。

这样的古都文化固然可以由前一个古都延续到后一个古都，并且辗转推移，一直延续到最后一个古都，再和当代文化相融通。具体来说，就是现在的北京。但这只是一个方面，还难以概括所有的古都。当然有些古都，历年既相当短促，前代亦未闻在当地建立过都城，纵有文化可称，也难以说有什么延续的力量。那些年代悠久的古都就不能一概而论，长安、洛阳等古都就不是如此。这样的古都在作为都城之时，其文化就已经显现出独特的风格，就是不作为都城，其文化仍然具有延续的力量。前面曾引证唐代初年的《秦王破阵乐》，千数百年来仍未稍有消失，早已融通于当代文化之中。洛阳的龙门石窟，自北魏肇始经营，中经数代，仍时有继续修凿者。现在虽已成为古迹，然论当代洛阳文化者，尚不能舍之不复齿及。因之论述古都文化与当代文化的融通，就不能以北京为限，而须兼及其他可以称道的古都。只有这样才可以看到古都文化的辉煌和瑰丽。

古都文化能够这样辉煌瑰丽，还是因为它有强大的吸收力量。古都文化应是由三个方面的文化相互融通以后形成的。其一，古都本来固有的文化，这里面就包括其所继承的前代文化；其二，汇集全国各地不尽相同的地区文化；其三，吸收域外传入的外来文化。因为古都文化具有延续的力量，所以古都在仍然作为都城的时候，必然会继承前代古都的文化，使之成为当时都城的文化。西周时期所制作的青铜器相当精美，历来皆为考古学家所珍视，然青铜器的制作技术却非周人所始创，而为继承商代的衣钵。这是说由青铜器显示的文化是由殷都延续到丰镐，其内容也就更加充实。作为都城，自是其时的政治中心，也是其时的文化中心。既是文化中心，也就是意味着是全国各地区的文化汇集的处所。前面曾经提到，西汉初期楚文化一度盛行于长安城中，就可以作为具体的例证。至于域外文化的传入都城之中，汉唐以来更成为司空见惯的常事。汉代长安城中还只有一条藁街，为西域到内地的人居住的处所。唐代城中的胡姬开设酒肆，就已相当普遍，而少年的感染胡风，更引起一些有心人的忧虑。就是直到现在，各种剧种演出时所不可缺的胡琴，殆已少有人知其是来自域外的乐器。

吸收地区文化和域外文化，诚然可以丰富古都文化。作为古都文化来说，还需再进一步综合这些地区文化和域外文化，使其成为独具特色的古都文化。这也应该算是一项力量，它使古都文化更显得辉煌和瑰丽。现代京剧的形成，可以上溯到清代乾嘉时期，就是综合几种不同的地方戏因而成了这样新的剧种。虽然是出自地方戏，已经不完全与地方戏相同，因而成为古都文化中所特有的剧种。京剧和其他剧种一样，也使用胡琴。在所用的诸乐器中，能够考论出于胡中的殆只有这一种，前面曾提到成都出土的王建墓所刻的舞伎图，诸舞伎所执的乐器，兼有筚篥、笛、排箫、羯鼓、腰鼓、铜鼓、拍板、筝、琵琶、箜篌等器，这显然是中外乐器杂列，混合为一了。今传世《韩熙载夜宴图》，不仅兼用诸种乐器，且兼有自域外传入的舞技。韩熙载仕于南唐。这种综合可能在唐代长安即已如此，至迟在前蜀所都的成都和南唐所都的江宁，就已经相当普遍了。

正是由于古都文化能够具有吸收力量和综合力量，它吸收了各处的地区文化和更远的域外文化，又进而综合融通，使其内容更为丰富多彩，无所不包。它既以所具有的延续力量，继承其前代的余辉，更能使其流传下来，依旧显示出本来的光彩。

古都文化诚然以其具有的吸收力量得以丰富多彩，无所不包，还应该指出，正是由于都城的所在，各地区的文化也具有了向心的力量，以各种方式汇集于都城之中，更显得古都文化的博收无遗。由春秋末年以迄于战国之世，儒风盛行于邹鲁之间，秦始皇兼并天下，焚烧《诗》《书》，儒生自不敢贸然趋往咸阳。西汉建立之后，长安始多儒生足迹，虽然汉景帝不任儒生，窦太后又好黄老术，儒生还是接踵前来，这固然可以说利禄所在，群趋若鹜，核实来说，还应是向心力的一种表现。也正是由于有这样的向心力，名儒先后来到长安，才能使汉武帝罢黜百家，独尊儒术，儒术因而就成为都城中的显学。自此而后，文人学士就往往思欲一至都城，尽展其横溢的才华。"长安不见使人愁"[234]应该不是李白一人的怅望，就是黄冠缁流也难于免俗。各方人士纷至沓来，遂使各地文化汇集于都城之中，共同促进古都文化的辉煌瑰丽。

古都文化不仅使各处地区文化能够都有其向心力，而且其本身也还具有一定的凝聚力。正是因为有这样的力量，才能使所汇集各方的文化都来丰富古都文化，而且凝聚为一，不至于散失。随着时间的推移和古都文化在各处的传播，这种凝聚力就更为容易显示出来。前面曾经提到创作于唐初的《秦王破阵乐》，显示了当年李世民克平群雄的武功。这是不同于由域外传入的西域乐，也不同于流传于中土的清商乐，应是都城长安中首创的乐舞。唐朝社稷不祀，迄今已逾千年。千年前的古乐舞犹保存于现在西安城中，仍然沿用旧名，以时演奏，司事者并能道出其间的渊源委曲，若非具有一定的凝聚力量，曷克臻此！至于扩散到其他各地的古都文化，同样也能显示出如此的力量。白居易在浔阳江头获闻京城歌女演奏琵琶，为之感慨不休。因为这时的白居易正"谪居卧病浔阳城"，时时怀念"帝京"，听到京城的曲调，不由地感到"同是天涯沦落人，相逢何必曾相识"[235]。白居易所遇到的是离开都城未久的近事，杜甫在夔府(治所在今四川奉节县)观公孙大娘弟子舞剑器，却是在经过一番乱离之后。公孙大娘舞剑器浑脱，为长安城中仅有的高手。经过一番乱离，杜甫竟能在远离长安千里的夔府获睹旧舞，自然会促使其"抚事慷慨"[236]。这些境遇还只是存在于个别人物之间，仿佛还有所限制，不易说明其间症结的所在。近数十年来，京剧的扩散传播更是显然的事例。京剧以形成于北京得名，但由于京剧的精湛出众，已不限于北京一城。由于这样的扩散演出，因而就能使京剧所传播的地方的人们珍视和向往古都文化，更显得古都文化辉煌瑰丽。这样辉煌瑰丽和当代文化的相互融通，自然更突出显示出其间的无限光芒。也由于古都文化有一定的凝聚力量，和当代文化融通之后，这样的凝聚力量就相应壮大起来。古都文化如上所说，本来就具有吸引力量和综合力量，汇集各处地方文化和传入的域外文化，加以综合，再加上各处地方文化的向心力量，古都文化就不断向更新的阶段发展，而所具有的凝聚力量，凝聚住这样一些文化，连为一体，自会具有更强的生命力。这应是整个国家强大的一个不可或缺的因素。

（四）小　结

中华文化源远流长，绵亘不绝，无微不烛，无处不照，都城所在，更是显然。都城因是全国政治的中心，也是全国文化的中心。历来王朝或政权先后迭出，极为繁多，皆莫不有其都城，或绍续前代，或另创新猷。不论其如何制作，全国的政治中心和文化中心也相应随之留驻或转移，前后接连，未尝或辍。

都城为全国人文荟萃之地，各地文化都能够在都城之中有所显现。中华民族自来都善于吸收外来文化，撷取精英，其间，都城之中最为突出。这就使都城成为文化融通的场所，融通各方的文化，并且不断提高，逐渐臻于新的境界。

随着岁月的流转，都城的更替，旧新文化的衔接和融通，自须有所致力。中华文化自来具有绵延的特性，全国如此，地区亦然。都城变迁，虽对于当地文化的发展不能了无影响，然原有文化亦非就此戛然中止。前代旧事，亦能为后来者的新猷，当然在新猷之中，旧事时有隐现，稍一细觇，犹能探索出其痕迹所在。这在各种学术方面都有所显现，而文史艺术更为易见。这在有关的文献记载中是可以考核的，须要爬罗剔抉，才能重复为世人所知。

我国古都虽多历沧桑，但还有遗迹遗物可以征信，亦可使之与文献记载相互配合，使往事更为清晰。即如河南安阳，其为殷商都城，早已见于文献记载。商亡之后，已成废墟，在诸侯亡秦之时，项羽接受秦将章邯的投降，就是在殷墟之上。若非晚近从事考古发掘，殆已为人所遗忘。都城所在，城墙建筑宏伟壮丽，街市布置规划整齐。其后都城移往他所，这些设施犹有遗存。南京的中华门，本为明初的聚宝门，迄今犹为南京人士所夸耀。北京的东单牌楼和西单牌楼以及东四牌楼和西四牌楼分别在紫禁城的两侧，今牌楼早已拆毁，可是东单、西单以及东四、西四作为街道名称，将与北京当代的街道布局共长久。历来王朝的宫殿亦皆以富丽堂皇相崇尚，迄今率皆随其王朝的不祀而相继圮毁，可是明清的紫禁城犹矗立于北京城的中央，为当代文化的标志。南京的明故宫，虽已残破殆尽，然其午朝门等遗迹，仍为世人凭吊的场所。不仅帝王的宫殿如此，就是陵寝亦有其一定的作用。关中平原渭水岸旁的汉唐诸陵以及北京城北的明十三陵，还有清代的东陵、西陵，皆依然耸峙，陵前的翁仲禽兽仍具有吸引游人的作用。而秦始皇陵旁的兵马俑和明神宗定陵的皇冠，亦犹为世人所珍视，以之作为当代文化的组成部分。特别值得称道的则是一些宗教的遗迹，尤其是大同云冈石窟和洛阳龙门石窟的佛像雕刻和许多有名寺院的佛塔，皆能引人入胜。而云冈石窟和龙门石窟已不仅为古都大同和古都洛阳的文化标志，甚而是论当代中华文化者不可或缺的内容。

应该说，古都文化本为中华文化的组成部分。中华文化绵亘不绝，古都文化也不会随都城地位的失去而戛然中止。文化的发展因时代的更新而不断丰富其内容。这样的丰富是在曩昔和当代融通的基础上进行并取得的。因之，都城的文化当不至于因都城失去其原来的地位而即告中断，而是以其旧有的文化和后来新的文化相融通。这样的融通是不会中断的，就是到了当代也还在继续着。

古都的文化是如此，整个中华文化也是如此。正是由于不断融通，永无止息，古都文化得以继续发展，更加丰富。中华文化也是不断古今融通，继续发展，更加丰富。

中华文化正是由于继续发展，更加丰富，所以绵亘不绝，永无止息，古都文化也就能够更有光彩。

(原载《陕西师大学报》1994年第4期)

【注释】

1　《周书》卷八《静帝纪》。
2　《隋书》卷三一《地理志》。
3　《史记》卷七《项羽本纪》。
4　《隋书》卷三一《地理志》。
5　《全唐诗》卷四四八《登观音台望城》。
6　《全唐诗》卷四二四《登乐游原》。
7　《全唐诗》卷四二四《邓鲂张彻落第》。
8　《全唐诗》卷四二四《谕友》。
9　拙著《唐代长安外郭城街道及里坊内的变迁》。白居易所说的十二街可能是指长安外郭城东西向的街道而言，不包括南北两郭城之下的两街。
10　《史记》卷一二九《货殖列传》。
11　《汉书》卷二八《地理志》。
12　《汉书》卷二八《地理志》。
13　《隋书》卷二八《百官志》。
14　宋敏求：《长安志》卷七《外郭城》。
15　《唐两京城坊考》卷二《西京·外郭城》。
16　《大唐六典》卷四《礼部尚书》，《旧唐书》卷二四《礼仪志》。
17　《后汉书》卷五四《杨震传》。
18　《后汉书》卷六〇《马融传》。
19　《后汉书》卷六五《皇甫规传》。
20　《后汉书》卷六五《张奂传》。
21　《汉书》卷二八《地理志》。
22　《汉书》卷二八《地理志》。
23　《汉书》卷六七《赵充国辛庆忌传赞》。
24　《汉书》卷五四《苏建传》。
25　《后汉书》卷二四《马援传》，又卷四七《班超传》。
26　《新唐书》卷五〇《兵志》。
27　《新唐书》卷三七《地理志》。
28　《新唐书》卷五〇《兵志》。
29　《旧唐书》卷一二〇《郭子仪传》作华州华县人。《新唐书》卷一三七《郭子仪传》同。《新唐书》卷七四上《宰相世系表》，谓郭氏曾自太原徙华阴。华阴即在华县之东。

30 《旧唐书》卷一三三《李晟传》谓晟为陇右临洮人。《新唐书》卷一五四《李晟传》则谓晟为洮州临潭人。按:《新唐书》卷四〇《地理志》,岷州溢乐县,本临洮,义宁二年更名。则李晟时已早无临洮县,当以《新唐书》为正。《新唐书》卷七二上《宰相世系表》:"陇西李氏,后徙京兆",所叙即李晟一房。按:《新唐书·李晟传》谓"晟世以武力仕,然位不过裨将,晟……年十八,往事河西王忠嗣,从击吐蕃",则所谓徙京兆者,乃晟为相以后事。

31 《全唐诗》卷二一六。

32 《资治通鉴》卷六九《魏纪一》。

33 《宋书》卷六五《杜骥传》。

34 《魏书》卷一九《南安王桢传附子英传》。

35 《魏书》卷二一《彭城王勰传》。

36 《洛阳伽蓝记》卷二《景宁寺》。

37 《洛阳伽蓝记》卷三《报德寺》。

38 《洛阳伽蓝记》卷二《景宁寺》。

39 《洛阳伽蓝记》卷二《景宁寺》。

40 拙著《两〈唐书〉列传人物本贯的地理分布》。

41 《宋史》卷二八二《王旦传》。

42 《宋史》卷三一一《晏殊传》。

43 《隋书》卷一三《音乐志上》。

44 《隋书》卷一五《音乐志下》。

45 《旧唐书》卷二九《音乐志》。

46 《旧唐书》卷二九《音乐志》。

47 《全唐诗》卷三五七。

48 《全唐诗》卷五二三。

49 《全唐诗》卷六〇二。

50 《全唐诗》卷六〇二,汪遵小传。

51 《旧唐书》卷二八《音乐志一》。

52 《旧唐书》卷二九《音乐志二》。

53 《宋史》卷一二八《乐志》。

54 任半塘《唐戏弄》第二章《辨体》,上海古籍出版社1984年版。

55 段安节《乐府杂录·俳优》:"开元末,黄幡绰张野狐弄参军。始自后汉馆陶令石耽。耽有赃犯,和帝惜其才,免罪。每宴乐,即令衣白夹衫,命优人戏弄,辱之,经年乃放。后为参军,误也。"

56 《太平御览》卷五六九《优倡门》引《赵书》说:"石勒参军周延,为馆陶令,断官绢数百匹,下狱,以八议宥之。后每大会,使俳优,著介帻,黄绢单衣。优问:'汝为何官,在我辈中?'曰:'我本馆陶令。'斗擞单衣曰:'正坐取是,故入汝辈中。'以为笑。"

57 段安节《乐府杂录·傀儡子》:"自昔传云,'起于汉祖在平城,为冒顿所围。其城一面,即冒顿妻阏氏,兵强于三面。垒中绝食,陈平访知阏氏妒忌,即造木偶人,运机关,舞于陴间。阏氏望见,谓为生人,虑下其城,冒顿必纳妓女,遂退军……后乐家翻为戏。"

58 《通典》卷一四六《乐六·散乐》:"'窟石子,亦曰〈魁石子〉,作偶人以戏,善歌舞。本丧乐也,汉末始用于嘉会。北齐后主高纬尤所好。高丽之国亦有之。今闾里盛行焉。"

59 《通典》卷一四六《乐六·散乐》。本条及上一条,《旧唐书》卷二九《音乐志》皆曾引用。

60 孟元老:《东京梦华录》卷五《京瓦伎艺》。
61 耐得翁:《都城纪胜·瓦舍众伎》。
62 《东京梦华录》卷六《元宵》。
63 《东京梦华录》卷五《京瓦伎艺》。
64 《都城纪胜·瓦舍众伎》。
65 《全唐诗》卷四〇五《酬翰林白学士代书一百韵·注》。
66 《东京梦华录》卷五《京瓦伎艺》。
67 《全唐诗》卷五二三。
68 《全唐诗》卷一六四。
69 《全唐诗》卷一〇一。
70 《全唐诗》卷六五,苏味道:《正月十五夜》。
71 《全唐诗》卷五四,崔液:《上元夜》。
72 《太平御览》卷三〇《时序部》引。
73 《东京梦华录》卷六《元宵》。
74 《全唐诗》卷八七。
75 《战国策》卷八《齐策一·苏秦为赵合纵说齐王章》。
76 《三辅黄图》卷五《台榭》。
77 《太平广记》卷四八五。
78 《东京梦华录》卷八《六月六日崔府君生日二十四神保观神生日》。
79 《都城纪胜·闲人》。
80 《东京梦华录》卷五《京瓦伎艺》。
81 《都城纪胜·瓦舍众伎》。
82 《汉书》卷六《武帝纪》注引。
83 《汉书》卷二三《刑法志》。
84 《都城纪胜·瓦舍众伎》。
85 《都城纪胜·瓦舍众伎》。
86 《李文饶文集》卷一二,又《全唐文》卷七〇三。
87 王国维:《宋元戏曲考》。
88 徐渭:《南词叙录》。
89 徐渭:《南词叙录》。
90 黄溥:《闲中古今录》。
91 《新序·刺奢》。
92 《诗·豳风·七月》。
93 《诗·周颂·丰年》。
94 《诗·小雅·鹿鸣》。
95 《全唐诗》卷二一六。
96 《新唐书》卷二〇二《文艺·李白传》。
97 《新唐书》卷二〇二《文艺·李白传附张旭传》。
98 《全唐诗》卷一六四。

99 《新唐书》卷二〇二《文艺·李白传》。

100 《初学记》卷二六《酒》引《吴录》及西晋张载《酃酒赋》。

101 《洛阳伽蓝记》卷四《城西·法云寺》。

102 《初学记》卷二六《酒》引。

103 《水经·河水注》:"(蒲坂)民有姓刘名堕者,宿擅工酿,采挹河流,醖成芳酎,悬食同枯枝之年,排于桑落之辰,故酒得其名矣。然香醑之色,清白若瀋浆焉。别调氛氲不与他同。兰薰麝越,自成馨逸,方土之贡选,最佳酎矣。"这里提到芳酎和香醑。如《说文》的解释,酎为三重酒,未说酒的颜色清浊。庾信《灯赋》说,"中山醑青",这只说醑是清酒,不一定就是白色。这里说桑落酒是"清白瀋若浆"。《史记·三王世家》裴骃《集解》引徐广说:"瀋者,渖米汁也。"因为是和渖米汁一样,故以瀋浆相比喻。渖米汁白色,和醪酒一样,可能桑落酒就是醪酒的一种。

104 《全唐诗》卷二三八。

105 《范文正公诗余》。

106 《后汉书》卷二七《樊宏伟传附樊儵传》。

107 《文选》卷六。

108 《周书》卷三一《韦敻传》。

109 宋敏求:《长安志》卷九《唐京城》。

110 《洛阳伽蓝记》卷四《城西·法云寺》。

111 《魏书》卷七〇《刘藻传》。

112 《北齐书》卷一一《文襄六王传》。

113 《太平御览》卷八四三《饮食部》引郭仲产《湘州记》。

114 《初学记》卷二六《酒》引张载《酃酒赋》。

115 《晋书》卷一〇五《石勒载记》。

116 《晋书》卷一〇七《石季龙载记下》附《冉闵载记》。

117 《晋书》卷一一一《慕容暐载记》。

118 《晋书》卷一二三《慕容垂载记》。

119 《晋书》卷一一七《姚兴载记》。

120 《晋书》卷九五《鸠摩罗什传》。

121 《魏书》卷四下《太武帝纪下》,又卷一一四《释老志》。

122 《魏书》卷二《道武帝纪》。

123 《北史》卷一九《魏咸阳王禧传》。

124 《资治通鉴》卷一四〇《齐纪六》。

125 《魏书》卷一九中《任城王云传附子澄传》。

126 《洛阳伽蓝记》卷二《城东·景宁寺》。

127 《魏书》卷一〇六《地形志》。

128 《资治通鉴》卷六九《魏纪一》胡三省注。

129 《洛阳伽蓝记》卷二《城东·景宁寺》。《史记》卷三一《吴世家》:"太伯、仲雍二人乃奔荆蛮,文身断发,示不可用。"《集解》:"应劭曰:常在水中,故断其发,文其身有像龙子,及不见害。"断发则发短,故称短发。不短发并非就是鬋发,不可混而为一。《文选》卷六《魏都赋》:"巷无杼首,里罕耆耋。"张载注:"(方言)曰:《燕记》曰:丰人杼首。杼首,长首也。燕谓之杼。交兹之人率皆弱陋。故曰无杼首也。"

130　《北齐书》卷二《神武纪下》。
131　《北齐书》卷二一《高乾传附高昂传》。
132　《北齐书》卷二四《杜弼传》。
133　《颜氏家训·教子篇》。
134　《魏书》卷一〇六上《地形志上》。
135　《隋书》卷一《高祖纪》。《周书》卷一九《杨忠传》作普六如氏。
136　《周书》卷七《宣帝纪》。
137　《周书》卷八《静帝纪》。
138　《旧唐书》卷九〇《豆卢钦望传》。
139　宇文懋昭:《大金国志》卷三九《初兴风土》。
140　《辽史》卷三七《地理志》。
141　《辽史》卷四五《百官志》。
142　《金史》卷五五《百官志》。
143　叶隆礼:《契丹国志》卷二三《衣服制度》。
144　《中国历代服饰》,学林出版社1984年版。
145　《金史》卷五一《选举志》。
146　《元史》卷一四五《耶律楚材传》。
147　《中国历代服饰》,学林出版社1984年版。
148　《国语》卷一《周语上》。
149　《汉书》卷七〇《陈汤传》。
150　《汉书》卷九六下《西域传下》。
151　《汉书》卷九六上《西域传上》。
152　《三辅黄图》卷三《甘泉宫》。
153　《汉书》卷九四《匈奴传》。
154　《汉书》卷九六《西域传》。
155　《元史》卷六八《礼乐志》。至元三年,初用宫县、登歌乐、文武二舞于太庙,其中所用的鼓有树鼓、晋鼓、路鼓、鼖鼓、相鼓、雅鼓。又所载宫县乐器中革部有晋鼓、树鼓、雷鼓、灵鼗、路鼓、路鼗。皆无羯鼓,是其时羯鼓当已亡失。
156　《梦溪笔谈》卷五《乐律一》。
157　《四库全书总目》卷一一三《艺术类》:"《羯鼓录》一卷……附录羯鼓诸宫曲名。凡太簇宫二十三调,太簇商五十调,太簇角十四调,徵羽阙焉。惟用太簇者以羯鼓为主,太簇一均故也。又有诸佛曲十调,食曲三十二调,调名亦多用梵语,以本龟兹、高昌、疏勒、天竺四部所用故也。李琬一条记《耶婆色鸡》一曲,声尽意不尽,以他曲解之,即汉魏乐府曲末有艳之遗法。如《飞来双白鹄》《唐上行》诸曲,篇末文不相属,皆即此例。盖乐工专门授受,犹得其传,文士不谙歌法,循文生解,转至于穿凿而不可通也。"沈括《梦溪笔谈》卷五《乐律》说:"唐羯鼓曲,今唯有邠州一父老能之。有《大合蝉》《滴滴泉》之曲。予鄜延时,尚闻其声。泾原承受公事杨元孙因奏事回,有旨令召此人赴阙,元孙至鄜,而其人已死。羯鼓遗音遂绝。"按:《东京梦华录》卷九《宰执亲王宗室百官入内上寿》,其中教坊乐部有羯鼓两座。据说"如寻常番鼓子,置之小卓子上。两手皆执杖击之。杖鼓应焉"。《梦梁录》卷三《宰执亲王南班百官入内上寿赐宴》也说到羯鼓,所说与《东京梦华录》相同。《羯鼓录》说羯鼓之制"如漆桶。下以小牙床承之,击用两杖"。这和《东京梦华录》《梦梁录》所说略同,可能是羯鼓尚存。原来的曲谱亡佚,故沈括云然。

480

158 《全唐诗》卷四三五。

159 段安节:《乐府杂录・鼓吹部》。

160 段安节:《乐府杂录・鼓吹部》,《通典》卷一四六《散乐》。

161 转引自任半塘《唐戏弄》。

162 《汉书》卷九六《西域传》。

163 《周书》卷七《宣帝纪》,《旧唐书》卷七《中宗纪》。

164 《古今图书集成・艺术典》卷八〇二《蹴鞠部》引晁无咎《题明皇打球图诗》。

165 《东京梦华录》卷七《驾登宝津楼诸军呈百戏》。

166 佟桂臣:《赤峰东八家石城址勘查记》,《考古通讯》1956年第6期。

167 陕西省文物管理委员会《唐长安城地基初步探测》,《考古学报》1958年第3期。

168 中国科学院考古研究所西安唐城发掘队:《唐代长安城考古纪略》,《考古》1963年第11期。

169 《三辅黄图》卷一《汉长安故城》。

170 《读史方舆纪要》卷四七《开封府》。

171 陈桥驿主编:《中国七大古都・南京》,中国青年出版社1991年版。

172 见前引《唐代长安城考古纪略》。

173 《三辅黄图》卷一《汉长安故城》。

174 徐松:《唐两京城坊考》卷二《西京外郭城》,卷五《东京外郭城》。

175 拙著《唐代长安外廓城街道及里坊的变迁》。

176 《两京城坊考》卷五《东都外郭城》。

177 陈桥驿主编:《中国七大古都・南京》附《六朝时代的建业和建康示意图》及《明初应天府示意图》。

178 《宋史》卷八五《地理志》,陈桥驿主编《中国七大古都・开封》。

179 侯仁之:《北京历史地图集》,北京出版社1988年版。

180 《元河南志》卷二《后汉城阙宫殿古迹》。

181 《元河南志》卷二《晋城阙宫殿古迹》。

182 王仲荦:《北周地理志》卷一〇《河北下》。

183 《唐会要》卷八六《街巷》。

184 宋敏求:《长安志》卷七《唐京城》。

185 宋敏求:《长安志》卷七《唐京城》。

186 《唐两京城坊考》卷五《东京外郭城》。

187 见《唐代长安城考古纪略》,《考古》1963年第11期。

188 《北京历史地图集》。中国科学院考古研究所、北京市文物管理处元大都考古队《元大都的勘察和发掘》说,大都的干道宽约二十五米。刊《考古》1972年1月号。

189 拙著《唐代长安外廓城街道及里坊的变迁》。

190 《晋书》卷一一三《苻坚载记》。

191 《旧唐书》卷二《太宗纪》。

192 《三辅黄图》卷二《汉宫》

193 《汉书》卷一《高祖纪》。

194 《后汉书》卷一一《刘玄传》。

195	《旧唐书》卷二《太宗纪》。
196	宋敏求:《长安志》卷六《宫室》,《唐两京城坊考》卷一《大明宫》。
197	《全唐诗》卷一二八王维《和贾舍人早朝大明宫之作》。
198	《汉书》卷五一《贾山传》。《史记》卷六《秦始皇帝本纪》:"令咸阳之旁二百里内宫观二百七十复道甬道相连,帷帐钟鼓美人充之,各案署不得移徙。"据此,则贾山所言为不虚矣。
199	宋敏求《长安志》卷六《宫室》。
200	《唐两京城坊考》卷五《东京·宫城》。《新唐书》卷三八《地理志》:东都,宫城在皇城北,长千六百二十步,广八百有五步,周四千九百二十一步。
201	《北京历史地图集》。
202	《史记》卷六《秦始皇帝本纪·集解》引《皇览》。
203	宋敏求《长安志》卷一四《兴平》引《关中记》。
204	《元和郡县图志》卷一《京兆府》。
205	《全唐诗》卷五二一,杜牧《将赴吴兴登乐游原一绝》中有句说:"欲把一麾江海去,乐游原上望昭陵。"
206	宋敏求《长安志》卷一六《醴泉》。
207	宋敏求《长安志》卷一四《兴平》引《关中记》。
208	《史记》卷六《秦始皇帝本纪》:"穿三泉,下铜而致椁。"《集解》引徐广说:"铜,一作锢。锢,铸塞。"这是说铸塞三泉,不使陵中有积水。作锢为是。
209	《晋书》卷六〇《索靖传附子索琳传》。
210	《汉书》卷五〇《张释之传》,又卷三六《楚元王传附刘向传》。
211	《晋书》卷五《孝愍帝纪》。
212	《全唐诗》卷五二二。
213	蒋赞初:《南京六处六朝佛寺遗址考》,《中国历史地理论丛》1992年第2期。
214	宋敏求:《长安志》卷七《唐京城》所引。

215　据《唐两京城坊考》各坊所载，统计得出之数。
216　嘉庆《大清一统志》卷九《顺天府》。
217　嘉庆《大清一统志》卷九《顺天府》。
218　《高僧传》卷一《摄摩腾传》。
219　《洛阳伽蓝记》卷四《城西·白马寺》。
220　《洛阳伽蓝记》卷一《城内·永宁寺》。
221　《唐两京城坊考》卷五《东京·外郭城》。
222　《魏书》卷一一四《释老志》。
223　宋敏求：《长安志》卷七《唐京城》。
224　宋敏求：《长安志》卷七《唐京城》引韦述记。
225　嘉庆《大清一统志》卷二《京师》。
226　《汴京遗迹志》卷一〇《观》。
227　宋敏求：《长安志》卷七《唐京城》引韦述记。
228　《唐两京城坊考》卷五《东京·外郭城》。
229　《唐会要》卷四九《大秦寺》。按：宋姚宽《西溪丛语》，唐时亦称祆寺为波斯寺或大秦寺。
230　《唐会要》卷四九《摩尼教》。
231　嘉庆《大清一统志》卷二《京师》。
232　赵朴初：《佛教与中国文化的关系》，见《佛教与中国文化》一书。
233　《三辅黄图》卷二《汉宫》。
234　《全唐诗》卷一八〇，李白：《登金陵凤凰台》。
235　《全唐诗》卷四三五，白居易：《琵琶行》。
236　《全唐诗》卷二二二，杜甫：《观公孙大娘弟子舞剑器行》。

八

中国古代都城的萧条与破坏

中国的古都皆有它们的形成、发展、萧条以至于被破坏的过程。这是不可避免的演变规律。在研究了它们的形成和发展之后，就一定要接着探索它们的萧条和被破坏的经历。中国的古都为数相当繁多，这样的经历就难得彼此相同。就其导致这种演变的因素来看，大致可以区分为如下四个方面：一、政治变化的作用，二、战争的冲击，三、自然条件的变化，四、民族关系的影响。这四个方面并不是绝对的区分，有些古都往往是兼而有之，或者具备了其中某几个方面。正是这样一些因素，促成古都的萧条，甚而使古都遭受破坏，不仅难于复兴，有的连遗址所在地也不易得到确定。其间的变化是值得注意的。

（一）政治变化的作用

国都的形成是与当时的王朝或政权有关的。国都形成之后的发展，以至于最后的萧条和破败，都会受到有关的王朝或政权的盛衰强弱的影响。历代王朝或政权先后更替，所设置的都城为数也就相当繁多。各个都城所受到的影响，在形式上虽各有不同，影响的轻重大小也许彼此差异，但都是不可避免的。

有许多的王朝或政权所设置的都城并非一处。其中有的属于陪都性质。陪都的制度的形成可以上溯到三国时曹魏的五都。曹魏五都为长安、谯、许昌、邺、洛阳[1]，"魏因汉祚，复都洛阳，以谯为先人本国，许昌为汉之所居，长安为西京之遗迹，邺为王业之本基，故号五都。"[2]陪都的繁荣是难和都城相比拟的。

虽不能和都城相比拟，一般说来，却是和它的王朝和政权的命运共长久。不过例外的仍非鲜见。唐时以洛阳为东都[3]，这是踵行隋时的故事[4]。洛阳在唐时建为东都，虽稍迟于长安[5]，却与长安东西辉映，迄唐之亡无所变化。其实唐时的陪都并非只有洛阳一处，太原[6]、蒲州（今山西永济县蒲州城）[7]、蜀郡（治成都，今四川成都市）、凤翔（今陕西凤翔县）[8]，也都做过陪都。有的历时相当长久，有的却十分短暂。蒲州置为中都，实际只有六个月[9]。只有半载的时间是难于得到什么发展的[10]。

还有一些王朝或政权，所设置的都城确实非少，然因时迁徙，新都既立，旧居即废不为都。夏、商、周三代的迁都最为频繁。夏自禹之父鲧为有崇之伯起，迄于帝桀，累计迁都竟多至十有三次。商代迁都也很频繁，自商的先王契至汤已经有过八次的迁徙，汤以后至于盘庚，又迁徙过五次。周人的迁都不如夏商两代频繁，但自邰至于丰、镐，其间至少也有四次[11]。一般说来，迁到新都之后，旧居即不再过问，有关文献记载也未多再叙述旧都的景象，可能就由此逐渐萧条下去。至如商代祖乙所居之耿，则是由于为黄河所冲塌，才不得不迁徙的[12]。这不仅是萧条，而是破坏甚至是毁灭了。不过这三代的都城并非都是这样结局。夏代自太康居于斟寻之后，中隔数王，至桀复居斟寻[13]。而商汤之居亳，也是从先王居[14]。汤在迁亳之前本居于商丘[15]，而商丘却也是商人的旧都，而且是历经迁徙的。昭明自砥石迁于商[16]。相土亦曾居于商丘[17]，相土自有东都[18]，其居于商丘，盖由东都徙来。夏孔甲时殷侯复归于商丘[19]，既以殷侯相称，当是本居于殷，又由殷而迁于商丘。汤所居的商丘，当是承此殷侯之后，尚未再作迁徙。就是盘庚所迁的殷，也并非新都，因为夏帝芬三十三年，商侯就曾迁于殷[20]。既经先世迁离的旧都，经过若干年后，后王复归于旧居，是旧居虽长期未做过都城，并未受到破坏或毁灭，最多亦不过显得萧条。当然这样的说法，也只是从推测得来，难得有文献上的根据。周人也曾一再迁都，豳、程等地于都城迁离之后，亦不易知其究竟。周原却非寻常。周人建立王朝的始基就在周原。周的都城迁离了周原，周原却仍有它一定的重要性，这种重要性并不因它已失去都城的地位而稍有减弱。近年来，考古工作者在周原展开发掘，其宫殿遗址历历可睹，可想见当年的盛况。周原附近出土的青铜器，其多者一窖竟逾百数，当系幽王败于骊山之下的时候，周原亦为游牧族类所攻陷，兵荒马乱时，贵族逃窜，将之埋诸地下，本期归来取用，不意后来竟未复归，因之沉埋至今。可见当犬戎未盛时，周原尚不至过分萧条。

秦的先世亦曾一再迁都。春秋时，秦以雍为都[21]。雍在今陕西凤翔县南。其后至战国时，又迁于栎阳[22]。栎阳在今陕西临潼县渭河北。最后复徙于咸阳。雍于秦汉时为关中西部的经济都会[23]。栎阳当长安城未建之前，汉高祖曾数往居之[24]，是栎阳虽无都城的名称，实际上俨然就是一国之都。当然不能据此而谓雍和栎阳在秦国都城迁离之后就没有萧条过。雍是处于陇上和巴蜀两地至关中的道路会合的地方，会显出繁荣的景象。它虽失去了都城的地位，但是不会就此萧条下去的。栎阳失去都城的地位远在雍之后，下距西汉王朝的建立，也只是一百多年的光景。在此期间，它当然不能和咸阳相比拟，不过秦人也未特加破坏，故汉高祖能得以数居其地。

像这样的迁都，后世还是屡见不鲜。北魏由平城迁于洛阳，明初由江宁迁于北京，皆可作为例证。北魏初都于盛乐[25]，盛乐在今内蒙古和林格尔县。其后迁于平城[26]，平城在今山西大同市。复由平城迁于洛阳[27]。迁都于平城后的盛乐城，未见详细记载。至于迁都于洛阳后的平城，仍能保持其旧日的规模。郦道元当时曾经亲历这个旧都，据其所见，宫苑寺观，皆未有残缺，就是承贤门南皇信堂上所图古圣忠臣烈士之容及图上的刊题，亦皆能保持原貌[28]。不过以杨衒之所撰的《洛阳伽蓝记》相较，自远不如洛阳的繁荣。明初本都于江宁，即以江宁为应天府。成祖即位始于顺天府建北京，称为行在，而以应天府为南京。永乐十九年，正式迁都。其后至仁宗洪熙元年，仍以北京为行在，直至英宗正统六年，始废行在之名，而北京亦尝称为京师。既以行在称北京，则南京并未失去国都的地位[29]。都城正式北迁之后，南京的设官设吏，仍因原来都城的旧规，和北京相仿佛[30]。都城的迁徙虽使南京受到一定的影响，却并未因此而萧条下去。

同样的迁都，有的对于旧都却做了相当的破坏。东汉末年在董卓的挟持下，自洛阳迁都长安；北魏末年，在高欢的压力下，自洛阳迁都于邺；唐代末年，在朱全忠的强制下，自长安迁都洛阳，都有过严重的破坏，使旧都难以保持原貌。董卓在迁都以前，对于洛阳就曾经有过摧毁，据说"是时洛中贵戚室第相望，金帛财产，家家殷积。卓纵放兵士，突其庐舍，淫略妇女，剽虏资物，谓之'搜牢'。……及何后葬，开(灵帝)文陵，卓悉取藏中珍物。……又坏五铢钱，更铸小钱，悉取洛阳及长安铜人、钟虡、飞廉、铜马之属，以充铸焉。"[31]后来迁都之时，董卓又驱徙京师百姓悉西入关，最后更焚毁洛阳的宫庙及百姓人家[32]。到献帝再归到洛阳时，洛阳已是"宫室烧尽，百官披荆棘，依墙壁间，州郡各拥强兵，而委输不至。群僚饥乏，尚书郎以下自出采稆，或饥死墙壁间"[33]，这真是残破不堪，近于毁灭了。洛阳在北魏时又为国都，刻意经营，为一时少有。前面曾经提到杨衒之的《洛阳伽蓝记》即记载洛阳的盛况。其书所记虽以佛寺为主，然洛阳的繁荣亦可略见一斑。到了北魏后期，当孝静帝时，高欢把持朝政，由于宇文泰拥立孝武帝于关中，洛阳就受到威胁，因而迁都于邺。邺在今河北临漳县西，位于漳水沿岸。邺于十六国时期曾做过后赵和前燕的国都，再经丧乱，原来的规模都已荡然无存。高欢既决定迁都，为了营建新居，就拆毁了洛阳城中的宫殿。据说，当时"南京宫殿，毁撤送邺，连筏竟河，首尾大至"[34]。甚至洛阳所存的汉魏石经，也都运送到邺[35]，当然还要迁徙洛阳的人口。为了安置这些移民，就徙邺旧人西径百里，以居新迁之人[36]。当时邺城的建制虽说是宪章前代，实际上都是模写洛京[37]。仅所增筑的南城，周围就有二十五里[38]，若不是取之于洛京的材木，曷克臻此？至于朱全忠于唐代末年强制迁都，对于旧都的毁灭，较之高欢更尤甚之。唐初循隋氏旧规，以长安、洛阳为东西二京，銮舆经常往来于其间。武则天甚至常居洛阳，不再返回长安。唐末的迁都如按诸唐代前期旧事，并非过于奇突。可是这次迁都却是在毁灭长安的前提下进行的，这就和原来的东西二京的陈规大相径庭了。迁都事发生在昭宗天祐元年正月。这一月丁巳，昭宗在延禧楼接见朱全忠所遣的牙将寇彦卿。寇彦卿奉上朱全忠的表章，说是邠、岐兵逼近畿甸，请求迁都洛阳。其时同平章事裴枢随侍楼上，及昭宗下楼，裴枢已得朱全忠移书，促百官东行。戊午，即驱徙士民就道。就是说，昭宗得到朱全忠的表章的第二天，即已开始迁徙。由戊午再过四天为壬戌，昭宗的车驾也就被逼起程。接着就是毁长安宫室百司及民间庐舍，取其材木，浮渭沿河而下，运到洛阳，长安自此遂成丘墟[39]。唐代旧制，长安有外郭城、皇城和宫城。皇城居中，外郭城在其南，宫城在其北。外郭城规模最大，东西一十八里有余，南北一十五里有余，一周共六十七里[40]。宫城最小，东西四里，南北二里有奇，一周一十三里有奇[41]。朱全忠迁都之后，韩建遂在长安另筑新城。所谓新城实际上乃是去掉外城和宫城，仅仅修葺原来的皇城而已[42]。原来的皇城东西五里有奇，南北三里有奇[43]，也就是说所剩下的只有这一部分了。长安从此废不为都，韩建新城就长期保留下来，明初修城即因韩建新城之旧。现在的西安城就是明初所修的城垣。

这里所说的只是本王朝或政权统治时期的迁都。我国历史上王朝或政权相当众多，其间起伏更代亦颇为频繁。都城的设置既与王朝或政权的统治有关，则王朝或政权遭到崩毁和灭亡时，都城就难于继续存在。东周的雒邑（洛阳）、西汉的长安、唐代的洛阳、金国的开封、南宋的临安，以及蜀汉的成都、孙吴的建业和陈的建康，还有十六国时期各霸主、五代十国时期的割据者的都城，都属于这一类。这些都城在失去其原有地位之后，自难保持其曾经有过的繁荣，很可能也要显出萧条的景况。当然这样一些都城，因为其地理条件的优越，还会有一定的发展，虽然不能再和以前建都时期相比拟，但仍会受到当世和后世的称道。不过这是另外一种性质，与都城无关。譬如长安，因为它不仅位于肥沃的关中地区，而且还处于丝绸之路的起点，在经济方面是有一定基础的。又譬如临安，也就是现在的杭州，它不仅位于太湖流域的南边，而且丝织业有名于一时，虽不再作为都城，但还是以其富庶为人称道的。

有的王朝或政权虽崩溃和灭亡，继其后尘的新的王朝或政权却仍因袭前朝的旧规，并未改变其都城的所在地。这样的都城就可借以得到继续存在和发展，长安之为都城肇始于西汉。西汉之后，刘玄[44]、赤眉[45]、东汉献帝[46]、西晋愍帝[47]、前赵刘曜[48]，都曾以长安为都。这些王朝或政权在长安的建都，为时都相当短促，而且其间前后又没有联系，只是断断续续，显出若干偶然性而已，是不会起到若何作用的。前秦之后[49]，后秦就继之而兴[50]；西魏之后[51]，接着就是北周[52]，这都是相继以长安为都的。如果暂摒隋氏于西汉以来的旧都之外另建新都不论，就还应该提到由隋时，而至于唐代。历代建都于洛阳的王朝或政权亦非少数，东汉后期虽曾暂迁于许，然曹魏及西晋却仍相继以洛阳为都。其后唐代灭亡，后梁而以其地为西都[53]，后唐仍循唐末旧规，即以洛阳为都[54]。邺在十六国时期，曾为后赵和前燕的都城。后赵灭亡后，前燕即入据其地[55]，前后固相及也。其后东魏和北齐亦相继以邺为都[56]。建业，也就是后来的建康，在孙吴灭亡之后，中间经过西晋一段时期，东晋和宋、齐、梁、陈诸朝仍先后在这里建都。开封自石晋以之为都城后[57]，后汉[58]、后周[59]以及北宋皆相继都于其地。就是现在的北京，也相继做过金、元、明、清以及民国时期的都城。经过暂短的间隔，迄至现在，犹为国都的所在。这些王朝或政权虽前后不同，既然相继都在一个都城，则这样的都城不仅在易代之时，未多遭受破坏，甚至还不至于萧条。这也是作为都城难得的经历。

有些后来兴起的王朝或政权在前代都城的基础上另建新都。有的新都即仍旧规，无所改作；有的虽仍因袭旧名，而改作实多。东魏始迁于邺时，营建制作实出于高隆之[60]、辛术的规划[61]，而高、辛二人又禀承高欢的意旨，故后来北齐取代东魏，京邑制度就不必再做若何改革。东晋偏安江左，强寇在侧，只能因吴之旧立宗庙社稷[62]，后来虽亦尝有意修建，终以强寇未殄，终难大展宏图[63]。南朝各代率多修缮宫殿佛寺，并未能过多影响到都城的规模。可是隋代的长安就不是因循西魏、北周的旧规，隋时所修建的长安，乃是在汉代故城东南十三里龙首山下。隋文帝在营建新都的诏书中曾经说过："龙首山川原秀丽，卉物滋阜，卜食相土，宜建都邑。"[64]正是隋时另建了新都，西汉以来的旧都就彻底废弃，迄今仅存残垣败堵，掩映于荒烟蔓草间。元时的大都是在金时的中都基础上建立的，实际上离中都的旧址却还有相当的距离。金中都的旧址略当今北京市宣武区西部的大半，只是北城垣在今西城区的南界以内。元大都则在金中都的东北，城的南部就是现在北京的内城，城中的太液池就是现在的北海和中南海，现在的什刹海却是当时积水潭的一部分。由于大都的兴建，中都自然也就荒芜了。明代的北京城自是在元大都的基础上建立的，但北京城的北部已较元时为缩小，而南部却又更向南推出。明代放弃元大都的北城墙，向南收缩了五里，另筑新墙，即后来德胜门和安定门东西的一线。其南部城墙又向南推移了二里，即后来正阳门、宣武门、崇文门东西的一线。明代不仅对元大都有所改变，而且还修筑了外城。这外城就在原来的旧城之南。到了清代还大体沿用着这样的北京城，而没有很突出的改变[65]。现在北京仍然为全国的都城，由于换了人间，在人民当家做主的时候，这个古都显现了生机，不仅不再萧条，而是更为繁荣昌盛。这个都城逐渐扩大，已经不是原来的内城和外城的旧规模了。

(二) 战争的冲击

上面所说的一些都城在改朝换代时，还不至于受到很大的影响。不过这不是说所有的都城都是如此。实际上有些都城正是在改朝换代时受到了破坏，而臻于毁灭。以前的改朝换代，大体上不外两种原因：一种是由于统治阶级内部的矛盾冲突引起的；另一种是来自统治阶级以外的压力。由于统治阶级内部权力的争夺，一些权臣或某些具有特殊势力的人往往会取代皇位或政权的领导人。这样的更代一般都采取禅让的形式，对于都城自不会造成若何的破坏。至于统治阶级以外的压力，这就包括某些地方势力和农民的起义，也包括其他民族和国外的侵略。这一般都是采取武力进攻的方式，特别是对于都城的围攻，就难免破坏都城，甚至促成它的毁灭。当然也有虽采用武力争夺，由于临近都城时，被攻击的王朝或政权已无力抵拒，战争已近尾声，因而也就使都城免于破坏。南宋末年的临安、明代末年的北京，虽当战争的年代，却还都能免于浩劫。

由于战争的冲击，受到破坏甚至毁灭的都城，首先应该提到西周的丰、镐。丰、镐在周未灭商以前，即已建为都城。周人虽以雒邑为东都，丰、镐的地位并未因此而稍有降低。懿王固曾迁都于犬丘（在今陕西兴平县）[66]，亦只是暂时的性质，其后仍复归于丰、镐。及西周末年，幽王失德，引起犬戎的内侵，丰、镐因而沦陷，周人遂东徙雒邑。此事在幽王十一年，秦襄公七年。犬戎既灭西周，因留丰、镐而不去。下至秦文公十六年，秦国才驱逐犬戎，尽收周的余民，秦地始达到岐山，岐山以东献给周王[67]。在这悠长的时期里，丰、镐故地必然遭到极为严重的破坏，而了无余迹。后来学人欲探求丰、镐的故地，往往难得确指。近年考古发掘，丰的旧址尚可考见，至于镐京所在，则尚在继续探求之中。

西周的丰、镐如此，秦代的咸阳同样归于焚烬。当诸侯亡秦时，项羽继刘邦之后进入关中，随即焚毁咸阳城。西汉王朝建立，虽仍以关中为都，却不得不另行建立长安城。咸阳城从此以后就沦为废墟，迄今原来宫殿遗址的土层犹呈现红色，可以想见当时大火的猛烈。后来咸阳的名称仍被沿用，直至现在，咸阳依然为渭河下游沿岸的重要城市，实际上却已非秦咸阳的旧址了。

西汉的长安，在汉祚终于王莽时，自不会有所破坏。王莽败没，唯未央宫被焚，其他皆无所损，故更始犹得居汉时故宫[68]。后来更始被逐，长安宫室有的就受焚毁[69]。再经东汉、魏、晋，长安既不复作为都城，自然不会受到重视，不免逐渐残破。西晋末年，当永嘉乱离之时，洛阳沦陷之后，愍帝以秦王称尊号于长安。其时"长安城中户不盈百，墙宇颓毁，高棘成林，朝廷无车马章服，唯桑版署号而已。众唯一旅，公私有车四乘，器械多阙，运馈不继"[70]。这样的艰窘，是难以称为都城的。就在这时，还遇到饥馑，米价为斗金二两，人相食，死者大半。太仓仅有麴数十饼，愍帝以此为粥，也难支应多少时日，最后只好降于刘曜[71]。当然这应和当时的混乱局面有关，不能完全诿之于旧都的萧条。西晋末年，距西汉已远，这里的变迁自不与西汉及其后来的王朝或政权有关。虽残破如此，和一般普通县邑还是有所不同的。

洛阳也有相仿佛的遭遇。洛阳在东周以后再作为都城，为东汉时事。东汉末年，董卓迁都长安时，对于洛阳曾经有过极为严重的破坏，这是在前面已经叙述过了的。曹魏初建帝业，就刻意营建洛阳宫殿[72]。到明帝就"愈增崇宫殿，雕饰观阁，凿太行之石英，采穀城之文石，起景阳山于芳林之园，建昭阳殿于太极之北，铸作黄龙凤皇奇伟之兽，饰金墉、陵云台、陵霄阙。百役繁兴，作者万数，公卿以下至于学生，莫不展力，帝乃躬自掘土以率之"[73]。经过这样的经营，就是后来的西晋也得以享受其成就。到了西晋末年永嘉乱离，洛阳就又受到严重的破坏。这时匈奴族刘渊和羯族石勒先后俱起，攻陷州郡。其后洛阳亦被攻陷。据史书记载，刘曜入洛阳，焚烧宫庙，百官士庶死者三万余人[74]。实际上恐非仅此。十六国时期，自刘渊起于离石，讫于刘宋文帝元嘉季年，前后为战国者一百三十六载。在此期间，各族霸主起伏不常，洛阳为黄河流域东西大道必经之地。这些霸主从无一人立国于此，足证当时破坏的严重。后来北魏孝文帝南迁，营造洛阳，实等新建。虽所有城门皆依魏晋旧名，亦不过略示追循之意而已[75]。当时所承袭的，不过是若干地下水道而已。郦道元曾经说过："魏太和中，皇都迁洛阳，经构宫极，修理街渠，务穷(幽)隐，发石视之，曾无毁坏，又石工细密，非今知所拟，亦奇为精至也，遂因用之。"[76]北魏迁都为孝文帝太和十九年事[77]。其前一年，孝文帝北巡阴山时，郦道元曾经扈从[78]，迁都时就有可能参预斯役。既在经见，故所言当系实录。

以洛阳旧事与咸阳相较，似西晋末年的洛阳的遭际尚胜秦咸阳一筹。北周灭北齐，邺的命运几和秦咸阳相埒。北周灭北齐在武帝建德六年，其年以齐都宫殿壮丽，华侈过度，曾两次下诏，多从撤毁。一则说："伪齐……世纵淫风，事穷雕饰，或穿池运石，为山学海。或层台累构，概日凌云。……其东山南园及三台，可并毁撤。"再则说："并邺二所，华侈过度，诸堂壮丽，并宜荡除[79]。"邺城虽被撤毁，犹为新设的相州治所，两年以后，尉迟迥据邺，发兵反对杨坚，也就是后来的隋文帝，兵败自杀。

杨坚因移相州于安阳，其邺城及邑居皆被毁废[80]。事实上不仅是毁废，而是和咸阳一样，被焚烧罄尽。安阳在邺南四十五里，既是由邺南迁的居人所聚集，因而邺县也移至安阳，仍为相州的治所[81]。经过这次摧毁，邺城已无恢复可能。今年(公元1987年)春末，我曾至邺城遗址考察，茫茫原野，绿树环绕，田畴罗列，禾苗青翠，邺城遗迹已难得其仿佛，唯魏武铜雀台残址尚未尽泯，聊供游人怀念而已。

(三) 自然条件的变化

都城的建立是出自王朝或政权从事统治的需要。形成都城的因素，有自然的条件，也有人为的作用。人为作用的变化，较之自然条件频繁迅速，所以都城形成之后引起的演变，多与人为的作用有关。这不是说自然条件再不会起到若何的作用。自然条件和其他事物一样，也时时在变化着。由于不如人为作用的频繁迅速，往往为人所忽略。可是到了关键的时候，对于都城的演变就不能没有影响。尤其是在人力还不容易战胜自然的古代，这种影响就更为显著。

前面曾经提到殷人的迁都，汤以前就曾经迁过八次。汤以后还曾经迁过五次，和夏人的频繁迁都相仿佛。夏时为什么这样频繁迁都？书阙有间，难以说得具体。殷人迁都的原因，历来学者曾经有过种种推测，而以河患的说法最为普遍。殷人居于黄河下游和济水流域，不能说没有受过黄河的影响。祖乙圮于耿，就是明显的例证。所谓圮，就是为黄河所冲毁。耿，旧说在河东皮氏县耿乡[82]。以今地言之，乃在山西河津县。其地黄河流经峡谷之中，如何能冲毁耿乡，而促使祖乙迁都？耿当作邢，其地在今河南温县东，正为当时黄河流经的地方，故能为黄河所冲毁[83]。祖乙因邢为黄河所冲毁而迁都，正说明自然条件在都城的迁徙中仍然是较为重要的因素。这不仅殷时无可避免，就是在后世，也是难于克服的。不过若因此而谓殷人的迁都都是出自河患，那是说不通的。如果说殷人的迁都都是出自河患，那是说殷时河患是相当频繁的。殷时河患是否频繁，这里无暇多事论述。如前所说，殷人的居地是在黄河下游和济水流域。如果当时河患频繁，为什么殷人迁来迁去，老是离不开黄河？如果逐一核实，就是黄河泛滥，殷人的都城也不是黄水所都能冲毁的。可见这种说法未能完全符合于当时的实际。

《尚书·盘庚》三篇就是盘庚迁殷时劝导其臣下服从命令早日迁都和迁都后安抚臣下的文告。盘庚在文告中特别指出：这是"殷降大虐，先王不怀，厥攸作视，民利用迁"。这是说上天既然降下大灾，先王都不思故居而行徙。这显然不是人为的作用，而是出于自然的原因。上天降下什么大灾，盘庚却没有说得清楚。近年傅筑夫先生对此做了说明，他指出："这种情况用现在的话来说，就是旧的聚居地方住过一段时间之后，土地的生产力便逐年缩退，收获年复一年地在递减之中，致使原来的经济生活已经愈来愈不易维持了。根据长期以来的生活和生产实践，知道每当出现这个苗头时，及时迁往一个新的地方，去重建家园，绝不可以在旧的地方勉强下去，绝不可以留恋故居，苟且偷安。"[84]殷人农业已有相当基础，《盘庚篇》中一则说："予亦拙谋，作乃逸，若网在纲，有条而不紊，若农服田力穑，乃亦有秋。"再则说："惰农自安，不昏作劳，不服田亩，越其罔有黍稷。"虽是比喻，却也十分恰当。殷人亦知施肥以增加农业的收成，不过农事操作还是相当粗放的。土地报酬渐减的规律还是难于有很多的克服。作为以农业为主要的生产来说，在收获递减的情况下，进行迁都是有一定的道理的。近来有些学人不甚同意傅筑夫先生这样的说法，看来理由还不甚充足。

《国语·周语》有过这样一条记载："幽王二年，西周三川皆震。"这是说当时发生过一次地震，震区涉及泾、渭、洛三条河流。伯阳父因此做出推断，说是"周将亡矣"。伯阳父的推断是这样得来的：地震必将影响河流和山势。果然在这一年，三川断流，岐山崩塌。为什么山崩川竭就影响到王朝的存亡？据伯阳父的解释，水土气通就显得润泽，土地润泽就能长好庄稼，人民也就富足起来。如果水土显不出润泽，农业难得丰收，人民没有财用，怎么能够不亡呢！伯阳父还举出两宗事例，说是伊水和洛水断流，夏朝因而灭亡；河水断流，商人也同样覆灭。因为夏代末年的都城是在伊洛流域，商代末年都城在朝歌，也就是后来卫国的封地。那是近于黄河的地方。所以伊洛二水和黄河的断流，夏商两代都会受到影响。民用一时匮乏，不一定马上就影响到王朝或政权的灭亡，但这样严重的自然条件的变化，不能说就不会起到若何的作用。西周这次地震和三川竭、岐山崩在幽王二年，幽王为犬戎所杀在其十一年，前后相距九年。幽王为犬戎所杀固然是他自己的失德，处事乖张，如果民富国强，还不至于落到这样的下场。幽王身死国破，丰、镐也就失去了都城的地位。

这种自然条件的影响，就是在后来的王朝和政权中也不是少见的。关中作为都城所在地，前后经历了十多个王朝和政权。丰、镐和咸阳、长安都是受人乐道的古代都城。关中作为都城是有它的优越条件的。首先是四塞的险固；其次就是土地肥沃富庶。在用刀枪剑戟作为武器的时期，险固的四塞确实曾经起到有利于防御的作用。至于土地的肥沃富庶，在人口不甚繁多的情况下，是有它的优越性的。这在西周和春秋战国时期都能充分显示出来。不过关中容易发生旱灾，动辄引起灾歉，却也引起大的问题。周宣王时，关中就曾有一次特大旱灾。当时诗人描述这次灾情说："旱既太甚，涤涤山川。旱魃为虐，如惔如焚。我心惮暑，忧心如薰。"又说："天降丧乱，饥馑荐臻。"[85]据说这次旱灾历时相当长久，削弱了周代的国力，好在还没有影响到丰、镐都城的地位。

关中虽不时发生旱灾，影响农田收获，使粮食的供应感到困难，但人口不断增加，就是田亩丰收，供应仍会有所不足。战国末年，秦国逐渐强盛，生齿日繁，问题就已经显示出来[86]。解决的办法是由外地运粮接济。秦汉两代都是由关东运输粮食，而渭水含沙量大，下游河道复多弯曲，再加上黄河的砥柱险阻，由关东运粮也有一定困难。

最值得注意的是唐代，尤其唐代前期的情形。唐代解决关中粮食问题，是有优越的条件的。它承受了隋代有关的遗产而更加发扬光大。隋代开凿了关中渭水以南由长安附近连接黄河的漕渠，也开凿了太行山东的永济渠，以及连接黄河和淮水的通济渠，还修复了江淮之间的邗沟，又开凿了长江以南绕过太湖的江南运河。通过这些运河渠道，各地的粮食就可源源不断运到都城长安，加上关中和其西北各地所产的粮食，是有相当巨大的数目的。可是由于都城人口的众多，在干旱和歉收的岁月里，粮食的需要依然是难于解决的问题。严重的时期，甚至连皇帝之尊也要远行到洛阳就食，这在当时已成为例行的故事。这里略举唐高宗和唐中宗时的一二事例，以见他们恓恓惶惶为就食而受到的困苦。高宗永淳年间，以关中饥馑，斗米售价三百钱，皇帝不能不出幸东都。由于事出仓促，扈从之士有的就不免途中饿死。高宗为了防止途中万一有人草窃，因而命监察御史魏元忠检校车驾前后[87]。后来到中宗景龙年间，关中又遭逢饥荒，运输山东江淮谷物至京师，挽车的牛死者十之八九。朝臣按照惯例，又请中宗到洛阳就食，中宗发了一顿脾气，说是岂有逐粮天子！只好作为罢论[88]。

皇帝到东都就食，这不是简单的出行，朝中重要的官吏都要随同前往。每次就食，时间长短不同。高宗永淳年间那次就食，他就死在了洛阳，未再回到长安。临死之前，他还在说："天地神祇若延吾一两月之命，得还长安，死亦无恨。"[89]可见他到东都来是不得已的。高宗死后，武后承缵大统。当高宗在位时，前往东都就食,并不是就在洛阳永住下来。武后继立,在位二十余年,都是在东都度过,几乎少回长安[90]。武后久居洛阳,当然还有别的原因,关中的粮食问题难于解决,也并不是就没有关系。

高宗的就食东都,带去了朝中重要官吏。武后二十余年久居洛阳,实际上就是以洛阳为都城了。唐制:长安为京师,洛阳为陪都。皇帝久居陪都,当然说不上是迁都,实际上却是和迁都相仿佛。一般迁都可能不再归来,唐代由于未取消京师的名称,经过二十多年的长期违离,最后还是回到京师。

唐代自中宗以后,皇帝再未亲临东都就食。这不是长安及其附近再未发生过旱灾,不至于遇到饥馑的年月,而是竭力改善运输,由关东各地大量运粮,接济都城的不足。这是以人为的力量来克服自然条件的缺点,困难虽得到克服,却耗费了大量的国力。

(四) 民族关系的影响

我国是一个多民族的国家,这是自古已然的。远古时期不必详论,周人的封国中,南疆的楚王就以蛮夷自称。春秋时,晋人为向之会,将以谋楚,戎子驹支与会。驹支自溯其先世为四岳之裔,只是饮食衣服不与华同。当时中原的诸侯封国自称为华夏,以区别于周围的戎狄蛮夷。随着时间的推移,其间的差异亦逐渐泯没。就在春秋季世,殆已无人再以蛮夷视楚人。在这悠长过程中,彼此间兵戎相见是难免的。这只能是兄弟阋于墙，不过是一般事故而已。春秋以后，在各个王朝或政权相继兴衰更替的时期中，各族之间大多能和睦相处，当然也免不了出现兄弟阋于墙的事故，这只是多民族国家中兄弟之间的关系。如果别有用心的人以此来挑拨离间，那将是徒劳的。

这种兄弟阋于墙式的兵戎相见，往往会影响到某些王朝或政权的都城。西周时的丰、镐就是这样毁灭的。前面已经提到，由于周幽王的失德，招致了犬戎的内侵。幽王身死于骊山之下，犬戎也就进而占据了丰、镐，周室因而不能不东迁到洛阳。从那时起，丰、镐就再未兴起，其遗址也沦为田圃，徒劳后来的学人多方论证，犹未得其确实所在。现在考古发现，虽已获若干线索，而镐京遗址犹待继续探索。

其实，周人和其西北诸族的关系是相当复杂的。周之先世公刘曾居于豳。今陕西旬邑和彬县皆有豳的遗迹[91]。公刘所居有皇涧、过涧，则当在今彬县境内。公刘居豳为周的先世的大事，故《诗经》"大雅"诸篇中犹有以《公刘》为名的诗篇。这篇诗中说："笃公刘，逝彼百泉，瞻彼溥原，乃陟南冈，乃觏于京。京师之野，于时处处，于时庐旅，于时言言，于时语语。"这里首先提到了京师。郑《笺》释京，谓为大众所宜居之地。《正义》说："《春秋》言京师者，谓天子所居，公刘非天子，不得谓所居为京师。"《春秋》所释，当是后来的说法。以后来的说法来解释前人的居地，似未见得恰当。就是这个豳地后来也为戎狄所据有[92]。周人去豳，居于岐山之下，就是所谓的周原。周幽王为犬戎杀于骊山之下，丰、镐沦陷时，周原故地也一并为犬戎所摧毁。这是在前面已经说过了的。

前面还曾说到西晋末年的洛阳和长安，那时洛阳和长安都遭受到战争的破坏。而引起这样的战争的，则是匈奴族。匈奴本居于大漠的南北，秦汉时期经常与中原王朝相构衅。西汉中叶以后，匈奴内部分裂，南匈奴就徙居塞下，受汉朝的保护。曹操更徙其人于太原、西河诸郡，用现在的地理位置来说，就是山西省的中部和南部。匈奴族和其他的鲜卑、氐、羯、羌诸族，乘晋室内部互争的机会，纷纷揭竿而起。首先攻陷洛阳和长安的就是匈奴族的刘曜，正是由于刘曜的摧毁，洛阳和长安都受到很严重的破坏。长安在十六国时期还曾先后作为前、后两秦的都城。洛阳再次作为都城，乃在北魏孝文帝时。孝文帝的迁洛，等于再建了一个新都，可见当时破坏的严重。

长安在前秦时作为都城，又得到一次营建，据说，当时"关陇清晏，百姓丰乐，自长安至于诸州，皆夹路树槐柳，二十里一亭，四十里一驿。旅行者取给于途，工商贸贩于道。百姓歌之曰：'长安大街，夹树杨槐，下走朱轮，上有鸾栖。'"[93]在乱离时期，能有这样的景象，也是少见的。苻坚败亡时，慕容冲曾入据长安，城中因之受到摧毁[94]。就在这样已受摧毁的基础上，姚秦又以之作为都城。姚兴素事佛，其时沙门自远而至者五千余人。起浮图于永贵里，立波若台于中宫，沙门坐禅者恒有千数[95]。仅此一端，可见长安又呈现出一些繁荣景象。姚秦祚短，不久又为刘裕所攻破。刘裕攻破长安，尚不至于多所破坏。刘裕东归后，赫连勃勃南下，长安这才又遭到另一次的厄运。

长安的厄运并不是就此而止。《魏书·地形志》曾经指出："孝昌之际，乱离尤甚：恒代而北，尽为丘墟；崤潼以西，烟火断绝。"孝昌为北魏孝明帝的年号。这已是北魏的末叶了。所谓孝昌乱离，指的是破六韩拔陵和胡琛、莫折太提等的起义事。破六韩拔陵为匈奴族的后裔[96]，胡琛为敕勒族人[97]，莫折太提则为羌族人。这些族类起来共同反抗鲜卑族的统治者。恒代以北，尽为丘墟，这应是北魏统治者的压抑破六韩拔陵起义军所造成的残局。崤潼以西，烟火断绝，这应是北魏统治者摧残胡琛、莫折太提等起义军所肇致的恶果。胡琛还踢踏于陇上一隅，莫折太提之子莫折天生却还下陇与魏军争锋。莫折天生于进攻长安时阵亡，其部将却东据潼关，魏帝竟因此颁下诏书，说是要亲自征讨[98]。起义军虽未攻入长安，由于崤潼以西，烟火断绝，长安城中就不会不受到影响。这时长安只是雍州的治所，为关西重镇，还说不是都城。就是这样的残破局面，西魏和北周还是相继以这里为都。

隋唐时期，长安最为繁荣昌盛。就在这样昌盛的时期，却隐伏着若干厄运。唐玄宗天宝末年，安禄山攻陷长安，为这一时期初次的最大破坏。安禄山虽为营州（今辽宁朝阳市）柳城杂种胡人，但其未起兵前却是唐朝的范阳节度使和河东节度使[99]，这次攻陷长安算不上民族问题。唐代宗时，吐蕃挟吐谷浑、党项羌之众攻陷长安，却是另一种性质[100]。吐蕃此次攻占长安，为时不过一月有余。长安遭受多大的破坏未见记载，不过长安因此而显得萧条，那是可以肯定的。

吐蕃攻占长安，并未久居下去，也未能促使唐朝崩毁。自此以后，周边一些部族攻占当时中原的王朝或政权的都城，并促成这些王朝或政权的灭亡的还是不少的。契丹就曾攻占过石晋的都城开封。开封作为北宋的都城，也曾被女真攻占过。女真在攻占开封以前，就已经攻占辽国的临潢府和析津府。临潢府为辽的上京，而析津府则为辽的南京。临潢府为辽的发祥地，析津府则常为辽的行都。金国固曾灭辽灭北宋，及其季年，蒙古却攻占了它的中都和南京。金的中都在今北京市，南京也就是北宋的东京。元代于灭金之外，还曾经灭西夏，而攻占其都城兴庆府。后来又攻占了南宋的都城临安府。到后来，清人也占据了明朝的都城北京。清人占据北京时，明朝已为农民起义领袖李自成所推翻。其时南明诸王尚辗转于江南沿海和云贵各处，并未因都城失守而皇祚告终。金国都城中都失守前，金已迁其都城于开封。而北宋失去开封之后，高宗仍偏安于江南，维持半壁河山达百有余年。除过这几个具体的事例外，其他王朝或政权则都城被攻破时，也就是实际灭亡时。

这些被攻破的都城，一般多被破坏。北宋都城被攻破时在钦宗靖康二年，其后四十二年，为孝宗乾道五年。这一年楼钥奉辟，随使者使金。赴金途中，须经过开封。据其所见，则新宋门的"城楼雄泽，楼橹壕堑壮且整，爽壕植柳如引绳然"。旧宋门内"尤壮丽华好，门外有庙曰灵护。两门里之左右，皆有阙亭，门之南即汴河也"。其时开封城附近汴河可能还有积水，故其附近尚能壮丽华好。城楼亦可作防御之用，故能壮且整。

其他就不能相比拟了。据说："由北门以入内城，相去尚远。城外人物极稀疏。……城里亦凋残。……街北望见景德开宝寺二塔并七宝阁寺、上清储祥宫，颓毁已甚。……颓垣满目，皆大家遗址。"这些都是楼钥初至开封时，由南门入城所见。及其离开封北行，便见到"北郊方坛在路西，青城在路东，面南中开三门，左右开掖门，西开一门以通坛，皆荒墟也。人烟比南门稍盛。"[101]金人以开封为南京，建京之后，自须有一番经营。既有一番经营，尚如此残破，可知城破之后，所毁坏的当更为严重。

情况较为良好的，当是明亡后的北京城。农民起义军进军至城下，太监曹化溶启彰义门，起义军因得尽入城内[102]，故城内无所破坏。清军进关，更是长驱直入。北京城亦因此得以保存完好，为改朝易代后诸都城所少见者。

南宋灭亡后的临安，似亦和明亡后的北京相仿佛。南宋亡后不久，马可·波罗曾经到过临安。马可·波罗称此城为"蛮子国都行在城"。据其所见，"此城尚有出走的蛮子国王之宫殿，是为世界最大之宫，周围广有十哩，环以具有雉堞之高墙，内有世界最美丽而最堪娱乐之园囿，世界良果充满其中，并有喷泉及湖泊，湖泊充满鱼类。中央有最壮丽之宫室，计有大而美之殿二十所，其中最大者，多人可以会食。全饰以金，其天花板及四壁，除金色外无他色，灿烂华丽至堪娱目。并应知者，此宫有房室千所，皆甚壮丽，皆饰以金及种种颜色。此城有大街一百六十条，每街有房屋一万，计共房屋一百六十万所，壮丽宫室夹杂其中"[103]。马可·波罗这段记载，不无夸大之处，不过也足以证明，宋亡之后，临安并无若何巨大的破坏处。

元代崛起漠北之后，灭国最多，金宋两国自是首当其冲，西夏和大理也难免受到摧残。像临安这样能够获得保存，确实是难得的。前面已经说过，元代取得金的中都后，虽亦定都于其地，并改中都为大都，实际上大都却是在中都之旁另建的新都，金代的中都还是被废弃了。其他改朝换代之后的旧都能像这样的并不是很多。至如契丹攻破石晋都城开封，旧史虽未记载开封所遭受的破坏，然契丹在都城附近打草谷[104]。这是一种最为野蛮的掠夺，开封周围各处人民莫不受其荼毒，开封城内也是不能无所破坏的。

这里还应该提到，辛亥革命，民国肇建，北京附近既未发生争战，对清室又有保护条例，故北京城并无若何破坏。新中国成立后，北京城又复设为都城，重新营建，规模壮丽，实为当世所少有，也是古都变迁的一个很好的例证。

综上所述，历代都城的演变，都有具体的差异，未能完全相同。大体说来，有的是遗址沦丧，有的却能得到相当程度的保存。这些古代都城，不论其为何王朝或政权所建立，实际上都是当时劳动人民智慧的结晶，显示着古代文化的宏丽。能够保存到现在的，应该加以修整，俾能显示原貌。至于那些遗址有待探求的，也应该探求清楚，使当时一代人民的智慧和结晶不至于长期埋没于地下。当前举国上下都重视发扬文化，当不以斯言为河汉也。

(原载《中国古都研究》第七辑，山西人民出版社，1991年)

【注释】

1　《三国志》卷二《魏书·文帝纪·注》引《魏略》。
2　《水经·浊漳水注》。
3　《旧唐书》卷四《高宗纪》。
4　《隋书》卷三《炀帝纪上》。
5　《通典》卷一七九《州郡九》。
6　《大唐六典》卷三《户部尚书》。
7　《旧唐书》卷八《玄宗纪上》。
8　《旧唐书》卷一〇《肃宗纪》。
9　《唐会要》卷六八《诸府尹》："（蒲州），开元九年正月八日，改为河中府，号中都。以姜师度为尹；六月三日，停东都，却为州。"按：《旧唐书》卷八《玄宗纪上》："开元九年，春，正月，丙辰，改蒲州为乃中府，置中都；秋，七月，戊申，罢中都，依旧为蒲州。"
10　《通典》卷一七九《州郡九》：开元九年置中都，"时扬州功曹参军、丽正殿学士韩覃上疏曰：……两都旧制，分官众多，费耗用度尚以为损，岂可更建中都乎！夫河东，国之股肱郡也，劲锐强兵尽出于是，其地隘狭，今又置都，使十万之户将安投乎？且陋西都而幸东都，自西都而遁中都，取乐一君之欲，以遗万人之患，务在都国之多，不恤危亡之变，悦在游幸之丽，不顾兆庶之困，非所以深根固蒂不拔之长策矣。……六月三日，诏停"。
11　拙著《由地理的因素试探远古时期黄河流域文化最为发达的原因》。
12　《尚书序》；王国维《观堂集林》卷一二《说耿》。
13　《水经·巨洋水注》；《汉书》卷二八《地理志·注》引《汲郡古文》。
14　《尚书·胤征》后附亡《书序》。
15　《尚书·胤征》孔传。
16　《荀子·成相篇》。
17　《左传》襄公九年。
18　《左传》定公九年。
19　《今本竹书纪年》。
20　《今本竹书纪年》。
21　《汉书》卷二八《地理志》。
22　《史记》卷五《秦本纪》。
23　《史记》卷一二九《货殖列传》。
24　《史记》卷八《高祖纪》。
25　《魏书》卷一《序传》。
26　《魏书》卷二《太祖纪》。
27　《魏书》卷七下《孝文帝纪》。
28　《水经·榖水注》。
29　《明史》卷四〇《地理志一》。
30　《明史》卷七二《职官志一》。
31　《后汉书》卷七二《董卓传》。
32　《后汉书》卷九《献帝纪》。
33　《后汉书》卷九《献帝纪》。

34	《北史》卷四六《张耀传》。
35	《魏书》卷一二《孝静帝纪》。
36	《魏书》卷一二《孝静帝纪》。
37	《魏书》卷八四《李业兴传》。
38	《北齐书》卷一八《高隆之传》。
39	《资治通鉴》卷二六四《唐纪八〇》。
40	宋敏求:《长安志》卷七《唐京城》。
41	《长安志》卷五《唐宫城》。
42	《读史方舆纪要》卷五三《陕西二》。
43	《长安志》卷七《唐皇城》。
44	《后汉书》卷四一《刘玄传》。
45	《后汉书》卷四一《刘盆子传》。
46	《后汉书》卷九《献帝纪》。
47	《晋书》卷五《愍帝纪》。
48	《晋书》卷一〇三《刘曜载记》。
49	《晋书》卷一一三《苻坚载记》。
50	《晋书》卷一一六《姚苌载记》。
51	《魏书》卷一一《出帝纪》,《周书》卷一《文帝纪上》。
52	北周受魏禅,未议迁都,当仍旧贯,见《周书》卷三《孝闵帝纪》。
53	《旧五代史》卷三《梁书·太祖纪》。
54	《旧五代史》卷三〇《唐书·庄宗纪四》。
55	《晋书》卷一〇四《石勒载记》,又卷一一〇《慕容儁载记》。
56	《元和郡县图志》卷一六《相州》。
57	《旧五代史》卷七七《晋书·高祖纪三》。
58	《旧五代史》卷一〇〇《汉书·高祖纪下》。
59	《旧五代史》卷一一一《周书·太祖纪二》。
60	《北齐书》卷一八《高隆之传》。
61	《北齐书》卷三八《辛术传》。
62	《晋书》卷六《元帝纪》。
63	《晋书》卷七六《王彪之传》。
64	《隋书》卷一《高祖纪上》。
65	侯仁之:《历史地理学的理论与实践·元大都城与明清北京城》。
66	《史记》卷四《周本纪·索隐》引宋忠说,《汉书》卷二八《地理志》。
67	《史记》卷五《秦本纪》。
68	《后汉书》卷一一《刘玄传》。
69	《后汉书》卷一一《刘盆子传》。
70	《晋书》卷五《愍帝纪》。
71	《晋书》卷五《愍帝纪》。

72	《三国志》卷二《魏书·文帝纪》。
73	《三国志》卷二五《魏书·高堂隆传》。
74	《晋书》卷五《怀帝纪》。
75	杨衒之：《洛阳伽蓝记》。按：《洛阳伽蓝记》曾有这样一段记载："迁京之始，宫阙未就，高祖住在金墉城。城西有王南寺，高祖数诣寺与沙门论义，故通此门，而未有名，世人谓之新门。时王公卿士常迎驾于新门，高祖谓御史中尉李彪曰：'曹植诗云：谒帝承明庐，此门宜以承明为称。'遂名之。"北魏时洛阳城门非魏晋旧名的，殆仅此一处。
76	《水经·榖水注》。
77	《魏书》卷七下《高祖纪下》。
78	《水经·河水注》。
79	《周书》卷六《武帝纪》。
80	《周书》卷八《静帝纪》。
81	《旧唐书》卷三九《地理志二》。
82	《史记》卷三《殷本纪·索隐》。
83	王国维：《观堂集林》卷一二《说耿》。
84	傅筑夫：《中国经济史论丛》上册《殷代的游农与殷人的迁居》。
85	《诗经·大雅·荡之什·云汉》。
86	《史记》卷二九《河渠书》。
87	《资治通鉴》卷二〇三《唐纪一九》。
88	《资治通鉴》卷二〇九《唐纪二五》。
89	《旧唐书》卷五《高宗纪》。
90	《旧唐书》卷六《则天皇后纪》。
91	石璋如：《传说中周都的实地考察》(刊《历史语言研究所集刊》第二十本下)。
92	《史记》卷四《周本纪》。
93	《晋书》卷一〇三《苻坚载记上》。
94	《晋书》卷一〇四《苻坚载记下》。
95	《晋书》卷一一七《姚兴载记上》。
96	《北齐书》卷二七《破六韩常传》。
97	《资治通鉴》卷一五〇《梁纪六》。
98	《资治通鉴》卷一五一《梁纪七》。
99	《旧唐书》卷一五〇上《安禄山传》。
100	《旧唐书》卷一九六上《吐蕃传上》。
101	楼钥：《攻媿集》卷一一一《北行日录上》。
102	《明史》卷三〇九《李自成传》。
103	冯承钧译：《马可波罗行纪》第二卷第一五一章《蛮子国行在所城》。
104	《资治通鉴》卷二八六《后汉纪一》："赵延寿请给上国兵廪食，契丹主曰：'吾国无此法。'乃纵胡骑四出，以牧马为名，分番剽掠，谓之打草穀，丁壮毙于锋刃，老弱委于沟壑，自东西两畿，及郑、滑、曹、濮数百里间，财畜殆尽。"

九

唐代长安外郭城街道及里坊的变迁

唐代都于长安。长安本为隋时都城。唐承隋制，踵事兴筑。其规模的宏大，为并世东西各国所少有。玄宗开元年间，韦述曾撰《两京新记》记其崖略。北宋时，宋敏求撰《长安志》，其京城部分殆即因韦述所著而更为详瞻。再后到了清代，徐松又撰《唐两京城坊考》，于次道旧帙基础上，再事考核。当时故实，历历可睹。韦述所著大部分佚失，幸宋、徐两家撰述，皆仍传世，而于里坊记载尤多。今因其故绩，再做探索。谅可有助于唐代都城的研讨。

（一）唐代长安外郭城的轮廓

唐长安城由宫城、皇城和京城三部分组成。宫城为皇室宫掖所在地。王朝政治机构皆会集于皇城之中。京城亦称外郭城或罗城，则是贵族官吏、百姓、商贾以及其他各色人等聚集的处所。

宫城在皇城之北。宫城的北墙，其东西两端皆与外郭的北郭相连接。这也就是说，宫城和皇城占有外郭城北部中间向内凹入的部分。宫城和皇城的东西各有外郭城的一部分，其间有墙相隔。皇城的西墙与今西安西城墙同在一直线上，其北就是宫城的西墙。宫城西墙南段也为今西安西城墙所压。在西安西城墙之北仍向北伸延，与外郭城北郭西段相衔接。皇城和宫城的东墙，南北也成一直线。其南由今西安城和平门以西起，中经今城内革命公园的西端，再向北与外郭城北郭东段相衔接。

宫城的南墙由今西安城西五台向东，经过今城内西五路之南，而与其东墙相衔接。皇城北面无墙，与宫城之间以横街相隔。其南墙大致就是今西安南城墙的西段和中段。近年来，中国科学院考古研究所西安唐城发掘队曾从事发掘测量，并发表题为《唐代长安城考古纪略》的报告（《考古》1963年第11期），皆可作为证明。

《长安志》谓西内（宫城）南面有六门：中为承天门，其东依次为长乐门、广运门、重福门、永春门，其西为永安门。重福门即东宫的正门。徐松考证谓实有五门，盖不数重福门（徐松作嘉福门），而移广运门于承天门之西。并说："《长安志》以广运在长乐之东，非是，今从《六典》。"然《六典》只说"南面三门，中曰承天，东曰长乐，西曰永安"，曾未一及广运门和永春门。或开元以后有所新制，为《大唐六典》不及载入。元人所制的《长安志图》，其中《唐宫城图》仍据次道六门之说绘入，唯以重福门作重明门，以永安门作永庆门，而稍有讹误。宫城北面，《长安志》谓有三门，正北为定武，次东为安礼，东宫北门为元德门。徐松不数元德门，而谓定武门应作玄武门。按诸两《唐书·尉迟敬德传》，则以作玄武门为是。宫城东面一门，为凤凰门；西面二门，北为嘉祐门，南为通明门。据探掘所知，承天门遗址在今西安城内莲湖公园内莲湖池南岸偏西处。玄武门位于宫城北墙中部略偏西处，不与承天门相对。

皇城南面三门，中为朱雀门，东为安上门，西为含光门。据探掘所知，朱雀门遗址在今西安小南门之东，北与承天门相对。安上门遗址在今西安南门之下。含光门在今小南门之西，今已辟为通途。东面二门，南为景光，北为延喜。西面两门，南为顺义，北为安福。据探掘所知，顺义门遗址在今西安西门稍北处。皇城无北墙，中隔横街与宫城相对，故亦无北面门。此横街东出皇城延喜门，西出皇城安福门。

外郭城南至明德、启夏、安化三门，而其北的中间与皇城相接。因连接皇城，就再未设门。南面三门，明德居中，东为启夏，西为安化。明德门北与朱雀门相对，其间就是朱雀门街。据发掘所知，明德门遗址在今西安市南郊杨家村南，启夏门北对外郭城北面东部的兴安门，其间为朱雀门街东第三街，亦即皇城东第一街。安化门与外郭城北面西部的芳林门相对。其间为朱雀门街西第三街，亦即皇城西第一街。外郭城东侧三门，自北而南，为通化、春明和延兴门。西侧三门，自北而南，为开远、金光和延平门。这东西的各三门，依次彼此相对，中间皆有横街相通。外郭城北面西半部，其北为禁苑。《长安志》谓"北面一门曰光化门"，接着又说："皇城之西二门，当皇城西第一街曰芳林门，当皇城西第二街曰光化门。"并于光化门下加注文说："西北出趣长安故城。"如注文所说，若趣长安故城，则光化门不宜当皇城西第二街，而应是当皇城西第三街。《长安志》叙禁苑，谓其南面三门，中曰景耀门，东曰芳林门，西曰光化门。禁苑南与外郭城相接，则此三门亦当是外郭城北面的三门。徐松于芳林门和光化门之间增景耀门，是也。外郭城北面东半部，其北就是大明宫。大明宫南面有五门。正中为丹凤门，在外郭城翊善和光宅二坊之间。其东为望仙门，再东为延政门。

丹凤门之西为建福门，再西为兴安门。望仙门当皇城东第二街。延政门位于长乐坊之北。建福门南抵光宅坊。兴安门则在光宅坊西北，当皇城东第一街。

宫城、皇城和外郭城自北而南，依次连接。《长安志图》说："自两汉以后，都城并有人家在宫阙之间。隋文帝以为不便于事，于是皇城之内，惟列府寺，不使杂居，公私有便，风俗齐肃，实隋文新意也。"唐初既因隋时旧制，亦未改此规模，故里坊皆荟萃于外郭城中。

（二）纵横于诸里坊间的街道

外郭城远较宫城和皇城为广大，其中街道纵横交错，可以说是四通八达。白居易《登观音台望城》诗中描述当时情景，谓"百千家似围棋局，十二街如种菜畦"，风景如画，仿佛就在眼前。白居易对这十二街曾经频繁加以称道，所作《登乐游园望》诗就说过："下视十二街，绿树间红尘。"《邓鲂张彻落第》诗又说："春风十二街，轩骑不暂停。"《谕友》诗中还说："西望长安城，歌钟十二街。"所说的十二街乃是指皇城的街道而言。《长安志》说："(皇城中)南北七街，东西五街，其间并列台省。"这以南北顺序排列的七街和以东西顺序排列的五街，合起来正是十二街。人们往往以这十二街作为长安街道的总称。其实外郭城的门道数目和皇城并不相同。《长安志》说："郭中南北十四街，东西十一街。"正是此意。这南北十四街、东西十一街，毕沅校正无说，徐松亦未做若何解释。《长安志》分街叙述，以朱雀门街为主。朱雀门街东五街，朱雀门街西亦五街，加上朱雀门街共为十一街。《长安志》所叙述的街实际指两街之中的里坊，它说："朱雀门街之东从北第一，兴道坊。"此下由兴道坊直叙最南的安义坊。其实，由兴道坊至安义坊就在朱雀门街的东侧。兴道坊至安义坊之东，就称为第二街。以此类推，直至第五街。其叙朱雀门街西诸街，亦是如此。《长安志》在这里略有缺简。《唐两京城坊考》代为补苴，它说："朱雀街之西，从北第一坊光禄坊。"此下由光禄坊直叙至延祚坊。光禄坊至延祚坊之西，也称为第二街。以此类推，直至第五街。按其所叙述，朱雀门街的东西，各有四街，加上中间的朱雀门街，实际上只有九街，不得说是十一街。更不得说是十二街。如果说朱雀门街东之街，由兴道坊之东算起，朱雀门街西之街，由光禄坊之西算起，则朱雀门东第五街，应在兴宁坊之东。朱雀门街西第五街，应在修真坊西。这就是说，紧靠通化、春明和延兴门的东郭城之内还应有一街；紧靠开远、金光和延平门的西郭城之内也还有一街，这样合起来就可以说是十一街。

按照当时规定，皇城东西的三街诸坊皆开四门。皇城东第三街和皇城西第三街皆紧靠郭城，其间若无顺城的街道，则皇城东第三街诸坊的东门和皇城西第三街诸坊的西门都将无从开设。皇城东西的三街，其最北诸坊和最南诸坊也都分别紧靠郭城，同样紧靠南面郭城诸坊有南门和紧靠北面郭城诸坊有北门，也可以证明南北郭城之内皆是有街的。

不过这里还应该指出，东郭城一些段落下还有夹城。《长安志》于兴庆坊说，开元十六年，"筑夹城，入芙蓉园。自大明宫夹东罗城复道，经通化门观，以达此宫。次经春明、延喜门，至曲江芙蓉园，而外人不之知也"。其后在修德坊的叙述中，更特立夹城一目，说："宪宗元和十二年，中尉第五守进以众二千，筑夹城。自（宫城内）云韶门过芳林门，西至修德里，以达兴福寺。又诏所筑夹城别开门曰元和，造楼曰晨晖。"夹城应是倚着郭城筑的，这可能占去一部分紧靠郭城的街，还不至完全使之截断。《长安志》谓"南内兴庆宫距外郭城东垣"。这里所说的东垣，即指东郭城而言，也就是所谓的东罗城。作为兴庆宫，它是要和夹城连接的。可是这样一来，东郭城下的南北街也就难以通行了。

由于宫城和皇城在外郭城之北，并由北面凹入外郭城，因此，皇城之南，南北向的五街之中，有四排坊，每排有九坊。宫城和皇城之东的四街之中，有三排坊，每排有十三坊。以最长的每排十三坊算计，其间应有十二街，加上紧靠南北两侧郭城的两顺城街，就是十四街。

根据这样的街道布置，街与街之间的坊都是各自独立，不相连接的。朱雀门街东第一街，从北向南数的第二坊为开化坊。坊的南一半仅有一座大荐福寺。大荐福寺是一座大寺，虽然占了半坊之地却也容纳不下。但它不能轶出坊外，寺的浮图（今为小雁塔）就只好建在其南的安仁坊，因而安仁坊的西北隅就成了荐福寺的浮图院。这样建筑正是用以保证街道的端直。这样的端直正像白居易所说的棋盘一样，显得规划井然。

就是这样井然的规划，也还有例外。朱雀门街东第三街，也就是皇城东的第一街，这是由大明宫西南的兴安门南至启夏门的街。其最北的坊为翊善坊，后来置大明宫、开丹凤门街，因而就把翊善坊中分为二，东一半仍称翊善坊，西一半就改称光宅坊。丹凤门街并非仅止于此，而是再向南伸延。翊善坊之南，本是永昌坊，于是就仿翊善坊之例，也一分为二。不过永昌坊在西一半，其东一半别称来庭坊。丹凤门街只据有翊善、来庭两坊和光宅、永昌两坊中间之地，是相当短促的，不能和其他南北向的街相比较，因而也不计在东西十一街之内。可是这样歧出的地方，就使外郭城内街道的布局难得整齐画一。

朱雀门街西第五街，也就是皇城西第三街，最南的坊为永阳坊，也就是从北数起的第十三坊。这座坊内，虽然有恭僖、贞献二太后庙，实际上绝大部为大庄严寺和大总持寺两座寺院所分据。东一半为大庄严寺，西一半为大总持寺，这两座寺院分据这一坊之地还不够，就都向北扩展，其北为和平坊，因而和平坊内也分成东西两半。坊内南北街之东，筑入大庄严寺，街之西，筑入大总持寺。这与开化坊和安仁坊的大荐福寺不同。大荐福寺及其浮图院分在两坊，各自有门相对，并不影响两坊之间的横街。永阳坊的大庄严寺和大总持寺却都是筑入其北的和平坊。两坊之间都没有寺门，显然是这两座寺院把这两坊连在一起。这样就把这两坊之间的横街筑断了。好在这已是长安城的西南隅，截断了两坊之间的街道还不至于有很大的关系。

这里还应该提到兴庆坊的变化。兴庆坊为朱雀门街东第五街从北向南数的第四坊。兴庆坊本为唐玄宗未即位前的住宅所在地，及即位后改为兴庆宫，即所谓南内。《长安志》引《唐春秋》说："开元二十年，毁东市东北角及道政坊西北角，广花萼楼前之地。"又说："四十年，又取永嘉、胜业坊之半增广之。"开元无四十年，此四十年当为十四年之误。这样的迁改遂使朱雀门街东第五街，亦即皇城东第三街有了弯曲，也使朱雀门街东第四街，亦即皇城东第二街从北向南第三坊安兴坊和第四坊胜业坊间的横街有了弯曲，同样使胜业坊和其南东市之间横街有了弯曲。《长安志》引《唐杂说》："明皇为太上皇，居兴庆宫，每置酒长庆楼南，俯大道徘徊观望。"不过这样的大道已和原来的南北街和东西横街不同了。虽然有这样许多弯曲处，用棋盘和菜畦来形容，还是勉强可以说通的。

《长安志》载"外郭城东西一十八里一百一十七步，南北一十五里一百七十五步"。《隋书·地理志》《大唐六典》等亦皆相同。《旧唐书·地理志》稍有差异，东西作"十八里一百五十步"。《新唐书·地理志》则作"其长六千六百六十五步，广五千五百七十五步"。据唐城发掘队所发表的报告，由城东侧中间的春明门至城西侧中间的金光门之间包括东西二城墙厚度在内的东西长度为9721米，由城南侧中间的明德门至宫城北侧玄武门偏东处之间亦包括南北二城墙厚度在内的南北长度8651.7米，由明德门外侧至皇城朱雀门南侧的长度为5316米。至于城基的厚度，一般是9至12米，但也有不少地方残存的宽度仅3至5米许。

据以前有关文献的记载，朱雀门街及其东西各街皆宽100步，东西向横街的宽度，有47步、60步、100步三种。经过发掘测量，探明朱雀门街南段宽155米，北段宽150米。朱雀门街东五街，自西徂东，其宽度依次为67、134、68、68、25米。朱雀门西五街，自东徂西，其宽度依次为63、108、63、42、20米。至于东西的横街，则从北向南各街的第三坊之南，也就是由第四横街起，其宽度依次是75、120、44、40、45、55、55、45、59、39米，最南顺城街的宽度，则不会超过25米，由于里坊的广狭长短不尽一致，对于各街的宽度也难免会有相应的影响。

就是东西两市周围的街，宽度也不尽相同。两市与里坊不同，其周围的街虽皆是城内各有关的街的一段，却自有其独特之处。经唐城发掘队探测，东市的东、西、南三面街宽相同，都是122米，北面街即春明门街，宽120米。西市东面街宽117米，南面街宽120米。北面街即金光门街，宽120米。西面街由于西边多被破坏，所存残迹仅宽94米余。西市外的东街与东市外的东街显然不一样宽，其间相差5米。西市外南街与东市外南街，其间亦相差2米，宽度也就都不一样。里坊的宽窄不同，东西两市宽窄不同，必然会影响到外郭城内街道的宽窄不同。

这些不同的数字，应以最近的实测数字为准，以前的记载为何有这样的差异，那就不必再做推求了。

（三）里坊的分布

在这些街道之间，曾列置诸坊。《旧唐书·食货志》说："在邑居者为坊，在田野者为村。"又说："两京及州县之郭内分为坊。"这本是隋时的旧规，隋初始置长安城时，即以坊相称。隋炀帝曾改坊为里，隋末义宁年间又改里为坊。不过就在唐时，里和坊还是通常互用的。白居易就有《永崇里观居》《常乐里居偶题》两诗。其《和答(元微之)诗·序》曾提到和元微之"邂逅相遇于街衢中，自永寿寺南，抵新昌里北"。其《酬吴七见寄》诗中，又提到"居住安邑里，左右车徒喧"。永崇里即永崇坊，在朱雀门街东第三街从北向南第九坊。常乐里即常乐坊，在朱雀门街东第五街从北向南第六坊。新昌里亦即新昌坊，就在常乐坊之南，中间只隔靖恭坊。刘得仁亦有《夏日通济里居酬诸先辈见访》及《通济里居酬卢肇见寻不遇》二诗，通济里即通济坊，在朱雀门街东第三街从北向南第十三坊。可见当时里坊通称已成风气。

这些里坊由京兆府万年、长安二县分治。《长安志》说："万年、长安二县以此街(朱雀门街)为界，万年领街东五十四坊及东市，长安领街西五十四坊及西市。"这东西各五十四坊的分布，《长安志》也有具体说明，它说："皇城之东尽东郭，东西三坊。皇城之西尽西郭，东西三坊。南北皆十三坊，像一年有闰。皇城之南，东西四坊，以象四时，南北九坊，取则《周礼》九则之制。"东郭西郭即东罗城和西罗城。按照这种说法计算，则朱雀门街东西各有五十七坊，与五十四坊的记载不相符合。《大唐六典》"工部尚书篇"：郎中员外郎掌经营兴造之众务，长安城自在所掌管之中，据说："皇城之南，东西十坊，南北九坊，皇城之东西，各一十二坊，两市居四坊之地，凡一百一十坊。开元十四年，又取东面两坊为兴庆宫"。这是开元十四年以前的一百一十坊，朱雀门街的东西各为五十五坊。开元十四年以后，朱雀门街以西仍为五十五坊，朱雀门街以东，却只有五十三坊。东西合计，虽足一百零八坊的总数，却和《长安志》有显著的差异。

《长安志》用了很多篇幅，对于这些里坊做了详细的叙述，据其叙述，朱雀门街西第一、第二两街，每街各有九坊，两街十八坊，再西第三、第五两街，也就是皇城西第一、第三两街，每街各有十三坊，两街二十六坊。中间一街，除西市外，仅有十一坊。五街合计，共为五十五坊。朱雀门街东的坊按照东西两方对称情况来说，应该是一样的。不过自然形势的限制，使它少了两坊。这是因为长安城的东南隅为曲江，曲江是不能设坊的，这就少了两坊。朱雀门街东西相合起来，还是一百零八坊，这样朱雀门街西依然是五十五坊，朱雀门街东却成了五十三坊，论数目和《大唐六典》之说相合。不过《大唐六典》所少的两坊，是为了兴建兴庆宫；《长安志》所少的两坊，却是因曲江而未能设坊，其间还是不完全一样的。这里还应再做说明的，乃是兴庆宫。兴庆宫本是由兴庆坊改建的。兴庆坊为一坊之地，如何说"取东面两坊为兴庆宫"？兴建兴庆宫为开元十四年事，这样开元十四年实有的坊数，按《大唐六典》所说，乃是一百零九坊，而不是一百零八坊。

后来大明宫厥告成功，为了开通丹凤门街，就分翊善和永昌两坊，增置了光宅和来庭两坊，这是在前面已经说过了的。经过这样的增置，朱雀门街东也有了五十五坊，和朱雀门街西相同了。应该指出，大明宫始置于贞观八年，当时称为永安宫，次年改名大明宫。光宅和来庭分置的年月，未见记载。《长安志》于光宅坊下说："本翊善一坊之地，置大明宫后，开丹凤门街，遂分为二。"于来庭坊下也说："本永昌一坊之地，与翊善坊同分。"当是于大明宫建成后即分开的，这些都是唐初旧事，《大唐六典》竟未计入。因为如果计入，皇城之东就不应和皇城之西一样同是十二坊，而应是十四坊了。《长安志》虽记载了翊善、光宅和永昌、来庭诸坊的分置事，可是在叙述坊的总数方面竟也未予计入。如果计入，则朱雀门街东除曲江之地少建两坊外，仍为五十五坊，和所说的五十四坊还是不相符合的。

就在翊善、光宅和永昌、来庭四坊之外，朱雀门街东诸坊还是颇有分合，和朱雀门街西诸坊不尽相同。朱雀门街东第五街，亦即皇城东第三街从北向南第一坊，并没有坊名，据说"尽一坊之地筑入苑"，因而成了十六宅的居所。《长安志》于此引《政要》说："先天之后，皇子幼则居内。东封后，以年渐成长，乃于安国寺东附苑城，同为大宅，分院居之，名为十王宅，令中官押之。"十六宅的名称后来还曾有所更改，但这块地方不与诸坊同列，则是为时已久了。入苑这个坊以南为兴宁坊，又南为永嘉坊。永嘉坊之南本为兴庆坊，开元时为南内，也不应仍在诸坊之列。减去这两坊，则朱雀门街东就只有五十三坊，和朱雀门街西的五十五坊相加，共有一百零八坊。这和《长安志》所说的诸坊总数是一样的，但却不是长安、万年两县各辖五十四坊了。

《长安志》所记载诸里坊，间有讹误脱简之处，其中有数事须再做说明。首先，应该指出，《长安志》于朱雀门街东第五街十六宅之下，接着依次叙兴宁、永嘉、兴庆、道政、常乐、靖恭、新昌、昇道、修德（《长安志》误入此坊，《唐两京城坊考》已作了是正）、立政、敦化、丰乐、安业、崇业、永达、道德、光行、延祚诸坊，接着就说："右朱雀门街西第一街九坊。"这里显然有脱文。《酉阳杂俎》曾记"长安敦化坊百姓家，大和中有木兰一树，花色深红"。长安县所属诸坊皆在朱雀门街西，则敦化坊似应列于朱雀门街西第一街九坊之中。不过敦化坊中有十字街，这是皇城东三街和皇城西三街诸坊特有的标志，与皇城南诸坊不同。敦化坊既有十字街，则应列于皇城东第三街诸坊之中，不应列于皇城南朱雀门街西第一街诸坊之中。敦化坊既在皇城东第三街，则《酉阳杂俎》可能是随笔所记，不足为据。《长安志》所举的十八坊，作为朱雀门街西第一街的坊就只能从丰乐坊数起，而且只有七坊，显然缺了两坊。《唐两京城坊考》补从北向南第一坊为光禄坊，次南的一坊，或以为是殖业坊。姑不论其所补确否，这里是应该有两坊的。因为这正是朱雀门街的西街，是重要的所在，不应像朱雀门街东第五街从北向南第一坊的"尽一坊之地筑入苑"，也不至于像入苑的坊之南的第四坊兴庆坊以玄宗潜龙之地改为南内。朱雀门街西诸坊无有省并废置的记载，可知诸坊之数不止五十四，而应是五十五。

其次，还应该指出，《长安志》在叙述皇城东第一街诸坊后，曾总括一句说："右皇城东第一街之十五坊。"毕沅新校正说："沅案实十七坊，五字当误。"这十七坊从北向南依次为翊善、光宅、永昌、来庭、永兴、广化、崇仁、平康、宣阳、亲仁、永宁、永崇、昭国、晋昌、安兴、通善、通济。超过了当时规划的十三坊。其中光宅坊由翊善坊分出，来庭坊由永昌坊分出，这是在前面已经说过的。除过这两坊，还有十五坊。《长安志》叙述这些坊时，于翊善坊后，除光宅、来庭两坊外，皆作"次南"，唯于广化坊则作"次东"。各街的里坊皆南北相向，何以广化坊独为"次东"？广化坊本来是安兴坊，是后来改名的。广化坊于永兴坊为次东，应是皇城东第二街的坊。永兴坊于翊善、永昌二坊之南为第三坊，未经改名广化坊的安兴坊，亦应为皇城东第二街的第三坊，《长安志》既置广化坊于皇城东第一街，则叙述皇城东第二街就少了一坊。可是在总括时，还说："右皇城东第二街之十一坊及东市。"东市占有两坊地，好像还应该是十三坊。毕沅不察，却说"实一(十)坊，一字当衍"。《唐两京城坊考》才作了是正。广化坊外，还有晋昌坊和通善坊之间的安兴坊。其下注文又称："后改广化坊。"其实这就是上面所说的广化坊和安兴坊，这应是后来抄录者的衍文。《长安志》在此下接着一段叙述，好像就说的安兴坊事，其实不然。这段叙述说："街之西北净住寺，街北之东，尚书左仆射郇国公韦安石宅，叛臣朱沘宅。"其下注文说："建中群盗夜分数百骑，取沘于进昌"，已经明白指出，这是晋昌坊事。显而易见，次道原来并无"次南安兴坊"诸字。由此可知，皇城东第一街，本来也应是有十三坊，后来由于分置了光宅和来庭两坊，才成为十五坊。《长安志》在叙述皇城东第三街时，首先指出："从北第一坊，尽坊之地筑入苑"，接着由兴宁坊叙起，直至延祚坊，又接着总括说："右朱雀街西第一街九坊"。这是在其中敦化坊后误夺了"右皇城东第三街之十三坊"诸字。这一点在前论述朱雀门街西第一街诸坊时已经说过了。这些都是后来抄录者所造成的脱简和讹误，与次道原著无关。因而上面相应的数字都没有把这些脱简讹误算计在内。

根据上面的论述，朱雀门街西的五十五坊是未见什么变动的。朱雀门街东在唐代初年本为五十三坊，自翊善、永昌二坊分成四坊，还有一坊入苑之后，就成了五十四坊。开元年间以兴庆坊为宫，因而又成了五十三坊。迄至唐末，未闻再有变动。应该说，唐初之时，朱雀门街东西共有一百零八坊，旋增为一百零九坊，至于开元年间，又成了一百零八坊。此后遂成永制，朱雀门街东西两方的坊数也从未有相等过。

（四）里坊的规模及其坊墙和坊门

前面已经提到过：长安城诸里坊虽同在外郭城中，却分别位于皇城之南和皇城的东西，而各街又纵横其间，因之里坊的大小也不齐一，前人对此也曾有过不同的记载。今再略事论述。

《长安志》说："朱雀门街东第一坊东西三百五十步，第二坊东西四百五十步，次东三坊，东西各六百五十步。朱雀门街西准此。皇城之南九坊，南北各三百五十步，皇城左右四坊，从南第一、第二坊，南北各五百五十步。第三、第四坊，南北各四百步。两市各方六百步，四面街各广百步。"吕大临的《长安图》说："皇城之南三十六坊，纵各三百五十步，中十八坊，各广三百五十步。外十八坊，各广四百五十步。皇城左右共七十四坊，广各六百五十步。南六坊，纵各五百五十步。北六坊，纵各四百步。市居二坊之地，方六百步，四面街各广百步。"其说与宋说稍异。前引唐城发掘队的报告，各里坊也经过一番实测。实测各坊的长、宽尺度有如下述：

各坊的南北尺度，皇城南第一排东西十坊（以下同），南北长皆500米；第二排坊南北长544米；第三排坊南北长540米；第四排坊南北长515米；第五排坊南北长525米；第六排坊南北长530米；第七排坊南北长520米；第八排坊南北长530米；惟第九排坊（即最南边的一排）其南边的界线不明显。但根据其他顺城街的宽度减去南外郭城内顺城街宽25米后，第九排坊南北长仍达590米。

各坊的东西宽度：朱雀街东第一列坊（南北九坊，以下同），东西宽562米；第二列坊，东西宽700米；第三列坊，东西宽1022米；第四列坊，东西宽1032米；第五列坊，东西宽1125米。

朱雀门街西第一列坊，东西宽558米；第二列坊，东西宽683米；第三列坊，东西宽1120米；第四列坊，东西宽1033米；第五列坊，东西宽1115米。

关于皇城左右各坊，仅实测了右侧金光门内北边之居德坊，该坊南北长为838米；东西宽与南侧之群贤坊同，即1115米。皇城东边之胜业坊，仅探得东墙及南墙的一部分，该坊西部及北部全被建筑所压，其范围不详。但其东墙不与东市齐，而偏西80余米，这可能是由于兴庆宫的扩建而造成的。

报告中还提到东西两市，据说东市南北长一千米，东西宽九百二十四米；西市南北长一千零三十一米，东西广九百二十七米；周围的围墙内有沿墙平行的街，街宽皆十四米许。

里坊面积虽有所不同，都应该说是相当广大的。为了易于维护，每坊四周都有围墙，这和京城周围有郭城一样。这样的围墙，通称坊墙。《唐会要》卷八六《街巷》，载有贞元四年二月的敕文，就曾提到京城内庄宅使界诸街的坊墙。也有称为里垣的，白行简所撰的《李娃传》，就曾道及安邑坊东门之北的里垣。

唐城发掘队曾经对此做了查核，证明了里坊确实是有坊墙的，而且有些坊墙的墙基还能有所发现。据说在这些里坊中，"以皇城南面四列（三十六坊）及东西两市左右的四坊保存较好，范围清楚。这些坊有的坊墙墙基尚保存了许多，如金光门内南侧的群贤、怀德二坊的坊墙大部分尚有墙基，皇城南之长兴坊的南墙及西墙亦保存有一部分墙基，此外，有的坊墙尚有断续的墙基遗迹，但大部分的坊墙多遭破坏，而未发现它们的墙基"。

里坊都有坊门。《长安志》中说："皇城之东尽东郭，东西三坊。皇城之西尽西郭，东西三坊，南北皆一十三坊，每坊皆开四门。"但皇城之南的东西四坊有门与否，却未曾道及。吕大临的《长安图》除举出"皇城左右共七十四坊，各四门"外，还指明"皇城之南三十六坊，各东西二门"。坊墙除过坊门外，一般再无别门，不过也有少数特殊之处。前面曾经提到，朱雀门街东第一街从北向南第二坊开化坊内南一半的大荐福寺。荐福寺的浮图院在其南的安仁坊，中间隔了一条横街。荐福寺的寺门就向南开在横街上，浮图院的院门也向北开在横街上，寺门与院门隔街相对。长安城寺观很多，规模宏大的也还不少，寺门和院门能破坊墙开到里坊所邻的街的，确是绝无仅有的。除过荐福寺和浮图院外，三品以上的大员和坊内三绝也可以作为例外，三品以上的大员虽然不少，坊内三绝似非很多。三绝一般指的是三种特殊技能，有关唐时的记载间有道及，后来也时有称道。举其著者，如《新唐书·宋之问传》谓其父令文"富文辞，且工书，有力绝人，世称三绝"；《新唐书·徐彦伯传》谓"韦暠善判，李亘工书，彦伯属辞，时称河东三绝"；《新唐书·郑虔传》谓郑虔自写其诗并画以献，玄宗大署其尾说，"郑虔三绝"；两《唐书·李揆传》谓唐肃宗曾称李揆的门第、人物、文章皆为当世第一，时因称为三绝；而《新唐书·李白传》谓唐文宗也曾称李白的诗、裴旻的剑舞和张旭的草书为三绝。这是对三绝的一般解释。当时能和三品以上的大员并列；同能享受在坊墙开门的坊内三绝，恐与这样的解释不相符合。坊内三绝获准能在坊墙开门，至迟在大和时发布的敕文曾有所道及，见于《唐会要·街巷》记载中。大和为文宗年号，则文宗称道李白、裴旻、张旭三人不应在此之列，至于郑虔和李揆，即令可以列入，也不过二人而已。何劳有此特殊的规定！疑当有他说，只能暂存俟考。不论如何解释，所谓坊内三绝可能较之三品以上的大员为更少，按照这样的规定，当时里坊除坊门外，另行自开门户是很不容易的，也不是很多。

这样的坊门，马燧的奉诚园可以作为例证。马燧官居司徒兼侍中，自是三品以上的大员。奉诚园在朱雀门街东第四街从北向南第七坊安邑坊。《唐两京城坊考》于此征引《博异志》的记载，就足以说明。《博异志》说："元和中，凤翔节度使李听从子琯任金吾参军，自永宁里出，及安化门，遇一车子，通以银装，颇极鲜丽，从二女奴，皆乘白马。琯随之，日暮及奉诚园，二女奴曰：'娘子住此之东，郎君且此回翔，某即出奉迎耳。'良久见一婢出门招手，琯乃下马，入坐于厅中，令人马入安邑里寄宿。"李琯已经进入奉诚园，才令人马入安邑里寄宿，这就明白指出：进入奉诚园不必由安邑坊的坊门。这也就是说，奉诚园自有通到坊外的门，和坊门不在一起。元稹《过田家宅》诗："安邑南门外，谁家板筑高。奉诚园里地，墙缺见蓬蒿。"按诗意推究，仿佛奉诚园伸展到安邑坊之外。其实并非如此。因为当时曾有规定，坊内房屋不许侵占街道。后来文宗大和八年，还为此特别颁布过敕文，见于《唐会要·街巷》。敕文说："左街使奏：伏见诸街铺，近日多被杂人及百姓诸军诸使官健起造舍屋，侵占禁街。……今除先有敕文，百姓及诸街铺守捉官健等舍屋外，余杂人及诸军诸使官健舍屋，并令拆除。"马燧为朝廷大员，当然不会为此侵占街坊。

当时虽然规定非三品以上及坊内三绝人家不许随便自开坊门，可是未能遵守这样成规的人还是不少，因而引起有关司事者的注意，甚至惊动了皇上。《唐会要》所载大和五年七月巡使的奏文，就是显明的例证。奏文说："伏准令式及至德、长庆年中前后敕文，非三品以上及坊内三绝，不合辄向街开门，各逐便宜，无所拘限。因循既久，约勒甚难。或鼓未动既先开，或夜已深犹未闭，致使街司巡检，人力难周，亦令奸盗之徒，易为逃匿。伏见诸司所有官宅，多是杂赁，尤要整齐。如非三绝者，请勒坊内开门，向街门户，悉令闭塞。请准许前后除准令式各合开外，一切禁断。余依。"这样说来，长安城中南北十四街和东西十一街各自的两侧，除有的有极少的宅门外，就是坊门了。就以朱雀门街来说，《长安志》所记的朱雀门街东第一街和朱雀门街西第一街实际上就是朱雀门街的东西两侧。朱雀门街东第一街南北九坊，三品以上的第宅共十九家，计从北向南第二坊开化坊六家，第三坊安仁坊八家，第四坊光福坊三家，第六坊兰陵坊三家。《唐两京城坊考》增补七家，计开化和光福两坊各增三家，安仁坊增一家。至于第一坊兴道坊、第五坊靖善坊、第七坊至第九坊为开明、保宁、安义三坊，皆空无一家。朱雀门街西第一街，仅从北向南第四坊安业坊有三家，第九坊延祚坊有二家，其他诸坊皆无一家。这些三品以上的大员的第宅不可能都建于所在的坊靠近朱雀门街的一边。即令都建于所在的坊靠近朱雀门街的一边，而且都向街开门，则朱雀门东侧亦只有十九家，就是再加上七家，也只有二十六家。这些三品以上大员的家门和九坊的坊门加在一起，也只有三十五门。朱雀门街西侧更少，三品以上大员的家门和九坊的坊门加在一起，仅有十二门。朱雀门街为长安城中最为主要的街，即所谓天街，沿街只有这些家门和坊门，这就不能不说是稀少了。何况这些三品以上大员和第宅并不可能都建在靠近朱雀门街的一边，实际上街旁的门应该更为稀少了。朱雀门街尚且如此，其他各街应该亦不会太多，这可以说当时长安城中人的主要活动场所都在里坊之内，这和现在城市里的街道是完全不同的。如果以现在情况推论那个时期，将会是凿枘难入的。

（五）里坊内的横街和十字街

长安城中诸坊由于所在的街不同，情况就不完全都一样。按照当时的规定，皇城之东尽东郭的东西三街诸坊和皇城之西尽西郭的东西三街诸坊，都有四个坊门。坊门之内有街，东西与南北相互交错，成为十字街。皇城之南，东西四街诸坊，但开东西二门，中间仅有横街。为什么这样？据说是因为这些坊"在宫城直南，不欲开北街泄气，以冲城阙"。

当时的制度虽然如此，却也难得都是一致。皇城之南东西四街的坊中有的就不一定有横街。《长安志》所载有横街的坊为朱雀门街东第二街崇义坊、长兴坊和永乐坊，朱雀门街西第一街丰乐坊和安业坊、第二街怀贞坊。怀贞坊北隔崇德坊为兴化坊。兴化坊记载有东西二门，可知也有横街。此外，仅朱雀门街西第二街太平坊记载有西门，宣义坊有东门，如斯而已。朱雀门街东第一街从北向南第五坊为靖善坊，坊中只有一座大兴善寺。这座寺尽一坊之地，寺殿崇广，为京城之最。这样崇广的殿宇，横街将置于何处？虽置横街，究竟有多大的用处？这也是疑问。和靖善坊相似的还有保宁坊。保宁坊就在靖善坊之南，中间隔着兰陵和开明两坊。保宁坊也有一座昊天观，同样尽一坊之地。这保宁坊本是贞观初年的晋王宅。晋王就是后来的唐高宗。晋王做了皇帝后，为太宗追福，建立这座昊天观。可以想见，自唐初起，保宁坊大致就没有过横街。这里还可以提到朱雀门街东第二街的安善坊。安善坊为从北向南的第六坊，已近于启夏门，这一坊为教弩场，也是尽一坊之地。据说，高宗时并此坊及其南的大业坊之半，设立中市署，领口马牛驴之肆。由于当地偏处京城之南，交易者不便，货鬻者也不来此从事贸易，因而改为教弩场。可以想见，作为教弩场，是不会有居人的第宅的，可见当时就没有横街。

朱雀门街东第一街从北向南第二坊为开化坊，坊中一半为大荐福寺地。朱雀门街东第二街最北的坊为务本坊，坊中一半为国子监。大荐福寺在开化坊的南半部，既在南半部，而其北还有尼寺和第宅，又特别提到坊的西门，是应该有横街的。可是务本坊的国子监所据的半坊，却是西半坊。当时在监东开街，把务本坊分成两半。所开的街北抵皇城，南尽一坊之地，这不是横街，而是纵街了。务本坊内还有一座先天观，在南街之北。《长安志》于此特别指出这是坊内南街之北。坊内的街是南北向的纵街，南街之北就是北街，怎么南街之北还有一座先天观？是否这南街之北可以做这样的解释：南北街之间可能有衔接处，先天观偏南，因而就说成南街之北？

这南街之北还见之于务本坊之南的崇义坊。崇义坊和皇城之南东西四街中其他诸坊一样，也是有横街的。可是在横街之外，还有南街。《长安志》中特别提到是坊内的横街，则这南街也应是坊内的南街。这里没有提到北街，可能就是没有北街。没有北街，只提到南街，应是在横街之南，甚至和横街并不衔接。因为《长安志》在这里说："南街之北，博陵郡王崔元㬂宅。宅西秘书监马怀素宅。"如果南街和横街相衔接，就应说崔元㬂宅和马怀素宅都在横街之南。这里还应该提到靖安坊。靖安坊也在朱雀门街东第二街，为从北向南的第五坊，其北和崇义坊中间只隔长兴和永乐两坊。《长安志》于靖安坊只说到其西南隅的崇敬尼寺和寺东的乐府。另外，还有韩国正穆公主庙。其他就只是一些第宅。《唐两京城坊考》引元稹《答姨兄胡灵之诗·注》所说的"予宅在靖安北街"，则靖安坊是有北街的。《长安志》未曾道及靖安坊中的横街，靖安坊没有像务本坊的国子监那样的设置，是应该有横街的。有横街而又有北街，和崇义坊差相仿佛了。

皇城之东尽东郭的东西三街和皇城之西尽西郭的东西三街的诸坊，按当时制度是有四门和十字街的。《长安志》对此记载得也并不完备，其记载有十字街的坊为皇城东第一街的永兴、平康、宣阳、亲仁、永崇、晋昌六坊，第二街的胜业、安邑、宣平三坊，第三街的永嘉、道政、常乐、靖恭、敦化五坊；皇城西第一街的颁政、布政、光德、崇贤、延福五坊，第二街的金城、醴泉、怀远、长寿、嘉会、昭行六坊，第三街的普宁、义宁、群贤、怀德四坊。还有些坊，虽未记载有十字街，至少有三个门的也可以显示和有十字街的相仿佛，这样的坊有皇城东第一街的崇仁、永宁两坊，第二街的大宁坊。当然有些只记载两门或一门，甚至了无记载，不能就因此而谓其并未按照当时规定的制度。不过也有些确是例外。皇城东第二街最北的坊为长乐坊，长乐坊大半以东为大安国寺，除大安国寺外仅有西南隅的兴唐观和教坊。大安国寺既占有东半之地，当然不会再有东门了。所占有的还是大半以东，则能否有南门和北门，也就未敢一定。据说兴唐观北拒禁城，因是开复道为行幸之所，这样说来，恐怕就没有北门了。皇城东第一街从北向南第十一坊为晋昌坊，大慈恩寺占去此坊的东半。此坊有南门和北门，而南门之东尚有户部尚书许圉师的第宅，是以大慈恩寺所占的仅为此坊的少东一半，故南门和北门之间尚能成街。大慈恩寺既占有其东少半，则此坊应无东门。《长安志》亦仅记载其西门，未记载东门，殆以此故。《唐两京城坊考》谓此坊有十字街，并谓十字街之西北为净住寺，十字街北之东为韦安石宅。所谓十字街北之东应为南北街之东靠北处，这和许围师宅在南门之东是一样的，未悉记载此十字街有何根据。至于皇城东第三街的兴庆坊，后来成为南内，那是用不着再说的。皇城西第二街从北向南第十二坊归义坊，全一坊本来都是隋蜀王秀的第宅。隋文帝以京城南面阔远，恐竟虚耗，乃使诸子并于南郭立第。时蜀王秀有宠，故得一坊之地。秀死后没官，为家令寺园。当蜀王秀时，此坊内不会有街，作为家令寺园也不会有街。至于皇城西第三街最南的和平和永阳两坊，这是在前面已经提到过的。由于大庄严寺和大总持寺规模宏大，两坊接连在一起，因而把两寺间的横街都截断了，当然更说不上坊内的十字街了。两坊内有南北街，这是在大庄严寺和大总持寺之间自然形成的，因为这两坊中除此二寺和永阳坊的恭僖、贞献二太后庙外，就别无其他第宅了。

诸里坊中除一些官署外，还有寺观、邸第，当然还有更多的编户杂居。《长安志》中于寺观、邸第多有记载，《唐两京城坊考》更多所补苴，就其所载亦可略觇横街和十字街的一斑。《长安志》于朱雀门街南东西四街的横街的关记载不多，崇义坊横街之北仅有昭福寺，永乐坊横街之北亦仅有资敬尼寺，怀贞坊横街之北为尚书右仆射唐休璟宅，可能还有惠昭太子庙，横街之南皆无所记载。长兴坊的横街之南为中书令张嘉贞宅，其西为太子宾客元行冲宅。次北隔街为礼部尚书致仕王邱宅，也许还有邠宁节度使马璘宅。这里特别提到次北隔街，这是说张嘉贞宅和元行冲宅都是临街居住的，其北所隔的街就是横街。横街两侧比户接屋，相当齐整。《长安志》记载许多达官贵人的第宅，很少说到其在里坊中的位置所在，因而难得具论，马璘宅即附于王邱宅之后，可能就是邻居。据说，自安史之乱后，大臣宿将竞崇栋宇，无复界限，力穷乃止。而马璘宅颇为宏丽，后来才被命拆毁。当时这样宏丽的第宅，应非仅其一所。这固然可以使里坊的街为之壮观，然这样豪奢逾制，亦可略见当时世风的日下了。

各里坊的十字街远较横街为多，其规模也较为宏壮。朱雀门街东第三街从北向南第八坊宣阳坊可以作为典型例证。坊内十字街之西北为秋官尚书谯国公李峤宅，十字街东之北为刑部尚书李乂宅。李峤宅旁未见所邻第宅，其宅当临于十字街头，既临西街，也临北街。坊的西门之北为尚书左仆射舒国公韦巨源宅，宅东为陕州刺史刘希进、少府监杨务廉宅。而刘希进和杨务廉宅后隔巷尚有人家，则韦巨源、刘希进、杨务廉三宅当是在西门之内临街而居，就居在西街之北。杨务廉宅北当更有第宅，具体情况不可复知。至少在西街的东尽头，也就是十字街头，还有李峤的第宅。这西街北侧的规模就可以略见一斑。十字街东直至东门也应是相仿佛的。李乂宅第在十字街东之北，当是临靠东街，因为其西尚有益州长史李袌和太子宾客郑惟忠的第宅。而且东门之北还有京兆尹李齐物和以司徒致仕的李平的第宅。这几家的第宅都是位于东街的北侧，大致和西街是一样的。这里还没有涉及东西两街的南畔，所可知者，仅是西门之南为右羽林军大将军高仙芝的第宅，其他未见有若何记载，当是其余第宅均非达官贵人，故不屑道及。还可以略知的，乃是南门之西为杞国公窦毅的第宅，西北门附近又有右骁卫大将军韩公武的第宅，南门和北门的第宅显示出南街和北街的一斑，再加上坊东南隅的万年县廨、榷盐院，坊西南隅的净域寺，坊东北隅的兵部尚书郭元振宅，宣阳坊十字街的规模大致如斯。

宣阳坊之北隔平康坊为崇仁坊。崇仁坊北门之西就是皇城东侧的景风门。宣阳坊之西为崇义坊，崇义坊之北为务本坊。务本坊西门之北就是皇城南侧的安上门，这也就是说宣阳坊距离皇城并非很远。宣阳坊之东就是东市。这都是长安城中居人稠密的所在，因而坊内的街相当整齐，第宅栉比。宣阳坊如此，近于皇城及东西市各里坊也大多仿佛。至于近南郭处就不完全一样了。

其实，当时近城南诸坊的居人大多相当稀少，更说不上街道了。《长安志》于朱雀门街东第一街从北向南第七坊开明坊中说："自朱雀门南第六横街以南率无居人第宅。"其下更有注文说："自兴善寺以南四坊，东西尽郭，虽时有居者，烟火不接，耕垦种植，阡陌相连。"兴善寺在靖善坊，其南为兰陵坊。兰陵坊中尚有天官尚书韦待价和工部尚书李珍二宅、忠武军节度使曲环和太子宾客燕国公于頔两家的家庙。兰陵坊之南就是开明坊。开明坊中仅有一光明寺，再南是保宁坊和安义坊。保宁坊的昊天观，尽一坊之地，安义坊亦仅一贞顺武皇后庙。当然，这不是说这几坊中就无一般的居者，但可能也不会很多。居者如此稀少，就难得都有街了。朱雀门街东第二街从北向南第六坊为安善坊，安善坊之西就是兰陵坊。前已言之，安善坊尽一坊之地为教弩场。安善坊之南依次为大业、昌乐、安德三坊。大业坊中仅有太平女冠观、新昌观。昌乐坊仅有行台右仆射屈突通宅，也有太子少师郑国公魏徵和山南东道节度使蒋系的家庙。可是大业坊还有驸马都尉杨慎交的山池，此山池本为徐王元礼之池。而昌乐坊也有供进梨花蜜的官园。论具体情况可能较之其西的第一街稍好一些。朱雀门街西第一街从北向南第五坊为崇业坊。崇业坊之东为靖善坊。靖善坊内置大兴善寺，崇业坊内置玄都观。据说，初，宇文恺置都，以朱雀门街南北尽郭有六条高坡，像乾卦，故于九二置宫殿，以当帝王之居；九三立百司，以应君子之数；九五贵位，不欲常人居之，故置此观及兴善寺以镇之。崇业坊之南，依次为永达、道德、光行、延祚四坊。永达坊有华阳池、度支亭子，道德坊有开元观、废崇恩庙和成德军节度使兼中书令王武俊的家庙，仅光行坊有华州刺史文经野和观军容使鱼朝恩两宅，而延祚坊竟无所记。《唐两京城坊考》于永达坊中补左拾遗王龟宅。按《旧唐书·王播传附侄王龟传》："龟少以诗酒自适，(父)起兄弟同居光福里，龟意在人外，倦接朋游，乃于永达里园林深僻处创书斋，吟啸其中，自为半隐亭。"王龟之所以居于永达里，正以这里寓于园林、人烟稀少的缘故。至于最南的延祚坊无所记载，也说明了那里没有居者。朱雀门街西第二街从北向南第六坊为宣义坊。《长安志》记宣义坊有东门，足证此坊内确有横街。宣义坊之南依次为丰安、昌明、安乐三坊。这三坊中分别有安禄山、杨国忠、李希烈、王铁的第宅。

安禄山和李希烈未叛前和杨国忠在当时都是炙手可热的权臣，王铁也位为户部侍郎兼殿中监，因而这几坊也都应是非等闲的坊。不过后来王铁请舍宅为观时，还曾一再提到安乐坊的偏僻和稍远嚣尘。

朱雀门街东第二街的南端为启夏门，朱雀门街西第二街的南端为安化门，中间夹着明德门，而明德门又是朱雀门街的南门，论交通是相当便利的。王铁宅在安乐坊，此坊就在安化门里，故王铁《请舍宅为观表》中曾说："旧宅在城南安化门内道东第一家。"显出其与众不同的特色，不过城南距皇城究竟远些，有关诸坊居者显然稀少。启夏门之东，皇城东三街的南段和安化门之西，皇城西三街的南段，都近于城南，有关诸坊虽未能尽属一致，但也有其人口稀少之处，坊内的街也就难得全备。较为独特的应为皇城东第二街从北向南第九坊昇平坊和皇城东第三街从北向南第八坊新昌坊。昇平坊北隔安邑、宣平二坊为东市。东市不计于坊数内，故昇平坊位于新昌坊的西南。两坊斜相邻近，却都与乐游原有关。昇平坊就在乐游原上，汉乐游庙在坊内的东北隅。其地现在的高程为四百八十米，坊内较低下处为四百二十五米，相差五十五米；西市东南部为四百零五米，相差七十五米。故《长安志》中说，乐游庙，"汉宣帝所立，因乐游苑为名，在高原上。……其地居京城之最高，四望宽敞，京城之内俯视指掌"。乐游原最高处在昇平坊的东北，其西逐渐低下。坊内诸第宅中有左散骑常侍潘孟原宅，宅在坊内何处，未见记载。《长安志》中说："孟阳盛葺第舍，伎媵用度过侈。

宪宗微行至乐游原，望见之，以问左右，孟阳惧不敢治。"这当然是在低矮处，故宪宗微行得以见到。《唐两京城坊考》引沈既济《任氏传》谓昇平坊有北门。既有北门，门内当是北街。虽有北街，是否有东街和东门都未敢一定，因为其东正是乐游原的最高处。乐游原由昇平坊斜趋向东北入新昌坊。新昌坊有南门，青龙寺就在南门之东，实际上是在南门的东北。《唐两京城坊考》引舒元舆《长安月下望月记》说："予与友生自所居南行百许步，登崇岗上青龙寺门。门高耸，绝寰埃。"此情此景，迄今犹然。新昌坊东近东郭，故由其南街东出就是延兴门。坊东既是高达四百五十米的岗阜，而又近于东郭，未知其坊有东门否。青龙寺本隋灵感寺。隋时兴建此寺，乃是始建长安城时，掘城中陵墓，葬于其地，因置此寺，遂为一方登眺之美，葬墓事自无人再事道及。可是新昌坊南，紧相毗邻的昇道坊，其南街尽是墟墓，绝无人住。昇道坊已在乐游原下，地势平坦，故得有南街也。皇城以西三街的南段诸坊，《长安志》也多未载坊门和坊内的街，不过皇城西第二街最南的坊为昭行坊。昭行坊中就有十字街。第三街最南两坊和平坊和永阳坊，两坊中皆有南北街而无东西街，而且两坊连在一起，截断了两坊之间的横街，这是在前面已经叙述过了的。

（六）里坊内的曲巷

里坊之内除横街或十字街外，尚有若干巷或曲。曲也就是巷，也许较巷还要短促些。曲或巷都是单称，也有合起来称曲巷的。李白《宴陶家亭子》诗中就有这样的句子："曲巷幽人宅，高门大士家。"不过长安城中里坊间尚未见到有这样合称的。

曲巷分布于里坊中各街的侧畔，岭南节度使胡证宅在朱雀门街东第四街从北向南第十坊修行坊，证在镇好聚敛自奉，故修行坊的第宅连亘闾巷，遭到时人的非议。闾巷为一般街巷的称谓，所指当非一巷一曲。若仅为一巷一曲，胡证也许还不至于遭到这许多的非议。而黄门监卢怀慎宅在朱雀门街西第三街从北向南第八坊崇贤坊。怀慎居官清俭，宅在陋巷，屋宇殆不蔽风雨，可见里坊内不仅有巷，而且还是各式各样不同的巷。

由于里坊都相当广阔，其中曲巷也皆相应不少。《李娃传》中说："安邑东门，循里垣北转七八，有一门独启左扉，即娃之第也。"这所说北转七八应是第七巷和第八巷。不过《李娃传》中所说还不十分明确，也许是第七门或第八门。安邑坊中达官贵人第宅不少，然东门之北和北门之东未见有所记载，仅十字街之北有元法寺。也许这里的居者都在曲巷之中，故其地曲巷能多至七八。安邑坊的达官贵人多在东西街之南。安邑坊西南隅为左卫大将军范阳公张延师宅，次东为金吾大将军杨执一宅。张延师宅和杨执一宅并列，而杨执一宅就在张延师宅之东，可知近坊南门之西的坊墙处有一东西向的曲巷。中书侍郎同中书门下平章事李吉甫宅亦在安邑坊。据《剧谈录》，李德裕宅在安邑坊东南隅。德裕为吉甫之子，则李吉甫宅前亦当有一曲巷。唯马燧的故宅，即后来的奉诚园，亦在安邑坊南门内之东，而奉诚园又自在坊南门之东开门，奉诚园北可能亦在曲巷中，但不知与李吉甫宅同一曲巷否。

《唐两京城坊考》于朱雀门街东第三街平康坊的叙述中，引《北里志》为《长安志》补了"三曲"。《北里志》中说："平康里入北门，东回三曲，即诸妓女所居之聚也。妓女中有诤诤者，多在南曲、中曲，其循墙一曲，卑屑妓所居。"平康里北门之东，虽未见有三品以上大员第宅的记载，但当不至于仅此三曲而已。《唐两京城坊考》于朱雀门街东第四街胜业坊的叙述中，引《剧谈录》谓胜业坊富人王氏，一日与宾朋过鸣珂曲，而未备载鸣珂曲所在。《李娃传》："(生)居布政里。尝游东市还，自平康东门入，将访友于西南，至鸣珂曲。"这里所说的西南，当是平康坊内的西南，则鸣珂曲就应在平康坊中。此生由平康东门入至坊的西南，本应由东街直前至十字街，而乃取道于鸣珂曲，则鸣珂曲应在东门内东街之南。《长安志》于平康坊东门之内，未记载有何达官贵人的第宅，狭邪李氏女之宅也许就在其处。

里坊中曲巷多见于记载的，还可提及胜业坊。胜业坊在皇城东第二街从北向南第四坊。坊内街北之东有银青光禄大夫薛绘宅，据说，绘兄弟子侄数十人同居一曲，姻党清华，冠冕茂盛，坊人谓之薛曲。蒋防所撰的《霍小玉传》也提到胜业坊的曲头，曲头可能就是巷口。霍小玉的住宅在胜业坊中古寺铺上东门。这当是巷内容易为人见到的地方。这样说来，曲巷也有很长的。《剧谈录》还提到胜业坊北门内的短曲。短曲在北街，第未知其在北街之东或西。既称为短曲，当与霍小玉所居的曲不同。皇城东第五街从北向南第六坊常乐坊，坊中的曲出美酒，京师称之。坊中出酒，可能不只一曲。《唐两京城坊考》于此坊中补渭南县丞卢佩宅，而未指明在坊内何处。所引《河东记》，谓"佩弃官，奉母归长安，寓于常乐里之别第。竭产以求国医王彦伯治之，候望于门，忽见一白衣妇人乘一骏马从一女童，自曲之西疾驰东过，有顷，复自东来"。可知卢佩所居乃在曲巷之中，而此曲为东西向，又很长。第未知其在东西街的南侧或北侧。

胜业坊之北为安兴坊。安兴坊南门之东为宁王宪宅，宅以东岐王范宅，西门之北户部尚书陆象先宅，次北，开府仪同三司宋璟宅。可见宁王宪宅和岐王范宅同居一巷，陆象先宅和宋璟宅也同居一巷，前者在南门之东，近南坊墙，后者在西门之北，近西坊墙。朱雀门街东第三街从北向南第六坊为宣阳坊。宣阳坊西门之北，尚书左仆射舒国公韦巨源宅，宅东有陕州刺史刘希进与少府监杨务廉宅。次西北隔巷，有国子祭酒韦叔夏宅，光禄卿单思远宅。这是说，韦巨源、刘希进、杨务廉的宅皆在西门内的街上，而韦叔夏、单思远的宅又皆在西街之北的曲巷之内。前面曾说到黄门监卢怀慎的第宅，宅在朱雀门街西第三街从北向南第八坊崇贤坊西门之北。卢怀慎所居为陋巷，与西门内的街不同，当是此街向北的巷。《长安志》于叙卢怀慎宅下，接着就叙光禄少卿窦瑗宅。窦瑗为昭成太后之从父弟。咸通中河中节度使窦璟与弟河东节度使窦澣同居崇贤里，而家富于赀，璟、澣可能是窦瑗的后人或族人。富于赀财的达官贵人是不会和居官清俭的人同居于陋巷的。

这样的事例还可再略举一些。朱雀门街东第一街从北向南第六坊兰陵坊，东南隅为天官尚书韦待价宅，宅西就是工部尚书李珍宅。二宅相连，当是同居一巷。街东第五街从北向南第三坊永嘉坊，西南隅为申王㧑宅，宅南，赠礼部尚书永兴公虞世南庙。宅南有庙。则此宅应在西南隅稍北一些，而且是靠近坊的西墙，庙与宅的门皆东向，门前就是曲巷。永嘉坊之南中隔一坊为道政坊，坊的南门之西为尚书左仆射张行成宅。宅西为罗国公张平高宅，两宅相邻，当是在由南门之内向西的曲巷之内。朱雀门街西第四街从北向南第二坊休祥坊，东南隅为万善尼寺，寺西为昭成尼寺，则此二寺之北，也当有巷。

朱雀门街东第三街从北向南第九坊亲仁坊，坊内有柳州刺史柳宗元宅，又有给事中陆质宅。坊中尚有其他达官贵人的第宅，但除西北隅的尚书右仆射燕国公于志宁宅，十字街东之北的太子詹事韦琨宅，次东的中书侍郎杨弘武、太仆卿王希隽二宅，北门之东的驸马都尉郑万钧宅，东门之北的滕王元婴宅外，皆不知其确处。柳宗元有《答元饶州论春秋书》，其中言及与陆质同巷事，第未知此巷在坊内何处。《唐两京城坊考》据《寺塔记》为《长安志》补一甐曲。甐曲在靖恭坊，靖恭坊为朱雀门街东第五街从北向南第七坊，则各曲巷有的是自有名称的。

《长安志》叙靖恭坊，谓其西北隅为驸马都尉杨慎交宅，并谓宅南隔街有司农卿韦玢宅。《唐两京城坊考》谓杨慎交所尚者为中宗第四女长宁公主。又引《新唐书·长宁公主传》："取西京高士廉第，左金吾卫故营合为宅，右属都城，左俯大道。"靖恭坊为皇城东第三街从北向南第七坊，其东就是东郭。皇城宫城在其西北，故《长宁公主传》中说"右属都城"。靖恭坊东南就是延兴门，不过中间还隔着新昌坊。所谓"左俯大道"，并非指延兴门内的横街而言，甚至还不能以之为靖恭坊和新昌坊之间的横街，这只能说是靖恭坊西门内至十字街间的大道，也说是靖恭坊的西街。因为杨慎交宅乃在靖恭坊的西北隅，因而所谓与司农卿韦玠宅隔街，正是隔的靖恭坊西门内的西街。《长宁公主传》"右属都城，左俯大道"下接着又说："作三重楼以凭观，筑山浚池"，"又并坊西隙广鞠场"。这样一位贵主之婿，所筑第宅自然是极其宏大壮丽的。显然可见，靖恭坊西北隅是不会有任何曲巷的。

就是东西两市中亦有曲巷，《太平广记》据《原化记》所载的《车中女子》，就曾有详细的记述。东市的一条小曲内，有临路店数间，其舍宇甚为整肃，亦可以列筵请客。曲中有人家，自是常理，复有店铺杂于其间，则所谓小曲者，当并非过于狭小。

（七）里坊内的寺观

《长安志》引韦述《两京新记》说，长安城中一百八坊，"其中有折冲府四，僧寺六十四，尼寺二十七，道士观十，女观六，波斯寺二，胡天祠四"。其中佛道的寺观较多，而佛寺尤超过道观，足证两教在长安传播的盛况。韦述身罹安禄山之乱，故天宝以后所增不在其所记的数内。《长安志》所载较之《两京新记》为多，当系天宝以后所增添的。《唐两京城坊考》又多于《长安志》，乃是依据有关文献记载考核所得的。《长安志》所载有废寺和废观，《唐两京城坊考》因袭旧规，仍依样录存，这样的废寺有七所，废观一所。废寺七所为朱雀门街东第四街最南两坊青龙坊的废普耀寺和废日严寺，曲池坊的废建福寺，朱雀门街西第二街从北向南第四坊崇德坊的废报恩寺，街西第三街从北向南第四坊布政坊的废镇国公波若寺（《城坊考》作镇国大波若寺），第十一坊敦义坊废福田寺和废法觉尼寺。一所废观为朱雀门街西第四街从北向南第三坊金城坊的废太清观。不计这些废寺废观，《长安志》所记载的寺院共一百零四所，道观三十七所。其中僧寺七十六所，尼寺二十八所。道士观三十一所，女观六所。《唐两京城坊考》的记载稍多，寺院共一百零七所，道观三十九所。其中僧寺七十九所，尼寺二十八所。道士观三十三所，女观六所。

各街寺院多寡不一。依《唐两京城坊考》所载，以朱雀门街西第三街为最多，计有二十一所。其次是街西第四街十九所，街西第五街十六所。再次为朱雀门街东第三街十三所，街东第五街十一所，街东第四街九所，街西第二街六所，街东第一街、街东第二街和街西第一街皆为四所。道观多寡也一样有所差别，朱雀门街东第三街八所，街西第三街六所，街东第二街和街西第一街皆为五所，街西第五街四所，街东第五街和街西第四街皆为三所，街东第一街为二所。也有些街的里坊无寺院或道观。无寺院的里坊有朱雀门街东第一街为兴道、光福、兰陵、保宁、安义等五坊，街东第二街务本、长兴、安善、大业、昌乐、安德等六坊，街东第三街永昌、来庭、亲仁、永宁、永崇、通善、通济等七坊，街东第四街安兴、昇平、修行、修政、青龙（废寺）、曲池（废寺）等六坊，街东第五街永嘉、靖恭、立政等三坊，其最北一坊入苑，当然也不会建有寺院的；朱雀门街西第一街崇业、永达、道德、光行、延祚等五坊。街西第一街最北两坊，《长安志》原有缺文，坊名也湮没无闻，《唐两京城坊考》虽有补苴，然亦无有关寺院记载，以此两坊与崇业、永达、道德、光行、延祚等坊合计，街西第一街无寺院的坊共有七处。街西第二街怀贞、宣义、丰安、昌明、安乐等五坊，街西第三街辅兴、敦义（废寺）、大通、大安等四坊，街西第四街为通轨、归义、昭行等三坊，街西第五街为修真、丰邑、待贤、永和、常安等五坊，亦无寺院。至于诸街里坊有道观的，则如下所列：朱雀门街东第一街兴道、保宁等两坊，街东第二街长兴、永乐、大业等三坊，街东第三街崇仁、平康、亲仁、永崇等四坊，街东第四街长乐、大宁、安邑三坊，街东第五街兴宁、常乐、新昌三坊，街西第一街安业、崇业、道德等三坊，街西第三街辅兴、颁政、布政、延福等四坊，街西第四街安定、休祥、金城（废观）、醴泉等四坊，街西第五街普宁、崇化、丰邑、待贤等四坊。而街西第二街诸里坊中竟皆无道观。

寺观规模，大小不一。朱雀门街东第一街从北向南第五坊靖善坊的大兴善寺和同一街第八坊保宁坊的昊天观，皆尽一坊之地。朱雀门街西第五街最南永阳坊的大庄严寺和大总持寺就各有半坊之地，也就是中分了永阳坊。可是这各半坊之地还都容纳不下，皆向其北的和平坊发展，又各有和平坊的半坊之地，其实这是各有一坊之地。不仅各有一坊，两坊之间的横街也被两寺分别据有了。朱雀门街东第一街第二坊开化坊的大荐福寺，有其南半坊之地，可是它的浮图院却在其南安仁坊内。朱雀门街东第三街第十三坊晋昌坊的大慈恩寺据有此坊半以东的土地，而街东第四街第一坊长乐坊的大安国寺，却据有此坊大半以东的土地，较大慈恩寺尤为广大。唐武宗时，段成式以《两京新记》及《游目记》所记寺院诸多遗略，因遍游名刹，及会昌毁佛，遂未续游，故所涉足处多在朱雀门街之东。其所撰述具见《酉阳杂俎》的《寺塔记》上下篇中。披览所记，各寺皆具有其特色，故能擅名一时。段氏所记共十八寺：朱雀门街东第一街靖善坊的大兴善寺、开明坊的光明寺，街东第二街崇义坊招福寺，街东第三街光宅坊光宅寺、翊善坊保寿寺、崇仁坊资圣寺、平康坊菩提寺（《寺塔记》作菩萨寺）、宣阳坊奉慈寺和静域寺、昭国坊崇济寺、晋昌坊楚国寺和慈恩寺，街东第四街长乐坊安国寺、安邑坊玄法寺，街东第五街道政坊宝应寺、常乐坊赵景公寺和灵花寺，朱雀门街西第三街永安坊永寿寺。这里还应该再做解释的为常乐坊灵花寺。灵花寺，《寺塔记》作大同坊云华寺，与《长安志》不同。《寺塔记》说："大历初，僧俨讲经，天雨花，至地咫尺而灭。夜有光烛室，敕改为云华。俨即康藏之师也。康本住靖恭里甄曲，忽睹光如轮，众人皆见，遂寻光至俨讲经所灭。"云华寺，《学津讨原》本和《津逮秘书》本《酉阳杂俎》皆作灵华寺，与《长安志》相同，则云华寺当系误文。灵花寺，《长安志》以之列于常乐坊。徐松即以此补《长安志》靖恭坊的甄曲，并谓长乐坊或作大同坊，其说诚是。

前面已经提到朱雀门街东西各街寺观的数目，以见其间分布的轮廓。不仅各街寺观多少不同，就是各里坊也是互有差异的。里坊中的寺院以四所为最多，皆大都在朱雀门街西。街西各街，具有四寺的里坊有第三街的颁政、布政和崇贤三坊。颁政坊为此街从北向南第三坊，其中有龙兴寺、建法尼寺和证空尼寺，还有护国天王院。颁政坊之南为布政坊，有法海寺、济法寺、明觉尼寺和善果寺，还有废镇国公波若寺。法海寺、济法寺和明觉尼寺皆隋时旧寺，善果寺不知建于何年。废镇国公波若寺建于中宗景龙三年，睿宗景云中即已废去，景龙四年即景云元年。景云亦只二年，则此寺之置最多不过三年。若善果寺其时已经建置，则布政坊是时就有寺院五所。布政坊南隔延寿、光德、延康三坊为崇贤坊。崇贤坊有海觉寺、大觉寺、法明尼寺、崇业尼寺。朱雀门街西第四街从北向南第三坊金城坊，亦有开善尼寺、会昌寺、乐善尼寺和瑞圣寺等四寺。至于道观，一坊之中能有三所就算最多了。而有三所道观的也只有两坊，其一为朱雀门街东第三街从北向南第十一坊永崇坊，再一为朱雀门街西第一街从北向南第五坊崇业坊。永崇坊有宗道观、龙兴观和灵应观，崇业坊有玄都观、福唐观和新昌观。刘禹锡诗中有"玄都观里桃千树"之句，所咏的就是崇业坊中的玄都观。永崇坊的龙兴观，未见《长安志》记载，乃是徐松据李商隐为马懿公郡夫人王氏黄箓斋文所增补的。

这样多的寺观，其中有的就建置于所在的里坊的一隅，这虽不能概括所在寺观的建置，却已几乎成了当时的通例。甚至一坊之中，三隅都建置了寺观，朱雀门街西第二街从北向南第四坊崇德坊和街西第四街从北向南第一坊安定坊就是如此。崇德坊西南隅为崇圣寺，东北隅为证果尼寺，西北隅为废报恩寺，所缺者仅东南一隅。安定坊东南隅为千福寺，西南隅为福林寺，东北隅为五通观，所缺者为西北一隅。朱雀门街东第三街从北向南第十三坊为晋昌坊，晋昌坊半以东为大慈恩寺，其西南隅为楚国寺。大慈恩寺既有晋昌坊的东一半之地，就已据有东南和东北两隅，与楚国寺相合，实际上已有三隅。不过这里还应稍做说明。《长安志》叙晋昌坊，谓其东南隅为兴唐寺，并说："神龙元年，太平公主为武太后立罔极寺，穷极华丽，为京都之名寺。开元二十六年改为兴唐寺。"《唐两京城坊考》移这段叙说于街东第四街从北向南第二坊大宁坊内，而未说明移改的原因。大慈恩寺立于贞观二十二年。其时高宗尚在春宫，为其母文德皇后建立此寺，故以慈恩为名。此寺规模甚大，凡十有余院，总一千八百九十七间。帝王建寺，且有如此规模，殆不可能留其南侧一隅之地未予施工。兴唐寺本为罔极寺，建于太平公主，太平公主于其时为炙手可热的皇女，为建一寺而取大慈恩寺南侧一片隙地，恐亦非所愿。《唐两京城坊考》不以之置于叙述晋昌坊文中，是也。

《唐两京城坊考》于叙述晋昌坊的文中，列有叛臣朱泚宅。

《长安志》以朱泚宅置于广化坊，据《酉阳杂俎·寺塔记》中说，朱泚宅在楚国寺西，楚国寺在晋昌坊，与广化坊无关。朱泚未叛唐以前，也是当朝的重要大臣，其宅当不至过于狭窄。楚国寺虽在晋昌坊的西南隅，却不与其西的坊墙相接。大致可以说，在这西南隅，朱泚宅和楚国寺都应是坐南向北，宅前寺前形成东西向的曲巷。与此相似的还有朱雀门街西第三街从北向南第三坊颁政坊。颁政坊西北隅为昭成观，西南隅为崇明观，东南隅为护国天王院，但西南隅尚有尚书左仆射芮国公豆卢钦望宅，东南隅亦尚有右散骑常侍徐坚宅。以通常惯例来说，第宅的建置以南北向为多，即第宅的大门向北或向南。前面所说的朱泚宅乃在楚国寺西，当是靠近南侧坊墙，其大门北向。豆卢钦望宅未言其在崇明观的哪一边，既以豆卢钦望宅在坊的西南隅，则崇明观应在其宅的东侧，徐坚宅和护国天王院的关系亦应如此，即徐坚宅在东，而护国天王院在其西侧。豆卢钦望宅和崇明观并列，形成西南隅东西向的曲巷，徐坚宅和护国天王院并列，亦应形成东南隅东西向的曲巷。但不知这两巷是否都通到坊的南门，东西相连接，能成为与坊内东西两门间的街平行的巷否。

这里还应提到朱雀门街东第四街从北向南第一坊长乐坊。长乐坊大半以东为大安国寺。既然是大半以东，就和晋昌坊的大慈恩寺一样，据有坊内的东南隅和东北隅。另外，还有西南隅的兴唐观。据说，兴唐观是开元十八年建置的。当时为了速成，因拆兴庆宫通乾殿、大明宫乘云阁、白莲花殿、甘泉殿来建造，为什么如此兴工？这固然是由于唐代于佛教外，独尊崇道教。也由于长乐坊就在大明宫之南，相距最近，宫坊之间，开有复道，帝王行幸最为方便，因而还在这一隅之地，再建这座兴唐观。

至于一坊之内，两隅有寺观的就更多了。朱雀门街东第三街从北向南第六坊崇仁坊，东南隅有资圣寺，西南隅有玄真观。街东第四街从北向南第二坊大宁坊，东南隅有兴唐寺，西南隅有太清宫。此兴唐寺即《长安志》以之置于晋昌坊大慈恩寺的东南者。大宁坊之南，中隔三坊和东市为宣平坊。坊东南隅有宣慈寺，西南隅有法云尼寺。宣慈寺亦与前述的颁政坊崇明观和护国天王院相似，因宣平坊东南隅尚有一旧诸王府。此署虽以诸王为名，其实只是一处第宅，因为其后元和时曾卖与邠宁节度使高霞寓。旧诸王府既已在此坊的东南隅，则宣慈寺当在旧诸王府之西。位于西南隅的法云尼寺之东为义阳府，这是唐初折冲府之一。折冲府制度开元前早已改革，不复延续下去。韦述《两京新记》所载长安城内尚有四府，义阳府即是其一。其余三府为街西第三街从北向南第九坊的真化府、宣平府与街东第四街从北向南第三坊金城坊的匡道府。折冲府制度既已不复存在，韦述所记当是其旧址。这应和朱雀门街东第五街从北向南第五坊道政坊北门之西的吏部尚书侯君集宅相似。侯君集于唐朝的建立曾有大功，然贞观时即已被诛，其宅犹见诸记载，也是难得的。《长安志》所载诸第宅的主人，当时及身后受谴者不少，其第宅也就难得保存。就是未受谴责，其子若孙也有不能克绳祖武，其第宅为势家所夺也是有的，《明皇杂录》所载杨贵妃姊虢国夫人夺韦嗣立旧宅即是一例。第宅易主，衙署改制，得其旧址，犹可略见当时的规模。宣平坊西南隅法云尼寺东的义阳府虽已不复存在，由其遗址亦可略觇此间曲巷的概况。宣平坊之南，中隔三坊为青龙坊。青龙坊虽居于此街的南端，其东南隅和西南隅犹分别有废普耀寺和废日严寺。朱雀门街西第一街从北向南第四坊安业坊，西南隅有资善尼寺，东南隅有济度尼寺。街西第三街从北向南第二坊辅兴坊，东南隅为金仙女冠观，西南隅为玉真女冠观。辅兴坊之南中隔一坊为布政坊，东南隅为废镇国公波若寺，西南隅为胡祆祠。布政坊之南，中隔两坊为延康坊，东南隅有静法寺，西南隅有西明寺。延康坊之南，中隔一坊为延福坊，东南隅有玉芝观，西南隅有纪国寺。延福坊之南，再隔一坊为敦义坊，东北隅有废福田寺，东南隅有废法觉寺。街西第四街从北向南第二坊休祥坊，东北隅有崇福寺，东南隅有万善尼寺。休祥坊之南为金城坊，东南隅有开善尼寺，西南隅有会昌寺。街西第五街从北向南第二坊普宁坊，东南隅有东明观，西北隅有胡祆祠。外郭城中共有胡祆寺四所，前面曾提及辅兴坊的胡祆祠，另有两所，一在街东第五街靖恭坊，一在街西第四街醴泉坊。靖恭坊的祆祠在十字街南之西，醴泉坊的祆祠在西门之南，皆与四隅无关，故未多涉及。普宁坊之南，中隔义宁坊为居德坊，东南隅有先天寺，西北隅有普集寺。居德坊之南，中隔两坊为崇化坊，东南隅有龙兴观，西南隅有静乐尼寺。

应该一并提到的，乃是朱雀门街东第一街从北向南第二坊开化坊的大荐福寺和朱雀门街西第五街最南永阳坊和和平坊的大庄严寺和大总持寺。大荐福寺居开化坊半以南之地，如大慈恩寺之例，兼有坊内的东南隅和西南隅。坊内尚有一法寿尼寺，乃在西门之内，与西北隅和东北隅无关，故上文未多论及，永阳坊的大庄严寺和大总持寺各有坊内的一半，也就是说大庄严寺兼有坊内的东南隅和东北隅，而大总持寺兼有坊内的西南隅和西北隅。这两寺不仅分居永阳坊，而且各自皆伸入其北的和平坊，因而也就各居和平坊内的两隅。再推而论之，分别居有一坊之地的大兴善寺和昊天观，也应同于此例。

这里还可举出仅一隅有寺观的里坊，以见当时建置的趋向。其在朱雀门街之东的，则有第一街从北向南第一坊兴道坊，第三坊安仁坊；街东第二街从北向南第五坊靖安坊，第七坊大业坊；街东第三街从北向南第八坊宣阳坊，第九坊亲仁坊，第十二坊昭国坊；街东第四街从北向南第四坊胜业坊，还有最南的曲池坊；街东第五街从北向南第四坊兴庆坊，第六坊常乐坊，第九坊昇道坊。其在朱雀门街以西的，则有第一街从北向南第三坊丰乐坊；第二街从北向南第一坊太平坊，第二坊通义坊，第三坊兴化坊；第三街从北向南第一坊修德坊，第五坊延寿坊，第六坊光德坊；第四街从北向南第四坊醴泉坊，第七坊怀远坊，第九坊嘉会坊；第五街从北向南第三坊义宁坊，第六坊怀德坊，第八坊丰邑坊，第九坊待贤坊。

上面所说的居于里坊隅所的寺观共七十二所，共涉及五十一里坊。七十二所寺观超过寺院总数的一半，所涉及的里坊也将达到里坊的一半，所差的只有三里坊，这显示出寺观建立时对于里坊隅所的重视。里坊中的四隅距其四门及四门间的十字街都比较远些。这些稍稍偏僻的所在，车马干扰较少，显得清静，对于缁流黄冠讲经说法，自有若干方便之处，故群趋若鹜。皇城之南，朱雀门街东西四街，其间里坊只有东西两门，坊内也只有一条横街，因而坊内四隅，更显得寂静，僧徒道侣也是不会轻易放过的。

可是这样的所在有些也会得到达官贵人的青睐，达官贵人在这些地方的第宅，《长安志》中也多有记载。据其所载，下面这些里坊中的隅所都有达官贵人的第宅：朱雀门街东第一街的安仁、兰陵两坊，街东第二街的崇义、长兴、永乐三坊，街东第三街平康、宣阳、亲仁、永宁、晋昌五坊，街东第四街胜业、安邑、宣平三坊，街东第五街兴宁、永嘉、靖恭、敦化四坊；朱雀门街西第一街光行坊，街西第二街太平、通义两坊，街西第三街颁政、延寿、崇贤、延福四坊，街西第四街醴泉、永平两坊，街西第五街普宁、义宁、群贤三坊。

在这些里坊中，一坊有三隅皆为达官贵人的第宅的，为平康和永嘉两坊；有两隅皆为达官贵人的第宅的，为胜业、兴宁、通义、颁政四坊。平康坊西北隅为隋太师申公国李穆宅，西南隅为国子祭酒韦澄宅，东南隅为右相李林甫宅。永嘉坊东北隅为太子太保李纲宅，西南隅为申王𰀉宅，西北隅为凉国公主宅。胜业坊西北隅为薛王业宅，东北隅为宁王宪山池。兴宁坊西南隅为开府仪同三司姚元崇宅，东南隅为左卫大将军泉男生宅。通义坊西北隅为右羽林大将军邢国公李思训宅，东南隅为户部尚书长平公杨纂宅。颁政坊西南隅为尚书左仆射芮国公豆卢钦望宅，东南隅为右散骑常侍徐坚宅。其他各坊皆一坊一宅第，不过所在的隅所不尽相同，各随其所适而居。

这些达官贵人建立宅第，自是各有取意，难得都能一致。各里坊中的四隅较为开阔，可以多所扩展，未始不是其中的一因。杨慎交宅在靖恭坊，其地本为高士廉的旧第。高士廉于贞观年间，位尊势重，其第宅当不至于过分简陋；杨慎交以驸马都尉居之，犹以为不足，因并左金吾卫故营合为一宅，还占有坊西隙地以为鞠场，并筑山浚池，建造重楼，右属都城，左俯大道，这是在前面已经叙述过的。而居于延福坊西北隅的琼山县主的宅内有山池院，溪磴自然，林木葱郁，有名于一时。宁王宪的山池院，就建在胜业坊的东北隅。里坊中的四隅多有这样的建置，寺观自然会受到一定的限制。

前文曾引用《明皇杂录》所记载的杨贵妃姊虢国夫人夺取韦嗣立旧宅事，至于夺寺观地事亦非鲜见。《长安志》于朱雀门街西第四街从北向南第四坊醴泉坊，记载街南之东的旧波斯胡寺，并叙述其迁徙的缘由说："仪凤二年，波斯王卑路斯奏请于此置波斯寺。景龙中，宗楚客筑此（宅）寺地入其宅，遂移寺于布政坊之西南隅袄祠之西。"一波斯胡寺，虽为其王所请求而建置，亦难免为达官贵人侵夺。此寺被移往布政坊西南隅袄祠之西。袄祠已在西南隅，可能其西距坊墙之间尚有隙地，故波斯胡寺得以移至其地。可见一坊之中的四隅之地，若非有其他特殊的环境，不会见重于达官贵人的。寺观就可以从事兴建，借以传播其香火。

虽然如此，由于佛道两教的昌盛，得到一些帝王的崇敬，寺观还是能得到若干方便的。朱雀门街西第三街从北向南第二坊辅兴坊，东南隅为金仙女冠观，西南隅为玉真女冠观，就不同寻常，因为这是为睿宗的两位公主入道后建立的。至于像居有一坊之地的大兴善寺和昊天观，以及居有半坊之地的大荐福寺、大慈恩寺、大安国寺、大庄严寺、大总持寺，则都兼及数隅，更不可以常情论了。当然还有不少的寺观，分布到横街的南北和十字街的附近，虽然说不上清静幽雅，可是对于许多善男信女的顶礼膜拜，还是方便的。

（八）小　结

唐代都城长安，规模宏大，瑰丽绝伦，为当时世界有数的名都。城内街道纵横，里坊罗列，历来记载多有异同。核实而论，应该是南北十四街，东西十一街，当前经过发掘实测，这已得到了证明。不过问题并非如此单纯。丹凤街的开设，永阳、和平二坊的连接在一起，兴庆坊改成南内之后，向其侧旁各坊的发展，以及兴庆坊东和修德坊夹城复道的先后修筑，都会使有关的街受到阻遏和改变。

就是里坊的数目，说者也未能达成一致。有的说是一百零八坊,有的说是一百一十里,其中朱雀门街东西的具体坊数又复各有不同。一般说来,皇城之南的四街,每街各有九坊,共为三十六坊;皇城东西各三街,每街各十三坊。两者相加,共为百一十四坊。东西两市,每市各据二坊,实际只有一百一十坊。由于翊善、光宅二坊的析置,曲江侧畔的不复设坊,还有兴庆坊的改为南内,兴宁坊北的一坊划入苑中,因而就有不同的数字。开元以后始成定型,应该是有一百零八坊,只是朱雀门街西为五十五坊,朱雀门东为五十三坊,长安、万年两县并非就此平分秋色。

按当时规定的制度,各里坊都有坊墙,有了坊墙也就有了坊门。皇城之南四街,每坊只开东西两门;皇城东西各三街,每坊四面各开一门。但实际上也并不完全就是这样,著名的寺观和达官贵人的宅邸就不受限制,在规定的坊门之外,另开方便的门户,大荐福寺和马燧旧宅,亦即后来的奉诚园,都是如此。

皇城南的里坊因为只开东西两门,坊内只有横街。皇城东西各三街的里坊,四面各开一门,坊内就有了十字街。其实并非都是如此。一些仅有东西横街的里坊,却有了南街和北街。

崇义坊有南街，靖安坊却有北街。而本来具有十字街的里坊，有的也未能形成十字街。永阳坊和和平坊，都仅有南北街，而长乐坊和晋昌坊都没有东街。不论其为横街或十字街，街的两旁，房舍都相当齐整壮观，为他处所不及。

里坊中不仅有街，而且还有巷或曲，其实曲就是巷，只是名称不同而已。巷或曲是由街分出的，各因其所在位置自成规模，不尽相同。其中亦有达官贵人的第宅，更多的为众庶百姓之居所。巷或曲有的也各有其名，如薛曲、甄曲、鸣珂曲等皆其著例。

里坊中杂有官署、寺观、邸第、园囿，编户亦错居其中。《长安志》率多加以记载，《唐两京城坊考》又为之补苴。其中第宅尤多。所载第宅多未能举出其所在街巷，不易详论。唐代佛道两教最为盛行，因而多建寺观。寺观往往建于里坊的四隅。四隅距街稍远，可能较为清静，便于宗教活动。不过达官贵人也有选择其地为第宅的，寺观就不能不受到影响。

都城之中，人事繁杂，林林总总，未能尽归一律，这里只就街道变迁和里坊的设置，略事论述，当世方家幸有以正之。

（原载《中国历史地理论丛》1994年第1期）

附录一

唐代长安和洛阳

（一）隋唐两代以前长安和洛阳作为都城和陪都的缘由

长安位于关中平原，今为陕西省西安市。洛阳位于伊洛两河的下游，今为河南省洛阳市。长安为隋唐两代的都城，洛阳为其陪都。洛阳虽为陪都，隋炀帝和唐高宗、武则天却都曾久居不归。唐时陪都不止一处，洛阳显得独特，不与其他陪都相同。

1. 隋唐两代以前长安和洛阳建都史事的回顾

长安和洛阳为隋唐两代的都城和陪都，若论其建都的历史，却都有悠久的渊源。长安附近作为都城，实肇始于周代。周人起于岐山之下，传至文王乃迁都于丰；武王继起，又迁于镐。丰在今陕西户县东北，镐在今西安市西南，两处中隔丰河，东西相邻。周人东迁洛邑，秦国接踵而起。秦国本在陇山以西，其后辗转迁徙，定都咸阳。咸阳在今咸阳市东，隔着渭河和后来的长安城相对。秦时已有长安，只是作为乡里的名称，西汉始在其地建置都城。西汉以后，新莽、东汉献帝、西晋愍帝以及十六国时期的前赵、前秦和后秦，都曾经以长安为都，再后还有西魏和北周，前后合计起来，已经有七百八十余年了。

洛阳作为都城，也有相当长久的历史。周人东迁，就是迁到洛阳。那时称为雒邑。后来东汉、魏、晋相继以此为都。近年考古发掘，在洛阳市东北偃师县二里头和尸乡沟，发现了远古的文化遗址,据说尸乡沟为商代都城遗址,二里头为夏代都城遗址。如所言不虚,则洛阳作为都城,较之长安还要悠久。

2. 关中平原和长安周围的形势

历来的皇朝或政权对于都城的选择各有不同的要求,而其周围地势的险要殆为共同认为必要的条件。为了防御敌对势力的攻击,保证其政权的存续,这样的条件是不可或缺的。关中平原很早就被称为四塞之国。这是说,它东有崤山,南有秦岭,西有陇山,而北濒黄河[1]。也许北边离黄河太远了,就以甘泉谷口来代替[2],这是指仲山、梁山等北山而言,更切合于实际情况。山河围绕,自然易于防守。不过山间河畔还有和外地交往的道路,为了控制这样的道路,就陆续建置相应的关隘,因而就有了东函谷、西散关、南武关、北萧关,还添上陇关。关中的名称就是由此得来的。

这样的关隘后来还不断有所增置,直到唐玄宗开元年间,畿辅周围并由皇朝直接管理的关隘已有十二座,长安所在的京兆府就有蓝田关、子午关、骆谷关和库谷关,还有同州的蒲津关和龙门关、原州的陇山关和木峡关、华州的潼关、岐州的散关、陇州的大震关、会州的会宁关[3]。如果添上延州的芦子关,就更为全备了[4]。有了这些山河和关隘,长安作为都城就更会感到安全。

在那些时期里,长安位于全国的西部,关中四面都有关隘,东面的崤函山地却最为重要。一些开国的君王所顾虑的倒不是周边各族的侵扰，而是关东诸侯的难于统治，尤其是农民起义更为严重的威胁。有的人说，如果在长安建都，"阻三面而守，独以一面东制诸侯"[5]、"山东虽乱，秦之故地可全而有也"[6]。这样的说法确可以打动一些开国君王，汉高帝定都长安，就是具体的例证。

3. 伊洛下游和洛阳周围的形势

洛阳周围的形势似乎不如长安有山河严密的环绕，不过也还是相当险要的。这有不同的说法。有的说，它南有伊阙，北有羊肠，西有泰华，东有河济[7]。伊阙就是龙门，羊肠在太行山上，泰华在崤山之西，济水是一条古河道，由黄河分出，向东流去。有的则说，它南有三涂山，北有太行山，还处于伊洛和黄河之间[8]。三涂山在今河南嵩县，又在伊阙之南。有的还说，它东有成皋，西有崤黾，背靠黄河，面向伊洛[9]。成皋在旧汜水县，今属河南荥阳县。崤黾则是崤山和渑池。这些说法彼此虽稍有不同，综合起来，就可显示洛阳的形势有它可取之处，因而也就成为建都洛阳的理论根据。

洛阳和长安一样，作为都城，周围也陆续建置关隘。直至东汉末年，先后建置了八关。八关为函谷关、广城关、伊阙关、大谷关、轘辕关、旋门关、小平津关和孟津关[10]。广城关在今河南临汝县，旋门关就在成皋，这是距洛阳最远的两座关。函谷关为汉武帝所建置的函谷新关，这本是拱卫长安的关隘。新关移置于新安县东，也就是现在新安县城外，距洛阳不远，东汉时反过来成为拱卫洛阳的八关之一。

洛阳在隋唐两代也许只是作为陪都的缘故，在建置关隘方面就不易和都城长安相提并论。唐玄宗开元年间，皇朝直接管理的全国二十六座关隘中，如前所说，长安周围就有十二座，可是洛阳周围竟无一座。就是一般非皇朝直接管理的关隘，见于文献记载的，仅有长水县的高门关[11]。长水县在今河南洛宁县西南，高门关更在长水县的西南，已近于今卢氏县。这是位于洛河中游的关隘。自来有关洛阳的军事行动，似皆与洛河中游无若何关系，隋唐时期也是如此。这样说来，高门关对于拱卫洛阳，也难以起到多么巨大的作用。

4. 隋唐两代的建都长安和当时的关陇集团

隋唐两代相继以长安为都城，这看起来是两代的新猷，却是西魏、北周的旧绩。长安自西汉、新莽之后，废不为都，中间东汉献帝、西晋愍帝以及十六国时期的前赵和前、后秦，皆曾在这里建过都城，历年都甚短促，前后合计，尚不及百年。自后秦覆灭后，又复废不为都将及一百二十年。北魏孝武帝西奔，使长安作为都城，重新开始新的阶段。孝武帝开创了西魏的社稷，可是当时对于都城的建置势难从容选择。孝武帝本来不甘再受高欢的压迫，思欲另谋生路，可以投奔求其庇护的，只有宇文泰，而宇文泰正据有关中，距洛阳尚非过远。孝武帝当时所设想的只是一位宇文泰，并非长安城。长安城能够又复作为都城，乃是一种偶然性导致的结果，并非历史规律性的演变。

北周皇朝能够建立，是由于宇文泰早在西魏初年即已掌握全部权力；隋朝能够建立，也是由于杨坚早在北周末年即已控制整个政府。皇朝的更迭都采取禅让形式，因而都城也都沿袭旧规，无所改易。后来唐朝代替隋朝，长安依旧成为都城。其间只是在隋朝初年，另在长安城东南龙首原下建立大兴城，作为新的都城。新都仍设大兴、长安两县。唐初改大兴为万年，仍与长安并治城内。长安名称得以保存下来，已不是原来西汉的长安城了。

西魏以长安为都城，如前所说，乃是时势所逼，别无选择余地。其后逐渐演变，也无余地可供选择，因而累代相沿，至于唐时。当北魏孝武帝西迁之后，高欢亦挟魏室东迁于邺。迁邺之际，洛阳颇受破坏。接着东西相争，洛阳又处于两者之间，复沦于疆场，成为争战的场所，已难于重建。西魏自其初年起，权力皆为宇文泰所掌握。宇文泰以关陇一隅之地，与据有山东富庶地区的高齐相抗衡，就不能不有所振作。近人论当时史事，谓宇文泰所推行的为"关中本位政策"，相应地形成关陇集团，这样的说法正与当时情势相符合。远在北魏孝文帝由平城迁都洛阳之时，随着迁来的代北鲜卑人一并改籍为河南人，使其不再有故土之思。这时随孝武帝西迁的许多著籍河南的鲜卑人，也一并改籍为京兆郡望。不仅诸胡族有此改变，就是仕宦于关中的山东士族，同样皆以关内诸州为其本望。当年汉高帝底平天下，说到建都，其左右大臣皆山东人，就多劝高帝都于洛阳，不欲远到关中来。这时在关中的诸胡族和山东士族都已改籍京兆和关中，关中就是这些人的桑梓所在，对于都城位置就不应再有异议。

建立隋朝的杨坚，史称其为弘农华阴人。推其本源可能也是山东士族，而随例改籍的。华阴杨氏自东汉杨震以来，就是关中著姓。杨坚改籍也就成了关陇集团的人物。杨坚取得的政权，自是得力于其父的军功和其本人与北周有椒房之亲，也是得力于关陇集团的拥护。杨坚一直就在长安，这样就顺水行舟，无往不利。建立唐朝的李渊，论其家世也和杨坚一样，都属于关陇集团。李渊在太原起兵，处心积虑，必欲回到长安，就是要争取关陇集团的支持和拥护，才能建立唐室的江山。正是这样，以长安为都城就成了定型，不应再有别的打算。

5. 隋及唐初山东的局面及隋都洛阳的建置

上面说到自东西魏分立之后，宇文泰以关陇一隅之地与据有山东富庶地区的高齐相抗衡。这样的抗衡并非都是顺利的，有时甚至形成势同燃眉之急的压力。宇文泰曾经夺取过洛阳，可是洛阳以东就不易染指。高欢却不断向西进军，沙苑之役对于宇文泰来说，殊属岌岌可危，幸能取得胜利，免于颠覆。战后植树庆功，也是难得的际遇。后来北周还是灭了北齐，这样的硕果并非一蹴所能获得，也是经历了若干艰难险阻，才能有如此成就。北齐灭亡之后，杨坚思欲取代北周。肇建隋朝之际，各地间又起兵反抗，其中以山东为多，有荥州（隋时改为郑州）刺史宇文胄、青州总管尉迟勤、郧州总管司马消难，而以相州总管尉迟迥兵力最为强大。相州治所就是东魏、北齐的邺都。尉迟迥被平后，移相州于安阳，其邺城及邑居并皆毁废。山东各地还应加上江南的陈国，陈国和东魏、北齐一样，也是周、隋的对手。举兵于郧州的司马消难，在兵败之后，并郧州投奔陈国，使杨坚多一番顾虑。迄至隋末，各地纷纷起兵，先后割据称雄，也以山东为多，有劳唐初的征讨平灭。从东魏、北齐以来，这东西两方之间，仿佛隐隐有一条界线，显示出其间还有若干差距。

正是由于有了这样的差距，以关陇集团为基础的建于关中的皇朝，就难免对于山东人士有了若干戒心。隋炀帝初年，上距北齐的灭亡已有二十余年，就是陈国的倾覆也已有十余年，炀帝诸臣还是以此为言。其通事谒者上疏说，"今朝廷之内多山东人"，并且指出这些山东人"自作门户，更相剡荐，附下罔上，共为朋党"，还指出"朋党人姓名和奸状"，炀帝因而下诏推究，有关的山东人并被免官流配[12]。这虽然只是一条例证，可见当时的山东人是被另眼相看的。朝中官员可以免官流放，偌大的山东如何防备，确实是个问题。就在炀帝登基伊始，并州总管汉王谅举兵反抗，这如何能使炀帝放得下心来？

隋时营建洛阳为东都，就是炀帝决定的。当时所颁的诏书，由汉王谅的反抗说起。诏书说："今者汉王谅悖逆，毒被山东，遂使州县或沦非所。此由关河悬远，兵不急赴，加以并州移户复在河南。周迁殷人，意在于此。况复南服遐远，东夏殷大，因机顺动，今也其时。"[13]这对于营建东都的设想，说得十分明确。就在开始营建东都时，还掘凿了一道长堑，"自龙门东接长平、汲郡，抵临清关，渡河，至浚仪、襄城，达于上洛，以置关防"[14]。用现在地理位置来说，就是由山西河津县西北濒黄河的龙门山开始掘堑，东行经晋城市北，东越太行山，达到河南卫辉市，向南渡过黄河，经过开封市和临汝县，而至于陕西商县，形成一个椭圆。这椭圆的中心就是洛阳。椭圆西口没有封闭，因为再往西去就是都城长安。都城和陪都之间用不着再有什么防御的措施。由隋文帝始建皇朝时起，到炀帝之时，已经二十余年。在这二十余年中，长安不是没有受到过威胁，威胁来自突厥，但还未引起长安的惊动。炀帝营建东都，其起因是汉王谅的造反，其实汉王谅的乱事很快就已告敉平，不足作为兴工的理由。炀帝所颁的诏书说："我有隋之始，便欲创兹怀洛，日复一日，越暨于今。"可见从隋朝始建邦国，对于安抚东夏，就从未释怀。在这样一些痕迹中，还仿佛可以看到关陇集团的余波不时仍在荡漾。

这样的余波并未因隋朝社稷的崩溃而逐渐静止，唐朝初年也仍隐约显露出来。就在唐朝肇建之时，唐高祖诸子建成、元吉和秦王世民倾轧，还以山东人为口实。《旧唐书·隐太子建成传》："(建成、元吉)密令数人上封事曰：'秦王左右多是山东人。'"《新唐书·隐太子建成传》则改成"秦王左右皆山东人"，显得更为严重。这时上距隋文帝的统一南北为时更久，可见其积习之深，这些话说的还是皇族之间和政府内部的琐事，其实民间也有歧视之处。唐长安外郭城皇城东第三街最南的一坊为敦化坊，再南就是曲江池了。这座坊的西门之北为秘书监颜师古宅、太常少卿欧阳询宅、著作郎沈越宾宅。贞观、永徽间，颜师古、欧阳询、沈越宾住此坊。颜即南朝旧族，欧阳与沈为江左士人，时人呼为吴儿坊[15]。南朝旧族还被称为吴儿，显示其间并非和谐一气。吴儿亦应在山东人数内，是山东人依旧为关陇集团所见外。

虽然还有这样一些芥蒂，但似已与东都洛阳的恢复和重建没有甚大的关系。唐初统一宇内，就废去隋的东都，太宗贞观年间改称为洛阳宫[16]。直至高宗显庆年间，始复称东都。如果武德、贞观之间，对于山东人犹如隋初的防范，则东都就不应任其荒芜。就是高宗显庆年间恢复东都称号之时，似也没有这样的设想。高宗在恢复东京称号时，曾告其臣下说："两京朕东西二宅，来去不恒，卿宜善思修建。"[17]这与隋炀帝肇始营建东都之时迥然异趣，前后不能相提并论。

隋炀帝自营建东都后，再未返回长安。可以说，洛阳虽为陪都，实际上就是都城。唐高宗恢复东都之后，经常往来于两都之间，正如他所说的东西二宅一样。虽常巡幸洛阳，长安作为都城似未有所减色，至武则天时，以东都为神都，竟久居其地，仅于长安元年（公元701年）十月返至长安，三年（公元703年）十月又复东归洛阳，居西京者只有两年。既然久居洛阳，则重要政府机构亦当随之前去。甚至选举贡士亦在洛阳举行。武后载初年间，就曾策问贡人于洛城殿，数日方了[18]。可见洛阳已经代替长安作为都城，直到武后殁后，始得告一段落。

(二) 长安和洛阳作为都城和陪都的规模

1. 大兴城的兴建和洛阳新址的奠定

隋唐两代建都于长安并以洛阳为陪都虽系因袭以前一些皇朝或政权的旧规，但长安和洛阳城郭的位置和规划，却是另有新猷，与其前代皇朝并不完全相同。隋唐长安城乃在西魏、北周所因袭的汉长安城东南十三里龙首原，隋唐洛阳城则在北魏所因袭的汉魏故城西二十里穀水之东。前后都是有差距的。

隋唐长安城始建于隋文帝时。隋文帝于其开皇二年（公元582年）颁布诏书，从事营建。诏书说到当时的旧城，即汉长安城，谓"此城从汉，雕残日久，屡为战场，旧经丧乱。今之宫室，事近权宜，又非谋筮从龟，瞻星揆日，不足建皇王之邑，合大众所聚"，并说："龙首山川原秀丽，卉物滋阜，卜食相土，宜建都邑。"因而迁都，别创新邑。隋文帝对于汉长安城，只说是雕残日久，这是事实。汉长安城从始建时起，就曾引潏水和昆明池水流经城内、城外。历年既久，故渠多已湮废，城中人口既多，地下水又污浊，这也应是旧城难以久居的一个原因。

当时营建新都，是以左仆射高颎领衔董理，参与其事的别有将作大匠刘龙诸人。刘龙虽有巧思，参掌迁都制度[19]，而具体条贯，则当推宇文恺。宇文恺多巧思，故能始终从事，以臻于成功。

隋唐洛阳城的营建始自隋炀帝。东都的设置就从这时开始。隋炀帝设置的原因，前文曾征引当时所颁布的诏书略做说明。

洛阳本为北魏的旧都，隋时营建洛阳城亦如其营建大兴城一样，并未在旧址上施工，而是另选新地。北魏旧都的残破亦难于从事修复。北魏洛阳城的残破是由于高欢的迁都邺城。迁都之后，杨衒之曾因行役，重览洛阳，据其所见，"城郭崩毁，宫室倾覆，寺观灰烬，庙塔丘墟，墙被蒿艾，巷罗荆棘"[20]。残破若此，就不能不使隋炀帝另选新地。东都肇建，宇文恺仍董理其事，故两都规划有相似之处，以炀帝心在宏侈，故东都制度穷极壮丽[21]。

2. 皇城、宫城和外郭城里坊的分隔和联系

隋时营建新都，具体的规划以宫城位于正北，为皇室所居[22]。当时新城以大兴为名，宫城的主殿也称大兴殿，唐时始改为太极殿。宫城之南为皇城，乃百官诸司处理政务的衙署。皇城之南则为外郭城。隋时始建新城，先筑宫城，次筑皇城，再次筑外郭城，是由北向南依次筑城的。外郭城虽在宫城和皇城之南，宫城和皇城的东西两侧，也建有里坊，属于外郭城的范围。宫城和皇城皆为长方形，南北较窄，东西较宽。外郭城包括宫城和皇城东西两侧部分，和宫城皇城合在一起，也成为长方形，南北较窄，而东西较为宽绰。宫城之北别为三苑。唐时于宫城东北，亦即宫城和皇城东侧的外郭城之北，兴建大明宫，为重要朝会之所，使本来长方形的城池，东北隅外突出了一大块。

新城的整体构造，是以皇城正中南门朱雀门向南通到外郭城正中南门明德门的街道，亦即朱雀门街，当时也称天街，为

全城的中轴线。朱雀门北对宫城的承天门[23]和其北的玄武门。朱雀门街东西两侧各有五条南北大街，依次称为朱雀门街东第一至第五街和朱雀门街西第一至第五街，皇城无北门，仅以东西横街与宫城相隔。皇城之南，朱雀门之外，也有一条横街，与其南的外郭城相隔。这条横街之南，依次还有九条横街。宫城和皇城东西两侧的外郭城部分，同样也依次有四条横街。合计起来，外郭城中有东西向的南北十四街，南北向的东西十一街。

这南北十四街和东西十一街之间，列置诸坊，共一百零八坊，另有东西两市，共为居民区。万年、长安两县治所，寺观、邸第、编户错居其间。万年、长安两县以朱雀门街为界，万年县领街东五十四坊及东市，长安县领街西五十四坊及西市。

皇城为政府所在地，百僚廨署列于其间。城中亦有街道，以承天门街为中轴线，承天门街南与外郭城朱雀门街相接，共为长安城中的主干道。承天门街东西两侧各有两街。其近承天门的两街，分别出朱雀门东西的安上门和含光门，与朱雀门街东第一街和街西第一街相衔接。皇城内亦有东西向的南北六条横街，乃是由承天门南的横街向南算起，其第四横街东端为景风门，西端为顺义门，出景风门即与朱雀门街东第三街由北向南第四坊崇仁坊北的横街相连，出顺义门即与朱雀门街西第三街由北向南第四坊布政坊北的横街相连，其他各街仅至皇城根即止。皇城内的南北六街和东西六街合起来的十二街，当时人们多以之代表长安城，白居易诗中就曾有句说："下视十二街，绿树间红尘。"[24]

隋唐的东都洛阳，由于洛河自城的西南流入城内，再向东流去，因而就不能像长安城那样的整齐规划。洛阳城也有宫城、皇城和外郭城[25]。宫城居全城的西北隅，其南则为皇城。皇城虽位于宫城之南，其东西两端却向北伸延，围绕着宫城的东西两侧[26]。皇城和宫城之东还有一个东城。东城和皇城相仿佛，也是官署的所在地。尚书省就设在东城。宫城之北为曜仪城，曜仪城之北为圆壁城。其北为外郭，东城之北为含嘉仓，仓北为外郭。这是说宫城之北的圆壁城和东城之北的含嘉仓，都在郭城之内。东城之南到了洛河岸边，东城之东的洛河北岸为外郭城。洛河之南也是外郭城。皇城南面中间的端门外面就是架在洛河上有名的天津桥，过桥就是外郭城的定鼎门街。外郭城在洛河之南的部分远较其在洛河之北那一部分为广大。洛河南北，包括宫城、皇城和外郭城，大致成为四方形，只是洛河以南外郭城厚载门以西，还有几坊，显得较为突出。皇城的西南隅外别有上阳宫，仿佛长安的大明宫。上阳宫为隋时所建，与大明宫建于唐代不同。

由于洛阳的宫城和皇城都不位于全城的中心，通过全城的中轴线就不免有点偏斜。宫城北门中间的门亦如长安的宫城，称为玄武门。其南门中间的门，则不称承天门而称应天门（隋时称则天门）。皇城亦无北门，其南门中间的门不称朱雀门，而称端门。端门北对玄武门和应天门，而南对外郭城的定鼎门（隋时称建国门）。皇城南北四街，东西四街。其东西四街中，应天门和端门之间并无直达的南北街。端门和定鼎门之间有一条南北街，却不称端门街，而称定鼎门街，亦称天街。定鼎门街西有四街，其西第二街北对皇城端门之西的右掖门，第三街之南为厚载门（隋时称白虎门），因称厚载门街。定鼎门东亦有四街，其第二街对皇城端门之东的左掖门，其第四街在长夏门之西，亦称长夏门西街，长夏门东之街即以长夏门街为序列，由第一街至于第五街。

洛河之北的外郭城，由于中间有由洛河分出的漕渠横过，又分为两部分。洛河之北、漕渠之南部分，西对东城南门承福门，自成一区，由西向东共有五坊，最西一坊就称为承福坊。坊南洛河上有桥，名为新中桥。桥南就是长夏门街。漕渠之北的外郭城，因在东城之东，其间的南北向街，就以东城之东来序列，由西向东，依次以第一街、第二街相称，至于第六街。

洛河南北的外郭城中，也还各有横街，这些纵横的街间，分列各坊。隋时共有一〇三坊，唐时增至一百一十三坊。另外，还有洛河以南的两市和洛河以北的一市。

洛阳城的这样布局分明是受了自然环境的限制，洛河横贯东西，漕渠又错出其间，虽以宇文恺的巧思，也不能不因地制宜，以宫城皇城偏处于西北一隅，外郭城也分为三处；以端门、定鼎门形成的主轴线，又远离于全城的中央，这些都显得奇突，似非人力所能左右。以洛阳和长安比较，长安地势广阔，宫城、皇城、外郭城依次排列，井然有序。龙首原下旷野之地并非到处平坦，对于这样高低间有不平的地势，宇文恺做了特殊的设计。其设计依据出于《易经》的乾卦。据说，"初，宇文恺置都，以朱雀街南北尽郭，有六条高坡，像乾卦，故于九二置宫殿，以当帝王之居，九三立百司，以应君子之数，九五贵位，不欲常人居之，故置此观（玄都观）及兴善寺镇之。"[27]所谓九二置宫殿指的是宫城，九三立百司指的是皇城。玄都观置于崇业坊，为朱雀门街西第一街由北向南的第五坊，兴善寺置于靖善坊，为朱雀门街东第一街由北向南的第五坊。崇业坊与靖善坊隔朱雀门街东西并列，玄都观今已湮没无闻，今兴善寺已不具原来规模，寺址仿佛犹昔，正当今草场坡南的高地上，为当时所谓九五的所在。朱雀门街西第四街由北向南第十二坊为归义坊。全一坊都是隋蜀王秀宅。据说隋文帝以京城南面阔远，恐竟虚耗，乃使诸子并于南郭立第。当时并立的还有朱雀门街西第二街由北向南第八坊昌明坊的隋汉王谅宅，朱雀门街西第一街由北向南第七坊道德坊的隋秦王浩宅，朱雀门街东第五街最南敦化坊的隋蔡王智积宅[28]。这四坊都位于高岗之上，敦化坊在此四坊中又独为高敞。可知隋文帝所说只是表面的言辞，其真情实意并未吐露出来。敦化坊之南约一坊之地尤为高敞，宇文恺当初设计之时，以此地不便设坊，有意缺此一隅，穿入芙蓉池，以示与他处不同[29]。芙蓉池当为芙蓉园之池，也就是曲江。长安城自少陵原北，直至渭河岸边，是逐渐显得倾斜的坡地，但并非一味倾斜，间有突起的高岗，高岗之间却较为平坦，故宇文恺得以从容布置。宇文恺以九二高坡置为宫城，宫城规模不小，却未完全据有九二高坡，九二高坡还向东北引申。唐太宗贞观初年于其地置永安宫，寻改为大明宫。这座宫殿"北据高原，南望爽垲，每天晴日朗，南望终南山如指掌，京城坊市街陌，俯视如在槛内，盖其高爽也"[30]。宇文恺乾卦之说，只是一家之言，这样的布置却使长安城充分利用了当地形势，错落有致。宫城已不同凡响，唐初增建大明宫，更显得殊有气派。唐朝后来就以大明宫作为正式朝会之所，也并非偶然。

3. 长安城的两市和洛阳城的三市

长安城和洛阳城的外郭城中都罗列百有余座里坊，作为都城首县治所、寺观、邸第、编户错居的处所。都城所在，五方杂处，人烟的确是相当稠密的。长安和洛阳在当时只是政治中心，还不能说是经济中心。既是人烟稠密的都城所在，就不能没有相当发达的商业，供应这许多人口日常生活方面的需求。长安和洛阳的外郭城都是以里坊为主的封闭式都城，如何发展商业，自是不可忽视的问题。宇文恺诸人当时设计东西两都的建设布局时，有过设想并据以做出具体的安排：就在这些里坊中间划出特殊的地方设市。在长安城设置了东西两市，分列于朱雀门街的两侧。洛阳城中横贯着洛河，分外郭城为南北两部分，洛河之南较大，设置了两市；洛河之北较小，就仅设置一市。

长安城的东西两市为唐时所改的名称，隋时分别称为都会市和利人市。两市分列于朱雀门街的左右，相互对称。东市在朱雀门街东第四街，亦即皇城东第二街。西市在朱雀门街西第四街，亦即皇城西第二街。两市各占有两坊之地。东西两市所在的街中，其北皆有四坊，其南也皆有七坊。两市的北门皆在皇城之南的横街，这条横街东抵外郭城东三门中间的春明门，西抵外郭城西三门中的金光门。由这两座城门更通往城外各处。这条横街是全城的交通干线，便利的交通促进了两市的繁荣。宇文恺当年设计大兴城时，有意如此安排，为两市的发展创造条件。

隋唐两代于洛阳城虽皆置有三市，但并不完全相同，甚至置市的地址亦有差异。隋时在洛河之南所置的为丰都市和大同市，洛河之北为通远市。唐时在洛河之南置有南市和西市，北市则置于洛河之北。

隋时丰都市在长夏门街东第二街，其北为通利和慈惠二坊，再北就是洛河。隋时亦称东市。唐时改丰都市为南市，市的范围亦有所缩小。其北部一隅并入通利坊，使通利坊增添了半坊之地。其东的永泰坊也是唐初析丰都市分置的。隋大同市在定鼎门西第二街，也就是后来唐时的大同坊。大同坊就是沿用大同市的名称。大同市隋初本为殖业坊，隋炀帝大业年间移大同坊于此。大同坊原来在什么地方，还有待于再事考核。

唐时的西市在定鼎门街之西第三街，亦即厚载门第一街。隋大同市已近于洛河之南外郭城的西南隅。唐时西市更在隋大同市的西南，为定鼎门街西第三街最南的一坊，而这条街只有两坊，西市之北的广利坊，已到了最北了。西市之西为定鼎门西第四街。隔街为通济坊，为全城最西南的一坊，这样西市就显得相当偏僻。唐时三市中以西市建置的年代最短，前后不过二十余年[31]。西市废去后的一百多年中，洛阳就只有南市和北市，与长安的东市和西市差相仿佛。

4. 都城引水渠道的分布

都城范围广阔，人口繁多，日常用水自然不少。引导附近河流，使之流入城内，灌注各处，也就成为首务。而水上交通也较陆地为方便，如能用之得宜，更有助于都城的繁荣昌盛。

隋初创建长安城时，城中用水皆仰赖由南山上流下的几条河流，开渠引水，使之流入城内。隋初所开的渠道，为龙首渠、永安渠和清明渠。龙首渠引用浐河水，由外郭城东的通化门和春明门的侧旁流入城内，并引入宫城和皇城。宫城中有几个海池，有的可以行船，其水源当是引用龙首渠。永安渠引用交河水，由朱雀门街西第三街最南的大安坊入城，经西市之东，北流入苑，再北注于渭河。清明渠引潏河水，由安化门入城，北流至朱雀门街西第三街由北向南第四坊布政坊东，流入皇城，再北入宫城，潴入南海、北海和西海。

长安城东南隅的曲江池，为都人士女游览的胜地，就是皇室贵人也多临幸游乐。杜甫诗句"江头宫殿锁千门"，就是描述当年的盛况[32]。曲江引用的是出自南山的义谷水，引水渠道称为黄渠，经少陵原北流，注入曲江[33]。长安城始建时，即规划有曲江，则黄渠的开凿可能就在其时。

长安靠近渭河，隋时不引导渭河水入城，而引用南山流下的河流，可能是因为渭河之南有高起的龙首原，难于致力的缘故。隋初为了运输关东的漕粮，曾经开凿广通渠，引渭河水东流，渠道流经长安城北。唐玄宗天宝年间，还引潏河水通到西市[34]，置潭以贮材木。唐代宗大历年间，又由南山谷口引水入城，流到西市。这时所引的仍是潏河水[35]。迄今潏河流经丈八沟的河段，犹称皂河。皂河就是漕河，显示出当年故河道的所在。当时所引用的仍是潏河水，是为了运输南山的木炭，故有漕河的称谓。这样的名称一直流传到现在。当时还由西市引渠，经朱雀门街西第三街由北向南第六坊光德坊，朱雀门街东第一街由北向南第二坊开化坊，至其北的务本坊东，再经皇城东面景风门和延喜门东，北流入苑。这些渠道分布在长安城内，不仅解决了城内的用水问题，也使长安城内更为富丽堂皇，景物宜人。而一些渠道中还可以行船运物，在当时应是奇观。

洛阳有洛河从城中横穿流过，引水自较长安为易。隋炀帝所开凿的通济渠，就是引穀、洛河水以供运输。穀河为洛河支流，在洛阳城西上阳宫西流入洛河。洛河过皇城的端门东流，至定鼎门东第三街最北的惠训坊西北立堰为斗门，分出通济渠。通济渠亦称漕渠，经隋时通远市北向东流去。洛河之南引洛河的水流还有一条分渠，乃是由苑中引洛河水自通济坊入城，经西市东，过定鼎门街，东流至长夏门东第五街最北的延庆坊北，复入于洛河[36]。引用洛河水的还有通津渠，由定鼎门西的厚载门入城，东北流经定鼎门街向北，至端门南的天津桥附近复入洛河[37]。

洛阳之南为伊河，伊河也被引入城内。当时有南运渠，自城东流至外郭城东南隅，屈向北流，经外郭城东面的永通门和其北的建春门外,折而西流入城。城东别无他水,只有伊河,这条渠道也只有引用伊河水。入城后经过南市之东,也就是长夏门东第三街,至其最北的训善坊西入于洛河[38]。伊河流入城内,不只这一条渠道,还曾由长夏门西街最南的归德坊之西和长夏门东第二街最南的兴教坊之西分道流入城中,会合后,经长夏门东第四街由南向北第二坊履道坊之北,至第五街由南向北第五坊怀仁坊之东流入南运渠。洛河之北还有瀍河。瀍河由东城之东第三南北街最北的修义坊西南流入城中,更南流至东城之东第二南北街最南的修义坊流入漕渠。这里还应提到由含嘉仓城流出的泄城渠。这条渠南流经东城东门宣仁门外,再经东城之东第一街由南向北第二坊立德坊之东入于漕渠[39]。

由于有这样一些河流和渠道都流经洛阳城内,城内不仅有水上交通航路,就是一般用水也较为方便。隋炀帝开通济渠,其作用之一就是运输东南漕粮,含嘉仓为洛阳城中储粮的仓库。漕粮运来后,即能随时入仓,可说是相当便捷的。唐时李翱宅在定鼎门东第二街最北的旌善坊。他远赴岭南时,就在坊门外偕妻子上船首途[40]。由于引水方便,一些达官贵人的邸第中就能都有池沼,甚至还都相当广大。定鼎门街东第三街最北的惠训坊,北濒洛河,为唐中宗女长宁公主宅,本魏王泰的故第,其中潴沼竟有三百亩,还延及其西的道术坊[41]。唐时白居易宅,在长夏门东第四街履道坊,宅地十七亩,水居五分之一,以岛树桥道间之[42]。这样的情况在长安城是少见的。

（三）强大的政治中心和繁荣的经济都会

1. 宫城和皇城的作用

隋唐长安城和洛阳城都有宫城和皇城。宫城在北，皇城在南。宫城为皇室居住之所，皇城为执政官署所在地。宫城的皇室控制皇城的政府，皇城的政府则统治包括外郭城在内全国各地以及和域外的交往。这样的安排布置虽非隋唐两代所首创，隋唐两代却也有所增益。前代官署之间，往往杂有民居，隋文帝以为不便于民，于是皇城之内唯列府寺，不使杂人居止，更显得统治的威严。

隋唐中枢皆三省并立，隋为尚书、门下、内史三省，唐改内史为中书，实际还是一样的。中书、门下掌管皇朝政令的制定和颁布，尚书则司执行。职责不同，三省的衙署也就不必皆在一处。长安城内的尚书省在皇城承天门街之东第四横街之北。皇城之中仅有门下外省和中书外省，分别在承天门街之东第二横街之北和承天门街之西第二横街之北。门下省和中书省实际上乃在宫城之内太极殿前的东西两侧。而太极殿（隋时称大兴殿）则为帝王朔望视朝之所，帝王日常听政视朝则在其北的两仪殿（隋时称为中华殿）。门下省和中书省设在这两殿之前，正显示出皇朝政治重心的所在。

后来大明宫建成，这样的重心就移到大明宫。大明宫称为东内，宫城称为西内，显示两方差相仿佛，实际上大明宫已取代宫城成为皇朝政治重心的所在。大明宫的丹凤门相当于宫城的承天门，其南也在外郭城的翊善坊和永昌坊间特辟了一条丹凤门街。丹凤门内为含元殿，为大朝会之所。含元殿后的宣政殿则为帝王常朝之所。大明宫建成后，门下省和中书省也随着迁来，分列于含元殿和宣政殿之间的东西两侧，大致和在宫城时相仿佛。由于百官经常入朝，还在丹凤门之西的建福门外设百官待漏院。建福门在外郭城朱雀门街东第三街，亦即皇城东第一街之北，其南就是光宅坊，待漏院就设在光宅坊中。

当大明宫未建之时，每当万国朝贡使者、"四夷"宾客觐见之时，帝王于宫城太极殿前的承天门受礼。大明宫正式成为政治重心后，这样的朝仪也就转到大明宫含元殿。王维诗有句"九天阊阖开宫殿，万国衣冠拜冕旒"[43]，显出一派雍容大方的景象。

洛阳的宫城和皇城的布局基本上和长安相仿佛。宫城之中亦有含元殿（隋时称乾阳殿），就在应天门内。帝王常朝之所则在含元殿西的宣政殿，门下省和中书省分别在含元殿和宣政殿的东西两方。门下外省和中书外省亦如长安城旧规，皆在皇城之中。就是具体的位置也未脱西京窠臼。可是皇城之中却无尚书省，尚书省另置于皇城之东的东城之中，皇城西南隅的上阳宫，始建于唐高宗时。唐高宗亦常居此听政，仿佛长安的大明宫。不过宫内未设门下省和中书省，与大明宫不同。武则天以后，唐朝诸帝渐少去洛阳，安史乱后，竟无去者，不仅上阳宫难于和大明宫相比拟，洛阳的宫城和皇城也就显得寂寥了。

2. 长安和洛阳成为繁荣的经济都会

长安和洛阳诚然是政治中心，却说不上是经济中心。当时的经济中心应该数扬州。隋炀帝开凿通济渠，其动机之一就是贪图扬州的繁荣富庶，至少当时扬州的繁荣富庶应该是超过长安和洛阳的。后来扬州愈加繁荣富庶，只有益州能够和它比，因而有了"扬一益二"的说法，长安和洛阳更是居于其后了。

长安和洛阳虽然说不上是经济中心，但还是有一定程度的发展，仍然可以作为经济都会。长安的经济繁荣显示在东西两市，洛阳则显示在洛河南北的三市。长安两市和洛阳三市在一定时期内都显得繁荣昌盛。据说长安的东市，其中"货财二百二十行，四面立邸，四方珍奇，皆所积聚"[44]。洛阳城隋时的丰都市，也就是当时所谓的东市，"其内一百二十行，三千余肆，四壁有四百余店，货贿山积"。隋时的大同市也相当繁荣，其中有"邸一百四十一区，资货六十六行"[45]。这都是当时一般都会所少有的。

长安的两市和洛阳的三市能够繁荣昌盛，长安和洛阳的户口众多应该是一个重要的条件。都城本来就是人口最易荟萃的地方，再加上有意的徙民实都，当然也就更为繁多。隋炀帝初建东都之时，不仅徙豫州郭下居人以实之，还徙来天下富商大贾数万家[46]。武则天改东都洛阳为神都时，又徙关外雍、同、秦等七州户数十万以实洛阳[47]，就是其他的迁徙也还是有的。这样多的人口，其中还夹杂着许多达官贵人，就必然会促使当地商业发展，以满足物质方面的需要。长安城西市的规模和东市相仿佛。东市在万年县（隋大兴县）辖地内，西市则在长安县辖地内。长安县所领四万余户，比万年县为多，浮寄流寓，不可胜记。又公卿以下居止多在朱雀街东，第宅多为勋贵所占有，由是商贾多趋往西市，显得西市较东市为繁荣。市的繁荣与户口稠密的关系，这应是一个具体的例证。

  前面已经指出，长安的东市和西市都在朱雀门街前的东西横街上，这条横街也就是春明门和金光门之间的大街。这是长安城中主要的交通道路，它有助于东市和西市繁荣发展。西市还通漕渠，较东市更为方便。洛阳的三市，两市在洛河之南，却都近于洛河。隋时通远市置于洛河之北，漕渠之南。唐时北市在通远市和漕渠之北，位于东城之东第三南北街景行坊之北。这是移通远市向北，与原来的旧市中间隔了一座景行坊。洛河河道不时摆动，通远市难免受到影响，不能不向北移。不过只是由漕渠之南移到漕渠之北，漕渠运输的便利并未稍改。漕渠上有桥，名为通济桥，为隋时所造，唐时即称漕渠桥。据说："自此桥之东，皆天下之舟船所集，常万余艘，填满河路，商旅贸易，车马填塞，若西京之崇仁坊。"[48]漕渠运输的繁荣促成了隋通远市和唐北市的繁荣。唐时西京崇仁坊车马填塞，后文当另行提及。就是隋大同市和唐的西市的繁荣也都得力于由洛河引导的分渠。隋大同市在定鼎门西第二街从南向北的第二坊，已近于洛河之南外郭城的西南隅。唐时西市更在隋大同市的西南，为定鼎门街西第三街最南的一坊，而这条街只有两坊，西市之北的广利坊，已到了最北了。西市之西为定鼎门街西第四街，隔街为通济坊，为全城最西南的一坊。这样就显得相当偏僻。相当偏僻却还要设市，显然是凭借流经西市侧畔的洛河分渠了。前面说过，西市的最后废省是在开元十三年。其时这条洛河分渠尚未完全壅蔽，但可能已不利船只航行，导致西市萧条，终至于废省。到了天宝年间，这条渠道完全壅蔽，遂至涸绝，西市也就难以再行恢复了。

城内若此，城外所及更广。隋炀帝开凿通济渠和永济渠，固然以洛阳为肇始之地。早在隋文帝时已开凿广通渠，亦即后来习称的漕渠，加上其间黄河，船只由长安可以直达洛阳。通过这些运河渠道，太行山东、江淮之间皆能与两都相联系，就是江南岭南，亦可借以通达。唐玄宗天宝年间，韦坚为转运使，就由此途运来长江下游各郡的贡品，就是岭南贡品也在所不遗[49]。贡品能够运来，商货也就随之而至。直到唐代后期，长安城东北渭河上还是"千樯渭曲头"[50]。其盛况也可略见一斑。

就在唐时，由长安"东至汴、宋，西至岐州，夹路列店肆待客"，就是"南诣荆襄，北至太原、范阳，西至蜀川、凉府，皆有店肆，以供商旅"[51]。这是唐代盛时的记载，隋代盛时谅亦如此，就是店肆不多，道路往来还是方便的。这里所说的是长安，洛阳和长安东西相望，一线相连，能到长安的地方，同样也都可以到达洛阳。

商旅能够到达的地方，货物也就随之俱来，全国的货物也就多能聚集到长安和洛阳。全国的货物自然是各式各样的，丝织品却最为繁多，品种也最为复杂。其中仅绢一种，就有八等，产地近九十州[52]，尚有未列入等第的州[53]。两者合计共有一百二十余州，占全国州总数的百分之四十四。这样多的州所产的丝织品，都有可能运输到长安和洛阳，而长安则是尤为主要的集散地。长安和洛阳诸市的工商业者皆按其行业形成行。丝织业也有行，长安两市丝织业的行可考知的有绢行、大绢行、小绢行、新绢行、小彩行、丝帛行、丝绵彩帛行、丝帛彩帛行、总绵丝织行。这些经营丝绸的行，必是丝绸贸易的地方。有一个绢行兼作举钱之所，可能是为了从事丝绸买卖的存贷款的方便，亦可以借此略觇这些行的贸易盛况[54]。

　　长安和洛阳都有市，由东方各地运往长安的丝织品就不必都要经过洛阳的市，这是一般的道理，是用不着说明的。这样多的丝绸由各地运到长安，除去供应长安城内的需要外，还向域外供应。近人每艳称丝绸之路。丝绸之路的名称虽非国人所首创，然以通往西域的道路多有以之运输丝绸，以这个名称称这条道路，也符合当时的实际情况。唐人张籍所作的《凉州词》，描述凉州道路上运输丝绸的景象说："边城暮雨雁飞低，芦笋初生渐欲齐。无数铃声遥过碛，应驮白练到安西。"[55]现在发掘的西安附近的唐墓中还有唐三彩驮丝绸的骆驼出土，可见当时运输到西域去的驼队实为习见的情况。有关在这条道路上的丝绸运输情况记载还是很多的，无烦在这里一一列举。大量丝绸由长安从这条道路运往西域，显示出长安丝绸业的兴盛，也说明丝绸之路正是以长安为起点。这样的起点也是他处所不能代替的。

长安和洛阳诸市皆有一定的规模。长安东西两市各居二坊之地，方六百步。面各二门，四面街各广百步，面各二门是市内有东西街两道、南北街两道。四街之间且杂有巷曲[56]。洛阳的市，隋时就各不相同，大同市周四里，开四门[57]，市内当仅有东西向和南北向各一街。丰都市东西南北居二坊之地，唐时南市，仅留其一半，只有一坊之地。南市周围一些坊，还保留有双市门的名称，可能就是丰都市的市门。如果这样的推测不至讹误，则亦如长安两市之四面各有两门，市内有东西向和南北向的街两道。后来唐时洛阳诸市皆仅一坊之地，和长安不尽相同。不论其为两坊之地或一坊之地，四面皆有围墙，和坊墙一样。具体说来，这是封闭式的市。封闭式的市是和封闭式的坊相配合的，这在当时有一定的取意，也有历史的渊源。不过当经济不断发展之际，这种封闭式的市就不免有一定的局限性。长安城内崇仁坊的变化就是具体的说明。崇仁坊在朱雀门街东第三街，也是皇城东第一街由北向南第四坊。崇仁坊的北街，当皇城的景风门，与尚书省选院最相近，又与东市相连，选人在京城无第宅者多停憩此，因之"一街辐辏，遂倾两市，昼夜喧呼，灯火不绝，京中诸坊，莫之与比"[58]。这不仅超过了两市，而且还形成了夜市，这是两市所未有的。这条记载未及备载具体年代，估计可能是唐代盛时的景象。至于朱雀门街西第三街由北向南第二坊辅兴坊"车马往来，实为繁会"[59]。辅兴坊之南，中隔两坊的延寿坊被称为"繁华之最"[60]，似不能和崇仁坊相仿佛。辅兴坊"车马往来，实为繁会"，是因为它位于皇城安福门和外郭城开远门之间，而开远门又为通往西域道路肇始之地，车马繁多，亦理所当然。延寿坊的繁华则是因为唐懿宗咸通年间迎佛骨时，坊市豪家在此举行无遮斋大会的缘故，并不一定是由于贸易的发达。

虽然如此，一些坊中的商业活动还是不少的。朱雀门街东第二街由北向南第三坊长兴坊的毕罗店[61]，街东第三街由北向南第三坊永兴坊的卖鱼者[62]，街东第四街最北的长乐坊虾蟆陵的郎官清酒[63]，长乐坊之南第八坊宣平坊的卖油的[64]，朱雀门街西第三街由北向南第五坊延寿坊的专卖金银珠玉的[65]，这些店铺的规模都不可能很大，但在东西两市之外的其他一些坊中出现，就不应该漠然视之。

都会所在，来往旅人众多，自应有旅舍的设置。长安西市有窦家店，据说"当其要害，日收利数千"[66]，似是旅舍。他如朱雀门街东第二街由北向南第一坊务本坊、第三坊长兴坊、第五坊靖安坊，街东第三街由北向南第七坊亲仁坊、第九坊永崇坊，街东第五街由北向南第五坊道政坊，街西第三街由北向南第九坊延福坊就皆有旅舍或旅邸[67]。洛阳城中也有相同的设置，洛河之北东城之东第一南北街由南向北第二坊清化坊、东城之东第四南北街由南向北第一坊时邕坊、第三坊殖业坊亦皆有客舍或旅舍，而这几坊都在唐时北市的周围[68]。

这些店铺和旅舍都散布在诸市之外，显示封闭式的市已经不易完全保持旧贯，而被冲破。上面所举的具体例证，大多依据唐时的记载，至少可以说唐时已多这样的景象。这里还应特别注意的是夜市的兴起。上面曾经提到长安朱雀门街东第三街的崇仁坊。这个坊不仅有商业，而且是"昼夜喧呼，灯火不绝，京中诸坊，莫之与比"。按自唐初起就已规定，诸坊门的晨昏起闭，皆以击鼓为号[69]。这样昼夜喧呼、灯火不绝的夜市，是不合乎早年的规定的。文宗开成年间，还为此再一次发布敕文，令一切禁断[70]。看来效果并非很大。夜市的兴盛对封闭式的市是冲击，就是封闭式的坊也会受到冲击。

都市中商业发达，工业也应居有相当的地位。唐时长安两市、洛阳三市都有许多行，这在前文都已提到。这许多行中，有关工业的行并不很多。长安东市有铁行，西市有秤行。铁行[71]和秤行同见于《乾𦠢子》[72]，自是确凿无疑。铁行、秤行何所作为，都无从知悉。唐时有窦乂者，曾于朱雀门街西第四街由北向南第九坊嘉会坊庙院锻炉，做二枚小锸[73]，锻炉非窦乂所经营，可能就是铁行的一部分。长安西市又有鞦辔行[74]，顾名思义，当是制作鞦辔和车辆的行业。东郭通化门附近有长店，其中就有造车的工场[75]。当时皇朝规定："其造弓矢长刀，官为立样，仍题工人姓名，然后听鬻之，诸器物亦如之。"[76]可见手工业的行和作者是不少的，可能都不在东西两市之中。唐文宗时，内库琵琶偶有破坏，送崇仁坊修理。据说造乐器者悉在此坊[77]，是否也是一行，就不可备知。朱雀门街东第五街由北向南第六坊常乐坊，曲中出美酒，京都称之[78]。这是酿酒的所在。其南的靖恭坊中有毡曲[79]。曲以毡为名，殆亦以制毡为人所称道。洛阳长夏门街之东一街由南向北第四坊修善坊，据韦述所记，坊内车坊酒肆[80]，这些坊都与市不同。

(四) 东西并峙交相辉映的文化中枢

1. 都城布局设计的继承和融合

如前所说，长安和洛阳的布局基本上是相同的，只是由于地理条件限制，而间有差异。长安位于龙首原，平坦无阻，故宫城、皇城和外郭城依次而南，条理井然。洛阳则有洛河横贯，宫城和皇城就不能不偏于西北一隅，而郭城也不能不横列于洛河的两侧。

长安和洛阳两城皆始建于隋世。司其事者宇文恺诸人对于布局设计皆能颇费经营，显示匠心。前面曾提到长安城内的六条高岗，宇文恺以《周易》六爻相度，虽是附会之辞，修建成功却也错落有致。就是较小去处，也都不至于等闲放过。长安城朱雀门街东第三街由北向南第六坊宣阳坊东南隅有万年县廨，县门就是宇文恺建造的。太平公主与薛绍结婚时，于县门设婚席，以县门隘窄，打算拆毁，唐高宗特敕制止，说是宇文恺所造，制作多奇，不宜拆毁[81]。一所县门尚是如此，全城当更珍贵。不过应该指出，长安和洛阳城在当时固然是新建，其布局设施还多继承周秦以来的旧规。魏晋之后南北分裂，流派间有差池，南北统一，文化遂得相互融合。都城建设亦在其中，宇文恺诸人在这方面也是多所致力的。

我国最早记载有关都城的建设理论，当推《周礼·考工记》。

《考工记》说:"匠人营国,方九里,旁三门,国中九经、九纬,经涂九轨,左祖右社,面朝后市。"这样的理论据说是根据周人的旧制,其实这应是儒家学说的显示。作为前朝的旧制和儒学的学说,后来建设都城就不免有所参照,当然也有不尽作为依据的。

这样的理论主要是国之所在,也就是王宫的位置。西汉长安城的东市和西市在城内西北部,在诸宫之北,这自然是后市了。至于宗庙社稷所在就难得分别左右了[82]。东汉洛阳城内,北宫、南宫前后相系,中间仅隔七里,以复道串联,自难有别的设置。城中有以金市为名的大市,并不在北宫之北,而是在北宫、南宫之西。南市在城南,马市在城东,这自然说不上后市了。三公府更在开阳门内,开阳门为洛阳东南城门,因而三公府只能在南宫的东南,也说不上是面朝了[83]。北魏仍都于洛阳,对于汉魏的旧规有所改易。宫城之南的原来南宫的旧址,改置为政府的官署,具备了面朝的规模[84]。北魏迁都洛阳之前,平城早已建为都城。平城于两汉时只是一个普通县治,魏晋时更沦为牧场。北魏在此遍地草莱之处建置都城,初非易事。当时中原文化已移向东南,建康城还能依稀略现洛京风光。北魏以平城为都时,曾遣蒋少游前去洛阳,量准魏晋旧城基础。少游还曾出使江南,自当也因之察访了建康规模[85]。少游南使已在齐时,上距晋室南渡也逾百年。东晋初年,建康仍多因吴时旧迹。孙吴时,自宫门南出苑路,府寺相属,即左太冲《吴都赋》所说的"列寺七里,侠栋阳路",后来晋成帝创建建康宫,似未对此有所改置。建康宫南门为大司马门,大司马门南去二里为宣阳门,即吴时的旧门,再南七里为朱雀门，中间道路称为御道[86]，可能仍是府寺相属。宋、齐两代未见改作，少游所见，当是如此。平城府寺所在，不可备知。北魏南迁之后，宫城南门阊阖门之外直至宣阳门间的御道两旁，有司徒府、太尉府以下的府寺群列于其间[87]，这不像汉魏的旧规，仿佛就是东晋南朝的新制。隋唐两代的长安和洛阳皆于宫城之南另筑皇城。皇城之名前无所因，似属新创。皇城之内列置府寺，则是承袭北魏洛阳城的制度，只是北魏洛阳城阊阖门御道两侧未以墙垣围绕起来，有待于隋唐两代的增置。如果上溯到《周礼·考工记》的记载，这倒确实是"面朝"了。

上面说到西汉长安的市。东市、西市在诸宫之北，可以和面朝相对，称为后市。东汉就不是这样。北魏迁都洛阳，市皆设于城外，大市设于城西，小市设于城东，四通市则设于城南洛河之南[88]。小市、四通市和东汉的马市、南市相仿佛，这都不能说是后市。不过和隋唐两代设市的地方也还未能相同。北齐的邺都有南北二城。北城始筑于曹操。北齐所筑的为南城，应是本着北魏的洛阳城建筑的。其中也有东西两市。顾炎武在所撰的《历代宅京记》中说"东市在东郭，西市在西郭"，并以之列于《城内城外杂录》中，则所谓郭者可能指城外而言。以东西两市并列，可能已开隋唐两代长安城东西两市的先河。长安城东西两市皆在皇城之南，实和"面朝后市"之说大相径庭，不可同日而语。至于洛阳城的三市就更为别致。隋唐洛阳城较之北魏洛阳城更往西偏，受洛河的影响更大，不仅不能再以"面朝后市"

之说相衡量，而且不能和长安城相比肩，地形限制就难得再有别的说法。

按照《考工记》的说法，匠人营国，首先是要方九里，旁三门。在人口还较为稀少的时期，九里见方的规模已经是很大了。人口增多之后，就显得不足，难于遵守。隋唐长安的宫城周围十三里余，皇城周围十七里余，外郭城周围六十七里。洛阳的宫城周围十三里余，皇城周围亦十三里余，外郭城周围五十二里[89]，较两汉、北魏的都城皆为宏广。前面曾一再指出，隋唐时都城人户众多，这是事实，也是和其他城池比较而言的。长安和洛阳的外郭城都如此宏广，人户虽然众多，城内还难免显得宽敞，有些坊巷的第宅也都有点稀少。前面曾经提到隋文帝以京城南面阔远，恐竟虚耗，乃使其诸子并于南郭立第。隋文帝这样说法，其本心另有计谋，不过南郭虚耗也是事实。后来到了唐代，这不仅没有改观，好像还显得很严重。自朱雀门南第六横街以南，率无居人第宅。大兴善寺在朱雀门街东第一街由北向南第五坊，可是"自兴善寺以南四坊，东西尽郭，虽时有居者，烟火不接，耕垦种植，阡陌相接"[90]。洛阳城长夏门街东第一街由南向北第一坊仁和坊，据韦述所记，"此坊北侧数坊，去朝市远，居止稀少，惟园林滋茂耳"[91]。其实仁和坊之北第四坊思顺坊和第五坊福善坊之东就是南市，不能说是太远。可见当时外郭城宏广，人户虽多，还是住不满的。

至于城门的数目，西汉长安城确是旁三门，如《考工记》所说的那样。以后一些都城就难得都能一致。隋唐长安城和洛阳城可能有意沿袭《考工记》的成规，也只是在外郭城的两面或三面。四旁都要一样，事实上是不可能的。长安外郭城东、西、南三面皆为三门。南面正中为明德门。明德门北对皇城的朱雀门。明德门之东为启夏门，其西为安化门。东面三门：北通化门，中春明门，南延兴门。西面三门：北开远门，中金光门，南延平门。外郭城北面中部对皇城，朱雀门之东为安上门，西为含光门。皇城东西两面亦皆各有其门，而且并非都是一门。洛阳城中间横贯洛河，和长安很不相同，可是南面和北面还是尽量按三门排列，显然很费斟酌。南面三门，中为定鼎门（隋时为建国门），东为长夏门，西为厚载门（隋时为白虎门）。东面三门，洛河之北为上东门（隋时为上春门），洛河之南，中为建春门（隋时为建阳门），南为永通门[92]。北面仅二门，东为安喜门（隋时为喜宁门），西为徽安门。洛河之北，西部为宫城、皇城。宫城、皇城和其东的外郭城之间尚有东城。东城东门为宣仁门，与外郭城的上东门东西相对，皇城南面正中的端门与外郭城的定鼎门南北相对。

　　《考工记》所说的都城旁三门，国中九经九纬，是有一定的条件的。首先是全城的十二门中东西和南北的门都是两两相对，不应稍有参差，而且还是城方九里，平行的街道不至相距过远。西汉长安城确实每边三门，但东西和南北的门并不是两两相对。有人说："长安城，面三门，四面十二门，皆通达九逵，以相经纬。"[93]九逵既然可以通达，也就形成九经九纬。隋唐长安城的外郭城，北面虽不是三门，但东西两面的三门两两相对，形成三条横街，也就是《考工记》所说的九纬中的三纬。北面的门虽不限于三门，但南北的街道至少有三条是由南面的三门向北引申的，这样就实际上形成了九经九纬的局面。可是隋唐长安城的经纬街道，并不以九经九纬为限。这是因为隋唐长安城不仅不是方九里，而是远远超出和扩大。城郭宏广，街道就不能过为稀少。隋唐长安城中，如前所说，南北十四街，东西十一街，就是皇城中也是南北六街，东西六街。街的数目不同，还是经纬相交，未脱《考工记》的设想。

洛阳南面和东面都有三门，却不易形成若干相对的城门之间的经纬交错的道路。实际上只有定鼎门和皇城的端门相对，上东门和东城的宣仁门相对。此外还可以说，定鼎门街西第二街北隔洛河，当皇城的右掖门；定鼎门街东第二街北隔洛河，当皇城的左掖门；定鼎门街东第四街北隔洛河，当北郭的徽安门；长夏门街东第三街北隔洛河，当北郭的安喜门；东城之东第二南北街之南就是唐时的中桥，再南当南郭的长夏门。这样一些街促成洛河南北的联系，但并不是南北都有相对的城门的街道，这和长安城未能一致，自然也就和《周礼·考工记》的说法不一样了。

洛阳外郭城内，据韦述所记，纵横各十街，《河南志》及《唐两京城坊考》皆承其说，而无所是正。然两书具体所载的南北向纵街却皆为十二街，即定鼎门东四街、门西三街、长夏门东五街，与十街数殊不相合。至于东西的横街，就更多差异。洛河之南各街的坊数颇不齐一，以六坊、八坊居多，其中且有七坊的。这些纵横的街道也必然会相互交错，可是就难得像长安城那样整齐，这是地理条件的限制，也是无可奈何的事情。隋唐长安城和洛阳城的肇建，固然由于修建工程主事者宇文恺诸人的经营策划，始得有如此宏伟的规模，也是由于能够继承和融合其前代都城建设的旧绩，才会有如此辉煌的成就。其间创新改革之处殊不少见，前后演变的过程还是清晰可辨的。

2. 前代都城文化的承受

隋唐长安城和洛阳城不仅建筑设计绍述前代旧规，就是其他方面也多有承受。隋唐长安城和洛阳城都是新建，却不能与前代的长安城和洛阳城了无关系。长安城就更为显著。隋朝的创建者杨坚本是北周的臣子，就是唐朝的创建者李渊的业绩，亦可上溯到北周和西魏。西魏、北周皆为鲜卑族所建立，长安城中鲜卑文化实超过了中华文化。鲜卑文化显示在政治、社会各个方面，就是姓氏也不能例外。杨坚之父杨忠曾被赐姓普六如[94]，李渊的父亲李虎也被赐姓为大野氏[95]。后来取消赐姓恢复其本来姓氏，并不能说明鲜卑化已不复存在。唐太宗皇后长孙氏，就是鲜卑贵族的后裔。唐朝前期鲜卑族居于达官高位的比比皆是，不能说这样的人物都已完全华化，再没有鲜卑习气。当北魏孝文帝迁都洛阳时，随来的鲜卑人皆占籍洛阳。东西魏分立，原来占籍洛阳的鲜卑人的后裔，也分别前去长安和邺，不过留在洛阳的仍大有人在。长安既显出鲜卑化，对于洛阳就不能没有影响。

那时都城中的华化也是多方面的，音乐可以说是其中的一端。当西魏初建之时，还说不上制礼作乐，西域乐曲的传入已多为社会的习闻，然非华夏正声，仿佛犹是缺憾。其后平荆州，大获梁氏乐器，始稍稍得到弥补[96]。及隋氏平陈，获得江左旧时乐工及四悬乐器，隋文帝因而感慨地说："此华夏正声也。"[97]这虽然只是一端，也可见当时都城之中，鲜卑文化和中华文化的相互融合，显出更新的文化模式。

南北朝时期佛教颇为兴盛，洛阳佞佛者之多远超过江南的建康。北魏分为东西魏后，这种风气似稍有减色，却并未尽泯。隋唐长安城和洛阳城皆易地新建，余风却依旧飘扬。据韦述所记，隋炀帝大业初年，长安城中就有寺一百二十。大业年间及唐初间有废毁，其后新建的却还不少。韦述所记仅限于天宝年间，仍有僧寺六十四，尼寺二十七[98]。朱雀门街西第四街由北向南第二坊休祥坊的万寿尼寺，本在故城中，隋时始建新都，就移寺于此。西市之南第三坊嘉会坊的褒义寺，本隋太保尉迟刚宅。在未建新都时刚兄迥已置妙象寺于故都城中，移都后，刚舍宅立寺，材木皆旧寺者[99]。可见都城移徙，寺也随着移徙。新都旧都地址固然不同，文化却并非两样。

隋唐洛阳城的寺院，远较长安城为少，隋时所建更少，这是洛阳作为陪都时的现象。洛河之北东城之东第五南北街由南向北第二坊毓材坊的大云寺却较为特别。这座寺本是北魏所建的净土寺，位于洛阳故城之中，隋炀帝大业年间，自故城徙置于建阳门（即唐建春门）内，唐贞观年间复徙于此处[100]。洛阳伽蓝自东魏迁邺后，破坏已多，及东西魏交兵，可能随之俱烬。净土寺不见于《洛阳伽蓝记》的记载，可能规模甚小，不为时人所注意。如果一些大寺尚存，也许一并徙置，可见都城虽有移徙，文化是难于就此割断的。

3. 人物荟萃和文化昌盛

都城自是当代文化的中心，也是人物荟萃所在。荟萃的人物来自各地，因而各地的文化就借以传播到都城之中，使都城的文化更为昌盛。

隋唐两代为了统治全国，皆于都城设置统治机构，这些机构名目繁杂，从政的人员亦甚众多。唐初的内外官，定制为七百三十员，为时未久，就已难于限制，其名称繁多，司事者也感到莫能遍举。唐时取人之路也相当宽广，据说，方其盛时，著于令者，就有纳课品子，诸官及州县学等十余万人，而取士之科还不在其内[101]。这既然来自全国各地，也就可能反映全国各地的文化，互相交流，所以这样的文化中心也就是融合全国各地文化的所在。就这一方面说，洛阳较之长安是要稍差一点，不过所差并不很多。唐时铨选有所谓东选者，就是在洛阳举行[102]。当时还有一种分司制度，是以中央的职官分在洛阳执行职务。其实有实际职务的仅是御史，其他则是优待退闲之官，并不任职。优待退闲之官的分司并无名额的限制，有时人数殊为不少。分司虽无职守，但对于长安、洛阳两地文化的交流还能够起到一定的作用。白居易和刘禹锡都曾分司东都，与当时洛阳诗人互相唱和，为世所重，而裴度的绿野堂就是易代之后，仍为人所珍视。

隋时诗人不少，唐时更多，全国许多地方都有以诗名家的。这样众多的诗人竟成为一代的标志。长安和洛阳为都城所在，首善之区，这些诗人率多到长安和洛阳来过，因而也就多所题咏，更能增加长安和洛阳文化的光彩。其中，若干篇什长期留传下来，可知当年长安和洛阳文化的具体景况。

隋唐时儒士亦颇受称道，孔颖达、颜师古等人所撰集的《五经正义》就是在长安成书的。后来到唐文宗大和年间，郑覃建言"以经籍刓缪，博士浅陋不能正，请准汉时旧事，刻经于石"[103]，当时即行凿雕，至开成年间始行藏事，世称《开成石经》。据说郑覃所创立的乃是《石壁九经》[104]。今《开成石经》仍保存于西安碑林博物馆，实有《周易》《尚书》《毛诗》《周礼》、《仪礼》《礼记》《春秋左氏传》《公羊传》《穀梁传》《孝经》《论语》《尔雅》等十二种。刘昫撰《唐书》，谓郑覃"创立《石壁九经》，诸儒校正讹谬。上又令翰林勒字官唐玄度复校字体，又乖师法，故石经立后数十年，名儒多不窥之，以为芜累甚矣"[105]。开成年间，唐代已臻后期，国事早就萎靡不振，当时尚有余力凿雕这样繁多的石经，还是应该称道的。

这时也多史家，撰述更为宏富。唐代开国之初，即倡修前代史书，于是姚思廉撰著《梁书》和《陈书》，李百药撰《北齐书》，令狐德棻等撰《周书》，魏徵等撰《隋书》，即所谓五代史。这些史书都是奉唐太宗的命令撰著的，所以皆称奉敕撰，也是在长安撰成的。当时亦别撰《晋书》，据说其中有唐太宗亲自撰写的，因而称为御撰。其时李延寿亦撰《南史》和《北史》。延寿撰这两史，乃是承其父李大师的遗志，父子相继，自是私人撰述，撰述之地辗转不一，其成书却在长安，可以与五代史并列[106]。在姚思廉、令狐德棻之后，史家辈出，其中多人皆在长安从事撰述，为长安文化增添例证。这些儒者史家多在都城从政，就地撰述自多方便之处。这一点在洛阳是不易看到的。

唐太宗喜书法，酷爱王羲之所书《兰亭集序》，多方搜求始能得之。当时书家亦多，虞世南、欧阳询、褚遂良皆其最著者。唐太宗曾称虞世南的书翰为其五绝之一[107]。虞世南没后，唐太宗甚至谓"无与论书者"[108]，惜其手迹未多流传于后世。欧阳询所书《九成宫醴泉铭》尚保存于西安附近麟游县。褚遂良所书《大唐圣教序》仍嵌于西安大慈恩寺的大雁塔南门外西侧塔壁上。自后善书者仍甚多，为当代后世所推崇的，当以颜真卿、柳公权最为著名。颜真卿所书《多宝塔感应碑》、柳公权所书《大达法师玄秘塔铭》，今皆保存于西安碑林博物馆。张旭草书亦有名当世，其书"索笔挥洒，变化无穷，有若神助"[109]，杜甫诗谓"张旭三杯草圣传"，"挥毫落纸如云烟"[110]。洛阳定鼎门东第四街由南向北第一坊归德坊中卢言宅内，其东壁就有张旭真迹数行[111]，今西安碑林博物馆中犹有其真迹刻碑。唐玄宗亦能书，其所书《孝经碑》亦列于西安碑林博物馆内。洛阳定鼎门西第一街由南向北第六坊积善坊，其中有唐明皇旧宅。明皇为皇子时，出阁后与兄弟五人同住此坊，号五王子宅。宅上就有明皇所书八分书院额。此事见于《河南志》的记载，也许当时还有遗迹。

隋唐时亦多画家，张彦远曾在所撰《名画记》中，为之品题记述。其时长安和洛阳皆多建寺观，有些画家就为这些寺观绘制壁画，为两都增加很多生色。吴道子所绘最为有名，为寺院所绘制的亦复不少。长安朱雀门街东第五街由北向南第五坊常乐坊赵景公寺西中三门里门南，有吴道子所画的龙及刷天王须，笔迹如铁，有执炉天女，窃眸欲语。朱雀门街东第三街由北向南第七坊平康坊菩萨寺食堂东壁上有吴道子所画礼骨仙人，天衣飞扬，满壁风动[112]。当时韩干以画马为世所称，其所绘制迄今犹有传本。韩干亦曾为寺院绘制，朱雀门街东第五街由北向南第五坊道政坊宝应寺中有韩干所绘释梵天女、弥勒、仰面菩萨及二师子，皆能入神[113]。朱雀门街东第三街由北向南第一坊翊善坊之西光宅坊光宅寺，其普贤堂中尉迟画颇有奇趣[114]。隋唐之际由西域入居长安的尉迟跋质那及其子乙僧皆以善画名世，时人以跋质那为大尉迟，乙僧为小尉迟[115]。光宅寺之画未悉出于其父或子之手，远至唐末犹保存无损，知其久为世人所珍视。洛阳定鼎门东第一街由南向北第二坊修文坊弘道观的《东封图》也是吴道子所画[116]。修文坊之北尚善坊岐王范宅中有薛稷所画的鹤[117]。薛稷为唐高宗武后时人，史称其"外祖魏徵家富图籍，多有虞、褚旧迹，稷锐意模仿，笔态遒丽，当时无及之者。又善画，博探古迹"[118]，也是一时的名家。岐王范宅本为武三思宅，薛稷盖为武三思画这幅鹤画，因而流传下来。

隋唐两代在这些方面的成就都是很多的，这里只略举其和长安、洛阳有关并且流传较久的稍事论述，也只是稍见其一斑而已。

4. 输入长安、洛阳的域外文化及其吸收和融合

我国历来是善于吸收输入的域外文化并加以融合的，隋唐两代也都是如此。长安和洛阳为当时的都城所在地，输入的域外文化自多集中于此，其间吸收和融合之迹还是依稀可寻的。

隋唐两代域外传来的音乐，颇受重视。庙堂之上，闾里之间，竟然相习成风。隋初制《七部乐》，高丽伎、天竺伎、安国伎、龟兹伎就居其中的四部，还杂有疏勒、扶南、康国、百济、突厥、新罗、倭国等伎。隋炀帝大业年间，更制《九部乐》，于高丽、天竺、安国、龟兹之外，复增西凉、康国、疏勒三部[119]。唐初仍用隋时《九部乐》，其后分为立坐二部。立部伎有八部：《安乐》《太平乐》《破阵乐》《庆善乐》《大定乐》《上元乐》《圣寿乐》和《光圣乐》。乐曲虽为唐人所造，乐舞仍是域外本色。据说，"自《破阵舞》以下，皆雷大鼓，杂以龟兹之乐，声振百里，动荡山谷。《大定乐》加金钲，惟《庆善舞》独用西凉乐，最为闲雅"。坐部伎有六部：《宴乐》《长寿乐》《天授乐》《鸟歌万寿乐》《龙池乐》《破阵乐》，自《长寿乐》以下皆用龟兹乐，惟《龙池乐》备用雅乐[120]。以后虽不断有所改制，域外之乐竟成了正规。

这些所谓《七部乐》和《九部乐》都是当时庙堂的乐舞，就是平时宴乐也还离不开域外传来的乐器和音调。唐玄宗酷嗜音乐，尤擅长于击羯鼓。羯鼓的名称已显示其初本非中土所制造。唐玄宗颇为欣赏的《霓裳羽衣曲》，其制作渊源也与西凉有关。

宫廷中其他乐舞，都同样杂有域外韵味。而中土旧有的清乐，本仍盛行于南朝各代，隋时平陈，也曾加以提倡，由于域外乐舞已占上风，清乐因而就逐渐沦缺，更不为时人所重。

庙堂之上，宫廷之中，域外的乐舞既能得到欣赏和重视，社会上因而也就风行起来。《霓裳羽衣曲》最初只是梨园独奏，后来教坊也就传习，不仅长安城内的乐工熟谙，就是国内州郡也间有流传[121]。洛阳长夏门东第三街由南向北第三坊尊贤坊，东都留守郑叔明宅中有小楼，为其祖母宋夫人习羯鼓之所。宋夫人为开元宰相宋璟之女。宋璟亦善羯鼓，由其女传洛阳，成为一时佳话[122]，可见洛阳也曾盛行过。元稹有诗说："自从胡骑起烟尘，毛毳腥膻满咸洛。女为胡妇学胡妆，伎进胡音务胡乐。"[123]王建诗中也有句说："城头山鸡鸣角角，洛阳家家学胡乐。"[124]都可说明长安和洛阳的文化中域外文化的成分。元稹诗中把咸、洛的胡妆、胡乐的盛行，说成是胡骑起烟尘之后的现象，起烟尘的胡骑指的是安禄山的乱事。元稹还有诗句说："天宝欲末胡欲乱，胡人献女能胡旋。"[125]胡旋女来到长安和洛阳，也可能在天宝年间，但和安禄山乱事是两回事，其间没有因果的关系，不应联系在一起。陈鸿所撰《东城老父传》记贾昌所道及开元、天宝年间旧事，说到长安少年有胡心[126]，可知其间的演化已非短促时日的近事。

隋唐时域外传入长安和洛阳的文化相当繁杂，乐舞之外还可提到泼寒胡戏和打马球。泼寒胡戏的歌舞辞名《苏摩遮》。此戏早在北周时已经传入，隋唐时更为盛行，长安[127]洛阳[128]皆风靡一时。打马球唐初始传入长安[129]，自帝王以至士庶皆有酷爱者，长安城内的一些坊中有的就设有私家的球场，朱雀门街东第五街由北向南第七坊靖泰坊杨慎交宅的球场，就相当有名[130]。宫城之内也建有球场亭子，后来大明宫落成，其内东苑内也有球场[131]，可知其盛况。迄今犹能于章怀太子墓出土的《打马球图》壁画略见于一斑。泼寒胡戏于玄宗开元年间已经禁绝[132]，打马球则一直流传下来。由宋代以迄辽、金，都城中都有此种活动，直到明代，北京城中仍不少见[133]，可以说得上源远流长了。

还应该称道的则是宗教的传入。隋唐时长安和洛阳都盛建寺院，这是在前面已经提到过的。佛教的传入虽早在汉世，隋唐承其余绪，未见逊色，而向西天求法的高僧仍络绎不绝于途，玄奘就是最为著称者。玄奘归来后，于长安大慈恩寺等处译经，其舍利塔迄今仍保存于西安南郊兴教寺内。佛教之外，传入的尚有祆教、景教、摩尼教等。祆教在隋时即已传入，雍州就有祆教的教官萨宝[134]。雍州治所在长安，长安当已有祆祠，唯具体所在不可备知。唐时长安有祆祠四所，分别在朱雀门街东第五街的靖恭坊，朱雀门街西第三街的布政坊和醴泉坊、第五街的普宁坊[135]。洛阳亦有祆祠，分别在长夏门东第一街修善坊，长夏门东第四街会节坊和洛河之北东城之东第一南北街立德坊[136]。置祠不少，笃信者当亦相应众多。据说长安朱雀门街西第五街与普宁坊相隔数坊的崇化坊亦有祆祠，号大秦寺，又名波斯寺[137]。崇化坊有祆祠，可以补以前有关记载的缺漏，唯以祆祠为波斯寺，似属未妥。宋敏求的《长安志》于醴泉坊十字街南之东载有旧波斯寺，并说："仪凤二年，波斯王卑路斯奏请于此置波斯寺。景龙中，幸臣宗楚客筑此（宅），寺地入其宅，遂移寺于布政坊之西南隅袄祠之西。"以袄祠与波斯寺并列，可知二者并非一事。朱雀门街西第五街义宁坊亦有波斯胡寺，并非仅醴泉坊一处。

其实，波斯寺乃是景教的寺院，与袄教无涉。义宁坊的波斯胡寺创立于唐太宗贞观十二年（公元638年），是为大秦国胡僧阿罗斯创立的[138]。此寺的建立见于贞观十二年所颁下的诏书，诏书说："波斯僧阿罗本远将经教，来献上京。"[139]后来建立的《大秦景教流行中国碑颂》也说到阿罗本，足证阿罗斯是不确实的。也可能是波斯寺和袄祠容易引起误会，玄宗天宝年间又颁布一条诏令，改两京的波斯寺为大秦寺[140]。洛阳的波斯胡寺设在长夏门东第一街修善坊。

摩尼教亦自波斯传入，又在景教之后。摩尼教初流行于回纥，安史乱后，回纥有功于唐，故摩尼教亦随之传入中土。代宗大历年间就敕回纥置寺，并赐额为大云光明之寺[141]。后来于宪宗元和年间，又因回纥的请求，在太原府和河南府置寺[142]，不过所置的寺具体所在，皆已难以确知。

这些宗教的传入也都丰富了长安和洛阳的文化。不过后来传入的几种宗教都难得和佛教相比拟。武宗会昌年间毁佛之时，佛教曾一度受到影响，后来得到恢复，其他几种却消沉下去，难以再现当年的盛况。

(五) 唐末迁都后的长安和洛阳

1. 长安和洛阳经历的战乱

隋唐两代虽多承平，亦有乱离之时，而乱离往往涉及京畿和都畿。长安和洛阳也就不免受到影响，甚而遭到了摧残和破坏。隋末，李渊进攻过长安，李密亦进攻过洛阳，而王世充更据有洛阳与有关各方相争夺。历经唐代前期，长安和洛阳皆已百余年不复再闻兵革，直至安史乱起，才改变了安谧的局面。安禄山曾攻破洛阳，并入居长安；史思明亦曾攻破洛阳，且欲西攻长安。安禄山和史思明先后夷灭，祸乱却未因此绝迹。唐代宗时，吐蕃就曾攻陷长安。德宗时，朱泚且据长安自称楚帝。僖宗时，黄巢所率的农民起义军也曾经过洛阳，据有长安。其后太原李克用、凤翔李茂贞、华州韩建皆曾以兵入长安，而宣武(军治所在汴州)朱温不仅入长安，且劫唐昭宗迁都洛阳。

这些军事行动都使长安和洛阳受到影响，而长安更为严重。唐德宗时，泾原(军治泾州，治所在今甘肃泾川县)兵受命前往襄城(今河南襄城县)救援为李希烈所围攻的哥舒曜，路过长安时，以赏赐过薄倡乱，朱泚因此自称帝号，入居大明宫含元殿，后又移居白华殿。白华殿在大明宫东北，已在禁苑之内[143]，近于禁苑东面二门中偏南的光泰门(今为广太庙，位于浐河行将会入灞河之处)。当时乱兵剽夺京师后，屯于白华殿[144]，朱泚由含元殿移居白华殿，自是仰仗于乱兵的拥戴。乱兵屯于白华殿，可能是缘于当地易于防守。白华殿虽近光泰门，光泰门外浐河岸旁悬崖陡峭，是不容易逾越的。

后来李晟收复长安，就是由东渭桥攻入光泰门，进取白华殿[145]。乱事虽告平定，但争夺之地就曾在宫城和禁苑之中，不能了无摧残和破坏。宫城之内都未能避免浩劫，则外郭城的里坊也就难说了。后来李克用与黄巢争夺长安，也是由光泰门攻入，战于望春宫昇阳殿[146]，昇阳殿即在望春宫内。望春宫本为望春楼，其下即天宝年间韦坚运吴楚轻货时所凿的广运潭，是望春宫亦在禁苑之内[147]。这和李晟平灭朱泚的乱事一样，是在宫城禁苑作战，也就不能没有摧残和破坏。旧史记载说："黄巢力战不胜，焚宫室遁去。"可是旧史也说："官军暴掠，无异于'贼'，长安室屋及民，所存无几。"[148]可见当时凄惨的景况。

然而使长安受到毁灭，不可能再为都城的则是朱温迫使唐昭宗的迁都。这次迁都不仅是皇帝和百官的迁徙，而且长安城内的士民百姓都在迁徙之列。更为甚者，朱温拆毁长安的宫室、百司及民间庐舍，拆下的材木都由渭河和黄河顺水而下，运到洛阳。长安自此遂为丘墟[149]。

洛阳所经历的战乱远较长安为少，所遭受的摧残和破坏也较长安为轻。安史之乱后期，唐借回纥的兵力，收复了洛阳，回纥放兵抢劫，居人遁保圣善、白马二寺浮屠上避难，回纥就烧毁浮屠，烧死的竟达万人[150]。这当然只是圣善、白马二寺近旁的居人，较远的还不可能到寺内避难。这样的浩劫当时洛阳全城殆难稍有幸免，因为在洛阳附近的唐兵，也像回纥那样到处掠夺，汝、郑（两州治所分别在今河南汝州市和郑州市）乡间，皆无完庐[151]。洛阳景况也就可见一斑。

2. 劫后的长安和洛阳

朱温劫唐昭宗迁都洛阳之后，长安已成一片废墟。都城既已不复存在，长安城的名号也就随着贬低，降为佑国军，这是当时一般藩镇的军额。长安既成为一般城市，因而也就适用一般藩镇的军额。其实早在唐僖宗光启年间，就曾经置佑国军于洛阳，迁都之后，洛阳成为都城，就把佑国军的名号移到长安，成为长安的新名[152]。

首任长安的佑国军节度使就是当年据有华州的韩建。长安已成废墟，也就不能不稍加整顿。韩建的建设是不再顾及外郭城和宫城，仅重修子城，也就是原来的皇城，就是皇城也难恢复原来的规模。当时封闭了皇城南面中间的朱雀门，保留朱雀门东西的安上门和含光门。皇城之东原有延喜和景风二门，皇城之西原也有安福和顺义二门。这时封闭了延喜门和安福门，就是偏北的两门。皇城之北原来未设专门，再北就是宫城。这时宫城也拆毁了，皇城之北只好另设一门，称为真武门[153]。安上门和含光门之南的外郭城因而也就成为南郊。皇城本是隋唐两代官署所在地，这时绝大部分就成了民宅了。

朱温劫唐昭宗迁都之时，曾发河南北诸镇丁匠数万治东都宫室，江、浙、湖、岭诸镇依附朱温的皆输货财以相帮助[154]。可能借此机缘，洛阳得到修理，至少宫城、皇城部分较前稍加完善。可是自迁都之后，还不到四年，唐室就已灭亡，其他一切也就都无从提起了。

【注释】

1. 《史记》卷六九《苏秦传》及张守节《正义》。
2. 《战国策》卷五《秦策三·范雎至秦章》。
3. 《大唐六典》卷八《刑部尚书·司门郎中》。
4. 《新唐书》卷三七《地理志》。
5. 《史记》卷五五《留侯世家》。
6. 《史记》卷九九《刘敬传》。
7. 《史记》卷六四《吴起传》。
8. 《史记》卷四《周本纪》。
9. 《史记》卷五五《留侯世家》。
10. 《后汉书》卷八《灵帝纪》。
11. 《新唐书》卷三八《地理志》。
12. 《旧唐书》卷七五《韦云起传》。
13. 《隋书》卷三《炀帝纪》。
14. 《隋书》卷三《炀帝纪》。
15. 宋敏求:《长安志》卷九《唐京城》。此事亦见韦述《两京新记》。《太平御览》卷一八〇《居处部》引书名,谓颜师古在通化坊。元骆天骧《类编长安志》谓通化坊在朱雀门街西第一街由北向南第二坊,与《长安志》不同。
16. 《太平御览》卷一五六《州郡部二》引《两京记》:"贞观六年改为东都,旧宫为洛阳宫。"然《元和郡县图志》、两《唐书·地理志》、《元河南志》、《唐两京城坊考》皆未言贞观六年改为东都事。
17. 《太平御览》卷一五六《州郡部二》引《两京记》。
18. 《通典》卷一五《选举三》。按:《新唐书》卷四五《选举志》:"太宗时,以岁旱谷贵,东人选者集于洛州,谓之东选。"这是因岁旱谷贵的变例,其时洛州亦未建为东都。
19. 《隋书》卷六八《何稠传附刘龙传》。
20. 杨衒之:《洛阳伽蓝记·序》。
21. 《隋书》卷六八《宇文恺传》。
22. 有关长安城的地名,皆据宋敏求《长安志》和徐松《唐两京城坊考》,不再一一注出,以下各节均同此。
23. 隋初称广阳门,后改称昭阳门,唐初为顺天门,后改为承天门。
24. 《白氏长庆集》卷一《登乐游原上望》。
25. 有关洛阳城的地名皆据《元河南志》及徐松《唐两京城坊考》,不再一一注出,以下各节同此。
26. 马得志:《唐长安与洛阳》,宿白:《隋唐长安城和洛阳城》,皆刊《考古》1989年第6期。
27. 宋敏求:《长安志》卷九《唐京城三》。
28. 骆天骧《类编长安志》以隋蔡王智积宅在朱雀门街西第一街由北向南第二坊通化坊,隋文帝使诸子于南城立第,通化坊乃近在朱雀门外,恐非所宜。宋敏求《长安志》以蔡王智积宅置于敦化坊,今从之。
29. 《太平御览》卷一九七《居处部》引《天文要集》。
30. 宋敏求:《长安志》卷六《宫室四》。
31. 《唐会要》卷八六《市》:"天授三年四月十六日,神都置西市,寻废。至长安四年十一月二十二日置,至开元十三年六月二十三日又废。"

32　《全唐诗》卷二一六杜甫《哀江头》。

33　曹尔琴:《长安黄渠考》,《中国历史地理论丛》1990年第1期。

34　《旧唐书》卷九《玄宗纪》,《新唐书》卷一一八《韩朝宗传》,宋敏求:《长安志》卷一二《长安》。

35　《旧唐书》卷一一《代宗纪》,《新唐书》卷三七《地理志》及卷一四五《黎幹传》。宋敏求:《长安志》卷一二《长安》。

36　《唐两京城坊考》卷五《东京·通济渠》称这条渠道为通济渠,并说:"通济渠,自苑内支分穀、洛水,流经通济坊之南,故以名渠焉。"这条渠道非隋炀帝所开,如何能用通济坊的名称? 这条渠道只引洛河水,与穀河无关。穀河在上阳宫西入洛,已在这条渠道分洛的下游,不能混为一谈。

37　《元和郡县图志》卷五《河南府》,《唐两京城坊考》卷五《东京·通津渠》。

38　《河南志·唐城阙古迹》。

39　《河南志·唐城阙古迹》,《唐两京城坊考》卷五《东京·通津渠·瀍渠·泄城渠》。

40　李翱:《李文公集·来南录》。

41　《新唐书》卷八三《诸帝公主传·长宁公主传》。

42　《旧唐书》卷一六六《白居易传》。

43　《全唐诗》卷一二八,王维:《和贾舍人早朝大明宫之作》。

44　宋敏求:《长安志》卷八《唐京城二》。

45　《河南志·京城门坊街隅古迹》。

46　《隋书》卷三《炀帝纪》。

47　《唐会要》卷八四《移户》。

48　《河南志·唐城阙古迹》。

49　《旧唐书》卷一〇五《韦坚传》。

50　《全唐诗》卷五八七,李频:《东渭桥晚眺》。

51　《通典》卷七《食货七》。

52　《大唐六典》卷二〇《太府寺》。

53　《通典》卷六《食货六》,并分见《元和郡县图志》有关各卷。

54　曹尔琴:《唐代长安的丝绸》,《中国历史地理论丛》1991年第3期。

55　《全唐诗》卷三八六。

56　《太平御览》卷一九三《车中女子》:"东市一小曲内,有临路店数间。"唐宣宗大中十一年(公元857年),李恽撰《鲁谦墓志》:"终于西市锦行里私第。"(《全唐文补遗》第三辑)。

57　《河南志·唐京城》。

58　宋敏求:《长安志》卷八《唐京城二》。

59　宋敏求:《长安志》卷一〇《唐京城四》。

60　《唐两京城坊考》卷四《西京》引《杜阳杂编》。

61　《太平广记》卷二七八《国子监明经》。

62　《太平广记》卷一一七《许俨》。

63　《太平广记》卷二三三《酒名》。

64　《太平广记》卷四一七《宣平坊官人》。

65　《太平广记》卷八四《王居士》。

66　《太平广记》卷二四三《窦乂》。

67	《唐两京城坊考》卷三、卷四《西京·外郭城》。
68	《唐两京城坊考》卷五《东京·外郭城》。
69	《唐律疏议》卷二六《杂律上》。
70	《唐会要》卷八六《市》。
71	《太平广记》卷二六一《郑群玉》。
72	《太平广记》卷二四三《窦乂》。
73	《太平广记》卷二四三《窦乂》。
74	《太平广记》卷一五七《李君》。
75	《太平广记》卷八四《奚东山》。
76	《大唐六典》卷二〇《两京诸市署》。
77	段安节:《乐府杂录》琵琶条。
78	宋敏求:《长安志》卷九《唐京城》。
79	段成式:《酉阳杂俎·续集》卷五《寺塔记》。
80	《河南志·京城门坊街隅古迹》。
81	宋敏求:《长安志》卷八《唐京城二》。
82	《三辅黄图》。
83	《河南志·后汉城阙古迹》。
84	《河南志·后魏城阙古迹》。
85	《魏书》卷九一《蒋少游传》。
86	许嵩:《建康实录》卷二《显宗成皇帝》。
87	《河南志·后魏城阙古迹》。
88	《河南志·后魏城阙古迹》。
89	宋敏求:《长安志》卷六《宫室》,卷七《唐皇城·唐京城》;《河南志·京城门坊街道古迹》;《唐两京城坊考》卷一、二《西京》,卷五《东京》。
90	宋敏求:《长安志》卷七《唐京城》。
91	《河南志·京城门坊街隅古迹》。
92	东面三门,《河南志·京城门坊街隅古迹》作"北曰上东门,中曰罗门,南曰建春门",又引韦述记说:"中曰建春,南曰永通",并说:"永通周广顺中犹存,疑国初废塞,而开罗门。"如韦述所说,则东面仍是三门。
93	《三辅黄图》卷一《都城十二门》引《三辅决录》。
94	《周书》卷一九《杨忠传》。
95	《旧唐书》卷一《高祖纪》。
96	《隋书》卷一四《音乐志》。
97	《旧唐书》卷二八《音乐志》。
98	宋敏求:《长安志》卷七《唐京城》。
99	宋敏求:《长安志》卷一《唐京城》。
100	《河南志·京城门坊街隅古迹》。
101	《新唐书》卷四、五《选举志》。
102	《新唐书》卷四、五《选举志》。
103	《新唐书》卷一六五《郑珣瑜传附郑覃传》。

104　《旧唐书》卷一七下《文宗纪下》。
105　《旧唐书》卷一七下《文宗纪下》。
106　《南史》卷一〇〇《序传》。
107　《旧唐书》卷七二《虞世南传》。
108　《旧唐书》卷一〇五《褚遂良传》。
109　《旧唐书》卷一九〇《文苑·贺知章传》。
110　《全唐诗》卷二一六杜甫《饮中八仙歌》。
111　王谠:《唐语林》。
112　段成式:《酉阳杂俎·续集》卷五《寺塔记上》。按: 宋敏求《长安志》卷八《唐京城二》作菩提寺,《名画记》亦作菩提寺。颇疑今中华书局本《酉阳杂俎》此处有误文。
113　段成式:《酉阳杂俎·续集》卷五《寺塔记上》。
114　段成式:《酉阳杂俎·续集》卷六《寺塔记下》。
115　张彦远:《历代名画记》。
116　《唐两京城坊考》卷五《东京·外郭城》。
117　《河南志·京城门坊街隅古迹》。
118　《旧唐书》卷七三《薛收传附薛稷传》。
119　《隋书》卷一五《音乐志》。
120　《隋书》卷一五《音乐志》,《旧唐书》卷二九《音乐志》。
121　《白氏长庆集》卷一二《琵琶行》,又卷二一《霓裳羽衣歌》。
122　《河南志·京城门坊街隅古迹》。
123　《白氏长庆集》卷二四《法曲》。
124　《全唐诗》卷二九八王建《凉州行》。
125　《白氏长庆集》卷二四《胡旋女》。
126　《太平广记》卷四八五《东城老父传》。
127　《唐会要》卷三四《论乐·杂录》。
128　《旧唐书》卷七《中宗纪》。

129　封演:《封氏见闻录》卷六《打球》。
130　《新唐书》卷八三《诸帝公主传·长宁公主传》,《长安志》卷九《唐京城三》。
131　宋敏求:《长安志》卷七《唐京城一》。
132　宋敏求:《唐大诏令集》卷一〇九《禁断腊月乞寒敕》。
133　向达:《唐代长安与西域文明》刊载有《明代打球图》。
134　《隋书》卷二八《百官志》。
135　宋敏求:《长安志》卷三、卷四《西京·外郭城》。
136　《河南志·京城门坊街隅古迹》。
137　姚宽:《西溪丛语》卷上。
138　宋敏求:《长安志》卷一〇《唐京城四》。
139　《唐会要》卷四九《大秦寺》。
140　《唐会要》卷四九《大秦寺》。
141　赞宁:《僧史略》卷下。
142　《唐会要》卷四九《摩尼寺》。
143　《资治通鉴》卷二二八《唐纪四四·胡注》。
144　《旧唐书》卷一二《德宗纪》。
145　《旧唐书》卷一三三《李晟传》。
146　《新五代史》卷四《唐本纪·庄宗纪》。
147　《唐两京城坊考》卷一《西京·三苑》。
148　《资治通鉴》卷二五五《唐纪七一》。
149　《资治通鉴》卷二六四《唐纪八四》。
150　《新唐书》卷二一七上《回纥传》。
151　《新唐书》卷二一七上《回纥传》。
152　《资治通鉴》卷二六四《唐纪八〇》。
153　骆天骧:《类编长安志》卷二《京城》。
154　《资治通鉴》卷二六五《唐纪八一》。

附录二

《中国古都研究》序

中国是一个有悠久历史的国家。历史上曾经先后出现过相当多的王朝和政权，每个王朝或政权都各有其都城。一些地方由于具备较为优越的条件，曾经成为若干王朝或政权先后建都的所在。西安就曾经为六个统一王朝和十一个政权的都城，历时一千一百多年，最为长久。其次是洛阳，先后有十个王朝和政权建都，历时八百七十多年。再次是北京，也有六个王朝和政权建都，历时八百一十多年。居于长江下游的南京，有九个王朝和政权建都，历时三百八十多年。黄河下游的开封，同样有六个王朝和政权建都，历时二百二十多年。就是钱塘江畔的杭州，吴越和南宋在当地也建都二百二十多年。这还不包括它们各自作为陪都的时期，如果都计算在内，年代当然还要更长。这里所举的只是几个历史最为悠久的都城，其他就不一一列举了。

都城通常是全国政治的中心，也有的是地域性的政治中心，且还是一个经济的都会。都城之内，户口繁多，人物荟萃，因而也就成为文化相当发达的城市。所以，都城应是全国精华所在地，是全国社会的缩影，从这里可以约略看出全国的面貌。在悠长的历史时期，关于都城先后曾有过不少的记载。近年来，有关古都的研究正在不断开展，涉及的方面相当普遍，所取得的成果也日渐丰富。

一个都城的建立有它的自然条件和社会因素，而自然条件往往首先受到重视。山川地利、水土物产，固然关系密切，军事形势尤为选择都城时所不能忽略的要点。各个时期的社会组成都相当繁杂，随着岁月的递嬗，又都不断在演变。一代的都城既是当年全国的缩影，由都城社会的演变正可以探索全国繁杂的变化。一代都城又是人文荟萃之所在，文化发达不能说不是其中的一个因素。当然全国的文化因时因地各有其特色，都城的文化虽未必就尽举国的全貌，主要的轮廓还是可以略见一斑的。要显示古都原貌，除文献记载以及文物遗迹之外，还须依靠地下发掘。因此，对于古都的研究，就需要由各方面的学人从多方面着手，才能易于奏效。近年来，有关古都的研究，各方面的学人都在努力，这是值得欣愉的事情。

历史诚然皆已成为往事，先民经营的成就却借此得以流传，并为后世所怀念和效法。这在全国是如此，在古都中更显得突出。一些都城的遗址历经沧桑，已多难见其全貌，就是一鳞一爪，也弥觉珍贵。而若干旧事流传，还多为后世所重。

时移世易，前代都城大多已失去其原有的地位。但山川形势多未改变，历史渊源仍可追溯，因而现在还可起到一定的作用。北京是一座有八百余年历史的古都，到现在仍然是祖国的首都。而西安、南京、杭州也分别为陕西、江苏、浙江的省会，就是开封和洛阳也都是一方重要的都会。甚至早已沦没的魏晋南北朝时期的邺都，有关方面也正在倡议发掘，恢复原来的轮廓。如何在前代的基础上，使这些古都重新放出其原有的光彩，在当前的城市建设方面仍不失为重要的课题。时世不同，当然不必都要恢复原来的旧观，但新的建设还须用作参考。一些值得保留的故迹，却不妨再做修复。当前，北京有关方面正在倡议酌量对圆明园进行部分修复，而西安的旧城墙及城下的壕沟也正在积极重修中。因此，可以看出，古都研究不仅有裨于精神文明建设和进行爱国主义教育，同时也能促进物质文明的建设。尤其是在当前四化建设时期，为了建设新的城市，古都研究更是当务之急。

应该顺便指出，对于古都的研究，国外人士早已着先鞭。联合国教科文组织对于亚洲的古都已经进行研究，并取得一定的成就。据说，所谓亚洲的古都中就列有西安和北京，甚至还打算到西安或北京举行有关的会议。像西安和北京这样有悠久历史的古都能得到世界上重视，是值得夸耀的。可是我们的古都研究工作，还须积极努力，不能落于人后。

自党的十一届三中全会以来，拨乱反正，弃旧图新，各方面都已取得很大成就。对于古都的研究也应有更多的进展。有关同志同声相应，同气相求，深切感到需要成立中国古都学会，使分散在各地的研究者能够互通声气，团结起来，互相切磋，共同努力。这个学会已于1983年秋季在西安成立，并举行了学术讨论会。会上提出了很多论文，现在选辑其中一部分，编成这本《中国古都研究》。本书所收的论文虽然有限，却已显示出当前研究古都所致力的趋向。根据中国古都学会的规定，这样的学术讨论会，今后将每年举行一次。我们深信，经过不断的努力，一定会有更多的建树和成就。

（原著中华书局初版，1998年）